INTERVENÇÃO FEDERAL NOS ESTADOS

Carlos Eduardo
FERREIRA DOS SANTOS

INTERVENÇÃO FEDERAL NOS ESTADOS

Belo Horizonte

2023

© 2023 Editora Fórum Ltda.

É proibida a reprodução total ou parcial desta obra, por qualquer meio eletrônico, inclusive por processos xerográficos, sem autorização expressa do Editor.

Conselho Editorial

Adilson Abreu Dallari
Alécia Paolucci Nogueira Bicalho
Alexandre Coutinho Pagliarini
André Ramos Tavares
Carlos Ayres Britto
Carlos Mário da Silva Velloso
Cármen Lúcia Antunes Rocha
Cesar Augusto Guimarães Pereira
Clovis Beznos
Cristiana Fortini
Dinorá Adelaide Musetti Grotti
Diogo de Figueiredo Moreira Neto (*in memoriam*)
Egon Bockmann Moreira
Emerson Gabardo
Fabrício Motta
Fernando Rossi
Flávio Henrique Unes Pereira

Floriano de Azevedo Marques Neto
Gustavo Justino de Oliveira
Inês Virgínia Prado Soares
Jorge Ulisses Jacoby Fernandes
Juarez Freitas
Luciano Ferraz
Lúcio Delfino
Marcia Carla Pereira Ribeiro
Márcio Cammarosano
Marcos Ehrhardt Jr.
Maria Sylvia Zanella Di Pietro
Ney José de Freitas
Oswaldo Othon de Pontes Saraiva Filho
Paulo Modesto
Romeu Felipe Bacellar Filho
Sérgio Guerra
Walber de Moura Agra

FÓRUM
CONHECIMENTO JURÍDICO

Luís Cláudio Rodrigues Ferreira
Presidente e Editor

Coordenação editorial: Leonardo Eustáquio Siqueira Araújo
Aline Sobreira de Oliveira

Rua Paulo Ribeiro Bastos, 211 – Jardim Atlântico – CEP 31710-430
Belo Horizonte – Minas Gerais – Tel.: (31) 99412.0131
www.editoraforum.com.br – editoraforum@editoraforum.com.br

Técnica. Empenho. Zelo. Esses foram alguns dos cuidados aplicados na edição desta obra. No entanto, podem ocorrer erros de impressão, digitação ou mesmo restar alguma dúvida conceitual. Caso se constate algo assim, solicitamos a gentileza de nos comunicar através do *e-mail* editorial@editoraforum.com.br para que possamos esclarecer, no que couber. A sua contribuição é muito importante para mantermos a excelência editorial. A Editora Fórum agradece a sua contribuição.

Dados Internacionais de Catalogação na Publicação (CIP) de acordo com ISBD

F383i	FERREIRA DOS SANTOS, Carlos Eduardo
	Intervenção federal nos Estados / Carlos Eduardo FERREIRA DOS SANTOS. - Belo Horizonte : Fórum, 2023.
	433 p. ; 17cm x 24cm
	Inclui bibliografia, anexo e apêndice.
	ISBN: 978-65-5518-462-4
	1. Direito Constitucional. 2. Federalismo. 3. Intervenção Federal. 4. Estados Membros. I. Título.
2022-2478	CDD 342
	CDU 342

Elaborado por Odilio Hilario Moreira Junior - CRB-8/9949

Informação bibliográfica deste livro, conforme a NBR 6023:2018 da Associação Brasileira de Normas Técnicas (ABNT):

FERREIRA DOS SANTOS, Carlos Eduardo. *Intervenção federal nos Estados*. Belo Horizonte: Fórum, 2023. 433 p. ISBN 978-65-5518-462-4.

OBRAS DO AUTOR

Livros

Intervenção Federal nos Estados. 1ª edição. 2022. Editora Fórum.

Controle de Constitucionalidade – Supremacia da Constituição e Jurisdição Constitucional. 1ª edição. 2022. Editora Fórum.

Comentários à Constituição Brasileira de 1988. 1º Volume (artigos 1º ao 4º). 1ª edição. 2022. Editora Livraria do Advogado.

Estado Federal Brasileiro. 1ª edição. 2022. Editora Livraria do Advogado.

O Direito à Igualdade – Uma visão geral. 1ª edição. 2022. Editora Livraria do Advogado.

Intervenção Estadual nos Municípios. 1ª edição. 2022. Editora Livraria do Advogado.

Adimplemento substancial nos crimes tributários. 1ª edição. 2022. Editora Fórum.

Crimes Contra o Sistema Financeiro Nacional (Lei nº 7.492/86). 1ª edição. 2021. Editora Lumen Juris.

Legislação Específica MPC – Pará. 1ª edição. 2021. Editora Lumen Juris.

Vade Mecum MPC – Rondônia. 2ª edição. 2021. Editora Lumen Juris.

Processo Legislativo Distrital (Legislação). 2ª edição. 2020. Editora Dialética.

Normas de Contabilidade no Setor Público. 2ª edição. 2020. Editora Dialética.

Artigos

Riscos à democracia e mecanismos de proteção. Revista do Tribunal Regional Federal da 1ª Região, v. 34, n. 2, 2022.

Inconstitucionalidade por corrupção, desvio de finalidade legislativa e fraude constitucional. Revista do Tribunal Regional Federal da 1ª Região, v. 34, n. 1, 2022.

Sobre a intervenção nos municípios localizados em território federal. Revista Consultor Jurídico – ConJur. Opinião. 11 de fevereiro de 2022.

Seria a liberdade de expressão um direito absoluto? Revista Bonijuris, Ano 33, Edição 673. Dez.21/Jan.22, p. 15-16.

Propostas para nomeação de ministros do Supremo Tribunal Federal. Revista do Tribunal Regional Federal da 1ª Região, v. 33, n. 2, p. 45-58, 31 ago. 2021.

As Forças Armadas não detêm competência para intervir nos poderes. Revista Consultor Jurídico – ConJur. Opinião. 31 de agosto de 2021.

Sobre a prisão após condenação em segunda instância. Revista Consultor Jurídico – ConJur. Opinião. 30 de agosto de 2021.

Impenhorabilidade de salário nas execuções civis versus direito ao pagamento do credor. Revista do Tribunal Regional Federal da 1ª Região, v. 33, n. 1, p. 29-46, 30 abr. 2021.

A teoria do adimplemento substancial é aplicável nos crimes tributários? Revista Forense – Volume 432 – Ano 116 – Junho – Dezembro de 2020 Publicado em 11 jan.2021

Não recepção na Constituição de 1988 da penalidade administrativa de aposentadoria compulsória de magistrados. Revista do Tribunal Regional Federal da 1ª Região, v. 32, n. 3, p. 28-38, 17 dez. 2020.

Recusa de usar máscara vulnera princípio constitucional do direito à saúde. Revista Consultor Jurídico – ConJur. Opinião. 8 de dezembro de 2020.

Atos antidemocráticos e crime de responsabilidade. Revista Bonijuris, Ano 32, Edição 665, Ago/Set 2020.

Maior eficiência na investigação criminal prevista na lei anticrime e sua constitucionalidade – Revista do Tribunal Regional Federal da 3ª Região – Ano XXXI – N. 146 – Julho/Setembro de 2020 – ISSN 1982-1506, p. 15-32.

Vedação de progressão de regime aos integrantes de organização criminosa. Revista de Doutrina Jurídica (RDJ). 55. Brasília. 111 (2). P. 268-288/Jan-Jun. 2020.

Sistemas penitenciários e o princípio da proporcionalidade. Migalhas. Migalhas de Peso. Quinta-feira, 14 de maio de 2020.

A quarentena versus a liberdade de locomoção. Revista Consultor Jurídico – ConJur. Opinião. 30 de abril de 2020.

De tudo o que se tem ouvido, o fim é: Teme a Deus e guarda os seus mandamentos; porque este é o dever de todo homem. Porque Deus há de trazer a juízo toda obra e até tudo o que está encoberto, quer seja bom, quer seja mau.

(Eclesiastes, cap. 12, vers. 13 e 14.)

SUMÁRIO

PARTE I
INTERVENÇÃO FEDERAL NOS ESTADOS

CAPÍTULO 1
ESCORÇO HISTÓRICO 21
1.1. Estados Unidos da América 21
1.2 Brasil 28

CAPÍTULO 2
CONCEITO DE INTERVENÇÃO FEDERAL 43

CAPÍTULO 3
PRINCÍPIOS DA INTERVENÇÃO FEDERAL 53
3.1 Excepcionalidade 53
3.2 Taxatividade 54
3.3 Temporalidade 54
3.4 Necessidade 55
3.5 Imodificabilidade 55
3.6 Especificidade 57
3.7 Adequação 57
3.8 Condicionalidade 57
3.9 Aprovação legislativa 58
3.10 Ocasionalidade 58
3.11 Aptidão 58
3.12 Não cassação 59

CAPÍTULO 4
ESPÉCIES DE INTERVENÇÃO 61
4.1 Intervenção espontânea 61
4.2 Intervenção provocada 61
4.2.1 Intervenção provocada por solicitação 62
4.2.2 Intervenção provocada por requisição 63
4.2.3 Intervenção provocada por provimento 64

CAPÍTULO 5
NATUREZA JURÍDICA 67
5.1   Procedimento político-administrativo 68
5.2   Procedimento jurídico-constitucional 70

CAPÍTULO 6
CLASSIFICAÇÃO DA INTERVENÇÃO FEDERAL...................................73
6.1   Intervenção formal, branca ou não-formal 74
6.2   Sujeitos ativo e passivo da intervenção..76
6.3   Intervenção estado-autor e intervenção estado-vítima...................78
6.4   Intervenção repressiva e intervenção substitutiva...........................80
6.5   Intervenção auxiliadora e intervenção reparadora..........................81
6.6   Intervenção fundada em ato ou em fato 81
6.7   Intervenção ofensiva e intervenção tênue...82
6.8   Intervenção reconstrutiva e executiva (González Calderón) 83
6.9   Intervenção reconstrutiva e conservadora (Rafael Bielsa).............84
6.10   Intervenção total e intervenção parcial 84
6.11   Intervenção total e atividades típicas de Poder (Executiva, Legislativa
        e Judiciária)..85

CAPÍTULO 7
A INTERVENÇÃO É OBRIGATÓRIA OU FACULTATIVA?...................93
7.1   Intervenção obrigatória 97
7.2   Intervenção facultativa 99
7.3   Competência decisória 102
7.3.1   Ato complexo 103
7.3.2   Ato composto 104

CAPÍTULO 8
PRESSUPOSTOS MATERIAIS E FORMAIS NA CF/1988....................105
8.1   Pressupostos materiais 106
8.1.1   Manter a integridade nacional (*intervenção integradora*).............107
8.1.1.1 Ideias separatistas na Região Sul 109
8.1.1.2 Classificação 113
8.1.2   Repelir invasão estrangeira ou de uma unidade da Federação em outra
        (*intervenção protetiva*) 113
8.1.2.1 Classificação 118
8.1.3   Pôr termo a grave comprometimento da ordem pública (*intervenção
        resolutória*) 119
8.1.3.1 Classificação 122
8.1.4   Garantir o livre exercício de qualquer dos Poderes nas unidades da
        Federação (*intervenção libertadora*) 123

8.1.4.1	Classificação	126
8.1.5	Reorganizar as finanças da unidade da Federação (*intervenção reorganizatória*)	126
8.1.5.1	Intervenção reorganizatória por inadimplemento	127
8.1.5.2	Intervenção reorganizatória por indevolução	131
8.1.5.3	Classificação	133
8.1.6	Prover a execução de lei federal, ordem ou decisão judicial (*intervenção executória*)	133
8.1.6.3	Classificação	140
8.1.7	Assegurar a observância dos princípios constitucionais sensíveis (intervenção assegurativa)	140
8.2	Pressupostos formais	141
8.2.1	Consulta aos Conselhos da República e da Defesa Nacional	145
8.2.2	Iniciativa e execução da intervenção	146
8.2.3	Solicitação do Poder Legislativo ou Executivo	148
8.2.4	Requisição do Poder Judiciário	150
8.2.5	Amplitude, prazo, condições e aprovação	153
8.2.6	A figura do interventor	157
8.2.6.1	Atribuições do interventor e abrangência interventiva	161
8.2.7	Impossibilidade de o interventor exercer atos exclusivos do Poder Executivo, Legislativo ou Judiciário	163
8.2.7.1	Primeira corrente: poderes ampliativos do interventor	164
8.2.7.2	Segunda corrente: poderes restritivos do interventor	168
8.2.8	Responsabilidade do interventor	177
8.2.9	Reparação civil por atos interventivos	179
8.2.10	Despesas com a intervenção	181

CAPÍTULO 9
RESISTÊNCIA CONTRA A INTERVENÇÃO 185

9.1	Objeção interventiva social e institucional	186
9.2	Objeção interventiva legítima e ilegítima	186
9.3	Resistência interventiva amena e violenta	188
9.4	Medidas excepcionais contra a resistência interventiva	188
9.5	Responsabilidade dos insurgidores	189

CAPÍTULO 10
REPRESENTAÇÃO INTERVENTIVA 191

10.1	Desenvolvimento histórico	192
10.2	Conceito	194
10.3	Natureza jurídica	197
10.4	Características	199
10.5	Objeto	202

10.6	Parâmetro	205
10.6.1	Representação interventiva para garantir os princípios constitucionais sensíveis	206
10.6.2	Representação interventiva para garantir a execução de lei federal	247
10.6.2.1	Representação interventiva estadual para garantia de leis em geral	249
10.7	Legitimidade ativa	250
10.8	Procedimento	251
10.9	Medida liminar	252
10.10	Decisão	253

CAPÍTULO 11
INTERVENÇÃO DA UNIÃO NOS MUNICÍPIOS LOCALIZADOS EM TERRITÓRIO FEDERAL 257

11.1	Intervenção municipal-territorial	258
11.2	Representação interventiva municipal-territorial	259
11.3	É possível intervenção federal em Território Federal?	261

CAPÍTULO 12
INTERVENÇÃO FEDERAL NOS ESTADOS NAS CONSTITUIÇÕES BRASILEIRAS 265

12.1	Constituição de 1891	265
12.2	Constituição de 1934	271
12.3	Constituição de 1937	276
12.4	Constituição de 1946	282
12.5	Constituição de 1967 e Emenda Constitucional nº 1 de 1969	285

CAPÍTULO 13
INTERVENÇÃO FEDERAL NO ESTADO DO RIO DE JANEIRO EM 2018 293

13.1	Insegurança pública proveniente de crise político-econômica	293
13.2	Elevado número de crimes e insegurança social	294
13.3	Publicação do decreto interventivo	295
13.4	Características da intervenção	297
13.5	A figura do Interventor e respectivas atribuições	298
13.6	Ação Direta de Inconstitucionalidade contra a intervenção	300
13.7	Resultados da intervenção na segurança pública	301
13.8	Prorrogação da intervenção federal	302

CAPÍTULO 14
INTERVENÇÃO FEDERAL NO ESTADO DE RORAIMA EM 2018 305

14.1	Causas para intervenção no Estado de Roraima	305
14.2	Publicação do decreto interventivo	307

14.3	A figura do Interventor e respectivas atribuições	308
14.4	Resultados da intervenção no Estado de Roraima	309
14.5	Prorrogação da intervenção federal	311

PARTE II
INTERVENÇÃO FEDERAL
NO DIREITO COMPARADO

CAPÍTULO 1
ESTADOS UNIDOS DA AMÉRICA 315

CAPÍTULO 2
ALEMANHA 323

2.1	Introdução	323
2.2	Inspeção federal (*Bundesaufsicht*)	327
2.3	Execução federal ou execução forçosa (*Bundesexekution* ou *Bundeszwang*)	330
2.4	Intervenção federal (*Bundesintervention*)	335
2.5	Auxílio federal (*Bundeshilfe*) ou cooperação federal (*Bundesgenössiche*)	338
2.6	Tribunal Constitucional Federal (*Bundesverfassungsgericht*)	341

CAPÍTULO 3
ÁUSTRIA 343

3.1	Introdução	343
3.2	Supervisão federal nos Estados (*Bundesaufsicht*)	344
3.3	Supervisão federal e supervisão estadual nos municípios (*Bundesaufsicht* e *Staatlicheaufsicht*)	347
3.4	Execução forçosa (*Bundeszwang*) ou execução federal (*Bundesexekution*)	348

CAPÍTULO 4
SUÍÇA 351

4.1	Introdução	351
4.2	Controle da Confederação sobre os Cantões	352
4.2.1	Supervisão (*Surveillance*)	352
4.2.2	Execução federal (*Bundesexekution*)	353
4.2.3	Intervenção federal (*Bundesintervention*)	355

CAPÍTULO 5
MÉXICO 359

CAPÍTULO 6
ARGENTINA 365

6.1	Introdução	365

6.2	Intervenção federal	368
6.2.1	Conceito	369
6.2.3	Iniciativa interventiva	370
6.2.4	Competência para declarar a intervenção	371
6.2.5	Faculdades interventivas	372
6.2.6	Controle judicial	374

PARTE III
JURISPRUDÊNCIA

CAPÍTULO 1
JURISPRUDÊNCIA DO SUPREMO TRIBUNAL FEDERAL 379

CAPÍTULO 2
JURISPRUDÊNCIA DO SUPERIOR TRIBUNAL DE JUSTIÇA 387

CAPÍTULO 3
INTERVENÇÕES PROTOCOLADAS NO STJ 401

CAPÍTULO 4
JURISPRUDÊNCIA DO TRIBUNAL SUPERIOR ELEITORAL 407

REFERÊNCIAS 409

APÊNDICE
Constituição Federal de 1988 (excertos) 419

Lei nº 12.562, de 23 de dezembro de 2011 422

Lei nº 8.038, de 28 de maio de 1990 (excertos) 425

Regimento Interno do Supremo Tribunal Federal – STF (excertos) 426

Regimento Interno do Superior Tribunal de Justiça – STJ (excertos) 427

Resolução nº 21.843, de 22 de junho de 2004 – TSE 428

Consolidação dos Provimentos da Corregedoria-Geral da Justiça do Trabalho de 2019 – TST (excertos) 430

Resolução Administrativa nº 1.455 de 2011 (TST) (excertos) 431

Instrução Normativa nº 32 de 2007 – TST 432

NOTA DO AUTOR

A dificuldade de escrever sobre o tema é retratada pelo saudoso professor Paulo Napoleão Nogueira da Silva, que asseverava: "Escrever sobre o instituto da intervenção federal em qualquer das ordens estatais, inclusive a brasileira, é tarefa quase missionária, exigindo dedicação e paciência digna de um verdadeiro sacerdócio jurídico-científico".[1]

Sem dúvida, é um grande desafio. Não obstante isso, ao mesmo tempo é uma imensa satisfação poder contribuir para o estudo de temática tão importante. Por se tratar de área com pouca bibliografia específica, foi necessário que o autor criasse teorias e adotasse propostas de soluções para consequências advindas da intervenção. Notadamente, é sobremodo desafiador, mas o resultado demonstra o esforço e a dedicação na sistematização de tão relevante instituto para o direito constitucional pátrio. Para melhor estudo da matéria, afigurou-se imprescindível a pesquisa de inúmeros livros, desde os que comentavam a Constituição de 1891 até a atual Carta Magna de 1988, bem como a consulta a livros estrangeiros. Inúmeros livros foram adquiridos – inclusive obras raras e importadas – para permitir o estudo do tema ora escrito.

Agradeço muitíssimo a Deus pela sabedoria dada, inteligência e capacidade jurídico-investigativa. *Senhor Jesus Cristo, muito obrigado*!!!

---

[1] Apresentação do livro: "A intervenção federal e o federalismo brasileiro", feita por Paulo Napoleão Nogueira da Silva, em setembro de 2001. In: PINTO FILHO, Francisco Bilac M. *A intervenção federal e o federalismo brasileiro*. Rio de Janeiro: Forense, 2002.

Eu vim andando só, pisando pó da dura estrada

Eu vim em solidão, na provação da caminhada.

Até que pela fé eu encontrei, Jesus eu encontrei

Eu vi Jesus, Jesus me viu e nele me salvei...

Eu vi Jesus, Jesus me viu, no mesmo instante me redimiu

Jesus me fez sorrir, cantar, me fez chorar de emoção

E desde então posso dizer, que em Cristo me salvei.

E foi, sim foi assim, que um dia em mim raiou o dia

O dia em que na Cruz eu vi Jesus em agonia

Por mim que estava ali, ao pé da cruz tão pobre pecador

Sim foi ali, ali na cruz que Cristo me salvou.

Música: "Caminhada"

Marco Aurélio

PARTE I

INTERVENÇÃO FEDERAL NOS ESTADOS

CAPÍTULO 1

ESCORÇO HISTÓRICO

1.1. Estados Unidos da América

A previsão de medida interventiva da União em face das unidades regionais é instrumento básico para a manunteção do federalismo. Isso porque em razão do dualismo de competências entre o Poder Central (União) e os Estados-membros, era fundamental a existência de mecanismo que assegurasse o cumprimento das normas constantes do pacto federativo. Por conseguinte, afigurava-se necessária a previsão da intervenção federal na Constituição, a fim de estabelecer as hipóteses e condições de tão relevante instituto. Assim, o art. IV, seção 4, da Constituição dos Estados Unidos estabelece: "os Estados garantirão a cada Estado desta União, uma forma republicana de governo e protegerão a cada um deles contra toda invasão; e, por solicitação do Legislativo ou do Executivo (quando o Legislativo não puder ser convocado), os protegerão também contra toda violência interna".

Segundo Alfredo Vítolo, essa cláusula constitucional tem uma larga tradição, iniciada com a rebelião do capitão do Exército Confederado Daniel Shays no Estado de Massachusets em 1786. "Nesse Estado se rebelaram contra a autoridade constituída os contribuintes, reclamando dos impostos abusivos que haviam sido instituídos para cobrir as dívidas contraídas durante a guerra da independência. Em face dessas circunstâncias, o Congresso Continental decidiu apoiar com forças militares o governo de Massachusetts, utilizando como justificativa o recrutamento de forças armadas para uma suposta guerra aos índios. Essas forças não foram utilizadas porque o Governo logrou, com forças próprias, derrotar aos revoltosos e recuperar a ordem pública, mas deixou em evidência que era necessário estabelecer um regime que permitisse ao Governo central intervir nos Estados para assegurar a manutenção da ordem pública e o cumprimento das leis".

Com base nesse antecedente, "o governador de Virgínia, Edmund Jenings Randolph, propôs à Convenção da Filadélfia que a Constituição dos EE.UU. previsse que a Legislatura Nacional devia estar facultada para: 'Legislar em todos os casos para os quais os Estados separados são incompetentes ou nos quais a harmonia dos EE.UU podia ser interrompida pelo exercício da legislação individual; rechaçar todas as leis aprovadas pelos diversos Estados que contravenham, na opinião da Legislatura Nacional, os artigos da União; e *convocar a força da União contra qualquer membro da União que deixe de cumprir suas obrigações, de acordo com os artigos destas'*. O tema colocado pelo governador de Virgínia foi debatido na Convenção e, depois de se escutar a opinião de vários constituintes, se resolveu por unanimidade solicitar à Comissão Redatora a *inclusão de uma cláusula que autorizava o Governo federal a intervir nos Estados, para garantir a forma republicana de governo e protege-los de invasões estrangeiras e de violências internas*. A redação definitiva do artigo foi consensualmente acordada entre os constituintes e, a pedido de Madison, se acrescentou que, nos casos de intervenção por violência interna, a assistência federal devia ser requerida pela Legislatura local ou pelo governador, quando a legislatura não pudesse se reunir".[1] (Grifos nossos)

Dessa forma, em 17 de setembro de 1787 foi aprovada a Constituição dos Estados Unidos, sendo que o artigo 4, seção 4, da Constituição previu o instituto da intervenção federal nos seguintes termos: "os Estados Unidos garantirão a cada um dos Estados da União uma forma republicana de governo, e protegerão a cada um deles contra eventual invasão; e por solicitação do Legislativo ou do Executivo (quando o Legislativo não possa ser convocado) contra a violência doméstica".

Com poucos anos de vigência, foi necessário o uso da previsão interventiva. A primeira intervenção federal que a história registra foi a do presidente Washington, em 1794, no Estado da Pensilvânia, para sufocar a *Whisky Insurrection*.[2] Para controlar a Rebelião do *Whisky* em 1794, foi enviado contingente expressivo de tropas federais em cumprimento de ordem do governo de George Washington. A insurreição decorreu das medidas financeiras e tributárias propostas por Alexander Hamilton, Secretário do Tesouro de George Washington, que tributava consideravelmente as bebidas destiladas com a finalidade de obter mais recursos para custear os gastos oriundos da Guerra de Independência. Essa política tributária atingiu sobremaneira os produtores de grãos no Oeste, que destilavam os grãos para produzir uísque por não conseguirem vender toda a produção no mercado. "Em consequência, alguns dos fazendeiros residentes em condados localizados ao sul de Pittsburgh resistiram abertamente à tributação, deixando de recolher as exações fiscais. Apesar de terem sido advertidos por Washington, a resistência se manteve através de ameaças à guarnição de Pittsburgh e ataques aos funcionários federais responsáveis por coletarem o imposto. A fim de mostrar a força e autoridade do governo federal, Washington determinou então o deslocamento de quinze mil homens – provenientes em sua maioria de Nova Jersey, Maryland, Virgínia e Pensilvânia – para sufocar a rebelião, o que levou à rápida rendição dos rebeldes".

Allan Nevins e Henry Steele Commager assinalam que "Washington, intimamente aconselhado por Hamilton, decidiu partir para uma ação vigorosa.

---

[1] VÍTOLO, Alfredo. *Emergencias constitucionales III*: intervención federal. Buenos Aires, Madrid y México: Ciudad Argentina Editorial de Ciencia y Cultura, 2007, p. 60-61.

[2] JACQUES, Paulino. *Curso de direito constitucional*. 9. ed. Rio de Janeiro: Forense, 1983, p. 171.

Uma força de mil soldados poderia ter sufocado a 'insurreição', que, na verdade, nada mais era que uma demonstração desordenada. Mas Hamilton estava ansioso por dar um exemplo da esmagadora força do governo. Quinze mil homens então foram convocados na Virgínia, Maryland e Pensilvânia – um exército quase tão grande quanto o que capturava Cornwallis. Marchando sobre a área descontente, a tropa rapidamente intimidou seus habitantes. Hamilton a acompanhou e viu 18 homens serem levados para a Filadélfia para serem julgados, mas somente dois deles foram condenados, e Washington os perdoou. Essa Rebelião do Uísque criou grande excitação, os federalistas louvando as rígidas medidas do governo e os antifederalistas denunciando-as como arbitrárias e militaristas". Com efeito, "a importância desta intervenção determinada por Washington assentava-se no fato de que com a movimentação de tropas federais ficava manifesta a afirmação da autoridade do governo central dentro do território dos Estados Unidos e de seu consequente compromisso em cumprir e fazer cumprir as leis federais em qualquer parte deste território, promovendo assim a integridade da federação".[3]

Deve-se ressaltar também a "Tarifa das Abominações", criada em 1828 e renovada em 1832. Esse fato pôs à prova a observância das normas federais pelos Estados-membros. "Por esta medida, elevava-se a tributação de produtos estrangeiros importados, a fim de permitir que as mercadorias produzidas pelas indústrias do Norte pudessem concorrer com condições mais favoráveis no mercado interno dos Estados Unidos. Ocorre que, na perspectiva sulista, esta exação era prejudicial aso seus interesses, uma vez que, com a incorporação do valor do tributo ao custo da mercadoria estrangeira, os Estados do Sul acabariam por ter que pagar preços mais elevados por bens que não produziam e que provinham do exterior. Mais ainda, com o aumento do preço final da mercadoria estrangeira no mercado interno estadunidense, haveria sensível diminuição na exportação de algodão pelo Sul para a Inglaterra, como contrapartida à queda no volume de produtos manufaturados ingleses exportados para os Estados Unidos. Nesse quadro, a Carolina do Sul, liderada pelo ex-Vice Presidente John C. Calhoun, aprovou através de sua assembleia legislativa o Ato de Nulificação, declarando as leis federais que instituíram e reviram o imposto em 1828 e 1832 nulas e não válidas na Carolina do Sul".

Como se vê, um Estado-membro da federação, por ato próprio, declarou nula uma lei federal. Além disso, o governo da Carolina do Sul determinou que "após 01 de fevereiro de 1833 seria ilegal recolher o referido tributo exigido pela anulada lei. Tratava-se por óbvio de indiscutível risco de enfraquecimento do arcabouço federativo dos Estados Unidos da América, pois o que se colocava em jogo era precisamente a relação de forças entre os estados e o Poder Central. Para Calhoun, a posição dos estados estaria enfraquecida se não lhes fosse possível resguardar seus interesses todas as vezes em que leis provenientes do Governo

---

[3] LUGONES, Carlos Guilherme Francovich. *As bases da intervenção federal no Brasil*. A experiência da Primeira República. Rio de Janeiro: Lumen Juris, 2019, p. 37-38.

Central ensejassem violações a seus direitos". Robert V. Remini observa que: "esta noção de 'interposição' protegeria os direitos das minorias, declarava Calhoun, e preveniria a tirania da maioria, sempre em perigo em uma sociedade democrática. Os estados deveriam permanecer fortes para que pudessem impedir o governo central de assumir a autoridade absoluta. Seria um freio adicional ao sistema federal de freios e contrapesos. Era a única forma de proteger a liberdade e os direitos individuais".

Não era essa a perspectiva de Andrew Jackson, Presidente dos Estados Unidos à época, pois a conduta adotada pelo Estado-membro violava os vínculos federativos. "Jackson respondeu imediatamente com uma Proclamação em 10 de dezembro de 1832, em que lembrava ao povo da Carolina do Sul, seu estado natal, que como Presidente ele tinha o dever e a responsabilidade de fazer cumprir as leis dos Estados Unidos. 'Aqueles que lhes disseram que vocês poderiam pacificamente impedir suas execuções enganou-lhes... Desunião pela força das armas é traição. Vocês estão realmente prontos para suportar esta culpa? Em seu desventurado Estado irão cair inevitavelmente todos os males do conflito que vocês forçaram contra o Governo de seu país'. Mais importante, Jacson declararia, 'eu considero... o poder de anular uma lei dos Estados Unidos, assumido por um Estado, incompatível com a existência da União'. O povo, não os estados, ele continuou, formaram a União. O povo é o poder soberano, e a União é perpétua. Jackson foi o primeiro Presidente a anunciar publicamente que a União é indivisível, uma posição endossada por muitos Americanos no momento, mas certamente não por todos. Para os sulistas especialmente, o direito de secessão era fundamental em uma sociedade livre".

Ante o desajuste no cumprimento de normas federais, e para garantir a indissolubilidade da União, "o Congresso autorizou Jackson a usar a força militar para obrigar a Carolina do Sul a respeitar o pacto federal, o que ensejou o deslocamento de navios de guerra ao Porto de Charleston. Contudo, antes que houvesse o enfretamento físico, o senador por Kentucky Henry Clay conseguiu reduzir a tensão, propondo uma nova alíquota que ao longo de dez anos seria reduzida, até alcançar de maneira uniforme o patamar de vinte por cento. Superava-se, ao menos temporariamente, a questão da indissolubilidade da União, com o resguardo da autoridade federal".[4]

Outrossim, o caso *Luther vs. Borden* é bastante relevante no instituto da intervenção federal americana, sendo sempre citado pela jurisprudência. "No período da Revolução Americana, Rhode Island não adotou, como os outros Estados, uma nova constituição, mas manteve a forma de governo estabelecida pela Carta de Carlos II, fazendo apenas as alterações, por atos do Legislativo, como foram necessários para adaptá-lo à sua condição e direitos de Estado independente. Mas nenhum modo de procedimento foi apontado pelo qual emendas pudessem

---

[4] LUGONES, Carlos Guilherme Francovich. *As bases da intervenção federal no Brasil*. A experiência da Primeira República. Rio de Janeiro: Lumen Juris, 2019, p. 38-40.

ser feitas. Em 1841, uma parte do povo realizou reuniões e formaram associações que resultaram na eleição de uma convenção para formar uma nova constituição a ser submetida ao povo para sua adoção ou rejeição. Esta convenção formulou uma constituição, dirigiu uma votação a ser encaminhada, declarou posteriormente que tinha sido adotada e ratificada pela maioria do povo do Estado, e era a lei e constituição suprema de Rhode Island. Sob ele, foram realizadas eleições para governador, membros do Legislativo e outros oficiais, que se reuniram em maio de 1842, e procederam à organização do novo governo. Mas o governo charter não concordou com esses procedimentos. Pelo contrário, aprovou leis rigorosas e, finalmente, aprovou um ato declarando o Estado sob lei marcial. Em maio de 1843, uma nova constituição, que havia sido elaborada por uma convenção convocada pelo governo fundador, entrou em vigor e tem continuado desde então. A questão de qual dos dois governos opostos era o legítimo, a *saber,* o governo charter ou o governo estabelecido pela convenção voluntária, não foi até agora considerado judicial em qualquer um dos tribunais estaduais. O departamento político sempre determinou se uma proposta de constituição ou emenda foi ratificada ou não pelo povo do Estado, e o poder judicial seguiu sua decisão. Os tribunais de Rhode Island decidiram a favor da validade do governo charter, e os tribunais dos Estados Unidos adotam e seguem as decisões dos tribunais estaduais em questões que dizem respeito apenas à constituição e às leis do estado".[5]

No julgamento do caso, em 3 de janeiro de 1849 a Suprema Corte decidiu que "o poder de determinar que um governo estadual foi legalmente estabelecido" não pertencia aos tribunais federais, e que não era função de tais tribunais prescrever as qualificações para o voto nos Estados. O Tribunal considerou que a criação de formas republicanas de governo e o controle da violência doméstica eram questões de natureza essencialmente política atribuídas pela Constituição aos demais poderes do Estado. Portanto, o Tribunal deve submeter-se ao Congresso e ao Presidente quando confrontado com questões dessa natureza.[6]

O caso *Luther v. Borden* exerceu grande influência na delimitação do princípio da separação de poderes – inclusive em matéria relativa à intervenção federal –, visto que articulou a *doutrina das questões políticas,* ou seja, o entendimento de que certas questões substantivas do direito constitucional são de responsabilidade dos Poderes Legislativo e Executivo, porquanto a soberania reside no povo. Consagrou-se a ideia de que questões políticas devem ser resolvidas pelo poder político.[7] Esse preceito constitui uma regra prudencial adotada pelos magistrados, evitando imiscuir-se em casos nos quais o Poder Legislativo ou o povo possam resolver por si mesmos. Assim, considerando que determinadas matérias ostentam

---

[5] JUSTIA. US Supreme Court. *Luther v. Borden, 48 US 1 (1849).* Acesso em: 26 jun. 2021. Disponível em: https://supreme.justia.com/cases/federal/us/48/1/#tab-opinion-1956895

[6] OYEZ. *Luther v. Borden*. Citation 48 US 1 (1849). Acesso em: 26 jun. 2021. Disponível em: https://www.oyez.org/cases/1789-1850/48us1

[7] HALL, Kermit L. *The Oxford Guide to United States Supreme Court Decisions New York*: Oxford University Press, 1999, p. 183.

significativa inclinação política, consequentemente exigem a resolução por meio do povo, isto é, a decisão deve ocorrer no ambiente político.[8]

Imperioso ressaltar o célebre caso sobre intervenção federal ocorrida no século XIX, com repercussões profundas na ordem político-jurídica dos Estados Unidos, consistente na Guerra Civil de 1861 a 1864. "Os Estados Unidos da América, conformados sob a égide da Constituição de 1787, pressupunham que a união dos estados americanos era indissolúvel. Já no preâmbulo da Constituição ficava clara a intenção de se formar a 'união mais perfeita'. Sobre o tema pondera Thomas M. Cooley que: 'Segundo os Artigos da Confederação, a União foi declarada perpétua. E quando se reconheceu que estes artigos eram inadequados às exigências da nação, então prevaleceu o preceito – que a Constituição foi adotada 'para formar uma União mais perfeita'. É difícil exprimir a ideia de unidade indissolúvel mais claramente do que por estas palavras. O que poderá ser indissolúvel, se não for uma União que é feita da mais perfeita maneira? Uma vez que um Estado tenha entrado para a União, como parte integrante, 'não há lugar para retratação ou revogação, a menos que seja por meio de revolução ou pelo consentimento dos Estados' (Cooley, 2002, p. 38)".

Todavia, "em dezembro de 1860, tendo em conta o problema da escravidão e a consequente avaliação de que o recém-eleito Presidente Abraham Lincoln optaria pelo caminho abolicionista, a Carolina do Sul revogou formalmente sua ratificação da Constituição Federal. Semanas depois, Mississipi, Flórida, Geórgia, Alabama, Louisiana e Texas também adotaram idêntico procedimento, retirando-se dos Estados Unidos da América. Em fevereiro de 1861, Abraham Lincoln reafirmaria a indissolubilidade da União. Ao remarcar que se tratava de vínculo perpétuo, deixava claro que o governo federal tomaria todas as medidas para mantê-la sempre que ameaçada. Neste sentido, destacam Charles Sellers, Henry May e Neil R. McMillen:

> O discurso de posse revelou um líder de insuspeita estatura e uma posição em torno da qual a opinião nortista podia cerrar fileiras. Com uma eloquência que nenhum outro presidente desde Jefferson jamais atingiria, defendeu a preservação da União. "Os acordes místicos da memória", disse ele, "estendendo-se de cada campo de batalha e de cada sepultura de patriota até cada coração vivo e sadio em toda esta vasta terra, engrossarão o coro da União quando novamente tocados, como certamente o serão, pelos melhores anjos de nossa natureza". Ao tentar tocar esses acordes, tranquilizou o Sul, nos termos os mais claros, dizendo que não toleraria ato algum contra a escravidão nos estados onde ela já existia. O discurso, porém, continha também um veio de ferro. A União, disse Lincoln, era perpétua, quaisquer atos contra a autoridade dos Estados Unidos seriam "insurrecionais ou revolucionários", e essas afirmações deveriam ser interpretadas como "a declarada finalidade da União de que ela, constitucionalmente, irá defender-se e sustentar-se". Embora não iniciasse hostilidades, disse o presidente ao Sul, o governo federal "manteria, ocuparia e possuiria" as fortalezas federais e outras propriedades nos estados separados e neles arrecadaria os direitos aduaneiros de importação. (SELLERS; MAY, MACMILLEN, 1990, 191)

---

[8] HOFFER, Peter Charles; HOFFER, Williamjames Hull and HULL, nº E. H. *The Supreme Court:* an essential history. Kansas: University Press of Kansas, 2007, p. 3.

"Ocorre que praticamente todas as propriedades federais haviam sido ocupadas pelos estados secessionistas – com exceção do Fort Sumter, localizado em Charleston, na Carolina do Sul. Pois após o seu bombardeiro pelos confederados, Lincoln decidiu recrutar tropas dos estados, com o objetivo de formar um exército de setenta e cinco mil homens. Os Estados Confederados concluíram que a decisão de Lincoln sinalizava uma declaração de guerra e, no mesmo mês, outros quatro estados do Sul – Virginia, Carolina do Norte, Tennessee e Arkansas – se retiraram da União. A fim de preservar a União, os exércitos do Norte decidiram ocupar o Sul conflagrado, iniciando-se assim a Guerra Civil, conflito que duraria quatro anos e que acabaria por ceifar mais de quinhentas mil vidas. No plano jurídico, Lincoln invocaria precisamente o já referido artigo IV, Seção 4 da Constituição dos Estados Unidos da América para justificar a necessidade de dar fim à rebelião nos Estados conflagrados, com o que caberia somente ao Congresso a autorização para seus atos, afastando-se assim do controle judicial, na esteira do entendimento da Suprema Corte de que se tratava de questão política. Também a legislação que foi implantada após o fim da Guerra Civil e da vitória do Exército do Norte, durante o período da Reconstrução, encontrava-se fundamentada neste dispositivo constitucional."

Acerca desse tema, John E. Nowak, Ronald D. Rotunda e J. Nelson Young prelecionam: "em 1861, por exemplo, Presidente Lincoln, não querendo reconhecer os Estados do Sul como beligerantes convencionais, invocou este artigo para obter autorização a fim de derrubar a rebelião. Mais tarde os republicanos do Congresso justificaram sua legislação da Reconstrução e suas políticas em parte com base neste artigo. Uma teoria consignava que quando um Estado encontrava-se em situação de rebelião violando a Constituição ele privaria seus cidadãos de uma forma de governo republicana, mesmo que ele não pudesse nunca deixar a União; assim o Congresso estava autorizado a usar todos os meios à sua disposição, incluindo força militar (e provavelmente, posterior legislação de reconstrução) para cumprir a garantia federal".[9]

Ainda em consequência da tentativa de secessão por Estado-membro, destaca-se o caso *Texas vs. White* em 1869. "Em 1851, o Congresso autorizou a transferência de US$ 10 milhões em títulos dos Estados Unidos para o estado do Texas. O governo de reconstrução alegou que os títulos foram vendidos ilegalmente pelo legislativo estadual confederado durante a Guerra Civil Americana. Quando o governo de reconstrução tentou recuperar os títulos, o Texas entrou com uma ação diretamente na Suprema Corte dos Estados Unidos, que retém a jurisdição original em certos casos em que um estado é parte". Diante disso, indagou-se: 1 – O Texas estava qualificado para buscar reparação na Suprema Corte? 2 – O Texas poderia recuperar os títulos constitucionalmente? Em conclusão, por cinco votos a três, a Suprema Corte decidiu que "o Texas realmente tinha o direito de

---

[9] LUGONES, Carlos Guilherme Francovich. *As bases da intervenção federal no Brasil*. A experiência da Primeira República. Rio de Janeiro: Lumen Juris, 2019, p. 43-45.

entrar com uma ação judicial. O Tribunal considerou que o Texas permaneceu um Estado, apesar de ingressar nos Estados Confederados da América e estar sob regime militar no momento da decisão. O Tribunal sustentou ainda que os Estados individuais não podiam se separar unilateralmente da União e que os atos da legislatura insurgente do Texas – mesmo se ratificados pela maioria dos texanos – eram 'absolutamente nulos'. Mesmo durante o período de rebelião, no entanto, a Corte concluiu que o Texas continuou a ser um Estado".[10]

Por fim, esclareça-se que "o Texas e os outros estados da Confederação não deixaram de existir, mas eles se afastaram. Os Atos de Reconstrução restauraram-nos como membros da União, e os Atos de Reconstrução eram legais sob a cláusula de garantia da Constituição, assegurando a cada estado uma forma republicana de governo". Dessa forma, a reconstrução da União como ente promovedor do elo federal – ou a sua reorganização – sofreu obstáculos formidáveis, mas a União nunca foi dissolvida, pois se manteve como um organismo indestrutível.[11]

1.2 Brasil

No tocante ao instituto da intervenção federal, o Brasil se inspirou nas ideias republicanas e no modelo federal criado pelos Estados Unidos da América. O país baseou-se tanto no modelo estadunidense, que a primeira Constituição da República de 1891 declarava o Brasil como "Estados Unidos do Brasil".

De fato, o surgimento do Estado-federal correlaciona-se com os valores do Estado-republicano. Em percuciente estudo, Nelson Saldanha assinala os antecedentes e condições do republicanismo: "A ideia republicana já tinha, nos últimos anos do período monárquico, um largo passado e uma significativa continuidade, vindo, como vinha, desde as reclamações antilusas do século XVIII, passando pelas rebeliões do período regencial. Naqueles anos, que antecederam a proclamação da república, as reclamações se haviam transformado em doutrina, e a doutrina republicana, forte e falante, convivia quase oficialmente com o pensamento governamental do Império. Este convívio se dava às vezes numa mesma cabeça, tendo havido muitos que hesitavam entre lealdade ao soberano e adesão à causa nova. A 'proclamação', a 15 de novembro de 1889, apenas consumou uma tendência crescente nos últimos tempos da monarquia, que como instituição passava um período de desprestígio. Não foi por isso uma 'revolução' propriamente, a não ser no sentido formal – embora este seja sem dúvida importante – de 'substituição de forma de governo'. Não revestiu maior sentido social, o movimento republicano, ao menos no denominador comum das posições que convergiam para o 'resultado' republicano daquela hora: era um

---

[10] OYEZ. *Texas v. White*. Citation 74 US 700 (1869). Disponível em: https://www.oyez.org/cases/1850-1900/74us700. Acesso em: 26 jun. 2021.

[11] HOFFER, Peter Charles; HOFFER, Williamjames Hull and HULL, nº E. H. *The Supreme Court:* An essential history. Kansas: University Press of Kansas, 2007, p. 119-121.

movimento político. Àquelas alturas, a sociedade brasileira (na medida em que podemos tentar caracterizá-la como um todo) apresentava muito pouco progresso em relação ao tipo de vida correspondente aos tempos de plenitude da monarquia: o povo era o mesmo, o atraso igualmente, e uma minoria culta, mas uma minoria possuidora, pairava sobre as populações ignorantes e desamparadas".[12]

Com efeito, a revolução de 1888-1889 foi profunda e geral no país, modificando-se valores e preceitos jurídicos arraigados por séculos (abolição da escravatura e do poder moderador, adoção da forma Republicana e do Estado federal etc.). Na lição de Pedro Calmon: "o movimento de ideias que envolveu o golpe militar de 15 de novembro carregava essa impaciência informe, como o vento de verão carrega a tepidez do solo, o fogo do espaço (...). Levantou-se uma vaga cruzada contra os dogmas. Uma insurreição espiritual, contra o passado, os valores consagrados. Uma substituição de símbolos, de principias, de fins. Em vez da continuidade política, a revolução; em lugar do ruralismo monárquico, a cidadania republicana; não mais unidade nacional, mas união, com Estados autônomos governo de mão firme, e não débeis governos de gabinete; discursos na rua e não no parlamento. O exército arredou o Império desse caminho clareado pela lua romântica. O exército precipitou a transformação: sobretudo lhe assegurou a paz externa, a aparência de transição sem sobressaltos. Licenciados os partidos constitucionais, a classe dirigente, dera ele, com a sua organização, uma disciplina e uma ordem à federação nascente. Um oficial assumiu o governo da província; apoiou-se à sua guarnição; manteve nos seus postos o funcionalismo, garantiu a magistratura; e essa circunstância obstou à anarquia".[13]

Em que pese as profundas mudanças sociopolíticas que ocorriam no Brasil, Aristides Lobo, correspondente do "Diário Popular" de São Paulo, descreveu o retrato do dia 15 de novembro de 1889: "Por ora, a cor do governo é puramente militar, e deve ser assim. O fato foi deles, deles só, porque a colaboração do elemento civil foi quase nula. O povo assistiu àquilo bestializado, atônito, surpreso, sem conhecer o que significava. Muitos acreditavam sinceramente estar vendo uma parada".[14]

No mesmo sentido, Aurelino Leal destacou a atuação das Forças Armadas na implantação da nova forma de governo no país: "O que não direi é que a ideia, a 15 de novembro de 1889, tivesse atravessado todo o seu processo de maturação. Havia, sem dúvida, uma elite republicana no país. Mas os propagandistas, para chegar ao 15 de Novembro, não se armaram somente das excelências do regime, nem, muito menos, tinham podido levar à consciência da maioria da opinião a convicção das suas vantagens. A meu ver, o que lhes deu ganho de causa

---

[12] SALDANHA, Nelson Nogueira. *História das idéias políticas no Brasil*. Coleção Biblioteca Básica Brasileira. Brasília: Senado Federal, 2001, p. 229-230.
[13] CALMON, Pedro. *História social do Brasil*. 3º Tomo. A época republicana. São Paulo: Companhia Editora Nacional, 1939, p. 1-5.
[14] CALMON, Pedro. *História social do Brasil*. 3º Tomo. A época republicana. São Paulo: Companhia Editora Nacional, 1939, p. 6.

foi a exploração dos ressentimentos, das mágoas, dos desapontamentos, das contrariedades que fermentavam n'alma de grandes patentes do Exército, onde, aliás, é também incontestável, havia representantes do novo credo. Portanto, se há um fator que se aponte com o dedo, é este – o da força armada, fator que, aliás, se tem revelado através da nossa história, com uma pertinência inquietante a que é preciso pôr termo. O juramento das bases da Constituição portuguesa por D. João VI, e mais tarde por D. Pedro; a dispersão, à bala, da junta dos procuradores gerais; a dissolução da Constituinte; o 7 de Abril; a maioridade, são exemplos, entre muitos, de que o gérmen da participação perigosa da força na política, uma vez insinuado no organismo de um país, é difícil de ser esterilizado".[15]

De igual modo, imperioso registrar a anterior propugnação de ideias republicanas no âmbito do Poder Legislativo, a exemplo da histórica sessão de 11 de junho de 1889 na Câmara dos Deputados. Aurelino Leal explicitou minuciosamente: "O visconde de Ouro Preto expunha o programa do gabinete de 7 do mesmo mês, relativo, especialmente, 'às reformas liberais' consideradas de 'necessidade urgente e imprescindível'. Cedo a palavra ao grande homem de Estado para que, por meu intermédio, tenha a ilusão de escutar-lhe a voz amada o sr. conde de Afonso Celso, que tão alto lhe mantém e eleva as lídimas tradições morais e intelectuais: 'Plena autonomia dos municípios e províncias. A base essencial desta reforma é eleição dos administradores municipais e a nomeação dos presidentes e vice-presidentes de província, recaindo sobre lista organizada pelo voto dos cidadãos alistados. Prescrever-se-ão em lei o tempo da serventia destes funcionários, os casos em que possam ser suspensos e demitidos e os da intervenção do poder central, para salvaguarda dos interesses nacionais, que possam perigar; efetividade das garantias já concebidas por lei ao direito de reunião; liberdade de culto e seus consectários, medidas aconselhadas pela necessidade de facilitar a assimilação, na família brasileira, dos elementos estranhos provenientes da imigração, que convém fomentar na maior escala; temporariedade do Senado'. (Vozes – Deve ser a primeira.) (Riso.) O sr. visconde de Ouro Preto: – Se V. Exas prometem auxiliar-me, contem comigo. Vozes: – Podemos tratar disso na presente sessão. – O sr. visconde de Ouro Preto: – Repito, não tenho dúvida; mas depois das leis de meios. – O sr. Pedro Luís: – É o começo da república. – O sr. visconde de Ouro Preto: – Não, é a inutilização da república. Sob a monarquia constitucional representativa, podemos obter, com maior facilidade e segurança, a mais ampla liberdade. Pouco depois, o padre João Manuel terminava o seu discurso incendido: – Abaixo a monarquia! Viva a república! Cesário Alvim anunciava 'que ia lutar em campo mais adiantado, adiante dos seus correligionários', e que 'deixava os seus antigos companheiros para consagrar-se à causa da democracia pura – a república".[16]

---

[15] LEAL, Aurelino. *História constitucional do Brasil*. Edições do Senado Federal. Volume 178. Brasília: Senado Federal, 2014, p. 152.

[16] LEAL, Aurelino. *História constitucional do Brasil*. Edições do Senado Federal. Volume 178. Brasília: Senado Federal, 2014, p. 149-150.

A ideia de federação não surgiu unicamente com a Proclamação da República em 15 de novembro. "O manifesto republicano de 1870 exprimia a exigência federativa com seu 'princípio cardeal', chegando a equacionar, com dramática síntese, a alternativa em que se achava a nação: 'centralização = desmembramento; descentralização = unidade'. E Rui Barbosa dava mesmo, a princípio pelo menos, mais importância à solução federal que à republicana: 'Federação com ou sem república'. E de algum modo a pregação federalista, sem embargo de agora se tratar de um projeto novo e de serem novas as circunstâncias, se vinculava a todos os elos das sucessivas tentativas de Federação, que o passado apresentava. Assim, a república fez do Brasil, ao implantar-se, um país federal".[17]

Rui Barbosa exerceu proeminente atuação no republicanismo brasileiro. "Foi ele quem redigiu o decreto número um, que mudou o nome ao país: agora, Estados Unidos do Brasil. República federativa. União de autônomos Estados. Foi providencial Ruy Barbosa, em 15 de novembro. Se os positivistas se antecipassem, decretando, no papel, uma divisão territorial arbitrária; se vencessem as doutrinas anti-*yankees*; se não se postulasse logo o descongestionamento federalista? Poderia ter sido a aventura; Ruy trouxe a razão. Imprimiu à nova ordem de coisas o selo de suas convicções. Escrevendo a primeira lei do regímen, de fato o atirava de encontro às forças atrativas do continente: suspendeu o europeismo teimoso de nossas inclinações. Trocou América por França; popularizou – o que até aí fora fraseado de jornal ou assunto acadêmico, de recintos fechados – a política dos Estados Unidos, as soluções dos Estados Unidos, o seu hibridismo invejável. Com o decreto número um, coroará Ruy a sua carreira de reformador político. Apagará a superstição francesa do nosso constitucionalismo. Inaugurava esse americanismo de que foi, até morrer, o advogado nem sempre compreendido. Teórico e heroico".[18]

Com efeito, a Constituição de 1891 modificou a estrutura do Estado brasileiro, dando-lhe "uma compleição complexa, mudando-se o unitarismo anterior em um federalismo que fazia de cada província um Estado. Mas, se as províncias no tempo do Império não tinham autonomia, senão para reclamar e praguejar, às vezes, contra o centralismo, os 'estados' agora não sabiam propriamente como utilizar a letra constitucional. Eles não vinham, como era o caso do modelo norte-americano, de um passado de autonomias locais originárias, que pudesse criar equilíbrios políticos e jurídicos na relação de uns com os outros e na relação de todos com o conjunto".[19]

Assim, com o acolhimento do Estado federal, as antigas províncias tornaram-se Estados-membros, agora detentoras de autonomia em face do poder central

---

[17] SALDANHA, Nelson Nogueira. *História das idéias políticas no Brasil*. Coleção Biblioteca Básica Brasileira. Brasília: Senado Federal, 2001, p. 243.
[18] CALMON, Pedro. *História social do Brasil*. 3º Tomo. A época republicana. São Paulo: Companhia Editora Nacional, 1939, p. 8-9.
[19] SALDANHA, Nelson Nogueira. *História das idéias políticas no Brasil*. Coleção Biblioteca Básica Brasileira. Brasília: Senado Federal, 2001, p. 257.

(União). Os Estados-membros utilizaram da descentralização para realizar diversos atos diretivos. Exemplificadamente, o estado do Ceará criou órgão denominado de "ministério", com vários ministros, tendo inclusive ministro da marinha. No Maranhão, foi decretada a separação da Igreja e do Estado antes que a União o fizesse; no Rio Grande do Sul, o governador fez alusão à plebiscito para continuar no exercício do cargo. A Constituição rio-grandense habilitou o "presidente do Estado" a nomear o "vice-presidente", ou seja, ele mesmo escolher o seu eventual substituto. No Amazonas, a Constituição estadual autorizava o governador a decretar "estado de sítio" no âmbito regional. "Os Estados olharam d'alto, com arrogância, o poder central. Deodoro, é verdade, nimbara-se de um prestígio magnífico: mas, caído ele, podia acontecer a desagregação. Ou, pelo menos, uma profunda diferenciação de regiões". Nesse passo, com o reconhecimento de autonomia aos Estados, havia correntes que propugnavam pelo princípio autonomista. "Campos Salles, por exemplo, fazia questão do qualificativo 'soberano', para o Estado (...) Apenas o tumulto se amorteceu numa propagação subsequente de conflitos, divergências, interesses. A aspereza da luta ritmou-se com a animação econômica. O dístico da bandeira correspondia em metade a realidade: muito progresso, numa ordem mínima, mesmo numa desordem crescente. Desordem financeira, do 'encilhamento'. Desordem política, na crise de instalação do poder permanente depois de promulgada a Constituição federal, de 24 de fevereiro de 1891. Desordem moral, no vazio causado pelas demolições sistemáticas, pelo 'emplastro adesivo que cobrira o país' – na frase de Carlos de Laet, pelo litígio de convicções. Mas, por toda parte, a despeito dessas perturbações graves, os indícios d'uma prosperidade espontânea, duma riqueza múltipla, d'uma civilização penetrante e expansiva".[20]

O anseio por autonomia estadual era tão grande que as antigas províncias denominavam os seus governadores de *"presidente"* do Estado regional, a exemplo de Campos Sales, o terceiro do Estado de São Paulo (01/05/1896 a 31/10/1897). O nome atribuído ao cargo era de "presidente do Estado de São Paulo",[21] inclusive escrito à mão no Termo de Posse.[22] Por conseguinte, era urgente a criação de mecanismo que contivesse eventual ruptura federativa.

Realmente, com a Proclamação da República Federativa dos Estados Unidos do Brasil em 15 de novembro de 1889, afigurava-se necessário o disciplinamento de mecanismo de atuação do Governo Central nos Estados-membros, a fim de assegurar a ordem pública, a paz e a tranquilidade pública. Assim, o Decreto nº 1, de 15 de novembro de 1889, editado pelo Marechal Manuel Deodoro da Fonseca

---

[20] CALMON, Pedro. *História social do Brasil*. 3º Tomo. A época republicana. São Paulo: Companhia Editora Nacional, 1939, p. 13-16.

[21] BRASIL. Assembleia Legislativa do Estado de São Paulo. *Relação dos governantes no período de 1822 a 1900*. Disponível em: https://www3.al.sp.gov.br/historia/governadores-do-estado/governantes1.htm Acesso em: 07 set. 2020.

[22] BRASIL. Assembleia Legislativa do Estado de São Paulo. *Relação dos governantes no período de 1822 a 1900 – termo de posse*. Disponível em: https://www3.al.sp.gov.br/historia/governadores-do-estado/termos/1896mcsalles_PE.htm Acesso em: 07 set. 2020.

e redigido por Rui Barbosa, estabeleceu a forma federativa de Estado, bem como os primeiros pressupostos para a intervenção federal no país:[23]

> Art. 1º – Fica proclamada provisoriamente e decretada como a forma de governo da Nação brasileira – a República Federativa.
> Art. 2º – As Províncias do Brasil, reunidas pelo laço da Federação, ficam constituindo os Estados Unidos do Brasil.
> Art. 3º – Cada um desses Estados, no exercício de sua legítima soberania, decretará oportunamente a sua constituição definitiva, elegendo os seus corpos deliberantes e os seus Governos locais.
> Art. 4º – Enquanto, pelos meios regulares, não se proceder à eleição do Congresso Constituinte do Brasil e bem assim à eleição das Legislaturas de cada um dos Estados, será regida a Nação brasileira pelo Governo Provisório da República; e os novos Estados pelos Governos que hajam proclamado ou, na falta destes, por Governadores delegados do Governo Provisório.
> Art. 5º – Os Governos dos Estados federados adotarão com urgência todas as providências necessárias para a manutenção da ordem e da segurança pública, defesa e garantia da liberdade e dos direitos dos cidadãos quer nacionais quer estrangeiros.
> Art. 6º – Em qualquer dos Estados, onde a ordem pública for perturbada e onde faltem ao Governo local meios eficazes para reprimir as desordens e assegurar a paz e tranqüilidade públicas, **efetuará o Governo Provisório a intervenção necessária** para, com o apoio da força pública, assegurar o livre exercício dos direitos dos cidadãos e a livre ação das autoridades constituídas.
> Art. 7º – Sendo a República Federativa brasileira a forma de governo proclamada, o Governo Provisório não reconhece nem reconhecerá nenhum Governo local contrário à forma republicana, aguardando, como lhe cumpre, o pronunciamento definitivo do voto da Nação, livremente expressado pelo sufrágio popular.
> Art. 8º – A força pública regular, representada pelas três armas do Exército e pela Armada nacional, de que existam guarnições ou contingentes nas diversas Províncias, continuará subordinada e exclusivamente dependente de Governo Provisório da República, podendo os Governos locais, pelos meios ao seu alcance, decretar a organização de uma guarda cívica destinada ao policiamento do território de cada um dos novos Estados.
> Art. 9º – Ficam igualmente subordinadas ao Governo Provisório da República todas as repartições civis e militares até aqui subordinadas ao Governo central da Nação brasileira.
> Art. 10 – O território do Município Neutro fica provisoriamente sob a administração imediata do Governo Provisório da República e a Cidade do Rio de Janeiro constituída, também, provisoriamente, sede do Poder federal. (Grifos nossos)

Como visto, o art. 6º do Decreto nº 1, de 15 de novembro de 1889 discorreu sobre a intervenção federal no Brasil. Da redação do texto, qualquer Estado-membro, outrora denominado de "província", poderia submeter-se à intervenção federal, como forma de reprimir desordens e garantir a tranquilidade pública no respectivo Estado. Os requisitos autorizados da intervenção consistiam em violação à ordem pública incapaz de ser contida eficazmente pelo Governo local, necessitando do auxílio do governo central, para que, com a força pública

---

[23] BRASIL. Decreto nº 1, de 15 de novembro de 1889. *Proclama provisoriamente e decreta como forma de governo da Nação Brasileira a República Federativa, e estabelece as normas pelas quais se devem reger os Estados Federais*. Disponível em: http://www.planalto.gov.br/ccivil_03/decreto/1851-1899/D0001.htm Acesso em: 07 set. 2020.

adequada, fossem assegurados o livre exercício dos direitos dos cidadãos e a livre ação das autoridades constituídas (art. 6º).

Desse modo, os *primeiros pressupostos materiais para intervenção federal* nos Estados em 1889 consistiam em: i) perturbação da ordem pública; ii) ausência de meios eficazes repressores pelo Governo local e iii) impossibilidade de assegurar a paz e tranquilidade pública. Presentes esses requisitos, cumpriam-se as exigências para intromissão na autonomia dos entes federados. O *instrumento* utilizado para efetivação da medida consistia na atuação necessária e adequada do governo central, mediante meios que entendesse imprescindíveis, com o apoio da força pública, de modo a restabelecer coativamente a ordem violada. Por fim, a *finalidade* da intervenção federal era assegurar o livre exercício dos direitos dos cidadãos e a livre ação das autoridades constituídas. Assim, o escopo da medida interventiva consistia na promoção da liberdade humana, materializada nos direitos individuais, bem como na autonomia dos poderes constituídos nos Estados-membros, promovendo valores ínsitos do Estado federal.

Portanto, "ao mesmo tempo em que o Governo Provisório estabelecia as regras mínimas necessárias para que se desse juridicidade a seus atos, também consagrava os dois vetores fundamentais que regeriam o Brasil: a forma republicana e federativa. Impunha-se agora organizar as instituições, pois que o primeiro passo já se dera, com a montagem jurídica da república brasileira, fruto do poder constituinte originário manejado pelo Governo Provisório".[24] Desse modo, o Decreto 07, de 20 de novembro de 1889, promoveu diversas mudanças, entre as quais: dissolveu as antigas assembleias provinciais de 1832 a 1834; atribuiu diversas competências aos governadores do Estados-membros até a promulgação da nova constituição, permitindo-se a divisão do Estado com a Igreja; a promoção da educação pública e estabelecimentos próprios; a desapropriação de propriedade particular; autonomia orçamentária e administrativa, etc. Como forma de promover o equilíbrio federativo, o §13 facultava ao ente estadual representar ao Governo Federal contra leis, resoluções e atos dos outros estados da federação, se resultasse ofensa aos direitos do Estado prejudicado. Igualmente, caso houvesse extrapolação ou utilização indevida das prerrogativas conferidas aos Estados-membros, o Governo Federal Provisório poderia restringir, ampliar e suprimir as atribuições concedidas, alterando a autonomia regional, a fim de evitar deturpações e promover o bem coletivo:[25]

> O Governo Provisório da Republica dos Estados Unidos do Brazil decreta:
> Art. 1º Ficam dissolvidas e extintas todas as assembleias provinciais criadas pelas leis de 12 de outubro de 1832 e 12 de agosto de 1834.

---

[24] LUGONES, Carlos Guilherme Francovich. *As bases da intervenção federal no Brasil*. A experiência da Primeira República. Rio de Janeiro: Lumen Juris, 2019, p. 105.

[25] BRASIL. Câmara dos Deputados. Legislação Informatizada. *Decreto nº 7, de 20 de novembro de 1889*. Publicação original. Disponível em: https://www2.camara.leg.br/legin/fed/decret/1824-1899/decreto-7-20-novembro-1889-517662-publicacaooriginal-1-pe.html Acesso em: 07 set. 2020.

Art. 2º Até a definitiva constituição dos Estados Unidos do Brazil, aos governadores dos mesmos Estados competem as seguintes atribuições:
§1º Estabelecer a divisão civil, judicial e eclesiástica do respectivo Estado e ordenar a mudança de sua capital para o lograr que mais convier.
§2º Providenciar sobre a instrução publica e estabelecimentos próprios a promovê-la em todos os seus graus.
§3º Determinar os casos e regular a forma da desapropriação da propriedade particular por utilidade pública do Estado, nos Estados em que a matéria já não esteja regulada por lei.
§4º Fixar a despesa publica do Estado e criar e arrecadar os impostos para ela necessários, contanto que estes não prejudiquem as imposições gerais dos Estados Unidos do Brazil.
§5º Fiscalizar o emprego das rendas públicas do Estado e a conta de sua despesa.
§6º Criar empregos, prove-los de pessoal idôneo e marchar-lhes os vencimentos.
§7º Decretar obras públicas e prover sobre estradas e navegação no interior do Estado; sobre a construção de casas de prisão, trabalho, correção e regime delas; sobre casas de socorros públicos e quaisquer associações políticas ou religiosas.
§8º Criar a força policial indispensável e necessária, e providenciar sobre seu alistamento, organização e disciplina, de acordo com o Governo Federal.
§9º Nomear, suspender e demitir os empregados públicos dos respectivos Estados, à exceção dos magistrados perpétuos, que poderão ser suspensos para serem devidamente responsabilizados e punidos, com recurso necessário para o Governo.
§10 Contrair empréstimos e regular o pagamento dos respectivos juros e amortização, dependente da aprovação do Governo Federal.
§11 Regular a administração dos bens do Estado e autorizar a venda dos que não convier conservar, mas sendo esta feita em hasta pública.
§12 Promover a organização da estatística do Estado, a catequese e civilização dos indígenas e o estabelecimento de colônias.
§13 Representar ao Poder Federal contra as leis, resoluções e atos dos outros Estados da União, que ofenderem os direitos do respectivo Estado.
Art. 3º O Governo Federal Provisório reserva-se o direito de restringir, ampliar e suprimir quaisquer das atribuições que pelo presente decreto são conferidas aos governadores provisórios dos Estados, podendo outrossim substitui-los conforme melhor convenha, no atual período de reconstrução nacional, ao bem público ou a paz e direito dos povos.
(Grifos nossos)

Diante de concessão de autonomia aos Estado-membros para organização no âmbito regional, fez-se necessária a criação de mecanismos asseguradores do equilíbrio federativo. Em razão disso, os entes estaduais podiam acionar o Governo Federal contra atos normativos ou atos prejudiciais de outros Estados, bem como ao Governo central era facultado interferir no Estado-membro – inclusive restringindo ou suprimindo prerrogativas – a fim de manter o bem público, a paz ou os direitos individuais. Isso porque ao lado da autonomia reside o dever, ou seja, a imprescindibilidade do cumprimento de preceitos elementares, que limitam a atuação exacerbada do Estado-membro, de modo a evitar o desvirtuamento de tão caro instituto caracterizador do Estado federal.

Nesse sentido, o Decreto nº 510, de 22 de junho de 1890, tratou da organização federal brasileira. No art. 5º, foi estabelecido o princípio geral da *não-intervenção* da União nos Estados-membros, ressalvadas as hipóteses expressamente indicadas, nomeadamente para: reprimir invasão estrangeira ou de um Estado em outro; para manter a forma republicana de governo e o Estado federal; para restabelecer a ordem na unidade federativa, desde que a pedido dos poderes locais, bem como para assegurar a execução das leis do Governo Central e a observância das sentenças federais:[26]

> Art. 5º O Governo Federal não poderá intervir em negócios peculiares aos Estados, salvo:
> 1º Para repelir invasão estrangeira, ou de um Estado em outro;
> 2º Para manter a forma republicana federativa;
> 3º Para restabelecer a ordem e a tranquilidade nos Estados, à requisição dos poderes locais;
> 4º Para assegurar a execução das leis do Congresso e o cumprimento das sentenças federais.

Por sua vez, com a finalidade de ser redigida a primeira Constituição republicana, o Decreto nº 29, de 03 de dezembro de 1889, nomeou uma comissão composta por cinco membros: Dr. Joaquim Saldanha Marinho (presidente); Dr. Américo Brasiliense de Almeida Mello (vice-presidente); Dr. Antônio Luiz dos Santos Werneck, Dr. Francisco Rangel Pestana e Dr. José Antônio Pedreira de Magalhães Castro.[27] Em seguida, o Decreto nº 78-B, de 21 de dezembro de 1889, designou o dia 15 de setembro de 1890 para a eleição geral da Assembleia Constituinte, convocando sua reunião para dois meses depois, na capital da República Federal.[28]

Após intenso trabalho, adveio a primeira *Constituição Republicana, de 24 de fevereiro de 1891*, que, em razão da forte influência estadunidense, foi nomenclaturada de "Constituição da República dos Estados Unidos do Brasil". Da análise do texto constitucional, sobressaía visivelmente a nova organização do Estado federal, tanto que os primeiros artigos da Carta Magna tratavam do modelo federativo, da distribuição de competências, da intervenção federal, dos tributos e, logicamente, da nova forma de governo republicana e do regime representativo. Além disso, o art. 6º da Constituição de 1891 tratava expressamente dos pressupostos excepcionais autorizadores da intervenção federal nos Estados-membros. Nesse momento histórico, a forma republicana, o Estado federal e as matérias correlatas eram os elementos mais importantes para a recente Constituição, sendo expostos nas primeiras linhas mestras.[29]

Em que pese a importância do instituto da intervenção federal nos Estados-membros, o tema não foi objeto de pesquisas pelas doutrinas elaboradoras da nova

---

[26] BRASIL. Senado Federal. Secretaria-Geral da Mesa. Atividade Legislativa – Legislação. *Decreto nº 510, de 22 de junho de 1890*. Disponível em: https://legis.senado.leg.br/norma/388004/publicacao/15722625 Acesso em: 07 set. 2020.

[27] BRASIL. Câmara dos Deputados. Legislação Informatizada – *Decreto nº 29, de 3 de dezembro de 1889* – Publicação original. Acesso em: https://www2.camara.leg.br/legin/fed/decret/1824-1899/decreto-29-3-dezembro-1889-517853-publicacaooriginal-1-pe.html Acesso em: 07 set. 2020.

[28] BRASIL. Câmara dos Deputados. Legislação Informatizada – *Decreto nº 78-B, de 21 de dezembro de 1889* – Publicação original. Disponível em: https://www2.camara.leg.br/legin/fed/decret/1824-1899/decreto-78-b-21-dezembro-1889-517756-publicacaooriginal-1-pe.html Acesso em: 07 set. 2020.

[29] BRASIL. Câmara dos Deputados. Legislação Informatizada. *Constituição de 1891* – Publicação original. Disponível em: https://www2.camara.leg.br/legin/fed/consti/1824-1899/constituicao-35081-24-fevereiro-1891-532699-publicacaooriginal-15017-pl.html Acesso em: 07 set. 2020.

Constituição, a ponto de surpreender Agenor de Roure na obra *A Constituinte Republicana*, de 1920:[30]

> Uma das maiores surpresas reservadas aos pesquisadores dos Anais da Constituinte Republicana é a absoluta ausência de comentários às doutrinas relativas à intervenção federal nos Estados – questão capital no regime federativo, a ponto de Campos Salles dizer, certa vez, que no art. 6º da Constituição está o coração da República. A Constituinte de 1890-91 nem se deu ao trabalho de discutir os casos de intervenção, tendo havido, sobre o assunto, apenas um discurso do Sr. Meira de Vasconcellos. O "coração", órgão essencial a vida republicana-federativa, mereceu dos constituintes menos cuidado do que os demais órgãos: o estomago, com a discriminação de rendas; os pulmões, com o Poder Legislativo; o cérebro, com o Poder Executivo, etc. mereceram grandes debates e aprofundado estudo, ao mesmo tempo que se deixava sem o elemento histórico, para uma interpretação autêntica, o art. 50 do projeto, hoje art. 6º da Constituição.

De fato, considerando a imensa quantidade de novos institutos, matérias e implicações inerentes ao federalismo e republicanismo, não foi possível, naquele momento, a elaboração de pesquisas mais densas acerca da intervenção federal nos Estados. "Da leitura dos debates registrados nos anais do Congresso Constituinte, vê-se que quase nada foi dito a respeito do tema da intervenção federal. Nas poucas referências, é possível se destacar a proposta de Meira de Vasconcelos", sugerindo modificação na redação do artigo, para incluir a medida interventiva mediante requisição do Estado abalado em sua ordem e tranquilidade institucional. Não obstante a aprovação de nova emenda, a proposta foi acatada na sua essência. Desse modo, a "república brasileira ganhava assim em sede constitucional relevante instrumento de manutenção e resguardo do sistema federal, cujo impacto seria sentido já nos primeiros passos do governo constitucional recém-eleito, e que seria utilizado em diversos momentos por toda a Primeira República. Portanto, diferentemente da perspectiva demonstrada pelos membros do Congresso Constituinte, o Poder Executivo federal daria grande relevo ao instituto da intervenção federal nas primeiras décadas republicanas, manejando-o sempre que necessário, inclusive para fazer valer seus interesses junto às estruturas estaduais de poder".[31]

Posto isso, nesse momento serão mencionadas, de maneira extremamente sucinta, as hipóteses ensejadoras de intervenção federal nas Constituições brasileiras. Isso porque, considerando a diversidade e a importância, a matéria será melhor delineada em capítulo próprio na presente obra, em estudo comparativo da evolução no direito nacional.

Assim, a **Constituição de 1891** foi a primeira constituição brasileira a tratar da intervenção federal. O art. 6º elencava as hipóteses, sendo quatro as situações:

---

[30] ROURE, Agenor de. *A Constituinte Republicana*. Volume Primeiro. Rio de Janeiro: Imprensa Nacional, 1920, p. 323.
[31] LUGONES, Carlos Guilherme Francovich. *As bases da intervenção federal no Brasil*. A experiência da Primeira República. Rio de Janeiro: Lumen Juris, 2019, p. 118-120.

i) para repelir invasão estrangeira, ou de um Estado em outro; ii) para manter a forma republicana federativa; iii) para restabelecer a ordem e a tranquillidade nos Estados, a requisição dos respectivos governos; e iv) para assegurar a execução das leis e sentenças federais.[32]

Do advento da primeira Constituição Republicana, parte da doutrina criticou o instituto da intervenção federal, pois reputara que se utilizara da violência ou coação para manter o Estado federal: "Ora, quem diz federação, diz concurso livre: e como se impõe que seja indissolúvel e perpétuo o que amanhã pode ser contra a vontade positiva e expressa de um ou de vários Estados? É contraditória, pois, com o princípio federal, a doutrina referida nos artigos 1º, e 6º, n.2, *in fine*. Mais ainda: é vexatória, pois que faz pensar ao Mundo que a fraternidade das populações brasileiras só pode ser mantida por via da coação. Triste fraternidade seria essa! E, no entanto, tem este fundamento legal a que liga nossos Estados uns aos outros (...) Seja-nos lícito perguntar aos republicanos deste país: pretende-se que o Brasil viva da compressão e da violência? Fôra erro palmar, porque só 'a obediência voluntária mantém e perpetua o governo'. Depois, diante do próprio princípio democrático, dominante na lei fundamental, se a grande maioria de um Estado quiser separá-lo da União, há quem julgue legítimo impedi-lo? – Nunca. Tal violência injustificável até mesmo em um país unitário. O nobre republico Dr. Antônio Ferreira França apresentando às câmaras do Império, portanto, o projeto de reconhecimento imediato da independência do Riogrande, em 1840, promovida pela imensa maioria de seus habitantes, ou que se decretasse um plebiscito para decidir da sorte dos heroicos Farrapos, fez obra de sã política, dessa que 'é fundada na moral e na razão', segundo o patriarca José Bonifácio".[33]

A esse respeito, Paulino Jacques assinala: "em 1914, sob a presidência do Marechal Hermes da Fonseca, foi nomeado interventor o então coronel Fernando Setembrino de Carvalho, no caso do Ceará, onde havia duplicidade de governo. Outras intervenções federais foram realizadas, com no Rio Grande do Sul, Rio de Janeiro, Espírito Santos, Goiás, Sergipe e Pernambuco. A mais notável, porém, foi a da Bahia, em 1920".[34]

Desse modo, o instituto da intervenção federal foi previsto na primeira Constituição Republicana de 1891 justamente para evitar a desintegração do território brasileiro e a formação de diversos países independentes, revelando medida essencial para a manutenção do pacto federativo.

A *Constituição de 1934* também tratou das hipóteses excepcionais autorizadoras de intervenção federal nos Estados, aumentando os fatos ensejadores bem como elencando especificamente as condições e o procedimento a ser adotado.

---

[32] BRASIL. Câmara dos Deputados. Legislação Informatizada. *Constituição de 1891* – Publicação original. Disponível em: https://www2.camara.leg.br/legin/fed/consti/1824-1899/constituicao-35081-24-fevereiro-1891-532699-publicacaooriginal-15017-pl.html Acesso em: 10 set. 2020.

[33] VARELA, Alfredo. *Direito constitucional brasileiro*. Reforma das instituições nacionais. Rio de Janeiro: Typographia, 1899, p. 67-69.

[34] JACQUES, Paulino. *Curso de direito constitucional*. 9. ed. Rio de Janeiro: Forense, 1983, p. 174.

Nesse momento, eram sete os pressupostos autorizadores da intervenção federal: i) para manter a integridade nacional; ii) para repelir invasão estrangeira, ou de um Estado em outro; iii) para pôr termo à guerra civil; iv) para garantir o livre exercício de qualquer dos Poderes Públicos estaduais; v) para assegurar a observância dos princípios constitucionais especificados nas letras *a* a *h*, do art. 7º, nº I, e a execução das leis federais; vi) para reorganizar as finanças do Estado que, sem motivo de força maior, suspender, por mais de dois anos consecutivos, o serviço da sua dívida fundada; vii) para a execução de ordens e decisões dos Juízes e Tribunais federais (art. 12). Nos parágrafos seguintes do texto constitucional, constava o procedimento e a sistematização do processo de intervenção federal.[35] Além disso, o art. 12, §2º, da CF/1934 inaugurou a figura da *representação interventiva*, ante a violação de princípios sensíveis, que autorizava a intervenção no Estado-membro mediante representação do Procurador-Geral da República, após ação julgada procedente pelo Supremo Tribunal Federal, inaugurando a ação direta de inconstitucionalidade.

Igualmente, a ***Constituição de 1937*** previu o instituto da intervenção federal, indicando os pressupostos, inclusive elencando novos elementos, a exemplo da intervenção para assegurar o governo presidencial e os direitos e garantias estabelecidos na Lei Maior. A matéria era tratada no art. 9º da CF/1937, sendo utilizada: i) para impedir invasão iminente de um país estrangeiro no território nacional, ou de um Estado em outro, bem como para repelir uma ou outra invasão; ii) para restabelecer a ordem gravemente alterada, nos casos em que o Estado não queira ou não possa fazê-lo; iii) para administrar o Estado, quando, por qualquer motivo, um dos seus poderes estiver impedido de funcionar; iv) para reorganizar as finanças do Estado que suspender, por mais de dois anos consecutivos, o serviço de sua dívida fundada, ou que, passado um ano do vencimento, não houver resgatado empréstimo contraído com a União; v) para assegurar a execução dos seguintes princípios constitucionais; 1 – forma republicana e representativa de governo; 2 – governo presidencial; 3 – direitos e garantias assegurados na Constituição; vi) para assegurar a execução das leis e sentenças federais.[36]

Com a ***Constituição de 1946***, o instituto da intervenção federal ganhou novos contornos e significativo avanço normativo, conforme previsão nos artigos 7º a 14 da Carta Magna então vigente. Foi a primeira vez que o assunto obteve abrangência jurídica tão grande, tanto relativamente a hipóteses ensejadoras quanto em normatização constitucional. Mencionou-se expressamente a decretação por *requisição* dos tribunais competentes, bem como a intervenção por *solicitação* do Poder Legislativo ou Executivo coato ou impedido. A representação interventiva por violação a princípios sensíveis era prevista no parágrafo único do art. 8º da

---

[35] BRASIL. *Constituição da República dos Estados Unidos do Brasil (16 de julho de 1934)*. Disponível em: http://www.planalto.gov.br/ccivil_03/constituicao/constituicao34.htm Acesso em: 10 set. 2020.
[36] BRASIL. Câmara dos Deputados. *Constituição de 1937*. Publicação original. Legislação Informatizada. Disponível em: https://www2.camara.leg.br/legin/fed/consti/1930-1939/constituicao-35093-10-novembro-1937-532849-publicacaooriginal-15246-pl.html Acesso em: 30 nov. 2020.

CF/1946. Outrossim, na vigência da referida Constituição foi promulgada a Lei nº 4.337, de 1964, que regulava a declaração de inconstitucionalidade interventiva.

Nos termos do art. 7º da CF/1946, o Governo Federal não poderia intervir nos Estados-membros, ressalvado para: i) manter a integridade nacional; ii) repelir invasão estrangeira ou a de um Estado em outro; iii) pôr termo a guerra civil; iv) garantir o livre exercício de qualquer dos Poderes estaduais; v) assegurar a execução de ordem ou decisão judiciária; vi) reorganizar as finanças do Estado que, sem motivo de força maior, suspender, por mais de dois anos consecutivos, o serviço da sua dívida externa fundada; vii) assegurar a observância dos seguintes princípios: 1 – forma republicana representativa; 2 – independência e harmonia dos Poderes; 3 – temporariedade das funções eletivas, limitada a duração destas à das funções federais correspondentes; 4 – proibição da reeleição de Governadores e Prefeitos, para o período imediato; 5 – autonomia municipal; 6 – prestação de contas da Administração; 7 – garantias do Poder Judiciário.[37]

Posteriormente, a *Constituição de 1967* estabeleceu ampla normatização, inovando no tocante às hipóteses interventivas quando o Estado-membro deixasse de adotar as *medidas ou planos econômicos e financeiros do poder central*. As causas constavam no art. 10, que dispunha: "A União não intervirá nos Estados, salvo para: I – manter a integridade nacional; II – repelir invasão estrangeira ou a de um Estado em outro; III – pôr termo a grave perturbação da ordem ou ameaça de sua irrupção; IV – garantir o livre exercício de qualquer dos Poderes estaduais; V – reorganizar as finanças do Estado que: a) suspender o pagamento de sua dívida fundada, por mais de dois anos consecutivos, salvo por motivo de força maior; b) deixar de entregar aos Municípios as cotas tributárias a eles destinadas; c) adotar medidas ou executar planos econômicos ou financeiros que contrariem as diretrizes estabelecidas pela União através de lei; VI – prover à execução de lei federal, ordem ou decisão judiciária; VII – assegurar a observância dos seguintes princípios: a) forma republicana representativa; b) temporariedade dos mandatos eletivos, limitada a duração destes à dos mandatos federais correspondentes; c) proibição de reeleição de Governadores e de Prefeitos para o período imediato; d) independência e harmonia dos Poderes; e) garantias do Poder Judiciário; f) autonomia municipal; g) prestação de contas da Administração".

O art. 11 atribuía ao Presidente da República a competência para decretar a intervenção, dependendo de solicitação do Poder Legislativo ou do Executivo coacto ou impedido, ou de requisição do Supremo Tribunal Federal em caso de coação contra o Poder Judiciário. Também era prevista a intervenção decorrente de provimento, pelo STF, de representação do Procurador-Geral da República para prover a execução de lei federal, ordem e decisão judicial ou para assegurar a observância dos princípios sensíveis, constantes do art. 10, VII, da CF/1967. Como forma de controle, o art. 12 previa que o decreto de intervenção fosse submetido

---

[37] BRASIL. *Constituição dos Estados Unidos do Brasil (18 de setembro de 1946)*. Disponível em: http://www.planalto.gov.br/ccivil_03/Constituicao/Constituicao46.htm Acesso em: 10 set. 2020.

ao Congresso Nacional em cinco dias, especificando-se a amplitude, duração, condições de execução e a nomeação do interventor. Além disso, cessando os motivos que determinaram a intervenção, as autoridades afastadas retornariam ao cargo, salvo impedimento legal.

A seu turno, a **Emenda Constitucional nº 1 de 1969** dispôs acerca da intervenção federal no art. 10, sendo semelhantes as causas ensejadoras da medida interventiva em relação à Constituição de 1967. Contudo, a aludida Emenda inovou nas hipóteses deflagradoras ao prever a "corrupção no poder público estadual" e a "proibição ao deputado estadual da prática de ato ou do exercício de cargo, função ou emprego mencionados nos itens I e II do artigo 34, salvo a função de secretário de Estado".

Por fim, os pressupostos formais e materiais da intervenção federal na Constituição de 1988 serão apreciados em capítulo próprio.

CAPÍTULO 2

CONCEITO DE INTERVENÇÃO FEDERAL

Etimologicamente, o vocábulo "intervenção" decorre do latim *interventio*, de *intervenire* (assistir, intrometer, ingerir-se), tendo o sentido comum de intromissão, ingerência ou ingresso de uma pessoa em determinado fato ou em alguma matéria já existente. Desse modo, a "intervenção" alude à ideia de entremear-se, interpor-se, inserir-se em algo. Em outras palavras, consiste em interferir em assunto específico, isto é, interpor-se com poder em matéria de sua competência ou em razão de facultatividade jurídica. Por conseguinte, a intervenção implica colocar-se entre duas coisas, de modo que, com o ingresso do sujeito interveniente, finda por entremear-se em outra relação jurídica subsistente.

Na perspectiva do direito público, a *intervenção federal* refere-se à "intromissão, constitucionalmente autorizada, do governo central na administração e governo dos Estados federados e destes nos Municípios. Não possui o sentido de violência, mas um poder decorrente do exercício da própria soberania, para restabelecer o equilíbrio político e administrativo na subunidade federativa, o qual fora interrompido, ou para assegurar a sua própria existência".[38]

Para Percy Winfield, o fenômeno da intervenção ocorre quando um Estado interfere por força ou por ameaça de força nos assuntos de outro ente estatal. Tendo em vista o caráter de interferir na esfera de outrem, a não intervenção é a regra, ao passo que a intervenção é exceção. Nesse sentido, a intervenção federal constitui uma intervenção de natureza interna, pois é dirigida em face de condições anormais resultante de conflito no âmbito do referido Estado, não havendo ingerência de outras nações.[39]

Fausto Cardoso preleciona acerca do instituto intervenção federal: "Intervir, é vir entre, meter-se de permeio, fazer-se parte entre litigantes, interpor a autoridade os bons ofícios para conseguir fins de paz. Assim, já pela Constituição, já pela índole de nossa língua, já pela lógica elementar dos sons e das sílabas do

---

[38] SILVA, De Plácido e. *Vocabulário jurídico*. 26. ed. Rio de Janeiro: Forense, 2005, p. 767.
[39] WINFIELD, Percy H. *Intervention*. Encyclopaedia of the Social Sciences. Editor in chief: Edwin R. A. Seligman. Associate editor: Alvin Johnson. Volume seven. New York: Macmillan, 1963, p. 236.

verbo intervir, o Governo Federal entra nos negócios peculiares aos Estados, como parte julgadora, como órgão de coação para restaurar a ordem".[40]

A decretação de intervenção federal requer equilíbrio, de modo a manter a coexistência da forma estatal adotada, preservando-se a União – como resultado da aliança dos entes federados – com a autonomia dos Estados-membros. Na perspectiva sociológica, a intervenção federal assemelha-se a uma instituição social, que limita a individualidade e excessos praticados pelos Estados-membros, a fim de preservar o todo (União) e o bem comum (valores do federalismo). A esse respeito, Estêvão Lobo assinala: "Se, a certos respeitos, ela se há de considerar como necessária integração desse regime – pois que imperando nos Estados federados desordem material e anarquia ou subversão dos seus poderes públicas, repousaria a União, na expressiva frase de H. von Holsk, sobre pés de barro: *should stand of clay* – de outra parte, exercida sem limites necessários, poderá a intervenção ferir de morte o sistema de autonomia dos Estados, por certo o atributo, que a todos sobreleva, do federalismo. Ante a sociologia contemporânea, o facto social prima sobre o individual. Nesse eterno dualismo entre os principais rivais – que se manifesta em todas as fases da agregação humana desde a família até a humanidade – prevalece sempre o segundo sobre o primeiro. A presunção é que representa ele, como o órgão de maior relação, as necessidades e as aspirações da sociedade humana. Semelhante postulado da Sociologia aplica-se a este aspecto isolado da instituição política, que o problema da intervenção sugere: a lei também, o particular cede ao geral: como subsistirá União, haurindo elementos de vida das células que a compõem, se estas se degeneram e, afinal, fenecem? Conciliando e vinculado, numa só fórmula os dois ideais políticos, têm as constituições dos povos, de regime político similar ao nosso, regulado a faculdade intervencionista".[41]

Dessa forma, a *intervenção* alude à ideia de interferir no interior de outro ente, isto é, agir no espaço de competência de outra unidade da federação, atuando em matéria que seria de atribuição desta. Assim, em razão de grave descumprimento ou fato previsto na Carta Magna, necessária a interferência de um ente em outro, a fim de garantir a permanência da intangibilidade dos valores constitucionais. Nesse sentido, a intervenção pode ser compreendida como o ingresso de um ente federado na esfera de atuação de outro, isto é, a interferência do poder central no âmbito do Estado-membro, sempre baseada nas restritas hipóteses constitucionais, com a finalidade de restaurar a ordem jurídica violada.

Assente-se que intervenção federal nos Estados-membros e a intervenção estadual nos seus municípios caracteriza-se pela vinculação imediata entre as unidades federativas. Isso porque o ente federado que tiver relação direta com a outra unidade deterá competência para intervir jurídico-constitucionalmente, isto é, a intervenção decorrerá do abarcamento territorial do ente federativo maior

---

[40] INTERVENÇÃO NOS ESTADOS. *Documentos parlamentares*. Vol. IV. Paris: Aillaud, Alves e Cia. 1913, p. 149.
[41] INTERVENÇÃO NOS ESTADOS. *Documentos parlamentares*. Vol. IV. Paris: Aillaud, Alves e Cia. 1913, p. 0910.

sobre o menor. Sendo assim, compete à União (por resultar da junção de todos os Estados-membros) intervir na esfera de competência dos entes regionais; ao passo que os Estados-membros (por englobar os municípios localizados no seu espaço geográfico) são os responsáveis pela intervenção estadual nas respectivas municipalidades.

A esse fenômeno denomina-se *princípio do englobamento*, ou seja, a unidade federativa que englobar o outro ente federado terá competência para intervir nas hipóteses constitucionais, visto que a unidade política de maior abrangência é responsável pela manutenção do vínculo das partes que a ela estão jungidas territorialmente. Assim, as partes político-administrativas que integram imediatamente o conjunto do poder central são por ela fiscalizada e controlada, como forma de manter a coexistência federativa. Por conseguinte, os Municípios integram a parte territorial dos Estados-membros, o que justifica a intervenção estadual nos seus Municípios. Nesse caso, o Estado federado assume o papel de poder central em relação aos seus Municípios. Igualmente, os Estados-membros e o DF encontram-se abrangidos no território da União, razão pela qual ocorre a intervenção federal nos Estados e no DF. Aqui, a União exerce o poder central sobre os entes regionais e distrital. À vista disso, pode-se dizer que no fenômeno da intervenção é possível vislumbrar a existência de dois poderes centrais, um no âmbito estadual (poder regional) e outro na esfera federal (poder nacional).

Esclareça-se que a intervenção federal se baseia na ocorrência de fato ilícito autorizador da aludida intervenção, visto que tal fato significa uma violação ao ordenamento jurídico. Consoante Hans Kelsen, o fato ilícito é pré-condição da intervenção federal, de forma que a intervenção se dá em razão do "ordenamento que foi violado pelo fato ilícito, ou seja, o ordenamento cuja norma estabelece a conduta legal do estado". O fato ilícito condiciona a decretação da medida interventiva, haja vista que a materialização do fato ilegítimo representa ofensa à Constituição Federal.[42]

Com o instituto da intervenção federal, afasta-se temporária e excepcionalmente a liberdade de atuação decisória do ente intervindo. Face ao caráter intromissivo e que afasta o poder diretivo do ente federado, a intervenção somente é admitida mediante prévio estabelecimento constitucional, de natureza autorizativo. Isto é, a Constituição Federal elenca as hipóteses que autorizam, excepcionalmente, o afastamento temporário da autonomia do ente submetido à intervenção. Essas hipóteses deflagradoras da intervenção são chamadas de "pressupostos materais".

De acordo Anschuetz, "a intervenção federal é o conjunto de disposições que permitem à União obrigar os Estados-membros ao cumprimento de seus deveres". Para Hans Kelsen, a "intervenção federal seria a reação da Constituição total contra as violações cometidas pelas ordens jurídicas parciais da União e dos

---

[42] KELSEN, Hans. *Jurisdição constitucional*. 3. ed. São Paulo: WMF Martins Fontes, 2013, p. 51 e 60.

Estados-membros. Já não é, por consequência, uma ação coletiva da União contra o Estado-membro, mas se converte, ao contrário, em guarda da repartição das competências entre a União e os Estados particulares. Pedro Calmon, citado por Pinto Ferreira, cristalizou com admirável transparência o instituto: "Federalismo, sem intervenção, seria uma organização sem capacidade de resistência nem estrutura sólida. Desmanchar-se-ia, na primeira recusa, que lhe opusesse um Estado, à norma federal de ação".[43]

Assim, a intervenção federal constitui procedimento no qual o governo central utiliza mecanismos com o escopo de reestabelecer a ordem jurídica violada em uma entidade federada, em razão de condições constantes na Lei Fundamental.[44] Na lição de Pontes de Miranda, o conceito de intervenção federal alude à "incursão na esfera dos negócios do Estado-membro, a passagem da linha discriminadora das competências".[45]

Consoante magistério de João Barbalho, "a intervenção é a sanção do princípio federativo; sem ela a União seria um nome vão. E as garantias e vantagens que a federação deve proporcionar aos Estados e ao povo se reduziriam a simples miragem. É ela, com efeito, que assegura o laço federal. Nos Estados compostos não pode deixar de existir. Vemo-la inerente às Confederações de Estados, como cláusula essencial para impor o cumprimento dos deveres federais, quando esquecidos ou sofismados, e aos quais podem os Estados Confederados ser chamados até por meio da força material. Daí naturalmente passou para a organização política conhecida pelo nome de 'Estado federativo' como medida necessária para a eficiência e conservação do sistema, que sem ela mentiria a seus fins. Entre nós, ainda no Império, – quanto, em vista das exigências da aspiração federalista, se deu, ou se pretende dar, às províncias, como o Ato Adicional, o direito de gerirem por mandatários seus certa ordem de negócios imediatamente relativos a seus peculiares interesses, – essa tal ou qual autonomia local foi regulada de modo que aos órgãos do poder central ficou reservada a função interventora, para os casos de ofensa de uma província os direitos de outra, aos tratados com nações estrangeiras, aos impostos gerais e à Constituição. Seriam suspensas e revogadas as leis provinciais que assim exorbitassem (Lei de 12 de agosto de 1834, arts. 16, 20 e 24 §3º). Esta foi em nosso direito público constitucional, pode-se dizer, a primeira manifestação do poder de intervenção, que surgiu desde quando o governo geral teve de achar-se em presença de governos locais ou províncias com um certa, se bem que incompleta autonomia; intervenção indispensável, embora pela nímia extensão que então e depois se lhe deu, viesse a tornar-se vexatória e atrofiadora. Dela, estabelecida em justos limites, não poderia prescindir a república federativa brasileira, como

---

[43] FERREIRA, Pinto. *Princípios gerais do direito constitucional moderno*. 4. ed. Tomo II. São Paulo: Saraiva, 1962, p. 633-634.
[44] CARPIZO, Jorge. *Federalismo en Latinoamérica*. México: Instituto de Investigaciones Jurídicas, 1973, p. 69
[45] MIRANDA, Pontes de. *Comentários à Constituição de 1946*. 2. ed. Vol. I. São Paulo: Max Limonad, 1953, p. 457.

não prescindiram as dos Estados Unidos do Norte, da Suíça, do México, da República Argentina, etc".⁴⁶

Para Manoel Gonçalves Ferreira Filho, a intervenção federal "consiste em assumir a União, por delegado seu, temporária e excepcionalmente, o desempenho de competência pertencente a estado-membro. É uma invasão da esfera de competências pertencentes a reservada aos estados-membros para assegurar o grau de unidade e de uniformidade à sobrevivência da Federação. A intervenção, por ser contrária à autonomia dos estados-membros, só pode fundar-se em fato de gravidade indisfarçável".⁴⁷

Em estudo sobre o tema, Francisco Bilac assevera: "a intervenção é mecanismo constitucional de intromissão do governo central em assuntos dos Estados-Membros para que se evite, principalmente, conturbações à ordem instaurada. Ela é a supressão, ainda que temporária, da autonomia estadual, para se alcançar um 'bem superior' que é a indissolubilidade da Federação. A Intervenção Federal é a concretização da vontade dos demais Estados-Membros que formam a União Federal de intervir no Estado que sofre a conturbação ou desordem constitucional, exatamente para que a hipótese temporária de sublevação não se desenvolva e atinja outras partes do território da federação. Ainda que não haja o perigo de espalhar-se pelo território da nação, a ação é efetivada em nome dos demais Estados-Membros para manutenção da ordem interna do Estado atingido, tendo em vista a cumplicidade de deveres e direitos que nos traz a formação de uma federação".⁴⁸

Segundo o magistério de Paulino Jacques, a "intervenção federal é o sistema nervoso do regime federal, porque a intervenção rompe, embora transitoriamente, com a autonomia do Estado-membro que a sofre. A intervenção visa a proteger os Estados-membros contra a desordem interna, e a União, contra a dissolução. Não é, no entanto, mera medida de polícia (Max Fleischmann), nem, apenas de segurança (Edgard Loening), nem simples medida administrativa (Albert Hänel), porém, medida essencialmente política, porque tem por objeto preservar a ordem federativa instituída no Código Fundamental".⁴⁹

Para o argentino González Calderón, a intervenção federal "é uma medida extraordinária pela qual o governo da Nação interpõe seu poder supremo, embora especificado, em uma Província aos fins que a Constituição determina".⁵⁰ De fato, a intervenção consiste em medida excepcional de controle do pacto federativo, haja vista que a regra geral é não intervir em matérias ou

---

⁴⁶ BARBALHO, João. *Constituição Federal Brasileira*. Comentários. 2. ed. Rio de Janeiro: F. Briguiet e Cia Editores, 1924, p. 31-32.
⁴⁷ FERREIRA FILHO, Manoel Gonçalves. *Curso de direito constitucional*. 7. ed. São Paulo: Saraiva, 1978, p. 144.
⁴⁸ PINTO FILHO, Francisco Bilac M. *A intervenção federal e o federalismo brasileiro*. Rio de Janeiro: Forense, 2002, p. 216-217.
⁴⁹ JACQUES, Paulino. *Curso de direito constitucional*. 9. ed. Rio de Janeiro: Forense, 1983, p. 170.
⁵⁰ GONZÁLEZ CALDERÓN, Juan A. *Derecho constitucional argentino*. História, teoría y jurisprudencia de la constitución. Tomo III. Buenos Aires: J. Lajouane & Cia Editores, 1923, p. 571.

na autonomia política de outro ente. A intervenção se dá como consequência à violação de preceito essencial constante da Carta Magna. "A intervenção surge como punição política mais grave existente nos Estados federais. A intervenção de um ente em outro é verdadeira ruptura do sistema brasileiro de autonomia federativa. A intervenção será sempre da pessoa política 'maior' na 'menor', mas de pessoas subsequentes".[51]

Uadi Lammêgo Bulos define a *intervenção* como "cessação excepcional da autonomia política dos Estados, Distrito Federal ou Municípios, com vistas ao restabelecimento do equilíbrio federativo. A intervenção objetiva: (i) proteger a estrutura federativa contra os abusos e os atos de prepotência dos Estados-membros, do Distrito Federal e dos Municípios, com vistas à estabilidade da ordem constitucional; (ii) preservar a unidade e a soberania do Estado Federal, visando a salvaguarda da autonomia dos entes políticos; e (iii) garantir o primado da rigidez constitucional". Na lição do Min. Celso de Mello: "O mecanismo de intervenção constitui instrumento essencial à viabilização do próprio sistema federativo, e, não obstante o caráter excepcional de sua utilização – necessariamente limitada às hipóteses taxativamente definidas na Carta Política –, mostra-se impregnado de múltiplas funções de ordem político-jurídica, destinadas: (a) a tornar efetiva a intangibilidade do vínculo federativo; (b) a fazer respeitar a integridade territorial das unidades federadas; (c) a promover a unidade do Estado Federal; e (d) a preservar a incolumidade dos princípios fundamentais proclamados pela Constituição da República" (STF, IF 591-9/BA, Rel. Min. (Presidente) Celso de Mello, DJ, 1, de 16-9-1998, p. 42).[52]

Finalisticamente, a intervenção federal nos Estados-membros ou no DF se dá em razão da necessidade de se restaurar a ordem constitucional violada, ou seja, a intervenção constitui um meio de adentrar na autonomia do ente intervindo com o escopo de manter observância dos valores constantes na Lei Fundamental. A ingerência federal nos Estados não ocorre imotivadamente; ao contrário, perfectibiliza-se ante a essencialidade de retomar a diretriz constitucional gravemente transgredida. Vale dizer, a intervenção justifica-se tão somente para reestabelecer os postulados elementares que regem o País, de modo que os valores primordiais continuem regendo no âmbito da respectiva unidade regional, sob pena de deterioração profunda e até mesmo a ruptura como ente federado. Sem embargo, como forma de evitar eventuais abusos do poder central em face da autonomia dos entes regionais, a intervenção é regulada pela Constituição da República, que normatiza as hipóteses excepcionais justificadoras da medida extrema.

Para Gilmar Mendes, a intervenção federal em Estado-membro ocorre com o escopo de promover a "integridade política, jurídica e física da federação",

---

[51] TAVARES, André Ramos. *Curso de direito constitucional*. 14. ed. São Paulo: Saraiva, 2016, p. 910.
[52] BULOS, Uadi Lammêgo. *Curso de direito constitucional*. 9. ed. São Paulo: Saraiva, 2015, p. 999.

sendo mecanismo "destinado a manter a integridade dos princípios basilares da Constituição, enumerados taxativamente no art. 34 da CF".[53] Consoante lição de Cretella Jr., "a finalidade do instituto da intervenção é precisamente a de manter íntegra a Federação, afastado qualquer ato ou fato, que ameace ou atente quebrar, em concreto, os laços de indissolubilidade que integram o conjunto. Ou que já tenha quebrado a unidade, de fato".[54]

Assim, a intervenção tem por objetivo assegurar a permanência do Estado-federal, contendo ou afastando tendências desagregadoras ou transgressoras de preceitos elementares. Secundariamente, serve para promover a defesa dos direitos individuais contra arbitrariedades dos poderes estaduais. "Consiste ela em assumir a União, por delegado seu, temporária e excepcionalmente, o exercício de competência pertencente a Estado-membro. É uma invasão da esfera de competências constitucionalmente atribuída e reservada aos Estados-membros a fim de assegurar o grau de unidade e de uniformidade indispensáveis à sobrevivência da Federação".[55]

Na lição de Peña de Moraes, a intervenção federal é o "procedimento político-administrativo de afastamento, temporário e excepcional, da autonomia política de determinada entidade federativa, com fundamento em hipóteses de cabimento enumeradas taxativamente na Constituição da República, instaurado de ofício pelo Chefe do Executivo, assim com a requerimento ou requisição de qualquer Poder do Estado. *Ad finiendum*: 'a intervenção federal é um elemento fundamental, tanto na construção da doutrina do federalismo quanto na práxis do sistema federativo, a partir da consideração de que representa a própria negação da autonomia institucional reconhecida aos Estados-membros pela Carta Magna. O instituto mostra-se impregnado de múltiplas funções de ordem político-jurídica, destinadas (i) a tornar efetiva a intangibilidade do vínculo da federação, (ii) a fazer respeitar a integridade territorial das unidades federadas, (iii) a promover a unidade do Estado Federal e (iv) a preservar a incolumidade dos princípios fundamentais proclamados pela Lei Fundamental".[56]

De acordo com Rafael Bielsa, "intervir ou tomar parte em um assunto (proceder a alguma coisa) não significa suplantar ao que tem competência ou autoridade no assunto". Essa propensão interventora, consistindo em intrometer-se em assuntos alheios decorre da relação de causalidade provocada pela incapacidade para o exercício da função de governo ou de administração. "A intervenção admite graus, e, desde logo, é compatível com a existência e funcionamento do órgão intervindo. Claro está que o grau de intervenção

---

[53] MENDES, Gilmar Ferreira; COELHO, Inocêncio Mártires; BRANCO, Paulo Gustavo Gonet. *Curso de direito constitucional*. São Paulo: Saraiva, 2007, p. 758.

[54] CRETELLA JÚNIOR, José. *Comentários à Constituição brasileira de 1988*. Vol. IV. Arts. 23 a 37. 2. ed. Rio de Janeiro: Forense Universitária, 1992, p. 2067.

[55] FERREIRA FILHO, Manoel Gonçalves. *Comentários à Constituição brasileira. Emenda Constitucional nº 1, de 17 de outubro de 1969*. São Paulo: Saraiva, 1972, p. 117.

[56] PEÑA DE MORAES, Guilherme. *Curso de direito constitucional*. 8. ed. São Paulo: Atlas, 2016, p. 370-371.

depende do fato que a motiva, de sua natureza, gravidade, a urgência em fazê-lo cessar".[57]

O mestre argentino adverte ainda que "as intervenções não se têm instituído para cercear direitos dos habitantes das províncias, senão para garantir seu exercício, e não causa a cessação da personalidade dos Estados que são de existência necessária, nem interrompem a vida administrativa. Consequência desta última conclusão é que a intervenção não constitui um caso de força maior susceptível de influir sobre a eficácia dos contratos celebrados pela província nem um obstáculo para o cumprimento das obrigações emergentes deles, por tratar-se de uma situação legal e política prevista na Constituição nacional".[58]

Disso resulta que a intervenção federal ou estadual, resguardada a Carta Magna, pode ser realizada de diversos modos e intensidade, bem como a amplitude das medidas. Ademais, é possível o funcionamento simultâneo das instituições não atingidas pela intervenção juntamente com os atos interventivos, desde que haja compatibilidade das providências. Isto é, a intervenção federal ou estadual atinge somente os atos ou acontecimentos preestabelecidos no decreto interventivo e com respaldo na Constituição Federal, não afastando nem derrogando a atribuição de competência do ente intervindo que não tenha correlação com a ação intromissiva do interventor. Igualmente, permanecem incólumes os contratos e demais instrumentos celebrados pelo ente intervindo, bem como a prestação de serviços públicos na unidade territorial e o regime jurídico em vigor, ressalvado se a intervenção de algum modo os alcançarem para a restauração da ordem jurídica violada.

Com efeito, a intervenção é medida drástica e extrema do federalismo, consistindo em mecanismo que objetiva salvar a continuidade existencial da própria federação, destinando-se a manter o vínculo jurídico, político e valorativo entre o ente intervindo e o poder central, de modo que sejam mantidas as características elementares do Estado federal.

Imperioso destacar que a possibilidade constitucional de intervenção da União em Estado-membro não implica supremacia da União em detrimento dos entes federados, porquanto não atua na defesa de interesse próprio, mas sim para manter a unidade, viabilidade e estabilidade do sistema federal.[59] Ou seja, a intervenção não se destina a atender aos interesses da União como unidade federativa (ordem jurídica parcial), mas sim para assegurar a manutenção do Estado-Federal como um todo (ordem jurídica total).

Outrossim, a intervenção federal não suspende os direitos e garantias individuais dos cidadãos, permanecendo em vigor as normas constantes do sistema jurídico. Isso porque a decretação de intervenção federal – diferentemente do estado de defesa e do estado de sítio – não se destina à defesa do Estado e das

---

[57] BIELSA, Rafael. *Derecho constitucional*. 3. ed. Buenos Aires: Depalma, 1959, p. 818.
[58] BIELSA, Rafael. *Derecho constitucional*. 3. ed. Buenos Aires: Depalma, 1959, p. 827.
[59] NOVELINO, Marcelo. *Curso de direito constitucional*. 14. ed. Salvador: JusPodivm, 2019, p. 618.

instituições democráticas, mas sim tem por objetivo a manutenção dos valores republicanos e do federalismo. Demais disso, a Constituição Federal somente autoriza restrições a direitos ou a suspensão de liberdades na vigência do estado de defesa ou do estado de sítio, mas não há permissão de limitação de garantias no transcorrer da intervenção federal (art. 136, §1º c/c 139 da CF/1988). Desse modo, durante a vigência das medidas interventivas os direitos fundamentais mantêm-se incólumes.

Registre-se ainda que a intervenção se justifica em razão da existência de fato grave que seja capaz de ocasionar ruptura, comprometa a paz pública, ponha em risco a defesa do território nacional ou dos Poderes, bem como a violação a preceitos elementares que implique vulneração ao Estado federal, nas estritas hipóteses contidas na Constituição da República (arts. 34 e 35, CF/1988). Mediante o instrumento da "intervenção", mantêm-se o espírito e os princípios da nação, corporificados no federalismo. Dessa forma, a intervenção é medida que demonstra o esforço do Estado nacional em perseverar em seu ser a manutenção do vínculo nas unidades e a coexistência de valores na esfera do ente intervindo. Consoante Benedictus Spinoza, "cada coisa esforça-se, tanto quanto está em si, por perseverar em seu ser. O esforço pelo qual cada coisa se esforça por perseverar em seu ser nada mais é do que a sua essência atual. O esforço pelo qual cada coisa se esforça por perseverar em seu ser não envolve nenhum tempo finito, mas um tempo indefinido".[60]

Portanto, a intervenção constitui medida de esforço extremo do poder central (da União, na condição de represententante do Estado-Federal) com o escopo de manter, indefinidamente, a manutenção pacto federativo entre todas as unidades, conforme os preceitos e cânones do federalismo. Caso não existisse a medida interventiva, a federação submeter-se-ia a sérios riscos de se autodestruir geográfica e institucionalmente, bem como aniquilar-se na perspectiva principiológica, haja vista que qualquer ente poderia separar-se do país (secessão), sofrer incursão estrangeira ou descumprir valores imanentes (*v.g.* atos de violação a direitos humanos). Assim, a intervenção revela-se medida salvadora do Estado Federal, mantendo a sua própria existência e os elementos que lhes são essenciais, tornando todos os entes federados uma única nação.

---

[60] SPINOZA, Benedictus de. *Ética*. 2. ed. Tradução de Tomaz Tadeu. Belo Horizonte: Autêntica, 2014, p. 105.

CAPÍTULO 3

PRINCÍPIOS DA INTERVENÇÃO FEDERAL

A intervenção da União nos Estados-membros ou no Distrito Federal obedece a certos princípios que fundamentam e limitam a própria atuação intromissiva de um ente federado na esfera de competência de outra unidade da federação. De acordo com Plácido e Silva, o vocábulo *princípio* "significa as normas elementares ou os requisitos primordiais instituídos como base, como alicerce de alguma coisa. E, assim, princípios revelam o conjunto de regras ou preceitos, que se fixam para servir de norma a toda espécie de ação jurídica, traçando, assim, a conduta a ser tida em qualquer operação jurídica. Desse modo, exprimem sentido mais relevante que o da própria norma ou regra jurídica. Mostram-se a própria razão fundamental de ser das coisas jurídicas, convertendo-as em perfeitos axiomas. Princípios jurídicos, sem dúvida, significam os pontos básicos, que servem de ponto de partida ou de elementos vitais do próprio Direito. Indicam o alicerce do direito".[61]

Em geral, a doutrina elenca três princípios aplicáveis no instituto da intervenção federal, consistentes nos princípios da "excepcionalidade", "taxatividade" e "temporalidade". Além desses princípios, esta corrente entende que, comumente, a intervenção é regida pelos princípios da "necessidade", "imodificabilidade", "especificidade" e "adequação". Secundariamente – a depender da causa interventiva ou características – aplicam-se os princípios da "condicionalidade", "aprovação legislativa", "ocasionalidade", "aptidão" e "não cassação".

3.1 Excepcionalidade

A excpecionalidade significa que a intervenção é medida de exceção, ou seja, constitui uma providência anormal, incomum ao federalismo, haja vista que a regra é o respeito a auto-capacidade de governo dos entes federados.

---
[61] SILVA, De Plácido e. *Vocabulário jurídico*. 26. ed. Rio de Janeiro: Forense, 2005, p. 1095.

Desse modo, a intervenção é decretada tão somente com o escopo de restaurar o Estado Federal, normalizando-o. De acordo com Bernardo Gonçalves, o "princípio da excepcionalidade" indica que a "intervenção federal sempre será medida excepcional, porque a regra no federalismo é a autonomia do ente, ou seja, a capacidade para o mesmo realizar atividades dentro de limites circunscritos pelo ente soberano. Sem dúvida, a intervenção federal é a antítese da autonomia. Nesse sentido, a intervenção é uma ingerência na autonomia visando ao reestabelecimento do equilíbrio que foi desvirtuado e, por isso, só pode ser medida excepcional".[62]

Aurelino Leal também comenta acerca do princípio da excepcionalidade da intervenção federal: "a autonomia dos Estados é aqui eloquentemente acentuada. Não há um direito geral de intervenção; ao contrário: há, da parte da União, um dever de não intervenção. A regra, pois, é não intervir".[63]

3.2 Taxatividade

O "princípio da taxatividade" significa que as hipóteses de intervenção são previamente limitadas, isto é, estão estritamente previstas na Constituição Federal, não havendo margem para outros casos ali não previstos de maneira expressa. Vale dizer, as hipóteses autorizadoras de intervenção são restritivas, integrando um rol fechado de possibilidades. De fato, esse princípio confere segurança e certeza no instituto da intervenção, impedindo que a medida intromissiva seja desvirtuada pela União em detrimento dos Estados-membros ou do Distrito Federal. Assim, o princípio da taxatividade recai sobre os pressupostos materiais autorizadores da providência extrema.

3.3 Temporalidade

Por sua vez, o "princípio da temporalidade" significa que a intervenção possui como característica básica a vigência da intromissão por um determinado período, ou seja, indica que a intervenção terá sempre um prazo de vigência – justamente porque a regra é a autonomia das unidades regionais. Em outras palavras, a intervenção constitui uma medida temporária, provisória, não se eternizando na esfera do Estado-membro ou do Distrito Federal a ela submetida. Desse modo, a intromissão tem por objetivo reestabelecer o equilíbrio regional em certo período de tempo. Em razão disso, no decreto de intervenção deve constar o prazo determinado da medida. Todavia, se dentro do prazo previsto não se conseguir reestabelecer a normalidade, é possível

---

[62] FERNANDES, Bernardo Gonçalves. *Curso de direito constitucional*. 9. ed. Salvador: Editora JusPodivm, 2017, p. 939.
[63] LEAL, Aurelino. *Theoria e prática da constituição federal brasileira*. Parte Primeira. Rio de Janeiro: F. Briguiet e Cia. Editores, 1925, p. 60.

haver a prorrogação da intervenção mediante estipulação de um novo prazo com termo final.[64]

Portanto, em que pese a decretação da intervenção exigir a indicação de um prazo certo de vigência, é possível haver novas prorrogações da medida caso o princípio federal violado não seja restaurado no período estipulado inicialmente no decreto interventivo.

3.4 Necessidade

O "princípio da necessidade" significa que a decretação de intervenção federal afigura-se medida imprescindível, inevitável diante da conjuntura então existente, ou seja, refere-se à indispensabilidade da intervenção como mecanismo restaurador da ordem jurídico-constitucional violada. Disso resulta que problemas pontuais ou anormalidades insignificantes não justificam a imposição de medida tão drástica como a intervenção de um ente federado em outro, isto é, a intervenção exige a essencialidade da providência a ser adotada.

Nesse caso, há que se perscrutar acerca da necessidade interventiva. A *necessidade interventiva* consiste no reconhecimento de que é preciso adotar certas medidas como forma de restaurar a ordem jurídico-constitucional que fora violada. Para tanto, exige-se a conjunção dos seguintes preceitos: i – imodificabilidade (sem a utilização de novos recursos jurídicos ou providência, a situação fática manter-se-á ou tende a perdurar sem previsão de solução); ii – continuidade (o ilícito constitucional continua sendo praticado, os seus efeitos permanecem inalterados ou em continuativa violação de direitos); iii – ineficácia de instrumentos mais brandos (a decretação de intervenção exsurge ante a inexistência de outros mecanismos mais suaves e suficientes para a restauração da ordem constitucional); e iv – idoneidade (a intervenção deve ser um instrumento apropriado para promover o retorno da normalidade constitucional, não podendo ser decretada caso se mostre desinfluente na resolução do grave impasse presente no Estado federal).

Assim, o princípio da necessidade constitui um limite deflagrador da própria intervenção, visto que a medida incomum da intromissão federal deve perfazer-se somente quando inexistentes outros mecanismos aptos para restabelecer a normalidade regional ou distrital.

3.5 Imodificabilidade

O "princípio da imodificabilidade" alude à impossibilidade de modificar as regras constitucionais que normatizam e disciplinam o instituto da "intervenção

---

[64] FERNANDES, Bernardo Gonçalves. *Curso de direito constitucional.* 9. ed. Salvador: Editora JusPodivm, 2017, p. 939-941.

federal nos Estados" e da "intervenção estadual nos municípios". Isto é, a decretação e efetivação da providência interventiva deve circunscrever-se à Carta Magna de 1988, não podendo ser suspensas, afastadas ou descumpridas as hipóteses, condições e normas que regem a intervenção, em atendimento ao princípio da supremacia da Constituição – que vincula a todos os cidadãos e autoridades da República. A desobediência a tais pressupostos resulta na inconstitucionalidade do ato, que inclusive pode ser suspenso imediatamente por medida cautelar exarada pelo Supremo Tribunal Federal sem a audiência da autoridade responsável pela edição do ato impugnado (art. 10, §3º, Lei nº 9.868/1999). Outrossim, mesmo se proposta emenda à Constituição, necessário que a emenda não tenda a abolir a forma federativa de Estado, sob pena de inconstitucionalidade material, nos termos do art. 60, §4º, I, da CF/1988.

Corolário desse princípio resulta no atendimento à capacidade ativa e passiva dos titulares da intervenção, não podendo ser alteradas ou descumpridas as estritas hipóteses constitucionais, que determinam os sujeitos da intervenção. Tal princípio implica na necessidade de observância rigorosa da competência para decretar e submeter-se à intervenção, sob pena de completa ilegitimidade e consequente nulidade absoluta do ato. Por conseguinte, somente a União pode decretar intervenção federal nos Estados-membros ou no Distrito Federal, bem como somente os Estados podem intervir em seus Municípios. A exceção reside na possibilidade de a União intervir em municípios localizados em Território Federal (art. 34 e 35 da CF/1988). Consectariamente, é vedado à União decretar intervenção em Município situado em Estado-membro, porquanto importaria em supressão de competência estadual. Igualmente, Estado-membro não detém legitimidade e poder para intervir em outro Estado-membro da federação ou no Distrito Federal, ante a igualdade federativa. De igual modo, falece competência aos Municípios para intervir em outro ente federado, pois a Constituição não previu semelhante hipótese, da mesma forma que um Município não detém competência para intervir em outra municipalidade.

Na história constitucional brasileira, é possível constatar exemplo recente de violação ao "princípio da imodificabilidade" interventiva. Tal fato ocorreu durante o regime imposto pela ditadura militar de 1964, como se verifica no art. 3º do Ato Institucional nº 5, de 13 de dezembro de 1968, que facultou ao Presidente da República decretar a intervenção nos Estados e Municípios sem as limitações dispostas na Constituição, sendo nomeados os interventores nos Estados e Municípios pelo Presidente da República para exercer todas as funções e atribuições que cabiam, respectivamente, aos Governadores ou Prefeitos.[65]

Com efeito, o "princípio da imodificabilidade" das regras interventivas revela-se como o cânone de maior destaque na intervenção federal e estadual,

---

[65] BRASIL. *Ato Institucional nº 5, de 13 de dezembro de 1968*. Acesso em: 05 jan. 2020. Disponível em: http://www.planalto.gov.br/ccivil_03/ait/ait-05-68.htm

porquanto refere-se a todas as normas reguladoras desse instituto, que é imprescindível para a salvaguarda da Federação.

3.6 Especificidade

O "princípio da especificidade" significa que ao se decretar a intervenção federal, exige-se que o decreto especifique a amplitude, o prazo e as condições de realização da medida, ou seja, o ato interventivo deve indicar a abrangência, o período e as características da providência. Dessa forma, a especificidade refere-se ao conteúdo do ato interventivo, uma vez que o decreto deve indicar o teor da intromissão que será imposta à unidade regional. A especificação das medidas evita o cometimento de abusos e desvios durante a efetivação da ação interventiva, sendo uma garantia ao ente que é submetido à interferência em sua autonomia. Assim, a intervenção de um ente federado em outro deve ser acompanhada da indicação precisa da extensão, da duração e das características da providência (art. 36, I, CF/1988).

3.7 Adequação

O "princípio da adequação" traduz-se na exigência de ajuste na utilização da medida de acordo com a finalidade almejada, isto é, a escolha da providência interventiva deve ser conforme ao que seja suficiente para restaurar a ordem constitucional violada. Vale dizer, a medida prevista no decreto deve ser adequada para remediar a situação ensejadora da intervenção. Esse preceito é aplicado inclusive quando a intervenção tiver por objetivo prover a execução de lei federal, ordem ou decisão judicial, bem como quando destinar-se a assegurar a observância dos princípios constitucionais sensíveis. Isso porque, nos termos do art. 36, §3º da CF/1988, o decreto limitar-se-á a suspender a execução do ato impugnado, se essa medida bastar ao restabelecimento da normalidade.

3.8 Condicionalidade

O "princípio da condicionalidade" significa a necessidade de observância de regras que antecedem a decretação da medida. Refere-se a algumas modalidades de intervenção, que são condicionadas ao prévio cumprimento de requisitos deflagradores, isto é, sujeita-se ao implemento de exigências que autorizam a providência interventiva. O atendimento às condições estabelecidas na Constituição é requisito procedimental, ou seja, integra os pressupostos formais.

Estão submetidas a esse princípio a intervenção por solicitação (art. 36, I, CF/1988), a intervenção por requisição (art. 36, II, CF/1988) e a intervenção por provimento (art. 36, III, CF/1988).

3.9 Aprovação legislativa

O "princípio da aprovação legislativa" (art. 36, §1º e §3º, CF/1988) traduz-se na necessidade de confirmação ou consentimento da medida, pelo Poder Legislativo, em algumas espécies de intervenção. Em outras palavras, consiste na exigência de que a intervenção decretada de ofício pelo Presidente da República ou por solicitação seja submetida à apreciação do Congresso Nacional, que deve ratificá-la (art. 34, I, II, III e V c/c art. 36, §3º, da CF/1988). Desse modo, o decreto interventivo – editado pelo Chefe do Poder Executivo da União – deve ser avaliado politicamente pelos representantes do povo (Câmara dos Deputados) e pelos representados dos Estados e do Distrito Federal (Senado Federal). Nesses casos, o Poder Legislativo analisa a imprescindibilidade e adequação bem como o atendimento aos requisitos constitucionais – podendo aprovar ou rejeitar o decreto –, de maneira a condicionar a permanência dos efeitos da medida interventiva (art. 36, §1º c/c art. 49, IV, CF/1988).

3.10 Ocasionalidade

O "princípio da ocasionalidade" alude à eventual nomeação da figura do interventor na intervenção federal ou estadual, haja vista que somente haverá a designação de agente quando houver necessidade para implementar a medida, ou seja, a depender da conjuntura (art. 36, I, CF/1988). A nomeação de interventor estará sujeita à avaliação pela autoridade nomeante, que deve ser feita de acordo com as circunstâncias do momento de decretação, dos instrumentos a serem utilizados e a maneira de executá-la. Isso porque é possível que a intervenção não requeira a nomeação de agente para a efetivação da providência, de modo que a designação será feita caso o Chefe do Poder Executivo entenda como relevante para o restabelecimento da normalidade.

3.11 Aptidão

Corolário do princípio da ocasionalidade é o "princípio da aptidão", significando que o agente a ser nomeado para executar a intervenção deve ser apto para o bom desempenho da atividade. Em outras palavras, o interventor deve ser hábil para promover a intervenção federal ou estadual. Assim, o interventor deve ter capacidade técnica e habilidade adequada para concretizar a medida interventiva.

A análise de aptidão do interventor é feita por duas autoridades e em momentos distintos. Inicialmente, esse exame é realizado pela própria autoridade nomeante, isto é, pelo Presidente da República (na intervenção federal nos Estados) ou pelo Governador de Estado (na intervenção estadual nos municípios) (1º momento). Em seguida, o exame de aptidão do agente designado incumbe ao

Poder Legislativo, já que cabe ao Congresso Nacional apreciar a nomeação do interventor, além de ser o órgão que detém competência exclusiva para aprovar ou rejeitar a intervenção federal, nos termos do art. 49, IV c/c art. 36, §1º CF de 1988 (2º momento).

(Obs: consultar o capítulo sobre intervenção no Rio de Janeiro).

3.12 Não cassação

Por último, o "princípio da não cassação" significa que a intervenção federal ou estadual não derroga, por si só, os cargos das autoridades submetidas à intervenção após o término das medidas. Isto é, a intervenção não cassa os cargos anteriormente ocupados, tampouco anula as funções legalmente outorgadas às autoridades afastadas, podendo voltar a exercê-las quando cessados os motivos da interferência, salvo impedimento legal (art. 36, §4º, CF/1988). Isso porque a intervenção pode resultar em "suspensão" da autonomia da unidade regional em determinadas matérias (que denota caráter temporário), mas não possui o condão de "suprimir" a liberdade dos Estados-membros ou do Distrito Federal (não ostentando caráter definitivo).

Esse princípio é inerente ao Estado-Federal, visto que as unidades federadas possuem autonomia, sendo titulares de autogoverno e autoadministração, de modo que a administração regional, distrital ou municipal deve ser exercida pelas próprias autoridades legalmente constituídas.

CAPÍTULO 4

ESPÉCIES DE INTERVENÇÃO

Majoritariamente, existem duas espécies de intervenção federal. A expressão "espécies de intervenção" alude à ideia do tipo de interferência de um ente federado em outro, isto é, refere-se à natureza em que se classifica a intervenção. Assim, o tipo de intervenção federal depende da voluntariedade do órgão interventor ou do chamamento pela unidade federada intervinda, classificando-se em *intervenção espontânea* ou *intervenção provocada*, respectivamente.

4.1 Intervenção espontânea

Na "intervenção espontânea", a autoridade competente para decretar a medida interventiva age por si só, isto é, intervém na unidade da federação voluntariamente, bastando a verificação dos pressupostos materiais contidos na Carta Magna. A intervenção espontânea possui como característica a atuação de ofício da autoridade interventora, não sendo necessária prévia suscitação ou convite pelo ente que a ela é submetida. A espontaneidade da intervenção decorre também da notória gravidade e urgência que abala a própria Nação, como uma espécie de "legítima defesa" do Estado Federal, protegendo-o na perspectiva externa e interna, contra indevidas agressões nacionais e institucionais.

Nos termos da Constituição da República, a intervenção espontânea da União em Estado-membro ou DF ocorre para: i) manter a integridade nacional; ii) repelir invasão estrangeira ou de uma unidade da federação em outra; iii) pôr termo a grave comprometimento da ordem pública; e v) reorganizar as finanças da unidade da federação que suspender o pagamento da dívida e que deixa de entregar aos municípios as receitas que lhes pertençam, nas condições estabelecidas na Lei Maior, conforme os incisos I, II, III e V do art. 34 da CF/1988.

4.2 Intervenção provocada

Na "intervenção provocada" a autoridade competente, para decretar a medida interventiva, age mediante prévio suscitamento do órgão ou Poder estatal, isto é, a interferência decorre de anterior chamamento ou determinação por instituições públicas. Em hipóteses assim, a decretação da medida interventiva deve ser provocada por outra instituição, não se perfectibilizando o ato por vontade única e exclusiva do Presidente da República. Nessa espécie estão inseridas a *intervenção por solicitação* (art. 36, I, parte inicial, c/c art. 34, IV da CF de 1988), a *intervenção por requisição* (art. 36, I, parte final, e II, c/c art. 34, VI, parte final, da CF de 1988) e a *intervenção por provimento* (art. 36, III, c/c art. 34 VI, parte inicial, e art. 34, VII da CF de 1988).

4.2.1 Intervenção provocada por solicitação

A "intervenção provocada por solicitação" é proveniente de pedido do Poder Legislativo ou do Poder Executivo coacto ou impedido, de modo que a finalidade da medida interventiva é restaurar a liberdade e independência dos referidos Poderes do Estado-membro ou do Distrito Federal. Nesses casos, o Presidente da República (na intervenção federal) e o Governador de Estado (na intervenção estadual) não estão obrigados a intervir, uma vez que a "solicitação" constitui mero "pedido", que pode ser atendido ou não pela autoridade decisória. Vale dizer, o Poder Legislativo ou Executivo "solicita" a intervenção, mas caberá ao Presidente da República ou ao Governador de Estado avaliar a procedência do pedido e a efetiva necessidade de proceder à intervenção, uma vez que podem existir medidas menos drásticas para restabelecer a ordem constitucional. Nesse sentido, preleciona Pedro Lenza: "na hipótese de solicitação pelo Executivo ou Legislativo, o Presidente da República não estará obrigado a intervir, possuindo discricionariedade para convencer-se da conveniência e oportunidade".[66]

Igual é o entendimento de Peña de Moraes: "a solicitação da Assembleia Legislativa, Câmara Legislativa, Governadoria do Estado ou Distrito Federal é motivada por coação empregada contra o Poder Legislativo ou Executivo estadual ou distrital, podendo ser assegurado que o 'Presidente da República, ao lançar mão da extraordinária prerrogativa que lhe defere a ordem constitucional, age mediante estrita avaliação discricionária da situação que se lhe apresenta, que se submete ao seu exclusivo juízo político' (STF, MS nº 21.041, Rel. Min. Celso de Mello, J. 12.6.1991, DJU 13.3.1992)".[67]

No que concerne ao rito procedimental da intervenção por solicitiação, conforme Manoel Gonçalves Ferreira Filho, não há exigência de formalidade do pedido; basta que o poder coacto ou impedido faça saber sua vontade à autoridade competente, isto é, faça chegar o seu pedido de medidas que eliminem a coação ou o impedimento ao Chefe do Poder Executivo da União. "Essa solicitação deverá ser remetida diretamente ao Presidente da República se provir do Executivo ou Legislativo estadual. Todavia, o Presidente da República não está

---

[66] LENZA, Pedro. *Direito constitucional esquematizado*. 15. ed. São Paulo: Saraiva, 2011, p. 421.
[67] PEÑA DE MORAES, Guilherme. *Curso de direito constitucional*. 8. ed. São Paulo: Atlas, 2016, p. 381.

obrigado a decretá-la apenas por haver recebido a solicitação. Tem ele apreciação da conveniência e da oportunidade da medida. Assim, não pode ele decretar a intervenção, nessa hipótese, sem solicitação, mas não está obrigado a decretá-la sempre que a receber".[68]

4.2.2 Intervenção provocada por requisição

A "intervenção provocada por requisição" decorre de exigência constitucional proveniente do Poder Judiciário, consistindo em ordem a ser cumprida. A intervenção por requisição pode ser ordenada pelo Supremo Tribunal Federal se o Poder Judiciário sofrer coação, bem como se houver desobediência à ordem ou decisão judicial, devendo ser requisitada pelo Supremo Tribunal Federal, Superior Tribunal de Justiça ou Tribunal Superior Eleitoral, a depender da matéria descumprida, respectivamente de natureza constitucional, infraconstitucional ou eleitoral. Em outras palavras, "se a coação for exercida contra o Poder Judiciário, a decretação da intervenção federal dependerá de requisição do Supremo Tribunal Federal", ao passo que, "no caso de desobediência a ordem ou decisão judicial, a decretação dependerá de requisição do STF, STJ ou do TSE, de acordo com a matéria".[69]

Assente-se que, quando formulada a intervenção por requisição ao Presidente da República, o decreto interventivo possui característica de "dever para o governo federal", isto é, "a requisição surge como dever inescusável", expressando uma intervenção executiva, pois se trata de cumprimento de "mandados da Constituição", conforme assinala González Calderón.[70] Nesse caso, a intervenção é de natureza obrigatória. Isso porque se trata de ato vinculado do Presidente da República, em razão da existência de prévia tipificação constitucional que afasta apreciação de índole subjetiva ou política. Pedro Lenza compartilha do mesmo entendimento: "havendo requisição do Judiciário, não sendo o caso de suspensão da execução do ato impugnado (art. 36, §3º), o Presidente da República estará vinculado e deverá decretar a intervenção federal".[71] Igualmente, Manoel Gonçalves Ferreira Filho pontifica: "se o coagido ou impedido for o Judiciário, a solicitação sobe ao Supremo Tribunal Federal. É este quem deverá apreciá-la e decidir sobre se ela é necessária ou não. Se entendê-la indispensável, cabe-lhe requisitá-la. Essa requisição há de ser atendida pelo Presidente da República, que deverá, então, no exercício de uma competência vinculada, decretá-la".[72]

---

[68] FERREIRA FILHO, Manoel Gonçalves. *Comentários à Constituição brasileira de 1988*. Volume 1 – Arts. 1º a 103. 2. ed. São Paulo: Saraiva, 1997, p. 231-232.
[69] LENZA, Pedro. *Direito constitucional esquematizado*. 15. ed. São Paulo: Saraiva, 2011, p. 421.
[70] GONZÁLEZ CALDERÓN, Juan A. *Derecho constitucional argentino*. História, teoría y jurisprudencia de la constitución. Tomo III. Buenos Aires: J. Lajouane & Cia Editores, 1923, p. 548 e 566.
[71] LENZA, Pedro. *Direito constitucional esquematizado*. 15. ed. São Paulo: Saraiva, 2011, p. 421.
[72] FERREIRA FILHO, Manoel Gonçalves. *Comentários à Constituição brasileira de 1988*. Volume 1 – Arts. 1º a 103. 2. ed. São Paulo: Saraiva, 1997, p. 232.

Em razão do caráter ordenatório da referida intervenção, caso não cumpra a requisição jurisdicional, o Presidente da República pode incorrer na prática de crime de responsabilidade, consistente em atentar contra o cumprimento de decisões judiciais, conforme art. 85, VII da CF/1988, bem como ao disposto no art. 12, "3" da Lei nº 1.079/1950, cuja conduta do Presidente da República é "deixar de atender a requisição de intervenção federal do Supremo Tribunal Federal ou do Tribunal Superior Eleitoral". Nesse sentido entende Marcelo Novelino, que assevera: "quando da violação dos princípios constitucionais sensíveis ou de recusa à execução de lei federal, a requisição será feita pelo Supremo, caso o tribunal dê provimento à representação do Procurador-Geral da República (CF, art. 36, III). Aqui, a decretação da intervenção pelo Presidente da República é ato vinculado. O não atendimento da requisição poderá ser caracterizado como crime de responsabilidade do Chefe do Poder Executivo".[73]

Manoel Gonçalves Ferreira Filho arremata: "toda vez que o Estado-Membro, ou o Distrito Federal, se recusar a cumprir ordem ou decisão judiciária, caberá a intervenção federal. O órgão judicial cuja decisão estiver sendo descumprida solicitará a intervenção ao Supremo Tribunal Federal, ao Superior Tribunal de Justiça ou ao Tribunal Superior Eleitoral, conforme o caso. Esse tribunal apreciará o pedido e, se o entender procedente, *requisitára* a intervenção. Tratando-se de requisição, é vinculada a competência do Presidente da República, que estará obrigado a decretar a intervenção. Do contrário, incidirá em crime de responsabilidade (art. 85, VII)".[74]

4.2.3 Intervenção provocada por provimento

A "intervenção provocada por provimento" é modalidade de intervenção desencadeada em razão de medida admitida pelo Supremo Tribunal Federal, resultante da representação do Procurador-Geral da República para assegurar a observância dos princípios constitucionais sensíveis, fundada na hipótese do art. 34, VII, CF/1988, ou no caso de recusa à execução de lei federal, prevista no art. 36, III, CF/1988. Desse modo, o objetivo dessa modalidade interventiva consiste em: a) garantir que as unidades regionais e distrital observem os "princípios constitucionais sensíveis" estabelecidos pela Carta Magna de 1988; e b) garantir a execução de "lei federal" no âmbito dos Estados-membros e DF, em caso de recusa à aplicação de norma oriunda do Poder Legislativo da União.

Registre-se que ao julgar procedente o pedido formulado na representação interventiva, a decisão do STF implica mandamento de ordem a ser cumprida, isto é, expressa providência a ser executada (art. 10 e 11 da Lei nº 12.562/2011). Nesses casos, trata-se de *análise jurídica* pelo Supremo Tribunal Federal, uma vez que

---

[73] NOVELINO, Marcelo. *Curso de direito constitucional*. 14. ed. Salvador: Juspodivm, 2019, p. 621.
[74] FERREIRA FILHO, Manoel Gonçalves. *Comentários à Constituição brasileira de 1988*. Volume 1 – Arts. 1º a 103. 2. ed. São Paulo: Saraiva, 1997, p. 232.

não há julgamento político para garantir a execução de lei federal pelas unidades federadas ou para assegurar a observância dos princípios sensíveis, nomeadamente a avaliação de observância à forma republicana, sistema representativo e regime democrático; direitos da pessoa humana; autonomia municipal; prestação de contas da administração pública e aplicação do mínimo de tributos na área do ensino e da saúde (art. 34, VII, "a", "b", "c", "d", "e" da CF/1988). Também nesse caso, trata-se de intervenção de natureza obrigatória.

Nesse sentido, preleciona Manoel Gonçalves Ferreira Filho: "a intervenção para assegurar a observância dos princípios federais obrigatórios pressupõe o provimento pelo Supremo Tribunal Federal de representação proposta pelo procurador-geral da República. Essa 'representação' é uma ação em que se declarará a violação do princípio, com o pedido de intervenção como consequência. Aponte-se que tal intervenção será requisitada pelo Supremo Tribunal Federal, devendo, portanto, ser obrigatoriamente decretada pelo Presidente da República – ressalvada a hipótese do §3º deste artigo, no exercício de uma competência vinculada",[75] visto que o decreto poderá limitar-se a suspender a execução do ato impugnado caso essa medida seja suficiente para restabelecer a normalidade (art. 36, §3º, CF/1988).

Por último, no que tange à intervenção por provimento, o art. 36, §3º da Carta Magna estabelece a dispensa de apreciação pelo Congresso quando a intervenção tiver por finalidade prover a execução de lei federal, ordem ou decisão judicial, bem como quando destinar-se à observância dos princípios constitucionais sensíveis. Consectariamente, não há julgamento político pelo Congresso Nacional nas hipóteses interventivas constantes do art. 34, incisos VI e VII da CF/1988, incidindo, nesses casos, somente análise jurídico-constitucional pelo Supremo Tribunal Federal, de acordo com os preceitos expressos na Lei Maior.

---

[75] FERREIRA FILHO, Manoel Gonçalves. *Comentários à Constituição brasileira de 1988*. Volume 1 – Arts. 1º a 103. 2. ed. São Paulo: Saraiva, 1997, p. 232-233.

CAPÍTULO 5

NATUREZA JURÍDICA

A natureza jurídica alude à substância das coisas, ou seja, correlaciona-se à sua própria existência. "A natureza se revela pelos requisitos ou atributos essenciais e que devem vir com a própria coisa. Eles se mostram, por isso, a razão de ser. A natureza da coisa, pois, põe em evidência sua própria essência ou substância, que dela não se separa, sem que a modificação ou a mostre diferente ou sem os atributos, que são de seu caráter. É, portanto, a matéria de que se compõe a própria coisa, ou que lhe é inerente ou congênita".[76]

Dessa forma, a natureza jurídica da intromissão na esfera de autonomia dos entes federativos liga-se às características essenciais que o Direito atribui como existente no instituto da intervenção. Assim, a natureza jurídica da intervenção biparte-se de acordo com as hipóteses constitucionais deflagradoras da medida interventiva, denotando caráter de *procedimento jurídico-constitucional* ou de *procedimento político-administrativo*.

Esta corrente entende que a intervenção federal possui natureza de *ato jurídico-constitucional* quando a hipótese interventiva tiver por objetivo prover a execução de lei federal, ordem ou decisão judicial, bem como quando destinar-se ao asseguramento dos princípios constitucionais sensíveis, nos termos do art. 34, VI, VII c/c art. 36, 3º da CF/1988. Nos demais casos previstos na Constituição, esta doutrina compartilha do conceito de intervenção federal como "procedimento político-administrativo". Tal observância é feita porque, tradicionalmente, a intervenção federal é conceituada – tanto pela doutrina quanto pela jurisprudência – como tendo natureza jurídica de "procedimento político-administrativo". (Nesse sentido propugnam, entre outros: Ernesto Leme, "*A Intervenção Federal*, 1930, p. 25; Rafael Bielsa entende como "ato político ou governativo", "*Derecho Constitucional*", 1959, p. 821; Peña de Moraes, "*Curso de Direito Constitucional*", 2016, p. 371; Marcelo Novelino reputa como "ato político", "*Curso de Direito Constitucional*", 2019, p. 617; José Afonso da Silva entende a intervenção como "ato político", "*Curso de Direito Constitucional Positivo*", 1994, p. 423, e André Ramos Tavares, "*Curso de Direito Constitucional*", 2016, p. 911).

---

[76] SILVA, De Plácido e. *Vocabulário jurídico*. 26. ed. Rio de Janeiro: Forense, 2005, p. 944.

5.1 Procedimento político-administrativo

Na conceituação de José Afonso da Silva, a intervenção federal possui natureza de "ato político que consiste na incursão da entidade interventora nos negócios da entidade que a suporta. Constitui o *punctum dolens* do Estado federal, onde se entrecruzam as tendências unitaristas e as tendências desagregantes. A intervenção é antítese da autonomia. Por ela afasta-se momentaneamente a atuação autônoma do Estado, Distrito Federal ou Município que a tenha sofrido. Uma vez que a Constituição assegura a essas entidades a autonomia como princípio básico da forma de Estado adotada, decorre daí que a intervenção é medida excepcional, e só há de ocorrer nos casos nela taxativamente estabelecidos e indicados como exceção ao princípio da não intervenção".[77]

Na lição de Pinto Ferreira, a intervenção constitui medida "político-jurídica", nos seguintes termos: "a intervenção federal é sobretudo uma medida essencialmente político-jurídica, a fim de executar as medidas necessárias concernentes à preservação da própria ordem constitucional prevista no texto básico".[78] Hely Lopes Meirelles também se manifesta sobre a natureza da intervenção, identificando-a como "medida excepcional de caráter corretivo político-administrativo".[79] Igualmente, nos comentários à Constituição Federal de 1988, ao comentar a natureza do instituto da intervenção, Celso Ribeiro Bastos e Ives Gandra Martins asseveram: "é um ato de natureza política. Outro aspecto a ser tratado é o do controle político e jurisdicional da intervenção. Não existe controle jurisdicional; existe, sim, controle político feito pelo Congresso Nacional".[80]

Para André Ramos Tavares, a intervenção federal no Estado-membro possui natureza político-administrativa, consistindo em medida destinada à manutenção do pacto federativo, independentemente da pessoa responsável pelos atos ensejadores da intervenção. Nesse sentido, a intervenção federal não significa imposição de pena ao Chefe do Poder Executivo, de modo que eventual renúncia deste não impede que a intervenção se implemente. Isso porque a medida extrema tem por escopo o restabelecimento da ordem.[81]

Igualmente, Francisco Bilac entende que a intervenção federal possui natureza de ato político ou ato de governo, havendo discricionariedade por parte da autoridade responsável: "o ato de governo deve ser de consideração estrita da própria autoridade, sopesando todas as intempéries que possa encontrar ao tomar uma atitude grave como é a Intervenção. No campo político, surgirá, obviamente, o *clamor das ruas*, a movimentação das populações diretamente atingidas pelas inconstitucionalidades perpetradas pela autoridade subversora. E poderá mesmo

---

[77] SILVA, José Afonso da. *Curso de direito constitucional positivo*. 9. ed. São Paulo: Malheiros, 1994, p. 423-424.
[78] FERREIRA, Pinto. *Comentários à Constituição brasileira*. 2º Volume – Arts. 22 a 53. São Paulo: Saraiva, 1990, p. 302.
[79] MEIRELLES, Hely Lopes. *Direito municipal brasileiro*. 7. ed. São Paulo: Malheiros, 1994, p. 103.
[80] BASTOS, Celso Ribeito; MARTINS, Ives Gandra. *Comentários à Constituição do Brasil*. 3º Volume – tomo II. Arts. 24 a 36. São Paulo: Saraiva, 1993, p. 328.
[81] TAVARES, André Ramos. *Curso de direito constitucional*. 14. ed. São Paulo: Saraiva, 2016, p. 911.

surgir o brado de descontentamento de populações de outros territórios que vejam na atitude de autoridades de fora (de outro Estados ou Municípios), uma ameaça à União dos territórios sob a jurisdição da autoridade constitucionalmente superiora. Agrega-se a isso o comportamento do Parlamento da Federação. Ali, certamente surgirão vozes clamando ou rejeitando a medida. Por isso, cabe sim à autoridade investida deste ônus sopesar todas as forças sociais que lhe movem entorno. Dificilmente, o presidente da República ou o governador do Estado não encontrarão respaldo sócio-político para a decretação da medida, quando qualquer das hipóteses estiver consagrada. Oposições isoladas de condenação da iniciativa ou verberação contundente depois de tomada a medida surgirão sempre, mas isso não pode tolher o Chefe do Executivo de concluir pela melhor solução para o restabelecimento da ordem".[82]

No magistério de Peña de Moraes, a intervenção federal possui natureza jurídica de "procedimento político-administrativo, deflagrado por ato praticado no exercício do poder, vinculado ou discricionário, em que se encontra investida a Chefia do Poder Executivo da entidade interveniente, sob a forma de decreto. Não se confunde a intervenção federal com o emprego das Forças Armadas no território nacional para os objetivos do art. 142 da CRFB. Nesta, há atribuição de ação tópica à força federal sobre fatos perturbadores da lei e da ordem. Naquela, há a assunção do controle político-administrativo do Estado ou do Distrito Federal pela União".[83]

Acerca da natureza jurídica da decisão interventiva, Ricardo Lewandowski preleciona: "como se sabe, o pedido de intervenção nos Estados ou nos Municípios caracteriza-se como medida de natureza político-administrativa, conforme entendimento doutrinário endossado pelo Supremo Tribunal Federal".[84]

Da mesma forma, na lição do argentino Rafael Bielsa, a intervenção é um "ato político" no aspecto governativo, sendo excluída do Poder Judiciário a análise dessa matéria. "O outro poder, o judicial, exerce uma função que ainda quando implique em sentido lato intervenção é sempre função jurisdicional, e não política". Os poderes Executivo e Legislativo, que são políticos, teriam competência para a análise interventiva.[85] Tal raciocínio decorre do art. 6º da Constituição Argentina, que autoriza a intervenção para garantir a forma republicana de governo ou para repelir invasões estrangeiras ou de uma província em outra, daí a natureza política da intervenção. Noutro giro, no Brasil a intervenção possui diversas causas, inclusive para prover execução de lei federal, ordem ou decisão judicial (art. 34, VI, CF/1988). Desse modo, a intervenção no regime jurídico pátrio não ostenta somente aspectos políticos a cargo dos Poderes Legislativo e Executivo.

---

[82] PINTO FILHO, Francisco Bilac M. *A intervenção federal e o federalismo brasileiro*. Rio de Janeiro: Forense, 2002, p. 231.
[83] PEÑA DE MORAES, Guilherme. *Curso de direito constitucional*. 8. ed. São Paulo: Atlas, 2016, p. 371.
[84] LEWANDOWSKI, Enrique Ricardo. *Pressupostos materiais e formais da intervenção federal no Brasil*. 2. ed. Belo Horizonte: Fórum, 2018, p. 150-151.
[85] BIELSA, Rafael. *Derecho constitucional*. 3. ed. Buenos Aires: Depalma, 1959, p. 821 e 825.

Portanto, a intervenção federal denota natureza jurídica de *"procedimento político-administrativo"* (conforme aponta a doutrina e jurisprudência majoritária) quando se tratar de intervenção nas hipóteses previstas nos incisos I, II, III, IV e V do art. 34 da CF/1988, visto que tanto a decretação da medida pelo Presidente da República quanto a aprovação do decreto pelo Congresso Nacional perpassam por análise política de competência do Poder Executivo e do Poder Legislativo.

5.2 Procedimento jurídico-constitucional

Em que pese o entendimento dos eminentes constitucionalistas acima coligidos, esta corrente entende que a intervenção possui caráter híbrido, haja vista que certas modalidades interventivas contêm natureza de ato político, e em outras, ostenta natureza de ato jurídico-constitucional. A esse respeito, Fávila Ribeiro assinala: "poder-se-á dividir em dois grupos principais o sistema de decretação da intervenção: por **soluções políticas** e por **soluções jurídicas**. Aplicam-se soluções políticas para remover óbices materiais que estorvam o normal funcionamento do Estado, nas lindas de sua autonomia. Para a decretação da intervenção nesse caso, ao Governo Federal cabe apenas verificar a incidência do fato e decidir pela sua conveniência e oportunidade, dando, assim à mesma conteúdo político. Cabem soluções jurídicas quando os Estados exorbitam do seu poder de auto-organização, não plasmando as suas estruturas com observância das características essenciais do regime. O critério de aferição é bem diferente, sendo mister averiguar, por processos jurídicos, se ocorre deformação de caráter estrutural no Estado, em colisão com os princípios enumerados no art. 7º, VII [CF 1946]. A deliberação não envolve aspectos de conveniência e oportunidade, estando circunscrita à apuração da existência de deformações nas instituições estaduais, por método de análise, por confrontações, por aplicação de regras de hermenêutica".[86] (Grifos nossos)

Fávila Ribeiro assevera que "a fórmula vigente representa uma elaboração original do constitucionalismo brasileiro, resultante das próprias condições nacionais, primando, sobretudo, pelo esmero com que os poderes atuam, cada um deles exercitando a parcela de atividade que materialmente lhe é inerente, com um entrosamento verdadeiramente harmonioso. O ponto culminante em ambas as constituições é, inquestionavelmente, o de haverem deslocado essa matéria da área exclusivamente política para a área predominantemente *jurídica*". Assim, consideradas todas as hipóteses constantes na Carta Magna que autorizam a decretação de intervenção federal da União em Estado-membro, a intervenção possui natureza de "medida político-*jurídica*". "O controle **jurídico** nos casos que demandam verificar a infringência de princípios constitucionais nas estruturas estaduais pertence ao Supremo Tribunal Federal"[87] (Grifos nossos).

---

[86] RIBEIRO, Fávila. *A intervenção federal nos Estados*. Fortaleza: Editora Jurídica, 1960, p. 87-88.
[87] RIBEIRO, Fávila. *A intervenção federal nos Estados*. Fortaleza: Editora Jurídica, 1960, p. 88, 92 e 101-102.

De igual modo, Pontes de Miranda preleciona que a representação interventiva – ao expressar instrumento de "apreciação de inconstitucionalidade como parte de processo de intervenção" – "não se trata de julgamento político, e sim de *julgamento jurídico*, como qualquer outro"[88] (Grifo nosso). Consectariamente, a intervenção federal destinada a assegurar a observância dos princípios constitucionais sensíveis possui natureza de "ato jurídico", sendo resultado de julgamento realizado pelo Supremo Tribunal Federal, não havendo decisão política na apreciação da matéria.

A intervenção federal brasileira não possui necessariamente natureza "política", podendo também denotar *natureza jurídica*, quando proveniente de decisão do Poder Judiciário, ou seja, quando o ato emanado for de competência do Supremo Tribunal Federal, do Superior Tribunal de Justiça ou do Tribunal Superior Eleitoral, nos termos do art. 36, II, da CF/1988. Quando se tratar da modalidade constante do art. 34, VII, da Carta Magna de 1988, a análise de violação dos princípios constitucionais sensíveis fica a cargo do STF, que, como órgão de cúpula do Poder Judiciário, efetua a análise jurídica acerca dos valores republicanos e federativos eventualmente violados pelos Estados-membros.

Portanto, a intervenção federal terá natureza de *procedimento jurídico-constitucional* (conforme aponta esta corrente) quando se tratar de intervenção nas hipóteses constantes nos incisos IV e VII do art. 34 da CF/1988, uma vez que se baseia em exame de matéria jurídica afeta exclusivamente ao Poder Judiciário. Isso porque a intervenção, para prover a "execução de ordem ou decisão judicial", depende de requisição do Supremo Tribunal Federal, do Superior Tribunal de Justiça ou pelo Tribunal Superior Eleitoral, por força de descumprimento de decisão em matéria constitucional, infraconstitucional ou eleitoral, respectivamente. Nesses casos, a intervenção federal depende apenas de diagnóstico dos próprios órgãos do Poder Judiciário, que avaliam somente questões jurídicas, e não políticas. Além disso, a referida hipótese interventiva não se submete ao crivo do Congresso Nacional, ou seja, a Constituição dispensou expressamente a análise política para efetivação de providência nessa modalidade interventiva (art. 36, §3º, CF/1988).

Igualmente, a intervenção terá natureza de *procedimento jurídico-constitucional* quando se tratar de intervenção por provimento de representação do Procurador-Geral da República, após o pedido ser julgado procedente pelo Supremo Tribunal Federal, com o objetivo de assegurar a observância dos "princípios constitucionais sensíveis", constantes do art. 34, VII, da CF/1988, bem como para promover a "execução de lei federal", em caso de recusa de aplicação por Estado-membro (art. 36, III, CF/1988). Em outras palavras, o STF é quem avaliará o cabimento, a necessidade ou não de intervir em Estado-membro para garantir a forma republicana, o sistema representativo e democrático; os direitos da pessoa humana; a autonomia municipal; a prestação de contas da

---

[88] MIRANDA, Pontes de. *Comentários à Constituição de 1946*. 2. ed. Vol. I. São Paulo: Max Limonad, 1953, p. 488.

administração direta e indireta; a aplicação do mínimo da receita tributária em serviços de ensino e de saúde; e, por fim, a execução de lei federal em unidade federada renitente. Nesses casos, tanto a propositura da ação como o julgamento ocorrem no âmbito do Poder Judiciário, por meio da Procuradoria-Geral da República e do Supremo Tribunal Federal.

Conforme a Lei nº 12.562, de 2011 – que regulamenta o processo e julgamento da representação interventiva perante o Supremo Tribunal Federal –, a representação interventiva será proposta pelo Procurador-Geral da República (PGR), devendo a petição inicial constar a indicação do princípio constitucional que se considera violado ou, se for o caso de recusa à aplicação de lei federal, das disposições questionadas; a indicação do ato normativo, do ato administrativo, do ato concreto ou da omissão questionados; a prova da violação do princípio constitucional ou da recusa de execução de lei federal; e, por último, o pedido com suas especificações. Em seguida, a petição poderá ser indeferida liminarmente, pelo relator, quando não for o caso de representação interventiva, faltar algum requisito legal ou for inepta. Se o STF receber a petição e entender pela urgência e necessidade, por decisão da maioria absoluta de seus membros, poderá ser deferida medida liminar na representação interventiva. Por fim, cabe ao Supremo Tribunal Federal decidir acerca da procedência ou improcedência do pedido formulado na representação interventiva, sendo a decisão irrecorrível, comunicando-se em seguida às autoridades e órgãos responsáveis e dando-se conhecimento do Presidente da República para dar cumprimento aos §§1º e 3º do art. 36 da CF/1988. Como se vê, trata-se de decisão submetida unicamente ao crivo do Poder Judiciário – proposta pelo chefe do Ministério Público da União (PGR) –, caracterizando decisão de natureza jurídica, baseada na Constituição da República e sem apreciação pelo Poder Legislativo, conforme determinação expressa no §3º do art. 36 da Carta Magna. Assim, nessas hipóteses a intervenção terá natureza de *procedimento jurídico-constitucional*, e não de "procedimento político-administrativo", porquanto ausentes elementos e órgãos políticos na avaliação da providência.

Portanto, a intervenção federal é o procedimento de natureza "*político-administrativo*" ou de natureza "*jurídico-constitucional*", a depender das causas ensejadoras previstas na Constituição, fundado em ato vinculado ou discricionário do Chefe do Poder Executivo, de acordo com a espécie da intervenção, resultando na atuação direta ou indireta na autonomia do ente submetido à medida interventiva, com o escopo de restabelecer a ordem constitucional gravemente violada.

CAPÍTULO 6

CLASSIFICAÇÃO DA INTERVENÇÃO FEDERAL

A classificação afigura-se importante para indicar os grupos aos quais integram determinada espécie interventiva, categorizando-as de acordo com as peculiaridades que as distinguem. Ao se classificar as modalidades de intervenção federal nos Estados-membros, facilita-se a sua compreensão e identificação de características que lhes são inatas.

O instituto da intervenção federal ensejava atenção da doutrina desde os primeiros anos da Constituição republicana de 1891, conforme registra Aristides Milton: "a importância do dispositivo é transcendental. Nele está consagrado o princípio da intervenção federal, cuja aplicabilidade oferece embaraços bem sérios, e perigos assombrosos; exatamente por ser questão de vida e morte, no regime federativo, o equilíbrio indispensável entre os poderes da União e os dos Estados. A propósito nota Boutmy: desde a origem, e mesmo nas discussões preparatórias da Constituição, o nó de todas as dificuldades foi a partilha entre a autoridade dos Estados e a dos poderes federais. Debates apaixonados, acrescenta ele, travaram-se em torno dessa questão capital, no seio da Convenção de Philadelphia; debates que foram o prelúdio das grandes lutas, que o magno assunto levantou, depois de votada a Constituição, e que têm enchido a história dos Estados Unidos até os nossos dias. Nem é de admirar que assim acontecesse, porquanto, na opinião de escritores muito autorizados, devemos compreender – que são três os perigos a que está exposto o regime republicano federativo, e que em regra o comprometem. O primeiro – é a separação, que pode provir de afrouxamento dos laços federais. O segundo – é o predomínio de um, ou de alguns dos Estados, sobre os outros, em vista de sua importância ou força de sua população e riqueza. O terceiro, finalmente, é a absorção das autonomias lacais pelo poder central, quando este por acaso exorbita de suas atribuições".[89]

---

[89] MILTON, Aristides A. *A Constituição do Brasil*. Notícia histórica, texto e comentário. 2. ed. Rio de Janeiro: Imprensa Nacional, 1898, p. 25.

Considerando a inexistência de classificação sistematizada sobre a intervenção federal, propõe-se, a seguir, modelo classificatório, a fim de facilitar o entendimento do instituto.

6.1 Intervenção formal, branca ou não-formal

A *intervenção formal* consiste no modelo de intervenção federal ou estadual previsto na Carta Magna de 1988, isto é, quando a intervenção é efetuada de maneira regular, válida constitucionalmente, visto que se perfectibiliza de acordo com as disposições constantes na Lei Fundamental. Nesse caso, a intervenção opera em conformidade com a "moldura" traçada pela Constituição. Designa-se intervenção formal em razão de o ato intromissivo obedecer aos requisitos materiais e ao trâmite procedimental estatuído na Lei Maior antes de se iniciar atos interventivos, isto é, respeitam-se os pressupostos materiais e formais da intervenção antes de efetivá-la em detrimento das unidades federadas (existência das hipóteses deflagradoras; solicitação ou requisição pela autoridade competente; provimento do pedido; publicação do decreto; especificação da amplitude, prazo e condições da execução; submissão do decreto ao Poder Legislativo; cessação das medidas e retorno das autoridades afastadas, etc.).

Assim, ocorre a denominada "intervenção formal" quando a intervenção federal ou estadual cumpre os pressupostos materiais e os pressupostos formais que disciplinam a intromissão de um ente federado na esfera de competência de outro, conforme dispõem os artigos 34, 35 e 36 da Carta Magna.

Contudo, por vezes a intervenção da União no Estado-membro se dá de maneira informal, isto é, sem o atendimento aos preceitos constitucionais, ensejando a denominada *"intervenção branca"* ou *"intervenção não-formal"*. Segundo percuciente estudo de Denis Fernando Bálsamo, a intervenção branca significa "a intromissão do ente federativo superior no ente inferior, quando não há embasamento material para autorizar o ato interventivo nem obediência aos ditames formais estabelecidos na Constituição. Melhor dizendo, é intervenção disfarçada de outro ato, intervenção dissimulada. No contexto da Constituição Federal de 1988, alguns episódios marcam o funcionamento federativo, com relação ao caso das intervenções 'brancas'. No ano de 2005, o Presidente da República decretou requisição de bens e serviços em nove hospitais da rede pública municipal do Município do Rio de Janeiro, entretanto, a requisição era mera roupagem, mero disfarce, constituindo o ato, na verdade, intervenção federal em município. Diante do evidente abuso, a municipalidade carioca impetrou mandado de segurança no Supremo Tribunal Federal, contra o ato do Presidente da República, sendo procedente a ação e sendo a segurança concedida ao Município por votação unânime. Tem-se nota de outro caso de autêntica intervenção do Governo Federal no Distrito Federal. Durante investigações e suspeitas de envolvimentos de atividades de corrupção no Governo do Distrito Federal, Swedenberger Barbosa deixou o cargo de secretário-executivo-adjunto da Secretaria Geral da Presidência da República para assumir a Casa Civil do Distrito Federal. Oficialmente, o Governador Agnelo Queiroz convidou-o a atuar no Governo do Distrito Federal, entretanto, ficaram evidentes os contornos de intromissão política do Governo Federal no DF. Há notas, inclusive, de que Swedenberger era chamado nos bastidores da Administração de 'governador'".[90]

Francisco Bilac também discorre acerca da intervenção-branca: "as pressões sobre os Estados-membros hoje se dão muito mais por coações financeiras do que declaradamente. Os Estados, mais do que em qualquer outra época, sofrem intervenções brancas por causas pecuniárias, por não terem ingerência na macroeconomia ditada pela União Federal". As intervenções brancas também ocorrem para manter a ordem pública no ente regional: "fatos recentes, passados em 1997 em Minas Gerais e em 2001 nos Estados de Tocantins e Bahia, quando foram deflagradas greves de policiais militares, ficando a população à mercê de toda a sorte de bandidagem; inclusive no caso mineiro, muitos policiais de greve chegaram a ameaçar o Palácio do Governador, que não tinha para se socorrer, pois sua segurança dependia da própria polícia que contra ele se insurgiu. Tais fatos denotam, claramente, para nós, o estado de comprometimento grave da ordem que demandava uma atitude mais enérgica do presidente da República. O mau exemplo saído de Minas Gerais espargiu-se por outras unidades federativas com reivindicações semelhantes da classe policial militar. Tanques do Exército foram mandados para proteger as autoridades do Executivo mineiro, mas a Intervenção Federal teria sido mais proveitosa. Adotou-se nos últimos dois governos da República (1995-1998/1999-2002) a técnica de uma INTERVENÇÃO BRANCA, onde os governadores, incapazes de controlar os ímpetos de suas tropas, passam o comando da segurança pública em seus Estados para um Comandante do Exército, designado pelo presidente da República".[91]

De igual modo, no ano de 2005 "a remoção de Fernandinho Beira-Mar para Florianópolis foi uma verdadeira 'intervenção branca' da União em Santa Catarina. A opinião é do presidente da OAB/SC, Adriano Zanotto, expressa em correspondência enviada ao ministro da Justiça Márcio Thomaz Bastos nesta quinta-feira, onde salienta que a decisão foi adotada à revelia das autoridades constituídas, 'e o que é pior: contrária às diversas manifestações prévias de tais autoridades e dos setores da sociedade civil organizada', assegurou. Segundo Zanotto, a manutenção do condenado na carceragem da Polícia Federal, além de forçar o aumento do efetivo de policiais para fazer a segurança não só aumenta as despesas e causa prejuízo no desempenho das atividades de investigação, como também afronta normas de posturas e zoneamento do município. 'Isso nos leva a crer que a remoção do presidiário para Florianópolis, além de ilegal,

---

[90] BÁLSAMO, Denis Fernando. *Intervenção federal no Brasil*. Dissertação de mestrado – USP. São Paulo: 2013, p. 320-322. Disponível em: https://www.teses.usp.br/teses/disponiveis/2/2134/tde-06092016-112345/publico/Dissertacao_VERSAO_DEFINITIVA_Denis_Fernando_Balsamo.pdf. Acesso em: 05 dez. 2020.

[91] PINTO FILHO, Francisco Bilac M. *A intervenção federal e o federalismo brasileiro*. Rio de Janeiro: Forense, 2002, p. 326 e 333.

não atendeu a critérios de ordem técnica', reforça Adriano Zanotto. O grande clima de insegurança em Santa Catarina após a transferência do traficante para a capital no dia 7 de outubro também foi enfatizado com veemência pelo presidente da OAB/SC no ofício. Na mesma correspondência ele manifesta o mais veemente repúdio dos advogados catarinenses, que exigem a imediata remoção de Beira-Mar para uma penitenciária de segurança máxima, com vigilância redobrada e altamente especializada, *know how* existente em estabelecimentos no Rio de Janeiro, São Paulo e Brasília. Segundo Zanotto, a remoção do preso para Florianópolis deu-se ao arrepio do disposto no art. 66, V, "g" e "h" da Lei de Execuções Penais, porquanto é o juiz da execução a autoridade competente para determinar o cumprimento da pena ou medida de segurança em outra comarca, bem como a remoção do condenado na situação do art. 86, parágrafo 1º, do mesmo diploma, e não uma autoridade".[92]

6.2 Sujeitos ativo e passivo da intervenção

O *sujeito ativo* da intervenção é o ente estatal competente que promove o ato interventivo em face de outro, podendo ser a União ou o Estado-membro, cujo ato perfectibiliza-se mediante decreto do Presidente da República ou do Governador de Estado, respectivamente. Cumpridos os pressupostos constitucionais, a União pode intervir em Estado-membro ou em Município localizado em Território Federal, ao passo que o Estado-membro somente poderá intervir nos municípios circunscritos no seu respectivo espaço geográfico. Ademais, a proibição de intervenção – salvo as hipóteses constitucionais – alcança os três Poderes, conforme lição de João Barbalho: "O Governo Federal no Brasil, como os Estados Unidos da América compõe-se de três poderes: o Legislativo, o Executivo e o Judiciário. Foi, portanto, a esses poderes reunidos que a Constituição impôs a restrição contida no art. 6, proibindo-lhes a intervenção nos Estados, salvo nos casos especificados nos seus ns. 1, 2, 3 e 4 e para os fins neles declarados"[93] (Constituição de 1891).

Por sua vez, os *sujeitos passivos* da intervenção são os entes federativos que sofrem a medida intromissiva em sua esfera de competência, ou seja, são as unidades que se submetem à medida interventiva, nomeadamente os Estados-membros, o Distrito Federal e os Municípios. Consectariamente, a intervenção é dirigida em face de pessoa jurídica de direito público interno, e não contra uma autoridade ou indivíduo isoladamente considerado.[94] Sem embargo, a intervenção pode ser desencadeada por conduta de autoridade estadual, distrital

---

[92] OAB – Santa Catarina. *"Remoção de Beira-Mar para Florianópolis foi intervenção branca em SC", diz OAB*. 13/10/2005. Disponível em: https://www.oab-sc.org.br/noticias/ldquoremocao-beira-mar-para-florianopolis-foi-intervencao-branca-em-scrdquo-diz-oab/5096. Acesso em: 05 dez. 2020.

[93] BARBALHO, João. *Constituição Federal Brasileira*. Comentários. 2. ed. Rio de Janeiro: F. Briguiet e Cia Editores, 1924, p. 31.

[94] JELLINEK, Georg. *Die Lehre von den Staatenverbindungen*. Wien: Alfred Hölder, 1882, p. 311.

ou municipal, desde que implique vulneração aos preceitos constantes nos artigos 34 e 35 da CF/88. Isso porque, com base na "teoria do órgão", de autoria do alemão Otto Gierke, "a vontade da pessoa jurídica deve ser atribuída aos órgãos que a compõem, sendo eles mesmos, os órgãos, compostos por agentes". Disso resulta que o agente público, isto é, a autoridade, representa a vontade do órgão público, que é imputada à pessoa jurídica.[95]

Por conseguinte, a intervenção pode ser originada de ato violador da Constituição Federal, perpetrado por autoridade estadual, distrital ou municipal, desde que o referido ato de natureza pública se subsuma a alguma das hipóteses estampadas nos arts. 34 e 35 da Lei Maior. Nesses casos, em que pese os atos serem praticados por autoridade local ou regional, o ente federado é quem sujeitar-se-á à intervenção. Ou seja, a intervenção será dirigida à pessoa jurídica de direito público (Estado, Distrito Federal ou Município), não incidindo a intervenção contra a autoridade específica que representa a vontade estatal, ainda que esta tenha praticado o fato ilícito constitucional (p. ex., Governador, Prefeito, Secretário, Comandante da Polícia Militar, etc). Nesse sentido, Hans Kelsen preleciona: "É condição da intervenção federal que o Estado-membro enquanto tal tenha violado seu dever. O fato ilícito é imputado ao Estado enquanto tal, assim como a intervenção federal se dirige contra o Estado enquanto tal, e não contra um indivíduo".[96]

Ademais, não se afigura cabível a "intervenção estadual" contra o "poder central" (unidade regional em face da União), visto que a intervenção federal no Estado-membro significa a união do conjunto dos Estados-membros em face do ente regional descumpridor de valores constitucionais ou que necessite de auxílio federal para garantir a estabilidade regional. Diante disso, quando a União federal intervém em algum Estado-membro, implica a representação da reunião de todos os Estados brasileiros e do Distrito Federal em prol da manutenção da indenidade e dos valores federativos. Ademais, a intervenção federal alude a todo poder estatal frente a uma unidade regional específica, expressando a imposição dos valores majoritários e constitucionais, não podendo uma minoria regional impor suas ideias ao conjunto federado nacional. Igualmente, caso fosse possível a intervenção estadual em face da União, a medida representaria desvirtuamento e grave instabilidade institucional da própria República, porquanto qualquer ente particular poderia insurgir-se contra o representante do poder central e envidar esforços para propor intervenção contra a União federal, ocasionando severos riscos de desintegração e ruptura federativa. Além disso, a Constituição da República não prevê a figura da intervenção estadual em detrimento da União, de modo que tal modelo inexiste juridicamente.

---

[95] CARVALHO FILHO, José dos Santos. *Manual de direito administrativo*. 23. ed. Rio de Janeiro: Lumen Juris, 2010, p. 14.
[96] KELSEN, Hans. *Jurisdição constitucional*. 3. ed. São Paulo: WMF Martins Fontes, 2013, p. 61-62.

Deve-se ressaltar que a intervenção federal resulta na intromissão do ente central no ente regional/distrital, isto é, do poder central na esfera de competência do poder estadual ou DF, não sendo possível o contrário, ou seja, a intervenção de Estado-membro na União. Acerca desse tema, Hans Kelsen esclarece que na relação existente "entre Estado central e estado-membro (no Estado federativo), torna-se naturalmente impensável uma intervenção contra o Estado central – a qual só se poderia imaginar como ação do estado-membro (ou dos estado-membros) contra o Estado central. E assim se produz desde o princípio na representação ordinária do problema uma 'disparidade em favor do Estado central', que pode com justiça ser percebida como uma tendência política – consciente ou não – de caráter centralista, unitário, ou então produzir efeitos, de modo consciente ou não, nesse mesmo sentido".[97]

Portanto, na ordem jurídica brasileira, somente é possível a intervenção de ente que represente o todo em face do ente particular, isto é, a intervenção da União em face dos Estados-membros/DF ou dos Estados-membros em face dos seus Municípios, ressalvada a intervenção da União em Municípios localizados em Território Federal, nos termos dos artigos 34 e 35 da Carta Magna de 1988.

6.3 Intervenção estado-autor e intervenção estado-vítima

Antes de adentrar especificamente no conceito de intervenção "estado-autor" e de intervenção "estado-vítima", faz-se necessário tecer alguns comentários iniciais acerca da nomenclatura.

Considerando a proeminência e o impacto causados na federação, a matéria alusiva à intervenção nos Estados deve ser disciplinada pela Constituição da República. Na lição de Hans Kelsen, cabe à Lei Fundamental regular a intervenção, sendo o tema um "problema técnico-jurídico de extrema relevância", haja vista a "possibilidade de que as Constituições dos Estados federativos, na resolução daquele problema, tomem caminhos bastante diversos". Consoante magistério do mestre alemão, a intervenção federal exsurge "quando um estado-membro não cumpre os deveres que a Constituição federal lhe impõe – de modo direto ou indiretamente, – torna-se necessário, na medida em que o dever violador esteja estabelecido como dever jurídico, um ato coercitivo com o qual o ordenamento violado reage ao fato ilícito. Deve-se então verificar se o ato coercitivo está ligado diretamente ao fato ilícito ou se o descumprimento do dever primário é apenas a condição de um dever secundário – por exemplo cobrir os custos de uma indenização – e somente o descumprimento desse dever secundário é que leva ao ato coercitivo". Neste segundo caso, a sanção ao descumprimento de dever pelo estado-membro faz com que a resolução da matéria seja atribuída à União, em razão do não atendimento à competência que lhe fora outorgada.[98]

---

[97] KELSEN, Hans. *Jurisdição constitucional*. 3. ed. São Paulo: WMF Martins Fontes, 2013, p. 52-53.
[98] KELSEN, Hans. *Jurisdição constitucional*. 3. ed. São Paulo: WMF Martins Fontes, 2013, p. 49-50.

A intervenção federal deve ser disciplinada pela Constituição Federal "para evitar que a intervenção se desfigure em espoliação da autonomia dos Estados. Excederia aos seus objetivos se não se contivesse somente em fazer respeitadas pelos Estados as prescrições insertas no art. 7º. A fim de que a suspensão temporária de certos poderes peculiares ao Estado não se prorrogue indefinidamente ou se dilate em certas áreas não atingidas por defeitos orgânicos ou de funcionamento, prescreve o art. 11."[99] [Constituição de 1946].

Assente-se que a intervenção federal exsurge da necessidade de o poder central reagir coercitivamente contra o Estado-membro em decorrência da violação de valores fundamentais estabelecidos na Carta Magna. Consoante Kelsen, "é condição específica para o ato de intervenção um fato denominado como violação jurídica, mais precisamente como violação do ordenamento federal por um estado que seja membro da federação. Trata-se de um ato coercitivo dirigido contra o estado enquanto tal". O fato ilícito é condicionante da intervenção federal, uma vez que se trata de "violação de um dever imposto pelo ordenamento jurídico federal a um estado que é parte do conjunto".[100]

A intervenção federal ocorre quando o Estado-membro descumpre deveres impostos pela Constituição Federal, fazendo-se necessário que o poder central utilize meios coercitivos para o restabelecimento da ordem jurídica violada, com o escopo de cessar os efeitos de ato ou fato ilícito. De outra banda, a intervenção federal também pode decorrer de fatos que ultrapassem a força resolutiva dos Estados ou na contenção de grave problemática instaurada no âmbito regional.

Disso resulta que o Estado-membro pode praticar fato ilícito que provoque a intervenção federal (p. ex., quando a unidade regional incorre em atos separatistas – inciso I, art. 34, CF/88), assim como o ente federado pode ser vítima de fato ilícito em seu território (p. ex., quando sofre invasão estrangeira – inciso II, art. 34, CF/88). A intervenção federal pode originar de fato ilícito praticado pelo próprio Estado-membro (*intervenção estado-autor*) ou em decorrência de fato ilícito sofrido pelo Estado-membro (*intervenção estado-vítima*). Na primeira modalidade, é a própria unidade regional que origina, gera, ocasiona, provoca a intervenção federal, ante a prática de atos descumpridores da Constituição Federal, nos termos do art. 34. Verifica-se a intervenção "estado-autor" nos casos em que o Estado-membro, ou o Distrito Federal, é o agente responsável pelo deflagramento da medida interventiva, ou seja, quando dá causa à própria intervenção mediante prática de atos contrários ao federalismo.

Na segunda modalidade (intervenção estado-vítima), o Estado é quem sofre atos alheios ou fatos graves, sendo acometido de medidas transgressoras do ordenamento jurídico. Neste caso, o ente federado surge como sujeito passivo, isto é, quando é violentado em sua autonomia na condição de Estado-membro/DF ou quando não consegue garantir a sua ordem social.

---
[99] RIBEIRO, Fávila. *A intervenção federal nos Estados*. Fortaleza: Editora Jurídica, 1960, p. 96.
[100] KELSEN, Hans. Jurisdição constitucional. 3. ed. São Paulo: WMF Martins Fontes, 2013, p. 51.

Portanto, ocorre a *intervenção estado-autor* nos casos em que o Estado-membro, ou Distrito Federal, pratique atos vulneradores da integração nacional, consistentes em perpetrar ato caracterizador de secessão (inciso I, art. 34); quando o Estado-membro/DF invade outra unidade federada (inciso II, parte final, art. 34); quando o Estado-membro/DF impede o livre exercício dos Poderes (inciso IV, art. 34); na ocasião em que o Estado-membro/DF suspende o pagamento da dívida fundada ou deixa de entregar ao município as receitas tributárias, nos termos das alíneas "a" e "b" do inciso V do art. 34; quando o Estado-membro/DF nega execução à lei federal, ordem ou decisão judicial (inciso VI, art. 34) ou acaso seja necessária a intervenção no Estado-membro/DF para assegurar a observância dos princípios sensíveis, nos termos das alíneas "a", "b", "c", "d" e "e" do inciso VII do art. 34. Noutro giro, ocorre a *intervenção estado-vítima* quando o Estado-membro/DF sofre invasão estrangeira em seu território ou se já afetado por investida hostil em seu espaço geográfico por outra unidade da federação (inciso II, art. 34), bem como quando o Estado/DF é acometido de fatos graves que comprometam a ordem pública (inciso III, art. 34).

Com efeito, quando a intervenção federal é realizada, independentemente se é classificada como "intervenção estado-autor" ou "intervenção estado-vítima", o resultado da medida implica modificação na estrutura do ente intervindo, haja vista que uma outra esfera de poder (federal) ingressa na competência institucional de outrem (regional ou distrital), tornando-se o responsável, temporariamente, pela observância escorreita do preceito fundamental violado.

6.4 Intervenção repressiva e intervenção substitutiva

A intervenção federal pode ser identificada pela característica da "repressividade" ou da "substitutividade", a depender da causa ensejadora da intervenção federal pela União em face dos Estados-membros ou DF. Desse modo, a causa que originar a intervenção determinará a atuação do ente interventor. A *intervenção repressiva* consiste na intromissão que alude à atuação do poder central para conter, cessar ou coibir atos ou fatos desintegradores do Estado federal. Especificamente os incisos I a IV do art. 34 da Constituição de 1988 contêm situações nas quais a União intervém nos Estados/DF para reprimir fatos que aniquilem a integridade nacional; para rechaçar invasão estrangeira ou de uma unidade da federação em outra; quando fatos comprometam gravemente a ordem pública ou quando estiver ameaçado o livre exercício dos poderes nas unidades da federação.

Noutro giro, a segunda modalidade – *intervenção substitutiva* – ocorre quando o poder central substitui o ente federado em matéria de competência deste último. O poder central substitui o ente intervindo em decorrência da ação ou omissão jurídica de unidade regional ou distrital que implique descumprimento de preceitos constitucionais expressos, de maneira que a intervenção é utilizada para garantir o atendimento da norma estampada na Constituição da República.

Tal modalidade verifica-se nos incisos V, VI e VII do art. 34 da CF/88, ocasião em que a União atua na esfera de competência do Estado-membro ou DF, substituindo-os, com o escopo de reorganizar as finanças públicas nos termos das alíneas "a" e "b"; para prover a execução de lei federal, ordem ou decisão judicial, bem como para assegurar a observância dos princípios constitucionais sensíveis, expressos nas alíneas "a", "b", "c", "d" e "e" do inciso VII.

6.5 Intervenção auxiliadora e intervenção reparadora

Sob a perspectiva finalística, a intervenção federal pode ter por objetivo "auxiliar" ou "reparar" os entes na respectiva área de competência. Na primeira modalidade, a finalidade interventiva consiste em *auxiliar*, ou seja, quando a União intervém no Estado-membro para auxiliá-lo, ajudá-lo, socorrê-lo em razão de situações graves e adversas que ponham em risco a existência da própria unidade federada, a sua autonomia, ou quando fatos severos causem dano à ordem pública. A *intervenção auxiliadora* é prevista nos incisos II e III do art. 34 da CF/88, ocasião em que a União intervém para repelir invasão estrangeira ou de uma unidade da federação em outra, bem como para pôr termo a grave comprometimento da ordem pública. Nesses casos, o poder central reúne esforços, juntamente com o Estado-membro, para ajudá-lo na manutenção da paz pública ou da autonomia política do próprio ente intervindo.

De outra banda, a segunda modalidade finalística da intervenção federal consiste em *reparar* atos estaduais ou do DF que tenham descumprido preceito elementar estabelecido na Constituição, conforme as hipóteses excepcionais autorizadoras da medida interventiva. Neste caso, a intervenção federal no ente regional tem o escopo de restabelecer a ordem jurídica violada, corrigindo-a.

A *intervenção reparadora* age restaurando os valores constitucionais transgredidos pelo Estado-membro ou pelo Distrito Federal. Essa modalidade é prevista nos incisos I, IV, V, VI e VII do art. 34 da CF/88, isto é, quando a União intervém no Estado-membro ou DF para manter a integridade nacional (impedindo a secessão pelos entes); para garantir o livre exercício de qualquer dos Poderes nas unidades da federação (impedindo o cerceamento dos Poderes); para reorganizar as finanças, nos termos das alíneas "a" e "b" do inciso V (obstando o inadimplemento do ente no que tange às dívidas fundadas ou o não repasse de receitas tributárias aos municípios); para prover a execução de lei federal, ordem ou decisão judicial (garantindo a aplicação e executoriedade das leis federais e provimentos jurisdicionais) e para garantir a observância dos princípios constitucionais sensíveis, nos termos das alíneas "a", "b", "c", "d" e "e" do inciso VII.

6.6 Intervenção fundada em ato ou em fato

Relativamente ao objeto propulsor da intervenção federal, este pode fundar-se em "ato" ou em "fato", de origem ou repercussão estadual/distrital. O "ato" consiste na manifestação de vontade do Estado-membro ou DF que provoque efeitos jurídicos constitucionais, de modo a subsumir-se em hipótese autorizativa de intervenção federal. Assim, *ato* significa a ação ou omissão consciente de unidade federada que seja desconforme à ordem jurídica, expressando conduta violadora de preceitos constitucionais. Neste caso, colmatam-se à aludida modalidade o ato estadual que revele intenção separatista, violando a integridade nacional (inciso I, art. 34); ato que resulte em violação ao livre exercício dos poderes na referida unidade federada (inciso IV, art. 34); ato estadual que suspenda o pagamento da dívida fundada ou que deixe de entregar ao município receitas tributárias de sua competência (inciso V, art. 34); ato estadual que negue execução de lei federal, ordem ou decisão judicial (inciso VI, art. 34) e ato estadual que descumpra os princípios constitucionais sensíveis, conforme as alíneas "a", "b", "c", "d" e "e" (inciso VII, art. 34).

Por sua vez, *fato* propulsor de intervenção federal significa o acontecimento que a Constituição Federal atribui efeitos interventivos, isto é, a verificação objetiva de evento que independa da atuação volitiva do Estado-membro ou DF, com a aptidão de autorizar a intervenção federal. Amolda-se a essa hipótese o acontecimento de repercussão regional que ponha em risco a ordem pública, sendo necessária a intervenção para pôr termo à grave instabilidade institucional ou social (inciso III, art. 34).

No que se refere à intervenção federal para repelir invasão estrangeira ou de uma unidade da federação em outra (inciso II, art. 34), esta possui caráter híbrido, porquanto pode decorrer de "ato" de origem de Estado-membro ou de "fato" que repercuta na autonomia estadual. O objeto ensejador da medida interventiva decorrerá de "ato" quando o referido ente manifestar ou envidar esforços para invadir outra unidade da federação, violando a autonomia de outro Estado-membro. Em casos assim, o poder central intervém para desfazer a ação do ente regional vulnerador do pacto federativo. Ademais, a intervenção pode decorrer de "fato" que atinja o Estado-membro, ou seja, o acontecimento que ponha em risco a integridade e autonomia do ente regional. Tal fenômeno se dá quando a unidade regional ou distrital sofre invasão estrangeira em seu território. Nesse caso, necessária a atuação federal para auxiliar o Estado-membro/DF na expulsão de forças estrangeiras, garantindo a indenidade do ente.

6.7 Intervenção ofensiva e intervenção tênue

No que concerne ao modo de realização, a intervenção federal poderá ser de natureza "ofensiva" ou "tênue", a depender da finalidade e dos instrumentos utilizados na efetivação da medida interventiva. A *intervenção federal ofensiva* traduz-se no ataque ou reação assertiva em razão de atos ou fatos violentos, invasores ou desintegradores da unidade nacional (incisos I, II e III, art. 34, CF/88). Nesses casos, a atuação firme e combativa da União se faz necessária para impedir a materialização e perpetuidade do fato ilícito praticado, bem como a busca pelo retorno da condição anterior e pacífica da Federação. A ofensiva federal é utilizada para restabelecer a ordem juridicamente violada, impondo-se coativamente a restauração dos valores federativos.

Noutro giro, a *intervenção federal tênue* consiste na intervenção que utiliza meios suaves para a restauração da ordem jurídica infringida. Nesse caso, basta o uso de instrumentos de pouca intensidade para remediar o fato ilícito constitucional, a exemplo da intervenção com o objetivo de prover a execução de lei federal, ordem ou decisão judicial, visto que o próprio ato interventivo pode dar provimento à norma ou decisão judicial. Ou seja, a resolução do desatendimento constitucional pode se dá mediante aplicação de instrumentos normativos ou de decisões documentais que efetivam o ordenamento jurídico ao anular ou proferir outra decisão válida constitucionalmente. Por exemplo, se Estado-membro ou município nega execução à lei federal ou decisão judicial que concede determinado direito ao impugnante, o órgão competente responsável por decidir a intervenção ou a própria autoridade interventora pode executar a lei federal respectiva ou a decisão judicial preterida e conceder o direito vindicado na aludida lei ou provimento jurisdicional. Desse modo, restaura-se a ordem jurídica, alcança-se o bem jurídico tutelado e minora-se a intensidade e as consequências da intervenção federal, atendendo-se ainda ao princípio da proporcionalidade.

Assente-se a imprescindibilidade de observância do princípio da proporcionalidade na decisão de decretar a intervenção federal, bem como na utilização dos instrumentos efetivadores da medida. Consectariamente, impõe-se que a intervenção atenda aos requisitos da pertinência ou aptidão *(Geeignetheit)*, consistindo no "meio certo para levar a cabo um fim baseado no interesse público"; observe a necessidade *(Erforderlichkeit)*, não podendo a medida exceder "os limites indispensáveis à conservação do fim legítimo que se almeja"; por fim, o atendimento da proporção entre os meios utilizados com a finalidade buscada.[101]

Disso resulta que na apreciação do implemento ou não da intervenção, deve-se perscrutar se existem meios eficazes que sejam menos incisivos, em respeito ao Estado-federal. Nesse sentido, Hans Kelsen arremata: "a questão político-jurídica sobre se a intervenção federal poderia ser substituída por outro método melhor de coerção merece, portanto, a mais séria análise".[102]

6.8 Intervenção reconstrutiva e executiva (González Calderón)

De acordo com González Calderón, a intervenção federal nos Estados-membros pode assumir duas vertentes: a reconstrutiva e a executiva. A *intervenção reconstrutiva* "tem lugar quando está subvertida a forma republicana de governo e é necessário que o poder federal leve sua ação suprema a tal ou qual Província

---

[101] BONAVIDES, Paulo. *Curso de direito constitucional.* 24. ed. São Paulo: Malheiros, 2009, p. 396-398.
[102] KELSEN, Hans. *Jurisdição constitucional.* 3. ed. São Paulo: WMF Martins Fontes, 2013, p. 89.

donde aquele sucede para restaurar e garantir dita forma de governo". Por sua vez, a *intervenção executiva* "tem lugar quando ocorre algum dos outros casos previstos pelo artigo, invasão exterior ou a requisição daquelas autoridades provinciais, defende-las ou restabelecê-las. Desde logo, uma intervenção *reconstrutiva* (uma intervenção daquelas que vulgarmente se diz 'ampla', porque assim se quer expressar a completa sujeição da Província intervinda ao poder federal), é a mais extraordinária e grave medida que pode tomar o governo da Nação quando as instituições provinciais estão profundamente desnaturadas e corrompidas e não há maneira alguma, dentro do jogo regular delas mesmas, para normalizá-las e restaurar seu funcionamento regular. A ação tutelar do governo da Nação é em tal caso imperiosamente reclamada por circunstâncias excepcionais, que põe em sério perigo ou em visível descrédito a forma republicana de governo que exige das províncias a Constituição. Uma intervenção reconstrutiva, por conseguinte, deve ser motivada somente por circunstâncias que realmente sejam assim, extraordinárias e graves, e não por transitórias e leves complicações na vida institucional e política das províncias, cujos corretivos podem encontrar-se dentro de si mesmas".[103]

6.9 Intervenção reconstrutiva e conservadora (Rafael Bielsa)

Consoante magistério de Rafael Bielsa, a intervenção federal pode ostentar feição reconstrutiva ou conservadora. "São *reconstrutivas* ou restauradoras da forma de governo, quando se decide ante um estado de corrupção ou promiscuidade de poderes, que afeta o princípio da separação, seja por disposições inconstitucionais que violem a forma republicana de governo, seja por fatos dessa mesma índole consumados pela autoridade local. A intervenção *conservadora* é a que tem por objeto manter um estado institucional normal que é subitamente vulnerada por invasão ou sedição".[104]

6.10 Intervenção total e intervenção parcial

No que alude à abrangência, a intervenção pode ser total ou parcial, a depender do alcance das medidas interventivas em face da unidade regional ou distrital. A *intervenção total* tem o sentido de atuação de um ente federado em outro na esfera completa de poder, de modo a dirigir-lhe a estrutura organizacional. A interferência abrange o conjunto de competências do ente intervindo com o escopo de reorganizá-lo funcionalmente. Nesses casos, o interventor substitui o Chefe de Poder, resultando no afastamento da autoridade regional ou distrital.

---

[103] GONZÁLEZ CALDERÓN, Juan A. *Derecho constitucional argentino*. História, teoría y jurisprudencia de la constitución. Tomo III. Buenos Aires: J. Lajouane & Cia Editores, 1923, p. 548-549.
[104] BIELSA, Rafael. *Derecho constitucional*. 3. ed. Buenos Aires: Depalma, 1959, p. 821-822.

De outra banda, a *intervenção parcial* significa a interferência de um ente federativo em outro limitadamente a uma área ou seguimento específico, isto é, a intervenção se restringe a determinada extensão ou matéria de competência do ente federado. Por conseguinte, tal modalidade permite atuação simultânea do interventor e do Chefe de Poder Estadual/Municipal nas áreas em que não estejam abrangidas pela intervenção.

Com percuciência peculiar, Cretella Jr. expõe didaticamente a abrangência da intervenção federal: "Quais as áreas ou campos de incidência da intervenção federal? Quais os Poderes suscetíveis de intervenção? Quais as unidades da Federação atingidas? 'Qualquer órgão do poder estadual' pode ser atingido pela intervenção federal, a saber, as Assembleias Legislativas Estaduais, os Governadores dos Estados-membros e o Poder Judiciário".[105] Desse modo, as áreas ou os Poderes atingidos pela intervenção deverão ser especificados no decreto interventivo, que definirá a amplitude da medida, "o seu âmbito, isto é, em que Estado ela se dá e relativamente a quais poderes desse Estado, se atinge o Legislativo ou o Executivo, ou ambos. É evidente que esse âmbito depende diretamente do motivo da intervenção".[106]

6.11 Intervenção total e atividades típicas de Poder (Executiva, Legislativa e Judiciária)

A *intervenção total* implica a interferência da União Federal ou do Estado-membro na esfera completa de poder do Estado-membro/DF ou do Município, ocasião em que o interventor substitui a respectiva autoridade máxima. Sem embargo, é salutar esclarecer que tal intromissão refere-se à denominada *intervenção administrativo-organizatória*. Tal modalidade significa a intervenção de um ente federado em outro com a finalidade de gerir a administração pública, dirigindo-a. Para isso, exerce temporariamente atividades diretivas de competência do governo do ente federado ou da respectiva esfera de poder. Com essa intervenção, reorganizam-se as atividades que competem ao Estado-membro/DF ou Município, ordenando-as em prol da coletividade regional ou local, sempre de acordo os preceitos constitucionais. Disso resulta que a "intervenção administrativo-organizatória" tem por escopo permitir a gestão do Estado-membro/DF ou Município, isto é, o interventor assume, excepcionalmente, a função de administrar o ente intervindo.

Portanto, para esta corrente, a *intervenção total* no âmbito do **Poder Executivo** autoriza o interventor a administrar o ente regional, distrital ou municipal como

---

[105] CRETELLA JÚNIOR, José. *Comentários à Constituição brasileira de 1988*. Vol. IV. Arts. 23 a 37. 2. ed. Rio de Janeiro: Forense Universitária, 1992, p. 2066.
[106] FERREIRA FILHO, Manoel Gonçalves. *Comentários à Constituição brasileira de 1988*. Vol. 1 – Arts. 1º a 103. 2. ed. São Paulo: Saraiva, 1997, p. 233.

se governador ou prefeito fosse, sem substituir-lhes nas funções típicas do Poder Executivo ou do Poder Legislativo (consistente em legislar e fiscalizar). Nesses casos, a intervenção total permite que o interventor promova a gestão do Estado-membro, DF ou Município, bem como autoriza a convocação dos substitutos legais do Chefe do Poder Executivo estadual para o desempenho de atividade que lhe é própria. Por conseguinte, entende-se inadmissível que o interventor atue no processo legislativo como governador ou prefeito, isto é, não lhe compete apresentar projetos de leis como autoridade iniciadora, propor emenda à Constituição Estadual ou à Lei Orgânica ou vetar projetos de lei (art. 61, CF/88); tampouco propor arguição de descumprimento de preceito fundamental no STF (art. 2º, I, Lei nº 9.882/1999), ou propor ação direta de inconstitucionalidade perante o Tribunal de Justiça Estadual – em face da Constituição Estadual – ou no Supremo Tribunal Federal – em face da Constituição Federal (art. 103, V, CF/1988). Com efeito, essas funções são típicas do Chefe do Poder Executivo, não podendo o interventor pretender exercer atividades exclusivas do representante legitimamente eleito pelo povo, em respeito ao princípio democrático e da legitimidade originariamente constitucional.

Assim, em que pese a generalidade dos poderes a serem atribuídos ao interventor (art. 36, §1º, CF/1988), devem ser respeitados os quadrantes constitucionais na concretização dos diversos dispositivos elencados na Carta Magna, mormente o *princípio da correção funcional*, que exige a observância da competência de cada agente público nas funções estatais. No magistério abalizado de Konrad Hesse, o princípio de interpretação "correção funcional" significa que: "se a Constituição regula, de certa maneira, a competência dos agentes das funções estatais, o órgão de interpretação deve manter-se no marco das funções que lhe são atribuídas; esse órgão não deverá modificar a distribuição de funções pela forma e resultado dessa interpretação".[107]

Como forma de permitir a tramitação de matérias legislativas – iniciativa de leis, sanção, veto, etc. – por parte do Poder Executivo submetido à intervenção, esta corrente propugna pela convocação dos respectivos substitutos legais de acordo com a Constituição Federal, a Constituição Estadual e a Lei Orgânica do DF. Desse modo, para o exercício da aludida função tipicamente legislativa, devem ser convocados os agentes políticos segundo a devida ordem de sucessão prevista no ordenamento jurídico. Assim, primeiramente devem ser chamados, nessa ordem: o Vice-Governador ou o Vice-Prefeito, em seguida o Presidente da Assembleia Legislativa ou o Presidente da Câmara de Vereadores ou seus substitutos legais (Vice-Presidente da Assembleia Legislativa/Câmara Municipal; 1º, 2º ou 3º Secretário da Mesa da Assembleia Legislativa ou da Câmara Municipal; Deputado Estadual ou Vereador com mais tempo de mandato ou mais idoso). Se porventura o Poder Legislativo tiver sido submetido também à intervenção – ou

---

[107] HESSE, Konrad. *Temas fundamentais do direito constitucional*. Texto: A Interpretação Constitucional. Série IDP. São Paulo: Saraiva, 2009, p. 115.

os seus membros titulares afastados por decisão judicial – devem ser convocados os respectivos suplentes, que ocuparão as referidas funções no Órgão Legislativo e, consequentemente, poderão suceder o exercício da função de Governador de Estado ou Prefeito Municipal para fins legislativos, ou seja, para a realização do devido processo legislativo constitucional.

Essa sistemática proposta resulta da aplicação aos Estados-membros/DF e aos Municípios do *princípio da simetria* previsto na Constituição Federal de 1988 nos casos de impedimento ou vacância do cargo de Presidente ou Vice-Presidente da República. Conforme determina o art. 79 da Carta Magna, o Vice-Presidente substituirá o Presidente no caso de impedimento e o sucederá em caso de vacância. Além disso, o art. 80 da CF/1988 dispõe que em caso de impedimento do Presidente e do Vice-Presidente, ou vacância dos respectivos cargos, serão sucessivamente chamados ao exercício da Presidência o Presidente da Câmara dos Deputados, o do Senado Federal e o do Supremo Tribunal Federal.

Disso resulta que o modelo proposto de chamamento sucessivo de autoridades para o exercício de atividade típica do Poder Executivo (função legislativa) tem o mérito de respeitar a ordem substitutiva de agentes políticos prevista na própria Constituição Federal de 1988.

Pelas mesmas razões, aplica-se o referido entendimento quando se tratar de *intervenção total* no âmbito do **Poder Legislativo**, de modo que a intervenção autoriza o interventor a administrar o Poder Legislativo regional ou municipal como se fosse o presidente da Assembleia Legislativa, Câmara Legislativa do DF ou da Câmara Municipal. Isto é, o interventor exerce a função de gestor da Casa de Leis, notadamente dispondo sobre sua organização, funcionamento, serviços administrativos de sua Secretaria, polícia, etc. (art. 51, IV, c/c art. 27, §3º, CF/1988). Também decorre do poder de gestão do interventor no Poder Legislativo o ato de firmar contratos, convênios, ordenar e executar as despesas do órgão legislativo, efetivar medidas de controle fiscal (art. 29-A, CF/1988) e assuntos dessa natureza, bem como apoiar o controle externo (art. 31, CF/1988) – desde que forem procedimentos necessários para cumprir a intervenção federal ou estadual – tendo por objetivo reestabelecer a ordem jurídica violada constitucionalmente.

Igualmente, por analogia ao Regimento Interno da Câmara dos Deputados (art. 4º, LINDB), ao interventor do Poder Legislativo – ao atuar como presidente da Casa de Leis – é cabível regular os trabalhos legislativos, conduzindo-os de acordo com o Regimento Interno, a Constituição Estadual/Lei Orgânica e a Constituição Federal, sendo possível convocar as sessões; designar a Ordem do Dia das sessões; executar decisões da Mesa Diretora, bem como distribuir matérias que dependam de parecer; designar membros às Comissões, declarar a perda do lugar; convocar as Comissões Permanentes para a eleição dos respectivos Presidentes e Vice-Presidentes; determinar a publicação de matéria referente ao Poder Legislativo; divulgar as decisões do Plenário, das reuniões da Mesa, do Colégio de Líderes, das Comissões e dos Presidentes das Comissões; dar posse aos Deputados; conceder licença a Deputado; declarar a vacância do mandato nos casos de falecimento ou renúncia de Deputado; declarar a perda do cargo quando o parlamentar deixar de comparecer a um terço das sessões, quando perder ou tiver os direitos políticos suspensos ou quando a Justiça Eleitoral decretar a perda do mandato (art. 55, §3º, CF/1988); assinar correspondência destinada a outros Poderes e demais autoridades, etc.[108]

Outrossim, no âmbito do Poder Legislativo submetido à intervenção, em caso de afastamento, suspensão ou impedimento dos respectivos parlamentares titulares, devem ser convocados os respectivos suplentes para o desempenho de funções exclusivas do órgão legislativo (processo legislativo estadual, distrital ou municipal, julgamento das contas do Governador ou Prefeito, processo e julgamento de *impeachment* de Governador ou Prefeito, instauração e funcionamento de CPI's, etc.), conforme determina o §1º, art. 56 da CF/1988: "§1º O suplente será convocado nos casos de vaga, de investidura em funções previstas neste artigo ou de licença superior a cento e vinte dias".

Disso resulta que a *intervenção total* no Poder Legislativo implica a atuação do interventor como presidente da Assembleia Legislativa, da Câmara Legislativa do Distrito Federal ou da Câmara Municipal, assumindo a função de autoridade coordenadora dos respectivos trabalhos legislativos, dirigindo a condução das sessões e demais atribuições pertinentes. Sem embargo, o interventor não se torna membro titular do Poder Legislativo, tampouco legisla sozinho, nem mesmo com o auxílio de uma "comissão" indicada pelo decreto interventivo. Ou seja, o interventor não é legislador, não tem legitimidade nem competência para inovar o ordenamento jurídico mediante a edição de atos normativos primários (art. 59 da CF/1988). Ora, o interventor não é eleito democraticamente pelos cidadãos, sendo agente alheio ao devido processo eleitoral, muito menos resultante da escolha livre pelo povo por meio do voto (art. 14, c/c art. 27, 28 e 29 da CF/1988). Desse modo, considerando a composição colegiada dos órgãos legiferantes, bem como que o número mínimo de membros na Assembleia Legislativa é de 24 deputados e na Câmara Municipal é de 9 vereadores (art. 27, *caput*, c/c art. 29, IV, "a" CF/88), os respectivos suplentes dos deputados estaduais/distritais e vereadores – eventualmente afastados pela intervenção – devem ser convocados para as sessões de deliberação das matérias legislativas ou de fiscalização típica de competência estadual ou municipal.

Assente-se que o fato de o interventor não ser membro do Poder Legislativo e mesmo assim dirigir o processo legislativo como se presidente fosse assemelha-se à figura de presidente do Supremo Tribunal Federal na condução do processo de *impeachment* do Presidente da República perante o Senado Federal, conforme prevê o art. 52, parágrafo único da CF/1988.

---

[108] BRASIL. Câmara dos Deputados. *Regimento Interno da Câmara dos Deputados atualizado até a Resolução nº 12, de 2019*. Art. 17. Disponível em: https://www2.camara.leg.br/atividade-legislativa/legislacao/regimento-interno-da-camara-dos-deputados/arquivos-1/RICD%20atualizado%20ate%20RCD%2012-2019%20A.pdf. Acesso em: 07 dez. 2020.

Tal sistemática observa regra de interpretação constitucional, consistente no *princípio da correção funcional*, porquanto se respeita a competência de cada agente do Estado, assim como é atendido o princípio da *legitimidade democrática*, visto que "todo o poder emana do povo, que o exerce por meio de representantes eleitos ou diretamente, nos termos desta Constituição"; aplicando-se aos Estados o art. 27 e 28, e aos Municípios, o art. 29, I e IV da CF/1988.

Por fim, na hipótese de *intervenção total* no âmbito do **Poder Judiciário** (exemplificadamente: para pôr termo a grave comprometimento da ordem pública decorrente de eventual corrupção generalizada de órgão máximo do Tribunal de Justiça ou de Juiz Titular de Vara Única da Comarca municipal), o suposto interventor poderá exercer funções administrativo-organizatórias, ou seja, atividades de gestão ou de administração do Tribunal ou Comarca. Tal entendimento é corroborado pela doutrina e jurisprudência: "sob o prisma da organização dos Poderes, é permitida a decretação de intervenção federal em órgãos do Poder Judiciário, ressalvada a atividade jurisdicional desempenhada por Juízos e Tribunais, encerrando o Presidente da República 'a competência para decretar a intervenção, quer no Poder Executivo, quer no Poder Legislativo. Caberia, também, a decretação de intervenção federal no Poder Judiciário, devendo, o ato interventivo restringir-se, quanto ao seu alcance, à atividade administrativa dos órgãos judiciais'" (STF, IF nº 578, Rel. Min. Celso de Mello, J. 22.3.1999, DJU 7.4.1999).[109]

Ademais, o interventor a ser nomeado deve ser integrante do Poder Judiciário, ainda que de outra esfera (Justiça Federal, por exemplo), visto que "compete privativamente aos Tribunais eleger seus órgãos diretivos, dispondo sobre a competência e funcionamento dos respectivos órgãos jurisdicionais e administrativos", bem como "organizar suas secretarias e serviços auxiliares", conforme determina o art. 96 da CF/1988. Dessa forma, é peremptoriamente inadmissível a intromissão de agente alheio ao Poder Judiciário, sobretudo com a intenção deliberada de afastar os membros do exercício regular de suas funções. A título de ilustração, no Governo Provisório houve notória violação à independência do Supremo Tribunal Federal mediante a redução do número de ministros, que passou a ser onze em vez de quinze membros. Por meio de decreto do Chefe do Poder Executivo, seis ministros do STF foram afastados compulsoriamente, dentre os quais o seu Presidente, ministro Godofredo Cunha, de modo que o Presidente da República pôde nomear novos ministros de acordo com o seu interesse. Octacílio Silva explicita o ocorrido.[110]

> Cinco dias após, reunido o Tribunal para a eleição do novo Presidente (Min. Leoni Ramos), o Min. Hermenegildo de Barros, votando contra tal convocação ao lado de dois outros ministros, por considerá-la ilegal, proferiu veemente protesto: "Não sou levado a esse

---
[109] PEÑA DE MORAES, Guilherme. *Curso de direito constitucional.* 8. ed. São Paulo: Atlas, 2016, p. 372-373.
[110] SILVA, Octacílio Paula. *Ética do magistrado à luz do direito comparado.* São Paulo: Revista dos Tribunais, 1994, p. 132-133.

protesto pelo mal-entendido sentimento de coleguismo... Não se trata de aposentadoria a pedido, ou mesmo de aposentadoria forçada, em virtude de idade avançada, prevista em lei, mas de exclusão acintosa de ministros, que foram varridos do tribunal... É a morte do poder judiciário no Brasil. Não se lança, assim, um labéu infamante sobre ninguém, e muito menos sobre juízes, que representam a cúpula do grande edifício judiciário na nação... Pela minha parte declaro que não tenho honra nenhuma em fazer parte desse tribunal, assim desprestigiado, humilhado e é com vexame e constrangimento que ocupo esta cadeira de espinhos, para a qual estarão voltadas as vistas dos assistentes, da dúvida de que aqui esteja um juiz independente, capaz de cumprir com sacrifício o seu dever" (L. Nequete, p. 68-69)

Consoante estudo do historiador Felipe Abal, Getúlio Vargas aposentou de forma compulsória os seguintes ministros do Supremo Tribunal Federal: Antônio Joaquim Pires de Carvalho e Albuquerque; Edmundo Muniz Barreto; Pedro Afonso Mibielli, Godofredo Cunha; Geminiano da Franca e Pedro Joaquim Santos; ato contínuo, foram nomeados dois ministros: Joao Martins de Carvalho Mourão e Plínio Casado.[111]

> Pode-se inferir que a intervenção de Vargas no Supremo Tribunal Federal servia para resolver duas questões: primeiramente, fazia parte de seu projeto de livrar os órgãos estatais de pessoas ligadas à elite política da República Velha, podendo-se registrar, ainda, que a aposentadoria compulsória dos ministros poderia servir como um ato de vingança por eles terem votado contra os revolucionários de 1922, 23 e 24, como expõe Emília Viotti da Costa: Essa interpretação é difícil de ser comprovada. No entanto, analisando-se o desempenho dos ministros por meio dos julgados, observa-se que não só eles haviam negado vários habeas corpus impetrados em favor dos tenentes, como também, com exceção talvez de Mibelli, constituíram um bloco ultraconservador no Supremo Tribunal Federal (COSTA, 2006, p. 71). Em segundo lugar, sabendo da importância do STF, mesmo diante do esvaziamento de sua competência em virtude da criação de outros tribunais, era do interesse de Vargas nomear pessoas para ocupar os postos no Tribunal, pretendendo que eles julgassem de acordo com o interesse do Executivo.

Disso resulta que, em nenhuma hipótese os membros do Poder Judiciário podem ser afastados ou aposentados compulsoriamente por ato isolado do interventor, uma vez que não detém competência constitucional para tanto. Outrossim, o Tribunal não se sujeita à interferência do interventor em atos de natureza jurisdicional, porquanto constitui atividade típica de Estado e exclusiva dos membros do Poder Judiciário, somente podendo ser modificadas as decisões judiciais mediante o devido processo legal, notadamente a interposição de recursos nos tribunais competentes. Isso porque a competência jurisdicional é atividade indelegável e insusceptível de exercício por agentes alheios à magistratura, sob pena da própria inexistência do ato por completa ausência do atendimento de pressuposto processual de existência subjetiva do processo, consistente em órgão investido de jurisdição (juiz).

---

[111] ABAL, Felipe Cittolin. Getúlio Vargas e o Supremo Tribunal Federal: uma análise do *habeas corpus* de Olga Prestes. *Revista ANTÍTESES*. Universidade Estadual de Londrina. V. 10, nº 20, p. 881-900, jun/dez. 2017, p. 885-886.

Por último, acaso a *intervenção total* atinja o Poder Judiciário estadual, deverão ser convocados os respectivos Desembargadores, Juízes Titulares ou Juízes Substitutos para suceder os magistrados porventura afastados, de maneira que a atividade jurisdicional continue sendo prestada normalmente pelos substitutos legais, em cumprimento à Constituição da República, mormente a indenidade das atividades exclusivas do Poder Judiciário (art. 92 a 95 da CF/1988).

Ademais, se mais da metade dos membros do Tribunal de origem estiver impedida para o julgamento de ação, caberá originariamente ao Supremo Tribunal Federal processar e julgar o feito, nos termos do art. 102, I, "n" da CF/1988. Neste último caso, nem há que se falar em intervenção federal no Poder Judiciário, haja vista configurar atribuição de competência a órgão jurisdicional (STF) para julgar matéria quando ausente a capacidade plena dos membros titulares do tribunal inicialmente competente (TJ, TRF, TRE, TRT, etc.). O Pretório Excelso possui julgado nesse sentido:[112] "Intervenção federal e seus vários graus. A interferência do Supremo Tribunal na ação do Judiciário Estadual não constitui a intervenção, de que trata o art. 7º da Lei Magna, mas outra, que é normal no sistema de hierarquia e de recursos do Poder Judiciário Brasileiro, que tem como cúpula o Supremo Tribunal. Posição deste em nosso regime. Justiça nacional, seja ela federal ou estadual. – Dualidade de poderes exigindo solução imediata. – Competência implícita do Supremo Tribunal. Se a este cabe julgar os recursos extraordinários, hão de lhe caber os meios de providenciar para que exista sempre legitimamente investido, um Presidente de Tribunal de Justiça (um e não dois) que possa desempenhar a tarefa, a ele imposta por lei federal, de processar aqueles recursos na sua primeira fase. – Eleições ilegais de Presidentes de Tribunais locais. – Nulidade. Nova eleição". (STF – Tribunal Pleno. IF 14/MT. Relator Min. Luiz Gallotti. Julgamento: 20/01/1950. Publicação: 26/01/1950).

---

[112] STF. Supremo Tribunal Federal. Tribunal Pleno. IF 14/MT. Intervenção Federal. Disponível em: https://jurisprudencia.stf.jus.br/pages/search/sjur182533/false Acesso em: 09 dez. 2020.

CAPÍTULO 7

A INTERVENÇÃO É OBRIGATÓRIA OU FACULTATIVA?

É antiga a discussão acerca da obrigatoriedade ou facultatividade de intervenção federal em Estado-membro, bem como a intervenção estadual em seu município.

Comumente, a doutrina baseava-se nos vocábulos presentes no texto constitucional, a exemplo do art. 6º da Constituição de 1981, cuja redação estabelecia que "o Governo Federal não poderá interver em negócios peculiares aos Estados, salvo: (...)". Nesses casos, entendia-se que quando presentes as hipóteses constantes do art. 6º, era dever intervir, pois se tratava de exceção constitucional garantidora do Estado-federal. A esse respeito, o saudoso Aurelino Leal assinalava: "Como, porém, há casos em que afetada a vida do Estados, graves reflexos podem atuar sobre a União, não é possível a esta desperceber-se da situação das unidades que a compõem. Nasce daí o direito excepcional de intervenção, que é, fundamentalmente, um movimento de defesa da União em seu próprio favor, antes que em favor do Estado".[113] De maneira expressa, Carlos Maximiliano assevera: "Verificando-se de modo inequívoco algum dos casos do art. 6º (CF 1891), é obrigatória; porque os agentes dos poderes públicos, como tais, não têm direitos, só tem deveres, visto que a lei só lhes confere aqueles como meios de cumprirem estes. Se, ao contrário, o caso é duvidoso, o poder central deve abster-se, porque a intervenção é exceção e, na dúvida, é a regra o que se deve presumir. Há a proibição geral; nos quatro casos excepcionais é um dever intervir. Em regra, a palavra 'pode' será entendida como 'deve', isto é, como impondo um dever imperativo, todas as vezes que for empregada em lei para conferir uma atribuição cujo exercício tenha importância para o fim de proteger os interesses públicos ou particulares".[114]

---

[113] LEAL, Aurelino. *Theoria e prática da Constituição Federal brasileira*. Parte Primeira. Rio de Janeiro: F. Briguiet e Cia. Editores, 1925, p. 60.

[114] MAXIMILIANO, Carlos. *Comentários à Constituição brasileira*. 2. ed. Rio de Janeiro: Jacintho Ribeiro dos Santos, 1923, p. 148.

Na lição de Pontes de Miranda, "a União só tem o direito de intervir nas espécies que a Constituição aponta, com o que se limita a autonomia dos Estados-membros; e o dever de intervir, porque aqueles casos constituem, a juízo do legislador constituinte, irregularidades graves. Contudo, não há direito a exigir-se que se dê a intervenção, direito que pudesse ser invocado em juízo. O que pode intervir, intervém, desde que o queira, de modo que é preciso concorram querer e poder. Isso não significa que não possa ser responsabilizado o Presidente da República, que a negue, quando seja o caso, desde que o seu ato caiba nos casos previstos pela Constituição como responsabilidade, ou que aqueles que votam no sentido da denegação não possa incorrer, por atos criminosos, fora a liberdade de voto, em sanções penais. A intervenção nos Estados-membros, como todo ato político, é facultativa; porém não recebemos muito à letra o conceito de facultatividade. Há abuso de direito, há abuso da própria facultatividade, que constitui crime de responsabilidade. Nos casos em que é preciso a aprovação pelo Congresso Nacional, o voto, em si, não comporta imputabilidade criminal. Tratando-se de requisição pelo Supremo Tribunal Federal, a abstinência é suscetível de ser classificada como figura penal, com a respectiva sanção. Se o Presidente da República desatende, a questão passa ao terreno da responsabilidade".[115]

Paulino Jacques esclarece o debate doutrinário entre o dever de decretar a intervenção ou apenas o direito de decretá-la: "Epitácio Pessoa, como notamos, sustentava que era um dever, desde que fosse caso dela; enquanto Rui, um direito, cujo exercício dependia do exame do caso em face da Constituição e dos fatos alegados. Viveiros de Castro encontrou uma fórmula mista: a intervenção federal era um direito-dever, cuja realização ficava na dependência dos requisitos constitucionais. Com Epitácio ficaram Carlos Maximiliano (Comentários à Constituição Brasileira, vol. I, pág. 211) e Temístocles Brandão Cavalcanti (A Constituição Federal Comentada, vol. II, pag. 172); com Rui, permaneceram Pontes de Miranda (Comentários à Constituição de 1946, vol. I, pag. 357); Pedro Calmon (Curso de Direito Constitucional Brasileiro, pag. 7; Intervenção Federal, pags. 38 e segs.); e com Viveiros, Ernesto Leme (Intervenção Federal, pag. 40 e segs.), entre outros". Por fim, Paulino Jacques assevera que "a melhor doutrina, em nosso entender, é a de Viveiros de Castro, porque se o Presidente da República, em certos casos (art. 7º, itens I, II e III da Constituição Federal de 1946) intervém, *ex officio* (dever); noutros (itens IV e V), só o faz mediante requisição (direito); como ainda, em outros (itens VI e VII), depois de decretada a medida pelo Congresso Nacional (dever)".[116]

Por último, nos Comentários à Constituição de 1988, Pinto Ferreira preleciona: "A propósito do significado do texto constitucional, poder-se-iam lembrar essas palavras expressivas de Sutherland nos *Estatutes and statutory*

---

[115] MIRANDA, Pontes de. *Comentários à Constituição de 1967*. Com a Emenda nº I, de 1969. Tomo II. 2. ed. São Paulo: Revista dos Tribunais, 1973, p. 192 e 200-201.

[116] JACQUES, Paulino. Curso de direito constitucional. 9. ed. Rio de Janeiro: Forense, 1983, p. 175.

construction (1904, §640): 'Em regra a palavra pode ser entendida como deve, isto é, como impondo um dever imperativo todas as vezes que for empregada em lei para conferir uma atribuição cujo exercício tenha importância para o fim de proteger os interesses públicos ou particulares. Da intenção deduzida do contexto e também revelada pela natureza do ato com o qual se ache em conexidade a palavra empregada depende o saber se esta é imperativa, ou meramente permissiva'. Ou ainda esta outra explicação de Ihering em seu 'Espírito do direito romano': 'A forma imperativa, isto é, a forma prática imediata de uma ordem ou proibição, é a forma regular sob a qual o Direito aparece nas leis. Pouco importa, aliás, que a expressão seja imperativa ou não; o caráter imperativo jaz na própria coisa, na idéia".[117]

Dito isso, imperioso discorrer sobre o decreto interventivo, que poderá ser discricionário ou vinculado, repercutindo diretamente na facultatividade ou obrigatoriedade da intervenção. Com espeque no magistério abalizado de Cretella Jr., "o veículo jurídico da intervenção – o decreto – é ato administrativo, em si e por si, mesmo que não seja aprovado pelo Congresso Nacional e, portanto, dotado de auto-executoriedade, irradiando efeitos concretos, atuando no mundo jurídico, assim que publicado. Se o decreto presidencial intervencionista é editado para repelir invasão estrangeira em Estado-membro, ou para repelir invasão de forças de um Estado-membro em outro, a auto-executoriedade do decreto permite o imediato transporte de contingentes das forças armadas, das três armas, para o ponto conturbado. O mesmo ocorre, quando existe perturbação efetiva da ordem pública e o Estado-membro é importante para restabelecer a normalidade. Examinado o decreto pelo Congresso Nacional, duas hipóteses, e só duas, podem ocorrer: a aprovação ou a desaprovação da iniciativa presidencial. Qual a natureza jurídica da aprovação? Para alguns, a aprovação é novo ato administrativo, homologatório, verdadeiro referendo do ato principal. Para outros, é a segunda parte do ato complexo de intervenção, que se aperfeiçoa apenas quando é aprovado, porque para seu nascimento é indispensável, sempre, a participação de dois órgãos, o Presidente e o Congresso. Ora, o Congresso Nacional pode desaprovar o decreto do Presidente da República, sem consultá-lo, o que descaracteriza o ato complexo. Além disso, anulado o ato presidencial de intervenção, o desfazimento opera *ex nunc*, jamais *ex tunc*, o que revela que o decreto e ato administrativo simples, cujos efeitos começam a irradiar antes da apreciação do Congresso Nacional. O decreto, sendo ato administrativo, é dotado de auto-executoriedade, ou seja, de imediata aplicação, assim que publicado". Por fim, o professor arremata: "A decretação da intervenção é discricionária ou vinculada. A decretação discricionária depende de solicitação, quando determinada por impedimento ou coação do Legislativo ou do Executivo estadual. A decretação da intervenção é vinculada, quando depende de requisição".[118]

---

[117] FERREIRA, Pinto. *Comentários à Constituição brasileira*. 2º Volume – Arts. 22 a 53. São Paulo: Saraiva, 1990, p. 308.
[118] CRETELLA JÚNIOR, José. *Comentários à Constituição brasileira de 1988*. Vol. IV. Arts. 23 a 37. 2. ed. Rio de Janeiro: Forense Universitária, 1992, p. 2096-2099.

No que concerne à natureza jurídica da aprovação do decreto pelo Congresso Nacional, afora ato homologatório ou de ato complexo, há que se mencionar a natureza jurídica do decreto quando for desnecessário o exame pelo Congresso Nacional. Sendo assim, esta corrente entende pela existência de outra modalidade de ato interventivo, consistente em *decreto executório*, que se verifica nos casos em que o decreto for dispensado de apreciação pelo Poder Legislativo (art. 36, §3º, CF/1988). Isso porque, quando o Presidente da República decreta a intervenção federal fundada em desobediência de ordem ou decisão judiciária – em decorrência de requisição do Supremo Tribunal Federal, do Superior Tribunal de Justiça ou do Tribunal Superior Eleitoral –, a intervenção é obrigatória, devendo o Presidente da República tão somente executar a ordem emanada pelo Poder Judiciário (art. 36, II, CF/1988).

De acordo com Pontes de Miranda, nesse caso o "Supremo Tribunal Federal ou o Superior Tribunal Eleitoral não profere decisão declarativa, mas constitutiva (da intervenção). O decreto do Presidente da República é, então, integrativo de julgamento, como o ato do 'cumpra-se que se opõe às cartas precatórias. Na Constituição de 1891, emendada em 1925-1926, art. 6º, §2º, já se distinguiam a 'requisição' pelo Supremo Tribunal Federal e a 'solicitação' pelo poder estadual, ainda local. Hoje, só o Poder Executivo ou o Legislativo solicita".[119]

Igual fenômeno se dá quando a intervenção federal decorre de provimento, pelo Supremo Tribunal Federal, de representação do Procurador-Geral da República para assegurar a observância dos princípios constitucionais sensíveis ou para promover a execução de lei federal, que impõe a execução da decisão jurisdicional (art. 36, II, III, e c/c. 34 VII, CF/1988).

É cediço que o vocábulo "execução" deriva do latim *exsecutio*, de *exsequi*, tendo o sentido de "seguir até o fim, proceder judicialmente, perseguir. Significa assim o ato ou a ação, que não vem isolada. Surge como complemento, comprimento ou conclusão de coisa ou de fato já existentes anteriormente. Pela execução, assim, completa-se, conclui-se ou cumpre-se o que anteriormente estava determinado, decidido ou projetado. Em qualquer aspecto, pois, que significar o ato que vem para cumprir ou completar alguma coisa ou para compelir alguém a cumprir ou completar o que era de seu dever".[120] Portanto, quando o Presidente da República decreta a intervenção federal no caso de desobediência à ordem ou decisão judiciária, por força de requisição do STF, do STJ ou TSE, assim como intervém baseado em provimento pelo STF para assegurar os princípios constitucionais sensíveis, trata-se de ato de natureza executória, porquanto o Chefe do Poder Executivo apenas cumpre determinação judicial. Como dito, quando a intervenção é fundada em tais casos, dispensa-se a aprovação do Congresso Nacional, isto é, não há controle político, mas sim execução de ato ordenado pelo Poder Judiciário, sendo a medida executória (art. 36, II, III, §3º c/c art. 34, VI e VII, CF/1988).

---

[119] MIRANDA, Pontes de. *Comentários à Constituição de 1946*. 2. ed. Vol. I. São Paulo: Max Limonad, 1953, p. 491.
[120] SILVA, De Plácido e. *Vocabulário jurídico*. 26. ed. Rio de Janeiro: Forense, 2005, p. 576.

Esclarecidas essas questões, deve-se mencionar os casos nos quais a intervenção afigura-se obrigatória ou facultativa.

7.1 Intervenção obrigatória

A *intervenção obrigatória* se dá quando a medida se afigura inafastável pela autoridade competente, isto é, por se tratar de exigência decorrente de dever institucional. Nesse caso, a intervenção não pode ser desatendida pela autoridade executora, porquanto se trata de uma obrigação legal. Nesse sentido, Ruy Barbosa preleciona: "claro está que em todo o poder se encerra um dever: o dever de não se exercitar o poder, senão dadas as condições, que legitimem o seu uso, mas não deixar de o exercer, dadas as condições que o exijam. A diferença está em que 'o dever' não deixa eleição a quem incumbe. Se ele se traduz na prescrição de um ato determinado, sujeito a uma condição formal, em se realizando esta, a sua consequência inevitável é a execução imediata do ato prescrito".[121]

A intervenção federal em Estado-membro será obrigatória para "garantir o livre exercício do Poder Judiciário" nas unidades da federação, por força de requisição do Supremo Tribunal Federal, se a coação for exercida contra o Poder Judiciário. Nesse caso, trata-se de ordem emanada pelo STF, devendo o mandado executório ser cumprido mediante edição de decreto pelo Presidente da República. Consoante de Plácido e Silva, o vocábulo "requisição" decorre do latim *requisitio*, de *requirere*, significando 'requerer', expressando o sentido de pedir com autoridade ou exigir. "A requisição, neste sentido, é a exigência legal ou a ordem emanada da autoridade para que se cumpra, para que se faça ou para que se preste o que é exigido, ordenado ou pedido".[122] Assim, a requisição proveniente do Supremo Tribunal Federal deve ser atendida, expressando obrigatoriedade. Não obstante a decretação pelo Chefe do Poder Executivo, a manutenção dos efeitos da intervenção sujeita-se à apreciação pelo Congresso Nacional, eis que a modalidade interventiva constante no art. 34, IV, da CF/1988 não dispensa o exame pelo Poder Legislativo, conforme art. 36, §3º.

Quando a providência tiver por finalidade "prover a execução de lei federal, ordem ou decisão judicial", a decretação de intervenção federal também será obrigatória. No primeiro caso, a intervenção dependerá de provimento, pelo Supremo Tribunal Federal, de representação do Procurador-Geral da República (art. 36, III, parte final, CF/1988). Quando se tratar de recusa à ordem ou decisão judicial, a intervenção federal dependerá de requisição do Supremo Tribunal Federal, do Superior Tribunal de Justiça ou do Tribunal Superior Eleitoral, conforme a decisão versar sobre matéria constitucional, infraconstitucional ou eleitoral, respectivamente. Nesse sentido, Cretella Jr. também entende pela

---

[121] BARBOSA, Ruy. *Commentarios à Constituição Federal brasileira*. I Volume. São Paulo: Saraiva, 1932, p. 153.
[122] SILVA, De Plácido e. *Vocabulário jurídico*. 26. ed. Rio de Janeiro: Forense, 2005, p. 1210.

obrigatoriedade, sendo a requisição um ato vinculado. "Feita a requisição pelo Supremo Tribunal Federal, o Presidente da República é obrigado a decretá-la, pois o decreto é ato predeterminado ou vinculado, a saber, preenchidos os requisitos para a decretação, o poder competente é obrigado a editar o ato".[123] Igualmente, esse foi o entendimento do Instituto dos Advogados, proferido em 1905, após estudos sobre a primeira Constituição republicana: "o Poder Executivo é obrigado a intervir sempre para assegurar a execução das leis e sentenças federais".[124]

Ademais, a intervenção federal em Estado-membro será obrigatória quando destinar-se a "assegurar os princípios constitucionais sensíveis", consistentes na forma republicana, sistema representativo e regime democrático; direitos da pessoa humana; autonomia municipal; prestação de contas da administração pública, direta e indireta; e para garantir a aplicação do mínimo exigido da receita tributária em atividades de manutenção de ensino e serviços de saúde (art. 34, VII, CF/1988). Essa modalidade de intervenção depende de a representação interventiva proposta pelo Procurador-Geral da República ser julgada procedente pelo Supremo Tribunal Federal, por decisão de pelo menos seis Ministros, consoante arts. 2º e 10 da Lei nº 12.562/2011. Com efeito, esses assuntos são basilares na manutenção do Estado-federal, tornando imprescindível o processo e julgamento da ação por um tribunal independente que represente a cúpula do Poder Judiciário. A esse respeito, Hans Kelsen assinala: "a ideia do Estado federativo é justamente que a existência, isto é, a esfera jurídica dos estados-membros, seja garantida, bem como a do assim-chamado Estado central (federal). A apuração do fato ilícito através de um tribunal independente é, por certo, plenamente compatível em teoria com a intervenção federal. O órgão encarregado de apurar se um estado-membro violou os deveres que lhe impõe a Constituição será sempre – com respeito a sua função – um órgão da Constituição total (...). Trata-se pois de uma função regulada pela Constituição total, para sua defesa".[125]

Posto isso, considerando que a representação interventiva consiste em análise jurídico-constitucional pelo STF, essa modalidade de intervenção dispensa a apreciação pelo Congresso Nacional, ou seja, a intervenção nesses casos não se submete ao exame político pelo Poder Legislativo, podendo o decreto limitar-se a suspender a execução do ato impugnado, se essa medida bastar ao restabelecimento da normalidade, nos termos do art. 36, §3º da CF/1988.

No âmbito do Estado-membro, a intervenção estadual em município será obrigatória quando o Tribunal de Justiça der provimento a representação para assegurar a observância de princípios indicados na Constituição Estadual, ou para prover a execução de lei, de ordem ou de decisão judicial (art. 35, IV, CF/1988).

---

[123] CRETELLA JÚNIOR, José. *Comentários à Constituição brasileira de 1988.* Vol. IV. Arts. 23 a 37. 2. ed. Rio de Janeiro: Forense Universitária, 1992, p. 2106.
[124] INTERVENÇÃO NOS ESTADOS. *Documentos parlamentares.* 6º Volume. Rio de Janeiro: Jornal do Comércio, 1916, p. 267.
[125] KELSEN, Hans. *Jurisdição constitucional.* 3. ed. São Paulo: WMF Martins Fontes, 2013, p. 93.

Igualmente, nesses casos o decreto interventivo não se submete à apreciação pela Assembleia Legislativa estadual, isto é, dispensa-se análise política, conforme art. 36, §3º da CF/1988.

Por se tratar de intervenção obrigatória, o Presidente da República deve expedir o decreto interventivo e executar materialmente a ordem ou decisão judicial, requisitada pelo STF, STJ ou TSE, em conformidade com o art. 36, II, c/c art. 84, X, CF/1988. Tal hipótese ocorre quando a execução de decisão judicial depende de ato a ser emanado pelo Presidente da República ou de seu subordinado, a exemplo de ordem do Poder Judiciário em ação de reintegração de posse que requeira auxílio policial para desocupação de imóvel, devendo o Poder Executivo disponibilizar o efetivo de segurança suficiente, bem como cumprir materialmente a ordem constante no mandado judicial. Ilustrativamente, também pode ocorrer tal modalidade interventiva quando o Poder Judiciário determina adoção de providências na prestação de serviços públicos, sendo dever do Poder Executivo cumprir a ordem judicial no âmbito da Administração Pública. Ou seja, essa modalidade interventiva requer a atuação do Presidente da República na edição do decreto de intervenção para efetivar materialmente a ordem ou decisão judicial que dependa de providência por parte do Poder Executivo, visto que a matéria determinada judicialmente encontra-se na esfera de atuação da Administração Pública.

Caso o Presidente da República não decrete a intervenção federal em Estado-membro determinada pelo Poder Judiciário por meio de requisição ou provimento, o Chefe do Poder Executivo poderá incorrer em crime de responsabilidade, sujeitando-se à pena de perda do cargo público e suspensão dos direitos políticos por oito anos, conforme art. 12, "2" e "3" da Lei nº 1.079, de 1950, c/c art. 52, parágrafo único da CF de 1988. Nesse sentido, Pontes de Miranda é categórico: "a simples recusa do Presidente da República a decretar a intervenção pode justificar, por si só, a procedência da acusação por crime de responsabilidade".[126]

7.2 Intervenção facultativa

A *intervenção facultativa* consiste na interferência de um ente federado na esfera de outro de maneira opcional, ou seja, quando a intromissão depender da análise discricionária pela autoridade competente. Aqui, a intervenção será decretada a depender do juízo de oportunidade e conveniência. Isso porque caberá à referida autoridade avaliar a conjuntura e sopesar acerca da necessidade ou não de intervenção federal ou estadual, condicionada à situação fática, bem como às medidas que se afigurem aptas a restaurar a normalidade da federação. Nesse caso, a intervenção pode ser decretada ou não, porquanto se trata de análise casuística e de escolha da providência a ser adotada.

---

[126] MIRANDA, Pontes de. *Comentários à Constituição de 1946*. 2. ed. Vol. I. São Paulo: Max Limonad, 1953, p. 486.

Além disso, de acordo com proposta realizada pelo Instituto dos Advogados em 1906, a "intervenção, que pressupõe sempre a anomalia na vida regular do Estado ou Estados conflagrados, só se verificará quando o Estado ou Estados não disponham de meios, ordinários ou extraordinários, dentro de seu aparelho institucional, para dirimir o caso, que implique o exercício dessa providência da intervenção federal".[127] Assim, quando vítima de acontecimentos graves, intervenção federal deve ser decretada somente se o Estado-membro não tiver condições de restaurar a normalidade regional por si só, isto é, quando necessitar de auxílio federal.

A intervenção federal em Estado-membro/DF será facultativa se tiver por objetivo manter a integridade nacional (art. 34, I, CF/1988). Em casos como esse, a intervenção somente se justifica quando o auxílio federal for estritamente necessário para a manutenção da incolumidade da nação, ou seja, quando houver risco efetivo de ente federado desmembrar-se do País. Desse modo, deve-se perquirir se a integridade nacional pode ser mantida por meio de instrumentos mais brandos que não a própria decretação de intervenção federal – a exemplo do envio imediato de forças policiais para promover a paz pública. Além disso, acaso seja decretada a intervenção por esse fundamento, o referido decreto deverá ainda ser apreciado pelo Congresso Nacional – que decidirá acerca da intervenção –, a fim de examinar a imprescindibilidade da providência, razão pela qual trata-se de intervenção facultativa (art. 36, §1º, parte final, CF/1988).

Pelas mesmas razões, a intervenção federal será facultativa quando destinar-se a repelir invasão estrangeira ou de uma unidade da Federação em outra, visto que o próprio ente federado poderá afastar a incursão estrangeira de seu território, bem como repelir eventual invasão de outra unidade da federação em seu espaço geográfico. Em outras palavras, o ente federado não fica condicionado ao auxílio federal para rechaçar, por si mesmo, repentina invasão em seu território. Demais disso, as próprias forças de segurança do Estado-membro podem ser suficientes para conter e expulsar definitivamente a invasão estrangeira ou nacional. Assim, somente deve ser decretada a intervenção federal caso seja necessária, considerada a magnitude e intensidade da incursão, atendendo-se ainda ao princípio da "necessidade interventiva". Da mesma forma, nesse caso o decreto do Presidente da República deverá ser apreciado pelo Congresso Nacional, que decidirá pela manutenção ou não da intervenção em Estado-membro, de modo a ser facultativa a atuação da União no ente regional (art. 36, §1º, parte final, CF/1988).

Igualmente, será facultativa a intervenção para pôr termo a grave comprometimento da ordem pública, haja vista que somente deve ser decretada a intervenção caso seja impossível restaurar a ordem pública do Estado-membro mediante outros mecanismos que não seja a própria intervenção. Em outros termos,

---

[127] INTERVENÇÃO NOS ESTADOS. *Documentos parlamentares*. 6º Volume. Rio de Janeiro: Jornal do Comércio, 1916, p. 267-268.

primeiro deve-se compreender as causas da desestabilização da ordem pública e a situação atual. Em seguida, deve-se perscrutar acerca das providências a serem adotadas para a normalização do Estado-membro. Somente após tal exame é que será possível vislumbrar as medidas a serem adotadas para restaurar a ordem na unidade regional. Disso resulta que a decretação de intervenção federal é apenas uma das possibilidades reparatórias, que também poderá se perfectibilizar mediante outros instrumentos. Exemplificadamente, se o Estado-membro sofre com desordens sociais agressivas, deve-se investigar se o envio de forças de segurança é suficiente para conter a situação existente (Força Nacional de Segurança Pública, Polícia Federal, ABIN, etc.). Noutra perspectiva, se o comprometimento da ordem pública de Estado-membro é causado na área da saúde – por falta de unidades de atendimento, insumos ou profissionais suficientes – a União Federal pode auxiliar enviando material e profissionais habilitados, bem como contratar ou criar programa de Governo que auxilie as unidades da federação. Tal mecanismo auxiliatório pode ser feito mediante convênios, parcerias, regime de cooperação, transferências voluntárias, etc. Ou seja, não é necessariamente obrigatório decretar a intervenção federal para ajudar Estado-membro, podendo o amparo advir de mecanismos mais brandos, em atenção ao federalismo cooperativo. Ademais, identicamente nesse caso o decreto do Presidente da República deverá ser apreciado pelo Congresso Nacional, que decidirá pela manutenção ou não da intervenção em Estado-membro, de modo a ser facultativa a atuação da União no ente regional (art. 36, §1º, parte final, CF/1988).

Também será facultativa a intervenção para garantir o livre exercício de qualquer dos Poderes nas unidades da Federação. Nesse caso, a decretação de intervenção dependerá de prévia solicitação do Poder Legislativo ou do Poder Executivo coacto ou impedido, sendo da competência desses perscrutar acerca de atos que signifiquem coação ou impedimento ao livre exercício das atribuições institucionais que lhes sejam inerentes. Em seguida, "recebendo a solicitação, que é pressuposto indispensável para a decretação, o Presidente da República aprecia a oportunidade e/ou conveniência do pedido. Nesse caso, o poder discricionário, de que é detentor o Presidente, informará a edição ou não-edição do decreto intervencionista".[128] Desse modo, a intervenção somente será decretada caso seja a única forma de assegurar autonomia dos Poderes do Estado-membro e desde que seja previamente solicitado pelo Poder restringido ou impedido. A título de exemplo, restará despicienda a intervenção federal se a independência do Poder Legislativo ou Executivo coactado for restabelecida mediante execução de ordem judicial que afasta o obstáculo institucional ou se cessarem as medidas cerceadoras. Assim, não se impõe necessariamente a intervenção federal se suficientes outras providências restauradoras da normalidade institucional. Além disso, mesmo após o decreto interventivo, a medida submete-se à apreciação política do Congresso

---

[128] CRETELLA JÚNIOR, José. *Comentários à Constituição brasileira de 1988*. Vol. IV. Arts. 23 a 37. 2. ed. Rio de Janeiro: Forense Universitária, 1992, p. 2104.

Nacional, tendo o poder decisório para manter ou revogar a intervenção decretada pelo Presidente da República (art. 36, §1º, parte final, CF/1988).

Por último, será facultativa a intervenção federal em Estado-membro com a finalidade de reorganizar as finanças da unidade da Federação que: a) suspender o pagamento da dívida fundada por mais de dois anos consecutivos, salvo motivo de força maior; b) deixar de entregar aos Municípios receitas tributárias fixadas nesta Constituição, dentro dos prazos estabelecidos em lei. A Lei Complementar nº 63, de 11 de janeiro de 1990 dispõe sobre critérios e prazos de crédito das parcelas do produto da arrecadação de impostos de competência dos Estados e de transferências por estes recebidos, pertencentes aos Municípios. Esclareça-se que na intervenção para reorganizar as finanças estaduais será necessário, primeiramente, avaliar os motivos da suspensão do pagamento da dívida fundada bem como a demonstração de que a não entrega das receitas tributários aos Municípios superou os prazos legais. Destarte, impedirá a decretação de intervenção federal se houver algum amparo normativo ou contratual entre os entes federados que postergue ou, de algum modo, suspenda a imediata transferência de recursos, a exemplo de refinanciamento ou ajuste financeiro que impeça temporariamente a exigibilidade da entrega de recursos. Afora isso, mesmo que decretada a intervenção federal para reorganizar as finanças de Estado-membro, a providência sujeitar-se-á ao exame do Congresso Nacional, que decidirá pela manutenção ou não da medida interventiva, nos termos do art. 36, §1º, parte final, CF/1988).

No âmbito estadual, e pelos mesmos motivos, será facultativa a intervenção estadual em seus municípios quando: I – deixar de ser paga, sem motivo de força maior, por dois anos consecutivos, a dívida fundada; II – não forem prestadas contas devidas, na forma da lei; III – não tiver sido aplicado o mínimo exigido da receita municipal na manutenção e desenvolvimento do ensino e nas ações e serviços públicos de saúde (art. 35, I, II e III, CF/1988). No caso da falta de prestação de contas devidas pelos municípios, a intervenção será facultativa, pois dependerá da análise das contas e do entendimento de que estas foram prestadas insuficientemente, ou seja, depende de verificação minuciosa se foram apresentadas de forma devida ou não. Além disso, o decreto de intervenção deve ser apreciado pela Assembleia Legislativa do Estado-membro, que decidirá para aprovação ou não da intervenção estadual no município, consoante art. 36, §1º, parte final, CF/1988).

Por conseguinte, a intervenção terá natureza obrigatória ou facultativa a depender da causa ensejadora da medida interventiva, de acordo com a Constituição Federal de 1988 e conforme a exposição supra.

7.3 Competência decisória

A competência decisória consiste em identificar a autoridade competente para determinar a intervenção federal em Estado-membro/DF ou a intervenção estadual nos seus municípios. Isto é, alude à capacidade de deliberar pela decretação de intervenção, decidindo-a. Consoante Hans Kelsen, a competência decisória é atribuída ao "órgão encarregado de apurar se um Estado-membro violou os deveres que lhe impõe a Constituição".[129] Aurelino Leal, nos comentários à Constituição de 1891, prelecionava: "a meu ver, porém, a verdadeira doutrina está com o sr. Campos Sales, tal como se acha transcrita no texto: 'Há casos em que compete ao Poder Executivo intervir, há outros em que a intervenção pertence ao Poder Legislativo; há aqueles, finalmente, que recaem sob a jurisdição do Poder Judiciário'. Esta é também a opinião de vários comentadores".[130]

Igualmente, Fávila Ribeiro declara enfaticamente: "as hipóteses de cabimento da intervenção federal estão distribuídas, estão reservadas, a todos os três poderes. Ficaram dependentes do Presidente da República a intervenção para manter a integridade nacional e para repelir a invasão estrangeira (...). Mediante requisição dos Poderes Executivo e Legislativo locais, cabia-lhe ainda intervir para 'garantir o livre exercício de qualquer dos poderes estaduais'. (...) todos os demais casos acima citados seriam submetidos à imediata apreciação do Poder Legislativo. Ao Poder Judiciário atribui também à Constituição competência para requisitar a intervenção ao Presidente da República para a execução de ordens e decisões dos juízes e tribunais federais e também para garantir o livre exercício do Judiciário local, por intermédio do Supremo".[131]

7.3.1 Ato complexo

Da análise da Constituição da República, verifica-se a pluralidade de autoridades competentes para decidir acerca da intervenção federal ou estadual. Quando se tratar de intervenção federal em Estado-membro ou DF nas hipóteses constantes dos incisos I, II, III, IV, V do art. 34, CF/1988, caracterizar-se-á como "ato complexo", porquanto necessárias duas manifestações de vontade autônomas para a implementação definitiva da interferência de um ente federado em outro. Na lição de Hely Lopes Meirelles, ato complexo "é o que se forma pela conjugação de vontades de mais de um órgão. O essencial, nesta categoria de atos, é o concurso de vontades de órgãos diferentes para a formação de um ato único".[132] No mesmo sentido, José dos Santos Carvalho Filho, "atos complexos são aqueles cuja vontade final exige a intervenção de agentes ou órgãos diversos, havendo certa autonomia, ou conteúdo próprio, em cada uma das manifestações".[133]

Isso se dá porque cabe ao Presidente da República "decretar" a intervenção federal, mas cabe ao Congresso Nacional "decidir" a respeito da intervenção, aprovando-a ou rejeitando-a (art. 36, §1º, parte final, c/c art. 49, IV da CF/1988).

---

[129] KELSEN, Hans. *Jurisdição constitucional*. 3. ed. São Paulo: WMF Martins Fontes, 2013, p. 93.
[130] LEAL, Aurelino. *Theoria e prática da Constituição Federal brasileira*. Parte Primeira. Rio de Janeiro: F. Briguiet e Cia. Editores, 1925, p. 60.
[131] RIBEIRO, Fávila. *A intervenção federal nos Estados*. Fortaleza: Editora Jurídica, 1960, p. 43.
[132] MEIRELLES, Hely Lopes. *Direito administrativo brasileiro*. 20. ed. São Paulo: Malheiros, 1995, p. 154.
[133] CARVALHO FILHO, José dos Santos. *Manual de direito administrativo*. 23. ed. Rio de Janeiro: Lumen Juris, 2010, p. 144.

Em que pese o decreto de intervenção produzir eficácia desde a sua publicação, a manutenção dos efeitos da medida deverá ser submetida à apreciação pelo Congresso Nacional no prazo de vinte e quatro horas. Ou seja, é necessária a manifestação de vontade do Chefe do Poder Executivo e, em seguida, a aprovação da providência pelo Poder Legislativo para que o decreto de intervenção seja mantido na ordem jurídica, caracterizando ato complexo. Disso resulta que o decreto presidencial depende da posterior aprovação pelo Congresso Nacional, sendo que este somente avaliará o ato caso exista decretação prévia, ou seja, há uma interdependência entre as instâncias deliberativas, consistindo em reunião de vontades de órgãos independentes.

Pelas mesmas razões, no âmbito dos Estados, a intervenção estadual em seus municípios terá natureza de ato complexo nas hipóteses constantes dos incisos I, II, e III do art. 35 da CF/1988.

7.3.2 Ato composto

De outra banda, a intervenção federal nos Estados-membros ou DF terá natureza de "ato composto" quando se tratar de intervenção nas modalidades constantes nos incisos VI e VII do art. 34 da CF/1988. De acordo com magistério de Hely Lopes Meirelles, ato composto "é o que resulta da vontade única de um órgão, mas depende da verificação por parte de outro, para se tornar exequível".[134] Na lição de José dos Santos Carvalho Filho, "atos compostos não se compõem de vontades autônomas, embora múltiplas. Há, na verdade, uma só vontade autônoma, ou seja, de conteúdo próprio. As demais são meramente instrumentais".[135]

Assim, no caso de desobediência à ordem ou decisão judiciária, a requisição do STF, STJ ou TSE possui natureza obrigatória, devendo ser cumprida. Igual fenômeno ocorre na intervenção por provimento, quando o STF acolhe o pedido de representação interventiva proposto pelo Procurador-Geral da República, com o objetivo de assegurar os princípios constitucionais sensíveis ou em caso de recusa à execução de lei federal. Em ambos os casos, a decisão acerca da intervenção é de competência do Supremo Tribunal Federal, cabendo ao Presidente da República cumprir a ordem jurisdicional, a fim de permitir a execução da medida. Isto é, o decreto do Chefe do Poder Executivo contém natureza de ato instrumental para implementar a providência interventiva. Por conseguinte, a intervenção fundada nessas hipóteses constitui "ato composto".

Na esfera dos Estados-membros, e pelas mesmas razões, a intervenção estadual em seus municípios terá natureza de "ato composto" quando a intervenção decorrer de provimento a representação pelo Tribunal de Justiça, com o objetivo de assegurar a observância de princípios indicados na Constituição Estadual ou para prover a execução de lei, de ordem ou de decisão judicial (art. 35, IV c/c art. 36, §3º da CF/1988).

---

[134] MEIRELLES, Hely Lopes. *Direito administrativo brasileiro*. 20. ed. São Paulo: Malheiros, 1995, p. 155.
[135] CARVALHO FILHO, José dos Santos. *Manual de direito administrativo*. 23. ed. Rio de Janeiro: Lumen Juris, 2010, p. 144.

CAPÍTULO 8

PRESSUPOSTOS MATERIAIS E FORMAIS NA CF/1988

A intervenção de um ente federado em outro requer o atendimento de elementos substanciais (*pressupostos materiais*) e requisitos externos (*pressupostos formais*) para sua regular decretação e implementação. Os pressupostos da intervenção são cumulativos, de modo que não atende à Carta Magna somente o cumprimento dos pressupostos materiais ou somente os pressupostos formais, visto que ambos são interdependentes. Diante disso, afigura-se imprescindível a obediência simultânea dos pressupostos materiais e formais traçados na Constituição da República, pois regulam as condições para efetivar medida extrema no Estado Federal.

Os pressupostos materiais e formais da intervenção contam nos artigos 34 a 36 da Constituição Federal de 1988. Impende salientar que as hipóteses previstas no art. 34 da Carta Magna referem-se à competência da União para intervir nos Estados-membros como representante do interesse da nação, isto é, como dever da União Federal de salvaguardar os interesses gerais do País. A esse respeito, esclarece Meira de Vasconcellos: "Ninguém dirá que repelir invasão estrangeira ou de um Estado em outro, manter a forma republicana federativa, restabelecer a ordem e a tranquilidade nos Estados e assegurar a execução das leis do congresso e o cumprimento de sentenças federais constitui negócio peculiar dos Estados. Todas essas coisas são de interesse geral e, por consequência, da competência do governo federal".[136]

Registre-se que há casos em que a União somente pode intervir mediante provocação do Poder competente (intervenção por solicitação, por requisição ou por provimento). Sem embargo, existem outras hipóteses em que a intervenção da União ocorre de ofício, isto é, *ex-jure proprio* (art. 34, I, II, III e V da CF/1988). Ademais, o art. 34 da CF/1988 é categórico ao afirmar que a União não intervirá nos Estados nem do Distrito Federal, exceto para (...). O vocábulo "União" refere-se aos Três Poderes da República, conforme pacificado desde o Congresso Jurídico

---

[136] INTERVENÇÃO NOS ESTADOS. *Documentos parlamentares*. Regulamentação. Volume 1. Paris: Aillaud, Alves e Cia, 1913, p. 8.

de 1908, ocasião em que se discutiu o instituto da intervenção federal previsto na primeira Constituição republicana: "Em todos os outros casos a União deve intervir *ex-jure próprio*. A expressão – Governo Federal – abrange todos os órgãos da soberania nacional, agindo cada poder segundo a natureza peculiar de suas funções constitucionais".[137]

Isso porque comumente o Chefe do Poder Executivo decreta a intervenção, sendo a medida apreciada pelo Poder Legislativo, que pode decidir acerca das medidas interventivas. Não obstante, há casos em que a intervenção provém de decisão judicial que a requisita ou que a julga procedente para assegurar os princípios constitucionais sensíveis, resultante da representação interventiva apreciada pelo STF.

Assim, os Poderes Executivo, Legislativo e Judiciário possuem participação no fenômeno "intervenção federal", a depender da modalidade interventiva. Por conseguinte, a intervenção federal em Estado-membro/DF somente pode ocorrer por parte dos Poderes da República nas estritas hipóteses constitucionais que autorizam excepcionalmente a intervenção, visto que a regra geral é que a "União não intervirá", o que inclui o Executivo, o Legislativo e o Judiciário.

8.1 Pressupostos materiais

Os ***pressupostos materiais*** são as condições fáticas elementares que autorizam a decretação de intervenção da União em Estado-membro ou no Distrito Federal, isto é, são os requisitos de fundo deflagradores da intromissão do poder central na esfera de competência da unidade regional ou distrital.

Conforme José Afonso da Silva, "os pressupostos de fundo da intervenção federal nos Estados constituem situações críticas que põem em risco a segurança do Estado, o equilíbrio federativo, as finanças estaduais e a estabilidade da ordem constitucional. Trata-se de um instituto típico da estrutura do Estado federal que tem por finalidade: (1) a *defesa do Estado* (País), quando, nos casos do art. 34, I e II, é autorizada a intervenção para: (a) manter a integridade nacional; (b) repelir invasão estrangeira; (2) a *defesa do princípio federativo*, quando, nos casos do mesmo art. 34, II, III, e IV, é facultada a intervenção para: (a) repelir invasão de uma unidade da Federação em outra; (b) pôr termo a grave comprometimento da ordem pública; (c) garantir o livre exercício de qualquer dos Poderes nas unidades da Federação; (3) a *defesa das finanças estaduais*, quando, nos casos do art. 34, V, é permitida a intervenção para reorganização das finanças da unidade da Federação que: (a) suspender o pagamento da dívida fundada por mais de dois anos consecutivos, salvo força maior; (b) deixar de entregar aos Municípios receitas tributárias fixadas na Constituição, dentro dos prazos estabelecidos em

---

[137] INTERVENÇÃO NOS ESTADOS. *Documentos parlamentares*. 6º Volume. Rio de Janeiro: Jornal do Comércio, 1916, p. 231.

lei; (4) A *defesa da ordem constitucional*, quando o art. 34, autoriza a intervenção: (a) no caso do inciso VI, para prover a execução de lei federal, ordem ou decisão judicial; (b) no caso do inciso VII, para exigir a observância dos seguintes princípios constitucionais: (b.1) forma republicana, sistema representativo, regime democrático; (b.2) direitos da pessoa humana; (b.3) autonomia municipal; (b.4) prestação de contas da administração pública, direta e indireta; (b.5) aplicação do mínimo exigido da receita resultante de impostos estaduais, compreendida a procedente de transferências, na manutenção e desenvolvimento do ensino e nas ações e serviços públicos de saúde (EC-29/2000)".[138]

A seguir, serão apreciados detidamente cada pressuposto material da intervenção federal nos Estados-membros ou no DF.

8.1.1 Manter a integridade nacional (*intervenção integradora*)

É a primeira hipótese autorizadora da intervenção federal nos Estados-membros ou no DF, constante no art. 34, I da Carta Magna. A intervenção federal para "manter a integridade nacional" pode ser sintetizada como **intervenção integradora**, visto que a interferência da União nas unidades regionais tem por objetivo conservar a integridade territorial do Estado brasileiro. A locução *manter a integridade nacional* significa preservar a inteireza do território nacional em sua dimensão espacial, conservando a indenidade do País, isto é, a manutenção das características que lhes são pertencentes na condição de Estado Federal. Diante disso, veda-se movimentos separatistas por parte dos entes regionais, ou seja, obsta-se o fenômeno da secessão de Estados-membros.

De acordo com Themistocles Brandão Cavalcanti, "manter a integridade nacional significa opor-se a qualquer desmembramento do território nacional ou ato que atinja a sua integridade física, como por exemplo a incorporação de uma parte do território nacional a uma potência estrangeira, ou a sua independência dos poderes da União, contra cujas leis se tenham porventura insubordinado. São os chamados movimentos separatistas que, entre nós, ao contrário do que ocorreu nos Estados Unidos na guerra chamada de secessão, nunca passaram da imaginação de alguns indivíduos movidos de exaltação de momento. É dever precípuo da União manter a sua integridade, mas não pode servir de pretexto para investidas na autonomia dos Estados. Há de se entender, portanto, como ato materializado e não meras suspeitas que deixariam ao arbítrio do Governo Federal conhecer da procedência ou não do atentado".

"Deve-se explicar também que, por integridade nacional, não se pode entender senão a integridade física, por isso que a integridade jurídica em suas numerosas modalidades de infração, acha-se prevista em outros itens que melhor especificam a natureza e forma de violações. Assim, quando menciona

---

[138] SILVA, José Afonso da. *Curso de direito constitucional positivo*. 33. ed. São Paulo: Malheiros, 2010, p. 485-486.

a Constituição os princípios constitucionais da União, nada mais fez do que relacionar aquilo que julga essencial à integridade jurídica da Nação, porque ali se encontram as bases essenciais do sistema jurídico e político cuja conservação incumbe à União mesmo à custa da intervenção. A interpretação extensiva do preceito importaria em grave risco para o sistema traçado pela Constituição".[139]

Na lição de Pontes de Miranda, "por integridade nacional entende-se o todo, a identidade do corpo nacional, em todas as suas dimensões, quer geográficas, quer especificamente sociais. Um Estado não é só o seu território e a coluna atmosférica que corresponde a esse; é a sua figura em todo o espaço social. Ofende a integridade nacional não só o Estado estrangeiro que lhe tira um pedaço de terra, como o que prende, com agentes seus, no território nacional, quem quer que seja; ou o Estado-membro que permite a entrada de forças armadas estrangeiras sem que preceda a autorização devida, ou que entra em confabulações diretas com Estados estrangeiros. Todos e quaisquer atos de separatismo são atos contra a integridade nacional e autorizam a intervenção. Bem assim, o de influência política estrangeira. Tal foi um dos fundamentos invocados para a intervenção no Rio Grande do Sul, em 1937".[140]

Manoel Gonçalves Ferreira Filho preleciona que a intervenção destinada a manter a integridade nacional resulta do caráter indissolúvel da União brasileira. "Recusou, portanto, o direito de secessão a qualquer de seus componentes. Por isso, toda ameaça à integridade nacional que decorra de desígnio separatista enseja intervenção federal".[141]

Na intervenção federal para manter a integridade nacional, o Presidente da República atua de *motu proprio*, isto é, discricionariamente, visto que caberá ao Chefe do Poder Executivo avaliar a oportunidade e a conveniência da decretação da medida, bem como avaliar a efetiva necessidade. Isso porque tal providência requer a análise das causas ensejadoras da tentativa de desintegração nacional, os responsáveis, os mecanismos utilizados, os atos já praticados, a intensidade, a abrangência; enfim, exige-se a avaliação de toda a conjuntura do cenário desestruturador, a fim de oferecer resposta adequada à restauração da integridade do País.

Diante disso, o Executivo opera sem estar condicionado à provocação prévia ou autorização de qualquer outra autoridade. Nesse caso, o Presidente da República atua como defensor da nação, na condição que lhe é inerente, já que é o Chefe de Estado, devendo agir em prol da manutenção da intangibilidade do Estado brasileiro. Se porventura o Presidente da República for negligente ou não promover a defesa da integridade nacional, poderá incorrer em crime de responsabilidade por atentar contra a existência da União (art. 85, I, CF/1988), cabendo o julgamento pelo Senado Federal (art. 52, I, parágrafo único da CF/1988).

---

[139] CAVALCANTI, Themistocles Brandão. *A Constituição Federal comentada*. Volume I. 3. ed. Rio de Janeiro: Konfino, 1956, p. 183-184.

[140] MIRANDA, Pontes de. *Comentários à Constituição de 1967*. Com a Emenda nº I, de 1969. Tomo II. 2. ed. São Paulo: Revista dos Tribunais, 1973, p. 209.

[141] FERREIRA FILHO, Manoel Gonçalves. *Comentários à Constituição brasileira de 1988*. Volume 1 – Arts. 1º a 103. 2. ed. São Paulo: Saraiva, 1997, p. 224.

Por fim, Lewandowski assinala: "embora a hipótese em apreço jamais tenha ocorrido na prática, em momentos históricos recentes nos quais se assistiu ao desmantelamento de inúmeros Estados federais, como a antiga União Soviética e a ex-Iugoslávia, ou mesmo casos mais contemporâneos como os movimentos separatistas na Grã-Bretanha, Bélgica, Ucrânia e Espanha, dentre outros, a intervenção para manter a integridade nacional reveste-se sempre de renovado interesse".[142]

8.1.1.1 Ideias separatistas na Região Sul

Comumente, as ideias precedem a materialização dos atos a serem praticados. Diante disso, há que se ter atenção em face dos movimentos pacíficos e informais que propugnam a separação de partes de país, tornando-os independentes. Exemplificadamente, o movimento "O Sul é meu país" fez plebiscito informal em 07 de outubro de 2017 para consultar a população sobre eventual independência da região. Segundo noticiado na *Revista Exame*:

> Neste sábado (7), os moradores dos estados do Rio Grande do Sul, Santa Catarina e Paraná votarão em um plebiscito informal para que os moradores opinem sobre os estados se tornarem um país independente do Brasil. Com pelo menos 3.043 mil urnas distribuídas em 963 municípios da região, os eleitores devem responder a seguinte pergunta: "Você quer que Paraná, Santa Catarina e Rio Grande do Sul formem um país independente?". A consulta pública organizada pelo grupo "O Sul é o Meu País", que contará com 20 mil voluntários, será composta por uma cédula com as opções "sim" ou "não". A expectativa dos organizadores é conseguir bater a meta de um milhão de eleitores participando da votação. A principal justificativa do grupo para propor a separação é a insatisfação dos três estados com o tratamento recebido pelo governo federal. Quem pode votar? Pode votar qualquer eleitor dos três estados que seja maior de 16 anos. De acordo com o movimento, não há necessidade de apresentar nenhuma documentação de identificação, pois trata-se de uma consulta pública. Para evitar que a mesma pessoa vote mais de uma vez, cada votante receberá uma marca de tinta azul no dedo polegar direito. O plebiscito tem validade legal? O projeto de independência do Rio Grande do Sul, Santa Catarina e Paraná não é permitido pela Constituição Federal e, portanto, não possui nenhuma validade legal. A ideia do Plebisul é apenas consultar a opinião dos cidadãos do Sul sobre o tema. O que acontece após a votação? De acordo com os organizadores, os resultados serão utilizados para comprovar, de forma inequívoca, a opinião dos sulistas sobre o assunto. Em sequência, os resultados serão comunicados a entidades internacionais de defesa do direito de autodeterminação dos povos, ao governo federal e aos governos estaduais do Brasil.[143]

Como resultado da consulta sobre a separação dos Estados do Rio Grande do Sul, Santa Catarina e Paraná do resto do país, 96,13% dos votantes

---

[142] LEWANDOWSKI, Enrique Ricardo. *Pressupostos materiais e formais da intervenção federal no Brasil*. 2. ed. Belo Horizonte: Fórum, 2018. 101.

[143] EXAME. *Entenda o movimento que quer independência do Sul do Brasil*. Por: Valéria Bretas. Publicado em: 07/10/2017 às 06h30. Disponível em: https://exame.com/brasil/entenda-o-movimento-que-quer-independencia-do-sul-do-brasil/. Acesso em: 03 jul. 2021.

se posicionaram favoravelmente. Conforme divulgado no *Jornal G1*: "Foram computados um total de 341.566 votos (85,82% das urnas) até a manhã desta segunda-feira (9), sendo que 96,13% (328.346) optaram pelo 'sim', e 3,87% (13.220) pelo 'não', conforme divulgado pelo movimento. Em número total de eleitores aptos a votar, os três estados 21,2 milhões de pessoas, conforme dados de agosto do Tribunal Superior Eleitoral (TSE). São 5 milhões em Santa Catarina, 7,9 milhões no Paraná, e 8,3 milhões do Rio Grande do Sul. A votação tinha caráter simbólico, ou seja, não tem valor legal. No entanto, os participantes eram convidados a assinar uma proposta que seria levada ao Congresso para que o assunto fosse discutido. A coordenadora geral do movimento, Anidria Rocha, moradora de São Jerônimo, na Região Metropolitana de Porto Alegre, dizia antes do resultado da votação, que a adesão seria maior em um momento em que o sentimento separatista crescia por conta da situação política e econômica. 'O movimento separatista está crescendo cada vez mais e essa crise política e econômica do Brasil favorece essa nossa posição', destacou. **Consulta anterior**. Essa não é a primeira vez que o movimento 'O Sul é Meu País' realiza um plebiscito informal. Em outubro de 2016, outra consulta foi realizada. À época, participaram 616 mil pessoas e 95,74% disseram ser favoráveis à separação dos três estados do restante do país. De qualquer forma, a competência para propor um plebiscito é do Congresso quando se tratar de questões de relevância nacional".[144]

Um dos motivos defendidos pelo movimento *O Sul é o meu País* para a separação da região Sul reside na questão tributária. "Números comprovam que em 2020 a região Sul enviou para Brasília R$217,8 bilhões e recebeu de volta míseros 53,6 bilhões. Pelo 11º ano consecutivo o Movimento O Sul é o Meu País divulgou na noite de ontem, 1º de março, os números da arrecadação tributária nacional e do retorno aos estados brasileiros. Como historicamente acontece, mais uma vez a região Sul do Brasil foi uma das que mais arrecadou e a que menos recebeu. Os números, pesquisados por Fabricio Barbosa, no próprio Portal da Transparência do governo federal, mostram que a união abocanhou 75,37% dos tributos dos estados e municípios do Sul, devolvendo vergonhosos 24,63%. Em bilhões de reais, o Sul arrecadou no ano de 2020 exatos R$217.871.432.696 e recebeu de volta R$53.658.250.011. O governo federal se apossou indevidamente de R$164.213.182.685 da arrecadação Sulista. Enquanto Paraná e Rio Grande do Sul receberam em média apenas 27% da sua arrecadação, Santa Catarina foi a mais penalizada pela União, recebendo míseros 17,61%. Ou seja, enviou para Brasília R$69.753.350.121 e recebeu de volta R$12.285.675.467, sendo literalmente rapinada em R$57.467.674.654. Enquanto isso, muitos estados, especialmente onde as oligarquias continuam

---

[144] G1. Rio Grande do Sul. *Consulta sobre separação do RS, SC e PR do país tem maioria dos votos favoráveis*. 09/10/2017 06h06. Disponível em: https://g1.globo.com/rs/rio-grande-do-sul/noticia/consulta-sobre-separacao-do-rssc-e-pr-do-pais-tem-9613-dos-votos-favoraveis-mas-adesao-cai.ghtml. Acesso em: 03 jul. 2021.

comandando a política regional, o governo federal chegou a enviar 318,65% a mais do que a sua arrecadação".[145]

Institucionalmente, conforme sua Carta de Princípios, o movimento *O Sul é o meu país* "é uma instituição criada com a finalidade de elaborar estudos e organizar debates livres para avaliar as possibilidades pacíficas e democráticas de autodeterminação do povo sulino, que habita os territórios dos Estados do Paraná, Santa Catarina e Rio Grande do Sul através da forma plebiscitária. Formalização e legalidade: A instituição foi criada nos Estados do Paraná, Santa Catarina e Rio Grande do Sul e está registrada conforme prevê a Lei no Cartório de Registro de Pessoas Jurídicas, possuindo sede nacional itinerante de acordo com a cidade do Presidente da Diretoria Nacional, conforme estabelecido no Estatuto da associação. Fundamentação jurídica: Fundamenta-se no Art. 4, item III (Direito a autodeterminação dos povos), no Art. 5, itens IV, VII, XVI, XVII, XIX, XXI (Direito e liberdade de pensamento e direito de organização para expressar e divulgar o pensamento) da Constituição Federal e nas Resoluções das Nações Unidas especialmente na Resolução 1514 (XV)".[146]

Com efeito, eventuais ideias separatistas, ainda que timidamente, findam por influenciar outros Estados-membros, conforme noticiado no *Jornal Estado de Minas* em 09-10-2017: "Além do Sul, São Paulo e outros Estados têm movimentos para se separar do Brasil. Inspirados na Catalunha, grupos fazem plebiscitos para se tornar repúblicas independentes. Em São Paulo, consulta popular deve ser no ano que vem. O Sul do Brasil não é o único a ter um movimento separatista organizado com direito a plebiscito, o segundo realizado sábado em 900 municípios dos 1.191 dos três estados que integram a região. Inspirado no desejo da Catalunha de ser uma república independente da Espanha, o movimento São Paulo Livre, fundado em outubro de 2014, logo após a reeleição da ex-presidente Dilma Rousseff (PT), programa para o ano que vem um plebiscito para avaliar o grau de adesão da população à tese da independência. Será a segunda consulta, dessa vez com um número maior de cidades – a primeira foi feita em 2016, em 18 municípios e alcançou cerca de 48 mil pessoas. A intenção agora é ouvir cerca de 500 mil eleitores em 121 municípios. Mas o movimento, fundado por Flávio Rebello, de 44 anos, microempresário, tem planos maiores para, quem sabe, viabilizar a separação, hoje proibida pela Constituição brasileira".

"O projeto é conseguir o número de assinaturas suficientes para criar um partido separatista. Batizado de Aliança Nacional, a legenda quer unir para separar. A sigla já tem diretórios em oito estados (SP, RJ, MT, RS, ES, PE, RO e PR), mas, para seu processo de validação começar a tramitar no Tribunal

---

[145] O SUL É O MEU PAÍS. *Arrecadação x Retorno:* Brasília continua discriminando e empobrecendo a região sul. 2 de março de 2021. By: Celso Deucher. Disponível em: https://www.sullivre.org/arrecadacao-x-retorno-brasilia-continua-discriminando-e-empobrecendo-a-regiao-sul/. Acesso em: 03 jul. 2021.

[146] O SUL É O MEU PAÍS. *Carta de princípios.* Proclamação de Piratini. Disponível em: https://www.sullivre.org/carta-de-principios/. Acesso em: 03 jul. 2021.

Superior Eleitoral (TSE), é preciso mais um diretório e pelo menos meio milhão de assinaturas coletadas em todo o país. Enquanto se articula para tentar preencher os pré-requisitos para dar entrada na papelada, a Aliança Nacional reúne movimentos separatistas de São Paulo (São Paulo Livre), Rio de Janeiro (O Rio é o Meu País), Roraima (Roraima é o Meu País), Espírito Santo (Espírito Santo é o Meu País) e Pernambuco (Grupo de Estudo e Avaliação Pernambuco Independente). Depois de viabilizar a legenda, a Aliança pretende tentar alterar a Constituição, que tem como cláusula pétrea que o Brasil é uma federação indissolúvel. "Nada é imutável. Nem a Constituição", afirma Rebello, que se "encantou" com a ideia da separação depois de viver durante cerca de cinco anos na Catalunha. **Peso econômico**. O principal argumento de todos os movimentos que pregaram a separação é econômico, afirma Rebello. E, de acordo com ele, os movimentos brasileiros não estão sozinhos. Para o microempresário, há uma onda separatista em todo o mundo. "No Chile, os mapuches querem a independência", destaca Rebello, referindo-se ao país vizinho. "Também há essa onda na Alemanha, na Argentina, no Canadá", lembra o presidente do São Paulo Livre, que também coordena a criação da legenda, que se define em sua página oficial do Facebook como "futuro partido político, que vem para mudar tudo que aí está". Segundo Rebello, no caso de São Paulo, estudos feitos pelo movimento com base em dados do Ministério da Fazenda apontam que a cada R$1 mil de impostos gerados em São Paulo, R$920,00 vão para o governo federal e acabam sendo repartidos com outros estados. Enquanto isso, afirma, muitos estados não apertam o cinto para conter gastos públicos supérfluos, e São Paulo "paga a conta". Confiante na possibilidade de um dia transformar São Paulo e outros estados e regiões em nações independentes, ele assegura que seu movimento é diferente de outras tentativas de independência baseadas em princípios racistas. Segundo ele, muitos desses movimentos que nunca deslancharam pregam, por exemplo, que o estado seja formado apenas por pessoas nascidas no local. "Se for assim, só vão restar os quatrocentões", afirma. Para ele, o novo país deve ser formado por todos que vivem e votam no estado".

"**Saída para o mar**. Argumento semelhante tem o movimento que busca a separação de Pernambuco, segundo o qual, a busca por emancipação vai manter os impostos no estado. 'Vamos manter todo o nosso dinheiro e os nossos problemas sem dar ou pedir nada ao Brasil. Teremos as nossas instituições, o nosso Parlamento, o nosso presidente. O Brasil é um país estrangeiro e vamos respeitá-lo como tal', diz a proposta separatista no site do movimento. Uma das vantagens da independência apontadas por seus líderes é o fato de Pernambuco ter acesso ao mar, o que facilitaria o comércio exterior. 'Além disso, teríamos autonomia energética, visto o nosso potencial eólico e solar'. Com menos impostos, tarifas e burocracias, segundo o movimento, Pernambuco se tornaria um lugar aberto ao empreendedorismo, o que traria empregos, tanto na indústria, quanto nos serviços. 'E, mesmo tendo grande parte do território com um clima seco, países como Israel já mostraram que é possível ter uma agricultura forte, mesmo em ambiente secos, com a ajuda da tecnologia. Vale lembrar, também, que os bilhões que hoje vão para Brasília em forma de imposto voltariam para o bolso do cidadão pernambucano, o que ajudaria a movimentar a economia', diz o texto da proposta".[147]

Assim, afigura-se necessária a atenção pelas autoridades públicas, pelas instituições e pela sociedade civil, de modo a promover o aperfeiçoamento do Estado-federal, atendendo as necessidades das unidades regionais e da nação brasileira, a fim de ser mantido, permanentemente, o pacto federativo; uma vez que o Brasil resulta da união de todos os entes e de toda a população que reside no território pátrio.

8.1.1.2 Classificação

A intervenção para manter a integridade nacional (intervenção integradora) classifica-se como: *intervenção repressiva* (pois o Poder Central atua para conter, cessar ou coibir atos ou fatos desintegradores do Estado-federal); *intervenção reparadora* (a União age restaurando os valores constitucionais transgredidos pelo Estado-membro ou DF, impedindo a secessão pelos entes); fundada em *ato voluntário* provocado por Estado-membro, revelador de intenção separatista; *intervenção ofensiva* (o Poder Central poderá utilizar os mecanismos necessários para restaurar a ordem violada, consistindo em ataque ou reação assertiva em face dos atos separatistas por parte do Estado-membro ou DF); e *intervenção total* ou *parcial* (a depender da abrangência da atuação da União na esfera de competência do Estado-membro ou DF, que variará conforme a necessidade de assegurar a integralidade do país).

8.1.2 Repelir invasão estrangeira ou de uma unidade da Federação em outra (*intervenção protetiva*)

Essa é a segunda hipótese autorizadora da intervenção federal nos Estados-membros ou no DF, constante no art. 34, II da Carta Magna. A intervenção federal para "repelir invasão estrangeira ou de uma unidade da Federação em outra" pode ser sintetizada como **intervenção protetiva**, visto que a interferência da União nas unidades regionais tem por objetivo proteger o Estado brasileiro contra incursões de outros países ou garantir a incolumidade da unidade regional que eventualmente sofra invasão em seu território por outro ente federativo. A expressão *repelir invasão estrangeira ou de uma unidade da Federação em outra* consiste em afastar coativamente incursão estrangeira do território nacional, defendendo-o;

---

[147] ESTADO DE MINAS. *Além do Sul, São Paulo e outros estados têm movimentos para se separar do Brasil*. Alessandra Mello. Postado em 09/10/2017 06:00. Disponível em: https://www.em.com.br/app/noticia/politica/2017/10/09/interna_politica,907066/alem-do-sul-sao-paulo-e-estados-movimentos-para-se-separar-brasil.shtml. Acesso em: 03 jul. 2021.

bem como impedir a tomada do espaço geográfico de um ente regional por outro em face de ocupação com violência ou ilegalidade. Nesse caso, a intervenção tem por objetivo garantir a demarcação territorial existente no Estado-federal, salvaguardando-o de agressões de origem externa ou interna.

Na lição de João Barbalho, a intervenção federal para repelir invasão estrangeira, "na parte invadida, além do atentado contra a soberania territorial, sucede que os cidadãos ficam sujeitos à autoridade estranha, não estabelecida por eles, e ao arbítrio dela ficam-lhes a vida, os bens os direitos. É então necessário varrer quanto antes o solo invadido, vingar a soberania e restabelecer no lugar a ordem e o governo legal e com ele restituir aos cidadãos o gosto dos direitos que estavam sem garantias. Ora, como isto seja urgente e ao Poder Executivo não só cabe o comando supremo das forças militares, como tem ele à mão os meios materiais a empregar com eficácia no caso, sendo quem prontamente e com mais segurança pode agir, – a Constituição impõe-lhe que 'imediatamente' declare guerra ao invasor estrangeiro. Pelas mesmas razões (urgência do caso, pronta expedição e ação imediata) cabem também ao Poder Executivo intervir contra a invasão de um Estado em outro. A iniciativa desse procedimento lhe compete, em ambos os casos, como guarda e responsável pela segurança interna e externa da nação".

"Não quer isto, porém, dizer que o Poder Legislativo fique à margem em tais emergências; ao contrário, dentro de suas atribuições, ele terá de providenciar quanto ao que for de mister no caso, relativamente às despesas extraordinárias, ao aumento da força armada, à mobilização da guarda nacional, sendo necessária, e à decretação de quaisquer ou outras medidas que a segurança nacional no momento exija. Sobreleva notar que não é necessário que a invasão esteja consumada, para dar-se então a intervenção; basta a ameaça ou a iminência dela para pôr em guarda o poder público, aparelhar os meios de conjurá-la e de afinal reprimi-la; as razões de segurança são as mesmas, a competência também a mesma. O contrário fora incurial, absurdo e perigoso. Por isso, dizem os publicistas americanos que no poder de repelir está incluído o de impedir ou evitar a invasão, se ela for tentada ou estiver iminente. Os mesmos referidos motivos abonam ainda a ação do Poder Executivo quando por algum Estado for ela reclamada para restabelecer a ordem e tranquilidade pública; dos poderes federais ele é o que dispõe dos meios a isso adequados e prontos".[148]

Carlos Maximiliano assinala: "nos casos de invasão estrangeira, ou de um Estado em outro, intervém o Governo Federal *ex jure* próprio. Se um exército hostil transpõe a fronteira do Brasil, o Presidente da República declara imediatamente a guerra à potência invasora. (art. 48, n. 8) [CF1891]. Portanto é ele que manda intervir no território de um Estado, subordinando toda a vida íntima deste ao interesse superior da salvação da pátria. Ante a simples ameaça de invasão é o

---

[148] BARBALHO, João. *Constituição Federal Brasileira*. Comentários. 2. ed. Rio de Janeiro: F. Briguiet e Cia Editores, 1924, p. 32-33.

Congresso que delibera, autorizando o Executivo a declarar guerra (...). Se um Estado invade outro, atenta contra o regime federativo e viola o art. 66, n. 3, da Constituição, cujo império será restabelecido, à força, se preciso for, pelo Governo Federal. Não estando reunido o Congresso, age, sem demora, o Poder Executivo. No caso contrário, embora adote medidas preventivas enérgicas e imediatas, deve levar o fato ao conhecimento do Legislativo. Dispensável é, de todo, que a intervenção seja requisitada pelo Estado invadido, como exige a Constituição Argentina".[149]

Para Themistocles Brandão Cavalcanti, a intervenção para repelir invasão estrangeira ou de um Estado em outro consiste em atentado contra a integridade do território nacional. "São as forças federais que se devem opor à invasão. A hipótese é de guerra com potência estrangeira e a competência para tomar as medidas de defesa são da União, protegendo os direitos inerentes à soberania nacional. A intervenção será, então, medida de guerra, dentro da finalidade das operações militares. Não há geralmente necessidade de substituição das autoridades civis nem do próprio Governo que ficam, entretanto, sujeitos às limitações decorrentes do estado de guerra. A invasão de um Estado em outro já é hipótese diversa. Caracteriza-se a comoção intestina, a perturbação interna da ordem. Seria o caso, por exemplo, de uma questão de limites, controvérsias territoriais entre Estados, etc. Como proceder o Governo Federal em tal emergência? Intervindo não só para assegurar os limites entre os Estados como pôr termo à guerra civil. A intervenção dever-se-á fazer de preferência no Estado que invade; com isto deverão cessar os efeitos da invasão, por meio da substituição dos poderes do Estado. Não é justo que se substituam também as autoridades do Estado invadido, a menos que seja de absoluta necessidade".[150]

A respeito desse tema, Pontes de Miranda preleciona: "em tais circunstâncias, que consistem em acontecimentos de violência, de usurpação, ou de violação de linhas territoriais, a competência é do Presidente da República, que, no deixar de exercê-la quando se necessita dela, ou no abusar da faculdade que aí se lhe dá, comete crime de responsabilidade. A) Se a invasão é por Estado estrangeiro no Brasil – ou se declara a guerra, ou se põe cobro à invasão, sem se declarar guerra. B) Se um Estado-membro invade outro – o caso é típico de intervenção federal, porque atenta contra os princípios mais íntimos do Estado federal. É de boa política constitucional e, *a fortiori*, de boa técnica das Constituições federais, que os Estados-membros e as outras unidades intra-estatais não possam dispor de forças policiais poderosas, que ponham em ameaça os outros Estados-membros, as forças federais, ou as dos países vizinhos. No caso de invasão estrangeira, ou de Estado-membro ou outro, ou de Estado-membro no Distrito Federal, ou do

---

[149] MAXIMILIANO, Carlos. *Comentários à Constituição brasileira*. 2. ed. Rio de Janeiro: Jacintho Ribeiro dos Santos, 1923, p. 150.
[150] CAVALCANTI, Themistocles Brandão. *A Constituição Federal comentada*. Volume I. 3. ed. Rio de Janeiro: Konfino, 1956, p. 184-185.

Distrito Federal em Estado-membro, a intervenção é autorizada por sugestão material do fato. Cumpre, porém, que se não confundam a intervenção e o estado de sítio. Os dois podem vir juntos, porém, não é necessário que um venha, para que o outro se dê".

Reitere-se que é despiciendo o pedido formal por parte do Estado-membro invadido, visto que não é requisito existente na Constituição brasileira. "Considera-se invasão do território nacional o ato dos habitantes ou poderes locais que importe submissão à lei ou à autoridade do Estado estrangeiro, ou à lei ou à autoridade que a si mesmos, desligados do Brasil, se criaram. Também se considera invasão o exercício da jurisdição, qualquer que seja, contra o Brasil, ou contra os poderes estaduais, ou municipais, ou de parte dos Municípios, por Estado estrangeiro, ou o exercício de atuação política estrangeira. Também se considera invasão do território nacional a entrada de estrangeiros, sem os pressupostos materiais e formais, na unidade política brasileira, com anuência ou simplesmente inércia consciente ou não, do Estado-membro".

"Considera-se impedimento ao funcionamento dos poderes públicos estaduais o ato de habitantes, ou de poderes locais, quaisquer que sejam, no sentido de se atender à jurisdição de outro Estado-membro que a daquele em cujo território se acham. Considera-se invasão de um Estado-membro em outro o exercício de jurisdição de um no território do outro. Todo o ato que importe incorporação de um Estado-membro em outro, sem que tenha havido a aquiescência das respectivas Assembleias Legislativas, plebiscito e aprovação por lei federal, permite a intervenção. Se há exercício dos poderes por parte do Estado-membro, a que se incorporou, ou se anexou o outro, também cabe, com fundamento na invasão. A invasão se caracteriza. Lutas entre Estados-membros importaria ameaça ao que no princípio de unidade se postula – a união indissolúvel. Não seria possível aos poderes federais cruzarem os braços".[151]

Nos comentários à Constituição de 1988, Manoel Gonçalves Ferreira Filho assevera que, na hipótese de invasão estrangeira, "a intervenção não tem qualquer propósito punitivo. Em outras palavras, para caber a intervenção não é necessário que o governo estadual ou do Distrito Federal seja conivente com a invasão. Basta que, para repelir essa invasão, seja necessário sacrificar temporariamente a autonomia estadual". Quando se tratar de invasão de uma unidade em outra, "aqui a intervenção visa pôr termo à agressão movida por uma das unidades federais contra outra. Nisto se abrange também, com igual razão, a invasão de Território por parte de Estado federado, ou do Distrito Federal. Cabe indubitavelmente a intervenção na unidade agressora que violou as normas elementares de convivência numa sociedade como é a Federação. Caberá ela, porém, na unidade invadida? Parece que sim, desde que isso seja necessário para repelir a invasão.

---

[151] MIRANDA, Pontes de. *Comentários à Constituição de 1967*. Com a Emenda nº I, de 1969. Tomo II. 2. ed. São Paulo: Revista dos Tribunais, 1973, p. 209-211.

Em realidade, a intervenção federal não deve ser associada a intuito punitivo; ela é, acima de tudo, um instrumento de preservação da unidade nacional".[152]

Lewandowski observa que, "embora pareça improvável a ocorrência dessa hipótese, a verdade é que já existiu um precedente histórico nesse sentido, representado pelo conflito territorial que eclodiu em 1912, entre o Estado do Paraná e o de Santa Catarina, na chamada Campanha do Contestado, o qual somente foi debelado em 1915, quando as forças federais, comandadas pelo General Setembrino de Carvalho, lograram colocar um fim no movimento. Mais recentemente, instaurou-se uma pendência sobre fronteiras entre os Estados de Rondônia e do Acre, resolvida apenas com a presença de forças da União. A intervenção federal, contudo, em ambos os casos, não se fez necessária".[153]

Considerando que a intervenção federal para repelir invasão estrangeira ou de uma unidade da Federação em outra tem por objetivo manter a intangibilidade do território nacional, o Supremo Tribunal Federal pode ser provocado pelos legitimados e conceder medida liminar para salvaguardar o espaço territorial objeto de litígio. Nesse sentido é o entendimento do Pretório Excelso: "Ação cautelar incidental. Criação de Municípios em área litigiosa, que é disputada por Estados-membros. Consulta plebiscitária. Suspensão cautelar. Referendo do plenário do STF. A ofensa à esfera de autonomia jurídica de qualquer Estado-membro, por outra unidade regional da federação, vulnera a harmonia que necessariamente deve imperar nas relações político-institucionais entre as pessoas estatais integrantes do pacto federal. A gravidade desse quadro assume tamanha magnitude que se revela apta a justificar, até mesmo, a própria decretação de intervenção federal, para o efeito de preservar a intangibilidade do vínculo federativo e de manter incólumes a unidade do Estado Federal e a integridade territorial das unidades federadas. O STF – uma vez evidenciada a plausibilidade jurídica do *thema decidendum* – tem proclamado que a iminência da realização do plebiscito, para efeito de criação de novos Municípios, caracteriza, objetivamente, o *periculum in mora*". (Pet 584 MC, rel. min. Celso de Mello, j. 13-4-1992, P, DJ de 5-6-1992).

Na intervenção federal para repelir invasão estrangeira ou de uma unidade da Federação em outra, o Presidente da República atua de *motu proprio*, isto é, discricionariamente, visto que caberá ao Chefe do Poder Executivo avaliar a oportunidade e a conveniência da decretação da medida, bem como avaliar a efetiva necessidade. Isso porque tal providência requer a análise se de fato ela existe, as causas ensejadoras da invasão, os responsáveis, os mecanismos utilizados, os atos já praticados, a intensidade, a abrangência; enfim, exige-se a avaliação de todo o cenário desestruturador a fim de oferecer resposta adequada à soberania e integridade do país.

---

[152] FERREIRA FILHO, Manoel Gonçalves. *Comentários à Constituição brasileira de 1988*. Volume 1 – Arts. 1º a 103. 2. ed. São Paulo: Saraiva, 1997, p. 224.
[153] LEWANDOWSKI, Enrique Ricardo. *Pressupostos materiais e formais da intervenção federal no Brasil*. 2. ed. Belo Horizonte: Fórum, 2018, p. 105.

Igualmente, Aurelino Leal preleciona: "convém salientar que em todos os casos, sem exceção, devido à sua própria índole, é o Executivo quem realiza a intervenção, bem que nem sempre a resolva. De *motu proprio*, o Executivo intervém: 1º Para repelir invasão estrangeira, ou de um Estado em outro, não havendo, aí, necessidade de requisição do governo do Estado invadido".[154]

Diante disso, o Executivo opera sem estar condicionado à provocação prévia ou autorização de qualquer outra autoridade. Nesse caso, o Presidente da República atua como defensor da nação e do Estado-federal, na condição que lhe é inerente, já que é o Chefe de Estado, devendo agir em prol da manutenção da intangibilidade do país. Se porventura o Presidente da República for negligente, ou não promover a defesa do Estado brasileiro ou da federação, poderá incorrer em crime de responsabilidade por atentar contra a existência da União (art. 85, I, CF/1988), cabendo o julgamento pelo Senado Federal (art. 52, I, parágrafo único da CF/1988).

Nesse sentido é a jurisprudência do Supremo Tribunal Federal: "O instituto da intervenção federal, consagrado por todas as Constituições republicanas, representa um elemento fundamental na própria formulação da doutrina do federalismo, que dele não pode prescindir – inobstante a excepcionalidade de sua aplicação –, para efeito de preservação da intangibilidade do vínculo federativo, da unidade do Estado Federal e da integridade territorial das unidades federadas. A invasão territorial de um Estado por outro constitui um dos pressupostos de admissibilidade da intervenção federal. O Presidente da República, nesse particular contexto, ao lançar mão da extraordinária prerrogativa que lhe defere a ordem constitucional, age mediante estrita avaliação discricionária da situação que se lhe apresenta, que se submete ao seu exclusivo juízo político, e que se revela, por isso mesmo, insuscetível de subordinação à vontade do Poder Judiciário, ou de qualquer outra instituição estatal. Inexistindo, desse modo, direito do Estado impetrante à decretação, pelo chefe do Poder Executivo da União, de intervenção federal, não se pode inferir, da abstenção presidencial quanto à concretização dessa medida, qualquer situação de lesão jurídica passível de correção pela via do mandado de segurança" (MS 21.041, rel. min. Celso de Mello, j. 12-6-1991, P, DJ de 13-3-1992).

8.1.2.1 Classificação

A intervenção para repelir invasão estrangeira ou de uma unidade da Federação em outra (intervenção protetiva) classifica-se como: *intervenção repressiva* (o Poder Central atua para conter, cessar ou coibir atos ou fatos desintegradores do Estado federal); *intervenção auxiliadora*, (a União intervém com a finalidade de

---

[154] LEAL, Aurelino. *Theoria e prática da Constituição Federal brasileira*. Parte Primeira. Rio de Janeiro: F. Briguiet e Cia. Editores, 1925, p. 61.

auxiliar o Estado-membro ou DF, socorrendo-o em razão de situações graves e adversas que ponham em risco a existência do próprio ente federado); fundada em *ato voluntário* provocado por Estado estrangeiro ou por ente da federação que implique ocupação ilegal de espaço geográfico alheio); *intervenção ofensiva*, (o Poder Central poderá utilizar os mecanismos necessários para restaurar a ordem violada, consistindo em ataque ou reação assertiva em face dos atos violentos por parte dos invasores); e *intervenção total* ou *parcial* (a depender da abrangência da atuação da União na esfera de competência do Estado-membro ou DF).

8.1.3 Pôr termo a grave comprometimento da ordem pública (*intervenção resolutória*)

Essa é a terceira hipótese autorizadora da intervenção federal nos Estados-membros ou no DF, constante no art. 34, III da Carta Magna. A intervenção federal para "pôr termo a grave comprometimento da ordem pública" pode ser sintetizada como **intervenção resolutória**, visto que a interferência da União nas unidades regionais tem por objetivo resolver fato grave desestabilizador da paz pública ou do funcionamento regular das instituiçoes. A expressão *pôr termo a grave comprometimento da ordem pública* significa resolver fato crítico que ponha em risco a normalidade de estruturação coletiva, ou seja, consiste em pôr fim a acontecimentos desestabilizadores da tranquilidade estatal ou social no espaço geográfico da unidade regional ou distrital. Também pode ser compreendida como a interferência da União para reestabelecer a regularidade institucional ou da vida coletiva no âmbito do Estado-membro ou do Distrito Federal, de modo a restaurar a coexistência pacífica da organização social, o acatamento das leis pelas pessoas ou o exercício normal das funções pelas autoridades públicas. Em síntese, a intervenção federal para pôr termo a grave comprometimento da ordem pública tem por finalidade recompor a paz social, isto é, a tranquilidade coletiva e o normal funcionamento das instituições no Estado-membro ou no DF.

De acordo com João Barbalho, se "não tivesse a União o poder, ou antes, o dever de intervir neste caso, para remover perigos e conflitos interiores que põem sem segurança governos dos Estados e as garantias dos cidadãos, o regime federal seria sem vantagem e sem valor; os Estados facilmente se constituiriam presa das facções e a tirania suplantaria a lei e o direito. A União é obrigada a ir em defesa do governo ameaçado, atacado ou derribado e a manter ou restabelecer a autoridade legítima. Este é, mesmo, um dos fins da instituição de um poder central em nossa forma de governo. E, se é certo que o poder que tem as autoridades estaduais procede, como sua Constituição, da vontade do povo, daí não se segue que elas possam ser depostas, nem a Constituição alterada ou reformada, por meios violentos empregados ainda mesmo pelo povo do Estado. As constituições se fizeram justamente para evitar os processos arbitrários e atuados pela força, elas garantem o povo, mas também e para garantia dele, a autoridade legítima. Contra esta, se obra injustiça e compressão, há o corretivo do processo político e criminal e existe o voto para a oportuna e periódica escolha de melhores funcionários".[155]

Nos comentários à Constituição de 1891, Aurelino Leal assinala: "como o dispositivo fala em restabelecer a ordem e a tranquilidade nos Estados como coisas diversas, para que o legislador constituinte entendeu por *ordem* a segurança pública propriamente dita, afetada, no caso, por motins, sedições, conspirações que o governo local não pode reprimir; e por tranquilidade, a quietação, a calma, a serenidade, perturbada pelas grandes calamidades públicas".[156]

Carlos Maximiliano exemplifica caso trágico caraterizador de grave comprometimento da ordem pública, consistente no assassinato do Governador do Estado de Mato Grosso no início do século XX: "Em maio de 1906 rebentou uma revolução em Mato Grosso, cujo presidente Antônio Paes de Barros requisitou o auxílio de forças nacionais. Rodrigues Alves enviou-lhe uma expedição militar; porém, antes que chegasse esta a Cuiabá, viu-se Paes de Barros forçado a fugir, sendo barbaramente assassinado, na noite de 5 para 6 de Julho, nas proximidades da fábrica de pólvora de Coxipó. O Presidente da República levou o fato ao conhecimento do Congresso, em sua maioria simpático aos rebeldes, e este resolveu que, tendo subido ao poder o vice-presidente e reinando com calma no Estado, devia ser arquivada a mensagem do Executivo. Conforme ocorre comumente, na Comissão de Constituição e Justiça da Câmara dos Deputados do Brasil a voz da verdade se fez ouvir em um voto em separado. Foi proferido por Teixeira de Sá:

> A vida íntima dos Estados federais não é uma atividade à parte da federação (opinou o representante de Pernambuco). Não há como separar a ordem constitucional da República da dos Estados particulares, em modo que estes possam, mediante processos revolucionários, coordenar sobre os destroços das leis e do regimento de seus poderes o exercício da função governativa, suprimindo pela violência os depositários dessa função, sagrados pelo sufrágio popular, princípio que é a base dos governos republicanos e o maior interesse da democracia. A Câmara dará o seu assentimento a essa praxe, mas estabelecerá o mais fatal de todos os precedentes que afetam a vida normal da República. Hoje a praxe será aplicada no caso de Mato Grosso. Amanhã aos de outros Estados. De forma que quando os chefes dos governos locais acaso se não submetam aos interesses de uma facção que tenha para os servir de pronto o substituto imediato deles, não há mais senão recorrer à teoria do fato consumado'.
> Trovejou, eloquente e direito, o genial Fausto Cardoso: 'Crescendo a revolta, o Presidente envia um agente militar. E, antes que este chegue ao seu destino, a guerra, a desordem e a confusão aumentam sobremodo. A consciência das facções armadas cega-se. A razão dissipa-se. Dominam os instintos. Cada ser humano se converte em besta-fera. O presidente decaído é eliminado. Que fazer? Interromper a intervenção? Não. O dever era prossegui-la com mais firmeza, mais segurança, porque a desordem crescera e se resolvera por morte

---

[155] BARBALHO, João. *Constituição Federal brasileira*. Comentários. 2. ed. Rio de Janeiro: F. Briguiet e Cia Editores, 1924, p. 37.

[156] LEAL, Aurelino. *Theoria e prática da Constituição Federal brasileira*. Parte Primeira. Rio de Janeiro: F. Briguiet e Cia. Editores, 1925, p. 87-88.

violenta. Interromper a intervenção por haver o vice-presidente substituído o presidente morto é sancionar a solução de crises políticos pelos meios da morte'.[157]

Para Pontes de Miranda, "a perturbação da ordem ou ameaça, de que se trata, não é só a interestadual, ou a que se estende a todo o território de um Estado-membro, ou a território de mais de um: é qualquer perturbação da ordem ou ameaça, pois, por exemplo, se há luta armada ou ameaça e o Estado-membro não lhe pode pôr, ou lhe não põe termo, imediatamente, a intervenção federal plenamente se justifica. A perturbação supõe a duração dos distúrbios, ainda que descontínuos no tempo, desde que o governo estadual não esteja com aptidão de assegurar, de pronto, a punição normal de todos os atacantes e de garantir a Constituição e as leis federais, a Constituição estadual e as leis estaduais e municipais. O motim que se prolonga e que estabelece dois ou mais campos de lutas é grave a perturbação da ordem ou ameaça, ainda que tudo faça prever que o Estado-membro acabará por implantar a ordem em todo o território. Às vezes, cortadas certas comunicações, a certeza de que o encontro entre forças se vai dar já caracteriza, de si só, a grave perturbação da ordem ou a ameaça. Na apreciação do pressuposto para a intervenção federal por existência de grave perturbação da ordem ou de ameaça, não se entra na indagação dos fins ou objetivos da alteração da ordem, não se pergunta se é feita com intuito de subverter as instituições da organização nacional, ou se com o propósito de derrubar algum poder local, ou se de caráter social, ou, ainda, se a serviço da ideia que tenha base na Constituição. Abstrai-se, inteiramente, de qualquer investigação das causas. O pressuposto é puramente objetivo. Se o governador de um Estado-membro assume atitude contra o Governo federal e as populações se levantam a favor do poder central, nem por isso fica privado o Presidente da República de intervir. A gravidade da perturbação é o único elemento a ter-se em conta, quaisquer que sejam as circunstâncias".[158]

Assim, é cabível a intervenção federal em Estado-membro ou no Distrito Federal somente quando for necessário para resolver grave comprometimento da ordem pública, ou seja, quando o fato for de natureza crítica ou ponha em perigo a normalidade da unidade regional ou distrital. Diante disso, não justifica a medida extrema da intervenção quando se tratar de meros acontecimentos voláteis no âmbito do Estado ou DF, uma vez que é competência dos próprios entes federados solucionar as adversidades irrompidas no seu território, fazendo-se uso das respectivas instituições para deslindar as intercorrências. Em outas palavras, apenas quando houver fatos ponderosos que ultrapassem a capacidade regional ou distrital de resolvê-los é que exsurgirá a legitimidade interventiva da União, pois a atuação federal é subsidiária à esfera de competência do Estado membro

---

[157] MAXIMILIANO, Carlos. *Comentários à Constituição brasileira*. 2. ed. Rio de Janeiro: Jacintho Ribeiro dos Santos, 1923, p. 170-172.
[158] MIRANDA, Pontes de. *Comentários à Constituição de 1967*. Com a Emenda nº I, de 1969. Tomo II. 2. ed. São Paulo: Revista dos Tribunais, 1973, p. 213-214.

ou DF, ostentando natureza secundária e auxiliar. Isso porque a própria unidade federada possui as suas instituições, suas forças policiais, seus servidores públicos, seus equipamentos e infraestrutura, de modo que se o fato puder ser solucionado pelo próprio ente, não se afigura necessária a intervenção federal, sob pena de vulnerar a autonomia, que é pressuposto do federalismo.

Sem embargo, na intervenção federal para resolver grave comprometimento da ordem pública, o Presidente da República atua de *motu proprio*, isto é, discricionariamente, visto que caberá ao Chefe do Poder Executivo avaliar a oportunidade e a conveniência da decretação da medida, bem como avaliar a efetiva necessidade. Isso porque tal providência requer a análise se de fato ela existe, as causas ensejadoras da perturbação social, os responsáveis, os atos já praticados, a intensidade, a abrangência; enfim, exige-se a avaliação de todo o cenário desestruturador, a fim de oferecer resposta adequada à restauração da paz pública.

Em que pese o dever de observância à autonomia dos Estados-membros e do DF, o Chefe do Poder Executivo da União opera sem estar condicionado a provocação prévia ou autorização de qualquer outra autoridade, porquanto cabe-lhe avaliar a imprescindibilidade da medida. Nesse caso, o Presidente da República atua como defensor da nação e do Estado-federal, na condição que lhe é inerente, já que é o Chefe de Estado, devendo agir em prol da manutenção da segurança do Brasil – que é composto por todas a unidades federadas. Se porventura o Presidente da República for negligente ou não promover a incolumidade do Estado brasileiro ou da federação, poderá incorrer em crime de responsabilidade por atentar contra a segurança interna do País (art. 85, IV, CF/1988), cabendo o julgamento pelo Senado Federal (art. 52, I, parágrafo único da CF/1988).

8.1.3.1 Classificação

A intervenção para pôr termo a grave comprometimento da ordem pública (intervenção resolutória) classifica-se como: *intervenção repressiva* (o Poder Central atua para conter, cessar ou coibir atos ou fatos desestabilizadores da paz pública ou das instituições em unidade do Estado federal); *intervenção auxiliadora* (a União intervém com a finalidade de auxiliar o Estado-membro ou DF, socorrendo-o em razão de situações graves e adversas que ponham em risco a tranquilidade pública do próprio ente federado ou o funcionamento regular das respectivas instituições); resultante de *ato* ou *fato* (a intervenção decorre de ato voluntário provocado por ente federado, instituições ou pessoas, bem como pela verificação objetiva de evento que independa da atuação volitiva do Estado-membro/DF ou organizações coletivas, que sejam causadores de grave intranquilidade social ou desestabilização institucional); *intervenção ofensiva* (o Poder Central poderá utilizar os mecanismos necessários para restaurar a ordem violada, consistindo em ataque ou reação assertiva em face dos atos violentos, desintegradores ou causadores da desordem social ou institucional); e *intervenção total* ou *parcial* (a depender da abrangência da atuação da União na esfera de competência do Estado-membro ou DF).

8.1.4 Garantir o livre exercício de qualquer dos Poderes nas unidades da Federação (*intervenção libertadora*)

Essa é a quarta hipótese autorizadora da intervenção federal nos Estados ou no DF, constante no art. 34, IV da Carta Magna. A intervenção federal para "garantir o livre exercício de qualquer dos Poderes nas unidades da Federação" pode ser sintetizada como **intervenção libertadora**, visto que a interferência da União nas unidades regionais tem por objetivo libertar os poderes Legislativo, Executivo ou Judiciário no âmbito dos Estados-membros ou do Distrito Federal de tudo aquilo que esteja impedindo o livre exercício das suas funções. A expressão *garantir o livre exercício de qualquer dos Poderes nas unidades da Federação* significa assegurar o desempenho independente das atividades Legislativa, Executiva ou Judiciária no espaço geográfico dos entes federados regionais ou distrital, isto é, consiste em preservar o funcionamento autônomo dos Três Poderes na esfera dos Estados-membros ou do Distrito Federal, mantendo-os desembaraçados de quaisquer osbstáculos à sua livre atuação institucional. Essa modalidade interventiva tem por finalidade afastar eventuais ações que impeçam ou tentem impedir o exercício independente dos Poderes nas unidades federadas.

Conforme Themistocles Brandão Cavalcanti, "pressupõe este preceito a existência de obstáculos a esse livre exercício, que pode atingir qualquer um dos três poderes quanto ao seu funcionamento e plena confirmação dos seus atos. Apareceu pela primeira vez, com outra redação, na reforma de 1926 e foi mantido, em seus princípios essenciais, na Constituição de 1934. Assim a reposição do governo deposto, obstáculos acima das possibilidades materiais de qualquer dos poderes, justificam o apoio do Governo Federal para o exercício do poder ameaçado, e para prestigiá-lo reforçar a sua autoridade comprometida. A reposição especialmente merece ser examinada porque tem servido reiteradamente de pretexto para substituir o governo, dando a deposição como fato consumado. Foi o que ocorreu notadamente com o governador Rego Monteiro em 1923, quando interveio o Governo Federal no Estado do Amazonas, nomeando interventor. Evidentemente que a intervenção teria tido outro fundamento, mas que envolve sempre a garantia do exercício dos poderes assegurada pela Constituição federal".

"Pode acontecer também que um dos poderes, especialmente o executivo que dispõe de melhores elementos, perturbe o funcionamento normal de outro poder, criando dificuldades ao seu livre funcionamento. Neste caso cumpre ao Governo federal garantir esse exercício suprindo com a força federal, a falta de elementos necessários para o funcionamento do órgão que sofre o constrangimento. Não será necessária a substituição do governo, substituição que deve ser excepcional e somente tolerada quando impossível a sua conservação. A falta de segurança deve ser suprida com outros elementos de garantia, no caso a força federal".[159]

---

[159] CAVALCANTI, Themistocles Brandão. *A Constituição Federal comentada*. Volume I. 3. ed. Rio de Janeiro: Konfino, 1956, p. 187-188.

Com espeque em Fávila Ribeiro, "quando em determinada unidade da Federação estiver qualquer um dos poderes tolhido de exercer regularmente as suas atividades, concede-lhe a Constituição a prerrogativa de impetrar a decretação da intervenção federal, a fim de suprir a segurança não proporcionada pelos mecanismos estaduais. As funções não podem ficar concentradas, por usurpação ou por assentimento, nas mãos de um ou de dois poderes. Somente através do órgão constitucionalmente competente exprime o Estado a sua vontade, sendo, assim, necessário que ininterruptamente estejam todos aptos ao cumprimento das suas tarefas. Assim, acontecendo que os vários órgãos judiciários estejam materialmente cerceados para o desempenho de sua judicatura, por ação ou omissão das autoridades estaduais; que se encontre o aparelho da Justiça estadual total ou parcialmente impedido de funcionar, está autorizado o órgão de 2ª instância, o mais elevado da hierarquia judiciário no Estado, a requerer a intervenção federal, por intermédio do Supremo Tribunal Federal".

"Estando o Legislativo estadual impedido de se reunir livremente, de tomar as deliberações dentro da faixa de sua competência constitucional, de dar exequibilidade aos seus atos, torna-se cabível o concurso do Governo Federal para oferecer as garantias adequadas ao seu normal desempenho. Pode se apresentar a situação de embaraço ao exercício do Poder Executivo, seja porque recusada posse ao eleito, seja porque não se transfere o poder ao substituto em se verificando afastamento ou renúncia, cabendo, também, a intervenção federal para ensejar as garantias ao seu livre exercício".[160]

Pontes de Miranda observa: "supõe-se, para a intervenção com base no cerceamento do livre exercício de qualquer dos poderes estaduais, que um dos poderes estaduais esteja impedido ou dificultado de funcionar. Então, a intervenção tem por fito ou prover o Estado-membro da administração que lhe falta, ou que lhe é indispensável, para que funcione o poder impedido pelas circunstâncias, ou prover-lo de outro poder. Nos casos do texto da Constituição de 1967, art. 11, §1º, a), como da Constituição de 1946, art. 9º, §1º, II, a intervenção só se permite por solicitação do Poder Legislativo ou do Poder Executivo locais, ou requisição do Supremo Tribunal Federal, submetendo-se o ato do Presidente da República à aprovação do Congresso Nacional".[161]

Impende ressaltar que configura empecilho ao livre exercício dos Poderes Legislativo ou Judiciário a suspensão do repasse das dotações orçamentárias que lhes são devidas por ato do Poder Executivo, visto que os recursos financeiros constituem elemento material imprescindível ao desempenho das funções legiferante e judicante, custeando os dispêndios da máquina pública. Nesse sentido, Pinto Ferreira preleciona: "durante a vigência da Constituição de 1934, reputava-se como impedimento do livre exercício dos poderes estaduais a falta de

---

[160] RIBEIRO, Fávila. *A intervenção federal nos Estados*. Fortaleza: Editora Jurídica, 1960, p. 57.
[161] MIRANDA, Pontes de. *Comentários à Constituição de 1967*. Com a Emenda nº I, de 1969. Tomo II. 2. ed. São Paulo: Revista dos Tribunais, 1973, p. 218.

pagamento durante três meses dos vencimentos de qualquer membro do Poder Judiciário no mesmo exercício financeiro, mas a Constituição de 1988, conquanto não se refira especificamente ao assunto e excluindo o exemplo, também permite, de um modo geral, fazendo da questão caso autônomo, a intervenção para garantias do Poder Judiciário".[162]

Considerando a essencialidade do repasse financeiro, a Carta Magna determina que os recursos correspondentes às dotações orçamentárias, compreendidos os créditos suplementares e especiais, destinados aos órgãos dos Poderes Legislativo e Judiciário, do Ministério Público e da Defensoria Pública, ser-lhes-ão entregues até o dia 20 de cada mês, em duodécimos (art. 168, CF/1988). Dessa forma, ao Poder Executivo é facultado apenas o ajuste das propostas orçamentárias elaboradas pelo Poder Judiciário para consolidação, caso essas sejam encaminhadas em desacordo com os limites estipulados conjuntamente com os demais Poderes na lei de diretrizes orçamentárias, sendo vedada qualquer retenção ou restrição dos recursos atribuídos (art. 99, §§1º e 4º c/c art. 160, *caput*, CF de 1988).

Outrossim, a intervenção da União para garantir o livre exercício de qualquer dos Poderes nas unidades da Federação justifica-se tão somente para afastar o obstáculo que impeça o desempenho independente dos Poderes, a fim de devolver a autonomia decisória por parte dos Estados-membros e do DF. Vale dizer, a intervenção federal tem por escopo resolver o problema cerceatório na esfera regional ou distrital, propiciando a liberdade institucional aos entes federados. Por conseguinte, no decorrer da intervenção federal, quando o Estado-membro ou DF conseguir exercer normalmente os seus Poderes, não mais se justifica a intervenção da União, encerrando-se imediatamente.

Registre-se que na intervenção para garantir o livre exercício de qualquer dos Poderes nas unidades da Federação, o Presidente da República atua mediante prévia provocação da autoridade competente, isto é, ante expressa solicitação de auxílio pelo respectivo Poder impedido ou coactado. Isso porque cabe ao Poder competente avaliar a necessidade de intervenção e até mesmo a existência de efetivo embaraço ao seu livre exercício, de modo que se trata de decisão exclusiva a cargo do Legislativo, Executivo ou Judiciário coagido. Todavia, havendo pedido expresso de intervenção pelo Poder estadual ou distrital competente, o Presidente da República deve agir atuando como defensor do Estado-federal, na condição que lhe é inerente, já que é o Chefe de Estado, devendo agir em prol da manutenção da independência dos Três Poderes. Se porventura o Presidente da República for negligente ou não promover a defesa da federação, poderá incorrer em crime de responsabilidade por atentar contra o livre exercício do Poder Legislativo, do Poder Judiciário, do Ministério Público e dos Poderes constitucionais das unidades da Federação (art. 85, II, CF/1988), cabendo o julgamento pelo Senado Federal (art. 52, I, parágrafo único da CF/1988).

---

[162] FERREIRA, Pinto. *Comentários à Constituição brasileira*. 2º Volume – Arts. 22 a 53. São Paulo: Saraiva, 1990, p. 314.

8.1.4.1 Classificação

A intervenção para garantir o livre exercício de qualquer dos Poderes nas unidades da Federação (intervenção libertadora) classifica-se como: *intervenção repressiva* (o Poder Central atua para conter, cessar ou coibir os atos cerceatórios à livre atuação dos Poderes no Estado-membro ou DF coagido); *intervenção reparadora* (a União intervém com a finalidade de restaurar o exercício independente do Poder Legislativo, Executivo ou Judiciário no âmbito do Estado-membro ou DF, restabelecendo a normalidade institucional); resultante de *ato* (a intervenção decorre de ato voluntário provocado por autoridade, órgão, pessoas ou grupos contra a autonomia do ente federado, causadores da coerção contra algum dos Poderes do Estado-membro ou do DF); *intervenção ofensiva* ou *tênue* (o Poder Central poderá utilizar os mecanismos necessários para restaurar a ordem violada, consistindo em ataque ou reação assertiva em face dos atos violentos, desintegradores ou causadores da coerção contra os Poderes da unidades federadas, bem como a utilização de meios suaves para restaurar a ordem jurídica violada – caso estes sejam suficientes); e *intervenção total* ou *parcial* (a depender da abrangência da atuação da União na esfera de competência do Estado-membro ou DF).

8.1.5 Reorganizar as finanças da unidade da Federação
(*intervenção reorganizatória*)

Essa é a quinta causa autorizadora da intervenção federal nos Estados ou no DF constante no art. 34, V, da Carta Magna. A intervenção federal para "reorganizar as finanças da unidade da Federação" pode ser sintetizada como **intervenção reorganizatória**, visto que a interferência da União nas unidades regionais tem por objetivo reestruturar o manejo das receitas e despesas do Estado-membro ou do DF em razão de sua conduta omissiva, consistente em suspender o pagamento de dívida fundada ou deixar de entregar às municipalidades as receitas tributárias que lhes pertençam.

A expressão "reorganizar as finanças da unidade da Federação que: a) suspender o pagamento da dívida fundada por mais de dois anos consecutivos, salvo motivo de força maior; b) deixar de entregar aos Municípios receitas tributárias fixadas nesta Constituição, dentro dos prazos estabelecidos em lei" significa reestruturar o Erário estadual ou distrital que tenha interrompido o pagamento dos débitos provenientes de obrigação financeira assumida em virtude de leis, contratos, convênios, tratados ou de operação de crédito cujo prazo de amortização dos compromissos seja superior a doze meses, ressalvado força maior (1ª modalidade); bem como para recompor o Tesouro do Estado-membro ou do DF que tenha cessado a entrega aos Municípios das receitas tributárias que lhes pertence, descumprindo-se as determinações constantes na Constituição da República (2ª modalidade).

Para esta corrente, a primeira modalidade pode ser definida como "intervenção reorganizatória por inadimplemento" (art. 34, V, a, CF/1988), ao passo que a segunda modalidade pode ser conceituada como "intervenção reorganizatória por indevolução" (art. 34, V, b, CF/1988).

8.1.5.1 Intervenção reorganizatória por inadimplemento

A primeira modalidade interventiva reorganizatória das finanças estaduais ou distrital decorre da "suspensão do pagamento da dívida fundada por mais de dois anos consecutivos, salvo motivo de força maior" (art. 34, V, *a*, CF/1988). Essa intervenção tem por objetivo impedir o inadimplemento definitivo da dívida longeva, isto é, obsta-se o incumprimento obrigacional de forma deliberada ou de má-fé. A ideia de reorganizar as contas do Estado-membro por inadimplemento não é nova, visto que já constava na reforma à Constituição Federal de 1891, resultante da Emenda Constitucional de 3 de setembro de 1926. O texto continha a seguinte redação:

> Art. 6º – O Governo federal não poderá intervir em negócios peculiares aos Estados, salvo: (Redação dada pela Emenda Constitucional de 3 de setembro de 1926)
> IV – para assegurar a execução das leis e sentenças federais e reorganizar as finanças do Estado, cuja incapacidade para a vida autônoma se demonstrar pela cessação de pagamentos de sua dívida fundada, por mais de dois anos. (Incluído pela Emenda Constitucional de 3 de setembro de 1926)

Tal previsão foi reiterada nas Constituição seguintes, tendo inciso próprio, a exemplo da Carta Magna de 1934: "Art. 12 – A União não intervirá em negócios peculiares aos Estados, salvo: (...) VI – para reorganizar as finanças do Estado que, sem motivo de força maior, suspender, por mais de dois anos consecutivos, o serviço da sua dívida fundada". Todavia, a Constituição de 1946 inovou na matéria, pois previu a intervenção federal nos Estados para reorganizar as finanças decorrentes do não pagamento imotivado de sua dívida fundada de natureza *externa* (art. 7º, VI). Nos comentários à Constituição de 1946, Carlos Maximiliano assinala: "quando em 1925-26 o Congresso reviu o estatuto supremo, resolveu seria dificuldade sentida por todos os governos do país e insolúvel sem uma reforma do art. 6º. Os Governos regionais pouco zelosos do crédito público mostravam-se solícitos em obter empréstimos e desidiosos em cumprir as obrigações criadas pela dívida fundada".

"O mal não é indígena. Prevaleceu em alguns Estados norte-americanos, em meados do século XIX, a estranha teoria do repúdio (*repudiation*) da dívida fundada. Deu exemplo o de Mississipi, sob pretexto de não terem sido contraídos os empréstimos com as formalidades legais e haverem sido viciados pela especulação. Sobreveio, em consequência, descrédito geral, diminuíram extraordinariamente as possibilidades de conseguir dinheiro a juros, tanto para a União como para os Estados, a ponto do Presidente Tyler, em sua mensagem de 1842, queixar-se das dificuldades com que o país lutava para obter capitais europeus, apesar de se propor a pagar taxas mais altas do que as vigorantes no Velho Mundo. Não obstante isso, em 1848 Mississipi, Flórida, Michigan e Arkansas repudiaram as suas dívidas; cinco outros Estados, embora reconhecessem o direito dos credores, não atenderam, nas épocas pré-estabelecidas, ao pagamento dos juros. Tennesse e Virgínia propuseram uma concordata: o primeiro pretendia pagar só 1/2 por cento de juro aos portadores de títulos antigos. As consequências de tais erros levaram os legisladores regionais a tomar precauções. Quase todos os estatutos supremos fixaram bases severas para os empréstimos, quanto à faculdade de os contrair e quanto aos juros".

"Outrora as províncias argentinas contraíram enormes dívidas, sem autorização e controle do Governo Federal; em pouco tempo sobreveio a bancarrota, consequência de despesas exageradas. Os poderes nacionais, embora se não houvessem obrigado a coisa alguma, sentiram que a insolvência das partes abalava o crédito todo, no estrangeiro. Demais, os serviços locais estavam embaraçados pela crise financeira, e não há país rico e próspero quando se acham empobrecidas e estacionárias sem seu progresso as unidades federativas. O Brasil sofreu um vexame por desídia de governos locais. O Estado do Espírito Santo deixou de satisfazer o pagamento dos *coupons* da sua dívida externa. Houve reclamação diplomática, apoiada com a presença do cruzador francês *Arethusa* na baía do Rio de Janeiro; e a União, embora não houvesse sido consultada quando se contraiu o empréstimo, afinal pagou (Diário do Congresso, de 17 de nov. 1925, p. 5.749 – Discurso do Senador Barbosa Lima".[163]

A Constituição de 1967 aperfeiçoou a intervenção para reorganizar as finanças estaduais ao prever a suspensão do pagamento bastando que a dívida fosse *fundada*, não mais exigindo que fosse de natureza externa. Na redação da Carta Magna pretérita, "A União não intervirá nos Estados, salvo para: V – reorganizar as finanças do Estado que: a) suspender o pagamento de sua dívida fundada, por mais de dois anos consecutivos, salvo por motivo de força maior; b) deixar de entregar aos Municípios as cotas tributárias a eles destinadas" (art. 10, V, *a* e *b* da CF/1967). No que tange à contagem do prazo máximo no pagamento, Pontes de Miranda esclarece: "no cômputo dos dois anos consecutivos, exclui-se o dia do começo, que é o do vencimento mesmo, ou o da exigibilidade, e inclui-se o último. Não porque seja esse o princípio que se acha inserto no Código Civil (as leis do direito privado não podem dar regras jurídicas ao direito constitucional); mas, sim, porque se trata de princípio geral de direito, tanto invocável no direito privado quanto no direito público, inclusive naquele ramo que nos interessa".[164]

---

[163] MAXIMILIANO, Carlos. *Comentários à Constituição brasileira*. Volume I. 4. ed. Rio de Janeiro: Freitas Bastos, 1948, p. 227-229.
[164] MIRANDA, Pontes de. *Comentários à Constituição de 1967*. Com a Emenda nº I, de 1969. Tomo II. 2. ed. São Paulo: Revista dos Tribunais, 1973, p. 228-229.

Considerando que a norma constitucional indica termos específicos do Direito Financeiro, é salutar breve definição dos institutos. Como visto, o art. 34, inciso V, alínea "a" menciona a suspensão do pagamento da *dívida fundada* por mais de dois anos. Sinteticamente, a locução "dívida fundada" significa o compromisso financeiro assumido pelo Estado com obrigação de pagamento superior a doze meses, expressando obrigação destinada a investimento relevante ou de utilidade a longo prazo.

Na percuciência que lhe é comum, Aliomar Baleeiro preleciona: "a *dívida fundada* caracteriza-se por sua estabilidade. Não varia ao sabor da cadência das receitas e despesas, a cada mês, como a dívida flutuante, que, por efeito dessa contínua oscilação do *quantum*, recebeu esse nome. [A dívida fundada] É contraída a prazos muitos longos ou até mesmo sem prazo definido, nem obrigação expressa de resgate. Daí a subdivisão em amortizável e perpétua. Destina-se, em geral, a investimentos duráveis e quase sempre rentáveis, embora possa provir da absorção da dívida flutuante oriunda dos déficits orçamentários. Os recursos da dívida fundada geralmente não se originam do mercado monetário, mas do financeiro, para onde acorrem os capitais disponíveis em busca de colocações seguras e permanentes, ao passo que os clientes da dívida flutuante procuram aplicação momentânea de seu dinheiro, enquanto aguardam ou deliberam sobre investimentos de qualquer natureza. A dívida fundada, em muitos países, é também conhecida como consolidada, mas em outros essa palavra é reservada aos empréstimos perpétuos".[165]

De acordo com Paulo Sandroni, a expressão *dívida fundada* significa a "dívida proveniente de recursos obtidos pelo governo sob a forma de financiamentos ou empréstimos, mediante celebração de contratos, emissão ou aceite de títulos ou concessão de quaisquer garantias que representem compromisso assumido para resgate em exercício subsequente". *Dívida consolidada* consiste no "conjunto dos débitos de longo prazo, sem data determinada de pagamento, que o governo assume por meio da emissão de títulos negociáveis". *Dívida flutuante* é a "dívida cujo período de amortização ou resgate não ultrapassa doze meses. Compreende os restos a pagar, os serviços da dívida a pagar e os débitos de tesouraria. Pode ser entendida também como o conjunto dos débitos de curto prazo assumidos pelo governo e representados por títulos negociáveis. Como os títulos de curto prazo permitem maior liquidez ao meio circulante, uma dívida flutuante muito alta pode provocar pressões inflacionárias. Por isso, é comum que os governos procurem transformar a dívida flutuante em dívida consolidada, isto é, com vencimento a longo prazo, para restringir a liquidez no mercado".

A locução *dívida externa* significa o "somatório dos débitos de um país, garantidos por seu governo, resultantes de empréstimos e financiamentos contraídos com residentes no exterior. Os débitos podem ter origem no próprio

---

[165] BALEEIRO, Aliomar. *Uma introdução à ciência das finanças*. 16. ed. Rio de Janeiro: Forense, 2008, p. 609.

governo, em empresas estatais e em empresas privadas. Neste último caso, isso ocorre com aval do governo para o fornecimento das divisas que servirão às amortizações e ao pagamento dos juros. Os residentes no exterior que forneçam os empréstimos e financiamentos podem ser governos, entidades financeiras internacionais, como o Fundo Monetário Internacional ou o Banco Mundial, bancos e empresas privadas. Os empréstimos são geralmente realizados em moeda estrangeira, desvinculados de programas e projetos de investimento específicos, ao contrário dos financiamentos, que na maior proporção de seu montante requerem a aprovação de um projeto (construção de estradas, hidrelétricas etc.) para serem liberados. A dívida externa registra apenas aqueles empréstimos e financiamentos cujo prazo de vencimento é superior a um ano; os recursos cujo prazo de vencimento é inferior a um ano — os capitais de curto prazo — não são registrados no montante da dívida externa. A dívida externa pode ser considerada dívida externa bruta quando dela não são subtraídas as reservas, e dívida externa líquida quando resultante da dívida externa bruta menos as reservas".

Por sua vez, *dívida interna* é o "total dos débitos assumidos pelo governo junto às pessoas físicas e jurídicas residentes no próprio país. Sempre que as despesas do governo superam a receita, há necessidade de dinheiro para cobrir o déficit. Para isso, as autoridades econômicas podem optar por três soluções: emissão de papel-moeda, aumento da carga tributária e lançamento de títulos. A emissão de papel-moeda nem sempre é inflacionária, mas, em muitos países, há necessidade de autorização do legislativo. O aumento da carga tributária, além de ser uma medida politicamente antipática, pode trazer consequências recessivas, pela diminuição do meio circulante. Finalmente, a colocação de títulos junto ao público pode gerar altas violentas nas taxas de juros, provocando um aumento da própria dívida interna (agora acrescida dos juros). Dessa forma, dependendo do nível do déficit, podem ser combinadas as três soluções, com maior ou menor ênfase em cada uma das alternativas, de tal maneira que sejam evitados os males de cada uma delas".[166]

Normativamente, a Lei nº 4.320 de 1964, que estatui normas gerais de direito financeiro, conceitua *dívida fundada* como "os compromissos de exigibilidade superior a doze meses, contraídos para atender a desequilíbrio orçamentário ou a financeiro de obras e serviços públicos" (art. 98). Por sua vez, a Lei Complementar nº 101, de 2000, que estabelece normas de finanças públicas, define *dívida consolidada* ou *fundada* como a despesa pública cujo "montante total, apurado sem duplicidade, das obrigações financeiras do ente da Federação, assumidas em virtude de leis, contratos, convênios ou tratados e da realização de operações de crédito, para amortização em prazo superior a doze meses" (art. 29, I).

Registre-se que a parte final da alínea *a*, inciso V, art. 34 da CF/88 exime a intervenção federal no Estado ou DF quando a suspensão do pagamento da

---
[166] SANDRONI, Paulo. *Novíssimo dicionário de economia*. São Paulo: Best Seller, 1999, p. 180-181.

dívida fundada por mais de dois anos consecutivos decorrer de "fato maior". A locução *força maior* pode ser compreendida como o fato posterior irresistível capaz de modificar ou até mesmo impedir o cumprimento da obrigação anteriormente avençada. Dessa forma, a "força maior" a que alude a hipótese constitucional consiste no acontecimento extraordinário invencível – de origem natural, social, jurídica ou política – causador de grave alteração fática e prejudicial à normalidade, impedindo o cumprimento do que fora entabulado legal ou contratualmente. Exemplo, nefasta crise financeira decorrente da pandemia do coronavírus, ocasionando a abrupta diminuição da receita tributária e a consequente suspensão do pagamento da dívida pelo Estado ou DF, a fim de alocar os recursos existentes no pagamento das despesas obrigatórias de caráter continuado e as de custeio, a exemplo do pagamento de salários de funcionários públicos, aquisição de insumos ou manutenção dos equipamentos da área da saúde, etc.

Naturalmente, é incabível pretensa intervenção federal nos Estados ou no DF para reorganizar as finanças se o inadimplemento da "dívida fundada" for justificado ante motivo de força maior, haja vista que o Direito não pode exigir o impossível. Nesse sentido, Carlos Maximiliano arremata: "*ad impossibilia nemo tenetur*: 'ninguém está obrigado ao impossível'. Não se interpreta um texto de modo que resulte fato irrealizável, deliberação em desacordo com a lei, dever superior às possibilidades humanas comuns. Evidente a impossibilidade do cumprimento cessa a obrigação respectiva".[167]

8.1.5.2 Intervenção reorganizatória por indevolução

A segunda modalidade interventiva reorganizatória decorre da "não entrega aos Municípios das receitas tributárias fixadas na Carta Magna", ou seja, tal fenômeno se dá quando o Estado-membro não devolve às municipalidades as receitas tributárias que lhes pertencem nos prazos estabelecidos em lei (art. 34, V, *b*, CF/1988). Assim, veda-se eventual conduta omissiva do Estado-membro consistente em deixar de entregar aos Municípios as "receitas tributárias" fixadas na Constituição da República. Nesse caso, a intervenção federal é mecanismo que garante a transferência de recursos constitucionais atribuídos aos Municípios, salvaguardando a sua integridade financeira e autonomia político-administrativa.

A locução *receitas tributárias* significa o produto da arrecadação proveniente de obrigações pecuniárias exigidas dos contribuintes pelo Poder Público, resultante de lei, que não seja sanção de ato ilícito e sem correspectividade entre as partes. Vale dizer, a "receita tributária" decorre da tributação, ou seja, é o resultado financeiro da prestação pecuniária por força de lei, sem que haja contraprestação equivalente entre os indivíduos que a entregam e o Governo que a recebe. A distribuição das competências tributárias entre os diversos níveis de Governo não é uniforme,

---

[167] MAXIMILIANO, Carlos. *Hermenêutica e aplicação do direito*. 9. ed. Rio de Janeiro: Forense, 1984, p. 259.

variando entre as competências tributárias do governo federal, dos demais entes federativos e das entidades do setor público.[168]

Como forma de estabelecer critérios objetivos, a Constituição Federal de 1988 dispõe sobre a porcentagem a ser repartida aos municípios, fruto das receitas tributárias. Nos termos do art. 158 da Carta Magna: "Pertencem aos Municípios: I – o produto da arrecadação do imposto da União sobre renda e proventos de qualquer natureza, incidente na fonte, sobre rendimentos pagos, a qualquer título, por eles, suas autarquias e pelas fundações que instituírem e mantiverem; II – cinquenta por cento do produto da arrecadação do imposto da União sobre a propriedade territorial rural, relativamente aos imóveis neles situados, cabendo a totalidade na hipótese da opção a que se refere o art. 153, §4º, III; III – cinquenta por cento do produto da arrecadação do imposto do Estado sobre a propriedade de veículos automotores licenciados em seus territórios; IV – vinte e cinco por cento do produto da arrecadação do imposto do Estado sobre operações relativas à circulação de mercadorias e sobre prestações de serviços de transporte interestadual e intermunicipal e de comunicação. As parcelas de receita pertencentes aos Municípios, mencionadas no inciso IV, serão creditadas conforme os seguintes critérios: I – 65% (sessenta e cinco por cento), no mínimo, na proporção do valor adicionado nas operações relativas à circulação de mercadorias e nas prestações de serviços, realizadas em seus territórios; II – até 35% (trinta e cinco por cento), de acordo com o que dispuser lei estadual, observada, obrigatoriamente, a distribuição de, no mínimo, 10 (dez) pontos percentuais com base em indicadores de melhoria nos resultados de aprendizagem e de aumento da equidade, considerado o nível socioeconômico dos educandos".

Além disso, o art. 159 da Lei Fundamental dispõe: "A União entregará: I – do produto da arrecadação dos impostos sobre renda e proventos de qualquer natureza e sobre produtos industrializados, 49% (quarenta e nove por cento), na seguinte forma: I – (...); II – do produto da arrecadação do imposto sobre produtos industrializados, dez por cento aos Estados e ao Distrito Federal, proporcionalmente ao valor das respectivas exportações de produtos industrializados; III – do produto da arrecadação da contribuição de intervenção no domínio econômico prevista no art. 177, §4º, 29% (vinte e nove por cento) para os Estados e o Distrito Federal, distribuídos na forma da lei, observada a destinação a que se refere o inciso II, c, do referido parágrafo. Os Estados entregarão aos respectivos Municípios vinte e cinco por cento dos recursos que receberem nos termos do inciso II, observados os critérios estabelecidos no art. 158, parágrafo único, I e II. Do montante de recursos de que trata o inciso III que cabe a cada Estado, vinte e cinco por cento serão destinados aos seus Municípios, na forma da lei a que se refere o mencionado inciso" (art. 159, II, III, §§3º e 4º, CF/1988).

---

[168] FERREIRA DOS SANTOS, Carlos Eduardo. *Normas de contabilidade no setor público*. 2. ed. Belo Horizonte: Dialética, 2020, p. 11.

Assente-se que "é vedada a retenção ou qualquer restrição à entrega e ao emprego dos recursos atribuídos aos Estados, ao Distrito Federal e aos Municípios, neles compreendidos adicionais e acréscimos relativos a impostos". Todavia, a proibição acima transcrita não impede a União e os Estados de condicionarem a entrega de recursos: I – ao pagamento de seus créditos, inclusive de suas autarquias; II – ao cumprimento do disposto no art. 198, §2º, incisos II e III (obrigação de os Estados, o Distrito Federal e os Municípios aplicarem, anualmente, o mínimo de recursos tributários em ações e serviços públicos de saúde).

Portanto, a intervenção federal nos Estados-membros ou no DF para reorganizar as finanças justifica-se apenas para reestruturar o Erário e pagar a dívida fundada ou para entregar aos Municípios as receitas tributárias que lhes pertencem, nos termos das disposições constitucionais. Nesse caso, o interventor assume a função de "gestor" estadual ou distrital para ordenar o pagamento da dívida fundada (a cargo do Estado-membro ou DF) ou para transferir os recursos atribuídos aos entes municipais (de incumbência dos Estados).

8.1.5.3 Classificação

A intervenção para reorganizar as finanças da unidade da Federação nas condições constitucionais (art. 34, V, *a* e *b*, CF da 1988) classifica-se como: *intervenção substitutiva* (o Poder Central substitui o Estado-membro ou o Distrito Federal em matéria de competência administrativo-financeira, intervindo em decorrência da omissão do ente regional ao descumprir preceitos constitucionais expressos); *intervenção reparadora* (a União intervém restabelecendo os preceitos constitucional-financeiros violados, obstando o inadimplemento da unidade regional no que tange às dívidas fundadas ou o não repasse de receitas tributárias aos Municípios); resultante de *ato* (a intervenção decorre de omissão voluntária do Estado ou DF consistente na suspensão deliberada do pagamento da dívida fundada ou não entrega aos Municípios das receitas fixadas na Constituição); *intervenção tênue* (a União utiliza meios suaves para a restauração da ordem constitucional-financeira infringida, bastando o uso de instrumentos de pouca intensidade para remediar o descumprimento da Lei Fundamental); e *intervenção parcial* (a atuação da União na esfera de competência do Estado-membro ou DF limita-se a seguimento específico, ou seja, restringe-se à esfera administrativo-orçamentária do ente regional ou distrital para permitir o adimplemento da dívida fundada ou a entrega aos Municípios das receitas tributárias que lhes são atribuídas).

8.1.6 Prover a execução de lei federal, ordem ou decisão judicial (*intervenção executória*)

Essa é a sexta hipótese autorizadora da intervenção federal nos Estados ou no DF, constante no art. 34, VI da Carta Magna de 1988. A intervenção federal para "prover a execução de lei federal, ordem ou decisão judicial" pode ser sintetizada como *intervenção executória*, visto que a interferência da União nas unidades regionais tem por objetivo executar a lei federal, ordem ou decisão judicial não cumprida pelo ente federativo recalcitrante. A expressão *prover a execução de lei federal, ordem ou decisão judicial* significa providenciar o cumprimento da lei federal, ordem ou decisão judicial que não esteja sendo obedecida no âmbito regional ou distrital, isto é, a intervenção tem por escopo concretizar o disposto normativamente em lei federal ou o acatamento à determinação emanada de órgão do Poder Judiciário.

O objeto deflagrador da intervenção federal consiste na inobservância de "lei federal" em sentido estrito, bem como "ordem" ou "decisão judicial". Em outras palavras, é o ato normativo editado pela União na condição de *lei*, após o devido processo legislativo no Congresso Nacional, bem como as determinações jurisdicionais de qualquer magistrado do país, seja de origem estadual ou federal. A manifestação jurisdicional deve ostentar caráter decisório (resolutivo), de qualquer membro ou órgão judicante (juiz, desembargador, ministro; TJ, TRF, TRT, TST, STJ, STF, etc.), tendo em vista que o Poder Judiciário é uno e indivisível, havendo apenas repartição da competência para cada um dos diversos órgãos.

A esse respeito, Themistocles Brandão Cavalcanti preleciona: "o texto atual tem mais amplitude e compreende toda e qualquer decisão ou ordem do poder judiciário cujo cumprimento não tenha o apoio dos poderes estaduais. Não se refere somente à justiça federal, mas também às dos Estados que não disponham de força suficiente para o cumprimento das decisões ou quando são as próprias autoridades estaduais que obstam ao cumprimento da decisão ou ordem judicial. Ordem judicial compreende todos aqueles atos judiciais, ordenados pelo juiz competente e que tenham força executória. Mas a Constituição foi cautelosa porque exigiu, no artigo 7º, §1º, I [da CF/1946] que à intervenção precedesse requisição do Supremo Tribunal Federal, para evitar abusos por parte das autoridades judiciárias que poderiam envolver a responsabilidade do governo federal, por exemplo na intervenção para cumprir ordens não exequíveis, por estarem dependendo de recurso ou que não tenham transitado em julgado. Quando executórias, entretanto, e qualquer que seja a sua natureza, impõe-se a requisição cujo cumprimento também deve ser efetivado".[169]

Na perspectiva finalística, a intervenção federal em Estado-membro ou no DF para prover a execução de lei federal, ordem ou decisão judicial objetiva promover a aplicação da lei federal ou da resolução jurisdicional, visto que no Estado-federal todas as unidades federativas devem observar as leis federais e as decisões proferidas pelas autoridades judicantes, sob pena de dissolução normativo-jurídica do país. Caso o Estado ou DF entenda pela inconstitucionalidade da lei federal, é facultado recorrer às instâncias judiciais para discuti-la no âmbito

---

[169] CAVALCANTI, Themistocles Brandão. *A Constituição Federal comentada*. Volume I. 3. ed. Rio de Janeiro: Konfino, 1956, p. 188-189.

processual – inclusive mediante o controle de constitucionalidade –, sendo vedado o descumprimento arbitrário pela unidade federativa. Igualmente, caso a unidade regional repute inadequada eventual ordem ou decisão judicial, há de objetá-la por meio de recursos judiciais nos tribunais competentes, ou seja, é imprescível que o inconformismo siga a forma e o ambiente adequado para tanto, em respeito ao Estado Democrático de Direito.

No magistério de Fávila Ribeiro, "a missão de realização do Direito, consistente na aplicação da lei ao caso concreto, não expira na declaração da regra jurídica aplicável ao caso, mas no restaurar a harmonia violada, fazendo cumpridos os seus pronunciamentos. Pouco significaria o vazio de uma ordem ou decisão judicial se lhe faltasse a força para ser obedecida. Estaria incompleta a missão judiciária quando os seus atos ficassem pendentes de uma ratificação dos demais poderes, para se fazerem exequíveis. Exarando um despacho, proferindo uma sentença, lavrando um acórdão, estão as autoridades judiciárias materializando a vontade do Estado, expressa na Constituição e nas leis dela derivadas. E como as garantias individuais são emanações indispensáveis para toda a Nação, é claro que quando os órgãos judiciários se manifestarem em prol de sua restauração nos litígios que lhes forem formulados, não possa subsistir qualquer estorvamento à sua efetivação. Se a ação judiciária não se estendesse forte, inquebrantável, pelo território nacional, formar-se-iam arquipélagos de arbitrariedades, onde os cidadãos não gozariam das mercês prometidas solenemente no instrumento fundamental da Nação".[170]

A previsão interventiva em apreço permite ao Governo nacional manter a observância das normas federais nas esferas territoriais dos Estados. "Não fica ao arbítrio destes executar as deliberações do Congresso, nem tampouco obedecer aos despachos e sentenças dos juízes federais. Se a autoridade regional se mostra desidiosa ou recalcitrante em cumprir o seu dever nos dois casos mencionados, intervém, com o objetivo restrito do nº 4 [CF 1891], o Governo do país. Sem esse meio coercitivo, a Constituição não seria a suprema lei do país, os atos legislativos e sentenças federais não passariam de simples conselhos, sem força obrigatória, e os poderes federais não poderiam preencher seus altos fins. Em geral, a transgressão das leis pelas autoridades locais apenas prejudica o indivíduo, que agirá pelos meios judiciários; nesse caso, o dever de intervir só se verifica se a postergação do Direito perdura em face das sentenças e se evidencia com o deixar de cumpri-las".[171]

Consoante Pontes de Miranda, na intervenção para prover a execução de ordem ou decisão judicial, "quem requisita é o Poder Judiciário e o Presidente da República a executa: não há, propriamente, decretação de intervenção, porque a intervenção, na espécie, resulta da própria necessidade de se assegurar a ordem pública, a justiça, a despeito de se dizer que a decretação compete ao Presidente

---

[170] RIBEIRO, Fávila. *A intervenção federal nos Estados*. Fortaleza: Editora Jurídica, 1960, p. 59.
[171] MAXIMILIANO, Carlos. *Comentários à Constituição brasileira*. 2. ed. Rio de Janeiro: Jacintho Ribeiro dos Santos, 1923, p. 177-178.

da República. Contudo, no sistema da Constituição de 1967, como na de 1946, o decreto é formalmente exigido, em quaisquer casos, com todas as consequências que daí emanam. A extensão da intervenção, em se tratando da execução de ordens e decisões judiciárias, é ditada pela natureza do próprio obstáculo que se lhe opôs. Se, por exemplo, é o Governador do Estado-membro quem movimenta a força pública para a impedir, a intervenção interromper-lhe-á o exercício do cargo e será promovida a sua responsabilidade".

Conceitualmente, o vocábulo *ordem* significa "qualquer comandamento ou mandado". O vocábulo *decisão* pode ser entendido como "qualquer resolução, que haja de executar. A sentença declaratória não precisa, de regra, que se execute. A sua eficácia é a de coisa julgada material, contra a qual são impotentes os poderes estaduais, ou municipais. Todavia, impedir que se preceite com a sentença declaratória já é obstar execução de ordem. Idem, se apenas se trata de adiantamento de execução como ocorre nas ações executivas de títulos extrajudiciais".[172]

No magistério de Pinto Ferreira, "*ordem judicial* são todos os atos judiciais determinados pelo juiz competente, e com força executória. *Ordem judiciária* é todo o comandamento proveniente da justiça, e não apenas dos juízes, e com força executória. Rui Barbosa argumentava que não era possível a intervenção do Estado-membro para assegurar a decisão sobre *habeas corpus*, porque sustentava que no caso em apreço não se tratava de uma sentença, porém de simples despacho. Mas o próprio Rui Barbosa mudou posteriormente de opinião, pois se dizia em 1912 que a decisão sobre o *habeas corpus* era um despacho; advogou em 1915 a opinião de que era uma sentença, e assim justificava a intervenção federal em face do art. 6º, §4º, da Carta Magna de 1891, quando consignava o caso da intervenção 'para assegurar a execução das leis e sentenças federais'. Hoje o assunto não merece mais discussão, entendendo-se por sentença 'todo o provimento judicial em que se defere ou se indefere pedidos, tendo havido conclusão ao juiz'. Aliás, o próprio STF, em 12-8-1925, já resolvera satisfatoriamente o problema quando solicitou ao Presidente da República a intervenção federal no Estado de Pernambuco para cumprimento da resolução do dito tribunal 'quanto à vinda de pacientes', relativa à primeira fase do *habeas corpus*, que é a da apresentação da paciente, sucedida pela segunda, que é a do julgamento. No caso vertente, para o cumprimento das ordens judiciárias, deve o juiz primeiro solicitar o auxílio da força estadual, e somente depois que esta desprezar ou negar os reclamos da magistratura estadual é que deve intervir o governo federal para cumprimento da justiça".[173]

Registre-se que somente é cabível a intervenção federal para promover a execução de lei federal "quando não couber solução judiciária para o caso"

---

[172] MIRANDA, Pontes de. *Comentários à Constituição de 1967*. Com a Emenda nº I, de 1969. Tomo II. 2. ed. São Paulo: Revista dos Tribunais, 1973, p. 223-227.
[173] FERREIRA, Pinto. *Comentários à Constituição brasileira*. 2º Volume – Arts. 22 a 53. São Paulo: Saraiva, 1990, p. 314-315.

(Manoel Gonçalves Ferreira Filho), ou seja, "quando o governo estadual, no cumprimento da lei, cria prejuízos generalizados, que não se corrigem com uma decisão judiciária, em espécie" (Prado Kelly).[174]

Considerando que as deliberações judiciais podem ser reformadas pelas instâncias do Poder Judiciário, os Estados-membros e o Distrito Federal podem – legitimamente – recorrer aos Tribunais contra a ordem ou decisão judicial cujo interessado pretenda executar, de modo a suspendê-la caso obtenha medida liminar ou o recurso seja provido com efeito suspensivo. Sendo sustado o provimento jurisdicional, não será cabível a intervenção federal por ausência de pressuposto material imprescindível.

Ademais, para a decretação de intervenção federal, é necessária a existência de contemporaneidade entre o descumprimento de ordem ou decisão judicial e o julgamento da intervenção pelo STF, sob pena de perda do objeto: "Intervenção Federal. Não cumprimento de decisão judicial. Se, embora tardiamente, a decisão judicial veio a ser cumprida, com a desocupação do imóvel, pelos esbulhadores, os autos da intervenção federal devem ser arquivados. Se se noticia que, posteriormente, nova invasão do imóvel, já pertencente a outros proprietários, aconteceu, sem que haja, entretanto, sequer prova de outra ação de reintegração de posse, com deferimento de liminar, esse fato subsequente, mesmo se verdadeiro, não pode ser considerado nos autos da Intervenção Federal, motivada pela decisão anterior, que acabou por ser executada. Arquivamento dos autos, sem prejuízo de eventual nova providência, na forma da Constituição, quanto ao segundo fato referido" (IF 103/PR – Tribunal Pleno – Rel. Min. Néri da Silveira – Julgamento: 13/03/1991).

Outrossim, para a decretação de intervenção federal para prover ordem ou decisão judicial, afigura-se imprescindível que haja o descumprimento voluntário e intencional por parte do Estado-membro ou do Distrito Federal, de modo que não supre o requisito constitucional se a inobservância for amparada por motivo relevante. Nesse sentido, é pacífico o entendimento do Supremo Tribunal Federal: "O descumprimento voluntário e intencional de decisão transitada em julgado configura pressuposto indispensável ao acolhimento do pedido de intervenção federal. A ausência de voluntariedade em não pagar precatórios, consubstanciada na insuficiência de recursos para satisfazer os créditos contra a Fazenda estadual no prazo previsto no §1º do art. 100 da CR, não legitima a subtração temporária da autonomia estatal, mormente quando o ente público, apesar da exaustão do erário, vem sendo zeloso, na medida do possível, com suas obrigações derivadas de provimentos judiciais" (IF 1.917 AgR, rel. min. Maurício Corrêa, j. 17-3-2004, P, DJ de 3-8-2007; IF 4.640 AgR, rel. min. Cezar Peluso, j. 29-3-2012, P, DJE de 25-4-2012); "Precatórios judiciais. Não configuração de atuação dolosa e deliberada do Estado de São Paulo com finalidade de não pagamento. Estado sujeito a quadro

---

[174] FERREIRA FILHO, Manoel Gonçalves. *Comentários à Constituição brasileira de 1988*. Volume 1 – Arts. 1º a 103. 2. ed. São Paulo: Saraiva, 1997, p. 227.

de múltiplas obrigações de idêntica hierarquia. Necessidade de garantir eficácia a outras normas constitucionais, como, por exemplo, a continuidade de prestação de serviços públicos. A intervenção, como medida extrema, deve atender à máxima da proporcionalidade. Adoção da chamada relação de precedência condicionada entre princípios constitucionais concorrentes" (IF 298, rel. p/ o ac. min. Gilmar Mendes, j. 3-2-2003, P, DJ de 27-2-2004; IF 5.101, IF 5.105, IF 5.106 e IF 5.114, rel. min. Cezar Peluso, j. 28-3-2012, P, DJE de 6-9-2012).

Assente-se que, nos termos do art. 34, VI, da Constituição da República, a União pode intervir nos Estados ou no Distrito Federal para prover a execução de "ordem" ou "decisão judicial". Por conseguinte, a *ordem* ou a *decisão judicial* pode ser prolatada por juiz de primeira instância, inclusive em caráter liminar, devendo os órgãos estaduais ou distritais cumpri-la, não sendo imprescindível o trânsito em julgado da decisão exequenda. A título de ilustração, é possível a decretação de intervenção federal para cumprir mandado judicial de reintegração de posse caso o Estado-membro ou Distrito Federal se recuse a adotar as providências necessárias para executar a medida determinada por juiz de direito substituto, a exemplo de não disponibilizar quantitativo policial suficiente para garantir a retirada dos invasores.

Nesse sentido é o entendimento do Supremo Tribunal Federal: "Pedido de intervenção federal por descumprimento de decisão judicial. Falta de legitimidade do requerente, uma vez que a requisição de intervenção federal, prevista no art. 11, parágrafo 1, *b*, da Constituição, depende da iniciativa do Presidente do Tribunal de Justiça no Estado (art. 350, II, do Regimento Interno do STF). – Pedido que se tem como notícia de descumprimento de ordem judicial no Estado de Goiás. – Ordem ou decisão judiciária a que alude a parte final do inciso VI do art. 10 da Constituição Federal e expressão que abarca qualquer ordem judicial e não apenas as que digam respeito a sentenças transitadas em julgado. Comprovado descumprimento de ordem judicial pelo Estado-membro, impõe-se a requisição, de ofício, ao Exmo. Sr. Presidente da República de intervenção federal para o fim específico de ser ela cumprida. Decisão. O Tribunal não conheceu do pedido de Intervenção Federal por falta de legitimidade da parte requerente, porém, em face da gravidade dos fatos comprovados nos autos, deliberou, de ofício, por unanimidade, requisitar ao Exmo. Sr. Presidente da República Intervenção Federal no Estado de Goiás, nos termos do art. 11, §1º, letra "b" da Constituição, para o fim específico de ser cumprida a decisão judicial proferida pelo Dr. Juiz de Direito da Comarca de Caiapônia (Goiás) na ação de reintegração de posse movida por Miguel Carlos Coimbra Rinaldi contra João Carlos Francisco e outros. Plenário, em 19.12.86" (IF 94/GO – Tribunal Pleno – Rel. Min. Moreira Alves – Julgamento: 19/12/1986).

Em casos como esses, nos quais a "ordem" ou "decisão judicial" não seja cumprida por ausência de auxílio dos órgãos estaduais ou distritais, alternativamente, é facultado ao magistrado da causa originária requisitar apoio ao órgão federal competente, visto que o Poder Judiciário é uno, sendo a requisição emanada de órgão representante da soberania nacional. Vale dizer, a autoridade judiciária pode requisitar ao órgão administrativo de outra esfera de governo a providência que entender necessária para o cumprimento da decisão judicial, em conformidade com o art. 536 do CPC/2015:

> Art. 536. *No cumprimento de sentença que reconheça a exigibilidade de obrigação de fazer ou de não fazer, o juiz poderá, de ofício* ou a requerimento, para a efetivação da tutela específica ou a obtenção de tutela pelo resultado prático equivalente, *determinar as medidas necessárias à satisfação do exequente.*
> §1º Para atender ao disposto no caput, o juiz poderá determinar, entre outras medidas, a imposição de multa, a busca e apreensão, a remoção de pessoas e coisas, o desfazimento de obras e o impedimento de atividade nociva, podendo, caso necessário, requisitar o auxílio de força policial. (Grifos nossos)

Exemplificadamente, se houver recusa de Estado-membro ou do DF na disponibilização de policiais militares ou de policiais civis para cumprir o mandado de reintegração de posse, o juiz de direito pode requisitar apoio da Força Nacional de Segurança Pública ou da Polícia Federal, a fim de conferir efetividade à ordem ou decisão judicial prolatada anteriormente. Tal providência permite, simultaneamente, implementar a deliberação jurisdicional sem a necessidade – e delongas inerentes – do processo de decretação de intervenção federal, sendo ainda menos traumático; além de promover a efetividade e celeridade da Justiça. Logicamente, esse pedido auxiliar a órgãos de outra esfera de governo é uma discricionariedade do magistrado, visto que se trata de atuação substitutiva e secundária auxiliadora do processo judicial.

Todavia, em que pese a manifestação supra, o STF possui recente entendimento pela exigência do trânsito em julgado como condição de acolhimento ao pedido de intervenção federal: "1. Decisão agravada que se encontra em consonância com a orientação desta Corte, no sentido de que o descumprimento voluntário e intencional de decisão judicial transitada em julgado é pressuposto indispensável ao acolhimento do pedido de intervenção federal. 2. Agravo regimental improvido" (IF 5050 AgR/SP – Rel. Min. Ellen Gracie – Julgamento: 06/03/2008 – Órgão Julgador: Tribunal Pleno).

Ademais, registre-se que a intervenção federal para prover a execução de lei federal, ordem ou decisão judicial exige procedimento próprio para sua materialização. Quando se tratar de desobediência à "ordem" ou "decisão judiciária", a intervenção federal requer prévia requisição do Supremo Tribunal Federal, do Superior Tribunal de Justiça ou do Tribunal Superior Eleitoral, sendo essas as autoridades competentes para decidir sobre a implementação da providência interventiva (art. 36, II, CF/1988). Quando se tratar de recusa à execução de "lei federal", a intervenção da União no Estado-membro ou no DF requer o prévio provimento, pelo Supremo Tribunal Federal, de representação do Procurador-Geral da República (art. 36, III, parte final, CF/1988). Em ambos os casos, havendo a *requisição* ou o *provimento* da intervenção pelo STF, o Presidente da República deve implementar a medida interventiva, isto é, deve cumprir a determinação jurisdicional emanada pelo Pretório Excelso, sob pena de incorrer em crime de responsabilidade (art. 12, nº 2 e 3 da Lei nº 1.079/1950):

> Art. 12. São crimes contra o cumprimento das decisões judiciárias: 2 – *Recusar o cumprimento das decisões do Poder Judiciário no que depender do exercício das funções do Poder Executivo*; 3 – *deixar de atender a requisição de intervenção federal do Supremo Tribunal Federal* ou do Tribunal Superior Eleitoral. (Grifos nossos)

8.1.6.3 Classificação

A intervenção para prover a execução de lei federal, ordem ou decisão judicial (art. 34, VI, CF da 1988) classifica-se como: *intervenção substitutiva* (o Poder Central substitui o Estado-membro/DF em matéria de competência executiva ou administrativa, intervindo em decorrência da ação ou omissão do ente regional/distrital ao descumprir lei federal, ordem ou decisão judicial); *intervenção reparadora* (a União intervém restabelecendo os preceitos constitucionais violados – em especial o princípio do Estado de Direito, ou seja, o Estado submisso às leis – impedindo a desobediência às leis federais, às ordens ou às decisões do Poder Judiciário); resultante de *ato* (a intervenção decorre de ação ou omissão voluntária do Estado ou DF consistente no incumprimento deliberado das leis federais, ordens ou decisões judiciais); *intervenção tênue* (a União utiliza meios suaves para a restauração da ordem constitucional infringida, bastando o uso de instrumentos de pouca intensidade para remediar o descumprimento da Lei Fundamental); e *intervenção parcial* (a atuação da União na esfera de competência do Estado-membro ou DF limita-se a seguimento específico, ou seja, restringe-se à esfera executiva/administrativa do ente regional ou distrital para permitir a execução da lei federal, ordem ou decisão judicial que fora inobservada).

8.1.7 Assegurar a observância dos princípios constitucionais sensíveis (*intervenção assegurativa*)

Essa modalidade interventiva tem por objetivo assegurar na esfera dos Estados-membros e do Distrito Federal: a) forma republicana, sistema representativo e regime democrático; b) direitos da pessoa humana; c) autonomia municipal; d) prestação de contas da administração pública, direta e indireta; e) aplicação do mínimo exigido da receita resultante de impostos estaduais, compreendida a proveniente de transferências, na manutenção e no desenvolvimento do ensino e em ações e serviços públicos de saúde.

Tais hipóteses constam no art. 34, VII, da Constituição Federal, também conhecida como *Representação Interventiva*. Tem por escopo garantir a observância de princípios constitucionais elementares pelos Estados-membros e DF, sendo a União o ente efetivador da medida. Considerando a amplitude e a especificidade da matéria, essa modalidade será estudada em capítulo próprio.

8.2 Pressupostos formais

Os *pressupostos formais* são os requisitos exteriores elementares que revestem a decretação de intervenção da União em Estado-membro ou no Distrito Federal, isto é, são as regras que disciplinam o rito deflagrador e o modo de executar a intromissão do poder central na esfera de competência da unidade regional ou distrital. Os pressupostos formais, por se tratar de exigências formalísticas que condicionam o procedimento interventivo, repercutem diretamente na validade ou na invalidade da intervenção.

Diante disso, impõe-se a estrita observância dos requisitos constitucionais que estabelecem a maneira de proceder durante a fase prévia e na execução propriamente dita dos atos interventivos, sob pena de incorrer em inconstitucionalidade e, por conseguinte, na nulidade da providência adotada. Em síntese, a forma (pressupostos formais) condiciona a validade dos atos praticados (pressupostos materiais), havendo relação de interdependência.

Os pressupostos formais de intervenção subdividem-se em quatro momentos: *i – fase prévia* (são as condições que antecedem a regularidade da prática do ato interventivo, isto é, são requisitos nos quais depende a própria decretação de intervenção. Nessa modalidade inclui-se a intervenção para "garantir o livre exercício de qualquer do Poderes nas unidades da federação", que dependem da "solicitação" do Poder Legislativo ou do Poder Executivo coacto ou impedido, ou de "requisição" do STF. No caso de desobediência à ordem ou decisão judiciária, exige-se prévia "requisição" do STF, STJ ou TSE. No caso de violação a princípio constitucional sensível ou de recusa à execução de lei federal, necessário o "provimento" pelo STF da representação formulada pelo PGR, para depois ser efetivada a intervenção); *ii – fase executória* (são as condições que regulam a maneira de executar a intervenção, limitando-a. Nessa etapa, exige-se que o decreto de intervenção especifique a amplitude, o prazo e as condições da execução, bem como, se couber, a nomeação do interventor. Além disso, o decreto interventivo deve limitar-se a suspender a execução do ato impugnado, se essa medida bastar ao restabelecimento da normalidade que se objetiva solucionar); *iii – fase homologatória* (algumas hipóteses interventivas requerem a aprovação pelo Poder Legislativo da intervenção decretada pelo Poder Executivo, sendo necessário que os representantes da população e do Estados/DF confirmem a efetiva necessidade da intervenção, legitimando-a. Em casos assim, o Presidente da República/Governador de Estado decreta a intervenção por iniciativa e avaliação própria, mas no prazo de vinte e quatro horas o ato deve ser submetido ao Congresso Nacional/Assembleia Legislativa para aprovar ou rejeitar a medida interventiva. Nessa etapa incluem-se as intervenções para: I – manter a integridade nacional; II – repelir invasão estrangeira ou de uma unidade da Federação em outra; III – pôr termo a grave comprometimento da ordem pública; IV – garantir o livre exercício de qualquer dos Poderes nas unidades da Federação; V – reorganizar as finanças da unidade da Federação que: a) suspender o pagamento da dívida fundada por mais de dois anos consecutivos, salvo motivo de força maior; b) deixar de entregar aos Municípios receitas tributárias fixadas nesta Constituição, dentro dos prazos estabelecidos em lei); *iv – fase cessatória* (consiste no desaparecimento dos fatos deflagradores da intervenção, ou seja, é a ausência posterior dos motivos justificadores da medida interventiva, ensejando, por conseguinte, o retorno das autoridades afastadas aos seus respectivos cargos anteriormente exercidos, salvo impedimento legal. Nessa etapa, cessa a intervenção federal na estrutura organizacional do Estado-membro ou do DF, de modo que as autoridades estaduais e distritais retornem às suas funções, ressalvada existência de óbice legal. Consectariamente, veda-se a perpetuação da interferência da União na esfera de competência do Estado-membro ou DF, sob pena de aniquilar a autonomia político-administrativa dos entes federados. Sem embargo, excepcionalmente e de comum acordo, é possível a continuidade do auxílio federal aos entes estaduais/distrital caso haja pedido expresso por parte do Estado ou do DF, a exemplo de convênio ou acordo para transferência de recursos financeiros, equipamentos, tecnologia, pessoal, etc., a fim de aprimorar o serviço público estadual/distrital).

Consoante Fávila Ribeiro, "a fase da execução recebe, como a da decretação, certos condicionamentos da própria Constituição Federal, para evitar que a intervenção se desfigure em espoliação da autonomia dos Estados. Excederia aos seus objetivos se não contivesse somente em fazer respeitadas pelos Estados as prescrições" constitucionais. O objetivo da regulação interventiva é eliminar arbitrariedade em detrimento da autonomia dos Estados-membros.[175]

Para José Afonso da Silva, os pressupostos formais consistem no "modo de sua efetivação, seus limites e requisitos. A intervenção federal efetiva-se por decreto do Presidente da República, o qual especificará a sua amplitude, prazo e condições de execução e, se couber, nomeará o interventor (art. 36, §1º). Há, pois, intervenção sem interventor. É que ela pode atingir qualquer órgão do poder estadual. O decreto de intervenção dependerá: (1) nos casos dos incisos I, II, III e V, *a* e *b* do art. 34, da simples verificação dos motivos que a autorizam; (2) no caso do inciso IV do art. 34, de solicitação do Poder Legislativo ou do Poder Executivo coacto ou impedido, ou de requisição do Supremo Tribunal Federal, se a coação for exercida contra o Poder Judiciário; (3) no caso de desobediência a ordem ou decisão judicial (inciso VI do art. 34), de requisição do Supremo Tribunal, do Superior Tribunal de Justiça ou do Tribunal Superior Eleitoral, segundo a matéria, não se diz no texto, mas evidentemente de conformidade com as regras de competência jurisdicional *ratione materiae*; (4) no caso do inciso VII do art. 34, de provimento, pelo STF, de representação do Procurador-Geral da República; representação essa que caracteriza a ação direta de inconstitucionalidade interventiva (art. 36, III); (5) no caso de recusa à execução de lei federal, de provimento também pelo STF,

---

[175] RIBEIRO, Fávila. *A intervenção federal nos Estados*. Fortaleza: Editora Jurídica, 1960, p. 96.

de representação do Procurador-Geral da República (art. 34, III); aqui não se trata de obter declaração de inconstitucionalidade – portanto essa representação tem natureza diversa da referida na primeira parte do inciso III do art. 36; seu objeto consiste em garantir a executoriedade da lei federal pelas autoridades estaduais; digamos que seja uma ação de executoriedade da lei".

"Nos casos dos incisos VI e VII do art. 34, o decreto de intervenção limitar-se-á a suspender a execução do ato impugnado, se essa medida bastar ao restabelecimento da normalidade, isto é, se for suficiente para eliminar a infração àqueles princípios constitucionais neles arrolados. Se, porém, a simples suspensão do ato não for bastante, efetivar-se-á a intervenção. Esta não é mera faculdade, mas também um dever que se impõe à União, e, portanto, ao Presidente da República, que terá que executá-la sempre que for necessária, uma vez que se cuida aí de medida de defesa da Constituição, mormente nas hipóteses de requisição dos Tribunais (art. 36, I a IV)".[176]

Os pressupostos formais, por serem condições jurídico-processuais disciplinadoras da intervenção, naturalmente submetem-se ao controle pelo Poder Judiciário, notadamente pelo Supremo Tribunal Federal, a quem compete julgar os conflitos entre a União e os Estados/DF, bem como os atos praticados pelo Presidente da República, especialmente eventual impetração de mandado de segurança contra ato do Chefe do Poder Executivo Federal (art. 102, I, *d* e *f*, CF/1988).

A inobservância dos requisitos constitucionais que disciplinam a intervenção implica a inconstitucionalidade da medida. Quando se tratar de intervenção federal em Estado-membro, a análise de constitucionalidade será de competência do Supremo Tribunal Federal, ao passo que competirá ao Tribunal de Justiça apreciar a intervenção estadual nos municípios. A esse respeito, Pontes de Miranda assevera que se não houver atendimento às condições, "a intervenção é inconstitucional; deve suspendê-la, ou pelo menos, desaprová-la o Congresso Nacional". Se acaso o decreto não especificar a amplitude, a duração e condições executivas, o ato é "inconstitucional, e, pois, judicialmente apreciável a sua inconstitucionalidade".[177] Em outras palavras, havendo provocação pelo interessado, os atos praticados no transcorrer da decretação de intervenção federal podem ser fiscalizados pelos órgãos judicantes, em razão do princípio da inafastabilidade da jurisdição, sendo um direito fundamental garantido constitucionalmente, visto que "a lei não excluirá da apreciação do Poder Judiciário lesão ou ameaça de direito" (art. 5º, XXXV, CF/1988).

Dessa forma, eventuais ações de natureza cível contra o Presidente da República por inobservância a pressupostos formais da intervenção podem ser de competência para processo e julgamento por juiz de primeira instância, a

---

[176] SILVA, José Afonso da. *Curso de direito constitucional positivo*. 33. ed. São Paulo: Malheiros, 2010, p. 486-487.
[177] MIRANDA, Pontes de. *Comentários à Constituição de 1946*. 2. ed. Vol. I. São Paulo: Max Limonad, 1953, p. 491-492.

exemplo de ação cautelar, ação de improbidade administrativa, ação popular, etc. Isso porque a competência originária do STF constitui regime de direito estrito, sendo interpretada restritivamente, haja vista ser exceção ao regramento comum, conforme a jurisprudência do Supremo Tribunal Federal:

> A competência originária do Supremo Tribunal Federal, por qualificar-se como um complexo de atribuições jurisdicionais de extração essencialmente constitucional – e ante o regime de direito estrito a que se acha submetida – não comporta a possibilidade de ser estendida a situações que extravasem os limites fixados, em '*numerus clausus*', pelo rol exaustivo inscrito no art. 102, I, da Constituição da República. Precedentes. *O regime de direito estrito, a que se submete a definição dessa competência institucional, tem levado o Supremo Tribunal Federal, por efeito da taxatividade do rol constante da Carta Política, a afastar, do âmbito de suas atribuições jurisdicionais originárias, o processo e o julgamento de causas de natureza civil que não se acham inscritas no texto constitucional (ações populares, ações civis públicas, ações cautelares, ações ordinárias, ações declaratórias e medidas cautelares), mesmo que instauradas contra o Presidente da República* ou contra qualquer das autoridades que, em matéria penal (CF, art. 102, I, "b" e "c"), dispõem de prerrogativa de foro perante a Corte Suprema ou que, em sede de mandado de segurança, estão sujeitas à jurisdição imediata do Tribunal (CF, art. 102, I, "d"). Precedentes. *Ação civil por improbidade administrativa – Competência de magistrado de primeiro grau, quer se cuide de ocupante de cargo público, quer se trate de titular de mandato eletivo ainda no exercício das respectivas funções.* – O Supremo Tribunal Federal tem advertido que, tratando-se de ação civil por improbidade administrativa (Lei nº 8.429/92), mostra-se irrelevante, para efeito de definição da competência" – Pet 4089 AgR – Tribunal Pleno – Celso de Mello – Julgamento: 24/10/2007. (Grifos nossos)

Isso porque o foro por prerrogativa de função refere-se apenas às "infrações penais comuns" contra o Presidente da República, não abrangendo as ações cíveis em geral, conforme entendimento pacífico do Supremo Tribunal Federal:

> 2. *O foro especial por prerrogativa de função previsto na Constituição Federal em relação às infrações penais comuns não é extensível às ações de improbidade administrativa, de natureza civil. Em primeiro lugar, o foro privilegiado é destinado a abarcar apenas as infrações penais.* A suposta gravidade das sanções previstas no art. 37, §4º, da Constituição, não reveste a ação de improbidade administrativa de natureza penal. Em segundo lugar, o foro privilegiado submete-se a regime de direito estrito, já que representa exceção aos princípios estruturantes da igualdade e da república. Não comporta, portanto, ampliação a hipóteses não expressamente previstas no texto constitucional. E isso especialmente porque, na hipótese, não há lacuna constitucional, mas legítima opção do poder constituinte originário em não instituir foro privilegiado para o processo e julgamento de agentes políticos pela prática de atos de improbidade na esfera civil. Por fim, a fixação de competência para julgar a ação de improbidade no 1º grau de jurisdição, além de constituir fórmula mais republicana, é atenta às capacidades institucionais dos diferentes graus de jurisdição para a realização da instrução processual, de modo a promover maior eficiência no combate à corrupção e na proteção à moralidade administrativa" (Pet 3240 AgR – Tribunal Pleno – Rel. Min. Teori Zavascki – Redator do acórdão: Min. Roberto Barroso – Julgamento: 10/05/2018). (Grifos nossos)

Nesse sentido, o Supremo Tribunal Federal rejeitou apreciação de suposta prática de improbidade administrativa pelo Presidente da República, ante a incompetência originária da Corte Suprema: "Agravo regimental em petição.

Interpelação judicial. Procurador-Geral da República. Supostas práticas de atos de improbidade administrativa e de crimes de responsabilidade pelo Presidente da República. Incompetência originária do STF. Precedentes. Agravo regimental não provido" (Pet 3894 AgR/DF – Tribunal Pleno – Rel. Min. Dias Toffoli – Julgamento: 29/05/2013)

8.2.1 Consulta aos Conselhos da República e da Defesa Nacional

Conforme os artigos 89 a 91 da Constituição Federal de 1988, os Conselhos da República e da Defesa Nacional exercem função de órgão de consulta do Presidente da República em várias matérias, entre as quais se inclui a intervenção federal. Dada a relevância, segue abaixo trecho do texto constitucional:

> Art. 90. *Compete ao Conselho da República pronunciar-se sobre*:
> I – *intervenção federal*, estado de defesa e estado de sítio;
> Art. 91 (...)
> §1º *Compete ao Conselho de Defesa Nacional*:
> II – *opinar sobre a decretação* do estado de defesa, do estado de sítio e *da intervenção federal*.
> (Grifos nossos)

De fato, o Presidente da República deve consultar previamente os referidos órgãos antes de serem tomadas decisões relevantes ao país, até mesmo para obter informações sob diferentes perpectivas de autoridades diversas. Isso porque cabe ao Conselho da República "pronunciar-se" sobre a intervenção federal, bem como ao Conselho de Defesa Nacional compete opinar sobre a "decretação" da intervenção federal (art. 90, I c/c art. 91, §1º, II, CF/1988). Segundo o dicionário Houaiss, o vocábulo *pronunciar* significa "emitir opinião, manifestar-se", ao passo que a palavra *decretação* significa "ação de decretar, a determinação por decreto".[178] Ora, naturalmente, o ato de "opinar" ocorre antes da tomada de decisão pelo agente responsável, já que a opinião possui justamente a finalidade de esclarecer pontos relevantes sobre determinado assunto, a fim de evitar equivocidade e até mesmo danos por atuação indevida. Além disso, a "ação de decretar" traduz-se em momento anterior à publicação do decreto interventivo, ou seja, antecede à edição de decretação da providência. Assim, o Presidente da República deve ouvir previamente o Conselho da República e o Conselho da Defesa Nacional antes de publicar o decreto interventivo contra Estado-membro ou DF.

A despeito disso, a consulta posterior aos Conselhos da República e de Defesa não tem o condão de invalidar o decreto de intervenção federal, isto é, não o transforma em ato inconstitucional, visto que as manifestações dos aludidos Conselhos são meramente opinativas, sugestivas, de modo que não vinculam o Presidente da República acerca da temática consultada. Desse modo, a manifestação

---
[178] HOUAISS. *Dicionário da língua portuguesa*. Rio de Janeiro: Objetiva, 2009, p. 603 e 1561.

favorável dos Conselhos feita ulteriormente sana a mera irregularidade decretatória, pois se trata de ato com teor recomendativo, mas não decisório. Em outras palavras, a opinião dos Conselhos prestada ao Presidente da República não é determinante para a decretação da intervenção, pois mesmo os Conselhos desaconselhando a medida, o Presidente tem o poder de decretá-la legitimamente. Portanto, a aprovação *a posteriori* do decreto interventivo pelos Conselhos da República e da Segurança Nacional não macula o procedimento formalístico da intervenção em Estado Membro, mantendo-se compatível com a Constituição Federal de 1988.

8.2.2 Iniciativa e execução da intervenção

A *iniciativa* da intervenção refere-se ao direito ou ao dever de uma autoridade desencadear a providência interventiva na unidade federada, ou seja, é o ato de instaurá-la para permitir a efetivação da providência. Em virtude da iniciativa, atribuiu-se competência a determinado agente para inaugurar a interferência de um ente federado em outro, sendo um poder/dever.

Por sua vez, a *execução* da intervenção consiste no cumprimento da providência a ser implementada, ou seja, é a efetivação dos atos de interferência da União nos Estados-membros/DF, concretizando-os. A execução pressupõe a existência de ato materializador respaldado em decisão anteriormente prolatada, quer dizer, é a realização do que já fora determinado. Dessa forma, a execução significa o desempenho de deliberação prévia, sendo apenas um meio para se alcançar o fim projetado.

Nos termos da Constituição, compete privativamente ao Presidente da República "decretar" e "executar" a intervenção federal (art. 84, X, CF/1988). Conforme lição de Celso Ribeiro Bastos, "somente o Presidente da República tem o poder de decretar a intervenção, não podendo negar-se a decretá-la quando solicitado pelos outros Poderes, nas hipóteses constitucionais".[179]

Diante disso, a *iniciativa* para decretar a intervenção federal cabe ao Presidente da República, tendo também o "direito" ou o "dever" de *executá-la*. Isso porque as vezes detém a iniciativa discricionária para decretar ou não a intervenção (direito), ao passo que em certas hipóteses a decretação constitui obrigação resultante do cargo exercido (dever), sendo uma iniciativa provocada.

O Presidente da República possui *iniciativa discricionária* para decretar a intervenção federal nos Estados-membros ou no DF quando a medida se destinar a: I – manter a integridade nacional; II – repelir invasão estrangeira ou de uma unidade da Federação em outra; III – pôr termo a grave comprometimento da ordem pública; V – reorganizar as finanças da unidade da Federação que: a) suspender o pagamento da dívida fundada por mais de dois anos consecutivos, salvo motivo de força maior; b) deixar de entregar aos Municípios receitas tributárias fixadas nesta Constituição,

---

[179] BASTOS, Celso Ribeiro; MARTINS, Ives Gandra. *Comentários à Constituição do Brasil*. 4º volume – tomo II. Arts. 70 a 91. São Paulo: Saraiva, 1997, p. 306.

dentro dos prazos estabelecidos em lei. Nesses casos, trata-se de *direito* do Presidente da República de decretar a intervenção federal. Vale dizer, nessas hipóteses previstas constitucionalmente, a decisão de intervir em outro ente federado compete ao Chefe do Poder Executivo, que avaliará de forma discricionária, de acordo com a oportunidade e conveniência da medida, podendo agir por sua própria iniciativa.

Impende mencionar que mesmo quando a iniciativa para decretar a intervenção federal ostentar natureza discricionária, o Presidente da República não decidirá sozinho, uma vez que compete ao Conselho da República pronunciar-se sobre a intervenção federal, bem como ao Conselho de Defesa Nacional opinar sobre a decretação da intervenção federal (art. 90, I, c/c art. 91, §1º, II, CF de 1988). Ambos os Conselhos exercem função consultiva, isto é, apenas oferecem sugestão acerca da intervenção federal nos Estados-membros ou no DF, não vinculando o entendimento do Chefe do Poder Executivo Federal. A despeito disso, desempenham um papel importante, visto que oportuniza a manifestação de ideias sob a perspectiva de diversas autoridades e cidadãos brasileiros natos, pluralizando o debate em benefício da nação.

Noutro giro, em determinadas hipóteses, incumbe ao Presidente da República o dever de decretar a intervenção federal ostentando a natureza de *iniciativa provocada*. Trata-se de um dever institucional, que decorre do cargo de Chefe de Estado, bem como pelo compromisso de "manter, defender e cumprir a Constituição" (art. 78, CF/1988). São as seguintes as causas deflagradoras da iniciativa provocada para decretar a intervenção: VI – prover a execução de lei federal, ordem ou decisão judicial; VII – assegurar a observância dos seguintes princípios constitucionais: a) forma republicana, sistema representativo e regime democrático; b) direitos da pessoa humana; c) autonomia municipal; d) prestação de contas da administração pública, direta e indireta; e) aplicação do mínimo exigido da receita resultante de impostos estaduais, compreendida a proveniente de transferências, na manutenção e no desenvolvimento do ensino e nas ações e serviços públicos de saúde.

Assente-se que a intervenção para "garantir o livre exercício de qualquer dos Poderes nas unidades da Federação" (art. 34, IV, CF/1988) possui iniciativa híbrida, visto que depende primeiramente da solicitação dos Poderes Legislativo ou Executivo estadual coactado. Em seguida, o Presidente da República, ao receber o ofício com o pedido de intervenção, decidirá discricionariamente acerca da necessidade ou não da medida interventiva.

Sinteticamente, o Presidente da República possui a *iniciativa discricionária* para decretar a intervenção nos Estados membros e no Distrito Federal nas hipóteses constantes nos incisos I, II, III e V (*a* e *b*) do art. 34 da Carta Magna. Já a *iniciativa provocada* ocorre nas hipóteses dos incisos, VI e VII do art. 34 da Constituição Federal de 1988. Finalmente, a intervenção é provocada por solicitação na hipótese do inciso IV do art. 34/1988, sendo discricionária a decisão por decretá-la (iniciativa híbrida).

No que alude à **execução** da intervenção federal, o seu conteúdo e abrangência variará conforme o estabelecido no decreto interventivo. Este, por sua vez, dependerá da natureza da violação constitucional e das medidas adequadas para restabelecer os valores e regras estampadas nas Constituição da República.

Ou seja, a execução da medida interventiva tem por finalidade restaurar a ordem jurídico-constitucional que fora transgredida por ato ou fato ilícito.

Assim, a efetivação da intervenção federal no Estado-membro ou no DF perfectibilizar-se-á nos termos constantes no decreto interventivo editado pelo Presidente da República. O decreto de intervenção é o parâmetro limitador da execução das medidas, circunscrevendo o seu conteúdo e os seus contornos.

A execução da intervenção será diversificada a depender se tiver por finalidade: I – manter a integridade nacional; II – repelir invasão estrangeira ou de uma unidade da Federação em outra; III – pôr termo a grave comprometimento da ordem pública; IV – garantir o livre exercício de qualquer dos Poderes nas unidades da Federação; V – reorganizar as finanças da unidade da Federação; VI – prover a execução de lei federal, ordem ou decisão judicial; VII – assegurar a observância dos princípios constitucionais sensíveis (art. 34, incisos I a VII, CF/1988).

Em outras palavras, não há uma prefixação minuciosa dos atos a serem praticados na intervenção federal (execução interventiva), visto que variará conforme as circunstâncias existentes ao tempo da decretação. Isto é, as características, o teor, a intensidade e a extensão dos atos efetivadores da intervenção dependerão da causa interventiva que se objetiva restaurar, devendo-se atentar para o princípio da proporcionalidade (necessidade, adequação e proporção), bem como para os limites consubstanciados na Carta Magna de 1988. A execução da intervenção federal deve adotar a medida menos drástica na materialização dos seus efeitos, visto que se destina tão somente ao restabelecimento da normalidade. Se for suficiente a mera suspensão do ato impugnado, essa será o conteúdo da execução, pois bastará para a solução constitucional. Nesse sentido é a determinação da Carta Magna: "Nos casos do art. 34, VI e VII, ou do art. 35, IV, dispensada a apreciação pelo Congresso Nacional ou pela Assembleia Legislativa, *o decreto limitar-se-á a suspender a execução do ato impugnado, se essa medida bastar ao restabelecimento da normalidade*" (art. 36, §3º, CF/1988).

Portanto, a execução da intervenção federal requer observância sistemática dos princípios constitucionais, dialogando-se com a interpretação teleológica e a da unidade da Constituição.

8.2.3 Solicitação do Poder Legislativo ou Executivo

A intervenção federal em Estado-membro ou no DF por solicitação do Poder Legislativo ou do Poder Executivo constitui modalidade de intervenção provocada. Nesses casos, o órgão estatal coactado ou impedido pede ao Presidente da República a interferência na unidade regional ou distrital a fim de afastar o ato obstativo ao livre exercício das funções executiva ou legislativa.

A solicitação de intervenção deve ser feita somente por iniciativa do Poder Executivo ou do Poder Legislativo regional, porquanto são os únicos legitimados para instar o auxílio federal, competindo-lhes solicitar a remoção de embaraço à liberdade dos Poderes no âmbito estadual ou distrital. Em outros termos, apenas o Governador do Estado/Distrito Federal ou os Deputados Estaduais/Distritais detêm legitimidade para pleitear a intervenção federal da União nas respectivas unidades federadas, cabendo-lhes verificar a existência ou não de coação, bem como a necessidade de auxílio federal para restabelecer a normalidade.

Por se tratar de "solicitação" do Poderes Executivo ou Legislativo estadual/distrital, cabe ao Presidente da República avaliar a oportunidade e a conveniência da medida, de modo que o pedido pode ser deferido ou não. Nesse caso, o Chefe do Poder Executivo Federal possui discricionariedade para decidir acerca da decretação da medida interventiva. Naturalmente, no período compreendido entre o recebimento da solicitação e o veredito, o Presidente da República pode envidar esforços para solucionar a crise no âmbito estadual/distrital por meio do diálogo, da interlocução entre as diversas forças políticas, da mediação, etc., bem como alinhavar ação alternativa à medida extrema da decretação da intervenção. A despeito dos esforços substitutivos, caso não seja possível afastar a coação ou o impedimento aos Poderes, a decretação de intervenção finda por ser uma providência razoável.

Assim, o Presidente da República detém liberdade decisória para decretar a intervenção quando houver mecanismos alternativos à solução da problemática político-constitucional na esfera estadual ou distrital. Sem embargo, não poderá se omitir caso exista grave crise institucional que impeça, profundamente, o livre exercício dos Poderes nas unidades da federação. Havendo negligência ou omissão intencional do Presidente da República na decisão para decretar a intervenção federal, poderá incorrer em crime de responsabilidade, nos termos da Carta Magna: "São crimes de responsabilidade os atos do Presidente da República que atentem contra a Constituição Federal e, especialmente, contra: II – o livre exercício do Poder Legislativo, do Poder Judiciário, do Ministério Público e dos Poderes constitucionais das unidades da Federação" (art. 85, II, CF/1988).

Nesse sentido, preleciona Ricardo Lewandowski: "Não poderia, aliás, ser outro o entendimento. De fato, caso fosse o Presidente obrigado a intervir diante da simples solicitação do Legislativo ou do Executivo coacto, os Poderes locais converter-se-iam em árbitros do grave múnus conferido pela Constituição ao Presidente da República. Além disso, a intervenção, ao invés de contribuir para a pacificação dos dissídios e a restauração da normalidade institucional, transformar-se-ia em favor de novos atritos entre os Poderes conflitantes. Existem, é bom que se note, circunstâncias nas quais a abstenção do Presidente da República pode configurar crime de responsabilidade. Basta, por exemplo, que o Chefe do Executivo, despindo-se de suas vestes de magistrado supremo, deixe de atender à solicitação do Poder estadual coacto, movido por razões de ordem político-partidária, atitude que caracteriza evidente omissão dolosa".[180]

Ressalte-se que a intervenção federal para "garantir o livre exercício de qualquer dos Poderes nas unidades da Federação" (art. 34, IV, CF/1988) pode ser

---

[180] LEWANDOWSKI, Enrique Ricardo. *Pressupostos materiais e formais da intervenção federal no Brasil*. 2. ed. Belo Horizonte: Fórum, 2018, p. 140.

decretada pelo Presidente da República se houver prévia solicitação por parte do Poder Legislativo ou Executivo estadual/distrital coactado ou impedido, não podendo ser decretada por iniciativa própria, sob pena de inconstitucionalidade. Pontes de Miranda pontifica: "O Presidente da República decreta a intervenção, sem necessidade de provocação (requisição ou solicitação), sempre que o pressuposto suficiente é de ordem material, e urgente o ato interventivo: ofensa à integridade nacional, invasão estrangeira ou de um Estado-membro em outro, ou grave perturbação da ordem ou ameaça de interrupção da ordem. Os dois outros pressupostos – o de ameaça ou ofensa ao livre exercício de qualquer dos poderes estaduais e o de inexecução de ordem ou decisão judiciária – somente permitem a decretação se houve a provocação. A decretação dependerá (...). Quer dizer: o Presidente da República não decreta, de ofício, a intervenção; precisa ter havido provocação específica. Se não na houve, a intervenção é inconstitucional; deve suspendê-la, ou, pelo menos, desaprová-la o Congresso Nacional".[181]

Sem embargo, excepcionalmente, pode ser dispensada a expressa solicitação de intervenção por parte do Poder Executivo ou Legislativo coagido se a opressão for tamanha ao ponto de impedir por completo o pedido formal ao Presidente da República. Por exemplo, se deputados estaduais/distritais ou o Governador forem vítimas de "sequestro político" ou algum outro ato cerceatório à sua liberdade de locomoção, findará sendo impossível realizar o pedido formal de intervenção. Para remediar fatos insólitos como esses, afigura-se razoável presumir pedido implícito e a consequente solicitação de intervenção, até mesmo para impedir a perpetuação da coerção contra os Poderes, de modo a restaurar a normalidade institucional.

Comunga do mesmo entendimento Ricardo Lewandowski: "interessante questão, todavia, emerge nesse ponto: seria a intervenção para assegurar o livre exercício de Poder estadual, desacompanhada de provocação, sempre inconstitucional? O que ocorreria se o Poder local coacto ou impedido, por qualquer razão, não puder manifestar-se? Quedaria inerme o Presidente da República? Nessa situação tem entendido a doutrina nacional e estrangeira, como visto anteriormente, que a solicitação, se evidente o constrangimento, deve ser presumida".[182]

8.2.4 Requisição do Poder Judiciário

A *requisição* de intervenção federal é normatizada pelo ordenamento jurídico. Além de prevista na Constituição da República, o instituto é disciplinado na Lei nº 8.038, de 1990, no Regimento Interno do Supremo Tribunal Federal e no Regimento Interno do Superior Tribunal de Justiça. No caso de desobediência à ordem ou decisão judiciária, a decretação da intervenção dependerá de requisição

---

[181] MIRANDA, Pontes de. *Comentários à Constituição de 1967*. Com a Emenda nº I, de 1969. Tomo II. 2. ed. São Paulo: Revista dos Tribunais, 1973, p. 251.
[182] LEWANDOWSKI, Enrique Ricardo. *Pressupostos materiais e formais da intervenção federal no Brasil*. 2. ed. Belo Horizonte: Fórum, 2018, p. 141.

do Supremo Tribunal Federal, do Superior Tribunal de Justiça ou do Tribunal Superior Eleitoral (art. 36, II, CF/1988). A requisição de intervenção federal será promovida: I – de ofício, ou mediante pedido de Presidente de Tribunal de Justiça do Estado, ou de Presidente de Tribunal Federal, quando se tratar de prover a execução de ordem ou decisão judicial, com ressalva, conforme a matéria, da competência do Supremo Tribunal Federal ou do Tribunal Superior Eleitoral; II – de ofício, ou mediante pedido da parte interessada, quando se tratar de prover a execução de ordem ou decisão do Superior Tribunal de Justiça. Ao receber o pedido, o Presidente: I – tomará as providências que lhe parecerem adequadas para remover, administrativamente, a causa do pedido; II – mandará arquivá-lo, se for manifestamente infundado, cabendo do seu despacho agravo regimental (art. 19, I e II c/c art. 20, I e II da Lei nº 8.038 de 1990).

Conforme o Regimento Interno do Supremo Tribunal Federal, a requisição de intervenção federal será promovida: i – de ofício, ou mediante pedido do Presidente do Tribunal de Justiça do Estado, se a coação for exercida contra o Poder Judiciário; ii – de ofício, ou mediante pedido do Presidente de Tribunal de Justiça do Estado ou de Tribunal Federal, quando se tratar de prover a execução de ordem ou decisão judiciária, com ressalva, conforme a matéria, da competência do Tribunal Superior Eleitoral; iii – de ofício, ou mediante pedido da parte interessada, quando se tratar de prover a execução de ordem ou decisão do Supremo Tribunal Federal; iv – mediante representação do Procurador-Geral, no caso de violação aos princípios constitucionais sensíveis, assim quando se tratar de prover a execução de lei federal. Ao receber o pedido, o Presidente do STF: i – tomará as providências oficiais que lhe parecerem adequadas para remover, administrativamente, a causa do pedido; ii – mandará arquivá-lo, se for manifestamente infundado, cabendo do seu despacho agravo regimental. Ao final, sendo julgado procedente o pedido, o Presidente do STF imediatamente comunicará a decisão aos órgãos do Poder Público interessados e requisitará a intervenção ao Presidente da República (arts. 350 a 354, RISTF).

Acerca desse tema, a jurisprudência do Supremo Tribunal Federal é esclarecedora: "Intervenção federal. Legitimidade ativa para o pedido. Interpretação do inciso II do art. 36 da CF de 1988, e do art. 19, II e III, da Lei 8.038, de 28-5-1990, e art. 350, II e III, do RISTF. A parte interessada na causa somente pode se dirigir ao STF, com pedido de intervenção federal, para prover a execução de decisão da própria corte. Quando se trate de decisão de Tribunal de Justiça, o requerimento de intervenção deve ser dirigido ao respectivo presidente, a quem incumbe, se for o caso, encaminhá-lo ao STF. Pedido não conhecido, por ilegitimidade ativa dos requerentes" (IF 105 QO, rel. min. Sydney Sanches, j. 3-8-1992, P, DJ de 4-9-1992; IF 4.677 AgR, rel. min. Cezar Peluso, j. 29-3-2012, P, DJE de 20-6-2012); "Intervenção federal, por suposto descumprimento de decisão de Tribunal de Justiça. Não se pode ter, como invasiva da competência do Supremo Tribunal, a decisão de corte estadual, que, no exercício de sua exclusiva atribuição, indefere o encaminhamento do pedido de intervenção" (Rcl 464, rel. min. Octavio Gallotti, j. 14-12-1994, P, DJ de 24-2-1995).

De acordo com o Regimento Interno do Superior Tribunal de Justiça, na intervenção federal para prover a execução de lei federal, ordem ou decisão judicial, a requisição será promovida: I – de ofício, ou mediante pedido do Presidente do Tribunal de Justiça do Estado, ou do Presidente de Tribunal Federal, quando se tratar de prover a execução de ordem ou decisão judicial, com ressalva, conforme a matéria, da competência do Supremo Tribunal Federal ou do Tribunal Superior Eleitoral (Constituição, art. 34, VI, e art. 36, II); II – de ofício, ou mediante pedido da parte interessada, quando se tratar de prover a execução de ordem ou decisão do Superior Tribunal de Justiça (Constituição, art. 34, VI, e art. 36, II); III – mediante representação do Procurador-Geral da República, quando se tratar de prover a execução de lei federal (Constituição, art. 34, VI, e art. 36, IV). Da mesma forma que a disposição normativa do STF, o Presidente do STJ, ao receber o pedido: I – tomará as providências oficiais que lhe parecerem adequadas para remover, administrativamente, a causa do pedido; II – mandará arquivá-lo, se for manifestamente infundado, cabendo da sua decisão agravo regimental. Ao final, sendo julgado procedente o pedido, o Presidente do Superior Tribunal de Justiça comunicará imediatamente a decisão aos órgãos interessados do Poder Público e requisitará a intervenção ao Presidente da República (arts. 312 a 315 do RISTJ).

No âmbito do Tribunal Superior do Trabalho, os artigos 166 a 168 da Consolidação dos Provimentos da Corregedoria-Geral da Justiça do Trabalho de 2019 regulamenta o pedido de intervenção nos Estados-membros e Municípios por desrespeito às decisões da Justiça do Trabalho:

> Art. 166. Os presidentes dos tribunais regionais do trabalho fundamentarão os pedidos de intervenção dirigidos ao Supremo Tribunal Federal e aos tribunais de justiça dos estados, justificando a necessidade da adoção da medida excepcional.
> Parágrafo único. A intervenção deverá ser requerida pelo credor do estado-membro ou do município.
> Art. 167. O pedido de intervenção em estado-membro será encaminhado ao Supremo Tribunal Federal por intermédio da Corregedoria-Geral da Justiça do Trabalho, enquanto o requerimento de intervenção em município será remetido diretamente ao tribunal de justiça local pelo presidente do Tribunal Regional do Trabalho.
> Art. 168. O pedido de intervenção em estado-membro ou em município será instruído com as seguintes peças:
> I – petição do credor, dirigida ao presidente do Tribunal Regional do Trabalho, requerendo o encaminhamento do pedido de intervenção ao Supremo Tribunal Federal ou ao tribunal de justiça local, conforme o caso;
> II – impugnação do ente público, quando houver;
> III – manifestação do órgão do Ministério Público que atua perante o Tribunal Regional do Trabalho;
> IV – decisão fundamentada do presidente do Tribunal Regional do Trabalho admitindo o encaminhamento do pedido de intervenção;
> V – ofício requisitório que possibilite a verificação da data de expedição do precatório e o ano de sua inclusão no orçamento.

Relativamente aos órgãos competentes para decidir a intervenção federal no caso de desobediência à ordem ou decisão judicial, a requisição depende de manifestação do Supremo Tribunal Federal, do Superior Tribunal de Justiça ou do Tribunal Superior Eleitoral, nos termos da Constituição da República (art. 36, II, CF/1988). O TSE requisitará a medida interventiva quando se tratar de inobservância de ordem ou decisão judicial em matéria eleitoral. Por sua vez, o STJ requisitará a intervenção quando se tratar de não atendimento à ordem ou decisão judiciária em matéria infraconstitucional. Finalmente, caberá ao STF requisitar a intervenção quando a ordem ou decisão judicial versar sobre matéria constitucional. Tal sistemática promove a divisão do trabalho conforme a especialidade do assunto, favorecendo a dinâmica do processo interventivo. No que alude à Justiça Eleitoral, ressalte-se que o Tribunal Superior Eleitoral e os Tribunais Regionais Eleitorais desempenham papel fundamental na preservação do regime democrático, porquanto cabe a esses órgãos do Poder Judiciário manter a regularidade do processo eleitoral brasileiro. Carlos Maximiliano assinala: "com a instituição da Justiça Eleitoral se tornaram inviáveis as manobras tendentes a fazer surgir, em Estados ou Municípios, a 'dualidade de governos': a magistratura especial resolve todas as controvérsias e indica irrefragavelmente quem deve tomar o lugar do Executivo ou ocupar o posto de legislador".[183]

No tocante aos órgãos judiciais competentes para requisitar a intervenção, a jurisprudência do Supremo Tribunal Federal é pacífica: "Art. 36, II, da CF. Define-se a competência pela matéria, cumprindo ao STF o julgamento quando o ato inobservado lastreia-se na CF; ao STJ quando envolvida matéria legal e ao TSE em se tratando de matéria de índole eleitoral" (IF 2.792, rel. min. Marco Aurélio, j. 4-6-2003, P, DJ de 1º-8-2003).

Quando se tratar de matérias alheias à Constituição Federal (de competência do STF), ao direito comum (de competência do STJ) ou ao direito eleitoral (de competência do TSE), caberá ao Supremo Tribunal Federal proceder à requisição, porquanto além de ser o órgão de cúpula, representa todo o Poder Judiciário brasileiro: "Cabe exclusivamente ao STF requisição de intervenção para assegurar a execução de decisões da Justiça do Trabalho ou da Justiça Militar, ainda quando fundadas em direito infraconstitucional: fundamentação. O pedido de requisição de intervenção dirigida pelo presidente do Tribunal de execução ao STF há de ter motivação quanto à procedência e também com a necessidade de intervenção" (IF 230, rel. min. Sepúlveda Pertence, j. 24-4-1996, P, DJ de 1º-7-1996).

8.2.5 Amplitude, prazo, condições e aprovação

A *amplitude* significa a extensão da medida imposta no decreto interventivo, isto é, a dimensão da providência constante no decreto editado pelo Presidente da República (intervenção federal) ou pelo Governador de Estado (intervenção

---

[183] MAXIMILIANO, Carlos. *Comentários à Constituição brasileira*. Volume I. 4. ed. Rio de Janeiro: Freitas Bastos, 1948, p. 234-235.

estadual). A amplitude repercute diretamente no alcance da intervenção da União nos Estados-membros/DF, notadamente no Poder estadual ou distrital atingido, bem como na especificação do ente regional sujeito à interferência. Dessa forma, a amplitude da intervenção definirá a unidade federada, o Poder atingido, a área governamental, os órgãos públicos, as unidades administrativas, as atividades ou os seguimentos sujeitos à atuação federal, etc.

A amplitude também se correlaciona aos objetivos da intervenção, visto que a abrangência da medida variará de acordo com a finalidade almejada com a interferência da União no Estado-membro ou no Distrito Federal. Além disso, a especificação do objetivo no decreto interventivo constitui limite objetivo da providência, possibilitando confrontar com o princípio da proporcionalidade, assim como permite perscrutar a sua efetiva necessidade pelo Poder Legislativo nas hipóteses nas quais caiba aprovar a intervenção.

O *prazo* da intervenção significa o tempo de duração da medida, ou seja, a prefixação de início e do fim da produção dos efeitos da interferência da União nos Estados-membros ou no Distrito Federal. Dessa forma, o prazo implica no estabelecimento prévio de data para a vigência da intervenção, sendo ineficaz quando expirado o seu limite temporal, ressalvado se houver prorrogação ou nova decretação. Quando de sua publicação, o decreto editado pelo Poder Executivo deve explicitar a duração da intervenção, predefinindo a expiração interventiva. Todavia, antes do término do prazo da intervenção, esta poderá ser encerrada pelo Presidente da República, mediante publicação de decreto, caso ocorra o restabelecimento da normalidade ("desnecessidade interventiva *a posteriori*"), bem como poderá ser prorrogada, se ainda persistirem as circunstâncias ensejadoras da intervenção ("permanência da necessidade interventiva"). Contudo, se expirado o prazo, deve ser publicado novo decreto interventivo, sendo necessário cumprir mais uma vez os pressupostos formais e materiais previstos na Carta Magna.

Por sua vez, as *condições* da intervenção referem-se à natureza dos atos interventivos, que variará conforme a circunstâncias fáticas ensejadoras da interferência na unidade federada, ou seja, são as características a serem implementadas de acordo com o evento futuro e incerto provocador da intervenção. As condições guardam pertinência intrínseca com a conjuntura violadora dos preceitos constitucionais desestabilizadores do Estado-federal. A natureza dos atos a serem praticados na intervenção correlacionam-se à situação ilícita existente, à qual se pretende restaurar.

Considerando a relevância e o impacto jurídico-constitucional, as condições de execução da medida interventiva devem ser previstas na edição do decreto, publicado pelo Presidente da República (intervenção federal nos Estados/DF) ou pelo Governador de Estado (intervenção estadual nos seus Municípios). As condições da intervenção incluem, entre outros, os atos a serem praticados, as medidas que poderão ser adotadas, a eventual nomeação do interventor (caso a autoridade interventora repute necessário), a definição das atribuições conferidas ao interventor, etc.

Na lição de Francisco Bilac, "as condições do ato interventivo pressupõem o detalhamento de como se dará a intervenção. Deve-se explicitar quais serão as tarefas do Interventor, se não houver a nomeação do Interventor, como se dará o afastamento e quem deve responder no lugar da autoridade afastada. Se não há a nomeação do delegado federal, quem deve assumir o cargo da autoridade afastada é o substituto legal. O objetivo seria o afastamento da autoridade, consequentemente, fica impedido o acesso ao seu substituto, como já decidiu o Supremo Tribunal Federal (RE nº 94379/PB). Já houve ocasião, durante o Governo do presidente Juscelino Kubitschek, de nomeação do interventor para colaborar com o Governador do Estado. Tratava-se de ameaça ao funcionamento da Assembleia Legislativa do Estado de Alagoas e o presidente da República nomeou Interventor para que o Governador do Estado prestasse-lhe toda a colaboração. Não é o que se recomenda numa Intervenção, mas ocorrendo deve explicitar o decreto presidencial, o *modus operandi* da convivência".[184]

Finalmente, em alguns casos, a decretação de intervenção requer a aprovação da medida pelo Poder Legislativo. A *aprovação* significa o consentimento com a providência interventiva, ou seja, traduz-se na aceitação da medida adotada. O ato de aprovar ocorre no momento seguinte à decretação, isto é, primeiramente publica-se o decreto interventivo para em seguida ocorrer a apreciação pelo órgão competente, a quem compete aprovar ou rejeitar. Nos termos da Carta Magna, compete privativamente ao Presidente da República "decretar" a intervenção federal (art. 84, X, CF/1988), ao passo que compete exclusivamente ao Congresso Nacional "aprovar" a intervenção federal (art. 49, IV, CF/1988). Diante disso, comumente, a medida interventiva possui controle duplo, visto que depende de ato propulsor a cargo do Chefe do Poder Executivo e, simultaneamente, necessita da aquiescência do Poder Legislativo, proporcionando maior proteção ao Estado-federal. Se porventura não houver a atuação conjunta dos referidos órgãos, o ato padecerá de vício de validade, sendo inconstitucional.

Registre-se que o Poder Legislativo da União é exercido pelo Congresso Nacional, que é formado pelo Senado Federal (representante dos Estados-membros e do Distrito Federal) e pela Câmara dos Deputados (representante do povo brasileiro), nos termos do arts. 44, 45 e 46 da CF/1988, de modo que a apreciação do decreto interventivo é realizada pelas duas Casas Legiferantes (art. 49, IV, CF/1988).

Além disso, exige-se prazo para que o decreto de intervenção federal seja encaminhado ao Poder Legislativo, uma vez que, sendo editado o decreto pelo Presidente da República, deve ser encaminhado à apreciação do Congresso Nacional no limite de vinte e quatro horas (art. 36, §1º, CF/1986). Comumente, o expediente utilizado para comunicar a intervenção se dá por meio do envio de "Mensagem" aos membros do Congresso Nacional, aos quais compete apreciar o texto do decreto.

---

[184] PINTO FILHO, Francisco Bilac M. *A intervenção federal e o federalismo brasileiro*. Rio de Janeiro: Forense, 2002, p. 407.

Sendo recebida a Mensagem Presidencial, o expediente será lido em Plenário, encaminhado à publicação e em seguida à Comissão de Constituição e Justiça, incumbindo ao Presidente do Senado Federal incluir a matéria na Ordem do Dia bem como proceder à convocação extraordinária do Congresso Nacional. Sendo aprovado o decreto, compete à Mesa promulgá-lo, perfazendo a concordância do Senado Federal (art. 57, §6º, I, CF de 1988 c/c art. 48, VI e art. 156, §2º do RISF). Igualmente, a Mensagem do Poder Executivo é enviada à Câmara dos Deputados, lida perante a Mesa, encaminhada à publicação e à Comissão de Constituição e Justiça e de Cidadania, cabendo ao Presidente da Câmara proceder à inclusão na Ordem do Dia. Ato contínuo, delibera-se a matéria no Plenário. Sendo aprovado o decreto, é realizada a promulgação, expressando a aquiescência da Câmara dos Deputados (art. 17, I, *t*; art. 32, IV, *j*; art. 80, §2º, II; art. 132, IV do RICD).

O ato de o Congresso Nacional aprovar a intervenção federal ostenta natureza *homologatória*, uma vez que a sanção do Poder Legislativo confirma oficialmente a decretação da medida, validando-a. A decretação de intervenção federal pelo Presidente da República requer a aprovação da medida pelo Congresso Nacional nos seguintes casos: I – manter a integridade nacional; II – repelir invasão estrangeira ou de uma unidade da Federação em outra; III – pôr termo a grave comprometimento da ordem pública; IV – garantir o livre exercício de qualquer dos Poderes nas unidades da Federação; V – reorganizar as finanças da unidade da Federação que: a) suspender o pagamento da dívida fundada por mais de dois anos consecutivos, salvo motivo de força maior; b) deixar de entregar aos Municípios receitas tributárias fixadas nesta Constituição, dentro dos prazos estabelecidos em lei. Por sua vez, não é necessária a apreciação do decreto de intervenção pelo Poder Legislativo quando se tratar de providência para: VI – prover a execução de lei federal, ordem ou decisão judicial; VII – assegurar a observância dos seguintes princípios constitucionais: a) forma republicana, sistema representativo e regime democrático; b) direitos da pessoa humana; c) autonomia municipal; d) prestação de contas da administração pública, direta e indireta; e) aplicação do mínimo exigido da receita resultante de impostos estaduais, compreendida a proveniente de transferências, na manutenção e desenvolvimento do ensino e em ações e serviços públicos de saúde (art. 34 c/c art. 36, §3º, CF/1988).

Na apreciação do texto do decreto editado pelo Presidente da República, os membros do Congresso Nacional podem aprovar total ou parcialmente as providências instituídas na intervenção. A *aprovação total* significa a aceitação pelo Poder Legislativo de todos os termos presentes no decreto de intervenção, ou seja, é a concordância integral com as disposições inscritas no texto do decreto interventivo. Por sua vez, a *aprovação parcial* traduz-se na aquiescência de apenas parte das medidas constantes no decreto, isto é, o Poder Legislativo consente tão só com parcela das determinações contidas no decreto de intervenção. A aprovação parcial pode suceder em razão de divergência com relação às medidas previstas no decreto, no tocante ao prazo fixado, a respeito da abrangência ou com relação ao interventor que fora nomeado, etc.

A aprovação total ou parcial do decreto editado pelo Presidente da República ocorre durante a tramitação da matéria no âmbito das Casas Legislativas, ou seja, na deliberação realizada na comissão e no plenário na Câmara dos Deputados e do Senado Federal. Não obstante, a simples aquiescência genérica por parte do Congresso Nacional implica a aprovação total da intervenção, visto que a objeção ou limitação deve ser expressa, a fim de conferir certeza quanto à extensão das medidas que podem ser impostas às unidades regionais ou distrital.

À vista disso, a "aprovação" correlaciona-se à "definição" acerca do decreto interventivo, ou seja, cabe ao Poder Legislativo resolver relativamente à permanência da intervenção que fora decretada pelo Presidente da República, bem como decidir no que tange à abrangência das medidas.

Portanto, a aprovação, seja total ou parcial, constitui requisito essencial para a validade da intervenção nas hipóteses que exigem a apreciação parlamentar, porquanto trata de condições imperativas estabelecidas pela Constituição da República (art. 34, incisos I, II, III, IV e VI c/c art. 36, §3º da CF/1988). Logicamente, a aprovação parcial da intervenção permite a execução apenas de parcela do decreto interventivo, que limitar-se-á aos termos em que fora aprovado pelo Congresso Nacional. Vale dizer, a aprovação parcial autoriza somente a execução do trecho do texto do decreto interventivo que obteve concordância parlamentar, sendo a parcela aprovada o conteúdo e o limite da própria intervenção federal.

8.2.6 A figura do interventor

Conceitualmente, *interventor* é o agente responsável por executar as medidas interventivas. Também era chamado "comissário", ou seja, a pessoa que recebia poderes para assumir funções em outra esfera de governo a mando da autoridade ordenadora.

No contexto histórico brasileiro, o vocábulo "interventor" foi utilizado pela primeira vez pelo Presidente da República no ano de 1906, ao encaminhar mensagem ao Congresso Nacional em razão de conflitos nos Estados-membros. "Em vossa ausência, para salvar o Estado de Mato Grosso da anarquia em que se acha, e o regime republicano de um exemplo pernicioso e fatal, eu não hesitaria em decretar o estado de sítio e nomear um *interventor*, medidas constitucionais de caráter extraordinária que caberiam então nas minhas atribuições e necessárias para restituir a paz àquela circunscrição da República e assegurar a liberdade na eleição de seu governo. Reunido o Congresso, compete-lhe o encargo de examinar a situação do Estado e eu confio de suas luzes e patriotismo que, informado da gravidade dos acontecimentos, providenciará como lhe parecer justo, oportuno e conveniente aos interesses de nossa Pátria".[185]

---

[185] INTERVENÇÃO NOS ESTADOS. *Documentos parlamentares*. 6º Volume. Rio de Janeiro: Jornal do Comércio, 1916, p. 277.

Dada a alta relevância da atividade, impõe-se a designação do interventor na implementação de intervenção federal ou estadual que a necessite. O instrumento adequado dá-se mediante a edição de decreto. Consoante lição de Cretella Júnior, o decreto de intervenção é um ato administrativo que pode trazer em seu bojo a nomeação de interventor para implementar a medida. "No cerne do decreto de intervenção está contido o nome do interventor, delegado da União, a quem o Presidente da República atribui a função específica de providenciar a volta à normalidade, no Estado-membro, objeto de intervenção. A indicação de interventor é a regra, a dispensa de indicação, exceção. Assim, no tempo do Império, embora não houvesse a figura do interventor, no Estado Unitário de então, havia de certa forma a intervenção, 'de fato', quando foram nomeados Presidentes para normalizar distúrbios ocorridos nas Províncias do Maranhão (1838), de Pernambuco (1848) e do Rio Grande do Sul (1884). O objetivo da nomeação de Presidentes, no regime unitário, equivalia ao atual objetivo da nomeação de interventores – a pacificação de Províncias, restauração da ordem, material (sedições, revoluções, desordens, perturbações) e legal".

A primeira Constituição Republicana de 1891 não previu a figura do interventor, tendo estabelecido somente as causas ensejadoras da intervenção. "A omissão da Constituição de 1891 deixou indecisos os intérpretes – e até um mesmo intérprete –, sendo criticável a colocação contraditória de Rui Barbosa que, em 1906, se insurgiu, protestando contra a nomeação de interventor, em Mato Grosso, e, seis anos depois, em 1913, defendeu a nomeação de interventor, no Amazonas, o que propiciou veementes críticas da corrente adversária, que lhe verberou a incoerência da posição".[186] Ante a ausência de normatização do procedimento da intervenção, Carlos Maximiliano propugnava que o próprio Presidente da República poderia ser o interventor, bem como poderia nomear um agente responsável: "Ora, a intervenção faz-se diretamente ou por delegação. Sim, pode o Presidente da República intervir ou por si ou por meio de agente, conforme o permitam a situação e as condições das coisas. Logo, este agente ou este interventor por delegação não é figura contrária ao nosso Direito Constitucional. É um corolário lógico e jurídico da obrigação do Governo Federal intervir nos Estados; nasce de índole de nossa língua e de afirmações categóricas e positivas do nosso código fundamental".[187]

Desse modo, conforme assinalava Ruy Barbosa nos comentários à primeira Constituição republicana, "o interventor é uma entidade criada pela jurisprudência. Nele não se toca, nem a ele se alude o texto constitucional. Criou-o a jurisprudência, o uso, a boa razão, estribando-se na consideração de que 'quem quer os fins, quer os meios', e de que 'em se conferindo um poder, implicitamente se tem outorgado, a quem o recebe, os poderes de execução necessário ao uso eficaz dele'".[188]

---

[186] CRETELLA JÚNIOR, José. *Comentários à Constituição brasileira de 1988*. Vol. IV. Arts. 23 a 37. 2. ed. Rio de Janeiro: Forense Universitária, 1992, p. 2107.
[187] MAXIMILIANO, Carlos. *Comentários à Constituição brasileira*. 2. ed. Rio de Janeiro: Jacintho Ribeiro dos Santos, 1923, p. 173.
[188] BARBOSA, Ruy. *Commentarios à Constituição Federal Brasileira*. I Volume. São Paulo: Saraiva, 1932, p. 231.

Ademais, houve tentativa de disciplinar na Constituição de 1891 a figura do interventor: "quando no Brasil se cogitou de regulamentar o artigo 6º, surgiram um projeto e dois substitutivos que, expressamente, instituíram a figura jurídica do interventor, a qual apareceu na prática em 1914, armada aliás de atribuições inconstitucionais, no caso do Ceará, como ficou demonstrado: em vez de firmar a autoridade do governo requisitante, como se deu no Tessino, procedeu à eleição de nova assembleia e de novo chefe do Executivo. O interventor é uma entidade criada pela jurisprudência. Nele não se toca, nem a ele se alude no texto constitucional. Criou-se a jurisprudência, o uso, a boa razão, estribando-se na consideração de que quem quer os fins, quer os meios, e de que, em se conferindo um poder, implicitamente se tem outorgado, a quem o recebe, os poderes de execução necessários ao uso eficaz daquele".[189]

Fávila Ribeiro esclarece que "surge a figura do interventor, pela primeira vez no Brasil, na intervenção decretada pelo Governo Federal no Estado do Ceará, em 14 de março de 1914, com a nomeação do Cel. Setembrino de Carvalho, em consequência da deposição do Cel. Franco Rabelo pelos 'jagunços', comandados por Floro Bartolomeu, com o ostensivo apoio do Governo Federal. Mas a expressa menção da figura do interventor só foi feita mesmo, como dissemos, com a Constituição de 1934, inspirada na prática Argentina".[190] A esse respeito, González Calderón preleciona: "Sendo, pois, a intervenção um ato do poder federal, o funcionário que o executa é seu representante direto, e cujo mandato não emana, de maneira alguma, da Província donde se realiza. Suas atribuições não lhe são conferidas por esta, senão pelo poder que lhe há confiado uma missão definida pela Constituição Nacional e circunscrita ao objeto que a motiva".[191]

Atualmente, conforme o §1º do art. 36 da Constituição Federal de 1988, não há necessariamente a obrigatoriedade de o Presidente da República, na edição do decreto interventivo, nomear alguém na condição de interventor. Isso porque o texto constitucional é expresso ao afirmar que o decreto de intervenção *"se couber, nomeará o interventor"*. Assim, ao se adotar a intervenção, deve-se perscrutar acerca da necessidade ou não de indicar uma pessoa para implantar a medida com o escopo de restaurar a ordem jurídica violada. Isto é, somente se for necessário para a efetivação da medida é que será nomeado um agente para exercer a função de interventor, sendo possível efetivar a intervenção federal independentemente de uma pessoa ostentar tal cargo. Como exemplo da dispensa de nomeação de interventor, cite-se o caso de provimento de decisão judicial (art. 34, VI), que pode ser materializada no âmbito jurídico e documentalmente, sem a necessidade de intermediação de um agente específico na condução dos trabalhos.

---

[189] MAXIMILIANO, Carlos. *Comentários à Constituição brasileira*. 2. ed. Rio de Janeiro: Jacintho Ribeiro dos Santos, 1923, p. 174.
[190] RIBEIRO, Fávila. *A intervenção federal nos Estados*. Fortaleza: Editora Jurídica, 1960, p. 97.
[191] GONZÁLEZ CALDERÓN, Juan A. *Derecho constitucional argentino*. História, teoría y jurisprudencia de la constitución. Tomo III. Buenos Aires: J. Lajouane & Cia Editores, 1923, p. 571.

Quando houver a nomeação da figura do interventor, este atuará em nome da União federal ou do Estado-membro, a depender se a intervenção incide sobre o ente regional ou municipal. No magistério de José Afonso da Silva, "o interventor é figura constitucional e autoridade federal, cujas atribuições dependem do ato interventivo e das instruções que receber da autoridade interventora. Suas funções, limitadas ao ato de intervenção, são federais. Mas também pratica atos de governo estadual, dando continuidade à administração do Estado nos termos da Constituição e das leis deste". Já no que concerne à nomeação de interventor estadual, "compete ao Estado a intervenção em Municípios que se localizem em seu território, que se faz por decreto do respectivo governador".[192]

Ademais, a nomeação da aludida autoridade pode recair sobre agente federal, estadual, distrital ou municipal, caso este seja escolhido pelo Presidente da República ou pelo Governador do Estado na edição do decreto interventivo (art. 36, §1º, c/c art. 84, X, CF/88 e arts. 47, VIII e 149, §1º da Constituição do Estado de São Paulo, exemplificadamente). Ou seja, um agente público estadual ou municipal pode ser nomeado pelo Presidente da República ou pelo Governador do Estado e agir em nome da referida autoridade nomeante mesmo na intervenção em seu próprio Estado ou município. Neste caso, em que pese o agente ser originariamente um servidor local, no momento em que é nomeado pela autoridade interventora, a partir daí o respectivo servidor atua em nome e por delegação do próprio Chefe do Poder Executivo federal ou estadual, sendo uma extensão da aludida autoridade maior. A esse respeito, Hans Kelsen pontifica: "no âmbito da execução federal indireta, os funcionários que em outros casos agem como órgãos do estado-membro são sem dúvida órgãos federais, mais precisamente autoridades federais com competência limitada a uma parte do território da federação. Enquanto tais, estão subordinados às autoridades federais centrais, e – nesse âmbito – sujeitos às suas ordens".[193]

Assente-se ainda que, no momento da escolha do interventor, conforme Carlos Maximiliano, "é preferível confiar o encargo a um civil, afim de não dar a providência constitucional as aparências de um ato de força, e sim o de importante medida político-jurídica, excepcionalmente adotada afim de restabelecer em um Estado o império integral do Direito".[194] No mesmo sentido propugna Aurelino Leal: "discute-se se o interventor deve ser civil ou militar. É claro que no maior número de vezes haverá vantagem em que a nomeação recaia em um jurista, porque é grande a cópia de assuntos jurídicos que se deparam a um interventor para terem solução. O comandante militar deve ficar, então, inteiramente às suas ordens".[195] Lewandowski adverte que, caso a autoridade escolhida seja membro

---

[192] SILVA, José Afonso da. *Curso de direito constitucional positivo*. 9. ed. São Paulo: Malheiros, 1994, p. 427-428.
[193] KELSEN, Hans. *Jurisdição constitucional*. 3. ed. São Paulo: WMF Martins Fontes, 2013, p. 63.
[194] MAXIMILIANO, Carlos. *Comentários à Constituição brasileira*. 2. ed. Rio de Janeiro: Jacintho Ribeiro dos Santos, 1923, p. 174.
[195] LEAL, Aurelino. *Theoria e prática da Constituição Federal brasileira*. Parte Primeira. Rio de Janeiro: F. Briguiet e Cia. Editores, 1925.

das Forças Armadas, "a intervenção não deixará de apresentar uma natureza eminentemente civil. Por isso, mesmo quando a nomeação recai sobre militar da ativa, cumpre a ele atuar, no desempenho do múnus que lhe é cometido, dentro dos lindes da legalidade, respeitando as normas constitucionais e ordinárias aplicáveis, inclusive as locais, sem prejuízo de observar, caso continue a acumular concomitantemente funções castrenses, a legislação e regulamentos próprios, os quais abrangem as operações de garantia da lei e da ordem".[196]

Posto isso, haverá nomeação de interventor somente quando houver necessidade para a efetivação da medida, devendo o interventor possuir as qualidades inerentes para o encargo constitucional, qualidades essas a serem avaliadas inicialmente pela autoridade nomeante, isto é, pelo Presidente da República ou pelo Governador do Estado-membro, e num segundo momento, pelo Poder Legislativo, a quem compete aprovar ou rejeitar o decreto (art. 36, §1º c/c art. 84, X e 49, IV da CF/1988).

8.2.6.1 Atribuições do interventor e abrangência interventiva

Considerando que interventor é o agente responsável por executar as medidas interventivas, necessária a atribuição de competências à referida autoridade. Nos termos do art. 36, §1º da CF/1988, o decreto de intervenção é o instrumento que especificará a amplitude, o prazo e as condições de execução. As atribuições conferidas ao interventor dependerão do fato ou ato ensejador, bem como a adequação da medida para restaurar a ordem jurídica violada. Logicamente, o decreto interventivo deve observar as balizas constitucionais, mormente os princípios fundamentais, a organização do Estado e a organização dos Poderes da República, sob pena de o aludido instrumento padecer de vício de inconstitucionalidade ou legalidade, submetendo-se a ações judiciais.

Imperioso mencionar que os atos das autoridades regionais ou municipais e a vigência da respectiva legislação requerem uma interpretação restritiva dos atos dos interventores, que são limitados e condicionados aos pressupostos constitucionais. Em razão disso, são válidos os atos realizados pelas autoridades competentes regionais ou municipais realizados durante a intervenção, desde que não sejam objeto de medida interventiva. Ou seja, a intervenção não atingirá outros Poderes ou outras atividades administrativas não abarcadas pelas medidas intromissivas, que permanecerão em regular funcionamento. A título de ilustração, se a intervenção atingir a área da segurança pública de determinado Estado-membro, os demais segmentos da Administração regional permanecerão incólumes e sob gestão das próprias autoridades estaduais, a exemplo da área da saúde, educação, etc.

---

[196] LEWANDOWSKI, Enrique Ricardo. *Pressupostos materiais e formais da intervenção federal no Brasil*. 2. ed. Belo Horizonte: Fórum, 2018, p. 160-161.

Tendo em vista a excepcionalidade da intervenção federal ou estadual, as medidas são interpretadas e aplicadas de forma restrita, ou seja, somente os atos específicos no decreto interventivo serão objeto de execução. Disso resulta que permanecerão indenes o sistema jurídico regional ou municipal, bem como as instituições e autoridades locais não submetidas à intervenção. Nesse sentido, Rafael Bielsa preleciona: "O direito objetivo local nada pode variar por virtude da intervenção. Sob a intervenção, todas as normas provinciais positivas mantêm seu império, começando pela constituição local. A intervenção em uma província ou em uma municipalidade não extingue a personalidade destas.[197]

Registre-se ainda que, conforme Rafael Bielsa, "o interventor não sucede necessariamente a autoridade local, nem sequer a substitui totalmente. O interventor exerce uma autoridade limitada ao objeto da intervenção, autoridade que pode ser compatível, e ainda coexistente, com a de algum poder local. Em geral, as atribuições dos interventores se determinam com relação ao fim mesmo da intervenção. Essas atribuições são de duas ordens: 1) as essenciais, que se fundam no objeto da intervenção; 2) as que são de natureza da intervenção, e, portanto, potenciais, é dizer, as atribuições que os interventores exercem em virtude das funções inerentes a seu mandato, que são de mera autoridade executiva. Dentro do sistema federal, a intervenção do governo nacional deve reger-se pelos princípios essenciais ou próprios deste sistema, e entre eles, principalmente, o da autonomia provincial (que compreende um regime municipal). Um interventor não é legislador local, logo, não pode criar impostos e outorgar ou aprovar concessões de serviços públicos com privilégio".[198]

Acerca dos poderes específicos atribuídos ao interventor, Pontes de Miranda esclarece: "o interventor pratica atos para os quais foi nomeado, não em nome do poder estadual, ou municipal, a que se substitui, porém em nome e por autoridade do poder federal. É órgão federal, e, nomeado para fazer as vezes do Governador, ou do Prefeito, despacha o expediente da Administração, nomeia e promove para os cargos que se vagarem; arrecada os dinheiros públicos, impõe e releva multas, liquida as dívidas que foram legalmente processadas e reconhecidas, paga empréstimos externos e internos, ou autoriza discussão sobre o modo, lugar e tempo do pagamento deles; adota medidas de saúde pública, que as circunstâncias exigirem ou indicarem; regulamento leis que estiverem já elaboradas e promulgadas; utiliza-se das forças públicas locais e da União e solicita do Governo Federal todas as providências que se fizerem mister para levar a bom termo a sua incumbência; pratica todos os atos tendentes ao resguardo da população e à ordem e tranquilidade do Estado-membro ou do Município. Todos esses atos ele os inicia e consuma como órgão do governo federal, em cujo nome e com cuja autoridade exerce a missão essencialmente

---

[197] BIELSA, Rafael. *Derecho constitucional*. 3. ed. Buenos Aires: Depalma, 1959, p. 830-831.
[198] BIELSA, Rafael. *Derecho constitucional*. 3. ed. Buenos Aires: Depalma, 1959, p. 830-832.

federal de reconstruir ou de recompor a ordem jurídica, ou material, que se interrompera ou ferira".[199]

Disso resulta que as atribuições a serem exercidas pelo interventor aludem aos atos imprescindíveis para restauração dos preceitos constitucionais violados, constante dos artigos 34 a 36 da Carta Magna de 1988. Ou seja, os poderes do interventor, expressos no decreto interventivo, igualmente abrangem os poderes implícitos para: 1 – manter a integridade nacional; 2 – repelir invasão ou de uma unidade da federação em outra; 3 – pôr termo a grave comprometimento da ordem pública; 4 – garantir o livre exercício de qualquer dos Poderes; 5 – reorganizar as finanças do ente regional que, salvo exceção constitucional, tenha suspendido o pagamento da dívida fundada por mais de dois anos ou que tenha deixado de entregar aos Municípios as receitas tributárias; 6 – prover execução de lei federal, ordem ou decisão judicial; 7 – assegurar a observância dos princípios constitucionais sensíveis, bem como para restaurar a ordem municipal quando: i – deixar de pagar, salvo motivo de força maior, por dois anos consecutivos, a dívida fundada; ii – não forem prestadas contas devidas da gestão municipal, na forma da lei; iii – não tiver sido aplicado o mínimo da receita municipal na manutenção e desenvolvimento do ensino e serviços de saúde e, por fim, 8 – o Tribunal de Justiça der provimento a representação para assegurar a observância de princípios indiciados na Constituição Estadual, ou para prover a execução de lei, ordem ou decisão judicial.

Portanto, os poderes do interventor devem ser suficientes para reparar a desestabilização constitucional, sendo a medida variante a depender do objetivo perseguido, dos meios de atingi-la, assim como da intensidade da lesão aos bens jurídicos.

8.2.7 Impossibilidade de o interventor exercer atos exclusivos do Poder Executivo, Legislativo ou Judiciário

A doutrina não é unânime acerca dos poderes do interventor quando a intervenção atingir o Poder Executivo ou o Poder Legislativo. Isso porque a Constituição não estabeleceu os respectivos poderes, tendo delegado ao decreto interventivo a incumbência de especificar a amplitude, o prazo e as condições (art. 34, §1º, CF/1988). Além disso, o dispositivo constitucional não elenca expressamente limitações impostas ao interventor, de modo que a matéria é debatida entre a doutrina que estuda a intervenção.

Dito isso, podem ser elencadas duas doutrinas: a primeira corrente entende que o interventor pode realizar atos típicos de outro Poder, se for meio necessário para executar a medida interventiva. A esse fenômeno pode-se denominar como

---

[199] MIRANDA, Pontes de. *Comentários à Constituição de 1967*. Com a Emenda nº I, de 1969. Tomo II. 2. ed. São Paulo: Revista dos Tribunais, 1973, p. 262.

"poderes ampliativos do interventor". De outra banda, para a segunda doutrina são restritos os poderes do interventor, não podendo exercer atos exclusivos do Poder Executivo ou do Poder Legislativo, a que se denomina "poderes restritivos do interventor" – entendimento aqui proposto.

Com relação ao Poder Judiciário, a doutrina e jurisprudência são unânimes acerca da atuação limitada do interventor à atividade administrativa, sendo inatacável o poder jurisdicional (STF, IF nº 578, Rel. Min. Celso de Mello, J. 22.3.1999, DJU 7.4.1999).[200] Desse modo, serão perscrutados a seguir somente os poderes do interventor com relação aos Poderes Executivo e Legislativo.

8.2.7.1 Primeira corrente: poderes ampliativos do interventor

Para essa corrente, são concedidos amplos poderes ao interventor, até mesmo no que concerne à atividade legislativa quando a intervenção incidir sobre o Poder Executivo ou o Poder Legislativo. A exemplo de Fávila Ribeiro, que entende que o interventor detém o poder de sancionar e vetar leis: "Afora as atividades de reconstrução ou de execução, deve o Interventor exercer também as funções peculiares ao cargo em que se acha investido como representante do Governo Federal, no período da intervenção, cabendo-lhe usar da faculdade de sanção e de veto, de autorizar pagamentos e de outras medidas regulares".[201]

O defensor mais expoente é Pontes de Miranda, que entende pela amplitude de poderes do interventor, inclusive tendo o direito de vetar e sancionar projetos quando a intervenção atingir o Poder Executivo, bem como assevera que o interventor tem o poder de legislar quando a intervenção abranger o Poder Legislativo. "O interventor possui o direito de veto. Certo, o interventor é agente do Governo Federal, é órgão do poder que o comissionou; porém, no exercício do poder recebido, pratica atos específicos do Poder Executivo, como o de provimento de cargos, o de edição de regras regulamentares, inclusive no tocante às nomeações para o próprio Poder Judiciário. Não há fugir ao dilema: ou a Assembleia Legislativa adquiriria, com a intervenção, poder que não tinha, qual o de legislar sem qualquer apreciação por meio de sanção; ou, durante a intervenção, não haveria margem para leis novas, porque faltaria o Poder Executivo normal. Não há dúvida que a doutrina verdadeira é a que vê no Interventor figura de direito federal, mas, por sua própria função interventiva, investido de poderes específicos do Governador do Estado-membro, conforme as circunstâncias da substituição, sendo de notar-se que não é menos importante nomear Desembargadores, Juízes de Direito e membros do Ministério Público, inclusive o Procurador-Geral do Estado-membro do que *vetar lei*, ou *sancioná-la* e publicá-la. Deve-se mesmo levar em conta que aqueles atos são definitivos, ao passo que a sanção só reafirma o

---

[200] PEÑA DE MORAES, Guilherme. *Curso de direito constitucional*. 8. ed. São Paulo: Atlas, 2016, p. 372-373
[201] RIBEIRO, Fávila. *A intervenção federal nos Estados*. Fortaleza: Editora Jurídica, 1960, p. 97.

acerto do ato legislativo e o veto ainda pode ser rejeitado pelo Poder Legislativo" (Grifos nossos).

Quando a intervenção afetar o Poder Legislativo, Pontes de Miranda preleciona: "a intervenção federal raramente atinge o Poder Legislativo, razão porque, de ordinário, dissemos, o Interventor não tem poderes de legislar. Mas tê-lo-á quando isso for julgado necessário, desde que se observem as regras constitucionais de competência sobre intervenção federal. Quando o poder competente, ou os poderes competentes se devem abster disso, não está nas regras de direito constitucional: pertence somente à política constitucional, que não é disciplina jurídica".[202]

Hely Lopes Meirelles também propugna a interpretação de poderes ampliativos ao interventor, pois é delegado do Estado-membro, com a missão precípua de restabelecer a normalidade da Administração municipal. E, "no exercício da intervenção desempenha todas as atribuições executivas que competiam ao prefeito afastado, podendo, inclusive, sancionar, promulgar ou vetar leis e expedir decretos".[203]

Recentemente, destaca-se Ricardo Lewandowski, que assinala: "entende-se atualmente que as atribuições do interventor variam de conformidade com a amplitude, o prazo e as condições da intervenção, sendo explicitadas no ato que a desencadeia e complementadas por instruções recebidas da autoridade responsável pela decretação da medida, nada obstando que o seu executor exerça funções executivas ou legislativas em toda a plenitude, na hipótese de fazer as vezes dos titulares delas. Compete, desse modo, ao interventor, nomeado para substituir o Governador ou o Prefeito, vetar e sancionar leis, editar decretos regulamentares e praticar todos os atos administrativos necessários à restauração da ordem jurídica ou material vulnerada. Incumbe-lhe, ainda, editar atos normativos, com força de lei, respeitados os princípios constitucionais de competência, se a intervenção recair sobre o Legislativo".[204]

Igualmente, André Ramos Tavares preleciona: "a intervenção é ato político-administrativo. Isso significa que está orientada à manutenção do pacto federativo, independentemente da pessoa ou pessoas que sejam responsáveis pela violação que enseja a intervenção. (...) Características básicas da intervenção: A) é um ato político; B) é o oposto da autonomia; C) é medida excepcional. (...) O Presidente poderá decretar a intervenção no Poder Legislativo, passando as funções legiferantes provisoriamente ao Executivo".[205]

Em que pese o entendimento dos eminentes constitucionalistas, a história constitucional brasileira contém exemplo cristalino do excesso de poderes

---

[202] MIRANDA, Pontes de. *Comentários à Constituição de 1967*. Com a Emenda nº I, de 1969. Tomo II. 2. ed. São Paulo: Revista dos Tribunais, 1973, p. 264-266.
[203] MEIRELLES, Hely Lopes. *Direito municipal brasileiro*. 7. ed. São Paulo: Malheiros, 1994, p. 105.
[204] LEWANDOWSKI, Enrique Ricardo. *Pressupostos materiais e formais da intervenção federal no Brasil*. 2. ed. Belo Horizonte: Fórum, 2018, p. 159-160.
[205] TAVARES, André Ramos. *Curso de direito constitucional*. 14. ed. São Paulo: Saraiva, 2016, p. 910-915.

ampliativos do interventor, que ocorreu na vigência da Constituição Outorgada de 1937, durante a ditadura da Era Vargas. Por meio de Decreto-Lei nº 1.202, de 8 de abril de 1939, foram estabelecidos os poderes do interventor na administração dos Estados-membros durante o afastamento dos membros titulares. De maneira expressa, o art. 5º atribuiu ao interventor o exercício simultâneo das funções executivas e legislativas de competência do Estado e dos Municípios:[206]

> Decreto-Lei nº 1.202, de 8 de abril de 1939
> Dispõe sobre a administração dos Estados e dos Municípios.
> O PRESIDENTE DA REPÚBLICA, usando da atribuição que lhe confere o art. 180 da Constituição,
> DECRETA:
> Art. 1º *Os Estados*, até a outorga das respectivas Constituições, *serão administrados de acordo com o disposto nesta lei.*
> *Art. 2º São órgãos da administração do Estado:*
> *a) o Interventor, ou Governador;*
> *b) o Departamento Administrativo.*
> Art. 3º O Interventor, brasileiro nato, maior de 25 de anos, será nomeado pelo Presidente da República, em decreto referendado pelo Ministro da Justiça e Negócios Interiores.
> Parágrafo único. Os Interventores nomeados para os Estados na forma do parágrafo único do art. 176 da Constituição exercerão suas funções enquanto durar a intervenção, ou até que o Presidente da República lhes dê substituto.
> Art. 4º *O Prefeito do Município*, brasileiro nato, maior de 21 anos o menor de 68, *será de livre nomeação e demissão.*
> Art. 5º *Ao Interventor*, ou Governador, e ao Prefeito, *cabe exercer as funções executivas e*, em colaboração com o Departamento Administrativo, *legislar nas matérias da competência do Estado e dos Municípios,* enquanto não se constituírem os respectivos orgãos legislativos.
> Art. 6º *Compete ao Interventor*, ou Governador, especialmente:
> I – *Organizar a administração do Estado e dos Municípios* de acôrdo com o disposto para os serviços da União, no que for aplicavel;
> II – *organizar o projeto do orçamento do Estado, e sancioná-lo;*
> III – fixar, em decreto-lei, o efetivo da força policial, mediante aprovação prévia do Presidente da República.
> IV – *elaborar os decretos-leis e sancioná-los* depois de aprovados pelo Departamento Administrativo;
> V – expedir decretos-leis, independentemente de aprovação prévia do Departamento Administrativo, em caso de calamidade eu necessidade de ordem pública, sujeitando a posteriori o seu ato aprovação do Presidente da República.
> Art. 7º São ainda atribuições do Interventor, ou Governador:
> I – expedir decretos, regulamentos, instruções e demais atos necessários ao cumprimento das leis e à administração do Estado;
> II – nomear o Secretário Geral ou as secretários do seu governo, e os Prefeitos dos Municipios;
> III – nomear, aposentar, pôr em disponibilidade, demitir e licenciar os funcionários do Estado, e impor-lhes penas disciplinares, respeitado o disposto na Constituição e nas leis;
> IV – *praticar todos os atos necessários à administração e representação do Estado* e à guarda da Constituição e das leis.

---

[206] BRASIL. *Decreto-Lei nº 1.202, de 8 de abril de 1939*. Dispõe sobre a administração dos Estados e dos Municípios. Disponível em: http://www.planalto.gov.br/ccivil_03/decreto-lei/1937-1946/Del1202.htm. Acesso em: 10 dez. 2020.

Art. 13. O Departamento Administrativo será constituido de 4 a 10 membros, brasileiros natos, maiores de 25 anos, nomeados pelo Presidente da República. Dentre êles o Presidente da República designará, no ato de nomeação, o presidente do Departamento e o seu substituto nas faltas e nos impedimentos.

Art. 17. Compete ao Departamento Administrativo:
a) *aprovar os projetos dos decretos-leis que devam ser baixados pelo Interventor*, ou Governador, ou pelo Prefeito;
b) *aprovar os projetos de orçamento do Estado e dos Municípios*, encaminhados pelo Interventor, ou Governador, e pelos Prefeitos, propondo as alterações que nos mesmos devam ser feitas;
c) *fiscalizar a execução orçamentária no Estado e nos Municípios*, representando ao Ministério da Justiça e Negócios Interiores, ou ao Interventor, ou Governador, conforme o caso, sôbre as irregularidades observadas;
d) receber e informar os recursos dos atos do Interventor, ou Governador, na forma dos arts. 19 a 22;
e) proceder ao estudo dos serviços, departamentos, repartições e estabelecimentos do Estado e dos Municípios, com o fim de propor, do ponto de vista da economia e eficiência, as modificações que devam ser feitas nos mesmos, sua extinção, distribuição e agrupamento, dotações orçamentárias, condições e processos de trabalhos;
f) dar parecer nos recursos dos atos dos Prefeitos, quando o requisitar o Interventor, ou Governador.
Parágrafo único. Das decisões do Departamento o Interventor, ou Governador poderá recorrer para o Presidente da República.
Art. 41. *As medidas que o Presidente da República é autorizado a tomar* na forma do art. 168 da Constituição *poderão, mediante delegação sua, ser executadas pelo Interventor*, ou Governador, que delas dará conhecimento ao Presidente da República por intermédio do Ministro da Justiça, dentro do prazo de 48 horas, contado da data em que tenham sido tomadas.
Parágrafo único. *Dos atos praticados pelo Interventor*, ou Governador, na conformidade deste artigo, *não poderão conhecer os juízes e tribunais*.

Como se vê, trata-se de decreto que evidentemente concede poderes nitidamente ampliativos, sendo até mesmo abusivos e ilimitados. Isso porque mediante "Decreto-Lei" (ato editado exclusivamente pelo Presidente da República) foi aniquilada a autonomia dos Estados-membros e dos Municípios, dispondo-se sobre as respectivas administrações, que agora eram constituídas somente pelo Interventor e por um "Departamento Administrativo", de livre escolha do Presidente da República. Com base no art. 5º desse decreto, ao interventor cabia exercer cumulativamente as funções do Poder Executivo e do Poder Legislativo, ou seja, o próprio interventor legislava – com o auxílio de uma comissão indicada pelo Presidente da República – e também executava as respectivas normas. O art. 6º, II, atribuiu ao interventor elaborar o orçamento do Estado e ele próprio sancionar o projeto. Para ultimar a completa arbitrariedade, os atos praticados pelo interventor – sob a delegação do Presidente da República – eram insusceptíveis de controle judicial, nos termos do parágrafo único do art. 41.

Igualmente, foram concedidos amplos poderes ao interventor durante o regime imposto pela ditadura militar de 1964, como se verifica no art. 3º do Ato Institucional nº 5, de 13 de dezembro de 1968, que facultou ao Presidente da República decretar a intervenção nos Estados e Municípios sem as limitações dispostas na Constituição, sendo nomeados os interventores nos Estados e Municípios pelo Presidente da República para exercer todas as funções e atribuições que cabiam, respectivamente, aos Governadores ou Prefeitos.[207]

Assim, percebe-se que o interventor "ganhou superpoderes" (inclusive para legislar) durante a vigência de regime político-ditatorial, notadamente na ditadura da Era Vargas e no Golpe Militar de 1964, não sendo medida presente no Estado Democrático de Direito.

8.2.7.2 Segunda corrente: poderes restritivos do interventor

Para a segunda doutrina, os poderes concedidos ao interventor são restritivos, haja vista que a intervenção é medida excepcional, sendo os poderes limitados para permitir tão somente a restauração da ordem jurídica violada, devendo-se estrito respeito à Constituição Federal, mormente no que tange às atribuições típicas de cada Poder. Consectariamente, o interventor não pode exercer atos exclusivos do Poder Executivo ou do Poder Legislativo. Entre os autores estrangeiros, destacam-se os argentinos Gonzalez Calderón e Rafael Bielsa.

Gonzalez Calderón assinala que, dado o caráter excepcionalíssimo da intervenção federal, os poderes do interventor são "circunscritos e limitados" aos objetos especificados e determinados na Constituição. Disso resulta que a intervenção permite a utilização de providências para sanar necessidades do ente regional, ou seja, "as necessidades de ordem econômica, social e administrativa emergentes do desenvolvimento de recursos locais que se paralisariam em suas funções pelo fato de encontrar-se acéfalas algumas autoridades das províncias, em uso e exercício de suas próprias instituições. (...) A função ativa dos mencionados agentes federais não pode estender-se além dos limites que a eles atribui a Constituição e a lei".[208]

De acordo com Rafael Bielsa, o interventor federal não pode exercer as funções típicas do Poder Executivo e do Poder Legislativo. Em que pese os interventores atuarem nos Poderes regionais, "não por isso substituem legalmente a estes, pois não exercem todas as funções próprias desses poderes. Segue-se que, mesmo quando o poder legislativo não funcione devido à expiração da legislatura, nem por isso os interventores podem exercer funções legislativas. Admitir isto seria agravar a subversão. Dentro do sistema federal, a intervenção do governo nacional deve reger-se pelos princípios essenciais ou próprios deste sistema, e entre eles, principalmente, o da autonomia provincial. Deste conceito básico deduz-se uma primeira regra, que é esta: a extensão dos poderes de um interventor deve interpretar-se restritivamente, no sentido de que ele não teme

---

[207] BRASIL. *Ato Institucional nº 5, de 13 de dezembro de 1968*. Disponível em: http://www.planalto.gov.br/ccivil_03/ait/ait-05-68.htm. Acesso em: 05 jan. 2020..

[208] GONZÁLEZ CALDERÓN, Juan A. *Derecho constitucional argentino*. História, teoría y jurisprudencia de la constitución. Tomo III. Buenos Aires: J. Lajouane & Cia Editores, 1923, p. 572.

os poderes inerentes ao governo local. Um interventor não é legislador local; logo não pode criar impostos".[209]

No que concerne à doutrina brasileira, em janeiro 1915 foi publicado estudo específico no Jornal do Comércio pelo redator dos Documentos Parlamentares com o título *"O Interventor e a Tradição Parlamentar"*. No documento, consta que em 1894 o Sr. Erico Coelho ofereceu substitutivo ao projeto de intervenção do Sr. Martins Júnior, "neste, art. 6º, se diz: quando, em virtude da anulação de constituições, leis ou resolução dos Estados por infringentes do sistema constitucional federativo, faltarem nestes os órgãos de um governo regular, o Presidente da Republica proverá a *nomeação de um interventor ou ministro*, que assumirá a superintendência da administração do Estado, pelo tempo estritamente necessário a eleição e posse do representante do poder acéfalo. A nomeação do interventor devia recair em cidadão idôneo e alheio às perturbações ou interesses do Estado desorganizado. *As instruções* dadas pelo Presidente da República *seriam restritas* aos atos de governo indispensáveis para acudir aos encargos públicas urgentes do Estado"[210] (Grifos nossos). Conforme expresso no aludido estudo, cabe ao interventor exercer o gerenciamento da administração do Estado-membro, sendo que os poderes conferidos ao interventor são restritos para promover as necessidades essenciais do ente regional. Desse modo, a proposta constante nos documentos parlamentares, realizados após a Constituição de 1891, também adotou a corrente restritiva dos poderes do interventor.

No Brasil, a doutrina mais consagrada dos poderes restritivos do interventor é a do saudoso professor Aurelino Leal, que inclusive foi interventor federal no ano de 1923. Ao tratar das atribuições da autoridade nomeada pelo Presidente da República, assinala: "ora, é exatamente na substituição do governo normal do Estado que a competência do interventor se torna mais delicada. Pode ele praticar todo e qualquer ato que a Constituição do Estado atribua ao chefe do executivo estadual? Certamente não pode. De um ponto de vista geral, o delegado do governo federal dever praticar atos de conservação: expediente da administração; provimento de lugares que vagarem, em comissão; polícia e segurança pública; higiene pública, especialmente havendo epidemias e prevenir ou a combater; finanças públicas, no sentido de fiscalizar a arrecadação; liquidação de dívidas regularmente processadas e reconhecidas; pagamento de empréstimos externos e da dívida interna consolidada, etc. Por outro lado, há um limite que ele não deve transpor, senão autorizado pelo decreto de intervenção; é o do direito objetivo do Estado. A Constituição e as leis do Estado, regularmente votadas, devem ser aplicadas. Os direitos adquiridos, os atos jurídicos perfeitos, os direitos dos funcionários devem ser garantidos. Aqui, apenas, dada a função excepcional do interventor, ele tem competência para afastar funcionários que

---

[209] BIELSA, Rafael. *Derecho constitucional*. 3. ed. Buenos Aires: Depalma, 1959, p. 832.
[210] INTERVENÇÃO NOS ESTADOS. *Documentos parlamentares*. 6º Volume. Rio de Janeiro: Jornal do Comércio, 1916, p. 274-275.

lhe não mereçam confiança ou embaracem o desempenho do cargo. Mas, finda a intervenção, tais funcionários, garantidos pelas leis ou regulamentos do Estado, devem ser assegurados no exercício dos seus cargos. A magistratura vitalícia é inatacável".[211]

Acerca das vedações impostas ao interventor, Aurelino Leal adverte: "outros atos, porém, não pode o interventor praticar. Assim, não lhe é lícito, estando porventura em função o Poder Legislativo do Estado, sancionar leis. Tal competência é imanente ao governo constituído pelo voto do próprio Estado. As leis, portanto, que forem aprovadas pela legislatura local devem aguardar que se esgote o prazo de sanção para que as promulgue a autoridade competente, e o interventor deve obediência a tais leis. Também não pode o interventor contrair empréstimos externos ou internos que ultrapassem o período da intervenção, a menos que a União o autorize. O interventor não pode exercer a faculdade do perdão ou indulto, que é função especial dos governos normais. Com o praticar, porém, atos de conservação e com o furtar-se a exercer outros que virtual ou explicitamente não se enquadrem na sua comissão, o interventor não deve ser indiferente ao progresso do Estado. Dentro do orçamento em vigor, utilizando suas verbas e suas autorizações de crédito, ele deve executar obras e realizar utilidades gerais que num governo normal o presidente [atualmente governador] também executaria". Ademais, a obra *"Theoria e Prática da Constituição Federal Brasileira"*, datada de 1925, contém jurisprudência sobre intervenção federal que se aplica atualmente: "a intervenção federal em negócios peculiares a um Estado não autoriza a dissolução de Câmaras Municipais eleitas regularmente e que regularmente funcionam. (Accs. de 8 de Agosto de 1914 e 4 de Novembro do mesmo ano). Os atos do interventor federal não podem atingir, em hipótese alguma, os representantes vitalícios e inamovíveis do Poder Judiciário do Estado *ex-vi* dos arts. 57 e 63 da Constituição da República (Acc. de 9 de Maio de 1917). Decretada a intervenção federal em um Estado para restabelecer a ordem constitucional, uma vez estabelecida esta não pode o interventor ter qualquer interferência na vida municipal cuja situação é normal (Rev. do Sup. Trib., vol. LVI, pag. 30-2)".[212]

Na história constitucional brasileira também consta a concessão de poderes restritos à figura do interventor, a exemplo da intervenção no Poder Legislativo de ente regional que ocorreu no ano de 1923, quando o Estado do Rio de Janeiro detinha dois governos simultaneamente, cada qual julgando-se competente para exercer as funções da unidade da federação. Em razão disso, foi decretada intervenção federal por meio do Decreto nº 15.922, de 10 de janeiro de 1923, nomeando-se como interventor o Dr. Aurelino Leal.[213] Ato contínuo, o

---

[211] LEAL, Aurelino. *Theoria e prática da Constituição Federal Brasileira*. Parte Primeira. Rio de Janeiro: F. Briguiet e Cia. Editores, 1925, p. 94-95.

[212] LEAL, Aurelino. *Theoria e prática da Constituição Federal Brasileira*. Parte Primeira. Rio de Janeiro: F. Briguiet e Cia. Editores, 1925, p. 95-97.

[213] BRASIL. Câmara dos Deputados. Legislação Informatizada – *Decreto nº 15.922, de 10 de Janeiro de 1923* – Publicação original. Disponível em: https://www2.camara.leg.br/legin/fed/decret/1920-1929/decreto-15922-10-janeiro-1923-510462-publicacaooriginal-1-pe.html. Acesso em: 09 dez. 2020.

Decreto nº 15.923, de 10 de janeiro de 1923, expediu instruções para a execução da providência interventiva. A despeito de o art. 4º do aludido decreto ter declarado que o interventor substituiria em tudo o Governo normal do Estado, os exemplos a seguir descritos dão conta de que na verdade tratava-se de poderes de gestão, ou seja, assuntos administrativos para organizar o serviço público, consoante os textos legais:[214]

> Decreto nº 15.922, de 10 de Janeiro de 1923
> Decreta a intervenção do Governo Federal no Estado do Rio de Janeiro
> O Presidente da Republica dos Estados Unidos do Brasil:
> Considerando que o Estado do Rio de Janeiro conta atualmente dois governos, cada qual se julgando legitimamente investido das funcções que dizem respeito á administração do Estado;
> Considerando que, devidamente informado dessa situação, o Poder Executivo da União dirigiu, em data de 23 de dezembro do 1922, ao Congresso Nacional uma mensagem para que resolvesse a respeito;
> Considerando que, a despeito de ter sido o caso afeto ao Congresso Nacional, um dos supostos presidentes do Estado do Rio pediu e obteve do Supremo Tribunal, por seis votos contra cinco, uma ordem de habeas-corpus para "livre de qualquer constrangimento tomar posse e exercer as funcções inherentes" ao cargo de presidente;
> Considerando que o Poder Executivo federal, em obediencia á decisão judicial, satisfez a, requisição da força federal precisa para empossar o impetrante, garantindo-lhe o exercicio do cargo, tendo sido o habeas-corpus cumprido, conforme communicação oficial do juiz federal da seção do Rio de Janeiro;
> Considerando, por outro lado, que o outro presidente tambem se empossou do respectivo cargo perante a assembléa que o reconhecera;
> Considerando que dessa situação, fazendo ambos os cidadãos nomeações de autoridades policiaes e outras, tem resultado um estado permanente de desordem naquella unidade da Federação, havendo deposições de autoridades municipaes e exaltações partidarias que aumentam a todo instante, e que, além de porem em perigo a sociedade, estão repercutindo na esfera da União, numerosos de cujos coletores, agentes do Correio e outras autoridades reclamam instantemente providencias do Governo Federal para serem garantidos no exercicio de suas funcções;
> Considerando que esse estado de desordem culminou na atitude de insubmissão da Força Policial do Estado, que se recusa obedecer a qualquer dos presidentes, que não a podem utilizar para restabelecimento e manutenção da ordem publica:
> Considerando que o Poder Executivo Federal, quando dirigiu as mensagens de 23 e 30 de dezembro de 1922 ao Congresso Nacional, estava deante de uma deturpação da fórma republicana federativa (art. 6º n. 2 da Constituição) e nesses casos tem-se entendido que a intervenção federal se opera nos Estados por deliberação do Poder Legislativo;
> Considerando porém, que o Congresso Nacional não pode tratar da situação do Estado do Rio;
> Considerando que é absurdo supor que não sofro exceções a jurisprudencia que tem consagrado o principio de que nos casos de deformação ou subversão da forma republicana federativa é ao Congresso Nacional que cabe resolver, porquanto tal interpretação levaria a deixar a dita, forma violada, nos seus fundamentos constitucionaes, quando o Congresso não estivesse reunido;

---

[214] BRASIL. Câmara dos Deputados. Legislação Informatizada – *Decreto nº 15.923, de 10 de Janeiro de 1923* – Publicação original. Disponível em: https://www2.camara.leg.br/legin/fed/decret/1920-1929/decreto-15923-10-janeiro-1923-517611-publicacaooriginal-1-pe.html. Acesso em: 09 dez. 2020.

Considerando, por isso, que nada impede o Poder Executivo Federal de intervir em qualquer Estado da União para garantir-lhe a fórma republicana de governo, até que o Congresso resolva definitivamente a respeito;

Considerando que isso mesmo já foi decidido pelo Supremo Tribunal Federal, no acórdão de 1 de abril de 1914: "releva notar que si ao Congresso compete primariamente a intervenção no caso do art 6º, §2º, emergencias, comtudo, podem surgir que justificam, como no caso de necessidade de imediata declaração de guerra ou de estado de sítio, a ação isolada do Executivo, ainda, que subordinado à deliberação do Congresso na sua primeira reunião", e no accórdão de 23 de maio do mesmo anno, aceitando a doutrina de João Barbalho: "entretanto, si a competencia para a intervenção é primariamente do Poder Legislativo, que é o poder politico por excelencia, nem por isso ficarão sem ação os dois poderes o Executivo terá mesmo a iniciativa de intervenção (subordinada às deliberações do Congresso) se urgente for intervir pelo perigo da ordern publica e tornar-se necessario o imediato emprego da força armada;

Considerando, por outro lado, que o n. 3 do próprio artigo 6º da Constituição confere ao Governo Federal a atribuição de intervir nos Estados da União "para restabelecer a ordem e a tranquillidade dos Estados, á requisição dos respectivos governos";

Considerando que a inexistencia de governo no Estado do Rio, pois em tanto importa não haver ali nenhum legitimo, torna impossível que a intervenção se realize "à requisição do respectivo governo";

Considerando, porém, que se essa requisição não se pode dar por inexistência do governo local, à União cabe, contudo, o dever de restabelecer a ordem alterada no dito Estado;

Considerando que a citada disposição constitucional, usando da restrição "à requisição dos respectivos governos", quis impedir a ação espontânea da União sobre os governos estaduaes regularmente organizados;

Considerando, porém, que não há atualmente nenhum governo regularmente organizado no Estado do Rio, e a desordem e a anarquia crescem de instante a instante no seu território, chegando a ameaçar os proprios funcionários da União;

Considerando que o estado de dualidade de governos está produzindo essa desordem em todos os municipios do Estado do Rio, sem que qualquer dos pretensos presidentes possa fazer valer a sua autoridade, o que exige a ação da União para conseguir a paz e a tranquilidade publicas;

Considerando que a propria jurisprudência do Supremo Tribunal tem reconhecido que a intervenção é um acto politico da competencia dos Poderes Legislativo e Executivo (Acc. de 1º de abril de 1914; 16 de maio de 1914; 1º de abril de 1915):

Resolve intervir, na forma do art. 6º n. 3. combinado com o n. 2 do mesmo artigo da Constituição da Republica, no Estado do Rio de Janeiro, *nomeado interventor* por parte do Governo da União o Dr. Aurelino de Araujo Leal, *o qual assumirá o governo do Estado e o exercerá nos termos das Instrucções que lhe serão expedidas por decreto do Poder Executivo.*

Rio de Janeiro, 10 de janeiro de 1923, 102º da Independencia e 35º da Republica.

ARTHUR DA SILVA BERNARDES
João Luis Alves

Decreto nº 15.923, de 10 de Janeiro de 1923

Expede instruções ao interventor no Estado do Rio de Janeiro

O Presidente da República dos Estados Unidos do Brasil, tendo em vista o decreto n. 15.922, desta data, resolve aprovar as instrucções que se seguem, assinadas pelo Ministro de Estado da Justiça e Negócios Interiores, pelas quais se regulará o interventor federal no Estado do Rio de Janeiro, nos termos do decreto acima referido.

Rio de Janeiro, 10 de janeiro de 1923, 102º da Independencia e 35º da Republica.

ARTUHR DA SILVA BERNARDES
João Luiz Alves

INSTRUÇÕES NOS TERMOS DO DECRETO ACIMA

Art. 1º O interventor assumirá o governo do Estado do Rio de Janeiro, nomeando os seus auxiliares de Governo de acordo com as leis do Estado, para o que escolherá pessoas estranhas aos partidos em luta.

Art. 2º Nos termos do art. 63 da Constituição Federal, o governo e administração do Estado serão regulados pelas leis do mesmo Estado.

Parágrafo unico. Quando as ditas leis forem omissas, o interventor federal, por meio de decreto seu, proverá respeito, expedindo os necessários regulamentos e instruções.

Art. 3º Fica entendido que o interventor aplicará somente as leis do Estado sancionadas ou promulgadas até 1921, inclusive, em consequencia da dualidade de assembleas locais.

Parágrafo unico. No exercício de 1923 será posto em vigor o orçamento de 1921, na parte relativa à receita e despeza, observando-se os contratos realizados, não sendo, porém, utilizadas as disposições de caracter extraordinário e transitório, entre as quais não se contarão as referentes à receita extraordinaria, que continuará a ser arrecadada.

Art. 4º *O interventor substituirá em tudo o Governo normal do Estado, podendo:*
N 1, *preencher, nos termos das leis locais, os cargos que vagarem;*
N. 2, *afastar, si não lhe merecerem confiança, quaesquer funcionários do Estado dos respectivos cargos*, determinando que outros os substituam, podendo, para isso, mas em ambos os cargos em comissão, recorrer a pessoas estranhas ao funcionalismo local;
N. 3, adotar providencias rigorosas no tocante à arrecadação das rendas do Estado;
N. 4, *prover às despezas públicas de acordo com o orçamento* estadual;
N. 5, *exercer suprema inspeção*, por intermédio do chefe de Polícia que nomear, *sobre a segurança publica do Estado*, demitindo e nomeando livremente as autoridades policiais;
N. 6, nomear livremente em comissão comandante para a Força Policial do Estado e outros quaisquer oficiaes auxiliares, dentre a oficialidade do Exército;
N. 7, utilizar a dita força no serviço policial do Estado ou desarmá-la, se assim entender necessário;
N. 8, utilizar, no serviço de segurança geral, a força federal de terra e mar que for posta á sua disposicão ou requisitá-la em maior número e eficiência ao Governo Federal;
N. 9, adotar as medidas necessárias para a garantia de todos os direitos individuais.

Art. 5º O interventor cumprirá outras instruções que venham a ser expedidas pela mesma forma destas.

Art. 6º Serão garantidos todos os funcionários vitalícios.

Art. 7º Logo que assumir o exercício do seu cargo o interventor federal fará, balancear o Tesouro do Estado.

Art. 8º *O interventor não poderá realizar contratos nem assumir obrigações que excedam o tempo da intervenção.*

Art. 9º O interventor gozará de franquia postal e telegráfica.

Art. 10. Ao terminar a intervenção, o interventor federal apresentará ao Presidente da República, por intermédio do ministro da Justiça, um relatório circunstanciado dos atos da intervenção.

Rio de Janeiro, 10 de janeiro de 1923. – João Luiz Alves. (Grifos nossos)

Como se vê, em que pese o Poder Legislativo estivesse submetido à intervenção federal, nem por isso o interventor assumiu funções legislativas, tais como iniciar processo legislativo, discutir as referidas matérias ou votá-las. Não o fez por meio de "comissão de legisladores", muito menos poderia fazê-lo sozinho, sob pena de torna-se "legislador individual" de todo o Estado-membro. O decreto foi claro ao facultar ao interventor praticar atos típicos de gestão do Estado-membro, tais como o preenchimento dos cargos que vagassem, prover as despesas públicas conforme o orçamento estadual, exercer a inspeção da segurança pública, etc.

Portanto, é de se mencionar a impossibilidade de o interventor exercer funções exclusivas do Poder Legislativo, visto que certas atividades são intrínsecas e específicas do órgão de representação popular, não podendo – em hipótese alguma – ser usurpadas por agente alheio ao Parlamento. Exemplo insofismável dessa restrição ao interventor consiste nas *Comissões Parlamentares de Inquérito (CPIs)*. Essas comissões são representações máximas do poder fiscalizatório do Poder Legislativo, integradas pelos parlamentares, que terão poderes de investigação próprios das autoridades judiciais, além de outros previstos nos regimentos das respectivas Casas, criadas mediante requerimento de um terço de seus membros para a apuração de fato determinado e por prazo certo, sendo suas conclusões, se for o caso, encaminhadas ao Ministério Público, para que promova a responsabilidade civil ou criminal dos infratores (art. 58, §3º da CF/1988).

Com efeito, com a intervenção federal – mesmo sob a intervenção total – o interventor não poderá exercer a função exclusiva do Poder Legislativo, isto é, ele próprio criar as Comissões Parlamentares de Inquérito, tampouco integrá-las como membro (salvo se parlamentar do respectivo Poder), bem como não poderá impedir a sua instalação e funcionamento, porquanto é ato exclusivo do Poder Legislativo, que expressa a fiscalização popular sobre os atos públicos. A jurisprudência do Supremo Tribunal Federal é pacífica:[215] "Às câmaras legislativas pertencem poderes investigatórios, bem como os meios instrumentais destinados a torná-los efetivos. Por uma questão de funcionalidade elas os exercem por intermédio de comissões parlamentares de inquérito, que fazem as suas vezes. Mesmo quando as comissões parlamentares de inquérito não eram sequer mencionadas na Constituição, estavam elas armadas de poderes congressuais, porque sempre se entendeu que o poder de investigar era inerente ao poder de legislar e de fiscalizar, e sem ele o Poder Legislativo estaria defectivo para o exercício de suas atribuições. O poder investigatório é auxiliar necessário do poder de legislar; *conditio sine qua non* de seu exercício regular. Podem ser objeto de investigação todos os assuntos que estejam na competência legislativa ou fiscalizatória do Congresso".

Igualmente, afigura-se impossível ao interventor exercer atividade inerente dos membros do Poder Legislativo, consistente em *responsabilizar o Chefe do Poder Executivo* por eventual crime de responsabilidade, eis que se trata de atributo do republicanismo constitucional (art. 52, I, parágrafo único, CF/1988 c/c arts. 74 a 79 da Lei nº 1.079/1950 e art. 4º e 5º do Decreto-Lei nº 201/1967). Ou seja, é vedado ao interventor impedir ou tentar impedir os parlamentares de exercer

---

[215] STF. Supremo Tribunal Federal. Tribunal Pleno. *HC 71039 / RJ*. Rel. Min. Paulo Brossard. Julgamento: 07/04/1994. Publicação: 06/12/1996. Disponível em: https://jurisprudencia.stf.jus.br/pages/search/sjur118841/false. Acesso em: 09 dez. 2020.

regularmente o processo e julgamento de *impeachment* contra o Chefe do Poder Executivo (Governador ou Prefeito).

Outrossim, é competência exclusiva dos membros do Poder Legislativo estadual ou municipal *julgar anualmente as contas* prestadas pelo Governador ou Prefeito e apreciar os relatórios sobre a execução dos planos de governo (art. 49, IX; art. 31, §2º e art. 75 da CF/1988). Tal atividade é ínsita ao Poder Legislativo, não podendo ser delegada – em nenhuma hipótese – ao interventor. Tampouco as referidas atividades deixarão de ser executadas em razão da intervenção federal, sob pena de descumprir mandamento expresso na Constituição da República – visto que é dever institucional "julgar anualmente as contas prestadas" (art. 49, IX, CF/1988).

Imperioso consignar a seguinte pergunta: e se a intervenção federal for total e atingir simultaneamente os Poderes Legislativo e Executivo do ente federado, como realizar-se-ia o processo legislativo e fiscalizatório durante a vigência da medida interventiva? Essa indagação não se trata de mera conjectura ou divagação, sendo antes algo real, plenamente possível. A título de exemplo, em 11 de fevereiro de 2010, o Procurador-Geral da República apresentou pedido de Intervenção Federal no Distrito Federal, com fundamento no art. 34, VII, "a" da CF/1988, em virtude de "existência de largo esquema de corrupção. Envolvimento do ex-governador, deputados distritais e suplentes. Comprometimento das funções governamentais no âmbito dos Poderes Executivo e Legislativo".[216] Consoante a peça inaugural protocolada pelo PGR, "a medida postulada, notoriamente excepcional, busca resgatar a normalidade institucional, a própria credibilidade das instituições e dos administradores públicos bem como resgatar a observância necessária do princípio constitucional republicano, da soberania popular – atendida mediante a apuração da responsabilidade dos eleitos – e da democracia".[217]

Desse modo, acaso fosse julgado procedente o pedido para decretar a intervenção federal no Poder Legislativo e Executivo do Distrito Federal, porventura o interventor poderia exercer cumulativamente as funções legislativa e executiva? Absolutamente que NÃO!

De fato, o interventor poderia exercer funções de natureza administrativo-organizatória, isto é, atividades de gestão. Não obstante, ser-lhe-ia vedado executar atos típicos dos Poderes Legislativo ou Executivo, tais como a propositura de leis, sancionar ou vetar leis, proceder à derrubada de veto, etc. Para o exercício de atividades dessa natureza, esta corrente entende ser necessário a convocação dos substitutos legais, a fim de afastar os membros impedidos e permitir a continuidade

---

[216] STF. Supremo Tribunal Federal. Tribunal Pleno. *IF 5179/DF*. Rel. Min. Cezar Peluso. Julgamento: 30/06/2010. Publicação: 08/10/2010. Ementa. Disponível em: https://jurisprudencia.stf.jus.br/pages/search?classeNumeroInc idente=%22IF%205179%22&base=acordaos&sinonimo=true&plural=true&page=1&pageSize=10&sort=_score& sortBy=desc&isAdvanced=true. Acesso em: 09 dez. 2020.

[217] PGR. Procuradoria Geral da República. *Nº 1481 – PGR – RG. Pedido de Intervenção Federal no Distrito Federal.* P. 27-28. Disponível em: http://www.stf.jus.br/arquivo/cms/noticiaNoticiaStf/anexo/__noticias.pgr.mpf.gov.b... fs_Intervencao_federal_DF.pdf. Acesso em: 09 dez. 2020.

de tarefas constitucionais, concomitantemente à vigência da intervenção federal. A este fenômeno denomina-se *intervenção-simultânea*, visto que será executada a medida estabelecida no decreto interventivo pelo interventor (de natureza administrativo-organizatória) ao mesmo tempo em que serão realizadas as atividades exclusivas dos Poderes Executivo e Legislativo pelos substitutos legais (iniciativa de leis, deliberação, sanção, veto, CPIs, julgamento de contas anuais do Chefe do Executivo, apreciação de veto a projeto de lei, processamento de *impeachment*, etc).

    Assim, a esse modelo proposto deve ser aplicado o "princípio da igualdade" no que concerne ao âmbito da intervenção no Poder Judiciário. Isso porque a intervenção federal no Poder Judiciário não atinge a atividade jurisdicional – por ser função exclusiva dos membros da magistratura – mas só incide em funções administrativas.[218] Igual raciocínio aplica-se quando houver intervenção federal/estadual no Poder Executivo ou Legislativo, visto que esses Poderes também possuem atividades que lhe são exclusivas, não podendo ser exercidas por outras pessoas que não sejam os titulares ou os respectivos substitutos legais.

    Em outra palavras, tendo em vista tais limitações para o exercício de atividades exclusivas de Poder, bem como a necessidade da continuidade do processo legislativo na resolução dos problemas regionais ou municipais, esta corrente propugna a convocação dos respectivos substitutos legais do Poder Executivo e do Poder Legislativo, acaso os membros titulares desses Poderes sejam afastados temporariamente em decorrência de intervenção federal/estadual ou por decisão judicial proferida antes/durante d(o) julgamento da própria intervenção. Nesse contexto, em caso de intervenção no âmbito do **Poder Executivo** e afastamento do titular, surgiria a figura dos sucessores na seguinte ordem: Vice-Governador/Vice-Prefeito; Presidente da Assembleia Legislativa/Câmara Municipal; 1º, 2º ou 3º Secretário da Mesa Diretora estadual/municipal; deputados/vereadores titulares no exercício de representação do órgão legislativo; em última hipótese, os respectivos suplentes, caso os titulares estejam afastados. No âmbito do **Poder Legislativo**, se a intervenção eventualmente afastar os deputados ou vereadores, exsurge a figura dos suplentes – a serem convocados pela Justiça Eleitoral – que são os substitutos legais dos titulares dos mandatos, de maneira a exercer as funções ínsitas do órgão legiferante.

    Assim, os poderes a serem exercidos pelo interventor devem ser harmonizados de acordo com os princípios constitucionais. A esse respeito, na interpretação da Carta Magna, impõe-se a observância do princípio da *unidade da constituição*, que, consoante lição de Canotilho, significa que a "constituição deve ser interpretada de forma a evitar contradições (antinomias, antagonismos) entre as suas normas. Como 'ponto de orientação, guia de discussão e fato hermenêutico de decisão', o princípio da unidade obriga o intérprete a considerar

---

[218] STF, IF nº 578, Rel. Min. Celso de Mello, J. 22.3.1999, DJU 7.4.1999.

a constituição na sua globalidade e a procurar harmonizar os espaços de tensão existentes entre as normas constitucionais a concretizar. Daí que o intérprete deva sempre considerar as normas constitucionais não como normas isoladas e dispersas, mas sim como preceitos integrados num sistema interno unitário de normas e princípios".[219]

De igual modo, o intérprete constitucional deve atentar-se ao princípio da *correção funcional* que, conforme Konrad Hesse, "se a Constituição regula, de certa maneira, a competência dos agentes das funções estatais, o órgão de interpretação deve manter-se no marco das funções que lhe são atribuídas; esse órgão não deverá modificar a distribuição de funções pela forma e resultado dessa interpretação. Isto se aplica, em particular, às relações entre legislador e tribunal constitucional".[220]

Portanto, esta doutrina filia-se à segunda corrente, ou seja, os poderes atribuídos ao interventor devem ser interpretados restritivamente, não podendo este praticar atos legislativos ou fiscalizatórios exclusivos do Poder Legislativo ou do Poder Executivo, visto que a intervenção configura ato anômalo ao Estado federal, consistente na limitação e interferência direta na autonomia dos demais entes, razão pela qual impõe-se interpretação estrita.

8.2.8 Responsabilidade do interventor

O vocábulo "responsabilidade" decorre do latim *respondere*, significando responder, garantir, assegurar ou assumir as consequências pelos atos praticados. Revela o sentido de responder por alguma coisa, devendo suportar as sanções legais que são impostas pelo ordenamento jurídico.[221]

No capítulo específico que trata da intervenção (arts. 34 a 36), a Constituição Federal de 1988 não dispôs expressamente acerca da responsabilidade do interventor. Sem embargo, considerando diversos preceitos constantes do sistema jurídico, o interventor responde por atos ilegais praticados durante a intervenção. Preleciona Rafael Bielsa: "pode ocorrer que no exercício do cargo o interventor incorra em responsabilidade comum, civil ou penal, com motivo de suas funções, lesionando direitos, não da província, senão dos particulares, em cujo caso se extrapola e é lógico considera-lo fora da função federal, porque a responsabilidade pessoal coloca ao que incorre nela fora da função, ainda que o fato ou ato haja nascido do exercício do cargo; sendo assim, deve ser mandado o acusado aos tribunais competentes".[222]

Ademais, em decorrência dos atos praticados com fulcro no decreto interventivo, é possível a responsabilidade do ente promovedor da intervenção.

---

[219] CANOTILHO, José Joaquim Gomes. *Direito constitucional e teoria da constituição*. 3. ed. Coimbra: Almedina, 1998, p. 1148-1149.
[220] HESSE, Konrad. *Temas fundamentais do direito constitucional*. Série IDP. São Paulo: Saraiva, 2009, p. 115.
[221] SILVA, De Plácido e. *Vocabulário jurídico*. 26. ed. Rio de Janeiro: Forense, 2005, p. 1222.
[222] BIELSA, Rafael. *Derecho constitucional*. 3. ed. Buenos Aires: Depalma, 1959, p. 834.

Se o ordenador da medida interventiva for a União, caberá a ela responsabilizar-se pelos atos praticados pelo interventor em estrito cumprimento do decreto. Noutro giro, caso a intervenção seja promovida por Estado-membro em seu município, caberá ao ente regional a respectiva assunção de responsabilidade pelos atos emanados do decreto interventivo estadual. Contudo, o interventor não se submete ao processo de *impeachment* pelo órgão regional ou municipal submetido à intervenção, pois do contrário o próprio ente poderia destituir, por si só, o interventor nomeado pela União ou pelo Estado-membro, aniquilando de forma unilateral a intervenção a que está submetido. Ora, a intervenção é imposta coativamente ao Estado-membro ou ao município, não podendo os referidos entes se auto-excluírem da intervenção por meio de julgamento do interventor em processo de *impeachment* movido pelo próprio Estado ou município intervindo, sob pena de desvirtuar por completo o sistema constitucional.

Nesse sentido, preleciona Pontes de Miranda: "o interventor não está sujeito ao *impeachment* que a Constituição federal estabeleceu para o Presidente da República ou que a Constituição estadual estabeleceu para o Governador, porém está sujeito às responsabilidades e ações que se referem aos funcionários públicos federais. A União responde pelos danos causados por atos ilegais do Interventor, se os praticou só como Interventor, enquanto durar a intervenção e persistirem os efeitos lesivos. Se os atos ou seus efeitos continuam e a autoridade estadual (ou municipal), que pode ab-rogá-las ou fazer cessarem, não no faz, incumbe ao Estado-membro (ou Município) a responsabilidade, a partir do momento em que as podia ab-rogar ou interromper (Supremo Tribunal Federal, 3 de setembro de 1926). Se o ato foi praticado, não só como de Interventor, mas como de autoridade local e por força de lei, regulamento já existente ou circunstância, a cuja prática a autoridade local teria de ser, como ele, levada, então sim, a responsabilidade é do Estado-membro ou do Município, se só a ele interessava".[223]

Portanto, o interventor responde pelos atos praticados durante a intervenção, submetendo-se à *responsabilidade civil* (regressivamente, em decorrência de dolo ou culpa); *responsabilidade administrativa* (por desvio funcional previsto em regime jurídico, a exemplo da Lei nº 8.112/1990) e *responsabilidade penal* (por cometimento de ação típica, antijurídica e culpável como interventor, a exemplo de ordem ou consentimento com a prática de tortura, ato de abuso de autoridade, etc.).

Afora a comum tríade responsabilização, se o interventor for militar, é possível a *responsabilidade militar* por crime ou infração militar perpetrado como gestor da intervenção, a depender do contexto fático, nos termos do Código Penal Militar. Se o interventor for parlamentar federal, é possível a *responsabilidade parlamentar* em razão de quebra de decoro parlamentar por conduta praticada ao dirigir a intervenção, haja vista que o licenciamento para exercer outra função ou

---

[223] MIRANDA, Pontes de. *Comentários à Constituição de 1967*. Com a Emenda nº I, de 1969. Tomo II. 2. ed. São Paulo: Revista dos Tribunais, 1973, p. 263.

atuar em outra esfera de poder não rompe o vínculo institucional como membro do Congresso Nacional. A jurisprudência do STF é pacífica:[224]

> 3. *O membro do Congresso Nacional que se licencia do mandato* para investir-se no cargo de Ministro de Estado *não perde os laços que o unem, organicamente, ao Parlamento* (CF, art. 56, I). Consequentemente, continua a subsistir em seu favor a garantia constitucional da prerrogativa de foro em matéria penal (INQ-QO 777-3/TO, rel. min. Moreira Alves, DJ 01.10.1993), bem como a faculdade de optar pela remuneração do mandato (CF, art. 56, §3º). Da mesma forma, *ainda que licenciado, cumpre-lhe guardar estrita observância às vedações e incompatibilidades inerentes ao estatuto constitucional do congressista*, assim como às *exigências ético-jurídicas que a Constituição* (CF, art. 55, §1º) e *os regimentos internos das casas legislativas estabelecem como elementos caracterizadores do decoro parlamentar.*

Desse modo, o interventor responde pelos atos praticados ao comandar a intervenção federal ou estadual, estando sujeito ainda à responsabilidade específica de acordo com o regime jurídico a que esteja vinculado institucionalmente.

8.2.9 Reparação civil por atos interventivos

É cediço que a intervenção federal em Estado-membro consiste em atuação da União em ente regional, conforme as hipóteses excepcionais insculpidas no art. 34 da CF/88, bem como a intervenção estadual em municípios, que revela ação estadual na esfera de competência municipal.

Por conseguinte, é plenamente possível que em decorrência da intervenção federal ou estadual ocorra danos a vítimas e a terceiros por ação realizada pelos respectivos agentes executores ou em razão da medida interventiva. "A intervenção federal só 'se dirige' contra o Estado, não contra os cidadãos inocentes; estes ela apenas 'atinge".[225] Em casos assim, aplica-se o art. 37, §6º, da Constituição Federal de 1988, de modo que a pessoa jurídica de direito público (União ou Estado-membro) responsável pela causação do dano à vítima responde objetivamente, ou seja, independentemente da existência ou comprovação de culpa, bastando a comprovação do nexo de causalidade entre a ação e o dano.

Acerca da responsabilidade por danos na intervenção federal nos Estados-membros, Hans Kelsen é categórico: "os atos correspondentes à competência da União devem ser imputados não ao estado-membro, mas à União, enquanto entidade parcial. Nesses atos quem age é a União e não o estado-membro, ainda que os titulares dessa função federal sejam indivíduos que em outras funções – que se incluem na competência do estado-membro, isto é, dentro da competência executiva autônoma do estado-membro – agem como órgão deste".[226]

---

[224] STF. Supremo Tribunal Federal. Tribunal Pleno. MS 25579 MC/DF. Redator(a) do acórdão: Min. Joaquim Barbosa. Julgamento: 19/10/2005. Publicação: 24/08/2007. Disponível em: https://jurisprudencia.stf.jus.br/pages/search/sjur90094/false. Acesso em: 21 nov. 2020.

[225] KELSEN, Hans. *Jurisdição constitucional*. 3. ed. São Paulo: WMF Martins Fontes, 2013, p. 86.

[226] KELSEN, Hans. *Jurisdição constitucional*. 3. ed. São Paulo: WMF Martins Fontes, 2013, p. 62-63.

Nos comentários à Constituição de 1937, Araújo Castro já informava que "a União somente é responsável pelas perdas e danos resultantes de atos ilícitos do Interventor, cabendo ao Estado a responsabilidade dos que forem praticados no exercício das atribuições ordinárias do seu governo".[227]

Posto isso, a responsabilidade por eventual reparação civil decorrente de intervenção será de incumbência da *União* se o dano advier de intervenção federal em Estado-membro, no Distrito Federal ou em município localizado em Território Federal, haja vista que o ato (ação ou omissão) foi originado de autoridade federal representando a União, sendo esta a responsável juridicamente. De igual modo, a responsabilidade recairá sobre o *Estado-membro* se eventual prejuízo decorrer de intervenção estadual em seus municípios, uma vez que o ato (ação ou omissão) foi praticado por representante do Estado interventor.

Sem embargo, a responsabilidade civil do Poder Público restará afastada caso não seja constatado o nexo de causalidade entre a ação ou omissão e o dano causado. O STF possui julgado acerca desse tema com a seguinte entendimento: "A responsabilidade do Estado, embora objetiva por força do disposto no artigo 107 da Emenda Constitucional n. 1/69 (e, atualmente, no parágrafo 6º do artigo 37 da Carta Magna), não dispensa, obviamente, o requisito, também objetivo, do nexo de causalidade entre a ação ou a omissão atribuída a seus agentes e o dano causado a terceiros. No caso, em face dos fatos tidos como certos pelo acórdão recorrido, e com base nos quais reconheceu ele o nexo de causalidade indispensável para o reconhecimento da responsabilidade objetiva constitucional, é inequívoco que o nexo de causalidade inexiste, e, portanto, não pode haver a incidência da responsabilidade prevista no artigo 107 da Emenda Constitucional n. 1/69, a que corresponde o parágrafo 6º do artigo 37 da atual Constituição".[228]

Atualmente, o Supremo Tribunal Federal reconhece a responsabilidade objetiva do Poder Público, mas admite que não se trata de responsabilidade absoluta, eis que é possível excluí-la se constada a existência de caso fortuito ou força maior, bem como se houver culpa atribuível à própria vítima,[229] *in litteris:*

> 1. A responsabilidade civil das pessoas jurídicas de direito público e das pessoas jurídicas de direito privado prestadoras de serviço público baseia-se no risco administrativo, sendo objetiva, exige os seguintes requisitos: ocorrência do dano; ação ou omissão administrativa; existência de nexo causal entre o dano e a ação ou omissão administrativa e ausência de causa excludente da responsabilidade estatal. 2. A jurisprudência desta CORTE, inclusive, entende ser objetiva a responsabilidade civil decorrente de omissão, seja das pessoas jurídicas de direito público ou das pessoas jurídicas de direito privado prestadoras de serviço público. 3. Entretanto, *o princípio da responsabilidade objetiva não se reveste de caráter*

---
[227] CASTRO, Araújo. *A Constituição de 1937*. 2. ed. Rio de Janeiro: Freitas Bastos, 1941, p. 69.
[228] STF. Supremo Tribunal Federal. Primeira Turma. RE 130764/PR. Relator: Min. Moreira Alves. Julgamento: 12/05/1992. Publicação: 07/08/1992. Disponível em: https://jurisprudencia.stf.jus.br/pages/search/sjur113372/false. Acesso em: 22 nov. 2020.
[229] STF. Supremo Tribunal Federal. Tribunal Pleno. RE 608880/MT. Relator: Min. Marco Aurélio. Julgamento: 08/09/2020. Publicação: 01/10/2020. Disponível em: https://jurisprudencia.stf.jus.br/pages/search/sjur432834/false. Acesso em: 22 nov. 2020.

absoluto, eis que admite o abrandamento e, até mesmo, a exclusão da própria responsabilidade civil do Estado, nas hipóteses excepcionais configuradoras de situações liberatórias como o caso fortuito e a força maior ou evidências de ocorrência de culpa atribuível à própria vítima. 4. A fuga de presidiário e o cometimento de crime, sem qualquer relação lógica com sua evasão, extirpa o elemento normativo, segundo o qual *a responsabilidade civil só se estabelece em relação aos efeitos diretos e imediatos causados pela conduta do agente.* Nesse cenário, em que não há causalidade direta para fins de atribuição de responsabilidade civil extracontratual do Poder Público, não se apresentam os requisitos necessários para a imputação da responsabilidade objetiva prevista na Constituição Federal – em especial, como já citado, por ausência do nexo causal. (Grifos nossos)

No que concerne à competência para processar e julgar demandas indenizatórias resultantes de intervenção federal, cabe à Justiça Federal apreciar ações contra União Federal, eis que compete aos juízes federais julgar as causas em a União figurar na condição de ré, assistente ou oponente, nos termos do art. 109, I, da CF/1988. Por sua vez, será de competência da Justiça Estadual processar e julgar demandas em face do respectivo Estado-membro ou Município, decorrentes de intervenção estadual em seus municípios, porquanto ausente interesse ou conexão da União na solução da lide.

Portanto, em regra o Estado responde pelos danos causados a terceiros em decorrência de ação ou omissão de agente público atuando no exercício da função ou em razão dela na execução de intervenção federal ou estadual. Caso haja dolo ou culpa do interventor, é ainda assegurado à União ou ao Estado o direito de regresso contra o responsável pelo dano causado, nos termos do art. 37, §6º da CF/1988. Todavia, não haverá responsabilidade estatal, caso ausente nexo de causalidade entre a ação/omissão do interventor com o dano sofrido pelo particular, em razão da inexistência de conduta estatal ou ato de origem direta e imediata do Poder Público. Igualmente, exclui-se a responsabilidade estatal se o dano advier de caso fortuito, força maior ou de culpa atribuível à própria vítima, conforme jurisprudência do STF.

Por fim, a competência para o processamento e julgamento de eventuais ações reparatórias será da Justiça Federal se o alegado dano advier de intervenção federal nos estados-membros ou, alternadamente, de competência da Justiça Estadual, se o suposto dano for proveniente de intervenção estadual nos municípios.

8.2.10 Despesas com a intervenção

A implementação da intervenção enseja diversas despesas, gastos esses por vezes imprevistos e que são efetivados mediante abertura de créditos extraordinários. Questão que surge refere-se com a responsabilidade pelo pagamento das despesas decorrentes da intervenção.

Disso resulta que, presentes os fatos ensejadores e procedida a intervenção, o ente interventor (União/Estado) pode pleitear ressarcimento pelos dispêndios realizados em face do Estado-membro ou Município caso estes tenham dado causa à medida interventiva. Ou seja, se o ente regional ou municipal originar a intervenção por ato ou fato de sua responsabilidade, poderá sujeitar-se ao ressarcimento dos custos à União pela intervenção estadual ou o reembolso ao Estado-membro por intervenção em seu Município. Sem embargo, se a intervenção federal decorrer de ato ou fato de interesse nacional ou de responsabilidade do país, caberá a União assumir os custos, porquanto representa a nação brasileira.

A esse respeito, João Barbalho explicitava nos comentários à Constituição de 1891: "Na Suíça, em caso de guerra ou invasão estrangeira, os gastos são da União; e assim deve ser, pois a causa não é local, mas nacional, trata-se da segurança exterior da República. Nos demais casos, as despesas são, e nada mais justo, por conta do cantão que reclamou ou ocasionou a intervenção, podendo entretanto a Assembleia Federal decidir de outro modo, em consideração de circunstâncias particulares. Entre nós, o art. 5º da Constituição estabelece que cada Estado faça as despesas necessárias a seu governo e administração; e, se bem que extraordinária, é incontestavelmente uma necessidade do governo de qualquer Estado a sua defesa contra violência exterior ou intestina, atual ou iminente. A invasão ou agressão estrangeira, por isso que afeta a segurança e entende com a soberania da Nação, há de imediata e necessariamente ser repelida pelo Governo Federal e a despesa com isso feita é, sem dúvida, despesa nacional. O mesmo, porém, não se poderá dizer da que se fizer nos casos de comoção intestina, ou de oposição ao cumprimento de leis e sentenças federais; esta é despesa aplicada a uma necessidade indeclinável do governo do Estado, ou a qual ele deu causa. E é à sua custa que, em regra, o Estado deve ser defendido".[230]

No mesmo sentido, propugna Carlos Maximiliano: "De fato, não parece justo que o erário nacional, constituído pelas contribuições de todos os Estados, pague as loucuras de um só. A solidariedade obriga a coletividade a restabelecer a ordem jurídica perturbada em um trecho do território nacional; porém os criadores dos maus governos, ou autores do desgoverno, devem expiar o próprio erro indenizando as despesas a que deram causa".[231]

Atualmente, a doutrina comunga do mesmo entendimento, consoante lição de Lewandowski: "a doutrina nacional e estrangeira tem estudado também a questão da responsabilidade pelas despesas da intervenção, concluindo que os custos da medida, como regra, devem ser suportados pela União, visto que esta é sempre desencadeada em benefício do conjunto dos entes associados. Entretanto, se a unidade federada tiver dado causa à intervenção, deverá esta arcar com as despesas decorrentes da ação excepcional".[232]

---

[230] BARBALHO, João. *Constituição Federal brasileira*. Comentários. 2. ed. Rio de Janeiro: F. Briguiet e Cia Editores, 1924, p. 40.
[231] MAXIMILIANO, Carlos. *Comentários à Constituição brasileira*. 2. ed. Rio de Janeiro: Jacintho Ribeiro dos Santos, 1923, p. 179.
[232] LEWANDOWSKI, Enrique Ricardo. *Pressupostos materiais e formais da intervenção federal no Brasil*. 2. ed. Belo Horizonte: Fórum, 2018, p. 162.

Assim, é de responsabilidade da União custear as despesas de interesse do país, a exemplo da intervenção nos Estados-membros, para manter a integridade nacional, repelir invasão estrangeira, pôr termo a grave comprometimento da ordem pública, etc. Sem embargo, em razão do federalismo cooperativo, a União pode colaborar financeiramente com os encargos originados da intervenção causada pelo próprio Estado-membro, caso este não tenha condições de adimplir com os custos ou necessite de auxilio federal em benefício de seus cidadãos.

CAPÍTULO 9

RESISTÊNCIA CONTRA A INTERVENÇÃO

Com a decretação da intervenção em face de Estado-membro ou de Município, eventualmente pode ocorrer resistência do ente regional ou municipal contra a medida interventiva. De acordo com o dicionário Caldas Aulete, o vocábulo *resistência* significa "força que anula os efeitos de uma ação; reação contra o agente de uma ação; obstáculo que uma coisa opõe a outra que atua sobre ela; embaraço, dificuldade, oposição, recusa feita aos desígnios e vontades de outrem".[233]

Assim, existem diversas formas de a unidade intervinda (Estado-membro, Distrito Federal ou Município) objetar a intervenção que lhe foi imposta pelo ente interventor (União ou Estado-membro), cujos atos obstativos podem materializar-se desde ações morais, políticas, jurídicas e até mesmo atos extremos como a sublevação e a convulsão social. Segundo o Dicionário Houaiss, o vocábulo "sublevação" significa "provocar ou armar revolta, revoltar-se", bem como "rebelião individual ou em massa; levante, revolta". Por sua vez, o vocábulo "convulsão social" pode ser entendido como "reação forte provocada por certas emoções"; "revolta social de grande impacto, cataclismo, revolução",[234] ou seja, consiste na reação forte coletiva desencadeada por aspectos sociais.

Acerca das medidas extremas, Hans Kelsen explicita: "a resistência armada contra a intervenção federal não pode ser interpretada como guerra do estado-membro contra a União, no sentido do direito internacional. A resistência armada organizada contra a intervenção federal, portanto, é rebelião, revolução, ou como quer se queira denominar tais atos de força. Estabelecer se e em que medida exista a possibilidade efetiva de tratar tais atos de força como delitos de indivíduos, e de responsabilizá-los pessoalmente, não é uma questão distinta daquela que surge em caso de revolução dentro do assim-chamado Estado unitário. O que importa é simplesmente estabelecer que a situação criada com resistência organizada armada e contra uma intervenção federal não é guerra no sentido do direito internacional,

---

[233] AULETE, Caldas. *Dicionário contemporâneo da língua portuguesa*. Vol. IV. 3. ed. Rio de Janeiro: Delta, 1974, p. 3163.
[234] HOUAISS. *Dicionário da língua portuguesa*. Rio de Janeiro: Objetiva, 2009, p. 1780.

mas sim guerra civil. Para nossa consciência jurídica, isso é mais terrível do que a guerra, por muitas razões e independentemente do fato de que todas as normas de direito internacional que limitam a guerra não encontram aplicação imediata na ação bélica que se denomina intervenção federal. Se a própria Constituição não introduz algum limite – o que não é o caso das Constituições até o momento em vigor – os atos coercitivos ficam inteiramente à discrição do órgão encarregado da intervenção federal".[235]

A seguir, serão mencionadas as modalidades mais comuns de o Estado-membro, DF ou Município se oporem à intervenção que lhes foi decretada pelo poder central ou regional.

9.1 Objeção interventiva social e institucional

O ato de opor-se à intervenção pode ser oriundo de natureza social ou institucional (aspecto subjetivo), isto é, alude aos sujeitos opositores da medida. A *objeção interventiva social* consiste na oposição da intervenção pela sociedade humana que compõe a unidade federativa submetida ao ato intromissivo. Neste caso, os próprios cidadãos praticam ações contrárias à intervenção. Afora essa modalidade, a *objeção interventiva institucional* se dá quando a insurgência for praticada pelas instituições públicas integrantes do ente regional ou municipal submetido à intervenção. Em casos desse viés, os órgãos ou estruturas do poder público opõem-se à intromissão imposta à respectiva unidade federada.

9.2 Objeção interventiva legítima e ilegítima

Rigosoramente, a insurgência do Estado-membro, Distrito Federal ou Município contra a intervenção sofrida pode ser de natureza legítima ou ilegítima, a depender das razões e dos instrumentos utilizados observarem o sistema normativo (aspecto objetivo), ou seja, funda-se nos motivos refratórios e no comportamento adotado em face da medida intromissiva.

Assim, o ato de refutar a intervenção pode basear-se em modos distintos de enfrentamento. A *objeção interventiva legítima* consiste na impugnação do ente regional ou municipal à intervenção utilizando-se dos mecanismos previstos no ordenamento jurídico, mormente a Carta Magna de 1988. A título de exemplo, após ser publicado o decreto de intervenção, é possível legitimamente o ente federado pleitear junto ao Poder Legislativo a rejeição do ato interventivo, porquanto compete exclusivamente ao Congresso Nacional aprovar a intervenção federal, nos termos do art. 36, §1º c/c art. 49, IV da CF/1988. No âmbito estadual, a análise cabe à Assembleia Legislativa, conforme estabelecido na parte final do

---

[235] KELSEN, Hans. *Jurisdição constitucional*. 3. ed. São Paulo: WMF Martins Fontes, 2013, p. 88-89.

art. 36, §1º da CF/1988. Isto é, mesmo após o decreto de intervenção editado pelo Presidente da República ou pelo Governador de Estado, é possível que o ato seja rejeitado legitimamente pelo Poder Legislativo, revogando-se o ato e mantendo-se integralmente a autonomia do ente regional ou municipal.

De igual modo, afigura-se constitucional e legal a impugnação da intervenção ao se provocar o Poder Judiciário, mediante a utilização de instrumentos jurídicos, a exemplo da tutela provisória – cautelar ou antecipada –, tutela inibitória, mandado de segurança, etc. Nesse sentido, Fávila Ribeiro preleciona: "em se verificando desrespeito por órgãos da União às prerrogativas peculiares aos Estados, podem estes obter a garantia dos seus poderes, invocando a atuação do Judiciário, que, como guarda da Constituição, declarará a nulidade do ato exorbitante".[236]

Desse modo, quando se tratar de intervenção federal em Estado-membro, caberá ao Supremo Tribunal Federal apreciar o feito, uma vez que se trata de litígio de um ente federado (União) contra o outro (Estado), sendo necessária a atuação da Corte Constitucional para equacionar eventual conflito federativo. Noutro giro, quando se tratar de intervenção estadual nos municípios, caberá ao Tribunal de Justiça do Estado respectivo julgar a lide, porquanto a matéria envolve litígio regional, e o STF não possui competência para julgar causas envolvendo municípios, nos termos do art. 102, I, "f" da CF/1988. A jurisprudência do STF é pacífica:

> Diferença entre conflito entre entes federados e *conflito federativo*: enquanto no primeiro, pelo prisma subjetivo, observa-se a litigância judicial promovida pelos membros da Federação, no segundo, para além da participação desses na lide, a *conflituosidade da causa importa em potencial desestabilização do próprio pacto federativo*. Há, portanto, distinção de magnitude nas hipóteses aventadas, sendo que o legislador constitucional restringiu a atuação da Corte à última delas, nos moldes fixados no *Texto Magno*, e *não incluiu os litígios e as causas envolvendo Municípios como ensejadores de conflito federativo apto a exigir a competência originária da Corte*. [ACO 1.295 AgR-segundo, rel. min. Dias Toffoli, j. 14-10-2010, P, DJE de 2-12-2010.] = ACO 1.846 AgR, rel. min. Marco Aurélio, j. 25-2-2014, 1ª T, DJE de 19-3-2014. (Grifos nossos)
>
> *O STF, em face da regra de direito estrito consubstanciada no art. 102, I, da CR* (RTJ 171/101-102), *não dispõe*, por ausência de previsão normativa, *de competência para processar e julgar, em sede originária, causas instauradas entre Municípios*, de um lado, e a União, autarquias federais e/ou empresas públicas federais, de outro. Em tal hipótese, a competência para apreciar esse litígio pertence à Justiça Federal de primeira instância. Precedentes. [ACO 1.364 AgR, rel. min. Celso de Mello, j. 16-9-2009, P, DJE de 6-8-2010.] = ACO 1.882, rel. min. Cármen Lúcia, decisão monocrática, j. 7-2-2012, DJE de 15-3-2012 = ACO 1.295 AgR-segundo, rel. min. Dias Toffoli, j. 14-10-2010, P, DJE de 2-12-2010 = ACO 1.342 AgR, rel. min. Marco Aurélio, j. 16-6-2010, P, DJE de 8-8-2011. (Grifos nossos)

Ademais, conforme inteligência do art. 35, IV, da CF/1988, é de competência do Tribunal de Justiça processar e julgar eventuais ações judiciais contra a intervenção estadual nos municípios, já que cabe ao próprio TJ dar provimento

---

[236] RIBEIRO, Fávila. *A intervenção federal nos Estados*. Fortaleza: Editora Jurídica, 1960, p. 48.

à representação interventiva estadual e "quem pode o mais pode o menos".[237] Portanto, cabe ao Tribunal de Justiça estadual apreciar questionamentos jurídicos, sendo eventual recurso interposto no Superior Tribunal de Justiça.

De outra banda, a *objeção interventiva ilegítima* consiste na insurgência à intervenção mediante a utilização de instrumentos proibidos ou alheios ao ordenamento jurídico, podendo resultar em desestabilização social, política, econômica, territorial, etc. Exemplificadamente, quando o Estado-membro, DF ou Município prestes a sofrer a intervenção ou no decorrer da medida incita ou apoia a sua população a resistir contra a providência por meio de sublevação, atentados, saques de produtos e bens (pilhagem), destruição de equipamentos de utilidade pública, prática de atos violentos, etc. Nesse caso, a unidade regional, distrital ou municipal atua como agente mediato, isto é, idealiza a resistência e utiliza os cidadãos como instrumento para objetar ilicitamente a intervenção.

9.3 Resistência interventiva amena e violenta

O ato de resistir à intervenção pelo ente que a sofre pode ostentar natureza amena ou violenta (intensidade opositora). Designa-se de *resistência interventiva amena* quando, mediante ação ou omissão, refuta-se pacificamente a intervenção no ente regional ou municipal, a exemplo do mero não atendimento de ordem, o ajuizamento de ações judiciais, organização de passeatas ordeiras, nota de repúdio, censura, etc. Já a *resistência interventiva violenta* significa a oposição obstinada à intervenção por intermédio de instrumentos agressivos, isto é, atos de força ou destrutivos – na perspectiva instrumental ou material – recorrendo-se a meios efetivos ou de apologia a atos impetuosos, causando graves danos ou com risco de desintegração social. O último grau da resistência violenta pode ensejar a guerra civil, a exemplo da ocorrida nos Estados Unidos da América entre os anos de 1861 a 1865, provocada, entre outros motivos, pelo fim da escravidão no sul do país.[238]

9.4 Medidas excepcionais contra a resistência interventiva

A resistência de Estado-membro, do Distrito Federal ou de Município contra a intervenção decretada pelo poder central (federal ou estadual) pode ostentar vários graus de intensidade, de modo a exigir, em cada caso, medida adequada para efetivar a providência.

Como forma de manter indenidade institucional e social em face de resistência ilegítima à intervenção por parte de Estado-membro, DF ou Município, bem como garantir a manutenção do pacto federativo, afigura-se possível, em

---

[237] MAXIMILIANO, Carlos. *Hermenêutica e aplicação do direito*. 9. ed. Rio de Janeiro: Forense, 1984, p. 245.
[238] HISTÓRIA DO MUNDO. *Guerra civil americana*. Disponível em: https://www.historiadomundo.com.br/idade-contemporanea/guerra-civil-americana.htm. Acesso em: 08 nov. 2020.

último caso e preenchidos os requisitos constitucionais, a decretação do estado de defesa ou do estado de sítio. O *estado de defesa* tem por objetivo preservar ou prontamente restabelecer, em locais restritos e determinados, a ordem pública ou a paz social, ameaçadas por grave e iminente instabilidade institucional. O ato que decreta o estado de defesa deve ser submetido à apreciação do Congresso Nacional, que o decidirá por maioria absoluta, conforme o art. 136, §4º da CF/1988.

Em seguida, o Presidente da República pode solicitar autorização ao Congresso Nacional para decretar o *estado de sítio*, no caso de ineficácia das medidas adotadas no estado de defesa, ou de comoção grave de repercussão nacional, cabendo a decisão ao Poder Legislativo por voto de maioria absolta de seus membros, nos termos do art. 137, parágrafo único, CF/1988.

Desse modo, a adoção do estado de defesa ou do estado de sítio pode ser utilizada, em último caso, havendo recalcitrância violenta ou desintegradora da paz social pelo Estado-membro, DF ou Município, ao resistir ilegitimamente à intervenção em seu território.

9.5 Responsabilidade dos insurgidores

Os agentes envolvidos nos atos subversivos contra a intervenção federal nos Estados ou contra a intervenção estadual nos municípios podem incorrer em diversas espécies de responsabilidade, sendo as sanções acumuláveis entre si e autônomas, desde que compatíveis e atinjam bens jurídicos diversos.

Assim, é possível que o agente que insurge seja submetido à *responsabilidade administrativa* (caso a conduta seja cometida por agente público em descumprimento de dever legal); *responsabilidade civil* (caso a conduta ilícita viole direito, resultando dano a terceiros – p. ex., saques a propriedades); *responsabilidade penal* (se a conduta configurar ação típica, antijurídica e culpável, a exemplo dos crimes contra a incolumidade pública – art. 250 a 266 do CP); *responsabilidade processual* (quando o ato resultar descumprimento de ordem ou decisão judicial, podendo caracterizar ato atentatório à dignidade da justiça – art. 77 CPC/2015 –, ou quando houver descumprimento da obrigação de fazer, a exemplo da condenação em astreíntes, conforme art. 536 e 537 do CPC); *responsabilidade militar* (caso ocorra violação de obrigações ou deveres militares por membro das Forças Armadas, nos termos da legislação específica – art. 42 da Lei nº 6.880/1980); *responsabilidade político-administrativa* (quando autoridades regionais ou locais se opuserem à intervenção infringindo o sistema jurídico, a exemplo do Governador de Estado, Secretário de Estado e Prefeito municipal. Nesses casos, as aludidas autoridades submetem-se à perda do cargo, após regular processo de *impeachment*, consoante art. 74 a 79 da Lei nº 1.079/1950, bem como os arts. 4º e 5º do Decreto-Lei nº 201/1967).

Por fim, resta possível a *responsabilidade internacional*, quando o Estado-membro ou DF, mediante conduta de agentes governamentais ou ação funcional de seus servidores, resiste à intervenção federal por meio de atos violadores de normas internacionais, a exemplo de "prisões ilegais ou arbitrárias, cometimento de injustiça contra estrangeiros, inexecução de decisões judiciárias de última instância favoráveis a estrangeiros"[239] etc.

Em casos de responsabilidade internacional, cabe à União figurar no polo passivo perante os órgãos internacionais (art. 21, I, CF/1988). Todavia, se houver condenação à reparação de danos por ato violador de norma internacional em decorrência de ato perpetrado por Estado-membro, DF ou Município durante a intervenção, a União Federal poderá cobrar, regressivamente, pelos dispêndios financeiros que suportou.

---

[239] MAZZUOLI, Valério de Oliveira. *Curso de direito internacional público*. 10. ed. São Paulo: Revista dos Tribunais, 2016, p. 627.

CAPÍTULO 10

REPRESENTAÇÃO INTERVENTIVA

Nos termos do art. 1º da Constituição Federal de 1988, o Brasil é uma República Federativa, formada pela união indissolúvel dos Estados, dos Municípios e do Distrito Federal, constituindo-se um Estado Democrático de Direito, tendo como fundamentos a soberania, a cidadania, a dignidade da pessoa humana, os valores sociais do trabalho e da livre iniciativa e o pluralismo político. Além disso, todo o poder emana do povo, que o exerce por meio de representantes eleitos ou diretamente, nos termos da Constituição.

O modelo federal brasileiro não encontra seu fundamento em uma existência – ou coexistência – estática dos níveis territoriais que conformam o poder político (União, Estados, Distrito Federal e Municípios). Isso porque ambas as esferas convivem em um contínuo dinamismo não somente em virtude das competências atribuídas a cada ente, mas sim em decorrência de uma constante inter-relação entre uns e outros.

Sonsoles Arias Guedón assinala: "É dizer, as relações federativas só podem conceber-se mediante a aceitação de uma possível intervenção da União nos espaços próprios dos Estados-membros, pois aquela há de operar como garante dos interesses conjuntos de toda a Federação e dirigir de forma unitária os assuntos do povo; e também, e como não podia ser de outra maneira neste modelo federal, através da participação daqueles na tomada de decisões da União. Para a manutenção da unidade federal e a salvaguarda dos interesses comuns em toda a Federação, faz-se necessária uma certa influência da União sobre os Estados-membros, isso sim, sempre com o respeito à autonomia destes e a sua liberdade de atuação em suas próprias esferas de poder. Com caráter extraordinário, apresentam-se as técnicas de inspensão federal (*Bundesaufsicht*), execução forçosa federal (*Bundeszwang*) e intervenção federal (*Bundesintervention*) reconhecidas na Lei Fundamental, a fim de garantir o princípio da unidade federal".[240]

De acordo com Enoch Alberti Rovira, a execução federal forçosa (*Bundesexekution* ou *Bundeszwang*) constitui uma das mais graves formas de

---
[240] ARIAS GUEDÓN, Sonsoles. *Las Constitucions de los Länder de la República Federal de Alemania*. Madrid: Centro de Estudios Políticos y Constitucionales, 2016, p. 66-67.

intervenções da União em seus membros, pois nessa modalidade de interferência, a União exerce seu mais alto grau de intensidade possível na função de garantir a ordem federal estabelecida pela Constituição. Desse modo, "a intervenção federal (*Budesintervention*) constitui um dos mecanismos básicos do instituto da 'proteção da Constituição' (*Stern*)". Com o objetivo de restaurar a normalidade, a execução forçosa supõe a intervenção da Federação contra um Estado-membro para fazê-lo cumprir as obrigações federais que haja descumprido.[241]

Assim, a representação interventiva constitui instrumento essencial para salvaguardar os valores constantes na Carta Magna de 1988, assegurando que os entes federados respeitem preceitos inerentes ao Estado-federal, ao republicanismo e aos direitos da pessoa humana.

10.1 Desenvolvimento histórico

A redação original da primeira Constituição Republicana de 1891 não previu o instituto da "representação interventiva". Após a reforma promovida pela Emenda Constitucional de 3 de setembro de 1926, criou-se hipótese interventiva para assegurar a integridade nacional e o respeito aos seguintes princípios constitucionais: a) a forma republicana; b) o regime representativo; c) o governo presidencial; d) a independência e harmonia dos Poderes; e) a temporariedade das funções eletivas e a responsabilidade dos funcionários; f) a autonomia dos municípios; g) a capacidade para ser eleitor ou elegível nos termos da Constituição; h) um regime eleitoral que permita a representação das minorias; i) a inamovibilidade e vitaliciedade dos magistrados e a irredutibilidade dos seus vencimentos; j) os direitos políticos e individuais assegurados pela Constituição; k) a não reeleição dos Presidentes e Governadores; l) a possibilidade de reforma constitucional e a competência do Poder Legislativo para decretá-la (art. 6º, II, CF/1891).

Sem embargo, não se tratava de representação interventiva, visto que cabia privativamente ao Congresso Nacional decretar a intervenção nos Estados para assegurar o respeito aos referidos princípios sensíveis. Assim, não havia a figura da autoridade competente para propor a demanda – sujeitando-a a análise de outro órgão (função atual do Procurador-Geral da República) –, tampouco a previsão de órgão jurisdicional para decidi-la (atual competência do Supremo Tribunal Federal).

A representação interventiva como modelo de controle judicial surgiu na Constituição de 1934 para assegurar a observância dos princípios constitucionais sensíveis pelos Estados-membros. A medida principiou o controle concentrado de constitucionalidade no país. A legitimidade da representação cabia ao

---

[241] ROVIRA, Enoch Alberti. *Federalismo y cooperacion en la Republica Federal Alemana*. Madrid: Centro de Estudios Constitucionales, 1986, p. 213.

Procurador-Geral da República, sendo julgada pelo Supremo Tribunal Federal a sua constitucionalidade. Tal instituto criou o controle judicial em temas essenciais do Estado brasileiro, a exemplo da forma republicana, independência dos poderes, temporariedade das funções eletivas, prestação de contas da Administração, etc. (art. 12, V e §2º c/c art. 7, I, "a" a "h" da CF/1934). A Carta de 1937 foi omissa nesse assunto.

A Constituição de 1946 também previu o instituto da representação interventiva. Havendo violação a princípio constitucional sensível, o ato arguido de inconstitucionalidade seria submetido pelo Procurador-Geral da República ao exame do Supremo Tribunal Federal, e se este a declarasse, seria decretada a intervenção (art. 8º, parágrafo único c/c art. 7º VII da CF de 1946).

Na vigência da Constituição de 1946 foi promulgada a Lei nº 2.271, de 22 de julho de 1954, que disciplinou a arguição de inconstitucionalidade perante o Supremo Tribunal Federal. De acordo com o art. 1º da citada lei, cabia ao Procurador-Geral da República, toda vez que tivesse conhecimento da existência de ato que infringisse algum dos preceitos assegurados no artigo 7º, inciso VII, da Constituição Federal, deveria submeter o caso ao exame do Supremo Tribunal Federal. Além da atuação de ofício do Chefe do Ministério Público da União, este poderia ser instado a agir mediante representação da parte interessada, sendo o ato arguido de inconstitucionalidade submetido pelo Procurador-Geral da República ao Supremo Tribunal Federal, dentro de 90 (noventa) dias, a partir do seu recebimento (art. 1º, Lei nº 2.271/1954). Conforme o art. 2º, nesse prazo, por 45 (quarenta e cinco) dias improrrogáveis, contados da comunicação da respectiva assinatura, o Procurador-Geral da República deveria ouvir, sobre as razões da impugnação do ato, os órgãos que o tiverem elaborado ou expedido. Por fim, no STF eram adotadas as normas processuais do mandado de segurança no rito processual da arguição de inconstitucionalidade interventiva (art. 4º, Lei nº 2.271/1954).

Em seguida, foi promulgada a Lei nº 4.337, de 1º junho de 1964, que regulou a declaração de inconstitucionalidade para os efeitos do artigo 7º, nº VII, da Constituição Federal de 1946. Em conformidade com o art. 1º da nova lei, ao Procurador-Geral da República, ao ter conhecimento de ato dos poderes estaduais que infringisse qualquer dos princípios estatuídos no artigo 7º, inciso VII, da Constituição Federal, cabia promover a declaração de inconstitucionalidade perante o Supremo Tribunal Federal. O Procurador-Geral da República também podia representar pela inconstitucionalidade interventiva mediante provocação de qualquer interessado (art. 2º). Ao relator da matéria cabia ouvir, dentro de 30 dias, os órgãos que elaboraram ou praticaram o ato arguido e, findo esse termo, teria prazo igual para apresentar o relatório. Se a decisão final fosse pela inconstitucionalidade, o Presidente do Supremo Tribunal Federal imediatamente a comunicaria aos órgãos estaduais interessados, e após a publicação do acórdão seria dado conhecimento do Congresso Nacional (art. 7º).

Posteriormente, a Constituição de 1967 previu a representação interventiva no art. 10, VII. Nesse caso, a decretação da intervenção dependia do provimento, pelo Supremo Tribunal Federal, de representação do Procurador-Geral da República. De igual modo, a Emenda Constitucional nº 1, de 1969, tratou do instituto nos art. 10, VII e art. 11, §1º "c".

Na lição de Pontes de Miranda, "a criação da ação de representação atendeu ao fato de existirem *a)* princípios constitucionais somente federais (= que não se referem à vida estadual), de modo que, no tocante a eles, há liberdade do poder constituinte estadual em recebe-los, ou não, no sistema jurídico estadual, *b)* princípios constitucionais comuns ao sistema jurídico federal e ao sistema jurídico estadual (ou municipal) e *c)* princípios constitucionais sensíveis, princípios cuja infração pode dar ensejo à intervenção federal, que é reação específica. Os princípios *b)* são os princípios que se referem a deveres dos Estados-membros; os princípios *c)* são aqueles que a Constituição enumera para a intervenção Federal nos Estados-membros".[242]

Atualmente, na Constituição Federal de 1988, a representação interventiva consta no art. 34, VII, para assegurar os princípios constitucionais sensíveis, bem como é justificada no caso de recusa à execução de lei federal. Nesses casos, a intervenção depende de provimento, pelo Supremo Tribunal Federal, de representação do Procurador-Geral da República (art. 36, III). Em seguida, a Lei nº 12.562, de 23 de dezembro de 2011, dispôs sobre o processo e julgamento da representação interventiva perante o Supremo Tribunal Federal. Conforme o seu art. 2º, a representação será proposta pelo Procurador-Geral da República, em caso de violação aos princípios referidos no inciso VII do art. 34 da Constituição Federal, ou de recusa, por parte de Estado-Membro, à execução de lei federal. Realizado o julgamento, proclamar-se-á a procedência ou improcedência do pedido formulado na representação interventiva se num ou noutro sentido se tiverem manifestado pelo menos seis Ministros (art. 10). Por fim, a decisão que julgar procedente ou improcedente o pedido da representação interventiva é irrecorrível, sendo insuscetível de impugnação por ação rescisória (art. 12).

10.2 Conceito

Etimologicamente, o vocábulo "representação" deriva do latim *repraesentatio*, de *repraesentare*, tendo entre outros sentidos, o de "apresentar". Nesse caso, a representação consiste em apresentar à vista. O vocábulo também é adotado no sentido de "petição ou de reclamação escrita. Extensivamente, designa a própria peça ou o documento que se faz uma reclamação contra qualquer ocorrência, ou em que se dirige uma queixa contra alguém, à autoridade competente". Ademais,

---

[242] MIRANDA, Pontes de. *Comentários à Constituição de 1967*. Com a Emenda nº I, de 1969. Tomo II. 2. ed. São Paulo: Revista dos Tribunais, 1973, p. 254-255.

a representação "é a instituição, de que se derivam poderes, que investem uma determinada pessoa de autoridade para praticar certos atos ou exercer certas funções, em nome de alguém ou em alguma coisa". Segundo o glossário do STF, o vocábulo "representação" designa a "atuação em nome de outrem. Poder de representação é a autoridade que possui a pessoa, física ou jurídica, para a prática de atos ou o desempenho de funções em nome de outrem".[243]

Por sua vez, o termo "interventiva" correlaciona-se ao vocábulo "intervenção", que deriva do latim *interventio*, de *intervenire* (assistir, intrometer-se), aduzindo à ideia de "intromissão ou ingerência de uma pessoa em negócios de outrem, sob qualquer aspecto. No sentido do Direito Público Interno, define-se a intromissão, constitucionalmente autorizada, do governo central na administração e governo dos Estados federados e destes nos Municípios".[244] De fato, a intervenção consiste em interferir em algo, isto é, interpondo-se com poder em matéria ou assunto de sua competência ou em razão de facultatividade jurídica. Desse modo, a intervenção implica colocar-se entre duas coisas, de modo que, com o ingresso do sujeito interveniente, finda por entremear-se em outra relação jurídica já existente.

Concisamente, Maria Helena Diniz conceitua a "representação interventiva" como sendo o "ato pelo qual o órgão do Ministério Público promove, junto ao Poder Executivo, intervenção federal ou estadual".[245] Nesse caso, a representação constitui instrumento formalizador de atuação estatal direcionada a um fim específico.

Para esta corrente, a *representação interventiva* pode ser definida como ação constitucional, promovida pelo Procurador-Geral da República perante o Supremo Tribunal Federal, com fundamento em recusa à execução de lei federal ou em caso de violação de princípio constitucional sensível que, se julgado procedente o pedido formulado, autoriza a intervenção da União em Estado-membro ou DF, interpondo-se com poder contra o ente federado, a fim de promover o restabelecimento da ordem constitucional violada, nos termos do art. 34, VI (primeira parte) e VII da CF/1988. No âmbito estadual, a representação interventiva é promovida pelo Procurador-Geral de Justiça perante o Tribunal de Justiça do referido Estado-membro, em face de município violador de princípios indicados na Constituição Estadual ou para prover a execução de lei (art. 35, IV da CF/1988).

A *representação interventiva* também pode ser sintetizada como *intervenção assegurativa*, visto que a interferência da União tem por objetivo assegurar a observância dos princípios constitucionais sensíveis, assim como a execução de lei federal, no âmbito das unidades regionais e distrital submetidas à intervenção. Nesse caso, a intervenção opera como intrumento garantidor de obediência aos princípios da forma republicana, sistema representativo e regime democrático,

---

[243] STF. Supremo Tribunal Federal. *Glossário jurídico. Representação*. Disponível em: http://www.stf.jus.br/portal/glossario/. Acesso em: 16 jan. 2020.
[244] SILVA, De Plácido e. *Vocabulário jurídico*. 26. ed. Rio de Janeiro: Forense, 2005, p. 1206-1207 e 766-767.
[245] DINIZ, Maria Helena. *Dicionário jurídico*. Volume 4. São Paulo: Saraiva, 1998, p. 146

direitos da pessoa humana, autonomia municipal, prestação de contas da administração pública e aplicação de percentual mínimo de tributos nos serviços públicos de ensino e saúde; bem como a execução de lei federal, em caso de recusa por parte de Estado-Membro (art. 34, VII c/c art. 36, III a CF de 1988). Portanto, a "representação interventiva" ou a "intervenção assegurativa" tem por objetivo promover a coexistência de certos valores em todo o território nacional.

Impende salientar que, comumente, a doutrina define a *representação interventiva* como *ação direta de inconstitucionalidade interventiva*. Nesse sentido, Dirley da Cunha Júnior preleciona: "a ação direta de inconstitucionalidade interventiva foi originada da Constituição Federal de 1934, com a designação de 'representação interventiva', confiada ao Procurador-Geral da República e sujeita à competência exclusiva do Supremo Tribunal Federal nas hipóteses de ofensa, pelos Estados-membros, aos princípios consagrados no art. 7º, I, alíneas a a h daquela Constituição (chamados pela doutrina de princípios constitucionais sensíveis). A ação direta de inconsticionalidade interventiva, conquanto figure nesse contexto amplo e complexo da intervenção federal, apresenta-se como uma condição para a União intervir nos Estados e no Distrito Federal quando a finalidade da intervenção for assegurar a observância dos princípios constitucionais sensíveis".[246]

Da mesma forma, Marcelo Novelino assinala: "na jurisdição constitucional brasileira, o controle de constitucionalidade é exercido, em regra, nos modelos difuso-concreto ou concentrado-abstrato. A representação interventiva (ou ação direta de inconstitucionalidade interventiva) é exceção, por se tratar de um mecanismo de controle concentrado-concreto, cuja competência para processo e julgamento é reservada ao Supremo, na esfera federal, e aos Tribunais de Justiça, na esfera estadual. O contraditório é estabelecido entre a União e Estado-membro ou entre a União e o Distrito Federal (representação interventiva federal); ou, ainda, entre Estado e Município a ele pertencente (representação interventiva estadual). Concebida originariamente pela Constituição de 1934 (art. 12, §2º), a representação interventiva é o mais antigo instrumento de controle concentrado de nossa jurisdição constitucional".[247]

Luís Roberto Barroso define-a como "ação direta interventiva", sendo uma condicionante para a intervenção federal nos Estados-membros nas hipóteses de inobservância dos princípios constitucionais sensíveis.[248] Por fim, Gilmar Mendes pontifica: "a ação direta de inconstitucionalidade foi introduzida, entre nós, como elemento do processo interventivo, nos casos de ofensa aos chamados princípios constitucionais sensíveis (CF de 1934, art. 12, §2º; CF de 1946, art. 8º, parágrafo único; CF de 1967/69, art. 11, §1º, *c*; CF de 1988, art. 34, VII, c/c o art. 36, III). Inicialmente provocava-se o STF com o objetivo de obter a

---

[246] CUNHA JÚNIOR, Dirley da. *Controle de constitucionalidade*. Teoria e prática. 8. ed. Salvador: JusPodivm, 2016, p. 295-296.
[247] NOVELINO, Marcelo. *Curso de direito constitucional*. 14. ed. Salvador: Juspodivm, 2019, p. 277.
[248] BARROSO, Luís Roberto. *O controle de constitucionalidade no direito brasileiro*. 3. ed. São Paulo: Saraiva, 2008, p. 305.

declaração de constitucionalidade da lei interventiva (CF de 1934, art. 12, §2º). Deve-se ressaltar, pois, que na prática distorcida do instituto da representação interventiva está o embrião da representação de inconstitucionalidade em tese, da ação direta de inconstitucionalidade e, naturalmente, da ação declaratória de constitucionalidade".[249]

10.3 Natureza jurídica

Na perspectiva normativa, a "representação interventiva" denota o sentido de *ação*, conforme declarado expressamente pela própria lei regedora da matéria, isto é, a Lei nº 12.562/2011, que "regulamenta o inciso III do art. 36 da Constituição Federal, para dispor sobre o processo e julgamento da representação interventiva perante o Supremo Tribunal Federal". Nos termos do art. 11 da citada norma, "julgada a *ação*, far-se-á a comunicação às autoridades ou aos órgãos responsáveis pela prática dos atos questionados, e, se a decisão final for pela procedência do pedido formulado na representação interventiva, o Presidente do Supremo Tribunal Federal, publicado o acórdão, levá-lo-á ao conhecimento do Presidente da República para, no prazo improrrogável de até 15 (quinze) dias, dar cumprimento aos §§1º e 3º do art. 36 da Constituição Federal".

Além disso, reside controvérsia doutrinária acerca da natureza jurídica da "representação interventiva" (também chamada de "ação direta de inconstitucionalidade interventiva"), divergindo-se entre a corrente que a entende como *processo subjetivo* e a que reputa como *processo objetivo*. "A primeira, com espeque em Gilmar Ferreira Mendes, Clèmerson Merlin Clève, Oswaldo Aranha Bandeira de Mello e José Carlos Moreira Alves, assegura que a ação direta de inconstitucionalidade interventiva ensejaria a instauração de **processo subjetivo**, posto que haveria litígio entre a União e o Estado ou Distrito Federal. Dessa forma, a ação interventiva seria proposta pelo Procurador-Geral da República, na condição de representante judicial da União, em face do Estado ou Distrito Federal, com o objetivo de tutelar direitos subjetivos, mediante a solução da pretensão deduzida perante o Supremo Tribunal Federal. Em outras palavras: 'não se tem aqui um processo objetivo, mas a judicialização de conflito federativo atinente à observância de deveres jurídicos especiais, impostos pelo ordenamento federal ao Estado-membro. No caso, trata-se de exercício do direito de ação, cuja autora seria a União, representada pelo Procurador-Geral da República, e o réu, o Estado federado, atribuindo-se-lhe ofensa a princípio constitucional da União. A despeito das peculiaridades que envolvem essa modalidade de controle de constitucionalidade no Direito brasileiro, parece inequívoco que o Procurador-Geral da República não veicula, na representação interventiva,

---

[249] MENDES, Gilmar Ferreira; COELHO, Inocêncio Mártires; BRANCO, Paulo Gustavo Gonet. *Curso de direito constitucional*. São Paulo: Saraiva, 2007, p. 1160 e 1164.

um interesse da coletividade, na preservação da ordem constitucional, mas o interesse substancial da União, como guardiã dos postulados federativos, na observância dos princípios constitucionais sensíveis' (Gilmar Mendes). 'A ação direta interventiva não desencadeia um processo objetivo. De fato, o objeto do processo não é declaração da inconstitucionalidade, em tese, de um ato estadual, mas antes, a solução de um conflito entre a União e o Estado-membro, que pode desembocar numa intervenção. São partes na ação direta interventiva a União, representada pelo Procurador-Geral da República, e o Estado ou Distrito Federal. Na ação interventiva, incumbe ao Supremo Tribunal Federal não mais do que resolver o conflito federativo' (Clèmerson Clève); 'na hipótese, repita-se, se cogita de exercício do direito de ação, cuja autora seria a União, representada pelo Procurador-Geral da República, e o réu, o Estado, a que se atribuía haver violado princípio constitucional da União, e que deveria ser citado na pessoa do seu representante legal, para deduzir a sua defesa, ante o Supremo Tribunal Federal' (Oswaldo Bandeira de Mello), porquanto haveria distinção entre 'o controle direto, para fins concretos, de intervenção da União nos Estados, e o controle direto, em abstrato, dos atos normativos federais e estaduais' (José Carlos Moreira Alves)".[250]

Por sua vez, a segunda corrente, "com esteio em José Horácio Meirelles Teixeira, Themistocles Brandão Cavalcanti, Alfredo Buzaid e Célio Borja, assinala que a ação direta de inconstitucionalidade interventiva enseja a instauração de *processo objetivo*, visto que não há litígio entre a União e o Estado ou Distrito Federal. Desse modo, a ação interventiva é proposta pelo Procurador-Geral da República, na qualidade de substituto processual, contra ato de poder estadual ou distrital, com o objetivo de tutelar a ordem jurídica, mediante a aferição, em tese, da constitucionalidade daquela perante esta. Em outros termos: 'pede-se, na ação interventiva, não a reparação de uma lesão, mas a própria declaração da inconstitucionalidade, como objeto principal da ação. A declaração de inconstitucionalidade não é, portanto, aqui, *incidenter tantum*, mas *principaliter*' (José Horácio Meirelles Teixeira); 'a ação interventiva tem fim específico, envolve sempre e somente matéria constitucional, e em função do processo de intervenção. Não resta dúvida que a apreciação da constitucionalidade é do conteúdo mesmo da ação interventiva, isto é, a sua matéria, uma vez que a confrontação do ato se faz necessariamente com os princípios constitucionais sensíveis' (Themistocles Brandão Cavalcanti); 'o Procurador-Geral da República é o autor da ação interventiva e opera como substituto processual. Não o move um interesse pessoal; ele representa toda a coletividade, empenhada em expurgar a ordem jurídica de atos políticos, manifestadamente inconstitucionais e capazes de pôr em risco a estrutura do Estado' (Alfredo Buzaid), porque há a configuração de 'declaração de inconstitucionalidade de lei, em tese, para efeitos interventivos' (Célio Borja)".

---

[250] PEÑA DE MORAES, Guilherme. *Curso de direito constitucional*. 8. ed. São Paulo: Atlas, 2016, p. 296-297.

No âmbito do Supremo Tribunal Federal, "pela voz do Ministro José Celso de Mello Filho, salienta a *natureza subjetiva* do processo deflagrado pela ação direta de inconstitucionalidade interventiva, pois 'faz instaurar, entre o poder central e as coletividades autônomas periféricas, um litígio constitucional, cuja finalidade precípua consiste em dar solução jurisdicional ao conflito federativo. Impõe-se ao Supremo Tribunal Federal, no âmbito desse procedimento especial, o dever de compor tal situação de conflito e de litigiosidade constitucional entre a União e o Estado-membro'. Nesse diapasão, 'a existência de litígio constitucional entre a União e o Estado-membro acha-se subjacente ao instituto da ação direta interventiva, cuja configuração jurídico-processual qualifica-o como notável instrumento de composição de conflitos federativos, destinado a restaurar a ordem constitucional vulnerada e a fazer cessar situações de lesão ou de ofensa a um dos princípios constitucionais sensíveis. O ajuizamento da ação interventiva supõe formal provocação do Procurador-Geral da República, a quem se deferiu a titularidade exclusiva do seu exercício, para efeito de instauração deste processo subjetivo".[251]

10.4 Características

A intervenção federal fundada em representação interventiva possui características próprias, em razão do objeto e da natureza da medida. São dois os objetos constantes da ***representação interventiva***: *1ª hipótese*: a violação, por Estado-membro ou DF, de princípio constitucional sensível – facultando-se o ajuizamento da ação direta de inconstitucionalidade interventiva (ADI interventiva); *2ª hipótese*: a recusa por Estado-membro ou DF à execução de lei federal – facultando-se o ajuizamento de representação para promover a execução da norma ("ação de executoriedade de lei federal" – José Afonso da Silva). Ambas as modalidades específicas fundamentam a ação genérica denominada *representação interventiva*. O art. 2º da Lei nº 12.562 de 2011, que regulamenta a matéria perante o STF, é expressa ao dispor que: "a representação será proposta pelo Procurador-Geral da República, em caso de violação aos princípios referidos no inciso VII do art. 34 da Constituição Federal, ou de recusa, por parte de Estado-Membro, à execução de lei federal".

Assim, a *representação interventiva* constitui ação genérica de natureza constitucional, uma vez que pode abranger dois objetos específicos: 1º) declaração de inconstitucionalidade por violação a princípio sensível; ou 2º) requerimento de execução de lei federal. Elucidativa é a exposição de Peña de Moraes: "a doutrina estabelece a diferenciação entre a ação direta de inconstitucionalidade interventiva, prescrita nos arts. 34, inc. VII, e 36, inc. III, *initio*, e a ação de executoriedade de lei federal prevista nos arts. 34, inc. VI, *initio*, e 36, inc. III, *in*

---

[251] PEÑA DE MORAES, Guilherme. *Curso de direito constitucional*. 8. ed. São Paulo: Atlas, 2016, p. 297-298.

fine, todos da CRFB, reunidas sob o gênero intervenção normativa, que 'decorre da inclusão, no ordenamento jurídico do ente federativo sob intervenção, de algum princípio em tese incompatível com aqueles da ordem jurídica prevalente', de sorte que 'o decreto de intervenção dependerá: no caso de inobservância de princípio constitucional sensível, de provimento, pelo Supremo Tribunal Federal, de representação do Procurador-Geral da República, representação essa que caracteriza a ação direta de inconstitucionalidade interventiva; no caso de recusa à execução de lei federal, de provimento, também pelo Supremo Tribunal Federal, de representação do Procurador-Geral da República; aqui não se trata de obter declaração de inconstitucionalidade, portanto essa representação tem natureza diversa da referida anteriormente, seu objeto consiste em garantir a executoriedade da lei'".[252]

Dessa forma, a *ação direta de inconstitucionalidade interventiva* consiste na "impugnação de ato dos poderes estaduais ou distritais que infrinja princípio constitucional sensível, de maneira a promover a sua declaração de inconstitucionalidade perante o Supremo Tribunal Federal e a requisitar a decretação de intervenção federal ao Presidente da República". De acordo com José Afonso da Silva, a ação direta de inconstitucionalidade interventiva pode ser federal, que é proposta exclusivamente pelo Procurador-Geral da República perante o Supremo Tribunal Federal (art. 36, III, 102, I, "a" e 129, IV da CF/88); ou estadual, proposta pelo Procurador-Geral de Justiça do Estado (art. 36, IV e 129, IV da CF/88). Consectariamente, no que concerne à intervenção, existe a ação direta de inconstitucionalidade interventiva federal e ação direta de inconstitucionalidade interventiva estadual (*ADI interventiva federal* e *estadual*).[253]

No que tange ao objetivo, a ação direta de inconstitucionalidade interventiva destina-se a duas finalidades. A primeira, de natureza jurídica, consiste na declaração de inconstitucionalidade de ato dos poderes estaduais que tenha violado algum princípio constitucional sensível pelo STF. A segunda consiste em ato do Presidente da República ao decretar a intervenção federal, sendo consequência lógica da primeira.[254]

A esse respeito, Pedro Lenza explicita que a ADI interventiva "apresenta-se como um dos pressupostos para a decretação da intervenção federal, ou estadual, pelos Chefes do Executivo, nas hipóteses previstas na CF/88. (Apenas em determinadas hipóteses será necessário o prévio ajuizamento e procedência da ADI interventiva para se decretar a intervenção federal ou estadual. Os arts. 34 e 35 estabelecem situações nas quais se decreta a intervenção sem a aludida representação de inconstitucionalidade). Assim, reforce-se, nessa modalidade de procedimento, quem decreta a intervenção não é o Judiciário, mas o Chefe do Poder Executivo. O Judiciário exerce, assim, um controle da

---

[252] PEÑA DE MORAES, Guilherme. *Curso de direito constitucional*. 8. ed. São Paulo: Atlas, 2016, p. 295.
[253] SILVA, José Afonso da. *Curso de direito constitucional positivo*. 9. ed. São Paulo: Malheiros, 1994, p. 52.
[254] PEÑA DE MORAES, Guilherme. *Curso de direito constitucional*. 8. ed. São Paulo: Atlas, 2016, p. 296.

ordem constitucional tendo em vista o caso concreto que lhe é submetido à análise".[255]

Ademais, as hipóteses ensejadoras da *representação interventiva* são restritivas, ou seja, somente se afigura cabível esse instrumento para prover a execução de lei federal ou para assegurar os princípios constitucionais sensíveis, nos termos dos arts. 34, VI (primeira parte) e VII c/c art. 36, III da CF da 88. Nesse sentido preleciona Themistocles Cavalcanti: "parece que os princípios constitucionais sensíveis enumerados são os únicos que justificam a intervenção. A enumeração feita é restritiva da intervenção".[256]

Imperioso ressaltar que a ação direta de inconstitucionalidade interventiva (*ADI interventiva*) não se confunde com a ação direta de inconstitucionalidade (*ADI genérica*), porquanto ambas possuem natureza e objetos distintos, sendo diferentes as hipóteses e os requisitos constitucionais autorizadores, nos termos da Carta Magna de 1988. Além disso, a ADI interventiva possui natureza de processo subjetivo (lide entre partes), ao passo que ADI genérica constitui processo objetivo (lide entre normas)

Conforme Pedro Lenza, esclareça-se que "durante a vigência do texto de 1988, jamais se passou da fase 1 (judicial) para a fase 2 (decretação pelo Chefe do Poder Executivo), muito embora alguns poucos pedidos de intervenção, com base no art. 36, III, destacando-se: *IF 114* (07.02.1991): pedido de intervenção em razão de omissão do poder público no controle de linchamento de presos no Estado de Mato Grosso. No mérito, o STF entendeu que não era caso de intervenção, indeferindo, portanto, o pedido".

Prosseguindo no estudo dos pedidos de intervenção federal no Pretório Excelso, "*IF 4822* (08.04.2005): pedido de intervenção no Centro de Atendimento Juvenil Especializado (Caje), com base em deliberação do Conselho de Defesa dos Direitos da Pessoa Humana (CDDPH), que condenou a sua estrutura física e gerencial". (Considerando que o julgamento estava suspenso e a posterior desativação e demolição do antigo Caje, em 26.2.2018 a Procuradora-Geral da República requereu "a extinção do feito sem resolução do mérito por ausência de interesse processual, na forma do art. 485, VI, do CPC, em razão da superveniente perda de objeto da presente representação". Por conseguinte, foi julgado prejudicado o pedido de intervenção federal por perda superveniente de objeto). "*IF 5129* (05.10.2008): pedido de intervenção formulado pelo PGR contra o estado de Rondônia, por suposta violação a direitos humanos no presídio Urso Branco, Porto Velho, que se encontra em situação de 'calamidade'. Segundo o então PGR, Antônio Fernando Souza, '(...) nos últimos oito anos contabilizaram-se mais de cem mortes e dezenas de lesões corporais [contra presos], fruto de motins, rebeliões entre outros presos e torturas eventualmente perpetradas por agentes

---

[255] LENZA, Pedro. *Direito constitucional esquematizado*. 15. ed. São Paulo: Saraiva, 2011, p. 344.
[256] CAVALCANTI, Themistocles Brandão. *A Constituição Federal comentada*. Volume I. 3. ed. Rio de Janeiro: Konfino, 1956, p. 192.

penitenciários' (Notícias STF de 08.10.2008)". [Com fulcro no art. 6º, §2º da Lei nº 12.562/2011, que faculta ao relator utilizar dos meios que julgar adequados para dirimir o conflito interventivo, em 04.07.2018 a então Presidente do STF proferiu decisão monocrática requerendo informações atualizadas sobre o objeto do presente pedido de intervenção ao Governador de Rondônia, ao Ministério Público e à Defensoria Pública daquele Estado. Desde 05.08.2020, a matéria encontra-se conclusa à Presidência].

Por fim, a *IF 5179* (11.02.2010): pedido de intervenção por suposto esquema de corrupção no DF".[257] Por maioria de votos, o mérito foi julgado improcedente. "Para o ministro Cezar Peluso, presidente da Corte e relator do caso, a procedência do pedido estaria condicionada à omissão ou à ineficácia de medida político-jurídica para sanar a situação, devendo tal quadro estar mantido à época do julgamento. 'Se tal ordem já foi restabelecida, não importa o modo pelo o qual o tenha sido, a intervenção já não faz senso algum', ressaltou o relator. Revelando que depois das denúncias apresentadas medidas corretivas já foram tomadas a fim de controlar a situação no âmbito do Distrito Federal, o ministro disse entender não caber a intervenção federal. Votaram contra a intervenção, seguindo o voto do relator, os ministros Dias Toffoli, Cármen Lúcia Antunes Rocha, Ricardo Lewandowski, Gilmar Mendes, Marco Aurélio e o decano da Corte, Celso de Mello. O único ministro a votar favoravelmente à intervenção foi o ministro Carlos Ayres Britto".[258]

10.5 Objeto

Esse ponto foi debatido por muitos doutrinadores na tentativa de identificar a abrangência do conteúdo sujeito à apreciação pelo STF no bojo da representação interventiva por violação a princípios sensíveis ou pelo desatendimento de lei federal.

O objeto da representação interventiva versa sobre quais atos do Estado-membro são submetidos à análise pelo Supremo Tribunal Federal. Em outras palavras, "a controvérsia envolve os deveres do Estado-membro quanto à observância dos princípios constitucionais sensíveis (CF de 1988, VII) e à aplicação da lei federal (CF de 1988, art. 34, VI, primeira parte)". Para Oswaldo Aranha Bandeira de Mello, Castro Nunes, Pontes de Miranda e Gilmar Mendes, a afronta aos princípios constitucionais sensíveis "haveria de provir, basicamente, de *atos normativos* dos poderes estaduais, não se afigurando suficiente, em princípio, a alegação da ofensa, em concreto".[259]

---

[257] LENZA, Pedro. *Direito constitucional esquematizado*. 15. ed. São Paulo: Saraiva, 2011, p. 345-346.
[258] STF. Supremo Tribunal Federal. Notícias STF. *STF nega pedido de intervenção federal no DF*. Quarta-feira, 30 de junho de 2010. Disponível em: http://www.stf.jus.br/portal/cms/verNoticiaDetalhe.asp?idConteudo=155378. Acesso em: 18 jan. 2021.
[259] MENDES, Gilmar Ferreira; COELHO, Inocêncio Mártires; BRANCO, Paulo Gustavo Gonet. *Curso de direito constitucional*. São Paulo: Saraiva, 2007, p. 1165-1166.

De outra banda, Alfredo Buzaid propugnava pela admissibilidade de a representação interventiva ter por objeto *atos em geral*. Isso porque a Constituição "empregou a palavra ato com significação mais ampla do que a lei. Lei é ato oriundo do legislativo. Se toda lei é ato, nem todo ato é lei. O ato, a que alude a regra constitucional, é qualquer ato, oriundo de qualquer dos poderes do Estado, conquanto que ofenda os princípios assegurados no art. 7º, VII, da Constituição [de 1946]. O intérprete não pode, portanto, limitar onde o legislador manifestamente ampliou, incluindo apenas a lei como objeto de apreciação, quando atos dos demais poderes também podem ofender os referidos princípios constitucionais".[260]

De fato, assiste razão à segunda corrente, ao entender que a representação interventiva abrange os atos concretos. Tal conclusão decorre do próprio significado do vocábulo *ato*, "derivado do latim *actus*, de *agere* (levar, conduzir), tem o sentido de indicar, de modo geral, toda ação resultante da manifestação da vontade ou promovida pela vontade da pessoa. É tudo que acontece pela vontade de alguém. Ato será todo acontecimento produzido pela vontade da pessoa".[261] Ora, o ato – que consiste em acontecimento que viole princípio constitucional sensível – não se restringe a ato normativo, sendo esta apenas uma espécie de violação, isto é, apenas uma das maneiras possíveis de transgredir princípio elementar ou de inexecutar lei federal. Como é sabido, a violação a direitos – decorrente de manifestação de vontade alheia – pode provir de diversas formas, quer seja mediante edição de lei (ato normativo), quer seja mediante ação transgressora material (ato concreto ativo ou omissivo). Assim, não se afigura razoável restringir o objeto da representação interventiva a apenas "atos normativos", porquanto é possível que "atos materiais" inobservem ainda com mais gravidade os princípios elementares da federação – a exemplo de violação a direitos humanos –, razão pela qual os "atos em geral" devem também se submeter ao crivo do STF.

Nesse sentido, manifestou-se o Supremo Tribunal Federal ao examinar a IF 114 MT, de relatoria do Min. Néri da Silveira. Em seu voto, o Min. Sepúlveda Pertence concluiu que "já não há agora o obstáculo, que a literalidade das Constituições de 1934 e de 1946 representavam, para que a representação interventiva, que, no passado, era exclusivamente uma representação por inconstitucionalidade de atos sirva, hoje, à verificação de situações de fato. É claro que isso imporá adequações, se for o caso, do procedimento desta representação à necessidade da verificação, não da constitucionalidade de um ato formal, mas da existência de uma grave situação de fato atentatória à efetividade dos princípios constitucionais, particularmente, aos direitos humanos fundamentais'. Dessarte, restou assentado – com boas razões –, na jurisprudência do STF, que não só os atos normativos estaduais, mas também atos administrativos, atos concretos ou

---

[260] BUZAID, Alfredo. *Da ação direta de declaração de inconstitucionalidade no direito brasileiro*. São Paulo: Saraiva, 1958, p. 120.
[261] SILVA, De Plácido e. *Vocabulário jurídico*. 26. ed. Rio de Janeiro: Forense, 2005, p. 160.

até omissões poderiam dar ensejo à representação interventiva no contexto da Constituição de 1988".[262]

Urge ressaltar que a inexecução de lei federal também pode decorrer de ato normativo ou ato concreto por parte das autoridades estaduais competentes, visto que tanto a lei e regulamentos quanto ações ou omissões contrárias ao disposto no direito federal podem findar por transgredir o sistema jurídico. Ou seja, a segunda causa ensejadora de representação interventiva pode fundar-se em ato normativo ou em conduta material que implique o descumprimento de lei federal, nos termos do art. 34, VI, primeira parte da CF/1988.

Posto isso, na representação interventiva perante o STF, atualmente o objeto ensejador da inexecução de lei federal ou que represente violação a princípio constitucional sensível detém maior amplitude, de modo a abarcar: *1º) lei ou ato normativo estadual ou distrital* emanado pelas autoridades competentes; *2º) omissão ou incapacidade* das autoridades locais que implique vulneração ao asseguramento dos princípios constitucionais sensíveis ou que inobserve lei federal. Por exemplo, omissão que impeça o exercício ou a preservação dos direitos da pessoa humana ou que recuse aplicação de disposição constante no direito federal; *3º) ato governamental* estadual ou distrital que transgrida os princípios sensíveis da CF, a exemplo de atos de corrupção, atos violadores do regime democrático, atos que desrespeitem o princípio republicano, medidas discriminatórias e demais atos que violem frontal e gravemente os direitos humanos, etc. Também incluem-se os atos governamentais que recusem aplicação do direito federal, a exemplo de leis federais que concedam ou restrinjam direitos de observância obrigatória pelos Estados-membros.

Assente-se que não é qualquer violação isolada aos direitos humanos que autorizará a intervenção federal no Estado-membro. Para que se materialize essa medida excepcional, necessário, entre outros requisitos, que a lesão seja notadamente grave, persistente, configuradora de letargia sistemática por parte do ente federado. Isso porque violações pontuais devem ser processadas, investigadas e punidas pelas autoridades estaduais competentes, em respeito à autonomia e à responsabilidade local pelas infrações ocorridas em seu território. Somente quando os fatos não forem adequadamente sanados na esfera estadual é que será possível perscrutar acerca de eventual intervenção federal.

Nesse sentido é a jurisprudência do Supremo Tribunal Federal, conforme a ementa a seguir colacionada: "Intervenção Federal. 2. Representação do Procurador-Geral da República pleiteando intervenção federal no Estado de Mato Grosso, para assegurar a observância dos 'direitos da pessoa humana', em face de fato criminoso praticado com extrema crueldade a indicar a inexistência de 'condição mínima', no Estado, 'para assegurar o respeito ao primordial direito

---

[262] MENDES, Gilmar Ferreira; COELHO, Inocêncio Mártires; BRANCO, Paulo Gustavo Gonet. *Curso de direito constitucional*. São Paulo: Saraiva, 2007, p. 1168.

da pessoa humana, que é o direito à vida'. Fato ocorrido em Matupá, localidade distante cerca de 700 km de Cuiabá. 3. Constituição, arts. 34, VII, letra "b", e 36, III. 4. Representação que merece conhecida, por seu fundamento: alegação de inobservância pelo Estado-membro do princípio constitucional sensível previsto no art. 34, VII, alínea "b", da Constituição de 1988, quanto aos 'direitos da pessoa humana'. Legitimidade ativa do Procurador-Geral da República (Constituição, art. 36, III). 5. Hipótese em que estão em causa 'direitos da pessoa humana', em sua compreensão mais ampla, revelando-se impotentes as autoridades policiais locais para manter a segurança de três presos que acabaram subtraídos de sua proteção, por populares revoltados pelo crime que lhes era imputado, sendo mortos com requintes de crueldade. 6. Intervenção Federal e restrição à autonomia do Estado-membro. Princípio federativo. Excepcionalidade da medida interventiva. 7. No caso concreto, o Estado de Mato Grosso, segundo as informações, está procedendo à apuração do crime. Instaurou-se, de imediato, inquérito policial, cujos autos foram encaminhados à autoridade judiciária estadual competente que os devolveu, a pedido do Delegado de Polícia, para o prosseguimento das diligências e averiguações. 8. Embora a extrema gravidade dos fatos e o repúdio que sempre merecem atos de violência e crueldade, não se trata, porém, de situação concreta que, por si só, possa configurar causa bastante a decretar-se intervenção federal no Estado, tendo em conta, também, as providências já adotadas pelas autoridades locais para a apuração do ilícito. 9. Hipótese em que não é, por igual, de determinar-se intervenha a Polícia Federal, na apuração dos fatos, em substituição à Polícia Civil de Mato Grosso. Autonomia do Estado-membro na organização dos serviços de justiça e segurança, de sua competência (Constituição, arts. 25, §1º; 125 e 144, §4º). 10. Representação conhecida, mas julgada improcedente". (STF – IF 114 MT – Tribunal Pleno – Rel. Min. Néri da Silveira – Julgamento: 13/03/1991 Publicação: 27/09/1996).

10.6 Parâmetro

A *representação interventiva federal*, destinada a assegurar a observância dos princípios sensíveis, tem por parâmetro os seguintes postulados: "a) forma republicana, sistema representativo e regime democrático; b) direitos da pessoa humana; c) autonomia municipal; d) prestação de contas da administração pública, direta e indireta; e) aplicação do mínimo exigido da receita resultante de impostos estaduais, compreendida a proveniente de transferências, na manutenção e desenvolvimento do ensino e nas ações e serviços públicos de saúde". Além disso, a "representação interventiva federal", destinada a garantir a executoriedade de normas da União, tem como parâmetro a garantia da execução de lei federal (art. 34, VI, parte inicial e inciso VII, c/c art. 36, III da CF de 1988).

Por sua vez, a *representação interventiva estadual* tem como parâmetro os princípios indicados na Constituição do referido Estado-membro, bem como prover a execução das leis em geral.

A seguir, serão apreciadas as hipóteses autorizadoras da *representação interventiva federal*, consistentes na "representação interventiva para garantir os princípios constitucionais sensíveis" e na "representação interventiva para garantir a execução de lei federal", nos termos do art. 34, VII, da Constituição da República.

10.6.1 Representação interventiva para garantir os princípios constitucionais sensíveis

Essa modalidade de intervenção consta no artigo 34, inciso VII, da Constituição Federal de 1988: "A União não intervirá nos Estados nem no Distrito Federal, exceto para: *VII – assegurar a observância dos seguintes princípios constitucionais:* a) forma republicana, sistema representativo e regime democrático; b) direitos da pessoa humana; c) autonomia municipal; d) prestação de contas da administração pública, direta e indireta; e) aplicação do mínimo exigido da receita resultante de impostos estaduais, compreendida a proveniente de transferências, na manutenção e desenvolvimento do ensino e nas ações e serviços públicos de saúde". Essas hipóteses serão analisadas a seguir.

a) Forma republicana, sistema representativo e regime democrático

A *república* liga-se à democracia, que por sua vez manifesta-se mediante o sistema representativo. Conforme lição de Montesquieu, "o amor à república, numa democracia, é o amor à democracia; o amor à democracia é o amor à igualdade".[263]

A adoção da forma republicana, do sistema representativo e do regime democrático conta nos documentos parlamentares na Constituição do novo regime instituído no País em 1889, que instaurou a república em detrimento da monarquia. Após deliberação da matéria, em 1905 o Instituto dos Advogados concluiu: "Para evitar tanto quanto é possível a repetição desses meios extraordinários, convém que os presidentes dos Estados sejam eleitos com a precisa antecedência, de modo que segundo os tramites do processo determinado para a verificação de sua legitimidade, no caso de contestação, a questão deva estar resolvida por sentença definitiva antes de findo o tempo do presidente em exercício".[264]

Na lição de Rui Barbosa, "o que discrimina a forma republicana, com ou sem o epíteto adicional de federativa, não é a coexistência dos três poderes, indispensáveis em todos os governos constitucionais, com a república, ou a monarquia: é sim, a condição de que, sobre existirem os três Poderes constitucionais, o Legislativo, o Executivo e o Judiciário, os dois primeiros derivem, realmente, de eleição popular. Campbell Black, ventilando o mesmo texto constitucional, no

---

[263] MONTESQUIEU. *O espírito das leis*. São Paulo: Martins Fontes, 2005, p. 54.
[264] INTERVENÇÃO NOS ESTADOS. *Documentos parlamentares*. 6º Volume. Rio de Janeiro: Jornal do Comércio, 1916 p. 265.

capítulo que tem por objeto 'a garantia da forma republicana', escreve: 'Forma republicana de governo, enquanto contraposta à autocracia, monarquia, oligarquia, aristocracia, ou quaisquer outras formas de governo, é a que assenta na igualdade política dos homens. É um governo 'do povo, para o povo e pelo povo'. Suas leis são feitas ou por todo o povo incorporado (caso em que a forma de governo se chama, propriamente, democracia), ou pelos representantes escolhidos para esse fim, pelo povo. Seu poder executivo reside nas mãos de um magistrado supremo, eleito, direta ou indiretamente, pelo povo".[265]

De acordo com Geraldo Ataliba, o princípio republicano e o princípio do federalismo são os postulados mais importantes no sistema nacional. "Alguns princípios constitucionais foram tradicionalmente postos pelos sucessivos legisladores constituintes como fundamentais a todo o sistema, e, por isso, em posição de eminência relativamente a outros. No Brasil os princípios mais importantes são os da federação e da república. Por isso, exercem função capitular da mais transcendental importância, determinando inclusive como se deve interpretar os demais, cuja exegese e aplicação jamais poderão ensejar menoscabo ou detrimento para a força, eficácia e extensão dos primeiros".[266]

Conceitualmente, a forma republicana consiste na forma de governo na qual a instituição do poder ocorre por meio da vontade da maioria dos cidadãos. O vocábulo "república" origina-se do latim *respublica*, sendo *res* (coisa, bem) e *publica* palavra feminina de *publicus* (público, comum) compreendendo originalmente a coisa comum ou que alude a bem comum, ou seja, "o que é de todos ou pertence a todos".[267]

As características essenciais do governo republicano consistem na temporariedade, eletividade e responsabilidade. A *temporariedade* significa um tempo pré-determinado para o agente governar, que se materializa por meio do mandato. A escolha não se dá em razão da hereditariedade, ao contrário, decorre de escolha por eleição. Veda-se reeleições sucessivas, a fim de impedir a perpetuidade no poder, como ocorre nas monarquias. A *eletividade* é outro princípio imanente, que condiciona o exercício do poder pelo Chefe de Estado mediante prévia escolha do povo, que ocorre pela eleição, não havendo sucessão do poder decorrente do vínculo hereditário. A *responsabilidade* significa que o Chefe de Governo assume os efeitos pelos atos políticos que realizar, devendo prestar contas e submeter-se às consequências de sua gestão na coisa pública.[268]

Consoante Geraldo Ataliba, o conceito de república liga-se à responsabilidade, sendo esta consequência lógica daquela. "A simples menção ao temor república já evoca um universo de conceitos intimamente relacionados entre si, sugerindo

---
[265] BARBOSA, Rui. *O art. 6º da Constituição e a intervenção de 1920 na Bahia*. Obras completas. Vol. XLVII. 1920. Tomo III. Rio de Janeiro: Castilho, 1920, p. 43-45.
[266] ATALIBA, Geraldo. *República e Constituição*. 2. ed. São Paulo: Malheiros, 2004, p. 36.
[267] SILVA, De Plácido e. *Vocabulário jurídico*. 26. ed. Rio de Janeiro: Forense, 2005, p. 132, 926 e 1209.
[268] DALLARI, Dalmo de Abreu. *Elementos de Teoria geral do estado*. 21. ed. São Paulo: Saraiva, 2000, p. 226-229.

a noção do princípio jurídico que a expressão quer designar. Dentre tais conceitos, o de responsabilidade é essencial. Regime republicano é regime de responsabilidade. Os agentes públicos respondem pelos seus atos. Todos são, assim, responsáveis. A responsabilidade é a contrapartida dos poderes em que, em razão da representação da soberania popular, são investidos os mandatários. É lógico corolário da situação de administradores, ou seja, gestores de coisa alheia. Diversos matizes tem a responsabilidade dos mandatários executivos, no regime republicano: político, penal e civil. Quer dizer: nos termos da Constituição e das leis, respondem eles (presidente, governadores e prefeitos) perante o povo, ou o Legislativo ou o Judiciário, por seus atos e deliberações. Nisso opõe-se a república às demais formas de governo, principalmente a monarquia, regime no qual o chefe de Estado é irresponsável e, por isso, investido vitaliciamente. Quanto aos mandatários investidos de função legislativa, a responsabilidade será política e disciplinar".[269]

Na lição de Konder Comparato, o princípio republicano molda as instituições sociais, impondo-se o respeito integral aos direitos humanos; a abolição de todo e qualquer privilégio, de natureza pessoal ou corporativa; a proibição de utilização da coisa pública como patrimônio privado (patrimonialismo) e a exigência de publicidade integral dos atos oficiais.[270] Conceitualmente, *patrimonialismo* é o "sistema de dominação política ou de autoridade tradicional em que a riqueza, os bens sociais, cargos e direitos são distribuídos como patrimônios pessoais de um chefe ou de um governante. Ultrapassa o âmbito das relações pessoais e familiares típicas do patriarcalismo, englobando até mesmo a estrutura de um Estado: um corpo de funcionários burocráticos, sem vínculos de parentesco com o soberano, administra, controla e usufrui do patrimônio público, que se apresenta como propriedade pessoal do governante. Um Estado de tipo patrimonialista não diferencia, portanto, a esfera pública da privada. Foram patrimonialistas os Estados burocráticos do antigo Oriente; no Ocidente, um exemplo típico foi o Estado português, cuja monarquia controlava todas as atividades econômicas por meio de um corpo organizado de funcionários e distribuía as vastas terras incorporadas à Coroa pelos descobrimentos marítimos. Essa tradição patrimonialista foi herdada pelo Brasil com sua administração colonial baseada nas capitanias e na economia centrada na grande propriedade familiar de monocultura".[271]

Outrossim, acresça-se aos princípios republicanos a *igualdade formal* das pessoas, a mera *detenção do poder político* pelos que o exercem e a regra da *representatividade* das funções executivas e legislativas. Da *igualdade formal* decorre que "não pode haver distinções entre nobres e plebeus, entre grandes e pequenos, entre poderosos e humildes. É que, juridicamente, nela não existem classes

---

[269] ATALIBA, Geraldo. *República e Constituição*. 2. ed. São Paulo: Malheiros, 2004, p. 65-66.
[270] COMPARATO, Fábio Konder. *Ética. Direito, moral e religião no mundo moderno*. 2. ed. São Paulo: Companhia das Letras, 2006, p. 623.
[271] SANDRONI, Paulo. *Novíssimo dicionário de economia*. Verbete: patrimonialismo. São Paulo: Best Seller, 1999, p. 449.

dominantes, nem classes dominadas. Assim, os títulos nobiliárquicos desaparecem e, com eles, os tribunais de exceção. Todos são cidadãos; não súditos. A noção de República não se coaduna com os privilégios de nascimento e os foros de nobreza, nem, muito menos, aceita a diversidade de leis aplicáveis a casos substancialmente iguais, as jurisdições especiais, as isenções de tributos comuns, que beneficiem grupos sociais ou indivíduos. E o conteúdo da igualdade, como é pacífico, tem um conteúdo prevalentemente negativo: a abolição e o afastamento dos privilégios. Portanto, numa República todos os cidadãos têm a mesma dignidade social e são iguais perante a lei, sem distinção de condições sociais e pessoais". Geraldo Ataliba pontifica: "A *res publica* é de todos e para todos. Os poderes que de todos recebe devem traduzir-se em benefícios e encargos iguais para todos os cidadãos. A isonomia impõe-se no sistema de direitos, diante das oportunidades que o Estado oferece, seja perante o gozo dos seus serviços, seja no uso dos seus bens, seja em relação ao poder de polícia, seja à vista de outras manifestações administrativas ou de encargos que o Estado pode exigir aos cidadãos".[272]

Ademais, a república utiliza mecanismos fiscalizatórios a fim de promover os seus valores que lhes são ínsitos, em especial o respeito à soberania popular, a temporariedade e eletividade do exercício do poder, o atendimento ao interesse coletivo (rechaçando o patrimonialismo no uso da coisa pública), assim como o respeito à igualdade formal entre os cidadãos, repudiando privilégios de nascimento ou de origem social.

A esse respeito, Geraldo Ataliba arremata: "todos os mandamentos constitucionais que estabelecem os complexos e sofisticados sistemas de controle, fiscalização, responsabilização e representatividade, bem como os mecanismos de equilíbrio, harmonia (*checks and balances* do direito norte-americano, aqui adaptados pela mão genial de Ruy) e demais procedimentos a serem observados no relacionamento entre os poderes, asseguram, viabilizam, equacionam, reiteram, reforçam e garantem o princípio republicano, realçando sua função principal no sistema jurídico. Assim, funciona ele como alicerce de toda a estrutura constitucional, pedra de toque ou chave de abóboda do sistema".[273]

Nessa esteira, *república* é o regime político no qual os exercentes de funções políticas (executivas e legislativas) representam o povo e decidem em seu nome, fazendo-o com responsabilidade, eletivamente e mediante mandatos renováveis periodicamente (Ataliba)".[274] Na república, a vontade geral é inalienável, visto que o povo é quem detém a soberania.[275]

Do princípio da *detenção do poder político* resulta que os detentores do poder político não são os titulares do poder, mas tão somente detêm o poder de forma

---

[272] CARRAZZA, Roque Antônio. *Curso de direito constitucional Tributário*. 28. ed. São Paulo: Malheiros, 2012, p. 68-70.
[273] ATALIBA, Geraldo. *República e Constituição*. 2. ed. São Paulo: Malheiros, 2004, p. 37-38.
[274] FIGUEIREDO, Marcelo. *Teoria geral do estado*. 2. ed. São Paulo: Atlas, 2001, p. 62.
[275] ROHDEN, Peter Richard. *Republicanism*. Encyclopaedia of the Social Sciences. Edwin R. A. Seligman; Alvin Johnson. Volume thirteen. New York: Macmillan, 1963, p. 319.

temporária, de acordo com a Constituição e em nome do povo. "Deter" alude ao conceito de reter, de ter algo temporariamente, de maneira precária, transitória, instável ou revogável. Isso porque o titular do poder, na verdade, é o povo, do qual o poder emana e permanece continuamente. Por conseguinte, "os legisladores e os membros eleitos do Poder Executivo só são detentores do poder político em nome do povo, no exercício de um mandato. O poder político há de ser exercido em perfeita sintonia com a Constituição e as leis, sob pena de os infratores serem submetidos a sanções penais, civis, políticas e administrativas".

O princípio republicano correlaciona-se diretamente ao *sistema representativo*, isto é, materializa-se mediante o instituto da *representação*. Conforme Francis Coker e Carlton Roder, o instituto da representação é inerente aos entes coletivizados, visto que qualquer grupo corporativo, igreja, empresa, sindicato ou ordem estatal que seja muito grande ou muito disperso necessita de membros para conduzir suas deliberações por meio de assembleia. Nesse caso, exsurge o problema da representação como mecanismo adequado para retratar as opiniões dos seus membros.[276]

O vocábulo "representação" deriva do latim *repraesentatio*, de *repraesentare*, que significa apresentar, estar presente, reproduzir. O termo possui o sentido de instituir, ou seja, é o instrumento de onde derivam os poderes existentes. A representação possui o condão de investir uma pessoa de autoridade ou competência para a prática de certos atos ou para o exercício de determinadas funções, mas por característica a atuação em nome de alguém ou para realizar alguma coisa.[277] Desse modo, do princípio geral de *representatividade* dos que desempenham as funções executivas ou legislativas implica que os detentores do poder político tão somente representam o povo na decisão da coisa pública, sendo meros mandatários, isto é, recebem um mandato temporário de representação. Consectariamente, no regime republicano os "governantes não são donos da coisa pública, mas seus gestores. O próprio étimo da palavra 'República' contém a ideia de gestão da coisa pública (coisa alheia), que em nenhum momento deve ser perdida de vista. Assim, não se compadece com a noção de República o favorecimento de apenas alguns setores da sociedade. Ao contrário, como o poder procede de todo o povo, os agentes governamentais devem zelar pelos interesses da coletividade, e não de pessoas ou classes dominantes". Sobre isso, Thomas Cooley pontifica: "toda a corporação legislativa deve legislar tendo em vista o bem público, e não o proveito individual de quem quer que seja".[278]

O sistema representativo funda-se no princípio da representação popular, corolário do princípio da democracia, tendo os seguintes postulados: "(1) exercício

---

[276] COKER, Francis W.; RODER, Carlton C. *Representation*. Encyclopaedia of the Social Sciences. Editor-in-chief: Edwin R. A. Seligman. Associate editor: Alvin Johnson. Volume thirteen. New York: Macmillan, 1963, p. 309.

[277] SILVA, De Plácido e. *Vocabulário jurídico*. 26. ed. Rio de Janeiro: Forense, 2005, p. 1206.

[278] CARRAZZA, Roque Antônio. *Curso de direito constitucional Tributário*. 28. ed. São Paulo: Malheiros, 2012, p. 70-73.

jurídico, constitucionalmente autorizado, de 'funções de domínio', feito em nome do povo, por órgãos de soberania do Estado; (2) derivação direta ou indireta da legitimação de domínio do princípio da soberania popular; (3) exercício do poder com vista a prosseguir os fins ou interesses do povo. Nisto se resumia a tradicional ideia de Lincoln: 'governo do povo, pelo povo, para o povo'".[279]

Segundo Jorge Miranda, o governo representativo revela-se mediante a prática da eleição política de modo a garantir a liberdade de escolha do poder, bem como relegitimando-o periodicamente com a escolha dos governantes. "Através dela, criaria uma relação constante com os governados – a representação política; e instituiria o sufrágio individual, direto ou indireto. Embora possa encontrar-se fenômenos análogos ou antecedentes noutras épocas, foi no século XVIII que, se não descobriu, pelo menos soube fundamentar e alicerçar a ideia de representação política. A doutrina subjacente foi elaborada quase ao mesmo tempo na Inglaterra (com Locke e Burke), na França (com Montesquieu, de Lolme, Sieyès, B. Constant) e nos Estados Unidos (com Madison)".

O governo representativo possui as seguintes características: "a) a soberania nacional ou princípio de que o poder reside essencialmente (isto é, potencialmente) no povo, na nação entendida como coletividade distinta dos indivíduos que a constituem; b) a incapacidade da nação de exercer o poder e, por conseguinte, a necessidade de o 'delegar' em representantes por ela periodicamente eleitos, únicos que o podem assumir; c) o sufrágio restrito, só tendo direito de participação política os que tenham responsabilidades sociais (pelas funções exercidas ou pela propriedade); d) a natureza puramente designativa da eleição, destinada apenas à seleção dos governantes entre os cidadãos mais aptos; e) a autonomia dos representantes relativamente aos eleitores, em virtude da natureza da eleição, do princípio de que representam toda a nação, e não só os círculos por que são eleitos, e da proibição de mandado imperativo; f) a limitação dos governantes pelas regras da separação dos poderes e pela renovação periódica através das eleições. A representação (vista ainda na perspectiva da separação entre Estado e sociedade) reduz-se à legitimação dos governantes pelo consentimento dos governados; e a renovação menos na ideia de que estes não alienam a soberania do que na preocupação de impedir os abusos da demasiado longa ocupação do poder".[280]

De acordo com Marcelo Figueiredo, a teoria representativa pode ser resumida com os seguintes aspectos: "1. O Governo representativo caracteriza-se pela representação dos cidadãos, que não exercem diretamente os seus direitos políticos, mas por meio de delegados; 2. O governo representativo realiza ou deveria realizar e manter uma harmonia constante entre as forças sociais; 3.

---

[279] CANOTILHO, José Joaquim Gomes. *Direito constitucional e teoria da constituição*. 3. ed. Coimbra: Almedina, 1998, 286-287.
[280] MIRANDA, Jorge. *Manual de direito constitucional*. Tomo VII. Estrutura constitucional da democracia. Coimbra: Coimbra Editora, 2007, p. 11-16.

Funda-se na distinção jurídica dos poderes e na adaptação desses poderes a órgãos previamente determinados; 4. Deve exercer com preocupação democrática suas funções, de modo o quanto possível igualitário; 5. Os atos representados devem ser públicos e submetidos a controle da opinião pública".[281]

Na lição de Plácido e Silva, o *sistema representativo* "indica o regime político em que a escolha do chefe do Poder Executivo e os delegados ou mandatários do povo nas assembleias legislativas é promovida através de eleições por todos quantos, segundo regras constitucionais, se encontram habilitados ao exercício desse direito político. O sistema representativo é posto em voga sob duas modalidades, que se indicam subsistemas: o parlamentar e o presidencial".[282]

Dada a alta relevância, o sistema representativo é previsto expressamente na Constituição Federal de 1988, que no parágrafo único do art. 1º declara: "Todo o poder emana do povo, que o exerce por meio de representantes eleitos (democracia representativa) ou diretamente (democracia participativa), nos termos desta Constituição". Consoante José Afonso da Silva, "é no regime de democracia representativa que se desenvolvem a cidadania e as questões da representatividade, que tende a fortalecer-se no regime de democracia participativa. A Constituição combina representação e participação direta, tendendo, pois, para a democracia participativa.[283]

Por sua vez, o **regime democrático** alude ao modelo de sistema político adotado pelo Estado. Todavia, segundo Harold Laski, "nenhuma definição de democracia pode compreender adequadamente a vasta história que o conceito denota. Para alguns, é uma forma de governo, para outros, uma forma de vida social. Os homens encontraram sua essência no caráter do eleitorado, na relação entre governo e povo, na ausência de grandes diferenças econômicas entre os cidadãos, na recusa em reconhecer privilégios construídos sobre nascimento ou riqueza, raça ou credo. Inevitavelmente, mudou sua substância em termos de tempo e lugar. O que parecia ser uma democracia para um membro de alguma classe dominante parecia para seu concidadão mais pobre uma oligarquia estreita e indefensável. A democracia tem um contexto em todas as esferas da vida; e em cada uma dessas esferas levanta seus problemas especiais que não admitem generalização satisfatória ou universal". O conceito de democracia é marcado pela ideia de exclusão de privilégios ou de benefícios injustificáveis, pois funda-se na reivindicação de igual participação, ou seja, a prevalência da igualdade entre os homens. "A base do desenvolvimento democrático é, portanto, a exigência de equidade, a exigência de que o sistema de poder seja erguido sobre as semelhanças e não sobre as diferenças entre os homens".[284]

---

[281] FIGUEIREDO, Marcelo. *Teoria geral do estado*. 2. ed. São Paulo: Atlas, 2001, p. 126-127.
[282] SILVA, De Plácido e. *Vocabulário jurídico*. 26. ed. Rio de Janeiro: Forense, 2005, p. 1307.
[283] SILVA, José Afonso da. *Comentário contextual à Constituição*. 2. ed. São Paulo: Malheiros, 2006, p. 40-41.
[284] LASKI, Harold J. *Democracy*. Encyclopaedia of the Social Sciences. Editor-in-chief: Edwin R. A. Seligman. Associate editor: Alvin Johnson. Volume five. New York: Macmillan, 1963, p. 76.

Segundo Norberto Bobbio, "na teoria contemporânea da Democracia confluem três grandes tradições do pensamento político: a) a teoria clássica, divulgada como teoria aristotélica, das três formas de Governo, segundo a qual a Democracia, como Governo do povo, de todos os cidadãos, ou seja, de todos aqueles que gozam dos direitos de cidadania, se distingue da monarquia, como Governo de um só, e da aristocracia, como Governo de poucos; b) a teoria medieval, de origem "romana, apoiada na soberania popular, na base da qual há a contraposição de uma concepção ascendente a uma concepção descendente da soberania conforme o poder supremo deriva do povo e se torna representativo ou deriva do príncipe e se transmite por delegação do superior para o inferior; c) a teoria moderna, conhecida como teoria de Maquiavel, nascida com o Estado moderno na forma das grandes monarquias, segundo a qual as formas históricas de Governo são essencialmente duas: a monarquia e a república, e a antiga Democracia nada mais é que uma forma de república (a outra é a aristocracia), onde se origina o intercâmbio característico do período pré-revolucionário entre ideais democráticos e ideais republicanos e o Governo genuinamente popular é chamado, em vez de Democracia, de república. O problema da Democracia, das suas características, de sua importância ou desimportância é, como se vê, antigo. Tão antigo quanto a reflexão sobre as coisas da política, tendo sido reproposto e reformulado em todas as épocas. De tal maneira isto é verdade, que um exame do debate contemporâneo em torno do conceito e do valor da Democracia não pode prescindir de uma referência, ainda que rápida, à tradição".[285]

Norberto Bobbio observa que, historicamente, a democracia "teve dois significados prevalentes, ao menos na origem, conforme se coloca em maior evidência o conjunto das regras cuja observância é necessária para que o poder político seja efetivamente distribuído entre a maior parte dos cidadãos, as assim chamadas regras do jogo, ou o ideal em que um governo democrático deveria se inspirar, que é o da igualdade. À base dessa distinção costuma-se distinguir a democracia formal da substancial, ou, através de outra conhecida formulação, a democracia como governo do povo da democracia como governo para o povo. Assim, a democracia funda-se na igualdade e na liberdade. A única forma de igualdade que não só é compatível com a liberdade tal como entendida pela doutrina liberal, mas que é inclusive por essa solicitada, é a igualdade na liberdade: o que significa que cada um deve gozar de tanta liberdade quando compatível com a liberdade dos outros, podendo fazer tudo o que não ofenda a igual liberdade dos outros. Praticamente desde as origens do Estado liberal essa forma de igualdade inspira dois princípios fundamentais, que são enunciados em normas constitucionais: a) a igualdade perante a lei; b) a igualdade dos direitos".

A igualdade perante a lei significa que "todos os cidadãos devem ser submetidos às mesmas leis e devem, portanto, ser suprimidas e não retomadas as

---

[285] BOBBIO, Norberto; MATTEUCCI, Nicola; PASQUINO, Gianfranco. *Dicionário de política*. Vol. 1. 11. ed. Brasília: Editora UNB, 1998, p. 319-320.

leis específicas das singulares ordens ou estados: o princípio é igualitário porque elimina uma discriminação precedente. Quanto à igualdade dos direitos, ela representa um momento ulterior na equalização dos indivíduos com respeito à igualdade perante a lei entendida como exclusão das discriminações da sociedade por estamentos: significa o igual gozo por parte dos cidadãos de alguns direitos fundamentais constitucionalmente garantidos. Enquanto a igualdade perante a lei pode ser interpretada como uma forma específica e historicamente determinada na igualdade jurídica (por exemplo, no direito de todos de ter acesso à jurisdição comum ou aos principais cargos civis e militares, independentemente do nascimento), a igualdade nos direitos compreende a igualdade em todos os direitos fundamentais enumerados numa Constituição, tanto que podem ser definidos como fundamentais aqueles, e somente aqueles, que devem ser gozados por todos os cidadãos sem discriminações derivadas da classe social, do sexo, da religião, da raça, etc. O elenco dos direitos fundamentais varia de época para época, de povo para povo, e por isso não se pode fixar um elenco de uma vez por todas: pode-se apenas dizer que são fundamentais os direitos que numa determinada Constituição são atribuídos a todos os cidadãos indistintamente, em suma, aqueles diante dos quais todos os cidadãos são iguais".[286]

Com esteio em Canotilho, a representação democrática "significa, em primeiro lugar, a autorização dada pelo povo a um órgão soberano, institucionalmente legitimado pela Constituição (criado pelo poder constituinte e inscrito na lei fundamental), para agir autonomamente em nome do povo e para o povo. A representação (em geral parlamentar) assenta, assim, na soberania popular. Esta, por sua vez, pressupõe a ideia de povo igual, ou seja, o povo formado por cidadãos iguais, livres e autônomos e não por um povo distribuído, agrupado e hierarquizado em termos estamentais, corporativos ou orgânicos. É isso que se pretende realçar quando se fala da representação do povo como 'a realização prática da soberania popular num Estado jurídico-constitucionalmente ordenado' (Badura; Hofmann). Esta autorização e legitimação jurídico-formal concedida a um órgão 'governante' (delegação da vontade) para exercer o poder político designa-se representação formal".[287]

Consoante De Plácido e Silva, o regime democrático é caracterizado pelo governo do povo, pelo povo e para o povo. "Nas grandes democracias ocidentais o poder do povo se expressa no voto direto, através do qual os cidadãos elegem os representantes dos poderes Legislativo e Executivo para defender os seus interesses e através da decisão do próprio titular do poder através do plebiscito, referendo e outros meios. Quanto ao modo de exercício, a democracia pode ser direta, quando o próprio povo delibera e executa o poder; indireta, também chamada representativa, em que o corpo político escolhe os representantes que,

---

[286] BOBBIO, Norberto. *Liberalismo e democracia*. São Paulo: Brasiliense, 2005, p. 37-41.
[287] CANOTILHO, José Joaquim Gomes. *Direito constitucional e teoria da constituição*. 3. ed. Coimbra: Almedina, 1998, 286-287.

por ele, exercitarão o poder; e semidireta ou mista, em que se combinam elementos das modalidades anteriores. A democracia apresenta modalidades, a saber: cristã (conservadora e direitista não radical); industrial (participação do operário nos destinos da empresa); liberal (abstenção de intervenção estatal na ordem econômica e social); social (redistributiva da renda nacional); representativa (poder do voto); e popular (sem classes ou socialista)".[288]

Marcelo Figueiredo sintetiza as principais características da democracia representativa: "1. Liberdade para constituir e integrar-se em organizações; 2. Liberdade de expressão; 3. Direito de voto; 4. Acesso a cargos públicos; 5. Possibilidade de os líderes políticos competirem através da votação; 6. Fontes alternativas de informação; 7. Eleições livre e isentas; 8. Existência de instituições capazes de viabilizar a política do governo e legitimadas pelo voto ou outras manifestações da vontade popular".[289]

Ademais, segundo Jürgen Habermas, a democracia representativa expressa a autonomia política dos cidadãos, propiciando maior proteção aos direitos humanos. Isso porque os direitos humanos obtêm nova roupagem por meio do sistema positivo, ou seja, o reconhecimento e proteção jurídica através da soberania popular. Por conseguinte, as ideias de direitos humanos e soberania popular determinam a autoconfiança normativa dos Estados constitucionais democráticos até hoje, sendo a democracia instrumento que robustece os direitos do homem.[290]

O princípio da democracia é garantido, entre outros, pelos seguintes instrumentos: "a) pelo reconhecimento do direito fundamental de dizer não; pelo respeito aos direitos políticos das minorias; b) por meio das diversas formas de participação e de representação políticas dos vários pontos de vista ideológicos presentes na sociedade nos processos legislativos de produção das leis e das demais decisões jurídico-políticas; c) pelos mecanismos participativos e representativos de fiscalização do governo; d) por meio de direitos processuais de participação nas diversas deliberações coletivas e sociais; e) pelo reconhecimento das identidades coletivas sociais e culturais; f) pela garantia de direitos sociais, econômicos e culturais e por ações afirmativas e políticas públicas que visam à inclusão social, econômica e cultural".[291]

Recentemente, perante o STF foi suscitada a intervenção federal no Distrito Federal por violação aos princípios republicanos, sistema representativo e regime democrático, mas foi julgado improcedente o pedido: "Representação do PGR. Distrito Federal. Alegação da existência de largo esquema de corrupção. Envolvimento do ex-governador, deputados distritais e suplentes. Comprometimento das funções governamentais no âmbito dos Poderes Executivo

---

[288] SILVA, De Plácido e. *Vocabulário jurídico*. 26. ed. Rio de Janeiro: Forense, 2005, p. 428.
[289] FIGUEIREDO, Marcelo. *Teoria geral do estado*. 2. ed. São Paulo: Atlas, 2001, p. 84.
[290] HABERMAS, Jürgen. *Faktizität und Geltung. Beiträge zur Diskurstheorie des Rechts und des demokratischen Rechtsstaats*. 7. Auflage. Frankfurt: Suhrkamp, 2019, p. 123-124.
[291] CANOTILHO, J. J. Gomes; MENDES, Gilmar Ferreira; SARLET, Ingo Wolfgang; STRECK, Lenio Luiz. *Comentários à Constituição do Brasil*. 2. ed. São Paulo: Saraiva, 2018, p. 142.

e Legislativo. Fatos graves objeto de inquérito em curso no STJ. Ofensa aos princípios inscritos no art. 34, VII, a, da CF. (...) Enquanto medida extrema e excepcional, tendente a repor estado de coisas desestruturado por atos atentatórios à ordem definida por princípios constitucionais de extrema relevância, não se decreta intervenção federal quando tal ordem já tenha sido restabelecida por providências eficazes das autoridades competentes" (IF 5.179, rel. min. Cezar Peluso, j. 30-6-2010, P, DJE de 8-10-2010).

Assim, caso algum Estado-membro ou o Distrito Federal viole de forma grave os postulados da forma republicana, sistema representativo ou do regime democrático, estarão sujeitos à intervenção federal, a fim de salvaguardar preceitos elementares constantes na Constituição da República.

b) Direitos da pessoa humana

A locução *direitos da pessoa humana* refere-se às prerrogativas juridicamente exigíveis pelo ser humano, resultante da sua condição de indivíduo, ou seja, são os direitos titularizados por homens e mulheres em razão da sua natureza singular e prevalente sobre os demais bens jurídicos. Isso porque o ser humano é o centro e a justificativa de todo o ordenamento jurídico, isto é, as normas editadas pelo Estado destinam-se a promover à plena realização existencial das pessoas, exigindo-se, para tanto, a garantia de um mínimo de direitos. Em síntese, o ser humano é a justificativa do sistema jurídico, sendo o ente criador e modificador das normas, dominando-as; porquanto é ser que representa a imagem e a semelhança de Deus (Gênesis, cap. 1, vers. 26-27). Assim, os atos do Estado devem assegurar os direitos da pessoa humana, pois a verdadeira finalidade é promover "a sua conservação, o seu bem-estar, numa palavra, a sua felicidade".[292]

Além do aspecto normativo, a sociedade também propugna o valor inestimável do ser humano, expressando-se inclusive mediante a cultura, a exemplo da belíssima canção *Raridade*, do cantor Anderson Freire:[293]

> Não consigo ir além do teu olhar
> Tudo o que eu consigo é imaginar
> A riqueza que existe dentro de você
>
> O ouro eu consigo só admirar
> Mas te olhando eu posso a Deus adorar
> Sua alma é um bem que nunca envelhecerá
>
> O pecado não consegue esconder
> A marca de Jesus que existe em você
> O que você fez ou deixou de fazer
> Não mudou o início, Deus escolheu você

---

[292] KANT, Immanuel. *Fundamentação da metafísica dos costumes*. Lisboa: Edições 70, 2011, p. 24.
[293] FREIRE, Anderson. Música: *Raridade*. Composição de Anderson Freire. Disponível em: https://www.letras.mus.br/anderson-freire/raridade/. Acesso em: 28 jun. 2021.

> Sua raridade não está naquilo que você possui
> Ou que sabe fazer
> Isso é mistério de Deus com você
>
> Você é um espelho
> Que reflete a imagem do Senhor
> Não chore se o mundo ainda não notou
> Já é o bastante Deus reconhecer o seu valor
>
> Você é precioso
> Mais raro que o ouro puro de Ofir
> Se você desistiu, Deus não vai desistir
> Ele está aqui pra te levantar se o mundo te fizer cair

Nessa perspectiva, a expressão *direitos da pessoa humana* prevista no art. 34, VII, *b*, da CF/1988, alude ao conceito de *direitos humanos*, ou seja, às "faculdades que o Direito atribui a pessoas e aos grupos sociais, expressão de suas necessidades relativas à vida, liberdade, igualdade, participação política, ou social ou a qualquer outro aspecto fundamental que afete o desenvolvimento integral das pessoas em uma comunidade de homens livres, exigindo o respeito ou a atuação dos demais homens, dos grupos sociais e do Estado, e com garantia dos poderes públicos para restabelecer seu exercício em caso de violação ou para realizar sua prestação". Na concepção de Peres Luño, direitos humanos consistem no "conjunto de faculdades e instituições que, em cada momento histórico, concretizam as exigências de dignidade, liberdade e igualdade humanas, as quais devem ser reconhecidas positivamente pelos ordenamentos jurídicos em nível nacional e internacional". Por último, Konrad Hesse define direitos humanos como um "conjunto mínimo de direitos necessário para assegurar uma vida do ser humano baseada na liberdade, igualdade e na dignidade".[294]

Os direitos humanos têm por escopo proporcionar uma vida digna ao ser humano. Na lição de Ingo Sarlet, a dignidade humana pode ser conceituada como "a qualidade intrínseca e distintiva reconhecida em cada ser humano que o faz merecedor do mesmo respeito e consideração por parte do Estado e da comunidade, implicando, neste sentido, em complexo de direitos e deveres fundamentais que assegurem a pessoa tanto contra todo e qualquer ato de cunho degradante e desumano, como venham a lhe garantir as condições existenciais mínimas para uma vida saudável, além de propiciar e promover sua participação ativa e corresponsável nos destinos da própria existência e da vida em comunhão com os demais seres humanos, mediante o devido respeito aos demais seres que integram a rede da vida".[295]

---

[294] RAMOS, André de Carvalho. *Teoria geral dos direitos humanos na ordem internacional*. 2. ed. São Paulo: Saraiva, 2021, p. 30.
[295] SARLET, Ingo Wolfgang. *Dignidade (da pessoa) humana e direitos fundamentais na Constituição Federal de 1988*. 10. ed. Porto Alegre: Livraria do Advogado, 2015, p. 70-71.

Ressalte-se que, conforme a Declaração de Viena, os direitos humanos são indivisíveis, interdependentes e inter-relacionados, sendo dever dos Estados respeitá-los: "Todos os Direitos Humanos são universais, indivisíveis, interdependentes e inter-relacionados. A comunidade internacional deve considerar os Direitos Humanos, globalmente, de forma justa e equitativa, no mesmo pé e com igual ênfase. Embora se deva ter sempre presente o significado das especificidades nacionais e regionais e os diversos antecedentes históricos, culturais e religiosos, compete aos Estados, independentemente dos seus sistemas políticos, econômicos e culturais, promover e proteger todos os Direitos Humanos e liberdades fundamentais" – Seção I, (5).[296]

Assim, o Poder Judiciário deve garantir a normatividade dos direitos humanos em seu caráter indivisível e inter-relacionado. Para tanto, afigura-se imprescindível que os magistrados atuem de forma independente e imparcial, de modo a cumprir a Constituição, as leis, os tratados e convenções internacionais sobre direitos humanos. A esse respeito, estabelece os **Princípios de Bangalore de Conduta Judicial,** editado pelas Nações Unidas (ONU): "Considerando a importância de um Judiciário competente, independente e imparcial para a *proteção dos direitos humanos*, é dado ênfase ao fato de que a implementação de todos os outros direitos, ao final, depende acima de tudo de uma administração apropriada da Justiça. Considerando que, para haver um Judiciário competente, independente e imparcial, é essencial que *as cortes cumpram seu papel de defender o constitucionalismo e a lei.* (...) 2. O *Judiciário deverá decidir as questões* com imparcialidade, baseado em fatos e de acordo com a lei, *sem quaisquer restrições, influências indevidas, induções, pressões, ameaças ou interferências* direta ou indireta de qualquer direção ou por qualquer razão. 3. O Judiciário terá jurisdição sobre todas as matérias de natureza jurídica e terá exclusiva autoridade para decidir se uma matéria submetida à sua decisão está dentro de sua competência legal".[297] (Grifos nossos)

Com efeito, segundo E. Denninger, "para a jurisdição constitucional, quando provocada a intervir na solução de determinado conflito versando sobre as diversas dimensões da dignidade [na qual se funda os direitos humanos], não existe a possibilidade de recusar a sua manifestação, sendo, portanto, compelida a proferir uma decisão, razão pela qual já se percebe que não há como dispensar uma compreensão (ou conceito) jurídica da dignidade da pessoa humana, já que desta – e à luz do caso examinado pelos órgãos judiciais – haverão de ser extraídas

---

[296] CEDIN. Centro de Direito Internacional. Declaração e Programa de Ação de Viena. *Conferência Mundial sobre Direitos Humanos.* Junho de 1993. Disponível em: https://www.oas.org/dil/port/1993%20Declara%C3%A7%C3%A3o%20e%20Programa%20de%20Ac%C3%A7%C3%A3o%20adoptado%20pela%20Confer%C3%AAncia%20Mundial%20de%20Viena%20sobre%20Direitos%20Humanos%20em%20junho%20de%201993.pdf.

[297] Acesso em: 22 abr. 2021.
ONU. Organização das Nações Unidas. Escritório Contra Drogas e Crimes (Unodc). *Comentários aos Princípios de Bangalore de Conduta Judicial.* Brasília: Conselho da Justiça Federal, 2008, p. 33 e 38-39. Disponível em: https://www.unodc.org/documents/lpo-brazil/Topics_corruption/Publicacoes/2008_Comentarios_aos_Principios_de_Bangalore.pdf. Acesso em: 22 abr. 2021.

determinadas consequências jurídicas, muitas vezes decisivas para a proteção da dignidade das pessoas concretamente consideradas".[298]

Esclareça-se que a locução "direitos humanos" não se confunde com "direitos fundamentais". Isso porque *direitos humanos* são as prerrogativas jurídicas titularizadas pelos seres humanos na ótica do direito internacional, ou seja, são normas previstas em Tratados, Convenções, Pactos, Declarações internacionais, etc. Noutro giro, os *direitos fundamentais* são os direitos e garantias reconhecidos aos indivíduos pelos Estados por meio da Constituição do seu país, ou seja, são os direitos e garantias constantes na Lei Fundamental no âmbito estatal. Dessa forma, os "direitos humanos" são protegidos na seara internacional, ao passo que os "direitos fundamentais" são amparados no âmbito doméstico. Como se vê, o paradigma fiscalizatório dos direitos humanos são as "normas internacionais". Já o parâmetro de controle dos direitos fundamentais é a "Constituição" do Estado soberano.

Logicamente, direitos humanos (previstos internacionalmente) podem ostentar também a natureza de direitos fundamentais (consagrados na Constituição), a exemplo do direito à liberdade, que consta no Pacto Internacional sobre Direitos Civis e Políticos (art. 9, nº 1), bem como no art. 5º, *caput*, da Constituição Federal de 1988. Todavia, outros direitos garantidos no plano internacional por vezes não possuem correspondência no âmbito normativo do Estado soberano, mas que finda por moldá-lo, a exemplo do art. 7º, nº 5, da Convenção Americana sobre Direito Humanos (Pacto de São José da Costa Rica), que determina: "Toda pessoa detida ou retida deve ser conduzida, sem demora, à presença de um juiz ou outra autoridade autorizada pela lei a exercer funções judiciais e tem direito a ser julgada dentro de um prazo razoável ou a ser posta em liberdade, sem prejuízo de que prossiga o processo. Sua liberdade pode ser condicionada a garantias que assegurem o seu comparecimento em juízo". Diante dessa previsão internacional, o Supremo Tribunal Federal decidiu que "estão obrigados juízes e tribunais, observados os artigos 9.3 do Pacto dos Direitos Civis e Políticos e 7.5 da Convenção Interamericana de Direitos Humanos, a realizarem, em até noventa dias, audiências de custódia, viabilizando o comparecimento do preso perante a autoridade judiciária no prazo máximo de 24 horas, contado do momento da prisão" (ADPF nº 347 MC – Tribunal Pleno – Rel. Min. Marco Aurélio – Julgamento: 09/09/2015). Ato contínuo, por meio da Resolução nº 213, de 15 de dezembro de 2015, o Conselho Nacional de Justiça determinou aos Tribunais a obrigatoriedade de apresentação de toda pessoa presa à autoridade judicial no prazo de 24 horas.

Portanto, a locução "direitos humanos" possui maior abrangência normativa, pois salvaguardam os indivíduos na seara global, e não apenas na perspectiva local, moldando o sistema jurídico interno, além de garantir direitos ainda que inexistentes ou insuficientes no âmbito doméstico.

---

[298] SARLET, Ingo Wolfgang (org.). *Dimensões da dignidade*. Ensaios de filosofia do direito e direito constitucional. 2. ed. Porto Alegre: Livraria do Advogado, 2009, p. 19.

Ademais, os "direitos humanos" caracterizam-se pela especificidade protetiva, ou seja, contém normas específicas sobre diversos temas afetos aos seres humanos. Exemplificadamente, o Decreto nº 9.522, de 8 de outubro de 2018, promulgou o *Tratado de Marraqueche* para facilitar o acesso a obras publicadas às pessoas cegas, com deficiência visual ou com outras dificuldades para acesso ao texto impresso, firmado em Marraqueche, no Marrocos, em 27 de junho de 2013. Informe-se que o aludido tratado ostenta natureza jurídica de norma constitucional, isto é, de Emenda à Constituição, pois foi aprovado pelo Congresso Nacional por meio do Decreto Legislativo nº 261, de 25 de novembro de 2015, conforme o procedimento de que trata o §3º do art. 5º da Carta Magna.

Com base nessa norma internacional, as Partes Contratantes estabelecerão na sua legislação nacional de direito de autor uma limitação ou exceção aos direitos de reprodução, de distribuição, bem como de colocação à disposição do público, tal como definido no Tratado da OMPI sobre Direito de Autor, para facilitar a disponibilidade de obras em formatos acessíveis aos beneficiários. A limitação ou exceção prevista na legislação nacional deve permitir as alterações necessárias para tornar a obra acessível em formato alternativo. As Partes Contratantes podem também estabelecer uma exceção ao direito de representação ou execução pública para facilitar o acesso a obras para beneficiários. É permitido às entidades autorizadas, sem a autorização do titular dos direitos de autor, produzir um exemplar em formato acessível e fornecer tais exemplares para o beneficiário, por qualquer meio, inclusive por empréstimo não-comercial ou mediante comunicação eletrônica por fio ou sem fio; e realizar todas as medidas intermediárias para atingir esses objetivos, quando todas as seguintes condições forem atendidas: (i) a entidade autorizada que pretenda realizar tal atividade tenha acesso legal à obra ou a um exemplar da obra; (ii) a obra seja convertida para um exemplar em formato acessível, o que pode incluir quaisquer meios necessários para consultar a informação nesse formato, mas não a introdução de outras mudanças que não as necessárias para tornar a obra acessível aos beneficiários; (iii) os exemplares da obra no formato acessível sejam fornecidos exclusivamente para serem utilizados por beneficiários; (iv) a atividade seja realizada sem fins lucrativos; e (b) um beneficiário, ou alguém agindo em seu nome, incluindo a pessoa principal que cuida do beneficiário ou se ocupe de seu cuidado, poderá produzir um exemplar em formato acessível de uma obra para o uso pessoal do beneficiário, ou de outra forma poderá ajudar o beneficiário a produzir e utilizar exemplares em formato acessível, quando o beneficiário tenha acesso legal a essa obra ou a um exemplar dessa obra (art. 4º).

Outrossim, a República Federativa do Brasil, entre outros princípios, rege-se nas suas relações internacionais pela *prevalência dos direitos humanos*, nos termos do art. 4º, II, da Carta Magna. Logo, "os direitos humanos deverão estar em primeiro plano. Deverão prevalecer. Na escala dos valores jurídicos, existe uma hierarquia de valores, cuja violação é diretamente proporcional ao lugar ocupado pelo 'valor', conforme sua colocação ascendente na escala. Há valores que, violados, podem ser ressarcidos pelo infrator da norma. Os direitos humanos que ocupam os lugares mais altos da pirâmide não podem ser ressarcidos, porque pertencem à parte mais sagrada do ser humano. Os direitos humanos não se definem, sendo mais fácil determiná-los pelas violações a que se encontram sujeitos".[299]

Portanto, se Estado-membro ou o Distrito Federal, acentuadamente, não cumprir tratados internacionais ou normas asseguradoras relativas a direitos humanos (declarações, pactos, convenções, etc.), a União poderá intervir no referido ente da federação recalcitrante a fim de assegurar a efetividade de normas internacionais sobre direitos da pessoa humana, bem como para evitar sua eventual responsabilização no âmbito do direito internacional (Comissão de Direitos Humanos da ONU, Corte Interamericana de Direitos Humanos, Tribunal Penal Internacional, etc.). Assente-se que não é qualquer ato violador a direitos humanos ou descumprimento de norma internacional que autoriza a decretação de intervenção federal no Estado ou DF, visto que a intervenção é medida excepcional e aplicada na ausência de outro instituto apto a restaurar a ordem jurídica. Isso porque o ordenamento jurídico oferece diversos mecanismos reestabelecedores ante violação às suas normas. Por exemplo, compete à Justiça Estadual processar e julgar crimes graves de direitos humanos, sendo cabível incidente de deslocamento de competência para a Justiça Federal ante a incapacidade das autoridades locais de oferecer respostas efetivas persecutórias (IDC 24/DF – Terceira Seção – Rel. Min. Laurita Vaz – Data do Julgamento 27/05/2020). O art. 109, §5º, da Constituição Federal, oriundo da Emenda Constitucional nº 45/2004, expressamente declara: "Nas hipóteses de grave violação de direitos humanos, o Procurador-Geral da República, com a finalidade de assegurar o cumprimento de obrigações decorrentes de tratados internacionais de direitos humanos dos quais o Brasil seja parte, poderá suscitar, perante o Superior Tribunal de Justiça, em qualquer fase do inquérito ou processo, incidente de deslocamento de competência para a Justiça Federal".

Igualmente, em caso de violação a direitos humanos pelo Brasil, compete à Justiça Federal processar e julgar demanda ressarcitória, em conformidade com o art. 109, III, da Carta Magna. Afigura-se necessário regular apuração persecutória, bem como reparação às vítimas – se presentes os seus pressupostos –, sob pena de o país sujeitar-se a posterior responsabilidade internacional (princípio da subsidiariedade), a exemplo do caso Ximenes Lopes *vs.* Brasil. Esse foi o primeiro processo internacional envolvendo violação de direitos humanos de pessoa com deficiência mental em face do Estado brasileiro. "Na época dos fatos, Ximenes Lopes tinha 30 anos de idade e vivia com a sua mãe numa pequena cidade, situada a aproximadamente uma hora da cidade de Sobral, sede da Casa de Repouso Guararapes. Ximenes Lopes foi admitido na Casa de Repouso Guararapes, como paciente do Sistema Único de Saúde (SUS), em perfeito estado físico, em outubro

---

[299] CRETELLA JÚNIOR, José. *Comentários à Constituição brasileira de 1988*. Vol. I. Rio de Janeiro: Forense Universitária, 1990, p. 172.

de 1999. No momento do seu ingresso não apresentava sinais de agressividade nem lesões corporais externas. Após dois dias, Ximenes Lopes teve uma crise de agressividade, tendo que ser retirado do banho à força por um auxiliar da enfermaria e por outros pacientes. Na noite do mesmo dia, Ximenes Lopes teve outro episódio de agressividade e voltou a ser submetido a contenção física. No dia seguinte, a mãe de Ximenes Lopes foi visita-lo na Casa de Repouso Guararapes e o encontrou sangrando, com hematomas, sujo e fedendo excremento, com as mãos amarradas para trás, com dificuldade de respirar, num estado agonizante, gritando e pedindo auxílio à polícia. Ximenes Lopes faleceu no mesmo dia, aproximadamente duas horas depois de ter sido medicado pelo diretor clínico do hospital, e sem qualquer assistência médica no momento da sua morte. Seus familiares interpuseram uma série de recursos judiciais, porém, o Estado não realizou maiores investigações nem puniu os responsáveis".

Após o processamento do caso, a Corte Interamericana de Direitos Humanos concluiu que o Estado brasileiro violou: "(I) os direitos à vida e à integridade pessoal de Ximenes Lopes (CADH, arts. 4.1, 5.1 e 5.2); (II) o direito à integridade pessoal de seus familiares, vitimados por diversos problemas de saúde decorrentes do estado de tristeza e angústia ocasionado no contexto dos fatos narrados; e (III) os direitos às garantias judiciais e à proteção judicial consagrados nos arts. 8.1 e 25.1 da CADH, em razão da ineficiência em investigar e punir os responsáveis pelos maus-tratos e óbito da vítima. Finalmente, a CorteIDH determinou que o Estado brasileiro indenizasse os familiares de Ximenes Lopes pelos danos materiais e imateriais provocados, além de ter ordenado diversas outras obrigações, a exemplo do dever de garantir, em prazo razoável, que o processo interno destinado a investigar e punir os responsáveis pelos fatos deste caso seja regularmente desenvolvido. O caso Ximenes Lopes foi a primeira condenação sofrida pelo Brasil na CorteIDH".[300]

Diante disso, nem toda violação a direitos da pessoa humana autorizará a decretação de intervenção federal em Estado-membro, uma vez que deve ser intensa, contumaz ou generalizada. Nesse sentido, corrobora Ricardo Lewandowski: "A violação dos direitos e liberdades fundamentais por parte dos Estados e do Distrito Federal, portanto, justifica a intervenção, admitindo-se, nessa hipótese, em caráter excepcional, uma interpretação extensiva do dispositivo constitucional em tela, até porque a dignidade humana figura como um dos fundamentos da República Federativa do Brasil, nos termos do art. 1º, I, da Carta Magna. É evidente que não será uma violação pontual a algum direito fundamental por parte de alguma autoridade local que autorizará a medida extrema. A intervenção só é lícita em casos de atentados maciços ou recorrentes aos direitos e garantias dos cidadãos, que não possam ser corrigidos pelos canais institucionais ordinários. Existem, pois, meios institucionais menos

---

[300] PAIVA, Caio. HEEMANN, Thimotie Aragon. *Jurisprudência Internacional de Direitos Humanos*. 2. ed. Belo Horizonte: Editora CEI, 2017, p. 312-314.

traumáticos, os quais podem ser acionados antes de recorrer-se à medida extrema que é a intervenção em alguma unidade federada, para proteger os direitos da pessoa".[301]

Nesse sentido é a jurisprudência do Supremo Tribunal Federal: "Intervenção Federal. 2. Representação do Procurador-Geral da República pleiteando intervenção federal no Estado de Mato Grosso, para assegurar a observância dos 'direitos da pessoa humana', em face de fato criminoso praticado com extrema crueldade a indicar a inexistência de 'condição mínima', no Estado, 'para assegurar o respeito ao primordial direito da pessoa humana, que é o direito à vida'. Fato ocorrido em Matupá, localidade distante cerca de 700 km de Cuiabá. 3. Constituição, arts. 34, VII, letra 'b', e 36, III. 4. Representação que merece conhecida, por seu fundamento: alegação de inobservância pelo Estado-membro do princípio constitucional sensível previsto no art. 34, VII, alínea 'b', da Constituição de 1988, quanto aos 'direitos da pessoa humana'. Legitimidade ativa do Procurador-Geral da República (Constituição, art. 36, III). 5. Hipótese em que estão em causa 'direitos da pessoa humana', em sua compreensão mais ampla, revelando-se impotentes as autoridades policiais locais para manter a segurança de três presos que acabaram subtraídos de sua proteção, por populares revoltados pelo crime que lhes era imputado, sendo mortos com requintes de crueldade. 6. Intervenção Federal e restrição à autonomia do Estado-membro. Princípio federativo. Excepcionalidade da medida interventiva. 7. No caso concreto, o Estado de Mato Grosso, segundo as informações, está procedendo à apuração do crime. Instaurou-se, de imediato, inquérito policial, cujos autos foram encaminhados à autoridade judiciária estadual competente que os devolveu, a pedido do Delegado de Polícia, para o prosseguimento das diligências e averiguações. 8. Embora a extrema gravidade dos fatos e o repúdio que sempre merecem atos de violência e crueldade, não se trata, porém, de situação concreta que, por si só, possa configurar causa bastante a decretar-se intervenção federal no Estado, tendo em conta, também, as providências já adotadas pelas autoridades locais para a apuração do ilícito. 9. Hipótese em que não é, por igual, de determinar-se intervenha a Polícia Federal, na apuração dos fatos, em substituição à Polícia Civil de Mato Grosso. Autonomia do Estado-membro na organização dos serviços de justiça e segurança, de sua competência (Constituição, arts. 25, §1º; 125 e 144, §4º). 10. Representação conhecida, mas julgada improcedente" (IF 114 – Tribunal Pleno – Rel. Min. Néri da Silveira – Julgamento: 13/03/1991).

Portanto, justifica-se, excepcionalmente, a decretação de intervenção federal nos Estados-membros ou no DF para assegurar os direitos da pessoa humana no âmbito regional ou distrital em caso de violação grave, sistemática ou persistente, de forma a garantir a observância do princípio da prevalência dos direitos humanos (art. 4º, II), salvaguardando-se os valores substantivos constantes na Constituição da República.

---

[301] LEWANDOWSKI, Enrique Ricardo. *Pressupostos materiais e formais da intervenção federal no Brasil*. 2. ed. Belo Horizonte: Fórum, 2018, p. 128-129.

c) Autonomia municipal

A autonomia municipal constitui elemento essencial na disposição de poder no Estado-federal. Inicialmente, o vocábulo *autonomia* significa a capacidade de governar a si mesmo, de determinar algo pelos próprios meios, ou seja, é a aptidão de agir autonomamente, de tomar decisões livremente, autodeterminar-se.[302] A autonomia municipal consiste na capacidade decisória atribuída aos Municípios, reconhecendo-lhes independência na resolução de determinados assuntos de sua competência, notadamente os assuntos de interesse local. Vale dizer, o ente municipal detém liberdade para traçar normas locais e disposições organizatórias na extensão territorial de sua competência, sendo dirigido e governado de acordo com a vontade dos seus habitantes legitimamente eleitos, nos termos da Constituição Federal.

Historicamente, a autonomia municipal foi prevista timidamente na Constituição Imperial de 1824. "Em todas as Cidades e Vilas ora existentes, e nas mais, que para o futuro se criarem haverá Câmaras, às quais compete o Governo econômico, e municipal das mesmas Cidades, e Villas. As Câmaras serão eletivas, e compostas do número de Vereadores, que a Lei designar, e o que obtiver maior número de votos, será Presidente. O exercício de suas funções municipais, formação das suas Posturas policiais, aplicação das suas rendas, e todas as suas particulares, e uteis atribuições, serão decretadas por uma Lei regulamentar" (arts. 167, 168 e 169).

Na Constituição Republicana de 1891, foi reconhecida expressamente a autonomia dos Municípios nos assuntos peculiares ao seu território, devendo ser respeitada pelos Estados-membros: "Os Estados organizar-se-ão de forma que fique assegurada a autonomia dos Municípios em tudo quanto respeite ao seu peculiar interesse" (art. 68). Nos Comentários à Constituição de 1891, João Barbalho assinala: "O deputado Meira de Vasconcelos aventará a ideia de deixar-se aos municípios o cuidado e tarefa de se constituírem, reconhecendo-lhes o direito de se organizarem eles por leis suas, com as limitações que resultassem das Constituições dos respectivos Estados. Com este intuito apresentou a seguinte: 'Os municípios organizar-se-ão de acordo com as Constituições dos Estados respectivos, observadas as seguintes bases: 1º Completa autonomia em tudo quanto respeite ao seu peculiar interesse; 2º Eletividade da administração local; 3º Faculdade de celebrarem com um ou mais municípios do mesmo Estado os ajustes necessários para a realização de obras ou serviços da restrita competência de cada um, em seu respectivo território. E justificava essa emenda, produzindo as seguintes considerações (Anais do Congr. Const., vol. II, pag. 199):

> 'Entendo que teríamos sofismado a patriótica aspiração da autonomia do poder municipal, se não déssemos aos municípios o direito de se organizarem, observadas apenas aquelas restrições que têm por fim manter a linha divisória entre a competência dos Estados e a

---
[302] HOUAISS. *Dicionário da língua portuguesa*. Rio de Janeiro: Objetiva, 2009, p. 225.

dos mesmos municípios. Com esta emenda pretendo fazer com que na organização dos municípios não se verifique essa uniformidade que, se é funesta em relação à organização dos Estados, é funestíssima e perigosíssima no regime federativo em relação à organização municipal. O sistema federativo deve deixar a cada município consultar os seus interesses especiais e tantas outras circunstâncias que não se pode deixar de considerar outros tantos fatores de uma boa organização comunal. Em relação aos municípios é ainda mais capital a necessidade da autonomia, e em um regime federativo não se pode pretender que pelos moldes do município A possa ser organizado o município Z; porque a organização que convém a um município pode comprometer os interesses de outro município que tem interesses diversos. Um município pode viver e tirar seu engrandecimento das indústrias manufatureiras, outro da lavoura, outro da criação, ainda outro de todas essas indústrias ou de mais de uma delas. Como, pois, organizar os municípios uniformemente e sob as mesmas condições?'

Damos razão ao autor da emenda quanto ao reconhecer aos municípios o direito de se organizarem, e nisto somos coerentes com o que estabelecíamos no 'Esboço de organização Política Administrativa' que, – na qualidade de membro da comissão incumbida pelo governador de Pernambuco de elaborar a Constituição que devia ser submetida à assembleia do mesmo Estado – apresentamos a dita comissão para base de seu importante trabalho. Aí consagrávamos a liberdade dos municípios se constituírem, fazendo cada um deles mesmos sua lei orgânica, respeitadas a Constituição federal e a do Estado e garantindo-lhes esta o poder de promoverem e zelarem conforme mais conveniente entendessem, tudo quanto se refere à sua vida econômica e administrativa, sem dependência alguma de estranha autoridade, salvo a judiciária por via de recurso ou mediante denúncia ou queixa, nos casos permitidos por lei ('Esboço', cit., arts. 11 a 21). Mui convictamente o propúnhamos. O pleno exercício da liberdade municipal é não só um direito, mas uma condição *sine qua* de uma organização constitucional, sobre a base de *self-government*. Há muito se sabe que a direção dos negócios de todos pertence a todos, isto é, aos representantes e delegados de todos; o que só interessa a uma fração, por esta deve ser decidido; o que unicamente diz respeito ao indivíduo, só dele deve depender. Em cada município cada indivíduo tem interesses que só a ele importam e, portanto, não estão sob jurisdição municipal. Outros interesses, porém, afetam aos outros municípios, são-lhes comuns, e naturalmente entram na competência municipal. Mas, como só a eles, à competência municipal que eles constituem, é que esses interesses são aferentes – num regime democrático nenhuma autoridade que não seja constituída por delegação sua e na forma de ato orgânico seu, terá o poder de regulá-los, desde que não envolvam consigo interesses estranhos e diferentes, e fique na órbita exclusiva do 'poder municipal', sem haver interferência nem dependência de diversa autoridade".

"Desde que o assunto é puramente municipal, não cabe na gestão do Estado, como não cabe na da União o que for puramente estadual. E assim como o próprio Estado é o regulador dos negócios que são exclusivamente seus e estabelece sua 'Constituição', seu código fundamental para a gerência desses seus negócios, – igualmente e com o mesmo direito, o município faz sua lei orgânica, seu estatuto basilar, e por ele institui e rege a administração de seus negócios particulares.

E esta entrega dos negócios municipais, sem exceção, aos próprios municípios é não somente lógica, num regime federal representativo, como é benéfica e de salutares efeitos. Esta gestão independente e autonômica é própria a dar o menor incremento à vida local. Sentindo os municípios que realmente esta depende só deles, que são assim senhores e árbitros dos negócios municipais, desprendem-se da inércia e indiferença, de que do contrário se deixariam possuir, e atiram-se com sério empenho à atividade e trabalho em prol desses interesses, cuja satisfação aproveita tão intimamente à sua localidade, e mourejam por mantê-la próspera, por melhorá-la. Ora, o município é uma miniatura da pátria, uma imagem reduzida dela, é nas coisas políticas, como já o disso alguém, o primeiro amor do cidadão. Esse amor, esse aferro ao torrão natal, ao círculo das relações de vizinhança, da contiguidade, da comunidade de interesses, engendra o espírito cívico. A autonomia local o desenvolve, o engrandece, o nobilita. E esse patriotismo local, de si mesmo sereno, intenso, duradouro, é a raiz do patriotismo nacional. É erro, pois, cercear essa autonomia. Seria mais que erro mesmo, um verdadeiro atentado, se prevalecesse na República o sentimento vesgo, desconfiado, tacanho, esterilizador, que na monarquia atrofiou o elemento municipal. A história ensina que os países de liberdades municipais são os de maior resistência à tirania. É lição para aproveitar-se".[303]

Igualmente, nos comentários à Constituição de 1891, Carlos Maximiliano preleciona: "as municipalidades gozam do direito de legislar sobre assuntos de interesse local e, por isso, melhor conhecidos em suas particularidades pelos habitantes da cidade ou vila. A restrição especial a semelhante respeito consiste em se não permitir antinomia com as leis básicas ou ordinárias superiores, isto é, da União e do Estado (*Black*). Há outros preceitos, embora comuns ao Congresso Nacional e às assembleias regionais. Não se fazem proibições desarrazoadas e injustas, nem se nega a certos indivíduos ou corporações religiosas o que se concede a outras: a democracia constitucional repele distinções e preferências entre pessoas e, sobretudo, entre escolas filosóficas. Conclui-se do exposto um sério obstáculo aos monopólios. Deve haver igualdade de direitos, franquias e capacidades. Não se admite que a própria municipalidade exerça comércio, embora disfarçado, nem a agricultura com o intuito de lucro. Pode, entretanto, diminuindo ou aumentando impostos, animar certas culturas ou empresas necessárias e dificultar o desenvolvimento das atrasadas ou prejudiciais.

A mais importante das atribuições municipais é a polícia preventiva; a repressiva ou judiciária compete ao Estado, que, em regra, auxilia a edilidade a manter a ordem (*Beard*). Vela as autoridades locais pela saúde e conforto dos habitantes das cidades, fiscalizam edificações, providenciam para extinguir incêndios, promovem divertimentos populares, preparam logradouros públicos, obrigam a respeitar a moral, cuidam das indigentes, prestam assistência, nas

---

[303] BARBALHO, João. *Constituição Federal brasileira*. Comentários. 2. ed. Rio de Janeiro: F. Briguiet e Cia Editores, 1924, p. 381-382.

ruas, aos enfermos e, em toda parte, às vítimas de acidentes (*Beard*). Regulam o comércio ambulante e o de bebidas tóxicas, os transportes urbanos de pessoas e mercadorias, a mendicidade, as representações teatrais, os banhos nas praias, etc. (*Beard*). Mantêm e auxiliam escolas e instituições de beneficência que não tenham fins preponderantemente religiosos (*Black*). Possuem e adquirem bens e legados para o desempenho das suas funções humanitárias ou educativas (*Black*). Desapropriam imóveis necessários para os seus serviços, quando autorizados pela Constituição do Estado a exercer essa parcela de autoridade. Quando tal poder lhes não é delegado, a legislatura regional decreta a desapropriação (*Black*). Realizam obras de irrigação, fiscalizam o aproveitamento equitativo desta (González) e contraem empréstimos para custear quaisquer serviços (Beard). Denominam-se posturas municipais as leis emanadas do Conselho, que regulam assuntos locais e cominam penas".[304]

A Carta Magna de 1988 foi a Constituição que mais outorgou autonomia aos Municípios, sendo, agora, ente que compõe a organização político-administrativa da República Federativa do Brasil, assim como a União, os Estados-membros e o Distrito Federal (art. 18, *caput*, CF de 1988). De acordo com José Afonso da Silva, "a autonomia municipal é assegurada pelos arts. 18 e 29, e garantida contra os Estados no art. 34, VII, *c*, da Constituição. Autonomia significa capacidade ou poder de gerir os próprios negócios, dentro de um círculo prefixado por entidade superior. E é a Constituição Federal que apresenta como poder distribuidor de competências exclusivas entre as três esferas de governo. As Constituições até agora outorgavam aos Municípios só governo próprio e a competência exclusiva, que correspondem ao mínimo para que uma entidade territorial tenha autonomia constitucional. Agora foi-lhes reconhecido o poder de auto-organização, ao lado do governo próprio e de competências exclusivas, e ainda com ampliação destas, de sorte que a Constituição criou verdadeiramente uma nova instituição municipal no Brasil. Por outro lado, não há mais qualquer hipótese de prefeitos nomeados. Tornou-se plena, pois, a capacidade de autogoverno municipal entre nós".

Atualmente, a autonomia municipal funda-se em quatro capacidades: "(a) capacidade de auto-organização, mediante a elaboração de lei orgânica própria; (b) capacidade de autogoverno, pela eletividade do Prefeito e dos Vereadores às respectivas Câmaras Municipais; (c) capacidade normativa própria, ou capacidade de autolegislação, mediante a competência de elaboração de leis municipais sobre áreas que são reservadas à sua competência exclusiva e suplementar; (d) capacidade de auto-administração (administração própria, para manter e prestar os serviços de interesse local). Nessas quatro capacidades, encontram-se caracterizadas a *autonomia política* (capacidade de auto-organização de autogoverno), a *autonomia normativa* (capacidade de fazer leis próprias

---

[304] MAXIMILIANO, Carlos. *Comentários à Constituição brasileira*. 2. ed. Rio de Janeiro: Jacintho Ribeiro dos Santos, 1923, p. 640-642.

sobre matérias de sua competência), a *autonomia administrativa* (administração própria e organização dos serviços locais) e a *autonomia financeira* (capacidade de decretação de seus tributos e aplicação de suas rendas, que é uma característica da auto-administração)".[305]

Em decorrência do princípio da autonomia, é competência dos próprios Municípios elaborar a sua Lei Orgânica, que é a norma máxima criada e aplicada no âmbito municipal. Naturalmente, a Lei Orgânica deve respeitar os princípios estabelecidos na Constituição Federal e na Constituição Estadual (art. 29, CF/1988). No que concerne ao conteúdo, a Lei Orgânica municipal pode dispor sobre: i) a organização administrativa do Município; ii) normas relativas aos Poderes Executivo e Legislativo municipais; iii) competências legislativas comum, privativa e suplementar da municipalidade; iv) regras do processo legislativo municipal; v) disciplinamento contábil, financeiro e orçamentário do Município; vi) assuntos de interesse preponderantemente local, desde que não transgridam as normas de competência da União ou dos Estados.[306]

Celso Ribeiro Bastos assinala: "o princípio federativo brasileiro se traduz na autonomia recíproca constitucionalmente assegurada da União, dos Estados Federados e dos Municípios. O Município é peça estrutural do regime federativo brasileiro, à semelhança da União e dos próprios Estados. A Constituição Federal estabelece uma verdadeira paridade de tratamento entre o Município e as demais pessoas jurídicas, assegurando-lhe autonomia de autogoverno, de administração própria e de legislação própria no âmbito de sua competência (art. 29, I, e 30 e incisos). O conceito-chave utilizado pela Constituição para definir a área de atuação do Município é o de interesse local. Cairá, pois, na competência municipal tudo aquilo que for de seu interesse local. Os interesses locais dos Municípios são os que entendem imediatamente com as suas necessidades imediatas, e, indiretamente, em maior ou menor repercussão, com as necessidades gerais".[307]

Portanto, os Estados-membros devem respeitar a autonomia dos Municípios, sob pena de sujeitar-se à decretação de intervenção federal, a fim de ser restabelecida a esfera de liberdade política, administrativa, financeira e normativa da municipalidade vitimada (art. 34, VII, *c*, CF de 1988).

d) Prestação de contas da administração pública direta e indireta

A prestação de contas incumbe a todos aqueles que lidam com a administração do interesse alheio. "O agente investido numa função pública está obrigado a demonstrar o regular desempenho de suas atribuições. A prestação de contas está incluída como princípio de observância obrigatória pelos Estados-membros, por ser um corolário do regime representativo".[308]

---

[305] SILVA, José Afonso da. *Curso de direito constitucional positivo*. 33. ed. São Paulo: Malheiros, 2010, p. 640-641.
[306] BULOS, Uadi Lammêgo. *Curso de direito constitucional*. 9. ed. São Paulo: Saraiva, 2015, p. 942.
[307] BASTOS, Celso Ribeiro. *Curso de direito constitucional*. 20. ed. São Paulo: Saraiva, 1999, p. 311.
[308] RIBEIRO, Fávila. *A intervenção federal nos Estados*. Fortaleza: Editora Jurídica, 1960, p. 78.

Em caso de inobservância desse dever institucional pelas unidades estaduais e distrital, afigura-se possível a decretação de intervenção federal. A previsão de intervir em Estado-membro para assegurar a prestação de contas foi inaugurada na Constituição de 1934 (art. 12, §1º c/c art. 7º, I, "f" da CF de 1934). A prestação de contas correspondia a um dos princípios sensíveis do Estado Federal, daí porque a ausência ou insuficiência do ato autorizava excepcionalmente a intervenção. Em seguida, com a mudança de regime, a Carta de 1937 foi omissa nesse ponto. Posteriormente, com a Constituição de 1946, a hipótese voltou a constar no texto constitucional, conforme o art. 7º, VII, "f" da CF/1946). De igual modo, a causa interventiva foi prevista na Constituição de 1967 (art. 10, VII, "g") e na Emenda Constitucional nº 1 de 1969 (art. 10, VII, "f").

Como se vê, a prestação de contas representa elemento fundamental no histórico das constituições brasileiras. No tocante ao conceito, a *prestação de contas* pode ser definida como "o ato pelo qual a pessoa vem demonstrar, por sua velocidade ou por exigência de outrem, a situação das contas dos negócios que estavam, sob sua administração, gerência ou gestão". Em sentido lato, expressa a "tomada de contas", que é feita voluntariamente porque está sujeito a elas, bem como aduz à "prestação de contas", que é pedida por alguém com direito a exigi-la. Especificamente, a expressão "tomada de contas" significa a "diligência processada na intenção de serem dadas e prestadas as contas por quem está obrigado a dá-las, ou as prestar. Por ela verificam-se as contas, parcela por parcela, examinam-se os documentos comprobatórios dos recebimentos e pagamentos, a fim de que se apure o saldo".[309] No direito administrativo, a "prestação de contas" consiste no "ato pelo qual os responsáveis por uma gestão (governadores, prefeitos, diretores, secretários tesoureiros, etc.) demonstram as despesas feitas para atender a uma finalidade pública. Trata-se de apresentação documentada feita pelos administradores públicos sobre o emprego de verbas destinadas ao atendimento do interesse público".[310]

A prestação de contas decorre da própria essência do Estado Republicano, visto que a palavra "república" deriva do latim *res* (coisa, bem) e *publica*, feminino de *publicus* (público, comum), entendendo-se o vocábulo como a "coisa pública ou o bem comum, isto é, o que é de todos ou pertence a todos".[311] Ora, por se tratar de coisa pública, impõe-se a demonstração dos gastos públicos, a fim de permitir o controle pelos órgãos competentes e pela sociedade. Assim, a prestação de contas afigura-se instrumento fundamental no controle e planejamento dos recursos públicos em benefício da coletividade, permitindo a fiscalização e o aprimoramento na gestão.

Com efeito, o ato de "prestar contas" constitui um dos deveres fundamentais dos administradores públicos. José dos Santos Carvalho Filho explica:

---
[309] SILVA, De Plácido e. *Vocabulário jurídico*. 26. ed. Rio de Janeiro: Forense, 2005, p. 1089 e 1408.
[310] DINIZ, Maria Helena. *Dicionário jurídico*. Volume 3. São Paulo: Saraiva, 1998, p. 706
[311] SILVA, De Plácido e. *Vocabulário jurídico*. 26. ed. Rio de Janeiro: Forense, 2005, p. 1209.

"como é encargo dos administrares públicos a gestão de bens e interesses da coletividade, decorre daí o natural dever, a eles cometido, de prestar contas de sua atividade. Se no âmbito privado o administrador já presta contas normalmente ao titular de direitos, como muito maior razão há de prestá-las aquele que têm a gestão dos interesses de toda a coletividade. O dever abrange o círculo integral da gestão, mas, sem dúvida, é na utilização do dinheiro público que mais se acentua. O dinheiro público, originário em sua maior parte da contribuição dos administrados, tem de ser vertido para os fins estabelecidos em lei. A prestação de contas de administrados pode ser realizada internamente, através dos órgãos escalonados em graus hierárquicos, ou externamente. Neste caso, o controle de contas é feito pelo Poder Legislativo por ser ele o órgão de representação popular".[312]

Conforme disposto na Carta Magna, compete ao Presidente da República prestar, anualmente, ao Congresso Nacional, dentro de sessenta dias após a abertura da sessão legislativa, as contas referentes ao exercício anterior (art. 84, XXIV, CF/1988). A prestação de contas é obrigação inerente ao princípio republicano, pois tem por pressuposto a ideia de *res publica*, isto é, coisa pública. Consectariamente, aquele que administra o faz em nome do povo, devendo prestar as devidas contas. As contas são prestadas anualmente, haja vista que os gastos públicos são autorizados para períodos anuais, em conformidade com a LOA (Lei Orçamentária Anual).[313]

O texto constitucional é claro ao exigir a prestação de contas da Administração Pública direta e indireta, sob pena se sujeitar-se à intervenção (art. 34, VII, "d", CF/1988). De acordo com Cretella Júnior, a expressão "Administração Pública" pode ser definida como a "atividade que a máquina do Estado desenvolve, mediante desempenho de atos concretos e executórios, para a consecução direta, ininterrupta e imediata do interesse público". A Administração promove a "gestão de serviços públicos". Por sua vez, a Administração direta "é a gestão de serviço público pelo próprio Estado, pelo 'centro', pelas pessoas públicas políticas". Nesse caso, o desempenho da atividade é promovido diretamente pelo Poder Público sem interposta pessoa, não havendo delegação a terceiros. São exemplos a União, os Estados, o Distrito Federal e os Municípios com atuação mediante seus órgãos públicos. Já a Administração indireta significa que a atividade não é prestada por nenhuma pessoa jurídica pública política. "No Brasil, não é a União, nem os Estados-membros, nem os Municípios, mas os colaboradores da União, os colaboradores dos Estados-membros e os colaboradores dos Municípios, quer privados, pessoas físicas ou jurídicas, quer públicos. Nesse caso, o desempenho da atividade é promovido mediante interposta pessoa, por meio de delegação de uma pessoa (titular = Poder Público) para outra (delegatário = terceiros). Em outras

---

[312] CARVALHO FILHO, José dos Santos. *Manual de direito administrativo*. 23. ed. Rio de Janeiro: Lumen Juris, 2010, p.71-72.

[313] SILVA, José Afonso da. *Comentário contextual à Constituição*. 2. ed. São Paulo: Malheiros, 2006. 489.

palavras, o "exercício é transferido do centro competente originário para entidade diversa do centro".[314] Enquadram-se nessa hipótese as autarquias, fundações públicas, empresas públicas e sociedades de economia mista.

Assim, é mediante a prestação de contas pela Administração direta e indireta que se controla as receitas públicas e os gastos efetuados pelo Governo e demais entidades controladas pelo Poder Público, divulgando-se as escolhas e a natureza do dispêndio estatal bem como a efetiva execução do orçamento, conforme previsto no plano plurianual, na lei de diretrizes orçamentárias e na lei orçamentária anual. A prestação de contas também é mecanismo de controle de dados contábeis, orçamentários e fiscais do Estado, sendo instrumento essencial no controle dos gastos e do planejamento público.

Desse modo, a *prestação de contas* constitui um dos instrumentos de transparência da gestão fiscal. Por determinação legal, "as contas apresentadas pelo Chefe do Poder Executivo ficarão disponíveis, durante todo o exercício, no respectivo Poder Legislativo e no órgão técnico responsável pela sua elaboração, para consulta e apreciação pelos cidadãos e instituições da sociedade". Além disso, "a prestação de contas da União conterá demonstrativos do Tesouro Nacional e das agências financeiras oficiais de fomento, incluído o Banco Nacional de Desenvolvimento Econômico e Social, especificando os empréstimos e financiamentos concedidos com recursos oriundos dos orçamentos fiscal e da seguridade social e, no caso das agências financeiras, avaliação circunstanciada do impacto fiscal de suas atividades no exercício" (arts. 48 e 49 da LC nº 101/2000).

No que concerne à escrituração, as contas públicas devem obedecer às normas de contabilidade pública, atentando-se sobretudo: I) a disponibilidade de caixa constará de registro próprio, de modo que os recursos vinculados a órgão, fundo ou despesa obrigatória fiquem identificados e escriturados de forma individualizada; II) a despesa e a assunção de compromisso serão registradas segundo o regime de competência, apurando-se, em caráter complementar, o resultado dos fluxos financeiros pelo regime de caixa; III) as demonstrações contábeis compreenderão, isolada e conjuntamente, as transações e operações de cada órgão, fundo ou entidade da administração direta, autárquica e fundacional, inclusive empresa estatal dependente; IV) as receitas e despesas previdenciárias serão apresentadas em demonstrativos financeiros e orçamentários específicos; V) as operações de crédito, as inscrições em Restos a Pagar e as demais formas de financiamento ou assunção de compromissos junto a terceiros deverão ser escrituradas de modo a evidenciar o montante e a variação da dívida pública no período, detalhando, pelo menos, a natureza e o tipo de credor; VI) a demonstração das variações patrimoniais dará destaque à origem e ao destino dos recursos provenientes da alienação de ativos (art. 50, LC nº 101/2000).

---

[314] CRETELLA JÚNIOR, José. *Tratado de direito administrativo*. Teoria do direito administrativo. Volume I. 2. ed. Rio de Janeiro: Forense, 2002, p. 31-35.

O ato de o governo e outras entidades do setor público prestarem contas constitui dever ínsito à gestão da coisa pública, porquanto são os cidadãos que proveem os recursos financeiros que são administrados pelo Estado. "O atendimento das obrigações relacionadas à prestação de contas e responsabilização (*accountability*) requer o fornecimento de informações sobre a gestão dos recursos da entidade confiados com a finalidade de prestação de serviços aos cidadãos e aos outros indivíduos, bem como a sua adequação à legislação, regulamentação ou outra norma que disponha sobre a prestação dos serviços e outras operações. Em razão da maneira pela qual os serviços prestados pelas entidades do setor público são financiados (principalmente pela tributação e outras transações sem contraprestação) e da dependência dos usuários dos serviços no longo prazo, o atendimento das obrigações relacionadas à prestação de contas e responsabilização (*accountability*) requer também o fornecimento de informações sobre o desempenho da prestação dos serviços durante o exercício e a capacidade de continuidade dos mesmos em exercícios futuros". Assim, os dados fornecidos nos Relatórios Contábeis de Propósitos Gerais (RCPGs) promovem a transparência das informações contábeis dos governos e das entidades do setor público, subsidiam a prestação de contas e a responsabilização – *accountability* (Norma Brasileira de Contabilidade, NBC TSP Estrutural Conceitual, de 23 de setembro de 2016).[315]

Ademais, a prestação de contas públicas promove a publicização das receitas e despesas dos Três Poderes, sendo que as contas prestadas pelos Chefes do Poder Executivo incluirão, além das suas próprias, as dos Presidentes dos órgãos dos Poderes Legislativo e Judiciário e do Chefe do Ministério Público, as quais receberão parecer prévio, separadamente, do respectivo Tribunal de Contas (art. 56, LC nº 101 de 2000). De igual modo, a prestação de contas evidenciará o desempenho da arrecadação em relação à previsão, destacando as providências adotadas no âmbito da fiscalização das receitas e combate à sonegação, as ações de recuperação de créditos nas instâncias administrativa e judicial bem como as demais medidas para incremento das receitas tributárias e de contribuições (art. 58, LC nº 101 de 2000).

Registre-se também que o ato de prestar contas constitui importante mecanismo na gestão dos bens públicos, isto é, permite melhor avaliar a administração sobre as "coisas materiais ou imateriais, assim como as prestações, pertencentes às pessoas jurídicas públicas, objetivando fins públicos e sujeitos a regime jurídico especial, de direito público, derrogatório e exorbitante do direito comum".[316] Assim, necessária adequada administração dos bens públicos, que são destinados aos interesses da sociedade, sendo a prestação de contas mecanismo fundamental de controle do patrimônio público.

---

[315] FERREIRA DOS SANTOS, Carlos Eduardo. *Normas de contabilidade no setor público*. 2. ed. Belo Horizonte: Dialética, 2020, p. 20-21.
[316] CRETELLA JÚNIOR, José. *Tratado do domínio público*. Rio de Janeiro: Forense, 1984, p. 19.

Consoante magistério de Diógenes Gasparini, a prestação de contas decorre da gestão do patrimônio pertencente à coletividade. "A prestação de contas abrange todos os atos da administração e governo, e não só os relacionados com o dinheiro público ou gestão financeira. Assim, deve-se prestar contas dos planos de governo, mostrando o que se pretendia e o que se conseguiu, indicando as razões do êxito e as do fracasso. A prestação de contas é feita pelo Chefe do Poder Executivo de cada esfera de governo (federal, estadual, municipal) perante a respectiva corporação legislativa. Essas corporações, para esse fim, são auxiliadas pelos competentes Tribunais de Contas ou órgãos que lhes façam as vezes".[317] Francisco Bilac anota que "a fiscalização do poder público pode ser *spont propria* ou provocada. No primeiro caso, é decorrência natural do poder atribuído pela Constituição aos Tribunais de Contas da União, dos Estados e Municípios. A segunda forma surge de eventual representação ou denúncia".[318]

Por determinação constitucional, a fiscalização contábil, financeira, orçamentária, operacional e patrimonial da União e das entidades da administração direta e indireta, quanto à legalidade, legitimidade, economicidade, aplicação das subvenções e renúncia de receitas, será exercida pelo Congresso Nacional, mediante controle externo, e pelo sistema de controle interno de cada Poder. O controle externo feito pelo Poder Legislativo se dá com o auxílio do Tribunal de Contas da União (art. 70 e 71, CF de 1988). As normas constitucionais alusivas ao controle externo e ao Tribunal de Contas da União aplicam-se, no que couber, à organização, composição e fiscalização dos Tribunais de Contas dos Estados e do Distrito Federal, bem como dos Tribunais e Conselhos de Contas dos Municípios, nos termos do art. 75 da CF/1988. Conforme a "Declaração de Lima", aprovada em 1977, sobre "Normas Internacionais das Entidades Fiscalizadoras Superiores (INTOSAI)", item III, seção 9, "As Entidades Fiscalizadoras Superiores auditam as atividades do governo, suas autoridades administrativas e outras instituições subordinadas. Isso não significa, no entanto, que o governo seja subordinado à Entidade Fiscalizadora Superior. Particularmente, o governo é pleno e exclusivamente responsável por suas ações e omissões e não poderá absolver-se fazendo referência a achados de auditorias – a menos que os achados tenham sido emitidos como julgamentos legalmente válidos e obrigatórios – e em opiniões de especialistas da Entidade Fiscalizadora Superior".[319]

Imperioso destacar que o ato de prestar contas é amplo, pois deve ser feito pelo Chefe do Poder Executivo, submetendo-as ao controle externo do Poder Legislativo com o auxílio do Tribunal de Contas, ao qual compete apreciar as contas prestadas anualmente pelo Governador do Estado, mediante parecer prévio que deverá ser elaborado em sessenta dias a contar de seu recebimento.

---

[317] GASPARINI, Diógenes. *Direito administrativo*. 17. ed. São Paulo: Saraiva, 2012, p. 206.
[318] PINTO FILHO, Francisco Bilac M. *A intervenção federal e o federalismo brasileiro*. Rio de Janeiro: Forense, 2002, p. 371.
[319] TCU. Tribunal de Contas da União. *Declaração de Lima – ISSAI 1*. INTOSAI. Aprovada em 1977. Disponível em: https://portal.tcu.gov.br/fiscalizacao-e-controle/auditoria/normas-internacionais-das-entidades-fiscalizadores-superiores-issai/. Acesso em: 29 jun. 2021.

Além disso, prestará contas qualquer pessoa física ou jurídica, pública ou privada, que utilize, arrecade, guarde, gerencie ou administre dinheiros, bens e valores públicos ou pelos quais a União responda, ou que, em nome desta, assuma obrigações de natureza pecuniária. Cabe ao Tribunal de Contas julgar as contas dos administradores e demais responsáveis por dinheiros, bens e valores públicos da administração direta e indireta, incluídas as fundações e sociedades instituídas e mantidas pelo Poder Público federal, e as contas daqueles que derem causa a perda, extravio ou outra irregularidade de que resulte prejuízo ao erário público (art. 71 e 75 da CF/1988).

No âmbito do referido Tribunal, a decisão concernente à prestação de contas pode ter natureza preliminar, definitiva ou terminativa. A decisão preliminar é aquela na qual o Relator ou o Tribunal, antes de pronunciar-se quanto ao mérito das contas, resolve sobrestar o julgamento, ordenar a citação ou a audiência dos responsáveis ou, ainda, determinar outras diligências necessárias ao saneamento do processo. Já a definitiva é a decisão pela qual o Tribunal julga as contas regulares, regulares com ressalva, ou irregulares. Por fim, a terminativa é a decisão pela qual o Tribunal ordena o trancamento das contas que forem consideradas iliquidáveis, nos termos dos arts. 20 e 21 da Lei nº 8.433 de 1992. No que concerne ao julgamento das contas dos administradores públicos, essas serão reputadas: I) regulares, quando expressarem, de forma clara e objetiva, a exatidão dos demonstrativos contábeis, a legalidade, a legitimidade e a economicidade dos atos de gestão do responsável; II) regulares com ressalva, quando evidenciarem impropriedade ou qualquer outra falta de natureza formal de que não resulte dano ao Erário; III) irregulares, quando comprovada qualquer das seguintes ocorrências: a) omissão no dever de prestar contas; b) prática de ato de gestão ilegal, ilegítimo, antieconômico, ou infração à norma legal ou regulamentar de natureza contábil, financeira, orçamentária, operacional ou patrimonial; c) dano ao Erário decorrente de ato de gestão ilegítimo ao antieconômico; d) desfalque ou desvio de dinheiros, bens ou valores públicos (arts. 7º, 10 e 16 da Lei nº 8.443, de 1992).

Ainda no que alude ao controle exercido pelo Tribunal de Contas, a Instrução Normativa nº 79, de 4 de abril de 2018, do Tribunal de Contas da União, contém importantes preceitos acerca da prestação de contas pelo Chefe do Poder Executivo. Conforme esse ato normativo, considera-se prestação de contas os "documentos, informações e demonstrativos de natureza contábil, financeira, orçamentária, operacional ou patrimonial, organizados para permitir a visão sistêmica do desempenho e da conformidade da gestão federal durante um exercício financeiro". Caso a Prestação de Contas do Chefe do Executivo não contenha as peças relacionadas no art. 4º desta Instrução Normativa, o Tribunal de Contas informará o fato ao Poder Legislativo quando da emissão do parecer prévio para a adoção das providências cabíveis. Art. 3º. A Prestação de Contas do Chefe do Executivo deve contemplar todos os recursos orçamentários e extraorçamentários utilizados, arrecadados, guardados, geridos ou administrados no âmbito da administração pública. Ademais, conforme art. 4º, a Prestação de

Contas pelo Chefe do Executivo compõe-se dos seguintes elementos: I) relatório do órgão central do sistema de controle interno do Poder Executivo sobre a execução dos orçamentos da União de que trata o §5º do art. 165 da Constituição Federal; II) Balanço Geral da União, acompanhado de notas explicativas; III) relatório com descrição das providências adotadas para atendimento das recomendações emitidas pelo Tribunal de Contas da União quando do exame das Contas do Presidente da República referentes aos exercícios anteriores. Nos termos do art. 5º, a Prestação de Contas pelo Chefe do Poder Executivo deve conter: I) demonstrativo do Tesouro Nacional e das agências oficiais de fomento especificando os empréstimos e financiamentos concedidos com recursos dos orçamentos fiscal e da seguridade social e, no caso de agências financeiras, avaliação circunstanciada do impacto fiscal de suas atividades no exercício; II) relatório sobre o desempenho da arrecadação em relação à previsão destacando as providências adotadas no âmbito da fiscalização das receitas e combate à sonegação, as ações de recuperação de créditos nas instâncias administrativa e judicial bem como as demais medidas para incremento das receitas tributárias e de contribuições.

O art. 6º da referida Instrução Normativa exige ainda que a Prestação de Contas contenha: I) relatório sobre o desempenho da economia brasileira e da política econômico-financeira, em seus aspectos interno e externo, com destaque para os principais indicadores macroeconômicos, os instrumentos de política monetária e creditícia, as informações sobre a política fiscal e a dívida pública federal; II) relatório sobre os resultados da atuação governamental, por programas temáticos e objetivos, no exercício de referência, conforme orientações a serem enviadas anualmente pela Unidade Técnica responsável pela instrução do processo de apreciação das Contas do Presidente da República; III I) relatório sobre a gestão orçamentária e financeira da União abordando os aspectos elencados no Anexo II desta Instrução Normativa. IV) demonstrativo dos benefícios tributários, financeiros e creditícios por região, tributo e setor beneficiário, tendo em vista o disposto no art. 165, §6º, da Constituição Federal, especificando: a) relação das renúncias de receitas tributárias e previdenciárias vigentes nos últimos quatro exercícios, incluindo o exercício de referência das Contas, acompanhadas dos valores estimados ou projetados, se houver; b) relação de renúncias de receitas tributárias e previdenciárias instituídas no exercício de referência, informando os instrumentos utilizados para sua instituição, em atenção ao art. 150, §6º, da Constituição Federal, bem como o cumprimento dos requisitos exigidos no art. 14 da Lei Complementar nº 101/2000; c) resultado consolidado das avaliações dos projetos apoiados no âmbito da Lei nº 8.313/1991, que instituiu o Programa Nacional de Apoio à Cultura, em subsídio à análise do TCU prevista no §3º do art. 20 da referida lei; d) montante total dos benefícios financeiros e creditícios e das subvenções concedidas pela União por meio do BNDES, assim como o montante das despesas financeiras da União relativas às referidas operações contemplando as informações exigidas nos itens 9.3.5 e 9.3.6 do Acórdão 3071/2012-TCU-Plenário; e) resultado da avaliação de programa em que incidem benefícios financeiros ou creditícios, de acordo com o item 9.1.8 do Acórdão 3071/2012-TCU-Plenário.

Outrossim, o art. 7º da Instrução Normativa declara que "o Balanço Geral da União deverá conter as seguintes informações: I – análise dos principais aspectos da composição dos balanços orçamentários, financeiros e patrimoniais da administração federal direta e indireta, incluindo os fundos federais, e a demonstração das variações patrimoniais, com destaque nesta última para a origem e o destino dos recursos provenientes da alienação de ativos (inciso VI do art. 50 da Lei Complementar 101/2000); II – demonstrativos e relatórios que evidenciem as memórias de cálculo e os principais critérios adotados para reavaliações e valorizações/desvalorizações dos ativos; III – notas explicativas, em complementação às demonstrações contábeis, que indiquem os principais critérios contábeis adotados no exercício, com realce das alterações empreendidas em relação ao exercício anterior, bem como análise consubstanciada das restrições contábeis apuradas nas conformidades contábeis de órgão superior junto ao *Siafi*, além de outras informações que sejam julgadas pertinentes e necessárias para a análise das contas do Presidente da República. Parágrafo único. As notas explicativas deverão incluir demonstrativo do montante bruto total dos benefícios financeiros e creditícios, decorrentes das operações de crédito do Tesouro Nacional com o Banco Nacional de Desenvolvimento Econômico e Social, conforme o art. 15 da Lei 10.180/2001 c/c o art. 3º do Decreto 6.976/2009".[320]

O documento que lastreia a prestação de contas contém dados importantes, tais como: I) *Planejamento, Programação e Orçamentação* (plano plurianual, lei de diretrizes orçamentárias, lei orçamentária anual); II) *Gestão Orçamentária e Financeira* (alterações orçamentárias, receita, despesa, gestão financeira); III) *Gestão Fiscal* (receita corrente líquida; relatórios de gestão fiscal do Poder Executivo, Defensoria Pública, Poder Legislativo, Tribunal de Contas, Poder Judiciário; avaliação do cumprimento de metas fiscais); IV) *Gestão Patrimonial* (dívida ativa, dívida pública); V) *Demonstrações Contábeis* (balanço orçamentário, balanço financeiro, balanço patrimonial, demonstração das variações patrimoniais, demonstração dos fluxos de caixa, demonstração das mutações do patrimônio líquido, auditoria financeira); VI) *Programas de Governo*[321] bem como VII) *Execução dos Orçamentos* (programação financeira do exercício, orçamento de investimento – empresas estatais, desempenho da arrecadação, agências oficiais de fomento, análise dos limites constitucionais e legais); VIII) *Resultados da Atuação Governamental* (programas finalísticos); IX) *Providências Adotadas sobre*

---

[320] TCU. Tribunal de Contas da União. Plenário. *Instrução Normativa nº 79, de 4 de abril de 2018.* Estabelece normas de organização e apresentação da Prestação de Contas do Presidente da República [...]. Disponível em: https://pesquisa.in.gov.br/imprensa/jsp/visualiza/index.jsp?jornal=515&pagina=123&data=09/04/2018. Acesso em: 15 jan. 2021.

[321] TCDF. Tribunal de Contas do Distrito Federal. *Relatório analítico sobre as contas do Governo do Distrito Federal.* Exercício 2019. Disponível em: https://www2.tc.df.gov.br/wp-content/uploads/2020/11/RAPP-2019-Versao-Publicacao.pdf. Acesso em: 29 jun. 2021.

as Recomendações do Tribunal de Contas (recomendações e alertas sobre as contas prestadas nos anos anteriores) etc.[322]

A pormenorização supra dos elementos constantes da prestação de contas por parte do Chefe do Poder Executivo fornece subsídios objetivos para verificar se o ato promovido pela autoridade competente atende aos requisitos exigidos pela legislação. Por conseguinte, afasta-se a subjetividade na análise da hipótese autorizadora de intervenção federal prevista no art. 34, VII, "d" da Constituição Federal de 1988.

Imperioso salientar que "qualquer ente da administração direta e indireta estadual que não prestar contas devidamente, ou seja, na forma contábil, nos prazos estabelecidos constitucionalmente, com parecer prévio de regularidade das contas do respectivo Tribunal de Contas Estadual (Distrital), com parecer ulterior da Comissão permanente estadual (distrital) e publicando-os, para dar amplo acesso ao público, pode estar descumprindo a regra constitucional, cabendo assim representação do Procurador-Geral da República ao Supremo Tribunal Federal para os fins da Intervenção Federal nos Estados-membros (Distrito Federal)".[323]

O ato de prestar contas da referida gestão pelo administrador competente constitui obrigação inerente ao exercício de gerir coisa alheia. Se houver dolo por parte do agente na omissão em seu dever de ofício, poderá incorrer em ato de improbidade administrativa, ante a violação de princípios da Administração Pública, conforme legislação específica: "Art. 11. *Constitui ato de improbidade administrativa* que atenta contra os princípios da administração pública qualquer ação ou omissão que viole os deveres de honestidade, imparcialidade, legalidade, e lealdade às instituições, e notadamente: (...) VI – *deixar de prestar contas quando esteja obrigado a fazê-lo*" – (Lei nº 8.429 de 1992) (Grifos nossos). Nesse sentido é a jurisprudência do Superior Tribunal de Justiça:

> O atraso do administrador na prestação de contas, sem que exista dolo, não configura, por si só, ato de improbidade administrativa que atente contra os princípios da Administração Pública (art. 11 da Lei nº 8.429/92). Isso porque, para a configuração dessa espécie de ato de improbidade administrativa, é necessária a prática dolosa de conduta que atente contra os princípios da Administração Pública. Dessa forma, há improbidade administrativa na omissão dolosa do administrador, pois o dever de prestar contas está relacionado ao princípio da publicidade, tendo por objetivo dar transparência ao uso de recursos e de bens públicos por parte do agente estatal. Todavia, o simples atraso na entrega das contas, sem que exista dolo na espécie, não configura ato de improbidade. Precedente citado: REsp 1.307.925-TO, Rel. Segunda Turma, DJe 23/8/2012. (AgRg no REsp 1.382.436-RN, Segunda Turma – Rel. Min. Humberto Martins, julgado em 20/8/2013 – Informativo nº 529).

---

[322] CGU. Controladoria-Geral da União. *Prestação de Contas do Presidente da República 2020*. Disponível em: https://www.gov.br/cgu/pt-br/assuntos/noticias/2021/04/cgu-divulga-prestacao-de-contas-do-presidente-da-republica-de-2020/pcpr-2020.pdf. Acesso em: 29 jun. 2021

[323] PINTO FILHO, Francisco Bilac M. *A intervenção federal e o federalismo brasileiro*. Rio de Janeiro: Forense, 2002, p. 376.

Por último, afora a possibilidade de o Estado-membro submeter-se à intervenção federal pela União, o ato do Governador de Estado de não prestar contas relativas ao exercício anterior à Assembleia Legislativa, no prazo de 60 dias da abertura da sessão, pode configurar crime de responsabilidade por atentar contra a probidade na administração, sujeitando-o à perda do cargo e inabilitação para o exercício de função pública por oito anos (art. 85, V, art. 52, parágrafo único da CF de 1988 c/c art. 9º, item "2" e art. 74 da Lei nº 1.079 de 1950).

e) Aplicação do mínimo exigido da receita resultante de impostos estaduais no ensino e na saúde

Essa hipótese de intervenção não foi prevista na redação original quando promulgada a Carta Magna de 1988, sendo fruto de emenda à Constituição. Inicialmente, a Emenda Constitucional nº 14, de 1996, autorizava a intervenção da União em Estado-membro para assegurar o mínimo da receita tributária na promoção do ensino. O texto da EC nº 14/1996 continha a seguinte redação: "É acrescentada no inciso VII do art. 34, da Constituição Federal, a alínea 'e': "e) aplicação do mínimo exigido da receita resultante de impostos estaduais, compreendida a proveniente de transferências, na manutenção e desenvolvimento do ensino". Em seguida, ampliou-se para exigir a aplicação mínima de tributos nas áreas do *ensino* e da *saúde* por meio da Emenda Constitucional nº 29, de 2000, nos seguintes termos: "A alínea *e* do inciso VII do art. 34 passa a vigorar com a seguinte redação: "e) aplicação do mínimo exigido da receita resultante de impostos estaduais, compreendida a proveniente de transferências, na manutenção e desenvolvimento do ensino e nas ações e serviços públicos de saúde".

Nessa modalidade interventiva, a intromissão da União Federal no Estado-membro ou DF tem por finalidade atuar na perspectiva administrativo-financeira do ente recalcitrante para destinar a aplicação do mínimo da receita tributária nas áreas de ensino e da saúde no âmbito regional ou distrital. Isto é, a intervenção destina-se tão somente a permitir a alocação de recursos públicos nas áreas do ensino e da saúde à cargo do próprio ente intervindo, a fim de que a população usufrua dos referidos serviços públicos de caráter essencial.

Assim, atualmente o dispositivo constitucional em vigor exige dos Estados-membros e do Distrito Federal a aplicação de percentuais mínimos da receita tributária em ações destinadas ao *ensino* e à *saúde*, sob pena de o ente regional/distrital sujeitar-se à intervenção federal. Nos termos da Constituição da República, impõe-se a destinação mínima de recursos tributários no "ensino", que é expressão mais ampla do que a palavra "educação". Conceitualmente, o vocábulo *ensino* deriva do latim *insigniare*, significando ensinamento, educação, ação de ensinar, indicando tudo que se refere à instrução, ou seja, o ato de lecionar, os recursos humanos, as instituições e demais atividades direta ou indiretamente destinadas a tal fim. Por sua vez, o vocábulo *educação* deriva do latim *educatio*, "de *educare* (instruir, ensinar, amestrar) é geralmente empregado para indicar a ação de instruir e de desenvolver as faculdades físicas, morais e intelectuais de uma criança ou mesmo de qualquer ser humano".³²⁴ Considerando que o ato de ensinar requer recursos das mais variadas formas (materiais, humanos, infraestrutura, pesquisas, planejamento etc.), o constituinte incluiu na redação do texto constitucional a expressão "ensino", que engloba todos os meios necessários para promover a educação. Assim, as disposições constitucionais concernentes a "educação" incluem-se no conceito de "ensino", porquanto este último abrange aquele.

Assente-se que a intervenção federal da União nos Estados-membros e no DF tem por escopo garantir a efetivação da destinação de recursos financeiros às áreas prestacionais mais importantes no âmbito dos direitos sociais, ou seja, a educação e a saúde. Os direitos sociais são direitos prestados pela sociedade em prol do indivíduo, a fim de propiciar uma vida digna. O *direito à educação* oportuniza o pleno desenvolvimento do ser humano, ao passo que o *direito à saúde* propicia a manutenção da existência do próprio indivíduo, isto é, a continuidade da vida.

A *educação* constitui um direito fundamental social expresso na Constituição Federal de 1988 (art. 6º, *caput*). Consoante estudo de Eliane de Sousa, "o direito à educação mantém íntima relação com os princípios fundamentais da República Federativa do Brasil, principalmente com o princípio da dignidade humana. Isso porque a educação promove o desenvolvimento da personalidade do indivíduo e da cidadania e contribui para construir a identidade social. De maneira mais ampla, o acesso à educação propicia o desenvolvimento de uma sociedade livre, mais justa e solidária. É o retorno que o indivíduo 'educado' formalmente dá para a sociedade, pois passa a ter consciência de sua individualidade, atrelado a forte sentimento de solidariedade social".³²⁵

O direito à educação e à saúde constitue espécies de direitos a ações positivas do indivíduo em face do Poder Público, isto é, direitos que o cidadão tem contra o Estado cujo objeto é uma ação fática. Robert Alexy exemplifica: "trata-se de um direito a uma ação positiva fática quando se supõe um direito de um proprietário de escola privada a um auxílio estatal por meio de subvenções, quando se fundamenta um direito a um mínimo existencial ou quando se considera uma 'pretensão individual do cidadão à criação de vagas nas universidades'. Tais direitos, que dizem respeito a prestações fáticas que, em sua essência, poderiam ser também realizadas por particulares, devem ser designados como direitos a prestações em sentido estrito".³²⁶

Nos termos da Constituição da República, "a educação, direito de todos e dever do Estado e da família, será promovida e incentivada com a colaboração da sociedade, visando ao pleno desenvolvimento da pessoa, seu preparo para o exercício da cidadania e sua qualificação para o trabalho. O ensino será ministrado com base nos seguintes princípios: I – igualdade de condições para o

---

[324] SILVA, De Plácido e. *Vocabulário jurídico*. 26. ed. Rio de Janeiro: Forense, 2005, p. 507 e 532.
[325] SOUSA, Eliane Ferreira de. *Direito à educação*. Requisito para o desenvolvimento do País. São Paulo: Saraiva, 2010, p. 34.
[326] ALEXY, Robert. *Teoria dos direitos fundamentais*. São Paulo: Malheiros, 2008, p. 201-202.

acesso e permanência na escola; II – liberdade de aprender, ensinar, pesquisar e divulgar o pensamento, a arte e o saber; III – pluralismo de ideias e de concepções pedagógicas, e coexistência de instituições públicas e privadas de ensino; IV – gratuidade do ensino público em estabelecimentos oficiais; V – valorização dos profissionais da educação escolar, garantidos, na forma da lei, planos de carreira, com ingresso exclusivamente por concurso público de provas e títulos, aos das redes públicas; VI – gestão democrática do ensino público, na forma da lei; VII – garantia de padrão de qualidade; VIII – piso salarial profissional nacional para os profissionais da educação escolar pública, nos termos de lei federal; IX – garantia do direito à educação e à aprendizagem ao longo da vida" (arts. 205 e 206, CF/1988).

O dever do Estado com a educação será efetivado mediante a garantia de: "I – educação básica obrigatória e gratuita dos 4 (quatro) aos 17 (dezessete) anos de idade, assegurada inclusive sua oferta gratuita para todos os que a ela não tiveram acesso na idade própria; II – progressiva universalização do ensino médio gratuito; III – atendimento educacional especializado aos portadores de deficiência, preferencialmente na rede regular de ensino; IV – educação infantil, em creche e pré-escola, às crianças até 5 (cinco) anos de idade; V – acesso aos níveis mais elevados do ensino, da pesquisa e da criação artística, segundo a capacidade de cada um; VI – oferta de ensino noturno regular, adequado às condições do educando; VII – atendimento ao educando, em todas as etapas da educação básica, por meio de programas suplementares de material didático-escolar, transporte, alimentação e assistência à saúde" (art. 208, CF/1988).

Como efeito, somente com a aplicação de recursos financeiros afigura-se possível implementar tais funções, que são imprescindíveis em um Estado Democrático de Direito, bem como na construção de uma sociedade mais justa (art. 3º, I, CF/1988). Diante disso, a Constituição Federal determina a destinação mínima de recursos tributários nas áreas da educação e da saúde: "A União aplicará, anualmente, nunca menos de dezoito, e os Estados, o Distrito Federal e os Municípios, vinte e cinco por cento, no mínimo, da receita resultante de impostos, compreendida a proveniente de transferências, na manutenção e desenvolvimento do ensino. A parcela da arrecadação de impostos transferida pela União aos Estados, ao Distrito Federal e aos Municípios, ou pelos Estados aos respectivos Municípios, não é considerada, para efeito do cálculo previsto neste artigo, receita do governo que a transferir" (art. 212, §1º, CF/1988).

A Emenda Constitucional nº 118, de 2020, inseriu o art. 212-A à Carta Magna, detalhando a distribuição de recursos pelos Estados, Distrito Federal e Municípios relativamente à área do ensino:

> Art. 212-A. *Os Estados, o Distrito Federal e os Municípios destinarão parte dos recursos a que se refere o caput do art. 212 desta Constituição à manutenção e ao desenvolvimento do ensino* na educação básica e à remuneração condigna de seus profissionais, respeitadas as seguintes disposições:
> I – a distribuição dos recursos e de responsabilidades entre o Distrito Federal, os Estados e seus Municípios é assegurada mediante a instituição, no âmbito de cada Estado e do

Distrito Federal, de um Fundo de Manutenção e Desenvolvimento da Educação Básica e de Valorização dos Profissionais da Educação (Fundeb), de natureza contábil;
II – os fundos referidos no inciso I do caput deste artigo serão constituídos por 20% (vinte por cento) dos recursos a que se referem os incisos I, II e III do caput do art. 155, o inciso II do caput do art. 157, os incisos II, III e IV do caput do art. 158 e as alíneas "a" e "b" do inciso I e o inciso II do caput do art. 159 desta Constituição;
III – os recursos referidos no inciso II do caput deste artigo serão distribuídos entre cada Estado e seus Municípios, proporcionalmente ao número de alunos das diversas etapas e modalidades da educação básica presencial matriculados nas respectivas redes, nos âmbitos de atuação prioritária, conforme estabelecido nos §§2º e 3º do art. 211 desta Constituição, observadas as ponderações referidas na alínea "a" do inciso X do caput e no §2º deste artigo;
IV – a União complementará os recursos dos fundos a que se refere o inciso II do caput deste artigo;
V – a complementação da União será equivalente a, no mínimo, 23% (vinte e três por cento) do total de recursos a que se refere o inciso II do caput deste artigo, distribuída da seguinte forma:
a) 10 (dez) pontos percentuais no âmbito de cada Estado e do Distrito Federal, sempre que o valor anual por aluno (VAAF), nos termos do inciso III do caput deste artigo, não alcançar o mínimo definido nacionalmente;
b) no mínimo, 10,5 (dez inteiros e cinco décimos) pontos percentuais em cada rede pública de ensino municipal, estadual ou distrital, sempre que o valor anual total por aluno (VAAT), referido no inciso VI do caput deste artigo, não alcançar o mínimo definido nacionalmente;
c) 2,5 (dois inteiros e cinco décimos) pontos percentuais nas redes públicas que, cumpridas condicionalidades de melhoria de gestão previstas em lei, alcançarem evolução de indicadores a serem definidos, de atendimento e melhoria da aprendizagem com redução das desigualdades, nos termos do sistema nacional de avaliação da educação básica;
VI – o VAAT será calculado, na forma da lei de que trata o inciso X do caput deste artigo, com base nos recursos a que se refere o inciso II do caput deste artigo, acrescidos de outras receitas e de transferências vinculadas à educação, observado o disposto no §1º e consideradas as matrículas nos termos do inciso III do caput deste artigo;
VII – os recursos de que tratam os incisos II e IV do caput deste artigo serão aplicados pelos Estados e pelos Municípios exclusivamente nos respectivos âmbitos de atuação prioritária, conforme estabelecido nos §§2º e 3º do art. 211 desta Constituição;
VIII – a vinculação de recursos à manutenção e ao desenvolvimento do ensino estabelecida no art. 212 desta Constituição suportará, no máximo, 30% (trinta por cento) da complementação da União, considerados para os fins deste inciso os valores previstos no inciso V do caput deste artigo;
IX – o disposto no caput do art. 160 desta Constituição aplica-se aos recursos referidos nos incisos II e IV do caput deste artigo, e seu descumprimento pela autoridade competente importará em crime de responsabilidade;
X – a lei disporá, observadas as garantias estabelecidas nos incisos I, II, III e IV do caput e no §1º do art. 208 e as metas pertinentes do plano nacional de educação, nos termos previstos no art. 214 desta Constituição, sobre:
a) a organização dos fundos referidos no inciso I do caput deste artigo e a distribuição proporcional de seus recursos, as diferenças e as ponderações quanto ao valor anual por aluno entre etapas, modalidades, duração da jornada e tipos de estabelecimento de ensino, observados as respectivas especificidades e os insumos necessários para a garantia de sua qualidade;
b) a forma de cálculo do VAAF decorrente do inciso III do caput deste artigo e do VAAT referido no inciso VI do caput deste artigo;
c) a forma de cálculo para distribuição prevista na alínea "c" do inciso V do caput deste artigo;

d) a transparência, o monitoramento, a fiscalização e o controle interno, externo e social dos fundos referidos no inciso I do caput deste artigo, assegurada a criação, a autonomia, a manutenção e a consolidação de conselhos de acompanhamento e controle social, admitida sua integração aos conselhos de educação;

e) o conteúdo e a periodicidade da avaliação, por parte do órgão responsável, dos efeitos redistributivos, da melhoria dos indicadores educacionais e da ampliação do atendimento;

XI – proporção não inferior a 70% (setenta por cento) de cada fundo referido no inciso I do caput deste artigo, excluídos os recursos de que trata a alínea "c" do inciso V do caput deste artigo, será destinada ao pagamento dos profissionais da educação básica em efetivo exercício, observado, em relação aos recursos previstos na alínea "b" do inciso V do caput deste artigo, o percentual mínimo de 15% (quinze por cento) para despesas de capital;

XII – lei específica disporá sobre o piso salarial profissional nacional para os profissionais do magistério da educação básica pública;

XIII – a utilização dos recursos a que se refere o §5º do art. 212 desta Constituição para a complementação da União ao Fundeb, referida no inciso V do caput deste artigo, é vedada.

§1º O cálculo do VAAT, referido no inciso VI do caput deste artigo, deverá considerar, além dos recursos previstos no inciso II do caput deste artigo, pelo menos, as seguintes disponibilidades:

I – receitas de Estados, do Distrito Federal e de Municípios vinculadas à manutenção e ao desenvolvimento do ensino não integrantes dos fundos referidos no inciso I do caput deste artigo;

II – cotas estaduais e municipais da arrecadação do salário-educação de que trata o §6º do art. 212 desta Constituição;

III – complementação da União transferida a Estados, ao Distrito Federal e a Municípios nos termos da alínea "a" do inciso V do caput deste artigo. §2º Além das ponderações previstas na alínea "a" do inciso X do caput deste artigo, a lei definirá outras relativas ao nível socioeconômico dos educandos e aos indicadores de disponibilidade de recursos vinculados à educação e de potencial de arrecadação tributária de cada ente federado, bem como seus prazos de implementação.

§3º Será destinada à educação infantil a proporção de 50% (cinquenta por cento) dos recursos globais a que se refere a alínea "b" do inciso V do caput deste artigo, nos termos da lei.

Por sua vez, no que tange ao direito à *saúde*, de acordo com a OMS, o vocábulo *saúde* pode ser definido como "um estado de completo bem-estar físico, mental e social, e não somente a ausência de doenças ou enfermidades. O gozo do grau máximo de saúde que se possa lograr é um dos direitos fundamentais do todo ser humano, sem distinção de raça, religião, ideologia política ou condição econômica ou social. A saúde de todos os povos é uma condição fundamental para lograr a paz e a segurança, e depende da mais ampla cooperação das pessoas e dos Estados".[327]

Considerando a essencialidade, o direito à saúde consta expressamente na Declaração Universal dos Direitos Humanos de 1948, pois constitui meio de assegurar o direito à vida. O direito à saúde não se restringe apenas ao atendimento em hospitais ou unidades básicas, mas inclui outros elementos

---

[327] OMS. Organización Mundial de la Salud. *Documentos Básicos*. 49. ed. 2020, p. 1. Disponível em: https://apps.who.int/gb/bd/pdf_files/BD_49th-sp.pdf#page=1. Acesso em: 30 jun. 2021.

promovedores do bem-estar, tais como alimentação, vestuário, habitação, lazer, cultura etc. (art. 25, DUDH).[328]

Na perspectiva constitucional, a Carta Magna de 1988 trouxe grande avanço no que toca à saúde, elevando-a a nível de direito fundamental social (art. 6º, *caput*, CF/1988). Conforme Patrícia Werner, "categorizado como direito fundamental, o direito à saúde deve ser concretizado através do projeto constitucional denominado Sistema Único de Saúde (SUS), baseado nos princípios da igualdade, do acesso universal e da integralidade. A sua estrutura pressupõe a participação consciente da comunidade e o fortalecimento do sistema federativo, por ter sido desenhado com base em uma rede hierarquizada e regionalizada, com ênfase na atuação dos Municípios".[329]

A normatização da saúde possui seção específica no texto constitucional, notadamente a seção II da Seguridade Social (arts. 196 a 200). Nos termos da Constituição: "A saúde é direito de todos e dever do Estado, garantido mediante políticas sociais e econômicas que visem à redução do risco de doença e de outros agravos e ao acesso universal e igualitário às ações e serviços para sua promoção, proteção e recuperação" (art. 196). Outrossim, "as ações e serviços públicos de saúde integram uma rede regionalizada e hierarquizada e constituem um sistema único, organizado de acordo com as seguintes diretrizes: I – descentralização, com direção única em cada esfera de governo; II – atendimento integral, com prioridade para as atividades preventivas, sem prejuízo dos serviços assistenciais; III – participação da comunidade. O sistema único de saúde será financiado, nos termos do art. 195, com recursos do orçamento da seguridade social, da União, dos Estados, do Distrito Federal e dos Municípios, além de outras fontes" (art. 198, §1º, CF/1988).

A Constituição também estabelece percentuais mínimos a serem aplicados em ações e serviços públicos de saúde a cargo dos entes federados: "A União, os Estados, o Distrito Federal e os Municípios aplicarão, anualmente, em ações e serviços públicos de saúde recursos mínimos derivados da aplicação de percentuais calculados sobre: I – no caso da União, a receita corrente líquida do respectivo exercício financeiro, não podendo ser inferior a 15% (quinze por cento); II – no caso dos Estados e do Distrito Federal, o produto da arrecadação dos impostos a que se refere o art. 155 e dos recursos de que tratam os arts. 157 e 159, inciso I, alínea a, e inciso II, deduzidas as parcelas que forem transferidas aos respectivos Municípios; III – no caso dos Municípios e do Distrito Federal, o produto da arrecadação dos impostos a que se refere o art. 156 e dos recursos de que tratam os arts. 158 e 159, inciso I, alínea b e §3º" (art. 198, §2º, I, II, III, CF/1988).

Além disso, cabe à lei complementar reavaliar, pelo menos a cada cinco anos: I – os percentuais mínimos a serem aplicados pelos entes na área da

---

[328] FIOCRUZ. Fundação Oswaldo Cruz. *Direito à saúde*. Disponível em: https://pensesus.fiocruz.br/direito-a-saude. Acesso em: 30 jun. 2021.
[329] WERNER, Patrícia Ulson Pizarro. *Direito à saúde*. Enciclopédia Jurídica da PUCSP. Disponível em: https://enciclopediajuridica.pucsp.br/verbete/170/edicao-1/direito-a-saude. Acesso em: 30 jun. 2021.

saúde; II – os critérios de rateio dos recursos da União vinculados à saúde destinados aos Estados, ao Distrito Federal e aos Municípios, e dos Estados destinados a seus respectivos Municípios, objetivando a progressiva redução das disparidades regionais; III – as normas de fiscalização, avaliação e controle das despesas com saúde nas esferas federal, estadual, distrital e municipal (art. 198, §3º, I, II, III, CF/1988).

Em cumprimento do mandamento constitucional, a Lei Complementar nº 141, de 13 de fevereiro de 2012, regulamenta os valores mínimos a serem aplicados anualmente pela União, Estados, Distrito Federal e Municípios em ações e serviços públicos de saúde, bem como estabelece os critérios de rateio dos recursos de transferências para a saúde e as normas de fiscalização, avaliação e controle das despesas com saúde nas 3 (três) esferas de governo.

Nos termos da LC nº 141/2012, "considerar-se-ão como despesas com ações e serviços públicos de saúde aquelas voltadas para a promoção, proteção e recuperação da saúde que atendam, simultaneamente, aos princípios estatuídos no art. 7º da Lei nº 8.080, de 19 de setembro de 1990, e às seguintes diretrizes: I – sejam destinadas às ações e serviços públicos de saúde de acesso universal, igualitário e gratuito; II – estejam em conformidade com objetivos e metas explicitados nos Planos de Saúde de cada ente da Federação; e III – sejam de responsabilidade específica do setor da saúde, não se aplicando a despesas relacionadas a outras políticas públicas que atuam sobre determinantes sociais e econômicos, ainda que incidentes sobre as condições de saúde da população. Além de atender aos critérios estabelecidos no *caput*, as despesas com ações e serviços públicos de saúde realizadas pela União, pelos Estados, pelo Distrito Federal e pelos Municípios deverão ser financiadas com recursos movimentados por meio dos respectivos fundos de saúde (art. 2º).

Observadas as disposições do art. 200 da Constituição Federal, do art. 6º da Lei nº 8.080, de 19 de setembro de 1990, e do art. 2º desta Lei Complementar, para efeito da apuração da aplicação dos recursos mínimos aqui estabelecidos, serão consideradas despesas com ações e serviços públicos de saúde as referentes a: I – vigilância em saúde, incluindo a epidemiológica e a sanitária; II – atenção integral e universal à saúde em todos os níveis de complexidade, incluindo assistência terapêutica e recuperação de deficiências nutricionais; III – capacitação do pessoal de saúde do Sistema Único de Saúde (SUS); IV – desenvolvimento científico e tecnológico e controle de qualidade promovidos por instituições do SUS; V – produção, aquisição e distribuição de insumos específicos dos serviços de saúde do SUS, tais como: imunobiológicos, sangue e hemoderivados, medicamentos e equipamentos médico-odontológicos; VI – saneamento básico de domicílios ou de pequenas comunidades, desde que seja aprovado pelo Conselho de Saúde do ente da Federação financiador da ação e esteja de acordo com as diretrizes das demais determinações previstas nesta Lei Complementar; VII – saneamento básico dos distritos sanitários especiais indígenas e de comunidades remanescentes de quilombos; VIII – manejo ambiental vinculado diretamente ao controle de vetores de doenças; IX – investimento na rede física do SUS, incluindo a execução de obras de recuperação, reforma, ampliação e construção de estabelecimentos públicos de saúde; X – remuneração do pessoal ativo da área de saúde em atividade nas ações de que trata este artigo, incluindo os encargos sociais; XI – ações de apoio administrativo realizadas pelas instituições públicas do SUS e imprescindíveis à execução das ações e serviços públicos de saúde; e XII – gestão do sistema público de saúde e operação de unidades prestadoras de serviços públicos de saúde" (art. 3º, LC nº 141/2012)

Não constituirão despesas com ações e serviços públicos de saúde, para fins de apuração dos percentuais mínimos de que trata a Lei Complementar 141/2012, aquelas decorrentes de: I – pagamento de aposentadorias e pensões, inclusive dos servidores da saúde; II – pessoal ativo da área de saúde quando em atividade alheia à referida área; III – assistência à saúde que não atenda ao princípio de acesso universal; IV – merenda escolar e outros programas de alimentação, ainda que executados em unidades do SUS, ressalvando-se o disposto no inciso II do art. 3º; V – saneamento básico, inclusive quanto às ações financiadas e mantidas com recursos provenientes de taxas, tarifas ou preços públicos instituídos para essa finalidade; VI – limpeza urbana e remoção de resíduos; VII – preservação e correção do meio ambiente, realizadas pelos órgãos de meio ambiente dos entes da Federação ou por entidades não governamentais; VIII – ações de assistência social; IX – obras de infraestrutura, ainda que realizadas para beneficiar direta ou indiretamente a rede de saúde; e X – ações e serviços públicos de saúde custeados com recursos distintos dos especificados na base de cálculo definida nesta Lei Complementar ou vinculados a fundos específicos distintos daqueles da saúde (art. 4º, LC nº 141/2012).

No que se refere aos recursos mínimos a serem aplicados em ações e serviços de saúde, a União aplicará, anualmente, em ações e serviços públicos de saúde, o montante correspondente ao valor empenhado no exercício financeiro anterior, apurado nos termos desta Lei Complementar, acrescido de, no mínimo, o percentual correspondente à variação nominal do Produto Interno Bruto (PIB) ocorrida no ano anterior ao da lei orçamentária anual. Em caso de variação negativa do PIB, o valor de que trata o *caput* não poderá ser reduzido, em termos nominais, de um exercício financeiro para o outro (art. 5º, LC nº 141/2012).

Por sua vez, os Estados e o Distrito Federal aplicarão, anualmente, em ações e serviços públicos de saúde, no mínimo, 12% (doze por cento) da arrecadação dos impostos a que se refere o art. 155 e dos recursos de que tratam o art. 157, a alínea 'a' do inciso I e o inciso II do *caput* do art. 159, todos da Constituição Federal, deduzidas as parcelas que forem transferidas aos respectivos Municípios (art. 6º). Os Municípios e o Distrito Federal aplicarão anualmente em ações e serviços públicos de saúde, no mínimo, 15% (quinze por cento) da arrecadação dos impostos a que se refere o art. 156 e dos recursos de que tratam o art. 158 e a alínea 'b' do inciso I do *caput* e o §3º do art. 159, todos da Constituição Federal (art. 7º). O Distrito Federal aplicará, anualmente, em ações e serviços públicos de saúde, no mínimo, 12% (doze por cento) do produto da arrecadação direta dos impostos que não possam ser segregados em base estadual e em base municipal (art. 8º, LC nº 141/2012).

Para efeito do cálculo do montante de recursos, devem ser considerados os recursos decorrentes da dívida ativa, da multa e dos juros de mora provenientes dos impostos e da sua respectiva dívida ativa (art. 10). Os Estados, o Distrito Federal e os Municípios deverão observar o disposto nas respectivas Constituições ou Leis Orgânicas sempre que os percentuais nelas estabelecidos forem superiores aos fixados nesta Lei Complementar para aplicação em ações e serviços públicos de saúde (art. 11, LC nº 141/2012).

Registre-se que os recursos da União serão repassados ao Fundo Nacional de Saúde e às demais unidades orçamentárias que compõem o órgão Ministério da Saúde, para ser aplicados em ações e serviços públicos de saúde. Os recursos da União previstos na Lei Complementar 141/2012 serão transferidos aos demais entes da Federação e movimentados, até a sua destinação final, em contas específicas mantidas em instituição financeira oficial federal, observados os critérios e procedimentos definidos em ato próprio do Chefe do Poder Executivo da União. A movimentação dos recursos repassados aos Fundos de Saúde dos Estados, do Distrito Federal e dos Municípios deve realizar-se, exclusivamente, mediante cheque nominativo, ordem bancária, transferência eletrônica disponível ou outra modalidade de saque autorizada pelo Banco Central do Brasil, em que fique identificada a sua destinação e, no caso de pagamento, o credor (art. 13, §§2º e 3º, LC nº 141/2012).

O Fundo de Saúde, instituído por lei e mantido em funcionamento pela administração direta da União, dos Estados, do Distrito Federal e dos Municípios, constituir-se-á em unidade orçamentária e gestora dos recursos destinados a ações e serviços públicos de saúde, ressalvados os recursos repassados diretamente às unidades vinculadas ao Ministério da Saúde (art. 14). O repasse dos recursos será feito diretamente ao Fundo de Saúde do respectivo ente da Federação e, no caso da União, também às demais unidades orçamentárias do Ministério da Saúde (art. 16, LC nº 141/2012)".

A movimentação dos recursos variará conforme a necessidade de saúde da população e outros critérios objetivamente considerados: "o rateio dos recursos da União vinculados a ações e serviços públicos de saúde e repassados na forma do *caput* dos arts. 18 e 22 aos Estados, ao Distrito Federal e aos Municípios observará as necessidades de saúde da população, as dimensões epidemiológica, demográfica, socioeconômica, espacial e de capacidade de oferta de ações e de serviços de saúde e, ainda, o disposto no art. 35 da Lei nº 8.080, de 19 de setembro de 1990, de forma a atender os objetivos do inciso II do §3º do art. 198 da Constituição Federal" (art. 17, LC nº 141/2012).

Igualmente, o rateio dos recursos dos Estados transferidos aos Municípios para ações e serviços públicos de saúde será realizado segundo o critério de necessidades de saúde da população e levará em consideração as dimensões epidemiológica, demográfica, socioeconômica e espacial e a capacidade de oferta de ações e de serviços de saúde, observada a necessidade de reduzir as desigualdades regionais, nos termos do inciso II do §3º do art. 198 da Constituição Federal. Os Planos Estaduais de Saúde deverão explicitar a metodologia de alocação dos recursos estaduais e a previsão anual de recursos aos Municípios, pactuadas pelos gestores estaduais e municipais, em comissão intergestores bipartite, e aprovadas pelo Conselho Estadual de Saúde (art. 19, §1º, LC nº 141/2012)

Como forma de permitir o controle, o Poder Executivo, na forma estabelecida no inciso II do *caput* do art. 9º da Lei nº 8.080, de 19 de setembro de 1990, manterá o respectivo Conselho de Saúde e Tribunal de Contas informados sobre o montante de recursos previsto para transferência do Estado para os Municípios com base no Plano Estadual de Saúde (art. 19, §2º, LC nº 141/2012).

As transferências dos Estados para os Municípios destinadas a financiar ações e serviços públicos de saúde serão realizadas diretamente aos Fundos Municipais de Saúde, de forma regular e automática, em conformidade com os critérios de transferência aprovados pelo respectivo Conselho de Saúde (art. 20). Os Estados e os Municípios que estabelecerem consórcios ou outras formas legais de cooperativismo, para a execução conjunta de ações e serviços de saúde e cumprimento da diretriz constitucional de regionalização e hierarquização da rede de serviços, poderão remanejar entre si parcelas dos recursos dos Fundos de Saúde derivadas tanto de receitas próprias como de transferências obrigatórias, que serão administradas segundo modalidade gerencial pactuada pelos entes envolvidos (art. 21, LC nº 141/2012).

Portanto, com o escopo de realizar o direito fundamental social da *educação* e da *saúde*, é dever dos Estados-membros e do DF aplicar, pelo menos, o mínimo exigido da receita resultante de impostos estaduais na manutenção e no desenvolvimento do ensino e em ações e serviços públicos de saúde, sob pena de sujeitarem-se à intervenção federal (art. 34, VII, *e*, CF/1988).

10.6.2 Representação interventiva para garantir a execução de lei federal

Essa hipótese consta no artigo 34, VI (parte inicial) combinado com o art. 36, III da Constituição da República, conforme os seguintes termos: "A União não intervirá nos Estados nem no Distrito Federal, exceto para: *VI – prover a execução de lei federal*, ordem ou decisão judicial. Art. 36. A decretação da intervenção dependerá: III – de provimento, pelo Supremo Tribunal Federal, de representação do Procurador-Geral da República, na hipótese do art. 34, VII, e no caso de *recusa à execução de lei federal*".

Como visto, essa modalidade de representação interventiva da União tem por objetivo garantir a execução de "lei federal" no âmbito dos Estados-membros ou do Distrito Federal. Em sentido amplo, a locução *"lei federal"* traduz-se no ato normativo primário, dotado de generalidade e abstração, proveniente do Poder Legislativo da União, ou seja, é a norma com o poder de inovar no ordenamento jurídico, em razão do devido processo legislativo, fruto dos trabalhos do Congresso Nacional, nomeadamente a Câmara dos Deputados e o Senado Federal, nos termos dos arts. 59 a 69 da Carta Magna 1988. Na definição de Plácido e Silva, a expressão "lei federal" consiste em "todas as leis emanadas do Poder Legislativo da União. Em regra, sua ação e eficácia se exercem sobre todo o território da República. Decorre da condição de ter sido decretado pelos poderes federais, para regular matéria cuja competência é atribuída ao Congresso Nacional. São federais todas as leis que somente possam ser instituídas pelo Congresso Nacional, não importando a natureza da matéria que por elas se institua".[330] Também pode ser compreendido como o preceito escrito, elaborado por órgão competente da União, em formato preestabelecido, mediante o qual as normas jurídicas são criadas, revogadas ou modificadas.[331]

Para Gilmar Mendes, na representação interventiva fundada em recusa à execução de lei federal, "talvez seja mais indicado falar-se em recusa à execução do *direito federal*", isto é, aqui a expressão "lei federal" obteria interpretação mais ampla[332]. Isso porque a locução "direito federal" engloba todas as espécies legislativas editadas pelos órgãos competentes da União, de modo a ampliar o parâmetro da representação interventiva no STF.

A representação interventiva para prover a execução de lei federal é regulamentada pela Lei nº 12.562, de 2011. A representação será proposta pelo Procurador-Geral da República, em caso de recusa, por parte de Estado-Membro ou DF, à execução de lei federal. A petição inicial deverá conter: I – a indicação da recusa à aplicação de lei federal, das disposições questionadas; II – a indicação do ato normativo, do ato administrativo, do ato concreto ou da omissão questionados; III – a prova da recusa de execução de lei federal; e IV – o pedido, com suas especificações (arts. 2º e 3º). O Supremo Tribunal Federal, por decisão da maioria absoluta de seus membros, poderá deferir pedido de medida liminar na representação interventiva (art. 5º).

Julgada a ação, far-se-á a comunicação às autoridades ou aos órgãos responsáveis pela prática dos atos questionados, e, se a decisão final for pela procedência do pedido formulado na representação interventiva, o Presidente do Supremo Tribunal Federal, publicado o acórdão, levá-lo-á ao conhecimento do Presidente da República para, no prazo improrrogável de até quinze dias, dar cumprimento aos §§1º e 3º do art. 36 da Constituição Federal (art. 11, Lei nº 12.562 de 2011).

(Ver também sobre as "características" da representação interventiva, no capítulo 10.4 desta obra)

---

[330] SILVA, De Plácido e. *Vocabulário jurídico*. 26. ed. Rio de Janeiro: Forense, 2005, p. 830.

[331] STF. Supremo Tribunal Federal. *Glossário*. Verbete: Lei. Disponível em: https://portal.stf.jus.br/jurisprudencia/glossario.asp. Acesso em: 06 jun. 2022.

[332] MENDES, Gilmar Ferreira; COELHO, Inocêncio Mártires; BRANCO, Paulo Gustavo Gonet. *Curso de direito constitucional*. São Paulo: Saraiva, 2007, p. 1168.

10.6.2.1 Representação interventiva estadual para garantia de leis em geral

Do ponto de vista da aplicação de normas jurídicas, a intervenção da União nos Estados-membros ou no DF tem por objetivo prover a execução de "lei federal" nas unidades regionais e distrital, ao passo que a intervenção estadual nos seus municípios tem por escopo prover a execução de *"lei"* (art. 34, VI c/c art. 35, IV da CF 1988). Ou seja, o texto constitucional está a indicar que intervenção dos Estados-membros nas suas municipalidades destina-se a aplicar as leis em geral – tanto federais quando estaduais – no âmbito do município. Isso porque a Constituição não restringiu a natureza da categoria de lei objeto de representação interventiva (se lei federal ou estadual), de modo a abarcá-las implicitamente, até em razão do "silêncio eloquente" feito pelo poder constituinte originário.

Ademais, se não fosse admitido tal raciocínio, como poderia ser garantida a observância da "lei federal" na esfera municipal mediante instrumentos salvaguardores do federalismo? (*V.g.* Intervenção federal e representação interventiva). Como é sabido, a União somente pode intervir nos Estados-membros ou no Distrito Federal, sendo vedada a intervenção da União nos municípios – ressalvada a hipótese dos municípios localizados em Território Federal (art. 34, *caput* c/c art. 35, CF de 1988). Ou seja, nesse caso não seria possível decretar intervenção estadual nos muncípios, mediante representação interventiva, para prover a execução de "lei federal" na "municipalidade"? Em outras palavras, nessa hipótese caberia apenas a figura do recurso extraordinário ou do recurso especial? Acerca desse assunto, é explicativo o julgado do STF:

> Nem sempre a discussão de validade de lei ou ato de governo local em face de lei federal se resolve numa questão constitucional de invasão de competência, podendo reduzir-se à interpretação da lei federal e da lei ou ato local para saber de sua recíproca compatibilidade. Se, entre uma lei federal e uma lei estadual ou municipal, a decisão optar pela aplicação da última por entender que a norma central regulou matéria de competência local, é evidente que a terá considerado inconstitucional, o que basta à admissão do recurso extraordinário pela letra b do art. 102, III, da Constituição. Ao recurso especial (art. 105, III, b), coerentemente com a sua destinação, tocará a outra hipótese, a do cotejo entre lei federal e lei local, sem que se questione a validade da primeira, mas apenas a compatibilidade material com ela, a lei federal, de norma abstrata ou do ato concreto estadual ou municipal. Questão de ordem que se resolve pela competência exclusiva do STF para apreciar o recurso, dado que se afastou a aplicação da lei federal por inconstitucionalidade (RE 117.809 QO, rel. min. Sepúlveda Pertence, j. 14-6-1989, P, DJ de 4-8-1989)

Assim, como forma de permitir a execução das "leis federais" no âmbito das "municipalidades", e em respeito ao princípio da unidade da Constituição, esta corrente entende cabível o manejo da representação interventiva estadual para prover a execução de "lei federal" na esfera do município recalcitrante (art. 35, IV, CF/1988).

10.7 Legitimidade ativa

A legitimidade aduz à pertinência de titularidade ativa na ação constitucional. Na *representação interventiva federal* destinada a assegurar a observância dos princípios constitucionais sensíveis ou para prover a execução de lei federal, o Procurador-Geral da República é o único que detém legitimidade para ajuizar a referida ação. O art. 36, inciso III da Constituição da República é categórico: "A decretação da intervenção dependerá: de provimento, pelo Supremo Tribunal Federal, *de representação do Procurador-Geral da República*, na hipótese do art. 34, VII, e no caso de recusa à execução de lei federal". Igualmente, dispõe o art. 2º da Lei nº 12.562 de 2011: "A representação será proposta pelo Procurador-Geral da República, em caso de violação aos princípios referidos no inciso VII do art. 34 da Constituição Federal, ou de recusa, por parte de Estado-Membro, à execução de lei federal".

A despeito da competência exclusiva do Procurador-Geral da República de propor a representação interventiva no STF, o Chefe do Ministério Público da União pode atuar de ofício na propositura ou mediante provocação de ente interessado, a exemplo de outras instituições como a Defensoria Pública, órgão do Poder Executivo, representantes da sociedade civil etc. Isto é, qualquer pessoa física ou jurídica (de direito público ou privado) pode apresentar informações ao PGR relativamente a ato praticado por Estado-membro ou DF que configure violação a princípio constitucional sensível ou descumprimento de execução de lei federal, solicitando que seja oferecida representação ao STF. Nesse caso, ao receber a documentação, cabe ao Procurador-Geral da República avaliar a veracidade e gravidade dos elementos fáticos apresentados e, caso entenda cabível, oferecer a representação interventiva perante o Pretório Excelso.

A esse respeito, Themístocles Brandão Cavalcanti assinala: "o Procurador-Geral da República é realmente quem deve arguir a inconstitucionalidade e não apenas encampar a representação, encaminhando-a ao Tribunal. O Procurador-Geral recebe a representação e verifica da sua idoneidade para os fins estabelecidos na Constituição e, no caso afirmativo, não apenas endossa, mas assume a responsabilidade única das arguições perante o Tribunal".[333]

No magistério de Alfredo Buzaid, "no caso do inciso VII, o ato arguido de inconstitucionalidade será submetido pelo Procurador-Geral da República ao exame do Supremo Tribunal Federal, e, se este a declarar, será decretada a intervenção. Entendemos que o poder de submeter ao julgamento do Supremo Tribunal Federal o ato arguido de inconstitucionalidade representa o exercício de direito de ação, que o art. 1º da Lei nº 2.271 atribuiu privativamente ao Procurador-Geral da República. O Procurador-Geral da República é o autor da ação e opera como substituto processual, isto é, age em nome próprio, mas por interesse alheio.

---

[333] CAVALCANTI, Themistocles Brandão. *Do controle da constitucionalidade*. Rio de Janeiro: Forense, 1966, p. 128.

Não o move um interesse pessoal, ele representa toda a coletividade, empenhada em expurgar a ordem jurídica de atos políticos, manifestamente inconstitucionais e capazes de pôr em risco a estrutura do Estado. A função do Supremo Tribunal Federal não é responder a uma consulta; é decidir um caso concreto".[334]

Assim, o Procurador-Geral da República é a único legitimado para propor ação direta de inconstitucionalidade interventiva da União em face de Estado-membro ou do Distrito Federal, a fim de assegurar a observância dos princípios constitucionais sensíveis ou a execução de lei federal (art. 36, III, CF de 1988). Por sua vez, e em atenção ao princípio da simetria, a *representação interventiva estadual* para assegurar a observância dos princípios indicados na Constituição do Estado ou para prover a execução de lei, o Procurador-Geral de Justiça é o agente legitimado para propor a ação, porquanto é o chefe do Ministério Público do referido Estado-membro (art. 35, IV da CF/1988).

10.8 Procedimento

Com a propositura de *representação interventiva federal* pelo Procurador-Geral da República no STF, a petição inicial pode ser indeferida liminarmente pelo relator, quando: não for o caso de representação interventiva, faltar algum dos requisitos estabelecidos nesta Lei ou for inepta. Nesse caso, da decisão de indeferimento da petição inicial caberá agravo, no prazo de cinco dias.

Após o processamento do feito e realização de eventuais diligências, o relator lançará o relatório, com cópia para todos os ministros, e pedirá dia para julgamento. Para que haja decisão sobre a representação interventiva, necessário que estejam presentes na sessão pelo menos oito ministros. Realizado o julgamento, proclamar-se-á a procedência ou improcedência do pedido formulado na representação interventiva se num ou noutro sentido se tiverem manifestado pelo menos seis ministros. Estando ausentes ministros em número que possa influir na decisão sobre a representação interventiva, o julgamento será suspenso, a fim de se aguardar o comparecimento dos ministros ausentes, até que se atinja o número necessário para a prolação da decisão.

Julgada a ação, far-se-á a comunicação às autoridades ou aos órgãos responsáveis pela prática dos atos questionados, e se a decisão final for pela procedência do pedido formulado na representação interventiva, o presidente do Supremo Tribunal Federal, publicado o acórdão, levá-lo-á ao conhecimento do Presidente da República para, no prazo improrrogável de até quinze dias, dar cumprimento aos §§1º e 3º do art. 36 da Constituição Federal.

A decisão que julgar procedente ou improcedente o pedido da representação interventiva é irrecorrível, sendo insuscetível de impugnação por ação rescisória.

---

[334] BUZAID, Alfredo. *Da ação direta de declaração de inconstitucionalidade no direito brasileiro*. São Paulo: Saraiva, 1958, p. 99, 103-104 e 107.

Finalmente, conforme a jurisprudência do Supremo Tribunal Federal, não há prazo de decadência para a representação por violação aos princípios constitucionais sensíveis, ou seja, não há data limite para questionar atos ou fatos incompatíveis com valores essenciais da Carta Magna (Súmula 360 do STF).

10.9 Medida liminar

Antes da Lei nº 12.562 de 2011 – que agora pacificou a matéria –, doutrina divergia sobre a possibilidade de ser concedida ou não a medida liminar no bojo da representação interventiva. "Uma corrente, com fulcro em Alexandre de Moraes, advogava a inadmissibilidade do pronunciamento de urgência, ao argumento de que a norma inscrita no art. 102, inc. I, p, da CRFB, que permite a concessão de medida liminar no processo da ação direta de inconstitucionalidade genérica, não seria aplicável à ação direta de inconstitucionalidade interventiva. Outra corrente, com fundamento em José Afonso da Silva, postulava a admissibilidade do provimento de urgência, pelo motivo de que a norma inserida no art. 2º da Lei nº 5.778/72, que possibilita ao relator da ação direta de inconstitucionalidade interventiva estadual, a requerimento da Chefia do Ministério Público do Estado, suspender liminarmente o ato impugnado, seria aplicável à ação direta de inconstitucionalidade interventiva federal".[335]

De fato, assistia razão à segunda corrente, visto que, se era possível no âmbito estadual o relator suspender liminarmente o ato impugnado, muito mais seria cabível no âmbito da União, eis que a decisão poderia ostentar repercussão nacional, sendo ainda mais urgente e imprescindível a possiblidade de concessão de liminar acauteladora. A esse respeito, é antigo o brocardo: "Onde existe a mesma razão fundamental, prevalece a mesma regra de Direito. Os casos idênticos regem-se por disposições idênticas".[336] Ademais, na ADI interventiva poder-se-ia aplicar por analogia a previsão da Lei nº 9.868, de 1999, que dispõe sobre o processo e julgamento da ação direta de inconstitucionalidade e da ação declaratória de constitucionalidade perante o Supremo Tribunal Federal. Conforme o art. 10 dessa lei, pode ser concedida medida cautelar na ação direta de inconstitucionalidade genérica, sendo a ADI interventiva uma espécie que também poderia reclamar providência urgente para acautelar bem jurídico que estivesse sendo violado. Nesse sentido, o uso da analogia fazia-se pertinente, nos termos do art. 4º da LINDB.

Com efeito, atualmente a discussão foi suplantada, uma vez que a Lei nº 12.562, de 2011, que regula o processo e julgamento da representação interventiva perante o Supremo Tribunal Federal, previu expressamente a concessão de medida liminar na representação interventiva. Para tanto, necessária a decisão da maioria absoluta de seus membros, nos termos do art. 5º: "*O Supremo Tribunal Federal, por*

---

[335] PEÑA DE MORAES, Guilherme. *Curso de direito constitucional*. 8. ed. São Paulo: Atlas, 2016, p. 302.
[336] MAXIMILIANO, Carlos. *Hermenêutica e aplicação do direito*. 9. ed. Rio de Janeiro: Forense, 1984, p. 245.

decisão da maioria absoluta de seus membros, poderá deferir pedido de medida liminar na representação interventiva". Como visto, a lei específica não prevê a concessão de liminar em representação interventiva por decisão monocrática de ministro do STF, devendo a decisão subsidiar-se em pelo menos seis votos favoráveis de seus membros. Tal exigência qualificada para concessão de liminar é salutar, visto que a decisão requer consenso do Pretório Excelso – evitando a possibilidade de modificar decisão monocrática por meio de recurso ao colegiado, o que significaria ainda mais incerteza em cenário federal já conflituoso. Assim, a decisão colegiada – mesmo que em sede de liminar – promove a estabilidade federativa, daí o acerto na disposição legal.

Impende registrar que conteúdo da medida liminar é amplo, podendo determinar a suspensão do processo ou de decisões judiciais e administrativas, bem como impor qualquer outra medida que se faça necessária e urgente no bojo da representação interventiva. O §2º do art. 5º contém a seguinte redação: "§2º A liminar poderá consistir na determinação de que se suspenda o andamento de processo ou os efeitos de decisões judiciais ou administrativas ou de qualquer outra medida que apresente relação com a matéria objeto da representação interventiva". Sendo apreciado o pedido de liminar, o relator solicitará as informações às autoridades responsáveis pela prática do ato questionado, que as prestarão em até 10 (dez) dias.

Portanto, o ordenamento jurídico em vigor prevê a concessão da medida liminar na representação interventiva perante o Supremo Tribunal Federal, exigindo-se maioria absoluta dos votos dos seus membros para a concessão da providência restauradora da ordem constitucional.

10.10 Decisão

De acordo com o art. 10 da Lei nº 12.562, de 2011, realizado o julgamento, proclamar-se-á a procedência ou improcedência do pedido formulado na representação interventiva. De igual modo, o art. 11 declara que "julgada a ação, far-se-á a comunicação às autoridades ou aos órgãos responsáveis pela prática dos atos questionados". Como se vê, a decisão do Supremo Tribunal Federal na representação interventiva que julga a procedência do pedido é objeto de comunicação às autoridades competentes.

Por conseguinte, a decisão constante na representação interventiva possui *natureza declaratória*, haja vista que o objeto da ação tem por escopo a obtenção de acórdão que declare a existência ou a não existência de uma relação jurídica, isto é, a violação ou não de princípio sensível deflagrador de intervenção federal da União em Estado-membro. Consoante magistério de Ovídio Batista, "a função da ação declaratória, portanto, é fundamentalmente a eliminação da incerteza em torno da existência ou inexistência de uma determinada relação jurídica, quando haja, em virtude de circunstâncias especiais, necessidade jurídica e interesse capaz de legitimar esse tipo de ação. Na ação declaratória, portanto, o juiz não vai além de um juízo de pura realidade, não ultrapassando o domínio do ser ou do não ser: não profere qualquer juízo de valor, não reprova ou condena ninguém, assim como não cria, nem modifica ou extingue qualquer direito ou relação jurídica. Limita-se a declarar o que existe ou o que não existe, no domínio do direito".[337]

Especificamente acerca da natureza da decisão na representação interventiva, Pontes de Miranda assevera: "se a decisão do Supremo Tribunal Federal é para a intervenção federal, a carga preponderável é só declarativa, pois a suspensão pelo Presidente da República é que desconstitui".[338]

Nesse mesmo sentido é a lição de Gilmar Mendes: "Na CF de 1988, o art. 34, §3º, também estabelece que, nos casos do art. 34, VI (recusa à execução de lei federal) e 34, VII (ofensa aos princípios sensíveis), dispensada a apreciação pelo Congresso Nacional, o decreto há de limitar-se a suspender a execução do ato impugnado, se a medida for suficiente para a superação do estado de anormalidade. Não se cuida aqui, obviamente, de aferir a constitucionalidade *in abstracto* da norma estadual, mas de verificar, para fins de intervenção e no contexto de um conflito federativo, se determinado ato, editado pelo ente federado, afronta princípios basilares da ordem federativa, ou se determinada ação ou omissão do Poder Público estadual impede a execução da lei federal. Não se declara a nulidade ou a ineficácia do ato questionado, limitando-se a afirmar a violação do texto constitucional no âmbito de um procedimento complexo que poderá levar à decretação da intervenção federal".

"É o que entende o STF, conforme se depreende de voto proferido por Moreira Alves: 'A representação interventiva é instrumento jurídico que se integra num processo político – a intervenção – para legitimá-lo. Embora diga respeito à lei em tese, não se apresenta, propriamente, como instrumento de controle concentrado de constitucionalidade, uma vez que a declaração de inconstitucionalidade nela obtida não opera *erga omnes*, mas apenas possibilita (como elo de uma cadeia em que se conjugam poderes diversos) ao Presidente (ou o governador, se for o caso) suspender a execução do ato impugnado'. Vê-se, pois, que o STF limita-se, em princípio, a constatar ou a declarar a ofensa aos princípios sensíveis ou a recusa à execução da lei federal. A decisão configura, portanto, aquilo que a doutrina constitucional alemã denomina *Feststellungsurteil* (sentença meramente declaratória). Tal como estabelecido no ordenamento constitucional brasileiro, a decisão do STF constitui *conditio juris* das medidas interventivas, que não poderão ser empreendidas sem a prévia declaração judicial de inconstitucionalidade. Todavia, o julgado não tem o condão de anular ou de retirar a eficácia do ato impugnado. O ato impugnado somente será retirado do ordenamento jurídico mediante providência do ente federado (revogação), ou através da *suspensão*, nos termos do art. 36, §3º. Tem-se, aqui,

---

[337] SILVA, Ovídio A. Baptista da. *Curso de processo civil*. Volume 1 – Tomo I. 8. ed. Rio de Janeiro: Forense, 2008, p. 115
[338] MIRANDA, Pontes de. *Comentários à Constituição de 1967*. Com a Emenda nº I, de 1969. Tomo II. 2. ed. São Paulo: Revista dos Tribunais, 1973, p. 257.

um inequívoco exemplo de que a inconstitucionalidade de uma lei nem sempre implica sua nulidade".[339]

No que se refere ao ato normativo julgado na *ADI interventiva*, "a decisão que se profere aqui limita-se a constatar a eventual lesão a um princípio sensível ou a possível recusa à execução da lei federal. A decisão que constata ou declara a eventual inconstitucionalidade não elimina a lei do ordenamento jurídico; não tem, pois, eficácia *erga omnes*".[340] Conforme Peña de Moraes, "a decisão de procedência, na ação direta de inconstitucionalidade interventiva, limita-se à declaração de inconstitucionalidade, na medida em que a suspensão da eficácia do ato impugnado decorre de providência do Presidente da República, pelo instrumento do decreto, na forma do art. 36, §3º, da CRFB".[341]

Noutro giro, no que alude à *recusa à execução de lei federal*, a decisão que julga procedente o pedido implica a comunicação imediata do acórdão aos órgãos do poder público interessados e requisitará a intervenção ao Presidente da República. A requisição tem natureza de ordem, de mandado, a fim de que se dê execução ao disposto contido na lei inobservada pelo Estado-membro. Isto é, a requisição tem por escopo efetivar a previsão normativa expressa em lei federal, mantendo-se indene o ordenamento jurídico pátrio. Portanto, se for julgada procedente a representação do Procurador-Geral da República para prover a execução de lei federal no STF, a decisão ensejará a expedição de requisição aos órgãos competentes pelo Presidente do Supremo Tribunal Federal, conforme art. 19, III, c/c 22 da Lei nº 8.038 de 1990. De igual modo disciplina o Regimento Interno do STF, especificamente no seu art. 350, IV, c/c art. 354 RISTF). Nesse caso, o decreto do Presidente da República consiste em ato executório em face de requisição do Pretório Excelso, permitindo a materialização do disposto na lei federal não cumprido pelo ente federado violador.

Em que pese a natureza declaratória, sendo julgada a procedência da representação interventiva, a decisão do Supremo Tribunal Federal é de cumprimento obrigatório. Isso porque o art. 11 da Lei nº 12.562, de 2011, determina que: "julgada a ação, far-se-á a comunicação às autoridades ou aos órgãos responsáveis pela prática dos atos questionados, e, se a decisão final for pela procedência do pedido formulado na representação interventiva, o Presidente do Supremo Tribunal Federal, publicado o acórdão, levá-lo-á ao conhecimento do Presidente da República para, no prazo improrrogável de até 15 (quinze) dias, *dar cumprimento* aos §§1º e 3º do art. 36 da Constituição Federal". À vista disso, as autoridades competentes serão comunicadas, devendo o Presidente da República, em até 15 dias, efetivar a representação interventiva mediante a edição de decreto,

---

[339] MEIRELLES, Hely Lopes. *Mandado de segurança*. 30. ed. Atualizadores: Arnoldo Wald e Gilmar Ferreira Mendes. São Paulo: Malheiros, 2007, p. 619-621.
[340] MEIRELLES, Hely Lopes. *Mandado de segurança*. 30. ed. Atualizadores: Arnoldo Wald e Gilmar Ferreira Mendes. São Paulo: Malheiros, 2007, p. 622.
[341] PEÑA DE MORAES, Guilherme. *Curso de direito constitucional*. 8. ed. São Paulo: Atlas, 2016, p. 303.

especificando-se a amplitude, o prazo e as condições de execução, podendo ainda a decreto limitar-se a suspender a execução do ato impugnado, se esta medida bastar ao restabelecimento da normalidade. Nesse caso, dispensa-se a apreciação do decreto pelo Congresso Nacional (art. 11 da Lei nº 12.562 de 2011 c/c art. 36, §1º e 3º da CF/1988).

Caso o Presidente da República não dê cumprimento à decisão consubstanciada no julgado do Supremo Tribunal Federal para efetivar a representação interventiva, o Chefe do Poder Executivo da União poderá incorrer em crime de responsabilidade, por descumprir decisão judicial (art. 85, VII, CF de 1988), especificamente o ato de "recusar o cumprimento das decisões do Poder Judiciário no que depender do exercício das funções do Poder Executivo (art. 12, Lei nº 1.079 de 1950). A sanção prevista é a de perda do cargo e inabilitação para o exercício da função pública por oito anos, sem prejuízo das demais sanções judiciais cabíveis (art. 52, parágrafo único da CF/88).

Por fim, a decisão que julga procedente ou improcedente o pedido de representação interventiva é irrecorrível, não sendo suscetível de impugnação por ação rescisória.

CAPÍTULO 11

INTERVENÇÃO DA UNIÃO NOS MUNICÍPIOS LOCALIZADOS EM TERRITÓRIO FEDERAL

A Carta Magna em vigor erigiu várias novidades no direito constitucional brasileiro, uma das quais refere-se ao instituto da intervenção. Isso porque o art. 35 da Constituição Federal contém dispositivo que prevê a intervenção da União em município, desde que a municipalidade esteja localizada em Território Federal. Atualmente, essa previsão resta inaplicável, haja vista a inexistência de Território Federal com a promulgação da Constituição de 1988, que transformou os Territórios Federais de Roraima e do Amapá em Estados-membros, ao passo que foi extinto o Território Federal de Fernando de Noronha, cuja área foi reincorporada ao Estado de Pernambuco (arts. 14 e 15, ADCT). Todavia, permanece a importância do estudo em razão da possibilidade de criação de novos Territórios Federais, nos termos do art. 18, §2º da Constituição da República.

De fato, a intervenção da União em município situado em Território Federal é uma exceção, haja vista ser pacífico na doutrina e no texto constitucional que a União intervém somente nos Estados-membros, e estes, nos seus Municípios. Consoante a tradição do federalismo, a União não intervém nos Municípios, pois esses "organismos não contactam diretamente com a União. O poder de intervenção sobre os Municípios pertence aos Estados".[342]

Naturalmente, a intervenção se dá numa relação direta entre dois entes que se conectam de forma imediata, isto é, sem ultrapassar a esfera de outra unidade que intermedeia os entes federados. No caso dos municípios, estes se ligam diretamente aos Estados-membros, pois aqueles integram o território destes. Assim, a União somente pode intervir nos Estados-membros ou no DF, ressalvada a hipótese de município localizado em Território Federal, vez que esse município integra unidade territorial da União, jungindo-lhe.

Com efeito, a intervenção federal em município localizado em Território Federal constitui uma *intervenção anômala*, porquanto afasta a regra geral de um ente federado intervir diretamente em outra unidade em decorrência do grau

---

[342] RIBEIRO, Fávila. *A intervenção federal nos Estados*. Fortaleza: Editora Jurídica, 1960, p. 50.

de divisão política e localização geográfica, isto é, do maior para o menor nível de integração geopolítico: da União para os Estados-membros e destes para os Municípios. Essa hipótese incomum se justifica pelo fato de que ocorre tão só nos municípios localizados em Território Federal, ou seja, em Municípios integrantes de área sob o domínio geográfico e político da União. A medida afigura-se adequada, até porque o aludido município não se vincula a Estado-membro, mas somente conecta-se à União, cabendo a esta promover o ato interventivo.

As causas deflagradoras de intervenção ocorrem quando: deixar de ser paga, sem motivo de força maior, por dois anos consecutivos, a dívida fundada; não forem prestadas contas devidas, na forma da lei; não tiver sido aplicado o mínimo exigido da receita municipal na manutenção e no desenvolvimento do ensino e em ações e serviços públicos de saúde; e, por fim, quando o Tribunal de Justiça der provimento a representação para assegurar a observância de princípios indicados na Constituição, ou para prover a execução de lei, de ordem ou de decisão judicial (art. 35, I, II, III, e IV da CF de 1988). Como se vê, as hipóteses interventivas são as mesmas que autorizam a intervenção estadual nos municípios, de modo que, nesse caso, a União Federal assume o papel de Estado-membro, substituindo-o.

A respeito desse tema, é pacífica a jurisprudência do Supremo Tribunal Federal:[343] "Impossibilidade de decretação de intervenção federal em município localizado em Estado-membro. Os Municípios situados no âmbito dos Estados-membros não se expõem à possibilidade constitucional de sofrerem intervenção decretada pela União Federal, eis que, relativamente a esses entes municipais, a única pessoa política ativamente legitimada a neles intervir é o Estado-membro. Magistério da doutrina. Por isso mesmo, no sistema constitucional brasileiro falece legitimidade ativa à União Federal para intervir em quaisquer Municípios, *ressalvados, unicamente, os Municípios 'localizados em Território Federal...'* (CF, art. 35, caput)" (Grifos nossos). (STF IF 590 – Tribunal Pleno. QO/CE – Relator Min. Celso de Mello. Julgamento: 17/09/1998. Publicação: 09/10/1998)

11.1 Intervenção municipal-territorial

Denomina-se *intervenção municipal-territorial* a modalidade interventiva decretada pela União em município localizado em Território Federal quando a referida municipalidade: I – deixar de pagar, sem motivo de força maior, por dois anos consecutivos, a dívida fundada; II – não forem prestadas contas devidas, na forma da lei; III – não tiver sido aplicado o mínimo exigido da receita municipal na manutenção e desenvolvimento do ensino e nas ações e serviços públicos de saúde; IV – o Tribunal de Justiça der provimento a representação para assegurar a observância de princípios indicados na Constituição, ou para prover a execução de

---

[343] STF. Supremo Tribunal Federal. Tribunal Pleno. *IF 590 QO / CE – Ceará*. Rel. Min. Celso de Mello. Julgamento: 17/09/1998. Publicação: 09/10/1998. Disponível em: https://jurisprudencia.stf.jus.br/pages/search/sjur110510/false. Acesso em: 09 dez. 2020.

lei, de ordem ou de decisão judicial (art. 35, parte final, CF/1988). Essa modalidade é genérica, pois abarca as quatro hipóteses constitucionais de interferência da União nas municipalidades situadas em Território Federal (art. 35, incisos I, II, III e IV, CF/1988).

Com efeito, a Constituição de 1988 não disciplina expressamente os pressupostos formais da intervenção federal nos municípios localizados em Território Federal. Em que pese a ausência de disciplinamento procedimental dessa intervenção anômala, aplica-se à União o mesmo regramento da intervenção estadual nos municípios, com as necessárias adaptações. Por conseguinte, caberá ao Presidente da República expedir o decreto interventivo com base nas restritas hipóteses constantes do art. 35, I, II, III e IV da CF/1988.

Após o Presidente da República decretar a intervenção federal em município situado em Território Federal, caberá ao Congresso Nacional apreciar a medida quando: I – deixar de ser paga, sem motivo de força maior, por dois anos consecutivos, a dívida fundada; II – não forem prestadas contas devidas, na forma da lei; e III – não tiver sido aplicado o mínimo exigido da receita municipal na manutenção e desenvolvimento do ensino e nas ações e serviços públicos de saúde (art. 35, I, II e III, c/c art. 36, §1º da CF de 1988). Assente-se que, quando a intervenção se basear em provimento do Tribunal de Justiça para assegurar a observância de princípios indicados na Constituição ou para prover a execução de lei, de ordem ou de decisão judicial, não haverá avaliação política da medida pelo Poder Legisltivo, porquanto a Constituição dispensou a apreciação pelo Congresso Nacional (art. 35, IV, c/c art. 36, §3º, CF de 1988).

11.2 Representação interventiva municipal-territorial

No que alude ao Poder Judiciário competente, é escassa a doutrina que trata sobre o tema. Sem embargo, esta corrente entende que compete ao Tribunal de Justiça do Distrito Federal e Territórios julgar a representação interventiva em face de município localizado em Território Federal, exsurgindo a figura da *representação interventiva municipal-territorial*. Tal hipótese consiste na modalidade de intervenção decretada pela União em município localizado em Território Federal com a finalidade específica de assegurar a observância de princípios indicados na Constituição ou para prover a execução de lei, de ordem ou de decisão judicial (art. 35, IV, CF/1988). O processamento se dá por meio de representação do Procurador-Geral de Justiça do DF perante o Tribunal de Justiça do Distrito Federal e Territórios. Como efeito, essa modalidade interventiva é peculiar, pois abarca somente uma hipótese constitucional de interferência da União nas municipalidades situadas em Território Federal, consistente no inciso IV do art. 35 da CF/1988.

Impende salientar que a Constituição da República não atribuiu ao STF julgar esse feito, pois lhe incumbe apreciar a intervenção quando se tratar de representação "na hipótese do art. 34, VII [assegurar os princípios constitucionais sensíveis] e no caso de recusa à execução de lei federal", ambas as hipóteses apenas em face dos Estados-membros ou do DF, nos termos do art. 36, III, da CF/1988. Além disso, a competência do STF submete-se ao regime de direito estrito, isto é, o conjunto de atribuições não pode ser estendido por normas infraconstitucionais ou intepretações ampliativas fora do rol taxativo constante na Constituição Federal de 1988 (STF, Pet. nº 1.738 AgR, Rel. Min. Celso de Mello, j. 01-09-1999). Outrossim, a Constituição da República é expressa ao prever que a União não intervirá nos Municípios localizados em Território Federal, exceto quando: "o *Tribunal de Justiça* der provimento a representação para assegurar a observância de princípios indicados na Constituição Estadual, ou para prover a execução de lei, de ordem ou de decisão judicial" (art. 35, IV, CF/1988). Consectariamente, incumbe ao Tribunal de Justiça, no caso o do Distrito Federal e Territórios (TJDFT), processar a intervenção contra município situado em Território Federal.

Registre-se também que intervenção da União em município localizado em Território Federal implica a atuação de ente federal em Território Federal, aplicando-se, por conseguinte, as disposições relativas à *"Intervenção Federal nos Territórios"*, já que a municipalidade está situada em Território Federal, atingindo-o. Assim, em que pese a competência jurisdicional de tal instituto não constar expressamente na Constituição da República, é previsto na legislação infraconstitucional, a exemplo do art. 8º, inciso XIV, da Lei nº 11.697 de 2008, que dispõe sobre a organização judiciária do Distrito Federal e dos Territórios, conforme mandamento constitucional constante no art. 21, XIII, da CF de 1988:

Constituição Federal de 1988
Art. 21. *Compete à União:*
(...)
XIII – *organizar e manter o Poder Judiciário*, o Ministério Público *do Distrito Federal e dos Territórios* e a Defensoria Pública dos Territórios; (Grifos nossos)

Lei nº 11.697 de 2008
Art. 2º Compõem a Justiça do Distrito Federal e dos Territórios:
I – o Tribunal de Justiça;
(...)
Art. 8º *Compete ao Tribunal de Justiça:*
XIV – *promover o pedido de Intervenção Federal* no Distrito Federal ou *nos Territórios*, de ofício ou mediante provocação; (Grifos nossos)

Assim, a ação deve ser proposta pelo Procurador-Geral de Justiça do DF, Chefe do Ministério Público do Distrito Federal e Territórios, com o escopo de assegurar a observância dos princípios constitucionais sensíveis indicados na Constituição ou para prover a execução de lei, ordem ou decisão judicial, de modo a garantir que o referido município respeite os valores e normas do Estado brasileiro. Relativamente ao processamento da ação, compete ao Presidente do Tribunal do TJDFT, ao receber o pedido de intervenção federal: I – mandar arquivá-lo, se for manifestamente infundado, decisão contra a qual caberá agravo regimental;

II – adotar as providências oficiais que lhe parecerem adequadas para remover, administrativamente, a causa do pedido. Se esse objetivo não for alcançado, distribuirá os autos a um desembargador relator, prosseguindo-se nos demais termos da Lei nº 8.038/90 (art. 8º, XIV da Lei nº 11.697, de 2008, c/c art. 158 da LC nº 75/1993 e art. 223, RITJDFT).

Em artigo sobre a temática, Anildo Fábio de Araujo compartilha do mesmo entendimento: "compreendo que a competência é do Tribunal de Justiça do Distrito Federal e dos Territórios, e que o legitimado ativo é o Procurador-Geral de Justiça do Distrito Federal e dos Territórios. Com base no Texto Constitucional Federal e na legislação federal correspondente, pode-se afirmar que: A) compete ao Tribunal de Justiça do Distrito Federal e dos Territórios processar e julgar a representação interventiva em face de Município localizado em Território Federal; B) incumbe ao Procurador-Geral de Justiça do Distrito Federal e Territórios propor a representação interventiva".[344] José Afonso da Silva também propugna que "cabe ao Procurador-Geral da Justiça que funcione junto ao Tribunal de Justiça competente para conhecimento da representação, seja na intervenção promovida por Estado, seja na promovida pela União em Municípios de Território Federal".[345]

Nessa esteira, por se tratar de intervenção promovida por órgão federal, a União será a pessoa jurídica responsável por eventuais reparações cíveis decorrentes da intervenção em muncípio situado em Território Federal, cabendo ao Tribunal de Justiça do Distrito Federal e Territórios processar e julgar as referidas ações, por se tratar de um órgão da União[346] (art. 21, XIII, CF/1988).

11.3 É possível intervenção federal em Território Federal?

Na Constituição de 1967, os Territórios compunham a união indissolúvel da República Federativa brasileira, nos termos do artigo 1º: "o Brasil é uma República Federativa, constituída sob o regime representativo, pela união indissolúvel dos Estados, do Distrito Federal e dos *Territórios*" (art. 1º, CF 1967).

Contudo, com a promulgação da atual Constituição Federal de 1988, os Territórios Federais então existentes passaram a integrar a União, conforme a seguinte redação: "os Territórios Federais *integram* a União, e sua criação, transformação em Estado ou reintegração ao Estado de origem serão reguladas em lei complementar" (art. 18, §2º, CF/1988). A esse respeito, Michel Temer esclarece: "não podemos admitir que o Território seja parte integrante da Federação. Ser parte componente, integrante de um todo, é compor a sua substância, o que quer significar que desaparecidas as partes componentes

---

[344] ARAÚJO, Anildo Fábio de. Representação interventiva contra município localizado em Território Federal. *Revista de Informação Legislativa*. Ano 34, número 135. Jul./Set. 1997, p. 138 e 140. Disponível em: https://www2.senado.leg.br/bdsf/bitstream/handle/id/263/r135-15.pdf?sequence=4&isAllowed=y. Acesso em: 07 fev. 2021.
[345] SILVA, José Afonso da. *Curso de direito constitucional positivo*. 9. ed. São Paulo: Malheiros, 1994, p. 428.
[346] SILVA, José Afonso da. *Curso de direito constitucional positivo*. 33. ed. São Paulo: Malheiros, 2010, p. 652.

desaparece o todo. A Federação é formada por compartimentos que possuem capacidade política".[347]

Na lição de José Afonso da Silva, atualmente a figura dos Territórios Federais possuem "natureza de mera autarquia, simples descentralização administrativo-territorial da União". Além disso, não mais existem Territórios Federais, "porque a própria Constituição transformou em Estados os de Roraima e Amapá, únicos que ainda existiam".[348]

Ressalte-se que a intervenção federal se dá mediante a interferência de um ente federado na autonomia política de outra unidade que compõe a federação. Por sua vez, os territórios federais integram a União, sendo organizados e controlados por ela, não sendo titulares de autonomia. Na lição de Thomas Cooley, a União, por deter a soberania, tem o poder inerente de governar discricionariamente os territórios que não integrem o espaço geográfico de Estado-membro. Ademais, basicamente existem duas formas de governar um Território da União. A primeira forma seria com a indicação do governador e juízes locais pelo Presidente da República, com o aval do Senado, a quem caberia também legislar. A segunda forma de governo no Território consistiria na nomeação do Governador e juízes pelo Presidente da República, sendo os legisladores eleitos diretamente pela população do respectivo Território.[349]

Com efeito, ainda que o Território Federal detenha parcela do exercício de poderes, estes são limitados e indicados pela União, não havendo plena liberdade política e administrativa. Isso porque o Governador do Território é nomeado pelo Presidente da República com a aprovação do Senado; as contas do Território são submetidas ao Congresso Nacional; os juízes, os membros do Ministério Público e da Defensoria Pública não são da própria unidade territorial, mas sim são vinculados à União (art. 33, §§2º e 3º c/c art. 84, XIV da CF/1988).

Em razão disso, descabe a intervenção federal em Territórios Federais, uma vez que essas unidades já estão submetidas ao controle e subordinação direta da União. No mesmo sentido, Fávila Ribeiro assevera ser inaplicável o instituto da intervenção federal em Territórios Federais, eis que lhes falta autonomia política e administrativa, de modo que os limites de atuação e interferência da União restam flexibilizados de acordo com o juízo discricionário do Chefe do Poder Executivo. "Ora, se a intervenção é o meio de assegurar a ação do Governo Federal, por intermédio de seu agente, na esfera pertencente a outro organismo, não se mostra necessária com relação aos Territórios, cuja administração é desempenhada por um delegado do Governo Federal. Os Territórios não têm personalidade jurídica. Se dispõem de um corpo de legisladores eletivos, convém considerar que o volume da sua função legiferativa não se apoia em bases rígidas, podendo

---

[347] TEMER, Michel. *Elementos de direito constitucional*. 13. ed. São Paulo: Malheiros, 1997, p. 99.
[348] SILVA, José Afonso da. *Curso de direito constitucional positivo*. 9. ed. São Paulo: Malheiros, 1994, p. 412-413.
[349] COOLEY, Thomas M. *The General Principles of Constitutional Law in the United States of America*. Boston: Little, Brown, 1880, p. 164-166.

distender-se ou restringir-se por legislação federal ou ordinária. Exerce, portanto, permanentemente, a União *ipso jure* ingerência nos negócios territoriais".[350]

Portanto, considerando que os Territórios são autarquias da União e que o Presidente da República nomeia o Governador dos Territórios com a aprovação do Senado, resta evidente que a União já exerce o domínio sobre a respectiva unidade, descabendo a intervenção federal. Ademais, a Carta Magna de 1988 não prevê a figura da intervenção federal nos "Territórios Federais", mas apenas admite a intervenção federal nos Estados-membros, no DF ou nos municípios localizados em Território Federal, sendo vedada a criação de hipóteses não previstas constitucionalmente.

---

[350] RIBEIRO, Fávila. *A intervenção federal nos Estados*. Fortaleza: Editora Jurídica, 1960, p. 48-49.

CAPÍTULO 12

INTERVENÇÃO FEDERAL NOS ESTADOS NAS CONSTITUIÇÕES BRASILEIRAS

12.1 Constituição de 1891

Constitucionalmente, a intervenção federal foi prevista pela primeira vez na Carta Magna de 1891. Além de ser a primeira Constituição republicana, que por si só trouxe novos valores e institutos jurídicos – entre os quais a intervenção federal –, discutia-se fervorosamente a temática e os vocábulos previstos no texto. Entre outros conceitos, indagava-se acerca do significado da expressão "Governo Federal", constante do art. 6º, *caput* da CF/1891. Isso porque o texto Magno continha a vedação de o "Governo Federal" interferir em negócios afetos a peculiaridades dos Estados-membros. Essa expressão "Governo Federal" ensejou calorosos debates pela doutrina da época, esclarecendo João Barbalho que a "locução é aqui empregada como equivalente a 'A União' ou a 'Os Poderes da União', mas não como se equivalesse a 'o poder executivo'. O 'Governo Federal' no Brasil, como os Estados Unidos da América compõe-se de três poderes: o Legislativo, o Executivo e o Judiciário. Foi, portanto, a esses poderes reunidos que a Constituição impôs a restrição contida no art. 6, proibindo-lhes a intervenção nos Estados, salvo nos casos especificados nos seus ns. 1, 2, 3 e 4 e para os fins neles declarados (Anais do Senado, 1893, vol. I, pag. 211)".[351]

Superada a questão terminológica, a redação original da Constituição de 1891 previa somente quatro hipóteses autorizadoras de intervenção federal. Os motivos deflagradores tinham por escopo: repelir eventual invasão estrangeira, ou de um Estado em outro; manter a forma republicana federativa; restabelecer a ordem e a tranquilidade nos Estados, a requisição dos respectivos governos e, por fim, para assegurar a execução das leis e sentenças federais. Acerca da intervenção para assegurar a observância pelos Estados-membros das leis e sentenças federais,

---

[351] BARBALHO, João. *Constituição Federal brasileira*. Comentários. 2. ed. Rio de Janeiro: F. Briguiet e Cia Editores, 1924, p. 29 e 31.

Aristides Milton assinala: "se à União fosse recusado o direito de fazer executar as leis e sentenças federais em todos os Estados, estes burlariam muita vez umas e outras, obedecendo às sugestões de seu interesse unicamente e destarte a federação sucumbiria aos golpes mortais do capricho, do ciúme e da anarquia. De quanto aí fica exposto resulta a procedência do que diz Barraquero (*Espíritu y práctica de la Constituciónn argentina*): em todos os casos em que os poderes constitucionais, em nossa forma de governo, tenham desaparecido, ou sejam obstruídos em suas funções, o poder federal está no imprescindível dever de intervir, por direito próprio, na província que for teatro de tais atentados".[352]

Consectário lógico do Estado federal – que se fundamenta na autonomia dos entes –, a intervenção constitui medida excepcional a ser adotada. Nesse sentido, o art. 6º vedava a intromissão do Governo Federal em negócios peculiares de competência dos Estados, ressalvadas as hipóteses previamente estabelecidas nos parágrafos §1º a 4º. Para Tocqueville, citado por José de Oliveira Baracho, negócios peculiares referem-se a assuntos de interesse local, ou seja, "interesses especiais e particulares a certas partes da nação".[353] Desse modo, a expressão "negócios peculiares" aduz à ideia de matérias atribuídas constitucionalmente à competência dos entes parciais, bem como aqueles assuntos nos quais prevaleçam as particularidades do Estado-membro, não podendo o poder central legislar acerca de assunto estritamente regional. Ora, a federação funda-se na "autonomia" dos entes, pressupondo um mínimo de liberdade de ação. Caso contrário, não existiria capacidade decisória, e a autonomia transmudar-se-ia em mera aspiração utópica e disposição irreal. Assim, no Estado Federal a autonomia é a regra, sendo a intervenção medida excepcional, isto é, um acontecimento anormal utilizado tão somente para salvaguardar do próprio federalismo. Dito isso, o texto da Constituição de 1891 continha a seguinte redação:[354]

> Art. 6º O Governo Federal não poderá intervir em negócios peculiares aos Estados, salvo:
> 1º Para repelir invasão estrangeira, ou de um Estado em outro;
> 2º Para manter a forma republicana federativa;
> 3º Para restabelecer a ordem e a tranquilidade nos Estados, a requisição dos respectivos governos;
> 4º Para assegurar a execução das leis e sentenças federais.

Como se vê, na redação original o texto Magno não disciplinava a autoridade competente para decretar a intervenção, tampouco os órgãos responsáveis por provocar a medida extrema. A omissão gerou debates nas correntes doutrinárias

---

[352] MILTON, Aristides A. *A Constituição do Brasil*. Notícia histórica, texto e comentário. 2. ed. Rio de Janeiro: Imprensa Nacional, 1898, p. 29.
[353] BARACHO, José Alfredo de Oliveira. Descentralização do poder: federação e município. *Revista de Informação Legislativa*. Brasília. Ano 22. Número 85. Jan/Mar 1985, p. 152.
[354] BRASIL. Câmara dos Deputados. Legislação Informatizada. *Constituição de 1891* – Publicação original. Disponível em: https://www2.camara.leg.br/legin/fed/consti/1824-1899/constituicao-35081-24-fevereiro-1891-532699-publicacaooriginal-15017-pl.html. Acesso em: 07 set. 2020.

da época, na tentativa conferir aplicabilidade e minorar eventual utilização desvirtuada de tão nobre instituto.

Carlos Maximiliano justificava a ausência de regulamentação da intervenção federal: "Contra um mal que provinha, não da lei, e sim dos péssimos costumes públicos e dos hábitos tradicionais do Império unitário, tentaram uma profilaxia errada: regulamentar o art. 6º. O remédio agravaria a doença, o pretenso antisséptico era cultura de micróbios intervencionistas. Pediu-o Bartholomeu Mitre, que, subindo ao poder, em 1861, como Floriano Peixoto, no Brasil, trinta anos depois, operou a derrubada, em massa, das autoridades locais e pretendeu ir mais longe, influir na vida íntima das províncias conturbadas (em 1868), sem requisição dos respectivos governos. Reclamou a regulamentação Prudente de Morais; porque, enquanto não se ampliassem as disposições do art. 6º, sentiria, em sua consciência reta de jurista, escrúpulo em intervir, como evidentemente almejava, no Rio Grande do Sul, depois de pacificado. Portanto a lei que se planejara, em vez de consolidar a ordem, seria nova sementeira de intervenções perturbadoras. Apesar de sempre terem marcha triunfal os projetos sugeridos pelo chefe de Estado, houve uma exceção, única, em vinte e cinco anos de regime federativo: Prudente de Morais não conseguiu regulamentar o art. 6º. Sucedeu-lhe no poder, em 15 de novembro de 1898, o senador Campos Salles, o grande adversário da regulamentação; e nunca mais se tratou do assunto no Congresso Brasileiro. Chagas Lobato, deputado por Minas Gerais, propôs, na Constituinte, acrescentar-se ao número 4 do art. 6º: 'nos termos em que uma lei especial regular essa intervenção'. Caiu a emenda. Parece, portanto, que a maioria da assembleia não sorriu a ideia de se regular em lei ordinária assunto de tal magnitude. Tinha razão Campos Salles pregando a intangibilidade do art. 6º por estar ali compreendido o coração do regime".[355]

Sem embargo, após discussões e atendendo à necessidade de regular adequadamente assunto indeclinável do federalismo, a *Emenda Constitucional de 3 de novembro de 1926* traçou novos contornos e aprimorou o instituto. A alteração constitucional significou grande evolução no regulamento da intervenção federal no país, provocando mudanças profundas. Primeiro, ampliou-se substancialmente as causas ensejadoras de intervenção federal nos Estados, sendo agora dezesseis os incisos e alíneas autorizadores, entre os quais, para manter o governo presidencial, a independência e harmonia dos Poderes, a temporariedade das funções eletivas, a autonomia dos municípios, a capacidade para ser eleitor ou elegível, a inamovibilidade e vitaliciedade dos magistrados para reorganizar as finanças do Estado que tenha cessado o pagamento da dívida fundada por mais de dois anos, etc.

Além disso, destaca-se a previsão inédita no texto dos *princípios constitucionais sensíveis*, funcionando como elementos justificadores para decretar a intervenção

---

[355] MAXIMILIANO, Carlos. *Comentários à Constituição brasileira*. 2. ed. Rio de Janeiro: Jacintho Ribeiro dos Santos, 1923, p. 145-146.

ante o descumprimento de valores constitucionais intrínsecos no ordenamento jurídico pátrio. A figura dos princípios constitucionais sensíveis é tão importante, que permanece até hoje no texto constitucional, sendo agora dispostos no art. 34, inciso VII da CF/1988.

Desse modo, com a emenda, o texto constitucional de 1891 continha a seguinte redação:

> Art. 6º – O Governo federal não poderá intervir em negócios peculiares aos Estados, salvo: (Redação dada pela Emenda Constitucional de 3 de setembro de 1926)
> I – para repelir invasão estrangeira, ou de um Estado em outro; (Incluído pela Emenda Constitucional de 3 de setembro de 1926)
> II – para assegurar a integridade nacional e o respeito aos seguintes princípios constitucionais: (Incluído pela Emenda Constitucional de 3 de setembro de 1926)
> a) a forma republicana; (Incluído pela Emenda Constitucional de 3 de setembro de 1926)
> b) o regime representativo; (Incluído pela Emenda Constitucional de 3 de setembro de 1926)
> c) o governo presidencial; (Incluído pela Emenda Constitucional de 3 de setembro de 1926)
> d) a independência e harmonia dos Poderes; (Incluído pela Emenda Constitucional de 3 de setembro de 1926)
> e) a temporariedade das funções eletivas e a responsabilidade dos funcionários; (Incluído pela Emenda Constitucional de 3 de setembro de 1926)
> f) a autonomia dos municípios; (Incluído pela Emenda Constitucional de 3 de setembro de 1926)
> g) a capacidade para ser eleitor ou elegível nos termos da Constituição; (Incluído pela Emenda Constitucional de 3 de setembro de 1926)
> h) um regime eleitoral que permita a representação das minorias; (Incluído pela Emenda Constitucional de 3 de setembro de 1926)
> i) a inamovibilidade e vitaliciedade dos magistrados e a irredutibilidade dos seus vencimentos; (Incluído pela Emenda Constitucional de 3 de setembro de 1926)
> j) os direitos políticos e individuais assegurados pela Constituição; (Incluído pela Emenda Constitucional de 3 de setembro de 1926)
> k) a não reeleição dos Presidentes e Governadores; (Incluído pela Emenda Constitucional de 3 de setembro de 1926)
> l) a possibilidade de reforma constitucional e a competência do Poder Legislativo para decretá-la; (Incluído pela Emenda Constitucional de 3 de setembro de 1926)
> III – para garantir o livre exercício de qualquer dos poderes públicos estaduais, por solicitação de seus legítimos representantes, e para, independente de solicitação, respeitada a existência dos mesmos, pôr termo á guerra civil; (Incluído pela Emenda Constitucional de 3 de setembro de 1926)
> IV – para assegurar a execução das leis e sentenças federais e reorganizar as finanças do Estado, cuja incapacidade para a vida autônoma se demonstrar pela cessação de pagamentos de sua dívida fundada, por mais de dois anos. (Incluído pela Emenda Constitucional de 3 de setembro de 1926)
> §1º Cabe, privativamente, ao Congresso Nacional decretar a intervenção nos Estados para assegurar o respeito aos princípios constitucionais da União (nº II); para decidir da legitimidade de poderes, em caso de duplicata (nº III), e para reorganizar as finanças do Estado insolvente (nº IV). (Incluído pela Emenda Constitucional de 3 de setembro de 1926)
> §2º Compete, privativamente, ao Presidente da República intervir nos Estados, quando o Congresso decretar a intervenção (§1º); quando o Supremo Tribunal a requisitar (§3º); quando qualquer dos Poderes Públicos estaduais a solicitar (nº III); e, independentemente de provocação, nos demais casos compreendidos neste artigo. (Incluído pela Emenda Constitucional de 3 de setembro de 1926)

§3º Compete, privativamente, ao Supremo Tribunal Federal requisitar do Poder Executivo a intervenção nos Estados, a fim de assegurar a execução das sentenças federais (nº IV).

Entre várias inovações, sobreleva o inciso III do art. 6º, visto que a emenda previu intervenção federal para garantir a autonomia dos poderes estaduais. Nesse caso, a intervenção federal dependia da solicitação do ente coactado ou com abalo na liberdade institucional. Ou seja, a apreciação da conveniência e necessidade da intervenção era atribuída ao Estado-membro, cabendo ao ente regional solicitar auxílio ao ente central. A esse respeito, Aristides Milton esclarece: "o governo federal, tendo de intervir para restabelecer a ordem e a tranquilidade nos Estados, à requisição dos respectivos governos, é claro que não pôde entrar em qualquer apreciação sobre a conveniência da medida solicitada; pois de outro modo ela seria facilmente frustrada, deixando assim de ser eficaz o remédio, que a lei aqui faculta".[356] De igual modo, João Barbalho observa que a Constituição, ao condicionar a intervenção à previa requisição dos governos estaduais, findava protegendo os Estados-membros contra intervenções oficiosas ou intromissões em negócios internos dos entes regionais: "já são muitos os meios porque pode aquele influir nos Estados e se tivesse mais este de aí comparecer armado, sempre que o quisesse e sem ser chamado, desapareceria facilmente a liberdade de ação dos poderes locais e suprimida ficaria a autonomia estadual".[357]

Outra modificação relevante trazida pela emenda constitucional aduz ao órgão incumbido de decidir a respeito da intervenção. Isso porque, antes mesmo da emenda, a doutrina – por influência da teoria da supremacia do parlamento – já propugnava que cabia ao Congresso Nacional deliberar acerca da intervenção para manter a forma republicana federativa (art. 6º, §2º, CF/1891), ressalvada a hipótese de decretação da medida pelo Presidente da República em caso de desordem no país ou de ausência do Poder Legislativo. Carlos Maximiliano assinala: "qual dos três ramos de poder público é competente para dirimir a dúvida a fim de deliberar que se intervenha no Estado para reconhecer e amparar este governador, ou aquela assembleia? Tratando-se de questão política, essencial e exclusivamente política, resolve, não o Poder Judiciário, e, sim o Congresso Nacional. Releva advertir que a competência do Congresso para resolver os casos do art. 6º, nº 2 não deve ser entendida de modo absoluto, sobretudo em se tratando de dualidade de governadores ou de assembleias locais. Desde que haja desordem e seja a intervenção impetrada, não pode o Presidente da República ficar impassível até as Câmaras federais se reúnam e deliberem após as obstruções em voga sempre que se debatem questões políticas".[358]

---

[356] MILTON, Aristides A. *A Constituição do Brasil*. Notícia histórica, texto e comentário. 2. ed. Rio de Janeiro: Imprensa Nacional, 1898, p. 28.

[357] BARBALHO, João. *Constituição Federal brasileira*. Comentários. 2. ed. Rio de Janeiro: F. Briguiet e Cia Editores, 1924, p. 39.

[358] MAXIMILIANO, Carlos. *Comentários à Constituição brasileira*. 2. ed. Rio de Janeiro: Jacintho Ribeiro dos Santos, 1923, p. 154 e 157.

Nesse sentido, a *Emenda Constitucional de 3 de novembro de 1926* acresceu o parágrafo primeiro ao art. 6º, dispondo caber privativamente ao Congresso Nacional decretar a intervenção nos Estados para assegurar o respeito aos princípios constitucionais da União (nº II); para decidir da legitimidade de poderes, em caso de duplicata (nº III), e para reorganizar as finanças do Estado insolvente (nº IV). Em razão disso, cabia ao Congresso Nacional a competência decisória sobre a intervenção federal nos Estados-membros quando revelasse desestabilização institucional no país.

A aludida emenda incluiu o §2º ao art. 6º, dispondo ser competência do Presidente da República decretar a intervenção quando o Congresso Nacional o decretasse nas hipóteses asseguravativas constantes do §1º, quando o Supremo Tribunal a requisitasse (§3º) ou quando qualquer dos Poderes Públicos estaduais a solicitasse (nº III). Quando a intervenção federal não se subsumia a essas hipóteses, o Presidente da República poderia decretá-la independentemente de provocação.

A Emenda Constitucional previu, no §3º, a intervenção federal nos Estados por iniciativa do Poder Judiciário, isto é, medida intromissiva de competência privativa do Supremo Tribunal Federal ante a requisição ao Poder Executivo para assegurar a execução de sentenças federais.

Em que pese o entendimento da época reputar a intervenção como ato insindicável pelo Poder Judiciário – dado o caráter político –, o Supremo Tribunal Federal não afastou o processamento de alegada lesão a direitos individuais provenientes de intervenção federal.[359]

Por fim, Lewandowski esclarece que "em cerca de trinta e cinco anos de vigência do instituto, sob a égide da primeira Constituição republicana, muitas foram as intervenções federais nos Estados. Jamais, porém, para repelir invasão estrangeira ou de um Estado em outro. O pretexto utilizado era, via de regra, a manutenção da forma republicana federativa ou o restabelecimento da ordem ou da tranquilidade nos Estados, contasse ou não o Governo central com a requisição estadual exigida nos termos da Lei Maior. A sumária deposição do Governador do Rio de Janeiro, Raul Fernandes, em 1922, pelo Presidente Artur Bernardes, por motivos meramente políticos, embora sob a capa de uma ação interventiva de aparência legal, constitui interessante exemplo de como era aplicado o instituto na República Velha. O certo, contudo, é que as intervenções raramente ocorriam de maneira formal, preferindo o Governo Federal interferir nos negócios particulares dos Estados lançando mão de meios sub-reptícios, quer apoiando correligionários políticos, quer ameaçando adversários, quer ainda empreendendo inúmeras outras formas de pressão, todas igualmente ofensivas à autonomia local. Curiosamente, apenas os Estados de São Paulo e de Minas Gerais lograram colocar-se a salvo desse processo, visto que, por serem mais poderosos política, social e economicamente que os demais, elegeram a maioria dos Presidentes antes de 1930".[360]

---

[359] LEWANDOWSKI, Enrique Ricardo. *Pressupostos materiais e formais da intervenção federal no Brasil.* 2. ed. Belo Horizonte: Fórum, 2018, p. 77.

[360] LEWANDOWSKI, Enrique Ricardo. *Pressupostos materiais e formais da intervenção federal no Brasil.* 2. ed. Belo Horizonte: Fórum, 2018, p. 78-79.

12.2 Constituição de 1934

A Constituição de 1934 modificou o instituto intervenção federal tanto nas causas deflagradoras como na forma de decretá-la. Exemplo de nova hipótese ensejadora de intromissão da União em Estado-membro consistiu na medida interventiva para pôr termo à guerra civil (art. 12, III), para promover as garantias do Ministério Público local, a prestação de contas da Administração e representações das profissões (art. 7º, I, "e", "f" e "h" c/c art. 12, V da CF/1934). Além disso, modificou-se a forma de decretar a intervenção federal quando se destinasse a reorganizar as finanças do Estado-membro ou para assegurar a observância dos princípios constitucionais sensíveis, que agora ocorreria mediante a edição de lei federal, que fixaria a amplitude e a duração da medida (art. 12, §1º).

A respeito das novidades, Ronaldo Poletti pontifica: "o anteprojeto aumentava consideravelmente os casos de intervenção federal (art. 13), incluindo entre eles a hipótese de a intervenção visar a garantir o respeito a determinados princípios constitucionais, que os estados deveriam observar na sua organização (art. 81). Proclamava incumbir a cada estado prover, a expensas próprias, necessidades de seu governo e administração; estabelecia, no entanto, a possibilidade de o estado receber da União suprimento financeiro, se por insuficiência de renda não provesse, de maneira efetiva, aquelas necessidades. Em tal caso, a União interviria na administração estadual, fiscalizando ou avocando o serviço a que o auxílio se destinasse ou suspendendo a autonomia do Estado (art. 12)".[361] Na lição de Pontes de Miranda, a intervenção não se tratava apenas de uma deliberação ou uma decisão, mas sim consistia em uma execução especial. Nesse caso, pressupunha-se ato delituoso e a norma constitucional respectiva, cabendo ao Poder Federal a decisão de apreciar os fatos imputados.[362]

Além disso, a Constituição de 1934 inovou ao prever expressamente a *figura do interventor*, podendo a própria Câmara dos Deputados elegê-lo ou autorizar o Presidente da República a nomeá-lo (art. 12, §1º, parte final). A nomeação do interventor era condicionada a verificação da necessidade de uma pessoa para executar as medidas restauradoras (art. 12, §7º, parte final). No que concerne aos poderes atribuídos ao interventor, Pontes de Miranda propugnava pela inexistência de poderes legislativos, haja vista a competência tão somente regulamentadora, isto é, atuação secundária no ordenamento jurídico para minudenciar o que já fora prevista em lei. "Não cria ele nova legalidade; pratica atos tendentes à implantação da normalidade, à incidência normal das leis. Não é, tampouco, um órgão do Poder executivo. Nem do Poder judiciário. Tem ele de respeitar e executar a Constituição do Estado-membro". O interventor podia ser nomeado pelos três Poderes da República para executar a medida interventiva:

---

[361] POLETTI, Ronaldo. *Constituições brasileiras*. Volume III. 1934. 3. ed. Brasília: Senado Federal, 2012, p. 19.
[362] MIRANDA, Pontes de. *Comentários à Constituição da República dos E.U. do Brasil*. Tomo I. Rio de Janeiro: Editora Guanabara, 1936, p. 343.

"quer nomeado pelo Poder legislativo (art. 12, §1º), quer pelo Poder judiciário (art. 12, §5º), quer pelo Presidente da República (art. 12, §6º), o Interventor obedece ao ato interventivo, que é a sua lei, e às ordens do Presidente da República que se não chocarem, se decretada em lei federal ou se requisitada, com o ato do Poder legislativo ou do Poder judiciário".[363]

Considerando a importância da matéria, segue abaixo o texto constitucional disciplinando a intervenção:

> Art 7º – Compete privativamente aos Estados:
> I – decretar a Constituição e as leis por que se devam reger, respeitados os seguintes princípios:
> a) forma republicana representativa;
> b) independência e coordenação de poderes;
> c) temporariedade das funções eletivas, limitada aos mesmos prazos dos cargos federais correspondentes, e proibida a reeleição de Governadores e Prefeitos para o período imediato;
> d) autonomia dos Municípios;
> e) garantias do Poder Judiciário e do Ministério Público locais;
> f) prestação de contas da Administração;
> g) possibilidade de reforma constitucional e competência do Poder Legislativo para decretá-la;
> h) representação das profissões;
>
> Art 12 – A União não intervirá em negócios peculiares aos Estados, salvo:
> I – para manter a integridade nacional;
> II – para repelir invasão estrangeira, ou de um Estado em outro;
> III – para pôr termo à guerra civil;
> IV – para garantir o livre exercício de qualquer dos Poderes Públicos estaduais;
> V – para assegurar a observância dos princípios constitucionais especificados nas letras *a* a *h*, do art. 7º, nº I, e a execução das leis federais;
> VI – para reorganizar as finanças do Estado que, sem motivo de força maior, suspender, por mais de dois anos consecutivos, o serviço da sua dívida fundada;
> VII – para a execução de ordens e decisões dos Juízes e Tribunais federais.
> §1º – Na hipótese do nº VI, assim como para assegurar a observância dos princípios constitucionais (art. 7º, nº I), a intervenção será decretada por lei federal, que lhe fixará a amplitude e a duração, prorrogável por nova lei. A Câmara dos Deputados poderá eleger o Interventor, ou autorizar o Presidente da República a nomeá-lo.
> §2º – Ocorrendo o primeiro caso do nº V, a intervenção só se efetuará depois que a Corte Suprema, mediante provocação do Procurador-Geral da República, tomar conhecimento da lei que a tenha decretado e lhe declarar a constitucionalidade.
> §3º – Entre as modalidades de impedimento do livre exercício dos Poderes Públicos estaduais (nº IV), se incluem:
> a) o obstáculo à execução de leis e decretos do Poder Legislativo e às decisões e ordens dos Juízes e Tribunais
> b) a falta injustificada de pagamento, por mais de três meses, no mesmo exercício financeiro, dos vencimentos de qualquer membro do Poder Judiciário.

---

[363] MIRANDA, Pontes de. *Comentários à Constituição da República dos E.U. do Brasil*. Tomo I. Rio de Janeiro: Editora Guanabara, 1936, p. 373-374.

§4º – A intervenção não suspende senão a lei do Estado que a tenha motivado, e só temporariamente interrompe o exercício das autoridades que lhe deram causa e cuja responsabilidade será promovida.

§5º – Na espécie do nº VII, e também para garantir o livre exercício do Poder Judiciário local, a intervenção será requisitada ao Presidente da República pela Corte Suprema ou pelo Tribunal de Justiça Eleitoral, conforme o caso, podendo o requisitante comissionar o Juiz que torne efetiva ou fiscalize a execução da ordem ou decisão.

§6º – Compete ao Presidente da República:

a) executar a intervenção decretada por lei federal ou requisitada pelo Poder Judiciário, facultando ao Interventor designado todos os meios de ação que se façam necessários;

b) decretar a intervenção: para assegurar a execução das leis federais; nos casos dos nºs I e II; no do nº III, com prévia autorização do Senado Federal; no do nº IV, por solicitação dos Poderes Legislativo ou Executivo locais, submetendo em todas as hipóteses o seu ato à aprovação imediata do Poder Legislativo, para o que logo o convocará.

§7º – Quando o Presidente da República decretar a intervenção, no mesmo ato lhe fixará o prazo e o objeto, estabelecerá os termos em que deve ser executada, e nomeará o Interventor se for necessário.

§8º – No caso do nº IV, os representantes dos Poderes estaduais eletivos podem solicitar intervenção somente quando o Tribunal Superior de Justiça Eleitoral lhes atestar a legitimidade, ouvindo este, quando for o caso, o Tribunal inferior que houver julgado definitivamente as eleições.

Assim, a Carta Magna de 1934 criou mecanismo diferenciado no procedimento da intervenção federal, uma vez que atribuiu ao Poder Legislativo a competência de decretar a medida interventiva para assegurar a observância dos princípios constitucionais (art. 7º, nº I). Nesse caso, a intervenção era decretada mediante lei federal que incumbia fixar a amplitude e a duração, sendo ainda prorrogável por nova lei. Desse modo, a salvaguarda dos valores republicanos foi atribuída ao Poder Legislativo sem a participação do Poder Executivo, a fim de evitar o desvirtuamento da decretação de intervenção federal por parte do Presidente da República. "O temor pelos abusos perpetrados pelo Executivo no regime anterior determinou essa guinada para o extremo oposto, de evitar ao máximo a sua participação na operação interventiva nos Estados".[364]

Registre-se que a Constituição inovou ao vedar a reeleição de Governador e Prefeito para o período imediatamente subsequente, a fim de evitar manobras manipulativas de perpetuação no poder. Além disso, a Carta Magna criou peculiar hipótese interventiva, consistente em assegurar a observância do princípio constitucional de "representatividade das profissões". Fávila Ribeiro esclarece que "a inclusão do princípio da representação profissional estava em sintonia com as manifestações corporativas do Estatuto de 1934, que reservara às entidades de classe pertencentes aos grupos agro-pecuários, industriais, liberais e funcionários públicos, que se subdividiam, exceto com relação ao último, em duas categorias: empregados e empregadores. Pertencia-lhe um quinto dos lugares atribuídos aos representantes populares. Assinalava, pela primeira vez, um atendimento ao

---

[364] RIBEIRO, Fávila. *A intervenção federal nos Estados*. Fortaleza: Editora Jurídica, 1960, p. 43.

problema econômico dentro das estruturas constitucionais do país, descambando para a 'hiperdemocracia em que a massa atua diretamente sem lei, por meio de pressões materiais, impondo suas aspirações e seus gostos', como exclamava Gasset. Essa inovação no sistema representativo exprime a vacilação ideológica na elaboração constitucional, pelo florescimento na Europa de sistemas políticos exóticos, inspirados em Lenine, Hitler e Mussolini. Oliveira Viana, como um dos integrantes da Comissão do Itamarati incumbida da elaboração do anteprojeto constitucional, antevira o malogro dessa nova forma de representação, quando declarava que 'instituindo a representação política das profissões antes que elas estejam previamente organizadas, de maneira sólida e definitiva, na vida privada, o que iremos preparar é um espetáculo enganador e especioso de uma súbita floração de pseudo-sindicatos, de pseudofederações".[365]

No que concerne à facultatividade ou obrigatoriedade de decretar intervenção federal, Pontes de Miranda prelecionava: "a intervenção é facultativa, como todo ato político; mas, em certos casos do art. 12, a obtenção constitui sintoma político de decadência da nacionalidade (art. 12, I, II), de decadência ou desordem interna (art. 12, III, IV, V), de decadência do poder central (art. 12, V, VII), de decadência da estrutura adotada (art. 12, IV, V), ou de decadência moral (art. 12, VI). É possível a responsabilidade do Presidente da República e dos juízes que a não pediram. Em se tratando de execução de sentença, a Justiça pode e deve requisitar a intervenção: aí, mais se trata de *execução federal* do que de *intervenção federal*, reduzida a simples *meio*".[366]

Outrossim, a Constituição de 1934 marcou substancialmente o ordenamento jurídico pátrio ao criar o instituto da *representação interventiva* para assegurar os princípios constitucionais sensíveis, a ser ajuizada pelo Procurador Geral da República e julgada pelo Supremo Tribunal Federal a sua constitucionalidade. Tal instituto criou o controle judicial em temas essenciais do Estado brasileiro, a exemplo da forma republicana, a independência dos poderes, a temporariedade das funções eletivas, a prestação de contas da Administração etc. (art. 12, V e §2º c/c art. 7º, I, "a" a "h" da CF/1934). De fato, a representação interventiva ajuizada no STF resultava em exame jurídico em temas de proeminente envergadura constitucional, consistindo em mecanismo assegurador de valores e princípios do Estado contemporâneo. Ao atribuir ao Poder Judiciário tão nobre missão, reconhecia-se a necessidade do exercício da jurisdição constitucional como instrumento de garantia aos cânones estampados na Lei Maior.

A esse respeito, Gilmar Mendes anota: "talvez a mais fecunda e inovadora alteração introduzida pelo Texto Magno de 1934 se refira à 'declaração de inconstitucionalidade para evitar a intervenção federal', tal como a denominou Bandeira de Mello, isto é, a representação interventiva, confiada ao Procurador-

---

[365] RIBEIRO, Fávila. *A intervenção federal nos Estados*. Fortaleza: Editora Jurídica, 1960, p. 41-42.
[366] MIRANDA, Pontes de. *Comentários à Constituição da República dos E.U. do Brasil*. Tomo I. Rio de Janeiro: Editora Guanabara, 1936, p. 347.

Geral da República, nas hipóteses de ofensa aos princípios consagrados no art. 7º, I, 'a' a 'h', da Constituição. Cuidava-se de fórmula peculiar de composição judicial dos conflitos federativos, que condicionava a eficácia da lei interventiva, de iniciativa do Senado (art. 41, §3º) à declaração de sua constitucionalidade pelo Supremo Tribunal (art. 12, §2º). Não se pode olvidar o transcendental significado desse sistema para todo o desenvolvimento do controle de constitucionalidade mediante ação direta no Direito brasileiro".[367] De igual modo, ao mencionar as inovações advindas da Constituição de 1934, Daniel Sarmento salienta que "a criação de um mecanismo de controle preventivo obrigatório de constitucionalidade das leis federais que decretavam a intervenção da União nos Estados, nos casos de violação dos chamados princípios constitucionais sensíveis, previstos no art. 7º da Constituição seria o embrião a partir do qual, mas a frente, desenvolver-se-ia no Brasil o controle concentrado e abstrato de constitucionalidade".[368]

Além disso, a Constituição também trouxe em seu bojo a especificação das modalidades de impedimento do livre exercício do Poderes Públicos estaduais, a exemplo da conduta que expresse obstáculo à execução de leis e decretos do Poder Legislativo ou às decisões e ordens dos Juízes e Tribunais, bem como a falta injustificada de pagamento dos vencimentos dos membros do Poder Judiciário (art. 12, §3º, "a" e "b", CF/1934). Tais previsões, de natureza exemplificativa, afiguram-se relevantes, pois indicam situações prévias e descritas objetivamente como parâmetro para aferir a violação à autonomia dos Poderes.

Por sua vez, o §4º do art. 12 estabeleceu a importante regra de que a intervenção possui abrangência restrita ao ato ensejador da anormalidade constitucional, isto é, limitava-se tão somente a suspender a lei do Estado que a tenha motivado, bem como só temporariamente interrompia o exercício das atribuições das autoridades que deram causa à medida intromissiva, submetendo-as ainda à devida responsabilização legal.

Impende mencionar a previsão, pela primeira vez, do Tribunal Superior Eleitoral como órgão participante da intervenção federal, cuja atuação permanece até hoje na Carta Magna de 1988. Isso porque o §8º do art. 12 da CF/1934 condicionava a solicitação de intervenção dos representantes dos Poderes estaduais eletivos à prévia análise de legitimidade pelo Tribunal Superior de Justiça Eleitoral. Pontes de Miranda relatava o fato histórico: "O Tribunal Superior de Justiça Eleitoral requisitou a primeira intervenção federal, em virtude de acórdão (6 de abril de 1935), no qual, por unanimidade, os juízes resolveram requisitar a intervenção no Estado do Pará, – nos termos do art. 12, VII e §§5º e 6º *a*, da Constituição da República –, designando o Presidente da República o respectivo Interventor, com todos os meios de ação que se façam necessários, para que seja executada de modo

---

[367] MENDES, Gilmar Ferreira; COELHO, Inocêncio Mártires; BRANCO, Paulo Gustavo Gonet. *Curso de direito constitucional*. São Paulo: Saraiva, 2007, p. 986.
[368] SARMENTO, Daniel; SOUZA NETO, Cláudio Pereira de. *Direito constitucional*. Teoria, história e métodos de trabalho. 2. ed. Belo Horizonte: Fórum, 2016, p. 120.

integral a ordem de *habeas corpus* que o Tribunal Regional do Pará outorgou aos dezesseis Deputados diplomados, recolhidos ao Quartel General do Exército, a fim de que possam eles comparecer à Assembleia Constituinte do Estado e exercer os direitos inerentes aos mandatos, livres de qualquer constrangimento e sem risco de qualquer violência ou agressão às suas pessoas".[369]

Assim, o instituto da intervenção dispunha de mais um órgão do Poder Judiciário na manutenção da integridade do Estado federal e dos valores republicanos.

12.3 Constituição de 1937

A Carta de 1937 foi outorgada, isto é, não foi fruto de deliberação democrática pelos cidadãos brasileiros, mas foi imposta pelo então detentor do poder político. Daniel Sarmento observa que a "Constituição de 1937 previu um modelo de Estado autoritário e corporativista. As suas principais influências foram as Constituições da Polônia de 1935, elaborada durante o governo do Marechal Pilsudsky – fato que valeu à Carta de 37 o apelido de 'Polaca'".[370]

Consectariamente, houve retrocessos no instituto intervenção federal, inclusive na diminuição do disciplinamento normativo da matéria. Agora, a temática era tratada por um único dispositivo, o artigo 9º da nova Lei Maior. A Constituição inverteu completamente a sistemática da intervenção. Isso porque, tradicionalmente, a regra era a "não intervenção" nos Estados-membros, em respeito à autonomia dos entes no federalismo. Contudo, com a nova Carta, a intervenção federal tornou-se regra impositiva, já que o texto previu que o "Governo Federal *intervirá* nos Estados", de modo que a medida deixou de ser um instrumento excepcional para se tornar um mecanismo comum de controle sobre os Estado-membros.

O instituto da intervenção federal era utilizado sobretudo como mecanismo para manter a unidade nacional. Nos comentários à Constituição de 1937, Araújo Castro esclarecia: "a intervenção constitui uma indeclinável necessidade, pois sem ela impossível seria manter a unidade nacional. Só deve, porém, ser realizada em casos excepcionais, porque, do contrário, de nada valerá a autonomia estadual e insubsistente estará assim o próprio regime federativo".[371]

Ademais, a Carta agora impunha a nomeação de um Interventor pelo Presidente da República, não sendo mais uma nomeação facultativa – a depender de efetiva necessidade – tampouco sendo uma nomeação por diversas autoridades, mas sim escolhida unicamente pelo Chefe do Poder Executivo Federal. "Quer seja decretada pela Câmara dos Deputados, quer não, o poder competente para

---

[369] MIRANDA, Pontes de. *Comentários à Constituição da República dos E.U. do Brasil*. Tomo I. Rio de Janeiro: Editora Guanabara, 1936, p. 369-370.
[370] SARMENTO, Daniel; SOUZA NETO, Cláudio Pereira de. *Direito constitucional*. Teoria, história e métodos de trabalho. 2. ed. Belo Horizonte: Fórum, 2016, p. 125.
[371] CASTRO, Araújo. *A Constituição de 1937*. 2. ed. Rio de Janeiro: Freitas Bastos, 1941, p. 63.

tornar efetiva a intervenção é o Presidente da República, mediante a nomeação de um Interventor".[372] Além disso, a figura do interventor ganhou superpoderes, substituindo inclusive o Governador do Estado-membro, sendo nomeado livremente pelo Presidente da República. Por conseguinte, conforme o texto constitucional, ao escolher adotar a medida interventiva, a partir de então o interventor "assumirá no Estado as funções que pela sua Constituição competirem ao Poder Executivo, ou as que, de acordo com as conveniências e necessidades de cada caso, lhe forem atribuídas pelo Presidente da República" (art. 9º, *caput*, CF/1937). Afora essa função substitutiva do Poder Executivo do Estado membro – medida gravíssima e que aniquilava a autonomia estadual –, ao interventor eram asseguradas funções diversas, desde que fossem adequadas para implementação da medida. Tal sistemática significava instrumento amplíssimo e de plenos poderes, dependendo unicamente do Presidente da República.

Desse modo, diferentemente da Constituição anterior, a Carta de 1937 adotou a *supremacia do Executivo*, visto que ao Poder Executivo era atribuída constitucionalmente a preponderância de decisões acerca do Estado Federal, cabendo inclusive ao Presidente da República decretar a intervenção para administrar o ente regional, consoante hipótese do art. 9º, "c". Além disso, constitucionalmente o Presidente da República era reputado como a "autoridade suprema do Estado", cabendo-lhe "coordenar a atividade dos órgãos representativos", nos termos do art. 73 da CF/1937.

Outro exemplo típico da supremacia do Executivo consistia na possibilidade esdrúxula de eximir-se da observância de decisões do Poder Judiciário ao prever a reassubmissão de lei declarada inconstitucional ao Poder Legislativo, sendo que, caso fosse confirmada pelo Congresso Nacional, a decisão do Tribunal ficaria sem efeitos jurídicos. O parágrafo único do art. 96 da CF/1937 continha a seguinte redação: "No caso de ser declarada a inconstitucionalidade de uma lei que, a juízo do Presidente da República, seja necessária ao bem-estar do povo, a promoção ou defesa de interesse nacional de alta monta, poderá o Presidente da República submetê-la novamente ao exame do Parlamento: se este a confirmar por dois terços de votos em cada uma das Câmaras, ficará sem efeito a decisão do Tribunal".

Assim, aparentemente a *guarda da Constituição* era feita pelos Poderes Executivo e Legislativo, cabendo ao Presidente da República provocar nova análise ao Congresso Nacional de decisão definitiva do Poder Judiciário, podendo ficar sem efeito a aludida decisão jurisdicional. Por conseguinte, o Presidente da República podia deixar de atender à requisição do Supremo Tribunal Federal caso submetesse a decisão do STF à sistemática prevista no parágrafo único do art. 96. Sem embargo, considerando a dissolvição do Poder Legislativo pelo Poder Executivo, conforme o art. 178 e 180 da CF/1937, cabia ao Presidente da República decidir por si mesmo, sem controle por parte do Poder Legislativo.

---

[372] CASTRO, Araújo. *A Constituição de 1937*. 2. ed. Rio de Janeiro: Freitas Bastos, 1941, p. 67.

Outrossim, na redação original, a Carta de 1937 previu a intervenção em Estado-membro para reorganizar as finanças da unidade regional em razão do não pagamento da dívida fundada por mais de dois anos consecutivos, não sendo prevista a escusa decorrente de força maior. Também era facultada a intervenção se o ente regional não resgatasse em um ano o empréstimo contraído com a União (art. 9º, "d", CF/1937).

Com efeito, a Carta de 1937 era extremamente autoritária, porquanto violou preceitos elementares do Estado Democrático de Direito, a exemplo do art. 178 que dissolveu, na data de sua edição, o Congresso Nacional, as Assembleias Legislativas estaduais e as Câmaras Municipais, nos seguintes termos: "São dissolvidos nesta data a Câmara dos Deputados, o Senado Federal, as Assembleias Legislativas dos Estados e as Câmaras Municipais. As eleições ao Parlamento Nacional serão marcadas pelo Presidente da República, depois de realizado o plebiscito a que se refere o art. 187".

Também deve ser mencionada a manifesta arbitrariedade contida nas Disposições Transitórias e Finais da Constituição de 1937, consistente em condicionar os mandatos dos atuais Governadores dos Estados à confirmação pelo Presidente da República dentro de trinta dias da nova Constituição. Caso o Presidente da República não confirmasse o mandato dos Governadores, seria decretada a intervenção no respectivo Estado, cuja duração perduraria até a posse dos novos Governadores eleitos, conforme art. 176 da Carta. Assim, previu-se modalidade anômala de intervenção federal nos estados em decorrência de simples não confirmação dos mandatos dos Governadores estaduais por ato exclusivo do Presidente da República, evidenciando medida extremamente autoritarista e antidemocrática.

A essa hipótese de intervenção federal, denomina-se *intervenção político-autoritária*, porquanto baseava-se em avaliação estritamente política e subjetiva do Presidente da República, perfectibilizando-se meramente pela vontade única e exclusiva do Chefe do Poder Executivo Federal, desprovido de controle legislativo ou judicial, constituindo medida ditatorial e aniquiladora de princípios elementares do Estado Democrático de Direito. Além disso, caso alguém tentasse modificar a ordem política ou social estabelecida pela nova Constituição com auxílio de Estado estrangeiro ou organização internacional, poderia ser condenado à pena de morte, conforme disposição expressa no "Artigo único, alínea "d" da Lei Constitucional nº 1, de 16 de maio de 1938.[373]

No que concerne à competência para decretar a intervenção federal, aparentemente manteve-se plúrima, eis que a Carta Constitucional previa a intervenção federal pelo Poder Executivo, Poder Legislativo e Poder Judiciário. A atribuição era do Presidente da República quando a medida fosse destinada

---

[373] BRASIL. Câmara dos Deputados. *Lei Constitucional nº 1, de 16 de maio de 1938*. Legislação Informatizada. Disponível em: https://www2.camara.leg.br/legin/fed/leicon/1930-1939/leiconstitucional-1-16-maio-1938-373574-publicacaooriginal-1-pe.html. Acesso em: 01 fev. 2020.

a impedir a invasão de país estrangeiro no Brasil ou de um Estado-membro em outro, para restabelecer a ordem gravemente alterada no âmbito estadual ou para administrar o Estado quando algum dos Poderes estivesse impedido de funcionar. Formalmente, o Poder Legislativo também se afigurava competente, em que pese significativa redução de hipóteses autorizadoras. Isso porque cabia à Câmara dos Deputados decretar intervenção federal para assegurar a forma republicana e representativa de governo, o governo presidencial e os direitos e garantias asseguradas na Constituição. Essas três causas ensejadoras da intervenção eram hipóteses taxativas, pois o texto constitucional era expresso ao afirmar a execução "dos seguintes" princípios. Não obstante, a Câmara dos Deputados foi dissolvida pela nova Carta de 1937, de modo que, na perspectiva da realidade, era impossível a decretação de intervenção federal por iniciativa do Poder Legislativo. Por derradeiro, ao Supremo Tribunal Federal cabia requisitar a intervenção ao Presidente da República para assegurar a execução das leis e sentenças federais (parágrafo único do art. 9º, CF/1937).

Sem embargo, "a Carta baixou a idade da aposentadoria compulsória dos juízes de 75 para 68 anos, o que acarretou a saída imediata de cinco ministros – Edmundo Lins, Presidente da Corte, Hermenegildo Barros, Ataulfo de Paiva, Candido Mota e Carlos Maximiliano –, logo substituídos por Vargas, propiciando uma maioria confortável para o governo no âmbito do STF, que não ofereceu maior resistência diante dos abusos perpetrados durante o Estado Novo".[374] Demais disso, ao Presidente da República era facultado utilizar-se da previsão inserta no parágrafo único do art. 96, podendo submeter a lei declarada inconstitucional ao Parlamento, que por sua vez estava dissolvido, e nesse caso, cabia ao Presidente da República editar Decretos-Leis, conforme art. 180. Para completar o autoritarismo e a impossibilidade de controle judicial dos atos do Poder Executivo, o art. 186 da Carta de 1937 declarou "estado de emergência" em todo o território nacional, sendo que, "durante o estado de emergência, dos atos praticados em virtude deles não poderão conhecer os juízes e tribunais", nos termos do art. 170.

A Carta de 1937 inovou também ao estabelecer poderes concentrados e absolutos ao interventor por meio do Decreto-Lei nº 1.202, de 8 de abril de 1939. Os Estados-membros eram administrados pelo Interventor que substituía os Governadores, sendo o interventor nomeado pelo Presidente da República para exercer as funções enquanto durasse a intervenção federal (arts. 1º, 2º e 3º). Expressamente, era atribuído ao interventor o exercício das funções executivas e legislativas, isto é, cabia-lhe criar as leis e ele mesmo executá-las, conforme disposto no art. 5 do aludido Decreto: "Ao Interventor, ou Governador, e ao Prefeito, cabe exercer as funções executivas e, em colaboração com o Departamento Administrativo, legislar nas matérias da competência do Estado e dos Municípios, enquanto não se constituírem os respectivos órgãos legislativos". Especialmente,

---

[374] SARMENTO, Daniel; SOUZA NETO, Cláudio Pereira de. *Direito constitucional*. Teoria, história e métodos de trabalho. 2. ed. Belo Horizonte: Fórum, 2016, p. 126, nota de rodapé nº 96.

era competência do interventor organizar a administração do Estado; organizar o projeto do orçamento e ele mesmo sancionar; fixar por decreto-lei de sua autoria o efetivo da força policial, bastando a aprovação prévia do Presidente da República; cabia-lhe também elaborar os decretos-leis e sancioná-los; expedir decretos, regulamentos, instruções e demais atos necessários ao cumprimento das leis e da administração do Estado que ele mesmo dirigia; nomear os secretários do seu governo e os Prefeitos dos Municípios; praticar todos os atos necessários à administração e representação do Estado e à guarda da Constituição e das leis, etc., tudo conforme os artigos 6º e 7º do Decreto-Lei nº 1.202 de 8 de abril de 1939. Por fim, os interventores não respondiam perante o Poder Judiciário por atos praticados com base no Decreto supramencionado, porquanto era vedado aos juízes e tribunais conhecer tais questões, nos termos do parágrafo único do art. 41:[375]

> Art. 5º Ao Interventor, ou Governador, e ao Prefeito, cabe exercer as funções executivas e, em colaboração com o Departamento Administrativo, legislar nas matérias da competência do Estado e dos Municípios, enquanto não se constituírem os respectivos órgãos legislativos.
>
> Art. 6º Compete ao Interventor, ou Governador, especialmente:
> I – Organizar a administração do Estado e dos Municípios de acordo com o disposto para os serviços da União, no que for aplicável;
> II – organizar o projeto do orçamento do Estado, e sancioná-lo;
> III – fixar, em decreto-lei, o efetivo da força policial, mediante aprovação prévia do Presidente da República.
> IV – elaborar os decretos-leis e sancioná-los depois de aprovados pelo Departamento Administrativo;
> V – expedir decretos-leis, independentemente de aprovação prévia do Departamento Administrativo, em caso de calamidade eu necessidade de ordem pública, sujeitando a posteriori o seu ato aprovação do Presidente da República.
>
> Art. 41. As medidas que o Presidente da República é autorizado a tomar na forma do art. 168 da Constituição poderão, mediante delegação sua, ser executadas pelo Interventor, ou Governador, que delas dará conhecimento ao Presidente da República por intermédio do Ministro da Justiça, dentro do prazo de 48 horas, contado da data em que tenham sido tomadas.
> Parágrafo único. Dos atos praticados pelo Interventor, ou Governador, na conformidade deste artigo, não poderão conhecer os juízes e tribunais.

Abaixo consta o texto da Constituição de 1937, dispondo acerca da intervenção federal em sua versão original.[376] Em seguida, o dispositivo alterado com a Lei Constitucional nº 9, de 1945:[377]

---

[375] BRASIL. *Decreto-Lei nº 1.202, de 8 de abril de 1939*. Dispõe sobre a administração dos Estados e dos Municípios. Disponível em: http://www.planalto.gov.br/ccivil_03/decreto-lei/1937-1946/Del1202.htm. Acesso em: 01 dez. 2020.
[376] BRASIL. Câmara dos Deputados. *Constituição de 1937*. Publicação original. Legislação Informatizada. Disponível em: https://www2.camara.leg.br/legin/fed/consti/1930-1939/constituicao-35093-10-novembro-1937-532849-publicacaooriginal-15246-pl.html. Acesso em: 30 nov. 2020.
[377] BRASIL. *Constituição dos Estados Unidos do Brasil, de 10 de novembro de 1937*. Disponível em: http://www.planalto.gov.br/ccivil_03/constituicao/constituicao37.htm. Acesso em: 30 nov. 2020.

Art. 9º. O Governo Federal intervirá nos Estados, mediante a nomeação pelo Presidente da República, de um Interventor, que assumirá no Estado as funções que pela sua Constituição competirem ao Poder Executivo, ou as que, de acordo com as conveniências e necessidades de cada caso, lhe forem atribuídas pelo Presidente da República:
a) para impedir invasão iminente de um país estrangeiro no território nacional, ou de um Estado em outro, bem como para repelir uma ou outra invasão;
b) para restabelecer a ordem gravemente alterada, nos casos em que o Estado não queira ou não possa fazê-lo;
c)para administrar o Estado, quando, por qualquer motivo, um dos seus poderes estiver impedido de funcionar;
d)para reorganizar as finanças do Estado que suspender, por mais de dois anos consecutivos, o serviço de sua dívida fundada, ou que, passado um ano do vencimento, não houver resgatado empréstimo contraído com a União;
e)para assegurar a execução dos seguintes princípios constitucionais;
1 – forma republicana e representativa de governo;
2 – governo presidencial;
3 – direitos e garantias asseguradas na Constituição;
f) para assegurar a execução das leis e sentenças federais.
Parágrafo único. A competência para decretar a intervenção será do Presidente da República, nos casos, das letras *a*, *b* e *c*; da Câmara dos Deputados, no caso das letras *d* e *e*; do Presidente da República, mediante requisição do Supremo Tribunal Federal, no caso da letra *f*.

Art. 178. São dissolvidos nesta data a Camara dos Deputados, o Senado Federal, as Assembleas Legislativas dos Estados e as Camaras Municipaes. As eleições ao Parlamento Nacional serão marcadas pelo Presidente da Republica, depois de realizado o plebiscito a que se refere o art. 187.

Art. 187. Esta Constituição entrará em vigor na sua data e será submettida ao plebiscito nacional na forma regulada em decreto do Presidente da Republica.

Texto alterado pela Lei Constitucional nº 9, de 1945:

Art. 9º – O Governo federal intervirá nos Estados mediante a nomeação, pelo Presidente da República, de um interventor que assumirá no Estado as funções que, pela sua Constituição, competirem ao Poder Executivo, ou as que, de acordo com as conveniências e necessidades de cada caso, lhe forem atribuídas pelo Presidente da República: (Redação dada pela Lei Constitucional nº 9, de 1945)
a) para impedir invasão iminente de um país estrangeiro no território nacional ou de um Estado em outro, bem como para repelir uma ou outra invasão; (Redação dada pela Lei Constitucional nº 9, de 1945)
b) para restabelecer a ordem gravemente alterada nos casos em que o Estado não queira ou não possa fazê-lo; (Redação dada pela Lei Constitucional nº 9, de 1945)
c) para administrar o Estado, quando, por qualquer motivo, um dos seus Poderes estiver impedido de funcionar; (Redação dada pela Lei Constitucional nº 9, de 1945)
d) para assegurar a execução dos seguintes princípios constitucionais: (Redação dada pela Lei Constitucional nº 9, de 1945)
1º) forma republicana e representativa de governo; (Incluído pela Lei Constitucional nº 9, de 1945)
2º) governo presidencial; e (Incluído pela Lei Constitucional nº 9, de 1945)
3º) direitos e garantias assegurados na Constituição; (Incluído pela Lei Constitucional nº 9, de 1945)

e) para assegurar a execução das leis e sentenças federais. (Redação dada pela Lei Constitucional nº 9, de 1945)
Parágrafo único – A competência para decretar a intervenção será do Presidente da República, nos casos das letras *a, b,* e *c*; da Câmara dos Deputados, no caso da letra *d*; do Presidente da República mediante requisição do Supremo Tribunal Federal, no caso da letra e. (Redação dada pela Lei Constitucional nº 9, de 1945)

Perto do fim do regime imposto, houve abertura política com reformas à Constituição. Com a promulgação da Lei Constitucional nº 9, de 1945, foi extinta a possibilidade de intervenção federal em Estado para reorganizar a finanças em razão do não pagamento de dívida fundada por mais de dois anos consecutivos ou em caso de não resgate em um ano de empréstimo contraído com a União. Tal modificação evitou a intromissão nas unidades regionais em face de existência de problemas financeiros – mormente fora do controle estadual – provenientes de diversas causas econômicas e alheias à possiblidade orçamentária do Estado-membro.

Outra modificação relevante decorreu da Lei Constitucional nº 18, de 1945, que revogou a possibilidade de tornar sem efeitos a decisão definitiva de órgão do Poder Judiciário mediante nova apreciação da lei declarada inconstitucional ao Congresso por iniciativa do Presidente da República. Por conseguinte, lei do Chefe do Poder Executivo Federal que fosse declarada inconstitucional pelos Tribunais não podia mais tonar-se ineficaz por ato conjunto dos poderes de natureza política.

12.4 Constituição de 1946

A Constituição de 1946 foi promulgada, retomando os valores democráticos, dispondo-se da intervenção federal como mecanismo a favor da República. "Sacudido o jugo ditatorial, escolheu o povo livremente os seus representantes que, em Assembleia Constituinte, elaboraram, pela primeira vez, na história brasileira, um Estatuto Fundamental haurido exclusivamente do lavor parlamentar, sem a menor intromissão executiva por intermédio de anteprojetos".[378]

Retomou-se a regra da não intervenção, valorizando-se a autonomia dos Estados-membros. O novo texto constitucional estabelecia que o "Governo Federal *não intervirá* nos Estados, salvo". Impende salientar que a intervenção voltou a ser decretada por lei federal, ou seja, de competência do Congresso Nacional quando a medida se destinava a reorganizar as finanças do Estado que deixasse de pagar a dívida fundada ou para assegurar os princípios constitucionais sensíveis, nas condições do art. 7º e 8º da CF/1946. Ressalte-se também que a Constituição de 1946 retomou a hipótese interventiva para garantir a prestação de contas da Administração, prevista na Constituição de 1934, bem como inovou acerca da impossibilidade de reeleição do Governadores e Prefeitos para o período

---

[378] RIBEIRO, Fávila. *A intervenção federal nos Estados*. Fortaleza: Editora Jurídica, 1960, p. 47.

imediatamente subsequente. Carlos Maximiliano esclarece as razões de vedar a reeleição aos cargos do Executivo: "É comum o anseio de Governadores e Prefeitos por se perpetuarem no poder. Contra semelhante possibilidade o estatuto fundamental propicia um remédio – proibir as reeleições. Haveria, entretanto, a possibilidade de sofismarem a lei, alongando em demasia o tempo de exercício dos cargos ou prorrogando a investidura".[379]

Pontes de Miranda esclarece que "a Constituição de 1946 separou, com precisão, a competência para decretar a intervenção, que tem o Presidente da República, a que tem o Congresso Nacional, e a competência de requisição, que toca ao Supremo Tribunal Federal".[380]

Além disso, a Constituição promoveu a independência dos magistrados, sendo um instrumento essencial na salvaguarda dos valores republicanos. As garantias do Poder Judiciário foram asseguradas expressamente no texto magno, configurando uma das hipóteses de intervenção em prol de uma magistratura independente da influência ou de determinismos de outros Poderes. Segue abaixo o texto da norma constitucional:

> Art 7º – O Governo federal não intervirá nos Estados salvo para:
> I – manter a integridade nacional;
> II – repelir invasão estrangeira ou a de um Estado em outro;
> III – pôr termo a guerra civil;
> IV – garantir o livre exercício de qualquer dos Poderes estaduais;
> V – assegurar a execução de ordem ou decisão judiciária;
> VI – reorganizar as finanças do Estado que, sem motivo de força maior, suspender, por mais de dois anos consecutivos, o serviço da sua dívida externa fundada;
> VII – assegurar a observância dos seguintes princípios: (Vide Lei nº 4.337, de 1964)
> a) forma republicana representativa;
> b) independência e harmonia dos Poderes;
> c) temporariedade das funções eletivas, limitada a duração destas à das funções federais correspondentes;
> d) proibição da reeleição de Governadores e Prefeitos, para o período imediato;'
> e) autonomia municipal;
> f) prestação de contas da Administração;
> g) garantias do Poder Judiciário.
> Art. 8º – A intervenção será decretada por lei federal nos casos dos nºs VI e VII do artigo anterior.
> Parágrafo único – No caso do nº VII, o ato argüido de inconstitucionalidade será submetido pelo Procurador-Geral da República ao exame do Supremo Tribunal Federal, e, se este a declarar, será decretada a intervenção.
> Art 9º – Compete ao Presidente da República decretar a intervenção nos casos dos nºs I a V do art. 7º.
> §1º – A decretação dependerá:
> I – no caso do nº V, de requisição do Supremo Tribunal Federal ou, se a ordem ou decisão for da Justiça Eleitoral, de requisição do Tribunal Superior Eleitoral;

---

[379] MAXIMILIANO, Carlos. *Comentários à Constituição brasileira*. Volume I. 4. ed. Rio de Janeiro: Freitas Bastos, 1948, p. 244.
[380] MIRANDA, Pontes de. *Comentários à Constituição de 1946*. 2. ed. Vol. I. São Paulo: Max Limonad, 1953, p. 449.

II – no caso do nº IV, de solicitação do Poder Legislativo ou do Executivo, coacto ou impedido, ou de requisição do Supremo Tribunal Federal, se a coação for exercida contra o Poder Judiciário.
§2º – No segundo caso previsto pelo art. 7º, nº II, só no Estado invasor será decretada a intervenção.
Art 10 – A não ser nos casos de requisição do Supremo Tribunal Federal ou do Tribunal Superior Eleitoral, o Presidente da República decretará a intervenção e submetê-la-á, sem prejuízo da sua imediata execução, à aprovação do Congresso Nacional, que, se não estiver funcionando, será convocado extraordinariamente para esse fim.
Art 11 – A lei ou o decreto de intervenção fixar-lhe-á a amplitude, a duração e as condições em que deverá ser executada.
Art 12 – Compete ao Presidente da República tornar efetiva a intervenção e, sendo necessário, nomear o Interventor.
Art 13 – Nos casos do art. 7º, nº VII, observado o disposto no art. 8º, parágrafo único, o Congresso Nacional se limitará a suspender a execução do ato argüido de inconstitucionalidade, se essa medida bastar para o restabelecimento da normalidade no Estado.
Art. 14 – Cessados os motivos que houverem determinado a intervenção, tornarão ao exercício dos seus cargos as autoridades estaduais afastadas em consequência, dela.

De fato, afigura-se essencial a representação interventiva como instrumento garantidor da Estado-federal. Isso porque no caso da intervenção para assegurar os princípios basilares da federação, o ato arguido submetia-se à análise de inconstitucionalidade pelo Procurador-Geral da República ao exame do Supremo Tribunal Federal, que se a declarasse, a intervenção deveria ser decretada. Tal mecanismo foi salutar, visto que cabia ao Poder Judiciário avaliar o cumprimento pelo Estado-membro dos princípios da forma republicana representativa; independência e harmonia dos Poderes; temporariedade das funções eletivas, limitada a duração destas à das funções federais correspondentes; proibição da reeleição de Governadores e Prefeitos, para o período imediato; autonomia municipal; prestação de contas da Administração e as garantias do Poder Judiciário. Assim, o Supremo Tribunal Federal procedia a análise de matérias fundamentais para a subsistência dos valores federativos, de modo a proporcionar equilíbrio entre as instituições e afastando-se de exame meramente político.

Noutro giro, cabia ao Presidente da República decretar a intervenção federal quando a medida exigisse imediata ação para promover a coexistência territorial do país, a ordem social, o livre exercício dos Poderes bem como o cumprimento de decisões judiciais. Desse modo, competia ao Chefe do Poder Executivo Federal decretar a intervenção para manter a integridade nacional; repelir invasão estrangeira ou a de um Estado em outro; pôr termo a guerra civil; garantir o livre exercício de qualquer dos Poderes estaduais e para assegurar a execução de ordem ou decisão judiciária, conforme art. 9º da CF/1946.

A Carta Magna previu importante procedimento na decretação de intervenção, consistente em "intervenção provocada por requisição" do STF, TSE ou da Justiça Eleitoral, bem como na "intervenção por solicitação" do Poder Legislativo ou do Executivo, coacto ou impedido, nos termos do art. 9º, §1º, I e II da CF/1946. Em ambos os casos, cabia ao Presidente da República decretar a respectiva intervenção federal, mas dependia do prévio atendimento dos requisitos constitucionais supracitados, ou seja, a intervenção condicionava-se à "requisição" do Poder Judiciário ou "solicitação" do Poder Legislativo ou do Poder Executivo estadual coacto ou impedido. Ademais, a intervenção federal em Estado-membro abrangia somente a unidade da federação que estivesse sofrendo invasão estrangeira, de modo a estabelecer a restritividade da medida – como deve ser a intervenção –, isto é, restringiu-se o instituto em face da anormalidade local.

Outrossim, o art. 11 da CF/1946 previu o *princípio da especificidade* da intervenção federal, haja vista que a lei ou o decreto interventivo deveria fixar a amplitude, a duração e as condições em que a medida deveria ser executada. Por sua vez, o art. 12 atribuía ao Presidente efetivar a intervenção federal e, caso fosse necessário para implementar a providência, poderia ser nomeado o Interventor, expressando o *princípio da ocasionalidade*. O art. 13 propugnava à mínima interferência possível nas competências estaduais para efetivar a intervenção, uma vez que o Congresso Nacional podia se limitar a suspender a execução do ato arguido de inconstitucionalidade, caso essa medida bastasse para o restabelecimento da normalidade no Estado-membro. Por fim, o art. 14 expressava o *princípio da não cassação*, visto que, cessados os motivos que tivessem determinado a intervenção, as autoridades estaduais afastadas retornariam ao exercício dos seus cargos, isto é, a intervenção não cassava os cargos dos gestores regionais.

Como se vê, a Constituição de 1946 significou notável avanço no disciplinamento da matéria, notadamente ao estabelecer instrumentos democráticos, bem como elencou várias características que regem a intervenção federal até hoje.

12.5 Constituição de 1967 e Emenda Constitucional nº 1 de 1969

A Carta de 1967 foi editada sob a direção de um Governo Militar, tendo, por conseguinte, expressado normas antidemocráticas e em desconformidade com os valores essenciais de uma Constituição Republicana. Na verdade, a Constituição de 1946 foi golpeada frontalmente pelo regime ditatorial, haja vista que os "Atos Institucionais" transmudaram o texto constitucional, mudando-o substancialmente por decisão isolada de membros militares que se apoderaram do poder. Exemplificadamente, o *Ato Institucional nº 2, de 27 de outubro de 1965 (AI nº 2/1965)*, alterou a Constituição então vigente, ou seja, um ato com natureza jurídica de mero "decreto" do Presidente da República modificou a Constituição Federal como se emenda constitucional fosse! No que concerne à intervenção federal, o art. 17 do AI nº 2 de 1965 inclui novas hipóteses interventivas, cabendo agora ao Presidente da República decretar intervenção federal nos Estados para, segundo o seu juízo, assegurar a execução da lei federal e para prevenir ou reprimir a subversão da ordem. Nesses casos, a intervenção era submetida ao Congresso Nacional. Sem embargo, três anos depois foi afastado o controle da intervenção pelo Poder Legislativo, visto que o art. 2º do Ato Institucional nº 5, de 13 de dezembro de 1968, autorizou o Presidente da República a decretar o recesso do Congresso Nacional, das Assembleias Legislativas e das Câmaras de Vereadores, só voltando a funcionar quando e se fossem convocados pelo Presidente da República! Para ultimar o aniquilamento da regulação do instituto intervenção federal, o art. 3º do AI nº 5, de 1968, autorizou o Presidente da República a decretar a intervenção nos Estados e Municípios sem as limitações previstas na Constituição.

A Carta de 1967 trouxe várias modificações ao instituto intervenção federal. Ricardo Lewandowski assinala: "com a intervenção militar de 1964, o movimento pendular que caracteriza a Federação brasileira, mais uma vez, oscilou no sentido da centralização, em prejuízo da autonomia dos Estados e Municípios".[381] Segundo Francisco Bilac, "o federalismo brasileiro sofreu seus maiores reveses. O federalismo foi sobremaneira tolhido, concentrando uma extensa gama de poderes no centro, por ter desejado maiores franquias ao Poder Executivo. Como sói caracterizar os regimes centralizadores, a Intervenção Federal volta a ter um trâmite mais simplificado".[382]

Inicialmente, no aspecto redacional, o texto aperfeiçoou no que concerne ao sujeito ativo da intervenção. Agora, o dispositivo declara que a "União" não intervirá, diferentemente das constituições anteriores, que comumente se referiam ao "Governo Federal". De fato, as expressões são diferentes, visto que a locução "Governo" se correlaciona à autoridade que exerce o poder político no comando da nação, ao passo que o vocábulo "União" significa a pessoa jurídica de direito público interno, ou seja, aduz a um dos entes que integram o federalismo brasileiro. A mudança de nomenclatura é salutar, eis que o ente interventor é a União, que representa o poder central, sendo este comandado pelo Presidente da República, o governante da nação. Assim, a modificação quanto ao sujeito ativo aperfeiçoou a intervenção federal, melhorando a tecnicidade do instituto.

A Constituição de 1967 elencou mudanças nos pressupostos materiais e formais da intervenção federal no direito brasileiro. O novo texto retirou a hipótese interventiva com o objetivo de "pôr termo a guerra civil" prevista na Constituição de 1946. Além disso, a Carta Magna de 1967 inovou ao prever modalidade abrangente autorizadora de intervenção, consistente em "pôr termo a grave perturbação da ordem ou ameaça de sua irrupção". O dispositivo é aberto, permitindo que fosse decretada a intervenção federal em Estado-membro quando a ordem pública estivesse gravemente prejudicada ou quando houvesse ameaça de desintegração de unidade regional. Na lição de Pontes de Miranda, a hipótese constitucional tratava de "qualquer perturbação da ordem ou ameaça, pois, por exemplo, se há luta armada ou ameaça, e o Estado-membro não lhe pode pôr, ou lhe não põe termo, imediatamente, a intervenção federal plenamente se justifica.

---

[381] LEWANDOWSKI, Enrique Ricardo. *Pressupostos materiais e formais da intervenção federal no Brasil*. 2. ed. Belo Horizonte: Fórum, 2018, p. 89.
[382] PINTO FILHO, Francisco Bilac M. *A intervenção federal e o federalismo brasileiro*. Rio de Janeiro: Forense, 2002, p. 298-299.

A perturbação supõe a duração dos distúrbios, ainda que descontínuos no tempo, desde que o governo estadual não esteja com aptidão de assegurar, de pronto, a punição normal de todos os atacantes e de garantir a Constituição e as leis federais, a Constituição estadual e as leis estaduais e municipais".[383]

Francisco Bilac esclarece que "a hipótese prevista encaixava-se perfeitamente na nova concepção de ordem que o movimento revolucionário dera ao Brasil. Agora o Presidente da República tinha o poder de intervir, independente da deflagração da guerra civil, que era previsto pela constituição anterior (CF de 1946, art. 7º, III). O estado de perturbação da ordem ou ameaça de sua irrupção era mais facilmente caracterizável do que um Estado de guerra civil. Tomando as palavras de Marcelo Caetano, tratou-se de uma Intervenção revolucionária. Esta, por si só basta. O que é revolucionário dispensa o constitucional. Rege-se por regras próprias. Qualquer freio ao ímpeto revolucionário fere o seu cerne que é o de criar as regras próprias que lhe interessam, nos momentos próprios. Assim, o AI nº 5 deu poder ao presidente da República de dar recesso ao Congresso Nacional, às Assembleias Legislativas e às Câmaras Municipais, a qualquer momento, sem causa justificadora. Nessa hipótese, perpassando a previsão do AI nº 5, a previsão de Intervenção era do presidente da República, exclusiva dele. Não havia necessidade de consultar o Poder Legislativo, nem de receber solicitação do Poder Judiciário. Devia, sim, levar ao conhecimento do Congresso Nacional a medida em até cinco dias após a decretação".[384]

Outra alteração refere-se à intervenção para reorganizar as finanças do Estado-membro, que agora bastava suspender o pagamento de sua dívida fundada em geral (interna ou externa), não se restringindo apenas à dívida fundada de natureza "externa", como vigorava na Constituição anterior.

A nova Lei Maior atribuiu amplos poderes aos interventores dos Estados-membros. O Ato Institucional nº 5 igualou os interventores aos Chefes do Poder Executivo estadual e municipal, de modo que "os interventores passaram a ter todas as prerrogativas dos Chefes do Executivo que substituíam, por isso, podiam regulamentar leis, criar leis (com a aprovação do Legislativo), criar novos impostos, cortar despesas, cortar pessoal, contratar empresas, conceder, permitir, autorizar, transformar as diretrizes da administração, enfim, dar cabo aos bons préstimos públicos".[385] Como se vê, o regime ditatorial é marcado pela concessão de amplos poderes aos interventores, inclusive para legislar como se governadores fossem, a exemplo da ditadura no país sofrida na Carta de 1937.

Outrossim, restou evidente o dirigismo e a centralização econômica por parte da União, a ponto de impor diretrizes aos Estados-membros, devendo ser fielmente

---

[383] MIRANDA, Pontes de. *Comentários à Constituição de 1967*. Com a Emenda nº I, de 1969. Tomo II. 2. ed. São Paulo: Revista dos Tribunais, 1973, p. 213.
[384] PINTO FILHO, Francisco Bilac M. *A intervenção federal e o federalismo brasileiro*. Rio de Janeiro: Forense, 2002, p. 305-307.
[385] PINTO FILHO, Francisco Bilac M. *A intervenção federal e o federalismo brasileiro*. Rio de Janeiro: Forense, 2002, p. 303.

cumpridas, sob pena de sofrerem intervenção. Isso porque constou hipótese interventiva para reorganizar as finanças do ente regional que adotasse medidas, planos econômicos ou financeiros em divergência com as diretrizes dispostas em lei federal. Tal imposição resulta na completa submissão dos Estados-membros às idealizações econômicas elencadas pelo Governo Federal, implicando a supressão de autonomia, ao arrepio das peculiaridades dos entes regionais, revelando prática unitária e excludente das diferenças existentes nas regiões do país.

No que tange à representação interventiva, pouco mudou, ressalvada a redação do texto alusivo à temporariedade dos "mandatos eletivos", enquanto que no dispositivo anterior constava a temporariedade das "funções eletivas". Tecnicamente, a mudança foi adequada, pois o poder político é exercido mediante escolha popular que proporciona o exercício de "mandato eletivo", ao passo que "função eletiva" é atividade política decorrente do mandato, ou seja, a "função" decorre do "mandato", sendo dependente deste último. Dada a relevância, segue abaixo o texto constitucional:

> Art. 10 – A União não intervirá nos Estados, salvo para:
> I – manter a integridade nacional;
> II – repelir invasão estrangeira ou a de um Estado em outro;
> III – pôr termo a grave perturbação da ordem ou ameaça de sua irrupção;
> IV – garantir o livre exercício de qualquer dos Poderes estaduais;
> V – reorganizar as finanças do Estado que:
> a) suspender o pagamento de sua dívida fundada, por mais de dois anos consecutivos, salvo por motivo de força maior;
> b) deixar de entregar aos Municípios as cotas tributárias a eles destinadas;
> c) adotar medidas ou executar planos econômicos ou financeiros que contrariem as diretrizes estabelecidas pela União através de lei;
> VI – prover à execução de lei federal, ordem ou decisão judiciária;
> VII – assegurar a observância dos seguintes princípios:
> a) forma republicana representativa;
> b) temporariedade dos mandatos eletivos, limitada a duração destes à dos mandatos federais correspondentes;
> c) proibição de reeleição de Governadores e de Prefeitos para o período imediato;
> d) independência e harmonia dos Poderes;
> e) garantias do Poder Judiciário;
> f) autonomia municipal;
> g) prestação de contas da Administração.
> Art 11 – Compete ao Presidente da República decretar a intervenção.
> §1º – A decretação da intervenção dependerá:
> a) no caso do n.º IV do art. 10, de solicitação do Poder Legislativo ou do Executivo coacto ou impedido, ou de requisição do Supremo Tribunal Federal, se a coação for exercida contra o Poder Judiciário;
> b) no caso do n.º VI do art. 10, de requisição do Supremo Tribunal Federal, ou do Tribunal Superior Eleitoral, conforme a matéria, ressalvado o disposto na letra c deste parágrafo.
> c) do provimento, pelo Supremo Tribunal Federal, de representação do Procurador-Geral da República, nos casos do item VII, assim como no do item VI, ambos do art. 10, quando se tratar de execução de lei federal.
> §2º – Nos casos dos itens VI e VII do art. 10, o decreto do Presidente da República limitar-se-á a suspender a execução do ato impugnado, se essa medida tiver eficácia.

Art. 12 – O decreto de intervenção, que será submetido à apreciação do Congresso Nacional, dentro de cinco dias, especificará:
I – a sua amplitude, duração e condições de execução;
II – a nomeação do interventor.
§1º – Caso não esteja funcionando, o Congresso Nacional será convocado extraordinariamente, dentro do mesmo prazo de cinco dias, para apreciar o ato do Presidente da República.
§2º – No caso do §2º do artigo anterior, fica dispensada a apreciação do decreto do Presidente da República pelo Congresso Nacional, se a suspensão do ato tiver produzido os seus efeitos.
§3º – Cessados os motivos que houverem determinado a intervenção, voltarão aos seus cargos, salvo impedimento legal, as autoridades deles afastadas.

No que alude aos pressupostos formais, as mudanças foram profundas. No texto constitucional anterior, a decretação de intervenção cabia ao Congresso Nacional, por meio de lei federal, quando se destinasse a reorganizar as finanças do Estado-membro inadimplente e para assegurar a observância dos princípios constitucionais sensíveis. Ao Chefe do Poder Executivo da União cabia decretar a intervenção nas demais hipóteses constitucionais. Agora, com a Constituição de 1967, a competência para decretar a intervenção federal nos Estados cabia ao Presidente da República, competindo ao Congresso Nacional apreciar o decreto interventivo, dentro de cinco dias da decretação (art. 11 e 12 da CF/1967). Como se vê, a decretação de intervenção volta a ser competência do Chefe do Poder Legislativo, sendo feita a avaliação pelo Poder Legislativo somente após a edição da medida, ou seja, o Congresso Nacional exercia controle posterior.

No que se refere às espécies interventivas, foram mantidos os dois tipos de intervenção federal, ou seja, a intervenção "espontânea" e a "provocada", sendo que esta última decorria de solicitação, requisição ou provimento, de acordo com as regras constitucionais.

Outrossim, quando a medida interventiva tivesse por finalidade prover, à execução de lei federal, ordem, decisão judiciária ou assegurar a observância dos seguintes princípios, o decreto do Presidente da República seria limitado a suspender a execução do ato impugnado, se essa medida fosse suficiente para restaurar a ordem violada.

Ademais, a Lei Maior de 1967 inaugurou importantíssima regra constitucional, consistente em dispensar o controle político do Congresso Nacional quando a intervenção destinasse a prover, à execução de lei federal, ordem, decisão judiciária, ou para assegurar a observância dos princípios constitucionais sensíveis, conforme art. 12, §2º, CF/1967. Em que pese a dispensa de apreciação pelo Poder Legislativo fosse condicionada a que o ato produzisse os seus efeitos, essa modificação foi extremamente benéfica, porquanto "despolitizava" matérias de conteúdo jurídico – a cargo do Poder Judiciário – notadamente pelo órgão de cúpula, isto é, pelo Supremo Tribunal Federal.

Com a Emenda Constitucional nº 1, de 17 de outubro de 1969, modificou-se causas deflagradoras de intervenção federal nos Estados-membros. De forma inovadora, o art. 10, III, previu a intervenção para pôr termo "corrupção no poder público estadual". Francisco Bilac adverte: "a segunda parte do dispositivo deixava grande arbítrio ao poder federal para intervir. Obviamente, o combate à corrupção no poder público estadual era medida salutar, todavia, o que caracterizava a corrupção no governo estadual? Meras denúncias? Comprovações documentais? Sentenças judiciais condenatórias? Nada disso. Com a decretação do Ato Institucional nº 5, a possibilidade de intervir foi bastante espargida, não tendo nem mesmo o presidente da República de ater-se aos mandamentos constitucionais".[386]

Inovou-se com relação às hipóteses violadoras dos princípios constitucionais sensíveis, eis que agora autorizava-se intervenção para proibir deputado estadual da prática de ato ou do exercício de cargo, função ou emprego mencionados nos itens I e II do artigo 34, salvo a função de secretário de Estado. O art. 34 da CF/1969 aduz ao estatuto dos congressistas, vedando-lhes desde a expedição do diploma: a) firmar ou manter contrato com pessoa de direito público, autarquia, empresa pública, sociedade de economia mista ou empresa concessionária de serviço público, salvo quando o contrato obedecer a cláusulas uniformes; b) aceitar ou exercer cargo, função ou emprego remunerado nas entidades constantes da alínea anterior. Igualmente, era proscrito aos parlamentares desde a posse: a) ser proprietário ou diretor de empresa que goze de favor decorrente de contrato com pessoa jurídica de direito público, ou nela exercer função remunerada; b) ocupar cargo, função ou emprego, de que sejam demissíveis *ad nutum*, nas entidades referidas na alínea "a" do item I; c) exercer outro cargo eletivo federal, estadual ou municipal; e d) patrocinar causa em que seja interessada qualquer das entidades a que se refere a alínea a do item I. Dada a importância dos dispositivos, segue abaixo o texto resultante da EC nº 1 de 1969:

> Art. 10. A União não intervirá nos Estados, salvo para:
> I – manter a integridade nacional;
> II – repelir invasão estrangeira ou a de um Estado em outro;
> III – pôr termo a perturbação da ordem ou ameaça de sua irrupção ou a corrupção no poder público estadual;
> IV – assegurar o livre exercício de qualquer dos Poderes estaduais;
> V – reorganizar as finanças do Estado que:
> a) suspender o pagamento de sua dívida fundada, durante dois anos consecutivos, salvo por motivo de força maior;
> b) deixar de entregar aos municípios as quotas tributárias a eles destinadas; e
> c) adotar medidas ou executar planos econômicos ou financeiros que contrariem as diretrizes estabelecidas em lei federal;
> VI – prover a execução de lei federal, ordem ou decisão judiciária; e
> VII – exigir a observância dos seguintes princípios:
> a) forma republicana representativa;
> b) temporariedade dos mandatos eletivos cuja duração não excederá a dos mandatos federais correspondentes;
> c) independência e harmonia dos Poderes;

---

[386] PINTO FILHO, Francisco Bilac M. *A intervenção federal e o federalismo brasileiro*. Rio de Janeiro: Forense, 2002, p. 306.

d) garantias do Poder Judiciário;
e) autonomia municipal;
f) prestação de contas da administração; e
g) proibição ao deputado estadual da prática de ato ou do exercício de cargo, função ou emprego mencionados nos itens I e II do artigo 34, salvo a função de secretário de Estado.
Art. 11. Compete ao Presidente da República decretar a intervenção.
§1º A decretação da intervenção dependerá:
a) no caso do item IV do artigo 10, de solicitação do Poder Legislativo ou do Poder Executivo coacto ou impedido, ou de requisição do Supremo Tribunal Federal, se a coação for exercida contra o Poder Judiciário;
b) no caso do item VI do artigo 10, de requisição do Supremo Tribunal Federal ou do Tribunal Superior Eleitoral, segundo a matéria, ressalvado o disposto na alínea c deste parágrafo;
c) do provimento, pelo Supremo Tribunal Federal, de representação do Procurador-Geral da República, no caso do item VI, assim como nos do item VII, ambos do artigo 10, quando se tratar de execução de lei federal.
§2º Nos casos dos itens VI e VII do artigo 10, o *decreto do Presidente* da República, limitar-se-á a suspender a execução do ato impugnado, se essa medida tiver eficácia.
Art. 12. O decreto de intervenção, que será submetido à apreciação do Congresso Nacional, dentro de cinco dias, especificará a sua amplitude, prazo e condições de execução e, se couber, nomeará o interventor.
§1º Se não estiver funcionando, o Congresso Nacional será convocado, dentro do mesmo prazo de cinco dias, para apreciar o ato do Presidente da República.
§2º Nos casos do §2º do artigo anterior, ficará dispensada a apreciação do decreto do Presidente da República pelo Congresso Nacional, se a suspensão do ato houver produzido os seus efeitos.
§3º Cessados os motivos da intervenção, as autoridades afastadas de seus cargos a eles voltarão, salvo impedimento legal.

No que se refere ao procedimento da intervenção (pressupostos formais), alterou-se notadamente, visto que foram atribuídos superpoderes ao Chefe do Poder Executivo. A novidade consistiu na possibilidade de o Presidente da República editar decreto interventivo para assegurar os princípios constitucionais sensíveis, sendo que antes cabia ao STF tal incumbência. Agora, o Supremo Tribunal Federal decidia a representação interventiva somente quando se tratasse de execução de lei federal, cabendo ao Presidente da República a intervenção nas outras hipóteses, a exemplo para garantir a forma republicana representativa, a temporariedade dos mandatos eletivos, a autonomia municipal, etc.

Também se verifica atuação prevalente do Chefe do Poder Executivo na medida em que a intervenção podia ser implementada definitivamente sem o controle fiscalizatório e político a cargo do Congresso Nacional. Conforme o art. 12, §2º, dispensou-se da apreciação do Poder Legislativo o decreto interventivo do Presidente da República se a suspensão do ato produzisse os seus efeitos. Na lição de Franscisco Bilac, "há outra exceção à não-convocação do Congresso Nacional: se o decreto presidencial produzir os efeitos desejados dentro dos cinco dias em que é obrigado a submeter o seu ato ao Parlamento, fica dispensada a apreciação ou convocação congressual".[387]

---

[387] PINTO FILHO, Francisco Bilac M. *A intervenção federal e o federalismo brasileiro*. Rio de Janeiro: Forense, 2002, p. 303.

Por fim, considerando o caráter centralizador e ditatorial dos "Atos Institucionais editados durante a Constituição de 1967 e Emenda Constitucional nº 1 de 1969, não houve necessidade de decretar formalmente intervenção federal nos Estados-membros, haja vista que o poder central já controlava faticamente os entes federados. Lewandowski arremata: "a partir do Ato Institucional nº 2/65, as eleições estaduais passaram a ser controladas, de maneira crescente, pelo Governo Federal. Como se recorda, nos pleitos de 1970, 1974 e 1978, os governadores eram apontados oficiosamente pelo Presidente da República, sendo tal indicação homologada por um colégio eleitoral no âmbito estadual. Vale lembrar ainda que, até o começo de 1979, os governadores constituíam meros agentes do poder central, demissíveis *ad nutum*, com fundamento nas faculdades excepcionais conferidas ao Chefe do Poder Executivo Federal pelo Ato Institucional nº 5/68. Não se olvide também que, por força da própria Constituição, os Prefeitos das Capitais e os Municípios considerados estâncias hidrominerais eram nomeadas pelos governadores dos Estados, com aprovação da Assembleia Legislativa, ao passo que aqueles das comunas declaradas 'de interesse nacional' o seriam pelo Presidente da República. Também os prefeitos dos Municípios situados nos Territórios eram nomeados pelos respectivos governadores. Acrescente-se ainda que, com o fenômeno da crescente centralização do federalismo, os Estados e Municípios passaram a ficar cada vez mais dependentes do Governo da União, no que tange a empréstimos, investimentos, auxílios financeiros e outros favores de natureza material, os quais se transformaram em mecanismos de coerção muito mais eficazes do que a intervenção direta nos negócios dos entes federados, tornando-a de certo modo obsoleta como instrumento de pressão política".[388]

Como se vê, afigurava-se despicienda a decretação formal de intervenção nos entes federados, porquanto estes já eram controlados diretamente pelo Chefe do Poder Executivo da União.

---

[388] LEWANDOWSKI, Enrique Ricardo. *Pressupostos materiais e formais da intervenção federal no Brasil*. 2. ed. Belo Horizonte: Fórum, 2018, p. 94-95.

CAPÍTULO 13

INTERVENÇÃO FEDERAL NO ESTADO DO RIO DE JANEIRO EM 2018

O decreto de intervenção federal da União no Estado do Rio de Janeiro no ano de 2018 foi o primeiro formalmente instituído após a Constituição Cidadã de 1988. No decorrer do período da atual redemocratização, foram ajuizadas inúmeras "Representações Interventivas", não tendo sido providas pelo Supremo Tribunal Federal. Especificamente na intervenção no Estado do Rio de Janeiro, a medida foi realizada mediante decreto do Presidente da República, pois o fundamento foi o reestabelecimento da ordem pública, cuja competência interventiva é *ex officio*, com apreciação posterior pelo Congresso Nacional.

A seguir, serão mencionadas brevemente duas causas para a intervenção.

13.1 Insegurança pública proveniente de crise político-econômica

Em percuciente estudo, Diego Santos Vieira de Jesus informa que o agravamento da violência decorreu da crise política e o recrudescimento da crise econômico-financeira, ocasionando reflexos no fenômeno delitivo. "As raízes dessas crises podem ser encontradas no aprofundamento da recessão econômica do Estado do Rio de Janeiro – aliada à retração nas atividades da indústria do petróleo e à queda da arrecadação –, que levou à pauperização crescente da população. Como coloca Wermuth (2011), a população economicamente hipossuficiente, ao ser abandonada pelo Estado nas dimensões social e econômica, pode buscar, por meio da delinquência, a satisfação das necessidades básicas e dos desejos de consumo. Na esfera política, esse quadro foi agravado com a corrupção disseminada pelo aparato político, evidente desde a prisão do ex-governador Sérgio Cabral Filho em 2016 no contexto da Operação Lava Jato, bem como de ex-secretários e cinco dos sete conselheiros do Tribunal de Contas. A situação conduziu não apenas a problemas como a escassez de verbas para o pagamento de salários dos servidores estaduais, mas ao gradual colapso de programas do governo do Estado, como as Unidades de Pronto-Atendimento (UPAs) e, especialmente relevante para o contexto deste artigo, as Unidades de Polícia Pacificadora (UPPs) ao longo de 2017. A situação econômica e política desfavorável fez com que a criminalidade se disseminasse pelo Estado, de forma que áreas de engajamento dos cidadãos, como associações comunitárias, tivessem seu acesso bloqueado na disputa entre a Polícia e os criminosos. Ainda que as bases das UPPs continuassem nos locais onde foram instaladas, esses lugares foram sendo gradualmente reocupados por facções criminosas desde o fim dos Jogos Olímpicos de 2016. As investidas contra traficantes trouxeram um cenário de interrupção do ensino público e privado e dos serviços do comércio nas regiões dominadas pelas facções (TRUFFI, 2017), como se viu na favela da Rocinha e nos seus arredores em setembro de 2017. A situação de violência disseminada dificultou a mobilização pública em comunidades atingidas pela guerra entre as forças do Estado e as facções criminosas. No primeiro trimestre de 2018, uma série de episódios de violência durante o Carnaval – em particular na cidade do Rio de Janeiro – influenciaram a tomada da decisão, pelo Governo Federal, de realizar uma intervenção no Estado do Rio de Janeiro, que trouxe uma modificação no tratamento da temática de segurança pública, diante da tentativa oficial de se recuperar a estabilidade da ordem pública no Estado. Dentre os problemas visíveis durante essas crises, cabe destacar o agravamento do desemprego e o aumento geral do preço dos produtos, em grande parte reforçado pelo maior índice de violência no Estado do Rio de Janeiro, particularmente em sua capital".[389]

13.2 Elevado número de crimes e insegurança social

Na perspectiva finalística, o escopo da intervenção foi reestabelecer a ordem pública, restringindo-se à área de segurança, em decorrência do elevado número da criminalidade que assolava o ente regional. Segundo dados da Secretaria de Segurança Pública do Estado do Rio de Janeiro, no *ano de 2018* foram registrados 4.950 homicídios dolosos, 1.534 mortes por intervenção de agente do Estado, 174 vítimas de latrocínio, 71 feminicídios, 101 policiais militares mortos, 10 policiais civis mortos (sendo 32 mortos em serviço e 79 vítimas enquanto estavam de folga) e 130.620 roubos de rua (concentrados em duas faixas de horário: entre 5h e 7h, e entre 18h e 23h – horário em que a população sai de casa para o trabalho/escola e vice-versa). Foram registrados também 52.097 roubos de veículos, 9.182 roubos de carga, e apreendidas 8.721 armas pelas polícias; entre as armas encontram-se revólveres, pistolas, espingardas, metralhadoras, fuzis e outras categorias. Especificamente, foram apreendidos 493 fuzis e 4.089 pistolas. No que concerne à atividade policial, foram registrados 21.626 registros de apreensão de drogas, sendo 55% ligadas ao tráfico de drogas, 36% por porte ou posse de drogas, e 9% por apreensões sem autor. Com relação a prisões, foram realizados 33.548 autos de prisão em flagrante e 6.546 apreensões de adolescente por prática de ato infracional.[390]

---

[389] VIEIRA DE JESUS, Diego Santos. A intervenção federal no Estado do Rio de Janeiro: motivações e repercussões político-sociais e econômicas. *Revista de Direito da Cidade*. vol. 11, nº 2. ISSN 2317-7721, p. 201-202.
[390] RIO DE JANEIRO. *Segurança pública em números 2018*. Instituto de Segurança Pública. Evolução dos principais indicadores de criminalidade e atividade policial no estado do Rio de Janeiro de 2003 a 2018.

Impende salientar que as estatísticas de crimes acima colacionadas já foram apresentadas com as reduções provenientes da intervenção federal no Estado do Rio de Janeiro, em face das ações na segurança pública implementadas de 16 de fevereiro a 31 de dezembro de 2018. Disso resulta que em 2017 – período anterior que deflagrou a medida – os números de criminalidade foram ainda mais elevados, eis que em 2018 houve diminuição em 7% no número de homicídios dolosos, 7% em roubo de rua, 4% de roubo a veículo e 25% no roubo de carga,[391] corroborando que os indicadores ainda são muito altos. Segundo noticiou o site *O Globo*, "um evento que foi considerado emblemático do perigo que corre o Rio foi o de que moradores de São Conrado estavam recebendo cobrança de pagamento por supostos 'serviços' de segurança prestados pelo narcotráfico".[392]

13.3 Publicação do decreto interventivo

Considerando os elevados números de criminalidade e de insegurança social, em 16 de fevereiro de 2018 o Estado do Rio de Janeiro foi submetido à intervenção federal mediante decreto do Presidente da República com o objetivo de pôr termo a grave comprometimento da ordem pública, conforme o *Decreto nº 9.288/2018* e art. 34, III da CF/1988. O referido Decreto entrou em vigor na mesma data de sua publicação. O texto do ato interventivo continha os seguintes termos:[393]

> Art. 1º Fica decretada intervenção federal no Estado do Rio de Janeiro até 31 de dezembro de 2018.
> §1º A intervenção de que trata o caput se limita à área de segurança pública, conforme o disposto no Capítulo III do Título V da Constituição e no Título V da Constituição do Estado do Rio de Janeiro.
> §2º O objetivo da intervenção é pôr termo a grave comprometimento da ordem pública no Estado do Rio de Janeiro.
> Art. 2º Fica nomeado para o cargo de Interventor o General de Exército Walter Souza Braga Netto.
> Parágrafo único. O cargo de Interventor é de natureza militar.
> Art. 3º As atribuições do Interventor são aquelas previstas no art. 145 da Constituição do Estado do Rio de Janeiro necessárias às ações de segurança pública, previstas no Título V da Constituição do Estado do Rio de Janeiro.
> §1º O Interventor fica subordinado ao Presidente da República e não está sujeito às normas estaduais que conflitarem com as medidas necessárias à execução da intervenção.

Disponível em: http://arquivos.proderj.rj.gov.br/isp_imagens/Uploads/SegurancaemNumeros2018.pdf. Acesso em: 02 fev. 2020.

[391] RIO DE JANEIRO. *Segurança pública em números 2018*. Instituto de Segurança Pública. Evolução dos principais indicadores de criminalidade e atividade policial no estado do Rio de Janeiro de 2003 a 2018. Disponível em: http://arquivos.proderj.rj.gov.br/isp_imagens/Uploads/SegurancaemNumeros2018.pdf. Acesso em: 02 fev. 2020.

[392] O GLOBO. Míriam Leitão. *Intervenção parcial evitou estado de defesa ou intervenção total*. 16/02/2018. Disponível em: https://blogs.oglobo.globo.com/miriam-leitao-post/intervencao-parcial-evitou-estado-de-defesa-ou-intervencao-total.html. Acesso em: 04 dez. 2020.

[393] BRASIL. *Decreto nº 9.288, de 16 de fevereiro de 2018*. Decreta intervenção federal no Estado do Rio de Janeiro com o objetivo de pôr termo ao grave comprometimento da ordem pública. Disponível em: http://www.planalto.gov.br/ccivil_03/_Ato2015-2018/2018/Decreto/D9288.htm#textoimpressao. Acesso em: 02 dez. 2020.

§2º O Interventor poderá requisitar, se necessário, os recursos financeiros, tecnológicos, estruturais e humanos do Estado do Rio de Janeiro afetos ao objeto e necessários à consecução do objetivo da intervenção.
§3º O Interventor poderá requisitar a quaisquer órgãos, civis e militares, da administração pública federal, os meios necessários para consecução do objetivo da intervenção.
§4º As atribuições previstas no art. 145 da Constituição do Estado do Rio de Janeiro que não tiverem relação direta ou indireta com a segurança pública permanecerão sob a titularidade do Governador do Estado do Rio de Janeiro.
§5º O Interventor, no âmbito do Estado do Rio de Janeiro, exercerá o controle operacional de todos os órgãos estaduais de segurança pública previstos no art. 144 da Constituição e no Título V da Constituição do Estado do Rio de Janeiro.
Art. 4º Poderão ser requisitados, durante o período da intervenção, os bens, serviços e servidores afetos às áreas da Secretaria de Estado de Segurança do Estado do Rio de Janeiro, da Secretaria de Administração Penitenciária do Estado do Rio de Janeiro e do Corpo de Bombeiros Militar do Estado do Rio de Janeiro, para emprego nas ações de segurança pública determinadas pelo Interventor.
Art. 5º Este Decreto entra em vigor na data de sua publicação.

Por meio da Mensagem nº 80, de 16 de fevereiro de 2018, o Presidente da República submeteu o decreto de intervenção no Estado do Rio de Janeiro aos membros do Congresso Nacional, consoante o art. 36, §1º, da Carta Magna.[394] O decreto cumpriu o prazo de encaminhamento da matéria em 24 horas – como determina o texto constitucional –, produzindo seus efeitos desde a entrada em vigor e sujeitando-se à aprovação do Poder Legislativo.

Por sua vez, o Conselho da República e o Conselho da Defesa Nacional aprovaram a intervenção no Rio de Janeiro, sendo a medida referendada em 19/02/2018. Conforme noticiou o portal *Agência Senado*, "no Conselho da República, o apoio à decisão de decretar a intervenção no Rio de Janeiro foi expressivo, à exceção dos líderes da Minoria, que se abstiveram. No de Defesa, a aprovação foi unânime".[395]

Em seguida, o decreto do Presidente da República foi aprovado em 20/02/2018 pela Câmara dos Deputados, por meio do Projeto de Decreto Legislativo nº 886, de 19 de fevereiro de 2018,[396] bem como pelo Senado Federal em 20/02/2018, mediante o Projeto de Decreto Legislativo nº 4 de 2018.[397] Assim, o decreto do Chefe do Poder Executivo foi ratificado em cada Casa Legiferante, resultando na aprovação da intervenção federal pelo Congresso Nacional, publicada no Decreto Legislativo nº 10 de 20 de fevereiro de 2018,[398] conforme dispõe o art. 49, IV da CF/1988.

---

[394] CÂMARA FEDERAL. *MSC nº 80 de 2018*. Mensagem. Disponível em: https://www.camara.leg.br/proposicoesWeb/fichadetramitacao?idProposicao=2167938&ord=1. Acesso em: 02 dez. 2020.
[395] SENADO FEDERAL. Senado Notícias. *Conselhos da República e de Defesa Nacional aprovam intervenção no Rio de Janeiro*. 19/02/2018, 15h53. Disponível em: https://www12.senado.leg.br/noticias/materias/2018/02/19/conselhos-da-republica-e-de-defesa-nacional-aprovam-intervencao-no-rio-de-janeiro. Acesso em: 04 dez. 2020.
[396] CÂMARA DOS DEPUTADOS. *Projeto de Decreto Legislativo nº 886, de 2018*. Disponível em: https://www.camara.leg.br/proposicoesWeb/fichadetramitacao?idProposicao=2168064. Acesso em: 02 dez. 2020.
[397] SENADO FEDERAL. *Projeto de Decreto Legislativo nº 4, de 20 de fevereiro de 2018*. em: https://www25.senado.leg.br/web/atividade/materias/-/materia/132243. Acesso em: 04 dez. 2020.
[398] SENADO FEDERAL. Secretaria-Geral da Mesa. Secretaria de Informação Legislativa. *Decreto Legislativo nº 10, de 20 de fevereiro 2018*. Disponível em: https://legis.senado.leg.br/norma/26358545/publicacao/26359262. Acesso em: 02 dez. 2020.

De acordo com o disposto no §1º do Decreto, a intervenção limitou-se à área da segurança pública do Rio de Janeiro, abrangendo, por conseguinte, o "Título V da Constituição" do aludido Estado. Assim, a intervenção federal englobou diretamente os órgãos responsáveis pela promoção da segurança pública, a saber: a Polícia Civil, a Polícia Penitenciária (agora denominada de "Polícia Penal" pela Emenda Constitucional nº 77 de 20/10/2020), a Polícia Militar e o Corpo de Bombeiros Militar, bem como o Conselho Comunitário de Defesa Social, que assessora os órgãos de segurança no Estado.

13.4 Características da intervenção

Por determinação constante no §1º do art. 36 da Constituição Federal de 1988, o Decreto de intervenção no Estado do Rio de Janeiro especificou a *amplitude* da medida (limitando-se à área de segurança pública), indicou o *prazo* (perdurando até 31 de dezembro de 2018) e as *condições de execução* (1ª – atribuições ao Interventor das matérias concernentes ao art. 145 da Constituição do Estado do Rio de Janeiro, necessárias às ações de segurança pública, previstas no Título V da Constituição do Estado do Rio de Janeiro; 2ª – subordinação do Interventor ao Presidente da República; 3ª – não sujeição do Interventor às normas estaduais que eventualmente conflitem com as medidas necessárias à execução da intervenção; 4ª – possibilidade de o Interventor requisitar, se necessário, os recursos financeiros, tecnológicos, estruturais e humanos do Estado do Rio de Janeiro afetos ao objeto e necessários à consecução do objetivo da intervenção; 5ª – facultatividade de o Interventor requisitar a quaisquer órgãos, civis e militares, da administração pública federal, os meios necessários para consecução do objetivo da intervenção; 6ª – possibilidade de o Interventor requisitar, durante o período da intervenção, os bens, serviços e servidores afetos às áreas da Secretaria de Estado de Segurança do Estado do Rio de Janeiro, da Secretaria de Administração Penitenciária do Estado do Rio de Janeiro e do Corpo de Bombeiros Militar do Estado do Rio de Janeiro, para emprego nas ações de segurança pública determinadas pelo Interventor; 7ª – competência do Interventor de exercer o controle operacional de todos os órgãos estaduais de segurança pública previstos no art. 144 da Constituição e no Título V da Constituição do Estado do Rio de Janeiro; e 8ª – exclusão ao Interventor das atribuições previstas no art. 145 da Constituição do Estado do Rio de Janeiro que não tiverem relação direta ou indireta com a segurança pública, que permanecerão sob a titularidade do Governador do Estado do Rio de Janeiro.[399]

Segundo noticiado no site *O Globo*, "o ministro da Defesa, Raul Jungmann, disse que todo o efetivo do Comando Militar Leste no Rio, entre 25 mil e 30 mil militares, estará à disposição durante o processo de intervenção federal no estado.

---

[399] BRASIL. *Decreto nº 9.288, de 16 de fevereiro de 2018*. Decreta intervenção federal no Estado do Rio de Janeiro com o objetivo de pôr termo ao grave comprometimento da ordem pública. Disponível em: http://www.planalto.gov.br/ccivil_03/_Ato2015-2018/2018/Decreto/D9288.htm#textoimpressao. Acesso em: 02 dez. 2020.

Além disso, as operações poderão contar com reforço de militares de outros estados, como São Paulo. Segundo o ministro, ainda não há um número fechado de homens que serão destacados para a missão porque isso dependerá do plano de ação a ser executado, como por exemplo, o cálculo do quantitativo de militares necessários nas ruas. Jungmann disse que com a intervenção, além de policiamento ostensivo, haverá presença de tanques em algumas ruas, bloqueio de vias e varreduras em presídios. Mas a tendência, destacou, é fazer ações planejadas e 'cirúrgicas', com base no serviço de inteligência, comandado pelas Forças Armadas. – Este é o grande salto – afirmou o ministro, acrescentando que as Forças ficaram assumirão o controle da Secretaria de Segurança Pública, dos presídios, das polícias civil, militar e bombeiros no Estado. O ministro disse também que o presidente Michel Temer prometeu liberar todos os recursos financeiros necessários aos trabalhos das Forças Armadas, durante a intervenção".[400]

13.5 A figura do Interventor e respectivas atribuições

Haja vista o entendimento pela necessidade de agente condutor das medidas interventivas, o Decreto fez uso da previsão constitucional expressa no art. 36, §1º da CF/1988 e nomeou como Interventor o General de Exército Walter Souza Braga Netto, cujo cargo era de natureza militar, nos termos do art. 2º do Decreto nº 9.288/2018. Registre-se que não há óbice na nomeação de uma autoridade militar na figura de interventor, visto que a Constituição Federal não especificou ou restringiu o cargo ou vínculo jurídico da aludida autoridade. Isso porque o interventor deve ser possuidor de conhecimentos específicos, técnicos, detentor de competência, habilidade em gestão pública, responsabilidade e aptidão para o desempenho de tão relevante função restauradora da ordem jurídico-constitucional (*princípio da aptidão*). Por conseguinte, a escolha variará de acordo com a natureza da intervenção, a causa ensejadora, a finalidade objetivada, como também as necessidades e peculiaridades das medidas impostas, a fim de promover o princípio constitucional da eficiência, nos termos do art. 37, *caput* da CF/88.

Portanto, o ato de escolha do interventor deve avaliar a capacidade profissional e a experiência na área a ser submetida à intervenção. A título de exemplo, será comum um profissional de saúde ser nomeado para executar eventual intervenção federal na área da saúde pública, bem como será normal um profissional da educação ser designado para executar intervenção federal na área da educação, etc. Consectariamente, em se tratando de intervenção federal na área de segurança pública, nada mais natural e necessário do que a nomeação de um agente público especializado em segurança pública. Além disso, por se

---

[400] O GLOBO. *Jungmann: intervenção terá tanques nas ruas, bloqueio de vias e varredura em presídios.* Geralda Doca 16/02/2018 – 20:29. Disponível em: https://oglobo.globo.com/rio/jungmann-intervencao-tera-tanques-nas-ruas-bloqueio-de-vias-varredura-em-presidios-22406737. Acesso em: 05 dez. 2020.

tratar de um interventor que exercerá o comando sobre outras autoridades – como oficiais do próprio Estado (coronéis da Polícia Militar e coronéis do Corpo de Bombeiros Militar, por exemplo), é recomendável a indicação de autoridade superior, em homenagem ao princípio da hierarquia e disciplina, conforme dispõe o art. 142, *caput,* da CF/1988, razão pela qual afigura-se razoável a designação de um general do Exército para comandar a intervenção da segurança pública em Estado-membro. Demais disso, o fundamental é que a autoridade nomeada tenha capacidade técnica e operacional para bem desempenhar o múnus público, não importando a designação do cargo exercido ou a nomenclatura da instituição a que esteja vinculado. Por fim, a designação do aludido interventor pode ser rejeitada na apreciação do decreto pelo Congresso Nacional – a quem compete aprovar ou não (art. 36, §1º, CF/88) – bem como a autoridade poderá ser substituída a qualquer momento, submetendo-se hierarquicamente ao Presidente da República – que é naturalmente a autoridade máxima e representante do povo, de modo que a escolha é legítima e democrática.

Prosseguindo da análise do decreto interventivo, como forma de permitir o restabelecimento da ordem pública, foi atribuído ao Interventor as competências de Governador afetas à organização da segurança do Estado do Rio de Janeiro. Por conseguinte, coube-lhe: nomear e exonerar Secretários de Estado; exercer, com o auxílio dos Secretários de Estado, a direção superior da administração estadual; dispor, mediante decreto, sobre organização e funcionamento da administração estadual, que não implicar aumento de despesa nem criação ou extinção de órgãos públicos, etc.

Com efeito, a atribuição mais significativa na execução da intervenção federal no Rio de Janeiro alude à subordinação dos órgãos de segurança pública ao Interventor. Isso porque a essa autoridade foi incumbido dirigir especificamente a segurança pública como Governador de Estado, nos termos do art. 3º do Decreto nº 9.288 de 2018 c/c art. 145 da Constituição do Estado do Rio de Janeiro:[401]

> *Decreto nº 9.288 de 2018*
> Art. 3º As atribuições do Interventor são aquelas previstas no art. 145 da Constituição do Estado do Rio de Janeiro necessárias às ações de segurança pública, previstas no Título V da Constituição do Estado do Rio de Janeiro.
>
> *Constituição do Estado do Rio de Janeiro*
> Seção II
> II – Das atribuições do Governador do Estado (art. 145)
> Art. 145 – Compete privativamente ao Governador do Estado:
> I – nomear e exonerar os Secretários de Estado;
> II – exercer, com o auxílio dos Secretários de Estado, a direção superior da administração estadual;
> (...)

---

[401] ALERJ. Assembleia Legislativa do Estado do Rio de Janeiro. *Constituição Estadual*. Disponível em: http://alerjln1.alerj.rj.gov.br/constest.nsf/PageConsEst?OpenPage. Acesso em: 02 dez. 2020.

Título V
Da Segurança Pública
Capítulo Único (arts. 183 a 191)
(...)
Art. 184 A Polícia Militar e o Corpo de Bombeiros Militar, forças auxiliares e reserva do Exército, *subordinam-se*, com a Polícia Civil, *ao Governador do Estado*. [Texto com a redação em vigor na data de publicação do Decreto] (Grifos nossos)

Assim, o Decreto concedeu ao Interventor poderes inerentes à gestão da segurança pública estadual, como forma de permitir a própria execução da medida, traduzindo-se em intervenção-parcial.

13.6 Ação Direta de Inconstitucionalidade contra a intervenção

Imperioso ressaltar que em 14 de março de 2018 a intervenção federal no Estado do Rio de Janeiro foi objeto de ação direta de inconstitucionalidade com pedido de medida liminar no Supremo Tribunal Federal (ADI nº 5.915 DF), proposta pelo Partido Socialismo e Liberdade (P-SOL) e de relatoria do Min. Ricardo Lewandowski. No que concerne ao objeto da ação, em síntese: "o requerente sustenta, inicialmente, que a medida adotada pelo Presidente da República, além de desproporcional e dispendioso, possui nítido caráter eleitoral, em afronta ao que dispõe o art. 36, combinado com o art. 84, X, da Constituição Federal. Além disso, aponta, em síntese, vícios de formalidades essenciais, uma vez que, ante o princípio constitucional da não intervenção da União dos Estados (art. 4º, IV), o decreto interventivo foi editado sem justificativas e fundamentação suficientes, sem a prévia consulta aos Conselhos da República e da Defesa Nacional e sem especificar as medidas interventivas. Argumenta, ainda, que o ato questionado seria inconstitucional por ter natureza de uma intervenção militar, com as atribuições de poderes civis de Governador a um General de Exército".[402]

Após processamento regular do feito, em 03 de dezembro de 2018 a Procuradoria-Geral da República (PGR) proferiu parecer manifestando-se favoravelmente à intervenção no Estado do Rio de Janeiro, eis que: "1. Intervenção federal é mecanismo de preservação do sistema federativo, que visa a reparar a estrutura comprometida por situações que impliquem rompimento abrupto da estabilidade do Estado federal. 2. O Decreto 9.288/2018 atende aos pressupostos formais e materiais da intervenção federal, porquanto especifica a amplitude, o prazo de duração e as condições de execução da medida, além de nomear o interventor. Após a sua edição, o ato foi submetido à apreciação do Congresso Nacional, no prazo de 24 horas, e à oitiva dos Conselhos da República e de Defesa Nacional. 3. Previsão de intervenção federal apenas na área da segurança pública não contraria preceitos constitucionais, mas preserva a atuação dos demais Poderes

---

[402] STF. Supremo Tribunal Federal. *ADI nº 5.915/DF*. Rel. Min. Ricardo Lewandowski. Disponível em: http://portal.stf.jus.br/processos/downloadPeca.asp?id=313927303&ext=.pdf. Acesso em: 02 dez. 2020.

e órgãos da unidade federada, restringindo a medida ao estritamente necessário para restaurar a ordem pública. 4. Suspensão da eficácia de normas estaduais conflitantes com a intervenção federal é decorrência lógica e pressuposto para a execução da medida, que impõe restrição na autonomia do ente afetado. 4. Não há disposição no texto constitucional que restrinja a prerrogativa de escolha do ocupante do cargo de interventor, nem que imponha que tal escolha somente recaia sobre agente civil".[403]

Por fim, em 28 de fevereiro de 2019, o Supremo Tribunal Federal, mediante decisão monocrática do relator, julgou prejudicada a referida ação direta de inconstitucionalidade por superveniente perda de objeto, visto que o Decreto de intervenção federal vigorou até 31 de dezembro de 2018, não mais produzindo os seus efeitos. Por conseguinte, "ao atingir o termo – presumido como suficiente para o atendimento das necessidades estatais excepcionais e transitórias –, por não estar mais apto a produzir efeitos no mundo jurídico, sucedeu o esvaziamento da utilidade de exame do mérito da ação".[404]

13.7 Resultados da intervenção na segurança pública

Conforme dados publicados pelo Gabinete de Intervenção Federal no Rio de Janeiro, ligado à Presidência da República, ocorreram reduções nas estatísticas de criminalidade. A taxa de "letalidade violenta"[405] caiu 13% no Estado, registrando o menor número para o mês em três anos; houve queda de 23% no número de homicídios em comparação ao ano de 2017, sendo que dezembro teve o menor número de vítimas nos últimos 27 anos; em oito meses, houve redução de 35% nos números de latrocínio. Foram significativas as reduções de crimes contra o patrimônio, destacando-se os roubos de carga, que reduziram em 15% no mês de setembro em relação ao ano anterior, sendo o menor número desde 2015. Áreas Integradas de Segurança Pública (AISP) como Méier e adjacências, Pavuna e adjacências, Mesquita, Nova Iguaçu e Nilópolis, Madureira e adjacências, apresentaram grande redução no número de roubos, respectivamente, 60%, 59%, 57% e 50% roubos a menos. Os roubos de rua (roubo a transeunte, roubo de aparelho celular e roubo em coletivo) apresentaram diminuição de 8% em relação a setembro do ano passado, e o roubo de veículo registrou queda de 6%. Em julho, o índice de roubo de veículos registrou redução de 29% no estado, em comparação a 2017.[406]

---

[403] STF. Supremo Tribunal Federal. *ADI 5915*. Ministério Público Federal. Procuradoria-Geral da República. nº 362/2018 – SFCONST/PGR. Sistema Único nº 245.121/2018. Disponível em: http://portal.stf.jus.br/processos/downloadPeca.asp?id=15339176573&ext=.pdf. Acesso em: 02 dez. 2020.

[404] STF. Supremo Tribunal Federal. *ADI nº 5.915/DF*. Rel. Min. Ricardo Lewandowski. *Decisão monocrática*. Disponível em: http://portal.stf.jus.br/processos/downloadPeca.asp?id=15339644259&ext=.pdf. Acesso em: 02 dez. 2020.

[405] "Letalidade violenta" refere-se a crimes de homicídio doloso, latrocínio, lesão corporal seguida de morte e morte por intervenção de agente do Estado, conforme nomenclatura do próprio instituto mensurador.

[406] BRASIL. Presidência da República. Gabinete de Intervenção Federal no Rio de Janeiro. *Resultados*. Disponível em: http://www.intervencaofederalrj.gov.br/intervencao/resultados. Acesso em: 03 dez. 2020.

No acumulado do período de março de 2017 a outubro de 2018 ocorreu redução nas estatísticas de criminalidade – indicando o atingimento das metas estabelecidas. No período comparado, o roubo de rua reduziu 7,07%; o roubo de veículos caiu 8,2%; o roubo de carga teve expressiva queda, decaindo 19,22%, e o latrocínio reduziu em 35,26%.[407]

13.8 Prorrogação da intervenção federal

Inicialmente, como forma de implementar a intervenção federal no Estado do Rio de Janeiro, afigurou-se necessária a alocação de recursos humanos para o desempenho das atividades interventivas. Nesse sentido, o Decreto nº 9.332, de 5 de abril de 2018, transformou cargos em comissão e remanejou temporariamente cargos em comissão de Direção e Assessoramento Superiores da Secretaria de Gestão do Ministério do Planejamento, Desenvolvimento e Gestão para a Casa Civil da Presidência da República, destinados às ações da intervenção federal no Estado do Rio de Janeiro. Em seguida, ocorreu alteração nos aludidos cargos por meio do Decreto nº 9.344, de 11 de abril de 2018, e do Decreto nº 9.349, de 18 de abril de 2018.

Considerando que a criação de cargos exige a prévia edição de lei (art. 61, §1º, II, "a", CF/1988), foi editada a Medida Provisória nº 826, de 11 de abril de 2018, que criou cargos públicos, dentre os quais o de Natureza Especial de Interventor Federal, cargos em comissão de Direção e Assessoramento e de Funções Comissionadas do Poder Executivo, a fim de compor o Gabinete de Intervenção Federal no Estado do Rio de Janeiro. A referida medida provisória foi convertida em lei, ensejando a promulgação da Lei nº 13.701, de 6 de agosto de 2018.

Considerando o encerramento formal da intervenção em 31/12/2018, o Decreto nº 9.410, de 13 de junho de 2018, estabeleceu prazo para a conclusão das atividades do Gabinete de Intervenção Federal no Estado do Rio de Janeiro até o dia 30 de junho de 2019 (art. 8º). Além disso, o decreto aprovou a estrutura regimental e o quadro demonstrativo dos cargos em comissão e das funções de confiança do Gabinete de Intervenção, bem como remanejou cargos para melhor desempenho das atribuições e revogou o Decreto nº 9.332, de 2018, o Decreto nº 9.344, de 2018 e o Decreto nº 9.349, de 2018.

Por sua vez, o Decreto nº 9.870, de 27 de junho de 2019, adiou o término dos trabalhos do Gabinete de Intervenção Federal no Estado do Rio de Janeiro, marcando-se o encerramento até 31 de março de 2020, ocasião em que "os cargos em comissão alocados em sua Estrutura Regimental serão remanejados para a Secretaria de Gestão da Secretaria Especial de Desburocratização, Gestão e Governo

---

[407] BRASIL. Presidência da República. Gabinete de Intervenção Federal no Rio de Janeiro. *Queda dos índices de criminalidade supera metas da Intervenção Federal*. Disponível em: http://www.intervencaofederalrj.gov.br/intervencao/resultados/queda-dos-indices-de-criminalidade-supera-metas-da-intervencao-federal-1. Acesso em: 03 dez. 2020.

Digital do Ministério da Economia, e seus ocupantes ficarão automaticamente exonerados" (art. 10). Em seguida, o Decreto nº 10.192, de 27 de dezembro de 2019, alongou até o dia 1º de dezembro de 2020 o término das atividades do Gabinete de Intervenção Federal no Estado do Rio de Janeiro (art. 4º).

Ademais, o Decreto nº 10.547, de 20 de novembro de 2020, prorrogou a manutenção do Gabinete de Intervenção Federal no Estado do Rio de Janeiro até o dia 1º de dezembro de 2021. "Em nota, a Secretaria-Geral da Presidência explicou que a medida é necessária para a realização correta da prestação de contas e recebimento de bens e serviços que sofreram atrasos inesperados, em decorrência da pandemia de covid-19. A previsão era de que a estrutura, que conta com militares e servidores comissionados, fosse encerrada em 1º de dezembro deste ano. O decreto de prorrogação foi publicado hoje (23) no Diário Oficial da União e, de acordo com a Presidência, não causará impacto financeiro, pois os recursos já estão previstos na programação orçamentária. A intervenção federal, que passou a gestão da segurança pública fluminense para a União, vigorou de fevereiro até dezembro de 2018. Além do envio de militares para operações em áreas com alto índice de violência, o governo federal atuou na reestruturação de procedimentos e compra de equipamentos para as polícias, bombeiros e agentes penitenciários".[408] Finalmente, o art. 6º do Decreto nº 10.875, de 30 de novembro de 2021, prorrogou a manutenção do Gabinete de Intervenção Federal no Estado do Rio de Janeiro até o dia 3 de agosto de 2022.

Registre-se que o decreto interventivo – aprovado pelo Congresso Nacional – estabeleceu como data para o desempenho das atividades até 31 de dezembro de 2018. Como visto, foram realizadas várias prorrogações de manutenção do Gabinete de Intervenção no Estado do Rio de Janeiro, materializadas mediante decreto. Em outros termos, em que pese o Poder Legislativo ter ratificado a intervenção até o final do ano de 2018, as sucessivas prorrogações mantiveram a estrutura federal por mais tempo do que o estabelecido no Decreto Interventivo, sendo que a última prorrogação até a presente data prevê a permanência do Gabinete de Intervenção até 3 de agosto de 2022, isto é, mais de três anos da data prevista inicialmente para o encerramento.

Assim, é necessária permanente fiscalização pelo Poder Legislativo, a fim de que eventual intervenção ou estrutura interventiva não perdure indefinidamente em Estado-membro, alterando o prazo sem a prévia aprovação do Congresso Nacional, nos termos do art. 36, §1º, da CF/1988.

---

[408] AGÊNCIA BRASIL. *Governo manterá gabinete de intervenção no Rio por mais um ano*. Publicado em 23/11/2020 – 10:17 Por Andreia Verdélio – Repórter da Agência Brasil. Disponível em: https://agenciabrasil.ebc.com.br/politica/noticia/2020-11/governo-mantera-gabinete-de-intervencao-no-rio-por-mais-um-ano. Acesso em: 04 dez. 2020.

CAPÍTULO 14

INTERVENÇÃO FEDERAL NO ESTADO DE RORAIMA EM 2018

O decreto de intervenção federal da União no Estado de Roraima no ano de 2018 foi o segundo formalmente instituído após a Constituição de 1988. No mesmo ano, em fevereiro, foi decretada a primeira intervenção, que ocorreu no Estado do Rio de Janeiro. Especificamente na intervenção no Estado de Roraima, a medida foi realizada mediante decreto do Presidente da República, tendo por fundamento o reestabelecimento da ordem pública, cuja competência interventiva é de ofício, com apreciação posterior pelo Congresso Nacional.

14.1 Causas para intervenção no Estado de Roraima

O Estado de Roraima sofria graves problemas que desestabilizaram a normalidade da unidade da Federação. Perpassava por delicada crise financeira e na segurança pública, aliada ainda ao grande fluxo de venezuelanos que deixavam seu país de origem em busca de auxílio nos municípios roraimenses. A consequência foi a grande demanda por serviços públicos no Estado, inviabilizando a adequada prestação de atividade estatal e agravando os problemas que já assolavam a região anteriormente.

Diante disso, em 7 de novembro de 2018, por meio do Ofício nº 1054/2018-SGJ GAB/PGR, a Procuradora-Geral da República representou ao Chefe do Poder Executivo pela decretação de Intervenção Federal no Estado de Roraima, com fulcro no art. 34, III, da Constituição de 1988. Com o escopo de permitir a restauração da normalidade do ente federado, a PGR solicitou a garantia de poderes ao Interventor na gestão "sobre o aparato de segurança pública e dos sistemas penitenciários e socioeducativo do aludido Estado, assim como de sua gestão administrativa e financeira, com autonomia, inclusive, para administrar os contratos em curso".[409]

---

[409] MPF. Ministério Público Federal. *Intervenção Federal no Estado de Roraima*. Disponível em: https://www.conjur.com.br/dl/pgr-intervencao-federal-sistema.pdf. Acesso em: 16 dez. 2020.

Assim, a destinação de recursos públicos da União tornou-se uma medida extremamente necessária para o pagamento de salários atrasados, contratos essenciais, manutenção de serviços impostergáveis, etc. A exposição de motivos da Medida Provisória nº 864/2018 narra a situação: "De acordo com informações oficiais e amplamente divulgadas pela imprensa, o quadro no Estado de Roraima é de extrema gravidade e contém diversos elementos que justificam a proposta, aqui sintetizados. 3. Primeiramente, a crise financeira e fiscal ameaça a estabilidade político-institucional com a inadimplência do governo estadual em relação a contratos firmados com o setor privado, com atrasos nos repasses de duodécimos a órgãos dos demais Poderes estaduais e com a perspectiva de colapso, no curto prazo, em serviços públicos essenciais. 4. Agrava o quadro a ausência de pagamento dos vencimentos dos servidores públicos estaduais nos meses de outubro e novembro de 2018, com a exceção dos professores estaduais (por conta da possibilidade de utilização do Fundo de Manutenção e Desenvolvimento da Educação Básica e de Valorização dos Profissionais da Educação – FUNDEB). Foi informado, ainda, não haver previsão de data para pagamento da folha salarial de dezembro e da segunda parcela do 13º salário. Foram registradas paralisações de técnicos fazendários, em 27 de novembro, com interrupção de trânsito na BR-174, e da Polícia Civil do Estado, entre 5 e 7 de dezembro. 5. Na segurança pública, registra-se várias instabilidades, com movimentos grevistas e bloqueios de unidades policiais, em um movimento crescente desde 28 de novembro do ano corrente. 6. A supressão do policiamento ostensivo no Estado de Roraima se torna particularmente grave se considerarmos o contexto local de embate entre organizações criminosas de base prisional. As violentas rebeliões ocorridas nos anos de 2016 e 2017 iniciaram justamente em Roraima, quando, em outubro de 2016, foi deflagrada rebelião com inúmeras mortes na Penitenciária Agrícola de Monte Cristo (PAMC), à qual se seguiram conflitos em Rondônia, Amazonas e Rio Grande do Norte. 7. É também significativa e crescente a insatisfação entre agentes penitenciários estaduais, tendo a categoria deflagrado greve por tempo indeterminado em 29 de novembro de 2018. 8. Registre-se ainda potencial risco de desabastecimento energético, considerando que Roraima depende da geração de energia por termelétricas; que o fornecimento de energia pela Venezuela, via hidrelétrica de Guri, vem tendo acionamento limitado ao período noturno, havendo possibilidade de interrupção completa; e que o estoque de combustível disponível atende a oito dias consecutivos de utilização, não havendo margem de ação para busca de alternativas no caso de eventual bloqueio da BR-174. 9. Ante o exposto, a urgência e relevância da excepcionalíssima medida proposta parecem evidentes diante da necessidade de se pôr a termo grave comprometimento da ordem pública no Estado, com prognóstico de deterioração a curto prazo".[410]

---

[410] BRASIL. Presidência da República. Exposição de Motivos. *Medida Provisória nº 864-2028, de 17 de dezembro de 2018*. Disponível em: http://www.planalto.gov.br/ccivil_03/_Ato2015-2018/2018/Exm/Exm-MP-864-18.pdf. Acesso em: 11 dez. 2020.

14.2 Publicação do decreto interventivo

Considerando a crise no sistema penitenciário do Estado, o atraso no pagamento de salários de servidores, paralisações policiais, protestos e greve geral, em 10 de dezembro de 2018 foi publicado, no Diário Oficial da União, o *Decreto nº 9.602/2018*, que promove a intervenção federal no Estado de Roraima, com o objetivo de pôr termo a grave comprometimento da ordem pública, conforme e art. 34, III, da CF/1988. O Decreto entrou em vigor na mesma data de sua publicação. O texto do ato interventivo contém a seguinte redação:[411]

> Art. 1º É decretada intervenção federal no Estado de Roraima até 31 de dezembro de 2018, para, nos termos do art. 34, caput, inciso III, da Constituição, pôr termo a grave comprometimento da ordem pública.
> Parágrafo único. A intervenção de que trata o caput abrange todo o Poder Executivo do Estado de Roraima.
> Art. 2º É nomeado para o cargo de Interventor Antonio Oliverio Garcia de Almeida, mais conhecido como Antonio Denarium.
> Art. 3º As atribuições do Interventor são aquelas previstas para o Governador do Estado de Roraima.
> §1º O Interventor fica subordinado ao Presidente da República e não está sujeito às normas estaduais que conflitarem com as medidas necessárias à execução da intervenção.
> §2º O Interventor poderá requisitar a quaisquer órgãos, civis e militares, da administração pública federal, os meios necessários para consecução do objetivo da intervenção, ressalvada a competência do Presidente da República para o emprego das Forças Armadas prevista no art. 15 da Lei Complementar nº 97, de 9 de junho de 1999.
> §3º Não se aplica ao Interventor sanção por não pagamento ou não repasse de recursos pelo Poder Executivo do Estado de Roraima oriunda de decisão ou fato anterior à intervenção.
> Art. 4º Este Decreto entra em vigor na data de sua publicação.

No dia 8 de dezembro de 2018, o Conselho da República e o Conselho da Defesa Nacional aprovaram por unanimidade a intervenção federal no Estado de Roraima.[412]

Por meio da Mensagem nº 703, de 10 de dezembro de 2018, o Presidente da República submeteu o decreto de intervenção no Estado de Roraima aos membros do Congresso Nacional, consoante o art. 36, §1º, da Carta Magna. O decreto cumpriu o prazo de encaminhamento da matéria em 24 horas – como determina o texto constitucional –, produzindo seus efeitos desde a entrada em vigor e sujeitando-se à aprovação do Poder Legislativo.[413]

---

[411] BRASIL. *Decreto nº 9.602*, de 8 de dezembro de 2018. Decreta intervenção federal no Estado de Roraima com o objetivo de pôr termo a grave comprometimento da ordem pública. Disponível: http://www.planalto.gov.br/ccivil_03/_Ato2015-2018/2018/Decreto/D9602.htm. Acesso em: 04 dez. 2020.

[412] AGÊNCIA BRASIL. *Conselhos aprovam intervenção em Roraima e decreto sai na segunda*. Publicado em 08/12/2018 – 18:50 Por Felipe Pontes – Repórter da Agência Brasil – Brasília. Disponível em: https://agenciabrasil.ebc.com.br/politica/noticia/2018-12/conselhos-aprovam-intervencao-em-roraima-e-decreto-sai-segunda. Acesso em: 04 dez. 2020.

[413] CÂMARA FEDERAL. *MSC 703, de 2018*. Mensagem. Disponível em: https://www.camara.leg.br/proposicoesWeb/fichadetramitacao?idProposicao=2188690&ord=1. Acesso em: 04 dez. 2020.

O decreto do Presidente da República foi aprovado em 11/12/2018 pela Câmara dos Deputados, por meio do Projeto de Decreto Legislativo nº 1.105, de 11 de dezembro de 2018,[414] bem como pelo Senado Federal em 12/12/2018 mediante o Projeto de Decreto Legislativo nº 166 de 2018.[415] Assim, o decreto do Chefe do Poder Executivo foi ratificado em cada Casa Legiferante, resultando na aprovação da intervenção federal pelo Congresso Nacional, publicada no Decreto Legislativo nº 174, de 12 de dezembro de 2018, conforme dispõe o art. 49, IV, da Constituição da República.[416]

14.3 A figura do Interventor e respectivas atribuições

O art. 2º do decreto interventivo nomeou para o cargo de Interventor Antonio Oliverio Garcia de Almeida, mais conhecido como Antonio Denarium, subordinando-se ao Presidente da República durante o período da intervenção e não se sujeitando às normas estaduais que conflitarem com as medidas necessárias à execução da providência. Registre-se que o nomeado foi o candidato eleito ao cargo de Chefe do Poder Executivo para o mandato imediatamente seguinte, sendo atribuídos os poderes previstos para o Governador do Estado de Roraima. Afigurou-se extremamente salutar a indicação ao cargo de interventor do candidato legitimamente eleito pelo povo nas eleições de outubro, que tomaria posse em pouco menos de um mês – em janeiro do ano seguinte. Tal medida respeitou a vontade democrática das urnas, tão somente antecipando a gestão do Estado a quem de direito.

Ademais, de acordo com o disposto no parágrafo único do art. 1º do decreto interventivo, a intervenção abrangeu todo o Poder Executivo do Estado de Roraima, ou seja, tratou-se de uma intervenção-total.

Como forma de permitir a execução da medida interventiva, ao Interventor foi autorizado requisitar a quaisquer órgãos, civis e militares, da administração pública federal, os meios necessários para consecução do objetivo da intervenção, ressalvada a competência do Presidente da República para o emprego das Forças Armadas prevista no art. 15 da Lei Complementar nº 97, de 9 de junho de 1999. Ademais, durante a intervenção não se aplicou ao Interventor eventual sanção por não pagamento ou não repasse de recursos pelo Poder Executivo do Estado de Roraima oriunda de decisão ou fato anterior à providência interventiva.

---

[414] CÂMARA FEDERAL. *PDC 1.105, de 11 de dezembro de 2018*. Projeto de Decreto Legislativo. Disponível em: https://www.camara.leg.br/proposicoesWeb/fichadetramitacao?idProposicao=2189085&ord=1. Acesso em: 04 dez. 2020.

[415] SENADO FEDERAL. *Projeto de Decreto Legislativo nº 166, de 2018*. Disponível em: https://www25.senado.leg.br/web/atividade/materias/-/materia/134891. Acesso em: 04 dez. 2020.

[416] SENADO FEDERAL. *Decreto Legislativo nº 174, de 2018*. Disponível em: https://legis.senado.leg.br/norma/30740505/publicacao/30740737. Acesso em: 04 dez. 2020.

14.4 Resultados da intervenção no Estado de Roraima

A intervenção federal mostrou-se profícua, trazendo ajuda financeira e técnica ao ente regional, incluído o implemento de despesas de pessoal e de investimento. Por meio da Medida Provisória nº 864/2018, a União transferiu ao Estado de Roraima o valor de R$225.710.000,00 (duzentos e vinte e cinco milhões, setecentos e dez mil reais) para auxiliar nas ações relativas à intervenção federal. Além da disponibilização de recursos financeiros, foi necessária implantação de plano programático de revisão de gastos a fim de permitir melhor gestão das finanças públicas.[417]

De igual modo, no âmbito do sistema prisional do Estado de Rondônia, a intervenção mostrou excelentes resultados. "O ministro Raul Jungmann falou sobre a crise no sistema penitenciário em Roraima e a atuação da força-tarefa comandada pelo Depen. 'O estado vivia uma situação de caos, de descontrole, de homicídios violentos que aconteciam todo dia. Além da violência nas ruas, havia um descontrole dentro do sistema prisional. Exemplo disso é que o Judiciário local não conseguia nem tomar depoimentos dos presos, por não ter controle sobre os presídios. Outro exemplo de descontrole era em relação aos presos, que ficavam soltos na penitenciária. Então, enviamos uma força-tarefa que recuperou o controle do sistema prisional, já que ele não existia. Ao mesmo tempo, a Polícia Federal, com a ajuda do Depen e das forças policiais locais atacou a corrupção e as facções criminosas, no intuito de reduzir a violência em Roraima', afirmou Jungmann. De acordo com o ministro, graças à atuação conjunta, os índices de violência diminuíram em Roraima. 'Desde que retomamos o controle, os índices de violência diminuíram. Antes da intervenção, diariamente havia registros de homicídios, de crimes violentos, de sorte que podemos dizer hoje que estamos superando o caos em que o estado vivia. E o nosso balanço é que nós estamos avançando para levar a Roraima a tranquilidade que o povo de lá merece, sempre atuando de forma integrada e combatendo o descontrole do sistema prisional, as facções e a corrupção'. O diretor-geral do Depen, Tácio Muzzi, falou sobre o andamento da intervenção na administração do sistema prisional do estado de Roraima, especialmente na Penitenciária Agrícola de Monte Cristo, através da Operação Élpis. 'Podemos dizer que, com a retomada do controle da unidade prisional, conseguimos iniciar uma nova rotina de procedimentos, entre elas está a identificação dos presos. Cerca de 1.400 presos vivam soltos na penitenciária, alguns inclusive não estavam identificados, ou seja, havia um descontrole de quem estava custodiado dentro da penitenciária. Isso agora não ocorre. Todos já foram identificados e de fato estão presos. Além disso, estamos garantindo os direitos mínimos dos presos que antes não ocorria, como direito de assistência à saúde, alimentação, vestuário, entre outros', pontuou. Durante a

---

[417] BRASIL. Presidência da República. Exposição de Motivos. *Medida Provisória nº 864-2028, de 17 de dezembro de 2018*. Disponível em: http://www.planalto.gov.br/ccivil_03/_Ato2015-2018/2018/Exm/Exm-MP-864-18.pdf. Acesso em: 11 dez. 2020.

operação, foram apreendidos 500 comprimidos de êxtase, 500g de maconha, 500g de cocaína, duas balanças de precisão, anotações sobre o crime organizado, além de 80 telefones celulares. A ação, coordenada pelo Depen, contou com a participação de 250 profissionais de segurança pública, entre agentes penitenciários federais e estaduais, Polícia Militar, Polícia Civil, Guarda Municipal, Polícia Federal, Polícia Rodoviária Federal e Exército. Do total de participantes na operação, 110 são agentes penitenciários federais e dos estados do Rio Grande do Sul, Santa Catarina, Paraná, São Paulo, Espírito Santo, Goiás, Rondônia, Maranhão, Paraíba, Ceará e Bahia. O diretor-geral do Depen destacou os investimentos que serão realizados pelo Ministério da Segurança Pública, através do Fundo Penitenciário Nacional, para reaparelhamento do sistema penitenciário de Roraima. 'Serão R$53 milhões investidos em construções, reformas, ampliações e reaparelhamento do sistema penitenciário de Roraima. Desse total, R$10 milhões serão destinados à reforma e readequação da Penitenciária Agrícola de Monte Cristo, responsável por concentrar quase a metade dos presos do estado. A unidade prisional também será contemplada com novos equipamentos de segurança, como *scanners* corporais, aparelhos de raio-x e sistema de monitoramento por câmeras', frisou Tácio Muzzi". Ademais, por meio da Operação Escuridão, resultado de investigação iniciada em 2017 pela Polícia Federal, "10 pessoas foram presas decorrentes do cumprimento de 11 mandados de prisão preventiva e 20 mandados de busca e apreensão nas cidades de Boa Vista (RR) e Brasília (DF)", por suposto esquema de fraude na aquisição de alimentos aos presos do Estado de Roraima, ocasionando desvio de recursos públicos.[418]

    De acordo com dados do Ministério da Justiça e Segurança Pública, foi criada a Força-Tarefa de Intervenção Penitenciária (FTIP), que reúne agentes federais de execução penal e agentes penitenciários de outros Estados em atividades de guarda, vigilância e custódia dos presos da Penitenciária Agrícola de Monte Cristo. Após balanço de atuação de 120 dias no local, houve redução de 57% no índice de homicídio no Estado com a "retomada do controle da penitenciária e também com o trabalho integrado entre as polícias civil e militar do Estado. A FTIP permitiu a retomada do controle da PAMC por meio de segurança, assistência ao preso, além da reforma na unidade. Até então, a PAMC apresentava crises de superlotação, alimentação precária, fugas em massa, homicídio e suspeita de desvios de recursos repassados por meio do Fundo Penitenciário Nacional (Funpen). 'A intervenção prisional na PAMC foi além do campo operacional. É necessário fomentar a assistência social ao preso, bem como atuar em cooperação com órgãos públicos locais para viabilizar estruturação e manutenção do Sistema Prisional intervencionado', pontuou Rottava". Na assistência social ao preso, foram realizadas 1332 ações de saúde; também foi realizada atividade de reabilitação profissional mediante o trabalho; cerca de 95% dos detentos retomaram aos estudos, sendo que "quatro salas de aula foram reformadas,

---

[418] BRASIL. Ministério da Justiça e Segurança Pública. *Ministro Jungmann destaca ação conjunta para resolução da crise do sistema penitenciário em Roraima*. Disponível em: https://www.justica.gov.br/news/collective-nitf-content-1543592272.96. Acesso em: 12 dez. 2020.

a biblioteca ampliada, os banheiros reestruturados, a área externa revitalizada e novos móveis adquiridos". Foram realizados ainda 2749 procedimentos de apoio jurídico. No que concerne à atividade de inteligência nos presídios, a Força de Tarefa realizou "22 operações de busca e coleta de ilícitos nas dependências da unidade, além da apreensão de R$2.300, 260 gramas de entorpecentes, 78 celulares, seis facas e anotações sobre a organização criminosa local. 'Os agentes penitenciários têm sido treinados, por meio do núcleo de ensino e operações, com cursos de manuseio de armas e algemas, além de gerenciamento de crise".[419]

Com o investimento de mais de R$12 milhões, oriundos do Fundo Penitenciário Nacional (Funpen), foi possível a reforma da Penitenciária Agrícola de Monte Cristo, de modo a viabilizar a transferência de presos. A separação de presos deu-se por "grupos específicos e cumprimento de regime. São sete alas, entre elas a ala dos 'Grupos Específicos', destinadas aos LGBT, índios, estrangeiros e idosos. Tudo para garantir que cumpram suas penas com integridade física e moral". Com o auxílio operacional da Força-Tarefa de Intervenção Penitenciária, foi feita a "retomada do controle da PAMC por meio de segurança, assistência ao preso, contribuindo para a retomada das atividades da unidade prisional, por meio da ação de agentes federais de execução penal e agentes penitenciários de outros estados em atividades de guarda, vigilância e custódia dos presos".[420]

14.5 Prorrogação da intervenção federal

Considerando os ótimos resultados da intervenção no Estado de Roraima, foi prorrogado o auxílio federal: "o Ministério da Justiça prorrogou a intervenção na Penitenciária Agrícola de Monte Cristo (Pamc) pela nona vez", devendo os agentes federais permanecer na unidade por mais 90 dias, ou seja, até 22 de janeiro de 2021. A Força-Tarefa de Intervenção Penitenciária foi enviada ao Estado no final de 2018, para promover a segurança das unidades prisionais. "Monte Cristo era a unidade com situação mais crítica à época. Dominada por uma facção, a penitenciária foi classificada pela OAB como uma 'bomba relógio prestes a explodir'. No fim de fevereiro de 2019, o governo de Antonio Denarium (PSL) reassumiu a gestão das unidades prisionais, mas a FTIP seguiu em Monte Cristo. O presídio está em reforma desde 2018 – metade das obras foram entregues em junho do ano passado". A fim de o Estado ter os próprios agentes penitenciários, "Secretária de Justiça e da Cidadania (Sejuc) abriu concurso para contratação de 423 agentes

---

[419] BRASIL. Ministério da Justiça e Segurança Pública. *Intervenção na Penitenciária Agrícola de Monte Cristo contribui para redução do índice de homicídios no estado.* Disponível em: https://www.justica.gov.br/news/collective-nitf-content-1554928651.38. Acesso em: 12 dez. 2020.

[420] BRASIL. Ministério da Justiça e Segurança Pública. *Presos são transferidos para módulo reformado da Penitenciária Agrícola de Monte Cristo, em Roraima.* https://www.justica.gov.br/news/collective-nitf-content-1560629886.59. Acesso em: 12 dez. 2020.

penitenciários. No entanto, o Instituto AOCP – responsável pelo edital – adiou a primeira fase do certame em razão da pandemia de coronavírus".[421]

Em razão do exitoso auxílio federal na administração do Estado de Roraima, "os representantes de Roraima em Brasília avaliaram a possibilidade de intervenção do Governo Federal na pasta da saúde estadual, assim como funciona no sistema prisional. O destaque fica para a cobrança do funcionamento do Hospital de Campanha, em parceria com o Exército Brasileiro. 'A intervenção federal só poderia trazer benefícios, haja visto que uma gestão externa feita por técnicos, pessoas especialistas em todas as áreas, inclusive em auditoria, talvez eliminasse de vez velhas práticas existentes dentro do sistema de saúde do Estado. Porém, eu e o deputado Hiran [Gonçalves], nós estivemos com o ministro Eduardo Pazuello. A tão propalada intervenção federal está de todo afastado pelo Governo Federal'. 'Ao meu ver, uma intervenção federal no âmbito da Saúde de Roraima seria absolutamente bem-vinda e uma alternativa viável para que se possa promover uma maior eficiência na gestão da pasta neste momento. Os gestores que estão à frente da área da Saúde no Estado precisam dar respostas efetivas para os desafios que se impõem diante da pandemia da Covid-19 e dos gargalos que já vinham sendo enfrentados pelo Sistema de Saúde do Estado'. 'Todos sabemos bem a triste situação que Roraima está vivendo, com colapso na saúde, a população conhece de perto as dificuldades reais em todos os serviços. É preciso parar com esse 'empurra-empurra' político. É preciso que Governo e Prefeitura trabalhem juntos para dar assistência de saúde aos roraimenses'".[422]

De fato, o auxílio da União se faz necessário em decorrência do federalismo cooperativo nacional. Sem embargo, o Governo Federal não pode assumir a responsabilidade operacional e financeira para custear os serviços públicos em geral de ente federado. É necessário haver parcimônia na ajuda federal, a fim de que cada Estado/Município promova a gestão das respectivas contas (equilíbrio fiscal), de modo a prestar os serviços públicos à sua população, haja vista que o Governo Federal já entrega anualmente aos Estados, ao Distrito Federal e aos Municípios parcela da arrecadação tributária federal. A esse fenômeno denomina-se "repartição das receitas tributárias", que se dá mediante o Fundo de Participação dos Estados, do Distrito Federal e dos Municípios, além do financiamento ao setor produtivo das Região Norte, Nordeste e Centro-Oeste, conforme os arts. 157 a 159 da CF/1988.

Portanto, cabe à União avaliar adequadamente cada conjuntura regional antes de decretar intervenção em Estado-Membro, perscrutar acerca da necessidade de prorrogação da medida, a fim de evitar a perpetuação de interferência na Administração de Estado federado, bem como responsabilizar-se financeiramente pelos aludidos dispêndios.

---

[421] G1. Roraima. *Intervenção federal na Penitenciária Agrícola de RR é prorrogada pela 9ª vez*. Por G1 RR — Boa Vista. 23/10/2020 08h57. Disponível em: https://g1.globo.com/rr/roraima/noticia/2020/10/23/intervencao-federal-na-penitenciaria-agricola-de-rr-e-prorrogada-pela-9a-vez.ghtml. Acesso em: 12 dez. 2020.

[422] FOLHA BV. *Parlamentares federais avaliam intervenção federal na saúde*. Disponível em: https://folhabv.com.br/noticia/POLITICA/Roraima/Parlamentares-federais-avaliam-intervencao-federal-na-saude/65891. Acesso em: 12 dez. 2020.

PARTE II

INTERVENÇÃO FEDERAL NO DIREITO COMPARADO

CAPÍTULO 1

ESTADOS UNIDOS DA AMÉRICA

A intervenção federal nos Estados consta no artigo IV, seção 4º, da Constituição dos Estados Unidos da América: "Os Estados Unidos garantirão a cada Estado desta União a forma republicana de governo, e deve proteger a cada um deles contra a invasão; e a pedido da Legislatura, ou do Executivo (quando a Legislatura não puder ser convocada), contra a violência doméstica".[423]

Nos artigos federalistas de Alexander Hamilton, numa Confederação fundada em princípios republicanos e composta por Estados republicanos, o governo central deve claramente deter autoridade para defender o sistema contra inovações aristocráticas ou monárquicas. Quanto mais íntima for a junção entre os entes federados, maior será o interesse dos membros nas instituições políticas, e consequentemente fortalecerá o pacto de manutenção da forma de governo em seu aspecto substancial.[424]

Ademais, o instituto da intervenção constitui mecanismo garantidor da indissolubilidade do pacto, visto que nos Artigos da Confederação "a União foi declarada perpétua", sendo a Constituição ordenada "para formar uma União mais perfeita".[425]

Diante disso, a intervenção constitui meio necessário de manter o princípio republicano no âmbito dos Estados-membros, bem como a perpetuidade do vínculo entre as unidades federadas, pois, do contrário, ao sobrevir divergências político-jurídicas, os Estados poderiam romper o elo que os mantêm unidos como nação, ocasionando graves prejuízos ao País.

No que concerne ao conteúdo, a intervenção federal nos Estados Unidos da América funda-se basicamente em três hipóteses: i – *manutenção da forma republicana de governo*; ii – *proteção das unidades federadas contra invasão*; iii – *proteção das unidades regionais contra a violência doméstica* (artigo IV, seção 4º, Constituição). "Como se vê,

---

[423] BRYCE, James. *The American Commonwealth*. Vol. I: The National Government – The State Governments. Ney York: Macmillan, 1919, p. 713.

[424] HAMILTON, Alexander; MADISON, James; JAY, John. *The federalist papers*. Ney York: Dover Publications, 2020, p. 212.

[425] COOLEY, Thomas M. *The general principles of constitutional law in the United States of America*. Boston: Little, Brown, 1880, p. 28-29.

é uma medida de proteção aos Estados-membros, tanto quanto da integridade e segurança da União. Esta não tem, tão-só o direito de intervir para garantir a forma republicana e proteger os Estados-membros contra a invasão, porém, o dever, sobretudo em caso de violência doméstica (Constituição norte-americana, art. 1º, seção VIII, item 15)".[426]

Todavia, as hipóteses interventivas não podem ser compreendidas de maneira estanque, haja vista que os preceitos elencados carregam em si princípios que lhes são logicamente consequentes, de modo a exigir interpretação harmônica dos institutos. Exemplificadamente, o princípio "republicano" não se limita ao poder dos cidadãos de escolher os seus governantes; ao contrário, desse postulado exsurgem inúmeros outros que lhe são corolários, a exemplo da responsabilidade do administrador na gestão da coisa pública.

A esse respeito, González Calderón esclarece: "Quiseram tão só os constituintes, como o indica Madison, impossibilitar a substituição das 'formas republicanas' por outras que foram substancialmente diversas a elas, ou entenderam que a forma republicana exigida aos Estados devia ser um tipo das então existentes, como parece insinuá-lo? Curtis propõe-se a elucidar concretamente essa questão, e a resolve assim: 'A Constituição dos Estados Unidos prevê, em várias disposições, que os Estados terão governos organizados, nos quais os departamentos Legislativo, Executivo e Judicial serão conhecidos e estabelecidos; que deve dar-se por suposto que a existência de tais agentes da vontade pública é condição necessária de um governo estadual no sentido desta cláusula (...). É, por conseguinte, manifesto que cada Estado deve ter um governo que contenha, pelo menos, estes distintos departamentos; e bem seja que esse governo se organize periodicamente, segundo simples leis perpetuamente estabelecidas e sujeitas a mudanças constantes sem referência às formas, ou segundo leis fundamentais, mutáveis tão-somente em uma forma prescrita, é evidente que deve ser uma forma de governo que possua esses distintos intermediários'".

"Dava em seguida Curtis a definição antes recordada, dizendo que 'um governo republicano é o que está baseado no direito do povo a governar a si mesmo, mas exigindo que esse direito seja exercido por meio de órgãos públicos de um caráter representativo, e esses órgãos constituem o governo'. (...) A Corte Suprema, embora tenha declarado repetidas vezes que a faculdade de determinar se um Estado da União tem ou não forma republicana de governo corresponde exclusivamente ao Congresso, tem se inclinado a adotar o conceito clássico de Madison e Curtis, podem ser considerados os mais fiéis intérpretes do pensamento que tiveram os constituintes ao sancionar a chamada 'cláusula de garantia'".[427]

Assim, a Constituição Federal pressupõe em cada Estado a manutenção da uma forma republicana de governo bem como a existência de legislaturas estaduais, especialmente o poder das Assembleias representativas de fazer leis.

---

[426] JACQUES, Paulino. *Curso de direito constitucional*. 9. ed. Rio de Janeiro: Forense, 1983. 170-171.
[427] GONZÁLEZ CALDERÓN, Juan A. *Derecho constitucional argentino*. História, Teoría y Jurisprudencia de la Constitución. Tomo III. Buenos Aires: J. Lajouane & Cia Editores, 1923, p. 488-489.

Além disso, impõe-se a divisão das funções públicas em três departamentos: o Legislativo, o Executivo e o Judiciário.[428]

De acordo com Alfredo Vítolo, "tanto as opiniões de Madison, como as de outros autores, que justificam a intervenção do poder central, a fundamentam na supremacia da Constituição Federal, o que é indispensável para manter a unidade da nação e a ordem jurídica, segundo o que estabelece a própria Constituição em seu artigo VI, segunda seção: 'Esta Constituição e as leis dos Estados Unidos que sejam ditadas em cumprimento desta e todos os tratados celebrados ou que se celebrem sob a autoridade dos Estados Unidos, serão lei suprema da nação e os juízes de cada Estado estarão sujeitos ao que elas disponham, não obstante qualquer coisa contrária na Constituição ou nas leis de qualquer Estado'. É a tese que posteriormente segue a Suprema Corte de Justiça dos EE.UU. e foi sustentada pela primeira vez em 1793, na causa Chisholm v. Georgia (2 Dallas 419), pronunciamento que foi seguido na causa Mc Culloch v. Maryland (4 Wheaton 316), critério reforçado em Gibbons v. Ogden (9 Wheaton 1, 210-211)".

"Os casos de intervenção federal nos Estados Unidos da América, segundo sua Constituição, se consideram em dois planos distintos, um é a intervenção para garantir a forma republicana de governo (democracia representativa) e outro, a intervenção por causas de invasão ou comoção interna. Nos casos de intervenção federal para garantir a forma republicana de governo, se criaram duas perguntas: como e quem qualificava como forma republicana de governo, e qual era a função do Poder Judicial a respeito. O tema de como e quem devia determinar que era a forma republicana de governo foi resolvido pela Suprema Corte em 1849. Seu Presidente, Tanay, no caso Luther v. Borden (7 Howard 1), disse: 'Como os Estados Unidos garantem a cada Estado uma forma republicana de governo, o Congresso deve necessariamente decidir que governo está estabelecido no Estado antes de que possa determinar se é republicano ou não; e quando os senadores e os representantes de um Estado são admitidos nos Conselhos da União, a autoridade do governo sob a qual são nomeados, assim como seu caráter republicano, é reconhecido pela adequada autoridade constitucional e sua decisão é obrigatória para todo outro departamento de governo'. Da transcrição importa reconhecer que corresponde ao Congresso a determinação sobre o caráter republicano de governo de um Estado e que não corresponde à Suprema Corte ditar essa resolução para habilitar a intervenção federal, pois se trata de um tema político, não judicial. Posteriormente, existiram outros pronunciamentos similares: Mountain Timber Co. *v.* Washington (243 U. S. 219); Ohio ex rel Bryant *v.* Akron Metropolitan Park District (281 U. S. 74), onde se reafirmou o critério de que a definição do caráter republicano de um Estado é uma questão política e não judicial".[429]

---

[428] WILLIAMS, Robert F. *State constitutional law*. Cases and materials. Washington: Advisory Commission on Intergovernmental Relations, 1988, p. 38.

[429] VÍTOLO, Alfredo. *Emergencias constitucionales III:* intervención federal. Buenos Aires, Madrid y México: Ciudad Argentina Editorial de Ciencia y Cultura, 2007, p. 62-63.

Ressalte-se que a intervenção da União nas unidades federadas constitui uma *cláusula de garantia federal*, uma vez que a Constituição norte-americana prevê no artigo IV, seção 4º, que: "Os Estados Unidos *garantirão*...". Diante da determinação constitucional, cabe ao Governo Central executar a referida cláusula, cabendo ao Congresso Nacional decidir quando um governo estadual é republicano e quando não o é, em sua forma e em sua prática.[430]

Segundo Alfredo Vítolo, "um caso especial foi o que se deu durante a guerra de Secessão, quanto os Estados do Sul pretenderam segregar-se da União e constituir governos de características distintas do sistema republicano. No ano de 1869, na causa Texas *v.* White (7 Wall), a Suprema Corte dos Estados Unidos disse, justificando a intervenção do Governo federal, que todos os Estados do Sul nunca haviam saído da União e que no futuro os Estados, uma vez que se integraram a União, não podiam deixar a menos que se produza uma dissolução general. Essas expressões eram similares às quais a mesma Corte havia utilizado em 1819 em Mc Culloch v. Maryland (4 Wheaton 316) e no ano de 1824 em Gibbons v. Ogden (9 Wheaton 1, 210-211). Sobre estas bases doutrinárias se considerou justificada a intervenção federal nos Estados do Sul e a instauração de governos provisórios, assegurando a forma republicana. Em relação à intervenção federal por comoção interna, corresponde ter presente o artigo IV da Constituição que estabelece que os EE.UU. protegem a todos os Estados de toda violência interna quando assim o solicita a Legislatura local ou o Executivo, quando a legislatura não puder ser convocada. Nestes casos a intervenção se limita, geralmente, ao envio de tropas federais que atuam sob as ordens do Presidente da República até o restabelecimento da ordem pública".

"Nos anos anteriores à guerra da Secessão, a intervenção do Governo central se fez necessária, a pedido das autoridades locais, na Carolina do Sul em 1822, em Virgínia em 1823, novamente na Carolina do Sul em 1833, em Boston e Virgínia, entre outros. O presidente Cleveland foi o primeiro que fez caso omisso ao requerimento das autoridades locais para a intervenção federal. Em 1894 tinha tropas federais para solucionar a greve ferroviária de Chicago e não escutou aos reclamos do governador de Illinois, que sustentava que as tropas estatais podiam controlar o problema. A partir da atitude do presidente Cleveland se produziram inúmeras intervenções de tropas federais para solucionar os conflitos nos Estados nos quais se colocavam em perigo as leis federais da União, mesmo que não existisse requerimento das autoridades locais. Essa posição foi sempre respaldada pela Suprema Corte, que emitiu decisões transcendentes endossando a atitude de diversos presidentes. Também ajudou a que esse sistema se desenvolvesse, a ordenação pelo Congresso de diversas leis que reforçavam o poder presidencial. Devemos deixar esclarecido que o sistema dos EE.UU. não resultou na supressão das autoridades locais, salvo

---

[430] GONZÁLEZ CALDERÓN, Juan A. *Derecho constitucional argentino*. História, Teoría y Jurisprudencia de la Constitución. Tomo III. Buenos Aires: J. Lajouane & Cia Editores, 1923, p. 492-493.

durante a Guerra da Sucessão, senão que a intervenção foi limitada ao uso de forças nacionais para solucionar o conflito".[431]

De acordo com José Adércio, "A expressão 'violência doméstica' tem sido empregada, por parte da literatura, para significar atos massivos de violência como levantes e insurreições, embora também se reivindique um sentido mais amplo, de violência generalizada ou em grande escala, o que poderia incluir, por exemplo, as relações familiares e de gênero. Os defensores do sentido mais restrito se aferram à ideia de que era o que inspirara os convencionais da Filadélfia, embora haja dúvidas de que a intenção original tenha sido, de fato, reduzir o seu significado a ações insurrecionais. A Cláusula de Garantia, por seu turno, visa à estabilidade dos Estados Unidos como uma união republicana de estados republicanos, de três maneiras: a) protegendo os estados existentes de tumultos e insurreições; b) preservando a integridade nacional, e c) evitando que os estados adotem uma forma não republicana de governo".

No que alude à normatização, "a intervenção federal, com uso de tropas, baseada nessas cláusulas, foi disciplinada em diversas leis. A primeira é de 1792 ('*Calling Forth Act*') e autorizava o presidente a convocar milícia para suprimir insurreições, repelir invasões e garantir que as leis fossem fielmente cumpridas. Ela foi sucedida pela '*Militia Act*' em 1795. Em 1807, foi aprovada o '*Insurrection Act*' que expandia a expressão até então utilizada de "milícia" para incluir também as forças armadas, com vista a combater violências domésticas. Em 1861, foi aprovada o '*Suppression of the Rebellion Act*', modificada em 1871 na forma do '*Ku Klux Klan* (*Civil Rights*) Act'. As leis de 1792, 1795, 1861 e 1871 foram codificadas nos 'Estatutos Revisados dos Estados Unidos' em 1875, reimpressos no 'Código dos Estados Unidos em 1926', e, enfim, reunidas, mais tarde, no Título 10 do Código, '*Insurrection Act*'. Nesse Título, autoriza-se a ajuda federal aos governadores estaduais, quando solicitada, semelhante às Leis de 1795 e 1807 (Sec. 331), o uso da milícia e forças armadas para cumprimento da competência federal, mesmo sem a concordância do estado, a parecer-se com a Lei de 1861 (Sec. 332), e execução de lei federal e estadual, independentemente, também, do consentimento do estado, incluindo disposições das Leis de 1861 e 1871 (Sec. 333) em casos de insurreição, rebelião e atentado a igual proteção das leis, respectivamente. Dedique-se à última disposição um exame mais detido".

"A seção 333 foi promulgada a fim de garantir o respeito pelos estados à igual proteção da lei, prevista na Emenda XIV. De acordo com ela, o presidente, usando a milícia, as forças armadas, ou ambas, ou por qualquer outro meio, tomará as medidas que considerar necessárias para suprimir, em um estado, qualquer insurreição, violência doméstica, combinação ilegal ou conspiração, que: a) Dificultar a execução das leis estaduais ou federais, privando a população, ou parte dela, do exercício de qualquer direito, privilégio, imunidade ou proteção,

---

[431] VÍTOLO, Alfredo. *Emergencias constitucionales III:* intervención federal – Buenos Aires, Madrid y México: Ciudad Argentina Editorial de Ciencia y Cultura, 2007, p. 64-65.

assegurados pela Constituição e pelas leis, e estando as autoridades constituídas do estado incapazes de enfrentá-las deliberadamente ou não; ou b) Opuser ou obstruir a execução das leis federais ou impedir a prestação jurisdicional dessas leis. O primeiro requisito é, portanto, de extensão e gravidade dos atos que ensejam a intervenção. Há três situações possíveis. Uma é dada pela presença de violência em massa ou de tumultos generalizados. A outra pode ser identificada pelo grande número de responsáveis por violação da legislação criminal federal sobre direitos civis, a ponto de inviabilizar uma resposta eficaz das autoridades estaduais. Enfim, pode suceder de serem as autoridades estaduais ou municipais as responsáveis pelo uso extremo de força contra parcela da população. O segundo requisito é a oposição e obstrução de cumprimento de lei federal ou estadual que vulnere direitos constitucionais ou legais. Não basta a mera violação da lei, mas um sério impedimento à sua execução, demonstrada, principalmente, pela impossibilidade de as autoridades estaduais e locais executarem-na, por exemplo, protegendo a população dos crimes e violações perpetradas em massa ou por uma multidão. Ou de os tribunais a aplicarem, prejudicando o exercício de um direito e garantia, inclusive o acesso ao judiciário e o devido processo legal".

"Em regra, a intervenção se faz por meio da mobilização de milícias ou das forças armadas para enfrentar a crise no estado, caracterizada, normalmente, por tumulto ou violência generalizados. A disciplina dessa mobilização foi objeto de diversas leis ao longo da história estadunidense. A que está em vigor prevê diversas hipóteses de autorização. Algumas carecem de aquiescência do governo estadual no cumprimento literal da Cláusula de Violência Doméstica; outras permitem a mobilização mesmo sem essa aquiescência, o que pode ser interpretado como expressão de teleológica da Cláusula ou de sua conjugação com a Cláusula de Garantia. Ou, enfim, como decorrência do poder presidencial para declarar estado de emergência nacional. A Suprema Corte do País tem reiterado entendimento de que a aplicação das duas Cláusulas e a competência presidencial para declarar emergência estão inseridas no âmbito das questões políticas, sendo, portanto, imune ao controle judicial".[432]

Por último, considerando o dever de garantir os valores republicanos – inclusive a obediência às leis, por serem expressão da vontade geral – a intervenção nos Estados pode ocorrer sem a expressa requisição das unidades regionais. Isso porque a causa deflagradora da intervenção pode pôr em risco bens pertencentes à União, o descumprimento de leis federais, a inobservância de decisão das Cortes Federais, violência que impeça o funcionamento de serviços postais ou livre circulação de bens e passageiros, etc. A esse respeito, Ricardo Lewandowski assinala: "em 1957 o Presidente Eisenhower mandou tropas federais para debelar a violência em Little Rock, no Estado de Arkansas, e para fazer cumprir decisões

---

[432] SAMPAIO, José Adércio Leite. A intervenção federal nos Estados Unidos: o emprego da cláusula de segurança, violência doméstica e poderes presidenciais de emergência. *Revista Brasileira de Políticas Públicas* (UniCeub). Volume 9, nº 3. Dez. 2019, p. 277-280.

de juízes federais que ordenavam a desagregação racial nas escolas secundárias locais. E, no ano de 1962, o Presidente Kenneky foi obrigado a arregimentar um total de 16.000 homens para garantir a frequência de James H. Meredith às aulas da Universidade do Mississipi, na qualidade de primeiro negro a cursar um estabelecimento de ensino superior no Estado, cuja matrícula foi garantida por determinação do judiciário federal. É importante registrar que a lei do Congresso de 1795, que permitia ao Presidente convocar milícias estaduais para debelar rebeliões nas unidades federadas, foi alterada em 1807 de modo a permitir que este chamasse também 'as forças navais e terrestres dos Estados Unidos', caso preciso. A doutrina e a jurisprudência têm entendido ainda que, nos casos de necessidade, pode o Chefe do Executivo, inclusive, decretar a lei marcial para a restauração da ordem pública".[433]

---

[433] LEWANDOWSKI, Enrique Ricardo. *Pressupostos materiais e formais da intervenção federal no Brasil*. 2. ed. Belo Horizonte: Fórum, 2018, p. 47-48.

CAPÍTULO 2

ALEMANHA

2.1 Introdução

A intervenção constitui instrumento que salvaguarda a continuidade da existência federativa, isto é, garante a permanência do Estado na forma "federal". Dada a importância, faz-se necessário breve menção acerca do federalismo no direito alemão.

Tendo em vista a adoção do modelo de Estado-federal, a União (*Bund*) exerce influência sobre os Estados-membros (*Länder*). Conforme Enoch Rovira, do mesmo modo que no federalismo as unidades regionais exercem influência nas funções da Federação – sobretudo na formação da vontade nacional, por meio de seus representantes –, a Federação também exerce influência sobre os membros que a integram. Tal imbricamento resulta na estrutura final do Estado. "A Federação exerce sua influência sobre os membros para assegurar a condução unitária dos assuntos públicos essenciais, para fazer possível que o barco do Estado federal, submetido potencialmente a tensão oposta, se mova segundo um único rumo. O Estado federal, apesar de estar composto por uma pluralidade de instâncias com poder igualmente estatal, constitui um único Estado, e a garantia do princípio da unidade é confiada à Federação. Com efeito, a compatibilidade entre a pluralidade (de centros de decisão, de poderes estatais) e a unidade (do Estado federal), como nota definidora do federalismo, se realiza através do desenvolvimento de alguns mecanismos constitucionais que, respeitando a liberdade dos membros em suas próprias esferas de poder, possibilitam a recondução a uma unidade básica, a uma única direção de movimento do complexo composto estatal".[434]

Na lição de Sonsoles Guedón, o federalismo alemão possui princípios que se espraiam diretamente sobre os Estados (*Länder*), como forma de manter a ideia global de sua essência como membro da União (*Bund*). Os princípios do sistema federal são: homogeneidade, igualdade e lealdade. O *princípio da homogeneidade* alude à estrutura semelhante que deve ser adotada pelas

---

[434] ROVIRA, Enoch Alberti. *Federalismo y cooperacion en la Republica Federal Alemana*. Madrid: Centro de Estudios Constitucionales, 1986, p. 179.

unidades regionais, a fim de conferir a coerência valorativa. Em razão disso, as Constituições dos Estados devem conter certas características, nos termos do art. 28 da Constituição da República Federal: "A ordem constitucional nos Estados tem de corresponder aos princípios do Estado republicano, democrático e social de direito, no sentido da presente Lei Fundamental". Esses princípios se correlacionam com os fundamentos da ordem constitucional da Federação em seu conjunto. "Esta exigência constitucional de homogeneidade do art. 28. 1 GG contém um duplo significado aparentemente contrário, mas relacionados entre si: por um lado, os quatro princípios constitucionais delimitam a liberdade de organização dos Estados (*Länder*); e por outro lado, reconhecem a autonomia constitucional dos mesmos como parte essencial de sua estatalidade. Isto quer dizer que, apesar da exigência de homogeneidade entre a União (*Bund*) e os Estados (*Länder*), estes contam, no exercício de sua autonomia constitucional, com uma organização estatal própria e alguns objetivos estatais independentes no marco de suas próprias Constituições".

De acordo com entendimento do Tribunal Constitucional Federal Alemão, o princípio da homogeneidade não exige uniformidade e conformidade absoluta de todos os Estados (*Länder*), senão requer uma certa homogeneidade baseada nos princípios do republicanismo, democracia e Estado Social de Direito (BVerfGE 9, 268). Igualmente, a jurisprudência entende que o art. 28.1 supõe "um mínimo de homogeneidade" que deve existir entre a Lei Fundamental e as Constituições dos Estados (*Länder*). Por último, uma terceira concretização do princípio da homogeneidade consta no art. 28.3 GG, consistindo na obrigação de garantia de conformidade da ordem constitucional dos *Länder* com os direitos fundamentais proclamados na Lei Fundamental. Nos termos da citada norma, "a Federação garante a conformidade da ordem constitucional dos Estados com os direitos fundamentais". Disso resulta que cabe à União garantir o respeito dos direitos fundamentais dos indivíduos na esfera dos Estados-membros, caso estes eventualmente os descumpram por meio de suas Constituições. Em síntese, o princípio da homogeneidade da federação garante a compatibilidade valorativa entre os entes regionais que a integram, formando uma só unidade nacional.

Por sua vez, o *princípio da igualdade entre os Estados* (*Länder*) constitui um princípio federal (*Bundesstaatsprinzip*), proclamado no art. 20.1 GG, significando que todas as unidades regionais desfrutam do mesmo *status* em suas relações, de modo a coexistir todos eles em igualdade de condições. "Esta posição de igualdade supõe, em primeiro lugar, que, como membros da Federação, os Estados (*Länder*) gozam constitucionalmente dos mesmos direitos. Em sua esfera negativa, o princípio da igualdade se traduz em uma proibição de arbitrariedade". Os entes estaduais titularizam a igualdade federativa (*föderative Gleichheit der Länder*). Em razão dessa posição igualitária, todos os Estados-membros devem ser tratados por igual, materializando-se na proibição de o legislador federal conceder direitos especiais ou graves obrigações específicas para algum dos Estados. "A imperatividade da igualdade de tratamento dos *Länder* impõe que tudo aquilo que a União atribua a um Estado em concreto, há de o proporcionar *ipso iure* ao resto dos *Länder*, rechaçando, assim, o favorecimento de um Estado mediante uma cláusula de regime preferencial".

O último princípio elementar do sistema federal alemão é o da *lealdade federal* (*Bundestreue*), que consiste na fidelidade que deve haver entre a federação e os *Länder* e destes entre si. "As obrigações que a Lei Fundamental impõe tanto à União (*Bund*) como aos Estados (*Länder*) dão como resultado um princípio de solidariedade federal entre os membros da Federação, que conceitualmente se traduz no princípio da lealdade federal". O Alto Tribunal se refere a esse princípio como um "comportamento amistoso federal", ao passo que a doutrina o identifica como "princípio da boa-fé amistosa federal", "relação amistosa comunitária", etc. O Tribunal Constitucional Alemão consolidou a continuidade do princípio da lealdade federal na nova República, definindo-o como uma obrigação jurídico constitucional – derivada do princípio federal existente entre a União (*Bund*) e os Estados-membros – que mantém a lealdade entre eles, para que tenham, sempre, colaborações mútuas. "O princípio da lealdade federal compensa em boa medida o déficit do direito de ingerência da Federação, vinculando a todos os seus membros. O princípio da lealdade federal é um autêntico princípio que rege as relações entre os membros da Federação".[435]

O princípio da lealdade federal traduz-se nas seguintes características: "1. O princípio da lealdade federal tem caráter acessório. De tal maneira que se constitui como limite nos direitos e obrigações surgidas nas relações jurídicas existentes entre União (*Bund*) e Estados (*Länder*), mas em nenhum caso justifica por si só a relação jurídica entre ambos. 2. O princípio da lealdade federal não cria títulos de competência, quer dizer, não estabelece nenhuma competência nem faculdade. Simplesmente as pressupõe. Apenas onde estas competências existem e se generalizam o princípio da lealdade federal pode intervir como uma barreira a seu exercício. 3. A lealdade federal é apenas um princípio de aplicação subsidiária. O recurso a este princípio somente será admissível quando não estão preparados mecanismos concretos de resolução de conflitos federais. Assim, quando existem normas constitucionais escritas, dispensa-se este princípio. 4. O princípio da lealdade federal tem uma função transformadora, levando em conta que converte elementos estruturais objetivos da Lei Fundamental, tais como a igualdade de *status* ou a solidariedade na Federação, em obrigações práticas e justiçáveis".

"5. Como tal, o princípio da lealdade federal não é nenhuma norma de subsunção, senão que se poderia considerar apenas um passo prévio na elaboração normativa. Colabora para especificar e dar significado a cláusulas gerais existentes no ordenamento jurídico, como podem ser *pacta sunt servanta*, ou a cláusula *rebus sic stantibus*. A obrigação da lealdade tem caráter objetivo-estatal. São deixados de fora, portanto, do princípio da lealdade federal componentes subjetivos ou

---

[435] ARIAS GUEDÓN, Sonsoles. *Las constitucions de los länder de la República Federal de Alemania*. Madrid: Centro de Estudios Políticos y Constitucionales, 2016, p. 52-62.

morais. Assim, o fato de que se haja produzido uma infração do princípio da lealdade federal não constitui uma prova da existência da deslealdade ou má vontade, nem de qualquer censura" (BVerfGE 8, 122 (140). Entre as obrigações negativas ou de omissão, destacam-se na jurisprudência: "a obrigação de cada Estado (*Land*) para o uso de seus direitos, de respeito aos interesses de outros *Länder* e da União (*Bund*), e a exigência de não impor aquelas posições jurídicas que prejudicam gravemente os interesses elementares dos outros Estados (*Länder*)"; "a proibição de abuso de competências"; "a obrigação de negar-se a cumprir a cumprir uma obrigação federal sob o argumento de que outra parte não cumpriu previamente a sua". Quer dizer, a exclusão da regra *"tu quoque"*; "Irrelevância das queixas apresentadas de forma arbitrária e obstrutivas" contra a Federação ou outro Estado (*Land*)".[436]

Segundo Enoch Rovira, os mecanismos de recondução da unidade federativa alemã baseiam-se, entre outras, nas seguintes técnicas: "Em primeiro lugar, os mecanismos que poderíamos chamar ordinários, e que consistem no conjunto de técnicas de distribuição de competências porque a Federação pode exercer ordinariamente sua influência nas diversas áreas de atividade dos Estados (*Länder*) (técnicas das competências concorrentes e compartilhadas, tanto no campo da legislação como na administração). Em segundo lugar, os instrumentos que a Constituição põe à disposição da União (*Bund*) para que esta possa operar uma intervenção extraordinária na atividade dos Estados (*Länder*), como meio último e excepcional para garantir o princípio da unidade do Estado. Neste grupo de instrumentos devem contar-se as técnicas de inspeção, execução e intervenção federais. Em terceiro lugar, em alguns campos de natureza especial, de grande importância, a GG [Lei Fundamental] prevê alguns mecanismos igualmente especiais: por uma parte, em relação à própria existência e integridade territorial dos Estados (*Länder*) (...); e por outro, em relação à organização constitucional interna dos *Länder*, a Lei Fundamental atribui à União a garantia do princípio da homogeneidade, e pelo qual os *Länder* devem ajustar-se em sua organização constitucional a certos princípios estabelecidos na Constituição Federal".[437]

Assim, a influência da federação sobre os Estados-membros materializa-se de diversas formas e graus de intensidade. A primeira forma de interferência ocorre na distribuição de competências, visto que a Constituição atribui matérias à esfera de autonomia legislativa das unidades federadas. Além disso, o Estado-total atua sobre os Estados-parciais por meio da *inspeção federal* (1ª modalidade), *coação federal* (também chamada de *execução forçosa* – 2ª modalidade) e, por fim, mediante a *intervenção federal* (3ª modalidade). O objetivo de tais mecanismos é

---

[436] ARIAS GUEDÓN, Sonsoles. *Las Constitucions de los Länder de la República Federal de Alemania*. Madrid: Centro de Estudios Políticos y Constitucionales, 2016, p. 63-65.

[437] ROVIRA, Enoch Alberti. *Federalismo y cooperacion en la Republica Federal Alemana*. Madrid: Centro de Estudios Constitucionales, 1986, p. 179-180.

garantir a unidade federal. Afora essas medidas, existe a figura do *auxílio federal*, corolário da lealdade existente entre os membros da federação – que promove ajuda aos Estados que a necessitam.

Em outras palavras, a intervenção federal na Alemanha é apenas uma das formas de coordenação da federação, de modo a influenciá-la e garantir certa homogeneidade das ordens do Estado-total na esfera dos Estados-membros, isto é, ao lado do instituto da *intervenção federal* existem outros mecanismos que protegem a federação, como a *inspeção federal*, a *coação federal* (ou *execução forçosa*) e o *auxílio federal*.

Dada a importância e distinção entre as medidas, as espécies serão estudadas nos tópicos a seguir.

2.2 Inspeção federal (*Bundesaufsicht*)

Na lição de Konrad Hesse, à federação "incumbe o controle da compatibilidade das constituições estaduais com os direitos fundamentais e as determinações do art. 28, alínea 1 e 2, da Lei Fundamental; em infrações, ela está obrigada à intervenção – dado o caso, com os meios da coação federal. No caminho da *inspeção federal*, a federação controla a execução das leis federais pelos estados como 'assunto próprio' (art. 83 da Lei Fundamental). Essa inspeção está limitada à juridicidade da execução (art. 84, alínea 3, frase 1, da Lei Fundamental). Ela compreende um direito de informação do Governo Federal que autoriza para o envio de delegados às autoridades estaduais superiores, com sua aprovação ou, com aprovação do Conselho Federal, também às autoridades estaduais subordinadas (art. 84, alínea 3, frase 2, da Lei Fundamental), assim como o direito do Governo Federal de pedir reparo em violações de direito".

"Se o estado não cumpre esse pedido, então decide, a pedido do Governo Federal ou do estado, o Conselho Federal, se o estado violou o direito ('reclamação por vícios'); contra essa decisão pode ser recorrido ao Tribunal Constitucional Federal (art. 84, alínea 4, da Lei Fundamental). Somente quando esses meios se mostram insuficientes, está à disposição da federação o meio extremo da *coação federal*: o Governo Federal pode, com aprovação do Conselho Federal, tomar as medidas necessárias para obrigar o estado ao cumprimento de suas obrigações; para a realização, compete a ele ou aos seus delegados um direito de instrução, também diante de outros estados e suas autoridades (art. 37 da Lei Fundamental). Finalmente, o Governo Federal tem, no caso de ameaça à ordem fundamental liberal democrática dentre de um estado, direitos que devem ser atribuídos ao instituto tradicional da *intervenção federal* (art. 91, alínea 2, da Lei Fundamental). Também aqui o Conselho Federal está decididamente intercalado".[438]

---

[438] HESSE, Konrad. *Elementos de direito constitucional da República Federal da Alemanha*. Porto Alegre: Sergio Antonio Fabris Editor, 1998, p. 210-211.

Diante disso, a autonomia dos Estados-membros (*Länder*) deve guardar compatibilidade com os postulados da Lei Fundamental, de modo que as suas Constituições observem as disposições constantes do art. 28, alíneas 1, 2 e 3:[439]

> Artigo 28 [Constituições estaduais – Autonomia administrativa dos municípios]
> (1) A ordem constitucional nos Estados tem de corresponder aos princípios do Estado republicano, democrático e social de direito, no sentido da presente Lei Fundamental. Nos Estados, distritos e municípios, o povo deverá ter uma representação eleita por sufrágios gerais, diretos, livres, iguais e secretos. De acordo com o direito da Comunidade Europeia, as pessoas que possuam a cidadania de outro país membro da Comunidade Europeia também têm o direito de votar e de ser eleitas nas eleições distritais e municipais. Nos municípios pode existir uma assembleia comunal em vez de um organismo eleito.
> (2) Deve ser garantido aos municípios o direito de regulamentar sob responsabilidade própria e nos limites da lei, todos os assuntos da comunidade local. No âmbito de suas atribuições legais e nas condições definidas em lei, as associações de municípios também gozarão igualmente do direito de autonomia administrativa. A garantia da autonomia administrativa pressupõe também as bases de uma autonomia financeira; estas bases incluem uma fonte de tributação fiscal dos municípios baseada em sua capacidade econômica e o direito de fixar os percentuais de taxação dessas fontes.
> (3) A Federação garante a conformidade da ordem constitucional dos Estados com os direitos fundamentais e as disposições dos §1 e 2.

Os Estados-membros têm o dever de executar as leis federais no seu âmbito regional, ressalvado se a Lei Fundamental dispuser de forma contrária (art. 83). Como forma de verificar o cumprimento da legislação federal por parte dos Estados-membros, a federação fiscaliza a execução das leis federais, podendo o Governo Federal enviar delegados, cabendo ainda ao Conselho Federal decidir se o Estado violou o direito. Além disso, o Governo Federal pode expedir instrução específicas para assegurar a execução de leis federais pelos Estados (art. 84). Esta é a primeira modalidade de controle do Estado-total sobre os Estados-parciais consistente na *inspeção federal*. Os artigos 83 e 84 da Lei Fundamental possuem a seguinte redação:[440]

> Artigo 83 [Execução pelos Estados]
> Os Estados executarão as leis federais como matéria própria, salvo disposição em contrário prevista ou permitida pela presente Lei Fundamental.
> Artigo 84 [*Administração dos Estados – Fiscalização pela Federação*]
> (1) Quando executam as leis federais como matéria própria, cabe aos Estados estabelecer a organização administrativa e o respectivo processo administrativo. Se as leis federais estabelecem algo distinto, os Estados podem adotar normas divergentes. Se um Estado adota uma norma divergente, conforme a segunda frase, normais federais posteriores referentes a ela, sobre a organização dos órgãos e o procedimento administrativo, só entrarão em vigor neste Estado seis meses depois da sua promulgação, a menos que se

---

[439] ALEMANHA. *Lei fundamental da República Federal da Alemanha. Deutscher Bundestag.* Versão alemã de 23 de maio de 1949, última atualização em 28 de março de 2019. Tradutor: Assis Mendonça, Aachen.

[440] ALEMANHA. *Lei fundamental da República Federal da Alemanha. Deutscher Bundestag.* Versão alemã de 23 de maio de 1949, última atualização em 28 de março de 2019. Tradutor: Assis Mendonça, Aachen.

determine outra coisa com a aprovação do Conselho Federal. Aplica-se, por analogia, o artigo 72 §3, terceira frase. Em casos excepcionais, a Federação pode regulamentar o procedimento administrativo, sem possibilidade de divergência pelos Estados, quando haja necessidade especial de uma regulamentação uniforme na Federação. Tais leis requerem a aprovação do Conselho Federal. Não podem ser transferidas tarefas, por lei federal, aos municípios e associações de municípios.
(2) O Governo Federal pode determinar normas administrativas de caráter geral, com a aprovação do Conselho Federal.
(3) O Governo Federal exerce a fiscalização sobre a execução das leis federais pelos Estados conforme o direito vigente. Com esse objetivo, o Governo Federal pode enviar delegados aos órgãos estaduais superiores e, com o consentimento destes ou mediante aprovação do Conselho Federal, caso o consentimento seja negado, também aos órgãos subordinados.
(4) Se as deficiências verificadas pelo Governo Federal na execução das leis federais nos Estados não forem eliminadas, o Conselho Federal, por solicitação do Governo Federal ou do Estado, decidirá se o Estado violou o direito. Contra a decisão do Conselho Federal, pode haver recurso ao Tribunal Constitucional Federal.
(5) Para assegurar a execução de leis federais, poderá ser outorgada ao Governo Federal, por meio de uma lei que requer a aprovação do Conselho Federal, a faculdade de expedir instruções específicas para casos especiais. Estas instruções deverão ser dirigidas aos órgãos estaduais superiores, salvo quando o Governo Federal considerar que há urgência.

Na lição de Enoch Rovira, a inspeção federal tem por objeto a legislação federal, sendo por isso uma inspeção dependente (*abhängige*), no sentido clássico de Triepel, resumindo-se no princípio formulado por Maunz: "onde existe lei federal, existe fiscalização federal, mas onde não existe lei federal, não existe fiscalização". A despeito de este ser o entendimento dominante, Frowein propõe a existência de inspeção autônoma, a fim de que a inspeção federal seja utilizada para fiscalizar o cumprimento das obrigações jurídico-constitucionais dos Estados-membros (*Länder*), ou seja, o objeto investigativo aqui é a própria Constituição Federal, e não apenas a legislação promulgada pela União. Sem embargo, a doutrina majoritária não acolhe a inspeção federal autônoma ou independente, visto que o instituto previsto na Lei Fundamental se refere à fiscalização da legislação federal, isto é, prevalece o entendimento da inspeção federal dependente ou acessória.

Assim, na inspeção federal dependente, os Estados-membros (*Länder*) executam as leis federais como tarefa própria (*Ländeseigeneverwaltung*), ao passo que a União (*Bund*) controla a legalidade da sua atuação (art. 84). Considerando que os Estados (*Länder*) atuam por encargo da União (*Bund*), a esta cabe exercer as faculdades de inspeção mais amplas, a exemplo do poder de direção (*Leitungsgewalt*). Vale dizer, o parâmetro da inspeção federal é a legislação federal, isto é, a execução das leis a cargo dos Estados-membros (*Länder*). Além disso, a inspeção federal recai sobre a atividade administrativa dos *Länder*, pois constitui meio para executar as leis federais. Ressalte-se que a inspeção federal é exercida sobre os Estados considerados como uma unidade, e não apenas sobre seus órgãos particulares. No que concerne ao conteúdo da inspeção federal, esta pode dividir-se em duas modalidades: i – aquele que supõe observação ou vigilância da atividade dos Estados (*Länder*) (materializando-se por meio de envio de comissários ou petição de informes e expedientes); ii – aquele que tem por objetivo corrigir a conduta (faculdade de ditar instruções e procedimentos para sanar os defeitos).[441]

Diante disso, a *inspeção federal* é prevista em diversos dispositivos da Lei Fundamental, facultando-se à Federação averiguar a atividade exercida pelos Estados-membros (*Länder*) que afetem matérias cuja competência legislativa e administrativa tenha sido atribuída pela Federação. Em outros termos, a federação pode examinar a execução da legislação federal à cargo dos Estados-membros (*Länder*), às quais tenham sido delegadas diretamente pela União (*Bund*). Tal atividade ocorre por meio de técnicas que permitem o controle da legalidade da atuação dos Estados na execução de leis federais, a exemplo do envio de comissários, do estabelecimento de procedimentos para sanar erros, da possibilidade de emitir instruções individuais, delegação de tarefas, etc.[442]

2.3 Execução federal ou execução forçosa (*Bundesexekution* ou *Bundeszwang*)

Por sua vez, se o Estado-membro não cumprir as obrigações federais, decorrentes da Lei Fundamental ou de outra lei federal, o Governo Federal, com a concordância do Conselho Federal, poderá adotar as medidas necessárias para impor aos entes regionais o cumprimento das obrigações que lhe são exigidas. Como forma de aplicar as medidas coercitivas, o Governo Federal – ou quem o represente – pode instruir todas as unidades federadas. Essa é segunda modalidade de interferência do Estado-total no Estado-parcial, traduzindo na *execução federal* ("coação federal" para Konrad Hesse), também chamada de *execução forçosa* (Enoch Rovira e Sonsoles Guedón), aplicável se insuficiente a inspeção federal. A previsão consta no art. 37 da Lei Fundamental:[443]

> Artigo 37 [Medidas coercitivas federais]
> (1) Quando um Estado não estiver cumprindo as obrigações federais que lhe cabem de acordo com a Lei Fundamental ou uma outra lei federal, o Governo Federal, com a aprovação do Conselho Federal, poderá tomar as medidas necessárias para impor ao Estado o cumprimento das suas obrigações mediante coerção federal.
> (2) Para a execução das medidas coercitivas federais, o Governo Federal ou quem o represente tem o direito de dar instruções a todos os Estados e às suas autoridades.

Conforme estabelecido na parte inicial da alínea 1 do art. 37, a medida coercitiva federal é imposta ao Estado-membro, isto é, a execução federal tem por

---

[441] ROVIRA, Enoch Alberti. *Federalismo y cooperacion en la Republica Federal Alemana*. Madrid: Centro de Estudios Constitucionales, 1986, p. 205-209.
[442] ARIAS GUEDÓN, Sonsoles. *Las constitucions de los Länder de la República Federal de Alemania*. Madrid: Centro de Estudios Políticos y Constitucionales, 2016, p. 67-68.
[443] ALEMANHA. *Lei fundamental da República Federal da Alemanha. Deutscher Bundestag*. Versão alemã de 23 de maio de 1949, última atualização em 28 de março de 2019. Tradutor: Assis Mendonça, Aachen.

destinatário apenas o Estado na sua condição de pessoa jurídica de direito público, não atingindo indivíduos isoladamente considerados. Nesse sentido é a lição de Georg Jellinek: "A execução federal difere de todos os outros meios coercitivos estatais, pois não é dirigida contra indivíduos, mas contra o Estado como tal, seu propósito final é induzir um certo comportamento estatal, enquanto toda a coerção estatal em último recurso sempre afeta os indivíduos".[444]

Assim, a execução forçosa federal autoriza o Governo Federal a "adotar as medidas necessárias" para obrigar um Estado-membro (*Land*) a cumprir os deveres federais impostos pela Lei Fundamental ou por outra lei federal, caso a unidade regional não o faça voluntariamente. Para a implementação da medida, é necessária a aprovação pelo Conselho Federal (*Budesrat*). Haja vista o caráter extraordinário da providência, a medida nunca foi posta em prática.[445]

Enoch Rovira informa que a execução forçosa (*Bundesexekution*), em razão do alto grau de intensidade, traduz-se na mais grave intervenção da Federação sobre os seus membros, tendo por escopo garantir a ordem federal estabelecida pela Constituição. "Junto com chamada 'intervenção federal' (*Bundesintervention*) constitui um dos mecanismos básicos do instituto da 'proteção da Constituição' (Stern), ou, em expressão de Huber, e para diferenciá-la de sua proteção judicial, da 'proteção executiva da Constituição' no Estado federal. Enquanto a *Budesintervention* (intervenção federal) supõe uma prestação de ajuda federal a um membro que vê ameaçada sua ordem constitucional, para restabelecer a normalidade, a *Bundesexekution* (execução forçosa) supõe a intervenção da Federação contra um *Land* (Estado-membro) para fazê-lo cumprir à força as obrigações federais que tenha desantendido".

A Confederação Alemã (*Deutscher Bund*), desde o início do seu moderno constitucionalismo, já previa mecanismo de execução forçosa das obrigações contraídas pelos membros em face da Federação. Nesse sentido, os arts. 19 e 31 a 34 da Ata Final do Congresso de Viena estabeleciam os procedimentos de execução, sendo um informal e outros sujeitos a formalidades estritas, atribuindo-se basicamente a competência para levá-los à Assembleia Federal (*Bundesversammlung*), que era o único órgão colegiado comum do *Bund*. No II *Reich* também se concedia faculdade executiva em face dos Estados (*Länder*), a fim de obrigá-los ao cumprimento dos seus compromissos federais, caso não os cumpram voluntariamente.[446]

Como visto, a execução federal forçosa (*Bundeszwang*) é prevista no art. 37 da Lei Fundamental (*Grundgesetz*). Para a aplicação da medida, faz-se necessário o atendimento de pressupostos materiais e formais. O pressuposto material básico

---

[444] JELLINEK, Georg. *Die Lehre von den Staatenverbindungen*. Wien: Alfred Hölder, 1882, p. 311.
[445] ARIAS GUEDÓN, Sonsoles. *Las constitucions de los Länder de la República Federal de Alemania*. Madrid: Centro de Estudios Políticos y Constitucionales, 2016, p. 68.
[446] ROVIRA, Enoch Alberti. *Federalismo y cooperacion en la Republica Federal Alemana*. Madrid: Centro de Estudios Constitucionales, 1986, p. 213-214.

consiste no incumprimento de obrigação federal por parte do Estado-membro (*Land*), ao passo que o pressuposto formal significa a exigência de prévio acordo do Governo Federal, bem como a resolução ser aprovada pelo Conselho Federal (*Bundesrat*). O sujeito passivo da execução federal forçosa é o Estado-membro (*Land*), considerado como uma unidade, e não seus órgãos particulares ou outras coletividades de direito público. Não podem ser submetidos à medida executiva os distritos (*Kreise*) ou os municípios (*Gemeinde*). "Igualmente, o incumprimento da obrigação federal deve ser imputável ao *Land* como tal, e não simplesmente a um de seus órgãos inferiores. Por sua parte, a faculdade de execução abarca toda a atividade estatal dos *Länder* (executiva-administrativa e legislativa), a exceção da judicial, em virtude de sua natureza independente (Stern)".

Dessa forma, "o pressuposto material essencial é a violação de uma obrigação federal por parte de um Estado (*Land*). Isso implica, em primeiro lugar, a existência de uma obrigação federal para o referido Estado. Deve tratar-se verdadeiramente de uma obrigação federal, isto é, uma obrigação de direito público que corresponda ao *Land*, em virtude da qualidade de membro da Federação, ficando excluídas, portanto, as obrigações de direito privado dos *Länder*, assim como aquelas outras de direito público que lhe correspondam como sujeito de direito, independentemente de sua qualidade de membro da União (*Bund*), cujo cumprimento pode ser exigido pelas vias ordinária do processo civil ou administrativo. Dita obrigação federal deve estar fundamentada na Lei Fundamental (*Grundgesetz*) ou em uma lei federal. Sem embargo, não é necessário que esteja expressamente indicada, senão basta que possa ser inferida das mesmas, através de um processo de interpretação. Deste modo, através dessa interpretação extensiva, tradicionalmente aceita pela doutrina alemã, podem entrar em via de execução federal obrigações dos Estados (*Länder*) não-escritas, em especial as que se podem ser deduzidas do princípio da fidelidade federal (*Bundestreue*)".[447]

A violação da obrigação pode decorrer de ação ou omissão por parte do Estado-membro, em qualquer das suas esferas de atividade. Para tanto, basta um incumprimento de natureza objetiva, sendo indiferente a concorrência de elementos subjetivos (dolo ou culpa). Assente-se que a aplicação de execução federal em caso de descumprimento de obrigações federais por um Estado-membro (*Land*) requer o atendimento de requisitos formais por parte dos órgãos constitucionais competentes. "Sistematicamente, são três as decisões formais que devem tomar-se previamente à execução, ainda que o Governo Federal possa expressá-las correspondente a um único documento externo: – Determinação, por parte do Governo Federal, do incumprimento de uma obrigação federal por parte de um Estado (*Land*). – Decisão, por parte do Governo Federal, de aplicar a execução para forçar o Estado (*Land*) ao cumprimento de sua obrigação.

---

[447] ROVIRA, Enoch Alberti. *Federalismo y Cooperacion en la Republica Federal Alemana*. Madrid: Centro de Estudios Constitucionales, 1986, p. 215-216.

Normalmente, esta e a anterior são decisões que se apresentam unidas no que se poderia chamar uma mesma 'vontade executiva', e até mesmo o mais normal seria que se exteriorizem em um mesmo e único ato ou resolução. (...) O Estado (*Land*) pode, pois, discutir judicialmente com o Governo Federal a existência e/ou incumprimento de uma determinada obrigação federal, mas ao invés disso não pode discuti-lo judicialmente seu direito a utilizar a execução federal para obrigá-lo a seu cumprimento, pedindo, por exemplo, para de outras maneiras satisfazer sua reivindicação".

Além disso, como requisito formal, a medida requer: "Consentimento do Conselho Federal (*Bundesrat*), através de uma resolução aprovada por maioria absoluta, a maioria ordinária nesta Câmara parlamentar (artigo 52,3, GG). A aprovação do Conselho Federal (*Bundesrat*) versa tanto sobre a decisão governamental de proceder à execução sobre como as medidas concretas em que isso deveria consistir. Assim como a resolução do Governo Federal, o Conselho Federal outorga ou denega seu consentimento, parcial ou totalmente, de forma absolutamente discricionária, e portanto, não justiciável, assim como tampouco vinculada a nenhuma decisão anterior. O Conselho Federal (*Bundesrat*), em virtude da necessidade de sua aprovação para aplicar as medidas de execução, pode em qualquer momento posterior retirar – total ou parcialmente – seu consentimento, e com ele obrigar o Governo Federal a modificar sua atuação. Uma vez produzidas formalmente estas três decisões, o Governo Federal, e somente ele (diretamente ou através de comissários) está habilitado para aplicar as medidas de execução aprovadas contra o Estado-membro (*Land*) em questão".[448]

O art. 37 da Lei Fundamental não indica os meios concretos relativamente às medidas que podem ser adotadas na execução, visto que a norma apenas prevê a cláusula geral que autoriza a adoção "das medidas necessárias para obrigar o *Land* ao cumprimento de suas obrigações federais". Diante disso, a doutrina considera que os meios para materializar a execução devem ajustar-se em cada caso, observando-se os princípios da necessidade e da proporcionalidade, em relação não só à gravidade do incumprimento perpetrado pelo Estado (*Land*), mas também a importância e significado do resultado que se pretenda obter com a imposição da medida. Assim, os critérios da necessidade e da proporcionalidade denotam caráter principalmente jurídico, de modo a possibilitar o controle judicial das medidas executivas, em que pese a escolha das mesmas se situarem na seara da discricionariedade política, tanto pelo Governo Federal quanto pelo Conselho Federal (*Bundesrat*).

A doutrina alemã aponta as medidas concretas que podem ser promovidas na execução contra o Estado-membro, destacando-se as seguintes: i – transmissão de instruções; ii – medidas de índole financeira (a exemplo de corte de provisões financeiras, em razão da falta de pagamento pelo ente regional); iii – execução

---

[448] ROVIRA, Enoch Alberti. *Federalismo y cooperacion en la Republica Federal Alemana*. Madrid: Centro de Estudios Constitucionales, 1986, p. 216-218.

substitutiva, seja a cargo da União (*Bund*) ou de terceiros (outros Estados – *Länder*), à custa do Estado-membro submetido à medida executiva. Para Stern, a execução substitutiva pode abarcar toda a atividade estatal do Estado (*Land*), inclusive a de natureza Legislativa (a exemplo de leis complementares emanadas pela União); iv – Da mesma forma, Stern propugna o "sequestro do Poder Executivo ou Legislativo do Estado-membro (*Land*), por meio de um comissário federal; v – retaliação das obrigações federais frente ao Estado (*Land*).

Sem embargo, não se admite: i – a extinção do Estado-membro (*Land*), haja vista atentar contra a existência do próprio ente regional, sendo protegido pela cláusula da intangibilidade, constante no art. 79 da Lei Fundamental; ii – eventual colocação sob a direção do Governo Federal dos votos do Estado (*Land*) no Conselho Federal (*Bundesrat*), pois afigura incompatível com o regime federal; iii – qualquer intervenção no poder judicial do Estado-membro, haja vista este ser um poder independente; iv – a intervenção do Exército Federal, visto que apenas pode ser engendrado por meio de previsão explícita na Lei Fundamental (art. 87a, 2). Dada a natureza das medidas, a execução federal forçosa é um instituto subsidiário, ou seja, deve ser aplicado em caráter *ultima ratio*.[449]

Finalmente, registre-se que não é necessária prévia constatação de existência ou incumprimento de obrigação federal do Estado-membro pelo Tribunal Constitucional para implementar a execução forçosa. "A execução federal só admite uma revisão judicial *a posteriori* de seus pressupostos", nos termos da Lei Fundamental. Nesse sentido, de acordo com o sistema da Lei Fundamental, o Tribunal Constitucional Federal só pode revisar as decisões que impliquem um juízo de natureza jurídica, mas não aquelas outras de feição política, visto que são regidas pelo princípio da discricionariedade. Portanto, na execução forçosa (*Bundeszwang*), só podem ser submetidas à revisão do Tribunal Constitucional matérias correlatas aos pressupostos materiais da execução, ou seja, a existência de uma obrigação federal que diga respeito ao Estado-membro (*Land*) e seu respectivo incumprimento, assim como a adequação das medidas adotadas sob a perspectiva dos princípios da necessidade e proporcionalidade. Não obstante, é insindicável pelo Poder Judiciário a decisão política de aplicar a medida de execução forçosa.

Por sua vez, o Estado-membro pode interpor recurso no Tribunal Constitucional Federal, no caso de divergir sobre direitos e deveres da Federação, especialmente no que tange à execução de leis federais pelos Estados (art. 93. 1, item 3, GG). Todavia, a interposição do referido recurso não paralisa o procedimento executivo – de modo que a execução forçosa produzirá naturalmente os seus efeitos –, salvo se concedida medida cautelar suspensiva.[450]

---

[449] ROVIRA, Enoch Alberti. *Federalismo y cooperacion en la Republica Federal Alemana*. Madrid: Centro de Estudios Constitucionales, 1986, p. 218-220.

[450] ROVIRA, Enoch Alberti. *Federalismo y cooperacion en la Republica Federal Alemana*. Madrid: Centro de Estudios Constitucionales, 1986, p. 221-222.

2.4 Intervenção federal (*Bundesintervention*)

Caso não afigurem suficientes as medidas anteriores, e a própria unidade regional não estiver propensa ou em condições de combater o perigo que seja de sua competência, o Governo Federal poderá intervir no Estado-membro a fim de restaurar a ordem violada. Para tanto, poderão ser utilizadas inclusive as forças policiais, se forem necessárias para restabelecer a normalidade. Esta é a terceira modalidade de interferência do Estado-total nos Estados-parciais, caracterizando a *intervenção federal*. O art. 91, alínea 2 da Lei Fundamental contém a seguinte redação:[451]

> Artigo 91
> (2) Se o próprio Estado ameaçado pelo perigo não estiver disposto ou em condições de combater o perigo, o Governo Federal pode assumir o comando da polícia daquele Estado e das forças policiais de outros Estados, bem como recorrer à Polícia Federal de Proteção das Fronteiras. Esta disposição deve ser revogada tão logo cessado o perigo e, além disto, a qualquer momento, quando reivindicado pelo Conselho Federal. Se o perigo atingir o território de mais de um Estado, o Governo Federal pode dar instruções aos governos estaduais, na medida em que isso se revele necessário para uma repressão eficaz do citado perigo; isto não afeta as disposições da primeira e segunda frases.

De acordo com Enoch Rovira, a intervenção federal ocorre mediante atuação da União (*Bund*) em favor ou em apoio a um Estado-membro (*Land*) que esteja ameaçado ou não esteja em condições de, por si só, restabelecer a normalidade no âmbito regional. A atuação federal se realiza quando se invade, por meios executivos, o rol de competências a cargo do Estado-membro (*Land*). O instituto era previsto na Ata Final do Congresso de Viena, nos seus artigos 25 a 28, sendo um regime concreto de intervenção federal para o *Deutscher Bund*. Nesse caso, o Governo de um Estado-membro (*Land*) podia solicitar ajuda à União (*Bund*) caso reputasse ameaçada a sua ordem constitucional básica e não tivesse condições de controlar a situação por si mesmo. A intervenção federal ocorria nas instâncias da unidade regional afetada, caracterizando uma intervenção dependente (*abhängige Intervention*). Afora essa modalidade, que dependia de requerimento do Estado interessado, previa-se também a figura da intervenção independente ou direta da Federação, no caso de estarem ameaçados os interesses federais, assim como a estabilidade ou integridade de território da União, sua unidade, o direito federal básico ou a segurança dos órgãos federais. Em ambas as hipóteses, cabia à Assembleia Federal (*Bundesversammlung*) resolver sobre a necessidade ou não de proceder à intervenção, que poderia ser efetivada ainda que se houvesse resistência pelo Estado-membro (*Land*).

Na atual disposição normativa constante na Lei Fundamental, a intervenção federal pode ser aplicada subsidiariamente, quando o Estado for afetado por

---

[451] ALEMANHA. *Lei fundamental da República Federal da Alemanha. Deutscher Bundestag.* Versão alemã de 23 de maio de 1949, última atualização em 28 de março de 2019. Tradutor: Assis Mendonça, Aachen.

catástrofes naturais, acidentes de especial gravidade, alteração da ordem e segurança pública, ameaça à estabilidade ou à ordem constitucional democrática e liberal de um Estado (*Land*) ou da União (*Bund*). Nesses casos, a intervenção resulta de requerimento do próprio Estado-membro que solicita auxílio, ou por parte do Governo Federal, que atua comandando a restauração da anormalidade regional. A intervenção também pode ser deflagrada por situação de caráter supraregional, quando a medida exigir atuação conjunta no combate ao estado de anomalia (art. 35, alínea 3, e art. 91, alínea 2, GG). Na existência de situação de necessidade, tanto na autuação mediante auxílio ou mediante intervenção federal, não se requer nenhuma declaração formal, sendo a medida de competência discricionária pelos respectivos Governos. (Para os Estados, cabe decidir se devem ou não adotar medidas, inclusive requer auxílio. Por sua vez, compete à União decidir se procede ou não a intervenção. Em ambas as hipóteses, requer-se o atendimento dos pressupostos materiais e formais da intervenção). Além disso, as medidas adotadas pelos Governos submetem-se ao controle dos respectivos órgãos parlamentares (os Estados-membros sujeitam-se à fiscalização do *Landtage*, enquanto que Governo Federal, ao *Bundesrat*).

Por conseguinte, são três as hipóteses materiais autorizadoras da intervenção federal, fundadas em: i – catástrofe natural ou acidente especialmente grave, que afete o território de mais de um Estado (*Land*), caso em que o Governo Federal pode intervir diretamente para combater eficazmente a situação; ii – incapacidade ou inação do Estado (*Land*) para combater as ameaças à estabilidade, ou à ordem constitucional liberal e democrática em seu território; iii – ameaça supraregional à estabilidade constitucional que ultrapasse as fronteiras do Estado-membro.[452]

Outrossim, Sonsoles Guedón propugna a existência de outra hipótese específica deflagradoras da intervenção federal, consistente na reorganização do território federal alemão (*Neugliederung*). A medida consta no art. 29 da Lei Fundamental, como forma de garantir o princípio da homogeneidade na organização interna dos Estados-membros (*Länder*). O texto constitucional possui a seguinte redação:[453]

> Artigo 29 [Reestruturação do território federal]
> (1) O território federal pode ser reestruturado, a fim de assegurar que os Estados cumpram efetivamente, segundo suas dimensões e capacidades, as funções que lhes competem. Deverão ser considerados os vínculos regionais, históricos e culturais, a objetividade econômica, bem como as exigências da estrutura territorial e do planejamento regional.
> (2) As medidas que levem a uma reestruturação do território federal são tomadas por lei federal a ser ratificada por referendo. Os Estados atingidos devem ser ouvidos.

---

[452] ROVIRA, Enoch Alberti. *Federalismo y cooperacion en la Republica Federal Alemana*. Madrid: Centro de Estudios Constitucionales, 1986, p. 222-230.
[453] ALEMANHA. *Lei fundamental da República Federal da Alemanha. Deutscher Bundestag*. Versão alemã de 23 de maio de 1949, última atualização em 28 de março de 2019. Tradutor: Assis Mendonça, Aachen.

O dispositivo em apreço tem por escopo reorganizar o espaço territorial dos Estados (*Länder*) quando se verifique grave desequilíbrio econômico, demográfico ou financeiro, evitando o perigo da desarmonia entre as estruturas federais. Assim, este preceito possibilita a reestruturação dos limites geográficos das unidades regionais[454].

Noutro giro, para Hans Kelsen, a intervenção federal decorre do descumprimento, pelos Estados-membros, dos deveres impostos pela Lei Fundamental ou pelas leis federais, sendo necessário ato coercitivo para restaurar a ordem jurídica violada. "Quando um estado-membro não cumpre os deveres que a Constituição federal lhe impõe – de modo direto ou indiretamente, através de leis federais – torna-se necessário, na medida em que o dever violado esteja estabelecido como dever jurídico, um ato coercitivo com o qual o ordenamento violado reage ao fato ilícito. Deve-se então verificar se o ato coercitivo está ligado diretamente ao fato ilícito ou se o descumprimento do dever primário é apenas a condição de um dever secundário. A necessidade de reagir com um ato coercitivo contra a violação da Constituição federal por parte de um estado singular existe também na confederação de estados, onde, tanto quanto no Estado federativo, a intervenção federal apresenta os mesmos aspectos. Na verdade, em ambos os casos é condição específica para o ato de intervenção um fato denominado como violação jurídica, mais precisamente como violação do ordenamento federal, por um estado que seja membro da federação; e em ambos os casos trata-se de um ato coercitivo dirigido contra o estado enquanto tal".

Segundo Kelsen, "o fato ilícito que condiciona a intervenção federal só pode ser uma violação da Constituição total, pois apenas esta pode impor deveres aos estados-membros enquanto tais, porém não o assim-chamado Estado central, que está coordenado a esses estados-membros. Violações da Constituição total podem ocorrer não apenas mediante atos legislativos, mas também mediante atos executivos, na medida em que tais atos estejam normatizados diretamente na Constituição total. É condição da intervenção federal que o estado-membro enquanto tal tenha violado seu dever. O fato ilícito é imputado ao estado, enquanto tal, assim como a intervenção federal se dirige contra o estado enquanto tal, e não contra um indivíduo. Deve-se, porém, estabelecer que só poderemos falar do estado-membro enquanto tal, nos limites da sua própria competência, já que o estado-membro enquanto tal – do mesmo modo que a União – existe apenas dentro desses limites. Se um ato entra na competência da União, é imputada a ela, ou seja, com referência à unidade desse ordenamento definido pela sua competência, ele é um ato estatal da União, independentemente de qual seja a espécie de órgão designado para praticar esse ato. Segue-se daí que nos casos de assim-chamada execução federal indireta através do estado-membro, o estado-membro enquanto tal não entra em consideração. Em outras palavras, no caso

---

[454] ARIAS GUEDÓN, Sonsoles. *Las Constitucions de los Länder de la República Federal de Alemania*. Madrid: Centro de Estudios Políticos y Constitucionales, 2016, p. 69.

da assim-chamada execução federal indireta os atos correspondentes à competência da União devem ser imputados não ao estado-membro, mas à União".

No que alude aos atos interventivos e à sua abrangência, a teoria kelseniana é sobremodo incisiva, propugnando que a "intervenção federal é, no seu fato material exterior, um ato coercitivo análogo à guerra. É uma intervenção da força armada – da União ou de vários estados-membros – contra o estado-membro que viola o próprio dever, e se realiza mais ou menos como uma guerra que fosse feita contra esse estado. A intervenção federal só 'se dirige' contra o Estado, não contra os cidadãos inocentes; estes ela apenas 'atinge'. De modo que 'a intervenção (federal), por sua vez, não diferentemente da guerra, deve atingir o indivíduo apenas na medida em que isso é indispensavelmente requerido pela sua natureza de coerção dirigida contra o estado'. Portanto a intervenção federal – assim como a punição à associação – 'atinge' os indivíduos! É da sua natureza atingi-los, porém apenas na medida em que isto seja inevitavelmente necessário por causa de sua natureza de coerção dirigida 'contra o estado' – e justamente por isso também contra os indivíduos!"

Finalmente, "a Constituição federal, ao prescrever a intervenção para o caso de uma ilegalidade por parte de um estado-membro, precisa estabelecer a apuração do fato ilícito através ou de um órgão especial ou do órgão encarregado da intervenção. (...) A intervenção federal é particularmente insatisfatória sobretudo quando – o que de fato é a regra – a instância incumbida de constatar o fato material ilícito que condiciona carece do caráter da objetividade judicial. (...) E a ideia do Estado federativo é justamente que a existência, isto é, a esfera jurídica dos estados-membros, seja garantida, bem como a do assim chamado Estado central (federal). A objetividade da instância convocada a decidir sobre o fato ilícito que condiciona a intervenção federal só pode valer como garantia desse princípio que nasce da ideia de Estado federativo. A apuração do fato ilícito através de um tribunal independente é, por certo, plenamente compatível em teoria com a intervenção federal na forma de uma ação militar, portanto com uma responsabilidade coletiva e objetiva. O órgão encarregado de apurar se um estado-membro violou os deveres que lhe impõe a Constituição será sempre – com respeito a sua função – um órgão da Constituição total, mesmo quando o titular do órgão atuar em outros casos apenas como órgão da União, isto é, como entidade parcial. Trata-se pois de uma função regulada pela Constituição total, para a sua defesa".[455]

2.5 Auxílio federal (*Bundeshilfe*) ou cooperação federal (*Bundesgenössiche*)

O *auxílio federal (Bundeshilfe)* ou *cooperação federal (Bundesgenössiche)* consiste na ajuda prestada aos entes federados, como forma de complementar ou suprir a satisfação das necessidades pelas quais atravessa um determinado Estado-

---

[455] KELSEN, Hans. *Jurisdição constitucional*. 3. ed. São Paulo: WMF Martins Fontes, 2013, p. 50-93.

membro ou a Federação. O auxílio destina-se ao outro, constituindo um dever a ser cumprido em prol do Estado-total ou do Estado-parcial, sendo corolário do princípio da lealdade federal (*Bundestreue*). Isso porque "o princípio do Estado federal fundamenta segundo sua essência, não apenas direitos, mas também obrigações".[456] Disso resulta que constitui obrigação das unidades regionais e da federação auxiliarem-se mutuamente, expressando o princípio da unidade.

Finalisticamente, o auxílio federal é uma atividade que uma autoridade ou órgão presta, a requerimento de outro, com o escopo de permitir ou facilitar o exercício das funções próprias do ente federativo (Maunz). "O dever recíproco de auxílio entre as diversas autoridades, ou órgãos em geral do Estado (compreendendo tanto a Federação quanto os Estados-membros) se apresenta como uma consequência necessária e essencial da divisão (e muito especialmente a vertical) do poder estatal, e seu exercício através de distintas instituições, constituindo uma manifestação clara da recondução da dita divisão ao princípio da unidade do Estado. A inserção do dito dever na Constituição Federal o converte em diretamente efetivo para ambas as partes, sem necessidade de posteriores concreções legislativas ou contratuais. O dever de auxílio não se limita aos órgãos superiores da União (*Bund*) e dos Estados (*Länder*), senão afeta, também ativa e passivamente, aos órgãos intermediários e inferiores de ambas as instâncias".[457] Vale dizer, no que se refere aos destinatários da norma, a assistência é exigida tanto pelas autoridades da Federação quanto pelas autoridades dos Estados-membros, devendo-se prestar auxílio mútuo na área jurídica e administrativa (cooperação judiciária e cooperação administrativa – art. 35, alínea 1).

A formalização do pedido de auxílio federal judicial (*Rechtshilfe*) ou administrativo (*Amtshilfe*) se dá mediante o envio de petição ao juiz (caso o auxílio seja judicial) ou à autoridade administrativa (se a assistência for de dessa área). "O auxílio que se solicita compreende a atividade ou conjunto de atividades do órgão requerido para tal auxílio, encaminhadas para possibilitar ou facilitar o exercício das funções próprias que tem assumidas o órgão solicitante. Junto a estas, existe uma multiplicidade de técnicas de intervenção de caráter mais informal, como são as conferências inter-territoriais, as comissões e grupos de trabalho setoriais entre os ministros federal e estatais competentes, ou os conselhos parlamentares inter-regionais".[458] A medida auxiliatória é prevista no art. 35 da Lei Fundamental:[459]

> Artigo 35 [Auxílio judiciário, administrativo e de emergência]
> (1) Todas as autoridades da Federação e dos Estados devem prestar auxílio jurídico e administrativo mútuo.

---

[456] SCHWABE, Jürgen. Organização e introdução: Leonardo Martins. *Cinquenta anos de jurisprudência do tribunal constitucional federal alemão*. Montevideo: Konrad-Adenauer-Stiftung E.V., 2005, p. 824
[457] ROVIRA, Enoch Alberti. *Federalismo y cooperacion en la Republica Federal Alemana*. Madrid: Centro de Estudios Constitucionales, 1986, p. 230-231.
[458] ARIAS GUEDÓN, Sonsoles. *Las Constitucions de los länder de la República Federal de Alemania*. Madrid: Centro de Estudios Políticos y Constitucionales, 2016, p. 70.
[459] ALEMANHA. *Lei fundamental da República Federal da Alemanha. Deutscher Bundestag*. Versão alemã de 23 de maio de 1949, última atualização em 28 de março de 2019. Tradutor: Assis Mendonça, Aachen.

(2) Para a manutenção ou recuperação da segurança ou da ordem pública, um Estado pode, em casos de importância especial, requerer forças e equipamento da Polícia Federal de Proteção das Fronteiras, para auxiliar a sua polícia, desde que, sem este auxílio, não esteja em condições de cumprir suas funções ou esteja sob consideráveis dificuldades. Para auxiliar em catástrofes naturais ou em acidentes especialmente graves, um Estado pode solicitar forças policiais de outros Estados, forças e equipamento de outros serviços administrativos, bem como da Polícia Federal de Proteção das Fronteiras e das Forças Armadas.

(3) Se o acidente ou a catástrofe natural abrangerem o território de mais de um Estado, o Governo Federal pode, desde que isto seja indispensável para um combate eficiente, dar instruções aos governos estaduais no sentido de por forças policiais à disposição de outros Estados, bem como destacar unidades da Polícia Federal de Proteção das Fronteiras e das Forças Armadas para apoio às forças policiais. As medidas do Governo Federal tomadas no âmbito da primeira frase terão de ser suspensas a qualquer momento por solicitação do Conselho Federal e, no mais, imediatamente depois de suprimido o perigo.

Como visto, outra forma de auxílio federal funda-se na ajuda resultante de emergência (cooperação emergencial – art. 35, alíneas 2 e 3). No primeiro caso, o Estado-membro necessita de assistência para manter ou recuperar a segurança ou ordem pública no seu espaço geográfico, razão pela qual pode requerer forças e equipamentos da Polícia Federal de Proteção de Fronteiras para auxiliar a sua polícia. Se o ente federado sofrer catástrofes naturais ou acidentes graves, o Estado também poderá solicitar forças policiais, equipamentos e serviços administrativos de outros Estados, além da Polícia Federal de Proteção das Fronteiras e das Forças Armadas (alínea 2). Na terceira hipótese constante no artigo, o Governo Federal auxilia os Estados-membros por meio de instruções aos governos estaduais, bem como na disponibilização de unidades da Polícia Federal de Proteção das Fronteiras e das Forças Armadas (alínea 3).

Desse modo, conforme Klaus Stern, a cooperação federal (*Bundesgenössiche*) constitui modalidade subsidiária como intervenção federal, uma vez que é concedida ao Estado-membro com o objetivo de manter ou restaurar a segurança pública, para manter ou restaurar a ordem pública ou apoiar a Guarda de Fronteira Federal (*öffentlichen Sicherheit oder Ordnung*). Somente quando o Estado-membro não está preparado ou não tem condições de combater o perigo em si é que o governo federal pode intervir por sua própria iniciativa. Além disso, em caso de desastres naturais ou acidentes fora do território de um Estado, o governo federal pode emitir instruções aos governos estaduais sobre o uso de forças policiais para apoio ou prestar auxílio operacional (*Naturkatastrophe oder schweren Unglücksfall*).[460]

Portanto, essa modalidade interventiva ostenta caráter favorável aos Estados-membros (*Länder*), visto que constitui medida que atende ao interesse da própria unidade regional, auxiliando-a na solução da problemática que lhe acomete significamente.

---

[460] STERN, Klaus. *Das Staatsrecht der Bundesrepublik Deutschland*. Band I. Grundbegriffe und Grundlagen des Staatsrechts, Strukturprinzipien der Verfassung. München: Beck, 1977, p. 562-563.

2.6 Tribunal Constitucional Federal (*Bundesverfassungsgericht*)

Por último, consigne-se que se houver divergência entre os Estados (*Länder*) e a União (*Bund*) relativamente à intervenção federal, à inspeção federal, à coação federal (execução forçosa) ou ao auxílio federal, o Tribunal Constitucional (*Bundesverfassungsgericht*) poderá ser provocado pelos interessados para solucionar a divergência acerca de direitos e deveres, conforme o art. 93, alínea 1, item 3, da Lei Fundamental: "(1) O Tribunal Constitucional Federal decide: 3. No caso de divergências sobre direitos e deveres da Federação e dos Estados, especialmente a respeito da execução de leis federais pelos Estados e do exercício da fiscalização federal".

Na resolução de caso submetido ao seu exame, compete à Corte decidir vinculativamente, nos termos do art. 31, alínea 1, da Lei do Tribunal Constitucional Federal alemão, de modo que as decisões do Tribunal vinculam os órgãos constitucionais da Federação e dos Estados (*Länder*), bem como todos os tribunais e autoridades.[461] Portanto, o controle jurídico sobre as medidas interventivas é de competência do Tribunal Constitucional Federal, solucionando-as definitivamente.

---

[461] ALEMANHA. Bundesministerium der Justiz und für Verbraucherschutz. *Gesetz über das Bundesverfassungsgericht* (Bundesverfassungsgerichtsgesetz – BVerfGG). Disponível em: https://www.gesetze-im-internet.de/bverfgg/BJNR002430951.html. Acesso em: 23 jul. 2021.

CAPÍTULO 3

ÁUSTRIA

3.1 Introdução

Nos termos da Constituição, a Áustria é uma república democrática, cujo direito vem das pessoas que a compõem (art. 1º). A Áustria adota o modelo de Estado-federal, tendo por Estados autônomos as seguintes unidades: Burgenland, Kärnten, Niederösterreich, Oberösterreich, Salzburg, Steiermark, Tirol, Vorarlberg e Wien (art. 2º).

Em razão do federalismo, o território federal austríaco compreende os territórios dos Estados federados, formando uma área monetária, econômica e aduaneira uniforme (arts. 3º e 4º). Além disso, o Governo Federal deve legislar e fazer cumprir pelas unidades regionais, entre outras, as seguintes matérias: i – a Constituição Federal; ii – assuntos externos; iii – regulamentação e fiscalização da entrada e saída do território federal, imigração e emigração; iv – finanças federais; v – dinheiro, crédito, bolsa de valores e bancos; vi – direito civil; vii – manutenção da paz, ordem e segurança pública; viii – comércio e indústria; ix – transportes; x – mineração; xi – direito do trabalho; xii – cuidados de saúde; xiii – universidade e ensino superior; xiv – assuntos militares; etc.[462]

Como se vê, há uma série de matérias de competência do Governo Federal, devendo os Estados-membros e os Condados (Municípios) observar as normas no âmbito dos seus territórios.

Para tanto, a fim de verificar o cumprimento das normas federais pelas unidades regionais e locais, exsurge a figura da "supervisão federal" (*Bundesaufsicht*), "supervisão estadual" (*Staatlicheaufsicht*), "execução forçosa" ou "coação federal" (*Bundeszwang*) e "execução federal" (*Bundesexekution*).

---

[462] ÁUSTRIA. Rechtsinformationssystem des Bundes. *Bundes-Verfassungsgesetz (B-VG)*. Bundesrecht konsolidiert: Gesamte Rechtsvorschrift für Bundes-Verfassungsgesetz, Fassung vom 23.07.2021. Disponível em: https://www.ris.bka.gv.at/GeltendeFassung.wxe?Abfrage=Bundesnormen&Gesetzesnummer=10000138. Acesso em: 23 jul. 2021.

3.2 Supervisão federal nos Estados (*Bundesaufsicht*)

De acordo com Peter Pernthaler e Karl Weber, a supervisão federal na Áustria não tinha recebido muita atenção no direito constitucional, diferentemente dos países vizinhos da Alemanha e Suíça, onde o instituto foi e está sendo submetido a extenso tratamento literário e judicial.[463]

A Constituição austríaca não elenca um capítulo explicitamente sobre a interferência do Governo Federal nos Estados ou nos municípios, mas prevê medidas fiscalizatórias ao longo do texto constitucional, a exemplo dos artigos 11 (7); 15 (8); 14a (6), 119a, 146, etc.

Peter Pernthaler, na magnífica obra *Österreichisches Bundesstaatsrecht*, discorre sobre a supervisão federal na administração estadual. Em que pese os Estados-membros deterem autonomia para legislar sobre matéria não expressamente atribuída à legislação ou execução do governo federal, a Federação tem o direito de garantir o cumprimento dos regulamentos que emitiu nos assuntos reservados à legislação federal, constante dos artigos 11 e 12 da Constituição. Nesse sentido, compete ao governo federal legislar sobre cidadania, habitação pública, saneamento, meios de transporte, proteção dos animais, direito do trabalho, assistência aos pobres, sanatórios e lares de idosos, eletricidade, etc., – art. 15 (8) c/c arts. 11 e 12 da Constituição austríaca. Dessa forma, o art. 15 (8) da Constituição regula a supervisão federal geral quando se tratar de poderes legislativos e de fiscalização compartilhados com os Estados.

A previsão fiscalizatória federal constante no artigo 15(8) da Constituição é denominada de "execução estadual" ("*Landesvollziehung*"), pois se trata de uma função estatal independente dos Estados-membros. Isso decorre do fato de que a supervisão federal significa uma relação jurídica entre o governo federal e os Estados-membros, e não uma subordinação organizacional das autoridades estaduais às autoridades federais. Isso significa também que as medidas organizacionais dentro da administração estadual – como o estabelecimento de autoridades não sujeitas a diretrizes, governos autônomos ou cisões em formas organizacionais de acordo com a legislação societária – não podem afetar fundamentalmente a supervisão federal. A supervisão federal é consequência legal da independência prevista constitucionalmente de aplicação das leis federais e das leis estaduais, de modo que a autoridade supervisora federal deve mitigar a tensão entre a independência organizacional dos Estados e a função federal de "execução estadual" ("*Landesvollziehung*"). Sem embargo, a referida autoridade não pode desfazer essa contradição entre duas estruturas constitucionais fundamentais (estadual e federal), haja vista que elas se baseiam na natureza do Estado Federal austríaco (VfSlg 1030/1928).[464]

---

[463] PERNTHALER, Peter; WEBER, Karl. *Theorie und Praxis der Bundesaufsicht in Österreich*. Schriftenreihe des Instituts für Föderalismusforschung – Band 13. Wien: Wilhelm Braumüller, 1979, p. 11.

[464] PERNTHALER, Peter. *Österreichisches Bundesstaatsrecht*. Wien: Verlag Österreich, 2004, p. 510-513.

Além disso, o artigo 11(7) da Constituição prevê que o governo federal e os ministros federais individuais têm poderes em relação ao governo estadual, notadamente: 1 – a autoridade para fiscalizar os arquivos das autoridades estaduais por meio de órgãos federais; 2 – autoridade para solicitar o envio de relatórios sobre a implementação de leis e portarias federais; 3 – autoridade para solicitar todas as informações sobre a implementação necessária à elaboração da promulgação de leis e portarias do governo federal; 4 – a faculdade de solicitar informações e a apresentação de processos em certos casos, na medida em que seja necessário para o exercício de outras competências.[465]

De acordo com Peter Pernthaler, o objetivo da supervisão federal consiste em verificar a observância das normas estaduais em conformidade com as leis federais e com as portarias de implementação, ou seja, trata-se de exame tendo por parâmetro as normas editadas pelo Governo Federal, por força do arts. 11(3), 15(8), 18, 129 e 139 da Constituição austríaca. No ato fiscalizatório, a autoridade supervisora federal não tem que verificar o cumprimento das leis federais ou das portarias de implementação em nenhum caso particular de forma mais estrita ou diferente do que a jurisprudência dos tribunais de direito público.

Os meios de supervisão são: i – *norma de competência* (decorre do art. 15(8) do *B-VG*, que não cria uma relação organizacional entre as autoridades federais e estaduais, mas sim uma relação jurídica entre o governo federal e os Estados, estendendo a distribuição de competências para incluir "direitos" do governo federal e as obrigações correspondentes dos Estados. O objetivo da norma constitucional reside na correção parcial do princípio federal da separação, uma vez que sem esse arranjo os Estados não seriam obrigados – em virtude de suas funções estaduais fundamentais – a fornecer ao governo federal, por qualquer meio, conhecimento da fiscalização estadual); ii – *medidas de supervisão individuais* (são meios de "percepção" do cumprimento das regulamentações federais pelos Estados, consistindo em um direito federal à informação, por força dos arts. 15(8), 22, 11(3) e 20(3) da Constituição.[466]

A Federação também tem poderes para garantir o cumprimento dos regulamentos que emitiu em questões que fazem parte da implementação por parte dos Estados-membros sobre legislação federal concernente a: i – questões de instrução religiosa; ii – a lei dos serviços e a lei de representação do pessoal dos professores das escolas profissionais e técnicas agrícolas e florestais públicas e dos educadores dos dormitórios estudantis públicos, que se destinem exclusiva ou predominantemente aos alunos dessas escolas, salvo, no entanto, as questões de competência para o exercício da soberania do serviço sobre esses professores e educadores.

---

[465] ÁUSTRIA. Rechtsinformationssystem des Bundes. *Bundes-Verfassungsgesetz (B-VG)*. Bundesrecht konsolidiert: Gesamte Rechtsvorschrift für Bundes-Verfassungsgesetz, Fassung vom 23.07.2021. Disponível em: https://www.ris.bka.gv.at/GeltendeFassung.wxe?Abfrage=Bundesnormen&Gesetzesnummer=10000138. Acesso em: 25 jul. 2021.
[466] PERNTHALER, Peter. *Österreichisches Bundesstaatsrecht*. Wien: Verlag Österreich, 2004, p. 513-515.

Nesses casos, a competência estadual reside apenas no tocante à execução dessas matérias, cabendo à esfera federal legislar sobre os princípios norteadores: a) no que diz respeito às escolas profissionais agrícolas e florestais: nas questões de determinação do objetivo educativo, nas disciplinas obrigatórias e no ensino gratuito, bem como nas questões da escolaridade obrigatória e da transferência da escola de um país para a escola de outro; b) no que diz respeito às escolas técnicas agrícolas e florestais: no que diz respeito à determinação dos requisitos de admissão, ao objetivo pedagógico, às formas de organização, ao âmbito das aulas e às disciplinas obrigatórias, à gratuidade das aulas e à transferência da escola de um país para a escola de outro país; c) em matéria de direito público das escolas profissionais e técnicas agrícolas e florestais privadas; d) no que se refere à organização e âmbito de atuação dos conselhos consultivos que participam da implementação dos estados nas matérias do campo da educação agrícola e florestal – art. 14a, (6) c/c (3) e (4) do art. 14a da Constituição.[467]

Na lição de Peter Pernthaler, existe ainda o controle de natureza legal de órgão federal sobre a administração estadual. A primeira modalidade de controle é a *jurisdição constitucional*, a cargo do Tribunal Constitucional, de acordo com os artigos 137 a 144 da Constituição austríaca, ocasião em que atos da administração estadual são verificados quanto à sua legalidade, bem como são decididos os conflitos de jurisdição ou outras disputas constitucionais na esfera administrativa. A segunda modalidade se dá mediante o *controle de tribunais administrativos gerais e especiais*. O Tribunal Constitucional é, de maneira especial, um órgão federal de controle judicial quando decide sobre o cumprimento de dispositivos legais federais por órgãos estaduais ou de medidas de fiscalização do governo federal em face da administração estadual. A decisão do Tribunal Constitucional confere aos regulamentos federais força vinculativa final em relação à administração estadual; sua jurisdição é a diretriz da legalidade, especialmente por meio de seu efeito de formatação e desenvolvimento jurídico para o exercício da administração estadual. A propósito, isso também se aplica à aplicação da Constituição estadual e da lei estadual, uma vez que os Estados não possuem sua própria jurisdição constitucional.

A terceira modalidade consiste no controle de *contas como supervisão jurídica legal*. Conforme os artigos 122 e 123 da Constituição, o Tribunal de Contas é um órgão puramente federal. Funcionalmente, atua no controle da aplicação do Estado como um órgão do parlamento estadual e também é responsável por eles nos termos da lei estadual. No entanto, o controle contábil central da esfera independente de atividade dos Estados por um órgão federal é tido como um controle externo, razão pela qual todos os Estados criaram suas próprias instituições de controle contábil, o que, é claro, não exclui o controle de contabilidade federal.

---

[467] ÁUSTRIA. Rechtsinformationssystem des Bundes. *Bundes-Verfassungsgesetz (B-VG)*. Bundesrecht konsolidiert: Gesamte Rechtsvorschrift für Bundes-Verfassungsgesetz, Fassung vom 23.07.2021. Disponível em: https://www.ris.bka.gv.at/GeltendeFassung.wxe?Abfrage=Bundesnormen&Gesetzesnummer=10000138. Acesso em: 25 jul. 2021.

A quarta modalidade é o *controle legal pelo Conselho de Ouvidoria*, ao qual compete receber reclamações sobre supostas deficiências relativas a violação de direitos humanos. Em razão disso, todos os órgãos da Federação, os Estados-membros, os municípios, as associações municipais e quaisquer outros órgãos autônomos devem apoiar o Conselho de Ouvidoria no desempenho de suas tarefas, concedendo-lhe acesso aos arquivos e fornecendo as informações necessárias, quando solicitadas, não existindo sigilo oficial em relação à Ouvidoria – arts. 148a c/c 148b(1) da Constituição austríaca.

Finalmente, a quinta modalidade de controle consiste na *extensão da responsabilidade constitucional dos órgãos do Estado*. Nesse caso, a responsabilidade perante o Tribunal Constitucional se dá em relação aos mais altos órgãos federais e estaduais por violações culposas da lei, ocorridas no âmbito das suas atividades oficiais. As acusações podem ser apresentadas: i – contra os membros do governo federal; ii – contra os membros de um governo estadual e os órgãos equivalentes; iii – contra um governador, seu substituto ou um membro do Governo do Estado; iv – contra os membros de um governo estadual por violação da lei, bem como por obstrução dos Poderes, entre outras hipóteses, nos termos do art. 142(1) da Constituição.[468]

3.3 Supervisão federal e supervisão estadual nos municípios (*Bundesaufsicht* e *Staatlicheaufsicht*)

O governo federal e o Estado-membro exercem o direito de fiscalização sobre o município para que este não infrinja as leis e portarias ao cuidar da sua própria esfera de atividade, em particular não ultrapasse sua esfera de atividade e cumpra as tarefas que lhe incumbe por lei. O Estado também tem o direito de examinar a gestão do município quanto à sua economia, eficiência e celeridade. O resultado da revisão será encaminhado ao prefeito para encaminhamento à Câmara Municipal. O prefeito deve notificar a autoridade supervisora das medidas tomadas com base nos resultados da inspeção no prazo de três meses – art. 119a, (1) e (2) da Constituição austríaca.

O direito de fiscalização e sua regulamentação legal são de responsabilidade do governo federal, na medida em que a esfera de atuação do município inclua matérias da área de execução federal, da União; caso contrário, são de responsabilidade fiscalizatória dos Estados. O direito de supervisão deve ser exercido pelas autoridades da administração geral do Estado. A autoridade de fiscalização tem o direito de se informar sobre qualquer assunto do município. O município é obrigado a fornecer as informações exigidas pela autoridade de fiscalização em cada caso individual e a mandar efetuar inspeções no local – art. 119a, (3) e (4) da Constituição.

---

[468] PERNTHALER, Peter. *Österreichisches Bundesstaatsrecht*. Wien: Verlag Österreich, 2004, p. 532-535.

Além disso, o município deve notificar imediatamente a autoridade de fiscalização de quaisquer portarias expedidas no seu âmbito de atividade. A autoridade de supervisão tem de revogar as portarias ilegais após ouvir o município por portaria e, ao mesmo tempo, notificar o município das razões para tal. Na medida em que a legislação pertinente preveja a dissolução do conselho municipal como meio de fiscalização, essa medida cabe ao governo estadual no exercício do direito de fiscalização do Estado, e ao governador no exercício do direito de fiscalização do governo federal. A admissibilidade da atuação substituta como meio de supervisão deve ser limitada aos casos de absoluta necessidade. Os meios de fiscalização devem ser tratados com a maior proteção possível dos direitos adquiridos de terceiros – art. 119a, (6) e (7) da Constituição austríaca.

As medidas individuais a serem tomadas pelo município no seu próprio âmbito de atividade, através das quais os interesses supralocais são particularmente afetados, em particular os de importância financeira, podem estar vinculadas à aprovação da autoridade de supervisão pela legislação pertinente (fiscalização federal ou estadual). O motivo da recusa da licença só pode ser apresentado em caso de infração que justifique claramente a preferência por interesses supralocais – art. 119a, (8) da Constituição.

O município é parte no procedimento de fiscalização e tem o direito de recorrer ao Tribunal Administrativo. Além disso, é parte no processo e tem o direito de recorrer ao Tribunal Administrativo e ao Tribunal Constitucional, aplicando-se tal preceito no tocante à fiscalização das associações de municípios – art. 119a, (9) e (10) da Constituição austríaca.[469]

3.4 Execução forçosa (*Bundeszwang*) ou execução federal (*Bundesexekution*)

Segundo Peter Pernthaler, a execução forçosa (*Bundeszwang*) ou execução federal (*Bundesexekution*) consiste na aplicação de princípios constitucionais ou na restauração da ordem pública por órgãos federais, especialmente por guardas ou militares. A maioria das Constituições federalistas prevê o instituto da "intervenção federal" como forma de garantir a paz interna e a aplicação geral do sistema normativo em todo o território nacional, ou seja, tem por escopo assegurar as tarefas centrais do Estado Federal.

Originalmente, a Constituição Federal da Áustria continha apenas procedimentos legais para a resolução de conflitos políticos – especialmente perante o Tribunal Constitucional – de forma que Kelsen afirmou que a Constituição Federal havia finalmente superado "a técnica jurídica primitiva da execução federal".

---

[469] ÁUSTRIA. Rechtsinformationssystem des Bundes. *Bundes-Verfassungsgesetz (B-VG)*. Bundesrecht konsolidiert: Gesamte Rechtsvorschrift für Bundes-Verfassungsgesetz, Fassung vom 23.07.2021. Disponível em: https://www.ris.bka.gv.at/GeltendeFassung.wxe?Abfrage=Bundesnormen&Gesetzesnummer=10000138. Acesso em: 25 jul. 2021.

Todavia, por meio do B-VG-Nov 1929, que surgiu em um momento em que as disputas políticas e as inquietações internas chegaram ao ápice, o "uso interno" das forças armadas foi reorganizado – art. 79, (5), da Constituição – e também no contexto da execução das decisões do Tribunal Constitucional previsto – art. 146, (2), da Constituição –, de modo que esta declaração de Kelsen não se aplica mais hoje. Não obstante, ainda é verdade que, em circunstâncias normais, a jurisdição constitucional altamente desenvolvida e a centralização dos guardas em torno da administração de segurança suprimiu, em grande parte, os casos de execução federal. Contudo, uma vez que o Poder Judiciário constitucional não está em posição de resolver as rupturas da ordem e as crises políticas do Estado que surgem em decorrência de violações sistemáticas da lei e de conflitos armados, os casos de execução forçosa introduzidos em 1929 ainda podem ser aplicados.[470]

Conforme a Constituição austríaca no capítulo referente ao Exército, as Forças Armadas Federais são responsáveis pela defesa militar do país. Em razão disso, cabe-lhes, na medida em que o poder civil legítimo fizer uso de sua cooperação: i – proteger as instituições constitucionais e sua capacidade de agir, bem como as liberdades democráticas dos residentes; ii – manter a ordem e a segurança interna em geral; iii – para prestar assistência em caso de desastres naturais e acidentes de extraordinária magnitude. Assente-se que a "intervenção militar" independente, para fins de auxílio ao legítimo poder civil, só é permitida se as autoridades competentes forem incapazes de efetuar uma intervenção militar por motivo de força maior e, se o atraso continuar, ocorrerem danos irreparáveis ao público em geral, ou se se tratar de defesa diante de ataque ou remover resistência violenta dirigida contra um departamento do Exército Federal (art. 79 da Constituição).

Por fim, no capítulo relativo à jurisdição constitucional, a Constituição estabelece que a execução das decisões do Tribunal Constitucional é efetuada pelos tribunais ordinários. A execução das demais decisões do Tribunal Constitucional cabe ao Presidente da República (*Bundespräsidenten*), devendo ser realizada de acordo com suas instruções pelos órgãos da Federação ou do Estado, incluindo as Forças Armadas Federais que ele tenha encomendado para este fim. O pedido de execução de tais conclusões deve ser apresentado pelo Tribunal Constitucional ao Presidente da República (art. 146, Constituição).

---

[470] PERNTHALER, Peter. *Österreichisches Bundesstaatsrecht*. Wien: Verlag Österreich, 2004, p. 544-545.

CAPÍTULO 4

SUÍÇA

4.1 Introdução

A Suíça é um país confederado, formado por vinte e seis Estados, chamados de *Cantões*, nomeadamente: Zurique, Berna, Lucerna, Uri, Schwyz, Obwalden e Nidwalden, Glaris, Zug, Fribourg, Soleure, Basileia-cidade e Basileia-região, Schaffhausen, Appenzell Ausserrhoden e Appenzell Innerrhoden, São Galo, Grisões, Argóvia, Turgóvia, Tessino, Vaud, Valais, Neuchâtel, Genebra e Jura (art. 1º, Constituição Federal da Confederação Suíça – CFCS). Também é prevista a figura dos municípios, que são denominados de *comunas*. A autonomia das comunas é garantida pela Constituição Federal, todavia, sujeita-se aos limites fixados pelo Direito Cantonal (art. 50, CFCS).[471]

O Cantão (*Kanton*) é soberano naquilo que não for limitado pela Constituição Federal e exerce todos os direitos que não forem delegados ao disciplinamento a cargo da Confederação (art. 3º CFCS). Em razão disso, pode-se dizer que se trata de verdadeira autonomia, pois a atuação do Cantão deve observar as disposições constantes na Constituição Federal.

A Confederação exerce as tarefas a ela atribuídas pela Constituição Federal, ao passo que os Cantões definem as tarefas a serem realizadas no seu âmbito de competência (arts. 42 e 43 da CFCS). A Confederação somente assume as tarefas que excedam a possibilidade dos cantões ou que necessitem de regulamentação uniforme (art. 43a, alínea 1, CFCS).

Prevalece a relação cooperativa entre os Cantões e a Confederação, sendo previsto constitucionalmente o apoio mútuo no cumprimento das tarefas que lhes foram incumbidas pelo ordenamento jurídico. Além disso, devem respeito e assistência mútua, inclusive mediante a assistência recíproca em matéria administrativa e judicial. Por fim, eventuais conflitos que surjam entre os Cantões ou destes com a Confederação devem ser resolvidos, tanto quanto possível, por meio da negociação ou da mediação (art. 44, alíneas 1, 2 e 3 da CFCS).

---

[471] SUÍÇA. *Constitution fédérale de la Confédération suisse*, du 18 avril 1999 (Etat le 7 mars 2021). Le Conseil fédéral – Droit fédéral. Disponível em: https://www.fedlex.admin.ch/eli/cc/1999/404/fr#tit_3/chap_1. Acesso em: 29 jul. 2021.

4.2 Controle da Confederação sobre os Cantões

Conforme estabelecido constitucionalmente, os Cantões devem respeitar o direito federal, cabendo à Confederação exercer tal controle sobre as unidades cantonais (art. 49, alínea 2 da CFCS).

Na lição de Jean-François Albert, os Cantões têm o dever de respeitar a lei federal, possuem competências próprias e outras de natureza delegada, de modo que seria uma obrigação imperfeita se a Confederação não dispusesse de poder para assegurar o cumprimento ou para supervisioná-los. Diante disso, exsurge a figura do poder de supervisão federal (*Surveillance*), o poder de execução federal (*Bundesexekution* ou *Bundeszwang*) e o da intervenção federal (*Bundesintervention*).

4.2.1 Supervisão (*Surveillance*)

Dentre os mecanismos de controle, sobressai o poder de supervisão, também conhecido como poder de fiscalização, vigilância ou monitoramento (*Surveillance*). Nesse caso, a Confederação fiscaliza o Cantão (sujeitos), a fim de aferir a conformidade dos atos praticados em face da Constituição Federal (objeto). O monitoramento recai sobre as atividades legislativa e administrativa dos Cantões, excluindo-se as atividades judiciárias. Sem embargo, a conformidade dos julgamentos das unidades cantonais ao direito federal sujeita-se à revisão judicial. A função de supervisão incumbe, em regra geral, ao Conselho Federal. Excepcionalmente, a atividade de supervisão é exercida pelo Tribunal Federal. A supervisão também é promovida pela Assembleia Federal, que a exerce de forma excepcional limitada, pronunciando-se relativamente à garantia das Constituições cantonais.[472]

O Conselho Federal é composto por sete membros, eleitos pela Assembleia Federal, dentre os cidadãos e cidadãs suíços das regiões do país e linguisticamente representadas (art. 175, CFCS). Por sua vez, compete ao Tribunal Federal apreciar contestação por violação à autonomia das comunas, disputas entre a Confederação e os Cantões ou dos Cantões entre si (art. 198, alínea 1e, 2, CFCS).

Relativamente à supervisão, o Conselho Federal, por cortesia, só entra em contato direto com o Governo do Cantão. Não obstante, a mesma cortesia e a preocupação com a rapidez impulsionam departamentos e serviços a tratar com órgãos inferiores. Por sua vez, o Tribunal Federal envia suas circulares às autoridades de supervisão cantonais (que são distintas do Governo). Afora isso, a competência própria ou delegada é de grande importância na supervisão da Confederação sobre os Cantões, mormente no que alude observância do direito federal. Acerca dos meios utilizados na supervisão, estes podem ser de natureza

---

[472] AUBERT, Jean-François. *Traité de Droit Constitutionnel Suisse*. Nauchâtel, Suisse: Editions Ides et Calendes, 1967, p. 296-298.

ordinária ou extraordinária. Os primeiros são utilizados genericamente, enquanto que os segundos só podem ser adotados se previstos na Constituição, em lei ou em ordenanças federais. Os meios ordinários de supervisão não exigem texto normativo particular autorizador, bastando que seja realizada a distribuição de competência legislativa ou administrativa. Noutro giro, os meios extraordinários de monitoramento exigem suporte suplementar, isto é, uma habilitação especial, a exemplo de: sujeitar uma lei cantonal a uma aprovação federal; a faculdade de interpor recurso contra um ato cantonal; instruir especialmente a autoridade do Cantão sobre uma medida a ser tomada; enviar inspetores federais nos Cantões; e obrigar os Cantões a enviarem relatórios de suas atividades à Confederação.[473]

Ao proceder o cotejo dos meios utilizados na supervisão, verificam-se as seguintes técnicas: i – instruções gerais; ii – questionários; iii – instruções especiais; iv – relatórios; v – apresentação de atos (leis, decretos, julgamentos); vi – inspetores federais; recurso contra ato cantonal. Ademais, constitui mecanismo fiscalizatório a aprovação de atos normativos pela autoridade competente (*Genehmigungspflicht*) relativamente às Constituições cantonais, aos tratados entre o Cantão e um Estado estrangeiro, às convenções intercantonais e a certas ordenanças cantonais.[474]

4.2.2 Execução federal (*Bundesexekution*)

A execução federal consiste em realizar ato de natureza federativa no âmbito cantonal, em face da omissão ou desatendimento expresso. A medida é importante, a fim de propiciar a aplicação de preceitos confederados no espaço geográfico das respectivas unidades que a integram, conferindo uniformidade.

Além disso, por força de novo dispositivo constitucional, é prevista a declaração de força obrigatória geral e de aderir a acordos, que é aplicável aos Cantões. Nesses casos, a pedido dos Cantões interessados, a Confederação pode conferir força vinculativa geral aos acordos intercantonais ou obrigar certos Cantões a aderirem às convenções intercantonais em determinadas áreas, a exemplo da execução de sentenças, educação pública, universidades, transporte público em áreas urbanas, medicina avançada, etc. A declaração de força vinculativa geral assume a forma de um decreto federal, cabendo à lei definir as condições exigidas para a declaração de força vinculativa e a obrigação de adesão (art. 48a, CFCS).

Na lição de Aubert François, na execução federal, nos relatórios entre a Confederação e os Cantões habitualmente é empregada grande cortesia, de modo que o Conselho Federal convida os Governantes confederados a repudiar uma conduta que repute ilegal. Todavia, a figura do "convite" é uma convocação polida. Inicialmente, em casos de conflito é possível a utilização da reclamação

---

[473] AUBERT, Jean-François. *Traité de Droit Constitutionnel Suisse*. Nauchâtel, Suisse: Editions Ides et Calendes, 1967, p. 298-299.
[474] AUBERT, Jean-François. *Traité de Droit Constitutionnel Suisse*. Nauchâtel, Suisse: Editions Ides et Calendes, 1967, p. 300-301.

de direito público, quando os Cantões contestam a opinião do Conselho Federal, sendo o conflito apreciado pelo Tribunal federal. O primeiro mecanismo de execução federal consiste na *pressão financeira*, que se materializa por meio de ações, subvenções e reembolsos (amortizações). O segundo instrumento promovedor da execução federal é a *substituição* (*Ersatzvornahme*), significando que se um Cantão inobservar um ato legislativo ou administrativo, a Confederação pode promover o cumprimento do preceito desatendido, inclusive à custa da unidade cantonal recalcitrante. Nesse caso, a autoridade interventora age no lugar do Cantão, de modo a executar o preceito federal.

Em razão da substituição, a Confederação pode promulgar, provisoriamente, as normas necessárias à implementação de certas leis federais quando os Cantões tardam na elaboração de leis implementadoras. Tal procedimento também pode ser adotado diante da ausência do texto legal de competência da unidade cantonal omitente. A *anulação* ocorre quando há cometimento de ato irregular, no entanto, não tem lugar no sistema de controle federal, visto que a autoridade supervisora não detém competência para anular espontaneamente o ato cantonal. Nesses casos, requer-se a apreciação por meio dos recursos judiciais, cabendo aos tribunais julgar a compatibilidade das leis federais. Registre-se que o Conselho Federal fiscaliza a execução dos atos normativos e demais decisões da Assembleia Federal, bem como exerce a jurisdição administrativa nos casos em que a lei lhe concede competência (art. 9, alíneas 1 e 2).[475]

Outra modalidade de execução federal consiste na figura dos comissários, ocorrendo quando as irregularidades são inúmeras, principalmente em um determinado setor da Administração cantonal. Nesse caso, é possível incidir a *gestão por comissário* federal, a fim de regularizar a anormalidade. Assim como a anulação, a gestão por comissário também supõe uma base legal.

Ademais, menciona-se a hipótese de *execução militar*, constituindo um meio bastante geral e o último instrumento executório a ser utilizado pela Confederação. Tal mecanismo nunca foi implementado, mas destina-se contra o Governante cantonal recalcitrante, não se confundindo com a intervenção federal. A esse respeito, Hans-Urs Wili informa que em 1884 a mera ameaça de envio de tropas fez com que o Cantão Tessino revisasse suas disposições, que eram contrárias à lei federal e que haviam sido adotadas nas eleições para o Conselho Nacional.[476]

No que concerne à autoridade fiscalizadora, compete à Assembleia Federal verificar o cumprimento das obrigações dos Cantões na execução das leis federais (art. 164, alínea *f*, CFCS). Finalmente, ao implementar a execução federal, a autoridade competente deve observar o princípio da proporcionalidade, de

---

[475] SUÍÇA. *Loi sur l'organisation du gouvernement et de l'administration* (LOGA), du 21 mars 1997 (Etat le 2 décembre 2019). Le Conseil fédéral. Droit fédéral. Disponível em: https://www.fedlex.admin.ch/eli/cc/1997/2022_2022_2022/fr. Acesso em: 02 ago. 2021.

[476] WILI, Hans-Urs. *Bundesinterventionen*. Historisches Lexikon der Schweizhls. Version vom: 21.02.2018. Disponível em: https://hls-dhs-dss.ch/de/articles/026427/2018-02-21/. Acesso em: 03 ago. 2021.

forma que os meios militares apenas devem ser usados para reprimir violação particularmente grave às normas de notável importância do direito federal, a exemplo de ato produzido por Governo cantonal que contrarie liberdades constitucionais, a legalidade ou a democracia.[477]

4.2.3 Intervenção federal (*Bundesintervention*)

Segundo Hans-Urs Wili, a intervenção federal (*Bundesintervention*) decorre da antiga Confederação, resultante da promessa de ajuda mútua, sendo o procedimento uma "quase-tutela" cujo objetivo é proteger o Cantão, mantendo a ordem e as autoridades legítimas (art. 52, CFCS). Com a intervenção, o exercício do poder público é repassado temporariamente da unidade cantonal para a Confederação, a fim de possibilitar o restabelecimento da ordem.[478]

A autonomia dos Cantões é respeitada pela Confederação (art. 47, alínea 1, CFCS). Todavia, com o escopo de ser mantida a unidade do país como Confederação, o direito federal possui primazia sobre o direito cantonal, naquilo que for contrário. Nesse caso, compete à Confederação velar pelo respeito ao direito federal pelos respectivos Cantões (art. 49, alíneas 1 e 2, CFCS). As Constituições cantonais são garantidas pela Confederação, desde que não contrariem o direito federal (art. 51, alínea 2, CFCS).

O instituto da *intervenção federal* surge como mecanismo promovedor da ordem constitucional, sendo uma das técnicas de promoção da garantia federal, isto é, um instrumento assegurador da normalidade nos Cantões. Desse modo, a intervenção federal no direito suíço expressa sentido protetivo, visto que a Confederação protege a ordem constitucional dos Cantões, intervindo quando a ordem é perturbada ou ameaçada e a unidade cantonal não consegue preservá-la sozinha ou com a ajuda de outros Cantões (art. 52, alíneas 1 e 2, CFCS). Além disso, a intervenção objetiva manter a existência e o *status* da unidade como Cantão, assim como a integridade do seu território (art. 53, alínea 1, CFCS).

Assim, na Constituição Federal da Confederação da Suíça consta expressamente a hipótese interventiva para promover a *manutenção da ordem cantonal* (efetivada em face de anormalidade de origem interna ou externa. Nesse caso, a intervenção destina-se como instrumento restaurador da estabilidade que fora violada). Ademais, é estabelecida a *garantia da integridade territorial* (que assegura a intangibilidade do Cantão. Essa previsão constitui meio mantenedor da inteireza do espaço-geográfico). A primeira hipótese consta no art. 52, alínea 2, da CFCS, ao passo que a segunda é prevista no art. 53, alínea 1, da CFCS.

---

[477] AUBERT, Jean-François. *Traité de droit constitutionnel suisse*. Nauchâtel, Suisse: Editions Ides et Calendes, 1967, p. 303-306.
[478] WILI, Hans-Urs. *Bundesinterventionen*. Historisches lexikon der Schweizhls. Version vom: 21.02.2018. Disponível em: https://hls-dhs-dss.ch/de/articles/026427/2018-02-21/. Acesso em: 03 ago. 2021.

Consoante Jean François Aubert, a intervenção federal não é propriamente um modo de controle, visto que ela não ataca o governo cantonal; ao contrário, ela o protege contra os adversários exteriores ou interiores, reprime distúrbios bem como aperfeiçoa a observância do direito federal no território cantonal. A autoridade competente para decidir acerca da intervenção é a Assembleia Federal ou o Conselho Federal; como sempre há alguma emergência, é o Conselho que atua, ocasião em que ele se reúne ou se reporta, solicitando a aprovação da medida.

No que alude ao processamento da operação interventiva, a intervenção pode ostentar natureza armada ou não armada, a depender da situação a que se pretende restabelecer. O Conselho Federal nomeia um comissário civil, que o representa na unidade cantonal submetida à intervenção. O comissário dispõe de poderes extensos e mal definidos, mas essencialmente detém atribuição de natureza administrativa e governamental. Com relação aos custos da intervenção, esses teoricamente incumbem ao Cantão, ressalvada a hipótese de desobrigação pela Assembleia federal, tendo em vista que a intervenção ocorre no interesse da nação. Em consequência da intervenção federal, eventuais crimes e delitos políticos praticados são de competência dos juízes federais, de modo a afastar dos tribunais locais onde a medida foi imposta.[479]

A intervenção federal apresenta-se como instrumento de natureza subsidiária, promovedor da segurança interna. Consectariamente, a medida interventiva pode ser aplicada ainda que a responsabilidade primária na área de segurança pública seja de incumbência dos Cantões, de modo que a providência favoreça a restauração da ordem, expressando um componente necessário para a segurança material do governo. Nesse sentido, a intervenção federal pode ser originada: i – por *pedido* de um dos Cantões (regra geral); ii – *iniciativa* independente do Governo federal (quando o Governo cantonal não tiver condições de proceder o pedido, ou a segurança nacional sofrer risco geral).[480]

Por último, segue abaixo quadro com as dez intervenções federais ocorridas na Suíça entre os anos de 1855 a 1932:

(continua)

Ano	Cantão	Justificativa	Comissários federais (*Bundeskommissare*)
1855 (1ª)	Tessino	Reação ante a desordem fundada na morte de Locarno entre radicais e conservadores.	Ex-conselheiro nacional Emmanuel Bourgeois, considerado prudente e reservado.
1856 (2ª)	Neuchâtel	Insurreição monarquista de setembro.	Constant Fornerod e Friedrich Frey-Hérosé, membros do Conselho Federal.
1864 (3ª)	Genebra	Motim decorrente da eleição de Conselheiro do Estado.	Constant Fornerod, Conselheiro Federal, e Louis Barman, Coronel.

---

[479] AUBERT, Jean-François. *Traité de Droit Constitutionnel Suisse*. Nauchâtel, Suisse: Editions Ides et Calendes, 1967, p. 306-307.
[480] SCHWEIZER, Rainer J.; MÜLLER, Reto Patrick. *Die schweizerische Bundesverfassung*. St. Galler Kommentar. 3. Auflage. Zürich: Dike, 2014, p. 1084-1085.

(conclusão)

Ano	Cantão	Justificativa	Comissários federais (*Bundeskommissare*)
1870 (4ª)	Tessino	Disputa sobre a escolha da capital cantonal, aliado a movimento separatista.	Karl Karrer, Conselheiro Federal, e Edouard Burnand, Coronel.
1871 (5ª)	Zurich	Motins ocorridos em Tonhalle.	Joachim Heer, Conselheiro Nacional e futuro Conselheiro Federal
1875 (6ª)	Uri	Motim entre trabalhadores mineiros no túnel de Gotardo.	Hans Hold, Coronel.
1876 (7ª)	Tessino	Lutas entre radicais e conservadores, havendo quatro mortes em Stabio.	Simeon Bavier, Conselheiro Nacional e futuro Conselheiro Federal.
1889 (8ª)	Tessino	Luta durante as eleições para o Grande Conselho.	Eugène Borel, ex-Conselheiro Federal.
1890 (9ª)	Tessino	Revolução de setembro (radicais e conservadores).	Arnold Künzli, Coronel.
1932 (10ª)	Genebra	Conflito entre fanáticos de extrema direita (G. Oltramare) e de extrema esquerda (L. Nicole) marcado por combate de rua entre jovens soldados, resultando em treze mortes.	Sem nomeação de comissário federal.

CAPÍTULO 5

MÉXICO

O México é uma federação, estabelecida pelos princípios constantes em sua Lei Fundamental, dentre os quais se destaca o modelo de República representativa, democrática, laica e federal, composta por Estados livres (art. 40, Constituição Política dos Estados Unidos Mexicanos – CPEUM).[481]

A soberania é exercida pelo povo, por intermédio dos Poderes da União, nos casos e nos limites da competência estabelecidos na Constituição Federal e nas Constituições estaduais, não podendo em nenhum caso violar as estipulações do Pacto Federal (art. 41, CPEUM).

Os Poderes da União têm o dever de proteger as entidades federativas contra toda invasão ou violência exterior. Além disso, em caso de sublevação ou transtorno interior, prestarão-lhes igual proteção, sempre que seja provocado pela Legislatura da entidade federativa ou pelo seu Executivo, se aquela não estiver reunida (art. 119, CPEUM). A norma constitucional contém a seguinte redação:[482]

> *Los Poderes de la Unión tienen el deber de proteger a las entidades federativas contra toda invasión o violencia exterior. En cada caso de sublevación o transtorno interior, les prestarán igual protección, siempre que sean excitados por la Legislatura de la entidad federativa o por su Ejecutivo, si aquélla no estuviere reunida.* (Párrafo adicionado DOF 25-10-1993. Reformado DOF 29-01-2016)

Nesses casos, a intervenção federal nos Estados possui natureza "protetiva", pois salvaguarda a integridade e a ordem social na unidade federada acometida pela anormalidade institucional ou coletiva. Nos termos do artigo 119 da Constituição mexicana, as hipóteses que deflagram a medida interventiva são: *i – invasão ou violência externa; ii – sublevação ou transtorno interior*. Na primeira modalidade, a intervenção objetiva afastar o ataque estrangeiro vulnerador da intangibilidade da unidade federativa, garantindo a sua plenitude como

---

[481] MÉXICO. *Constitución Política de los Estados Unidos Mexicanos*. Cámara de Diputados del H. Congreso de la Unión. Disponível em: http://www.diputados.gob.mx/LeyesBiblio/pdf_mov/Constitucion_Politica.pdf. Acesso em: 04 ago. 2021.

[482] MÉXICO. *Constitución Política de los Estados Unidos Mexicanos*. Cámara de Diputados del H. Congreso de la Unión. Disponível em: http://www.diputados.gob.mx/LeyesBiblio/pdf_mov/Constitucion_Politica.pdf. Acesso em: 04 ago. 2021.

entidade territorial autônoma, bem como rechaçar a agressão sofrida, podendo a medida ser aplicada de ofício pela União. Na segunda modalidade, a intervenção tem por escopo restaurar a normalidade do Estado-membro, restabelecendo a pacificação social. Todavia, nesse caso pressupõe a solicitação da providência pelo Poder Legislativo ou Executivo local, não intervindo o Governo Federal por sua própria iniciativa.

Segundo Alfredo Vítolo, a referida norma constitucional tem sua origem na previsão contida no artigo IV da Constituição dos Estados Unidos da América, fazendo-se uma clara distinção entra a invasão ou violência externa – situação na qual o Governo federal é obrigado a agir em defesa do Estado-membro afetado – da hipótese de prestar ajuda em caso de revolta ou transtorno interior, o qual exige a prévia solicitação por parte do Poder Legislativo regional ou do Governador do Estado.[483]

Afora essas duas previsões, a doutrina mexicana elenca mais outra: *iii – garantia da forma republicana de governo*, resultante do eventual desaparecimento de Poderes. Considerando a natureza da violação, o Governo Federal intervém de ofício, pois deve agir para recompor o princípio que fora violado pelo próprio Estado-membro, sendo a intervenção de natureza "reparatória". Na lição de Marquet Guerrero, esta última hipótese estava prevista na Ata Constitutiva, mas os documentos constitucionais posteriores não a consignaram expressamente. Sem embargo, em decorrência do regime federal adotado, os Estados-membros devem manter identidade com os princípios fundamentais constantes na Constituição Federal, devendo observar a forma republicana de governo, representativo e popular, exigindo-se que as eleições dos Governadores de Estado sejam diretas, bem como a alternância dos mandatos. Desse modo, ante a determinação de observância dos postulados constitucionais, a intervenção federal para garantir a forma republicana de governo afigura-se instrumento necessário diante da lacuna da Constituição, sendo que o desaparecimento de poderes pode ser de fato ou de direito.[484]

Nos termos do artigo 76, inciso V, da Constituição mexicana, é faculdade exclusiva do Senado nomear o titular do Poder Executivo provisório, que convocará as eleições conforme as leis constitucionais da entidade federativa. A nomeação do titular do Poder Executivo local será feita pelo Senado mediante proposta do Presidente da República, sendo que o nomeado não poderá ser eleito para as eleições imediatamente convocadas:

> *Artículo 76. Son facultades exclusivas del Senado:*
> (...)
> *V. Declarar, cuando hayan desaparecido todos los poderes constitucionales de una entidad federativa, que es llegado el caso de nombrarle un titular del poder ejecutivo provisional, quien convocará a elecciones conforme a las leyes constitucionales de la entidad federativa. El nombramiento del*

---

[483] VÍTOLO, Alfredo. *Emergencias constitucionales III:* intervención federal. Buenos Aires, Madrid y México: Ciudad Argentina Editorial de Ciencia y Cultura, 2007, p. 70.

[484] MARQUET GUERRERO, Porfírio. *La estrutura constitucional del Estado Mexicano.* México: Instituto de Investigaciones Jurídicas – UNAM, 1975, p. 279-281 e 284.

titular del poder ejecutivo local se hará por el Senado a propuesta en terna del Presidente de la República con aprobación de las dos terceras partes de los miembros presentes, y en los recesos, por la Comisión Permanente, conforme a las mismas reglas. El funcionario así nombrado, no podrá ser electo titular del poder ejecutivo en las elecciones que se verifiquen en virtud de la convocatoria que él expidiere. Esta disposición regirá siempre que las constituciones de las entidades federativas no prevean el caso. (Fracción reformada DOF 29-01-2016)

Tal fenômeno é denominado de "desaparecimento de poderes", sendo faculdade do Senado mexicano declarar desaparecidos todos os poderes constitucionais de um determinado Estado-membro da República, dispondo sobre a intervenção federal para sanar os graves transtornos provocados pela situação.[485]

Na lição de González Oropeza, "a função declarativa de desaparecimento de poderes se encontra inserta no conceito de intervenção federal, quer dizer, na intervenção estabelecida para os órgãos federais nos preceitos da Constituição geral, com relação a graves transtornos que possam afetar as entidades federativas, a fim de saná-los". Com efeito, as medidas autorizadoras da intervenção federal têm sido aperfeiçoadas e aumentadas conforme a realidade histórica de cada estado federal, variando de acordo com cada realidade. Assim, esta medida constitui a hipótese mais recente deflagradora de intervenção, de modo a solucionar o vazio de poder ocorrido nos estados federados, solucionando a corrupção dos governos estaduais e dirimindo questões eleitorais. Em que pese a intenção restaurativa da aludida intervenção, "é necessário pontuar que a mencionada faculdade declarativa deixa muito a desejar, tendo constituído graves atentados ao federalismo no México", uma vez que a sua interpretação e exercício restam equivocados.

A referida medida interventiva finda prejudicada, visto que o seu exercício padece de dificuldades inerentes ao sistema federal, assim como a dificuldade de conciliação de interesses das esferas de governo locais e federal. De tal dicotomia exsurge a necessidade de ajuste entre ambas mediante o jogo dos princípios da intervenção federal com o da autonomia estadual.[486]

Outrossim, na apreciação da matéria, o Senado não pode fazer desaparecer os poderes constituídos dos Estados-membros, mas apenas exerce função declaratória; pois, do contrário, ele representaria a destruição do próprio sistema federal mexicano, atentando-se contra a autonomia das unidades estaduais. Dessa forma, o ato proferido pelo Senado não detém efeitos constitutivos, mas tão-somente reflete a realidade, constatando o fato prévio ao desaparecimento dos poderes da unidade regional, devendo-se perscrutar as circunstâncias que ensejaram o fenômeno, bem como se o caso requer tal declaração.

O desaparecimento de poderes pode ocorrer de forma fática ou jurídica. A extinção por razões fáticas ocorre quando os titulares dos poderes estaduais

---

[485] GUTIÉRREZ MÁRQUEZ, Harim Benjamín. *La desaparición de poderes en México y su puesta en práctica*: Los casos de Guerrero (1960-1961) e Hidalgo (1975). Política y Cultura, otoño 2017, núm. 48, pp. 85-110.
[486] GONZÁLEZ OROPEZA, Manuel. *La intervención federal en la desaparición de poderes*. Segunda edición. México: Universidad Nacional Autónoma de México, 1987, p. 85-86.

falecem, renunciam, abandonam seus cargos ou são acometidos por alguma impossibilidade física, de forma simultânea, impedindo o exercício do cargo. Já o desvanecimento por razões jurídicas se dá quando os titulares dos poderes se convertem em funcionários de fato ou usurpadores, aliado à pretensão de modificar o sistema de governo estabelecido na Constituição.

No que tange ao conteúdo, o desaparecimento total dos poderes na Constituição em vigor resta caracterizado quando atinge os titulares dos Poderes Legislativo e Executivo estaduais, dispensando-se o alcance do Poder Judiciário, uma vez que este é despolitizado e incapaz de convocar eleições. Esse entendimento foi ratificado por Plutarco Elías Calles no caso de desaparecimento de poderes do Estado de Nayarit, de 1927, em 24 de fevereiro do mesmo ano.

Com relação à figura do interventor, "o objetivo da declaratória do Senado consiste em encomendar a um funcionário provisional a reconstrução do ordenamento jurídico de um Estado, mediante a convocatória de eleições, suprindo, dessa forma, o vazio do poder legítimo no qual se encontrava e que resulta prejudicial, pois todo âmbito abstrato de competência deve estar a cargo de uma pessoa física, de um titular, designado de acordo com o previsto no próprio sistema jurídico. Umas das obrigações de caráter meramente declarativa e não constitutiva da declaração de desaparecimento de poderes é, precisamente, a obrigação de designar um governador provisório com o fim de convocar as eleições. Tal designação constitui o objeto imediato da constatação de desaparecimento de poderes".[487]

Finalmente, a *Ley Reglamentaria de la Fracción V del Artículo 76 de la Constitución General de la República*, publicada em 29 de dezembro de 1978, regulamenta o instituto da intervenção federal previsto na Constituição mexicana. Assim, compete exclusivamente ao Senado determinar a configuração do desaparecimento dos poderes Legislativo, Executivo ou Judiciário de um Estado-membro, bem como proceder à declaração da necessidade de nomear um governador provisório (art. 1º).

Configura o desaparecimento dos Poderes no Estado somente quando os titulares dos poderes constitucionais: a) infringirem princípios do regime federal; b) abandonarem o exercício das suas funções, ressalvado por força maior; c) estiverem impedidos fisicamente para o exercício das suas funções ante situações causadas por eles próprios, afetando a vida do Estado ou a plena vigência do ordenamento jurídico; d) prorrogarem sua permanência após o término do mandato, não convocando novas eleições; e) adotarem de forma de governo distinta do modelo fixado na Constituição Federal:[488]

> *Artículo 2º – Se configura la desaparición de los poderes de un Estado únicamente en los casos de que los titulares de los poderes constitucionales:*
> *I – Quebrantaren los principios del régimen federal.*

---

[487] GONZÁLEZ OROPEZA, Manuel. *La intervención federal en la desaparición de poderes*. Segunda edición. México: Universidad Nacional Autónoma de México, 1987, p. 107-113.

[488] MÉXICO. *Ley Reglamentaria de la Fracción V del Artículo 76 de la Constitución General de la República*. Cámara de Diputados del H. Congreso de la Unión. Nueva Ley DOF 29-12-1978. Disponível em: http://www.diputados. gob.mx/LeyesBiblio/pdf/202.pdf. Acesso em: 05 ago. 2021.

II – bandonaren el ejercicio de sus funciones, a no ser que medie causa de fuerza mayor.
III – Estuvieren imposibilitados fisicamente para el ejercicio de las funciones inherentes a sus cargos o con motivo de situaciones o conflictos causados o propiciados por ellos mismos, que afecten la vida del Estado, impidiendo la plena vigencia del orden jurídico.
IV – Prorrogaren su permanencia en sus cargos después de fenecido el período para el que fueron electos o nombrados y no se hubieran celebrado elecciones para elegir a los nuevos titulares.
V – Promovieren o adoptaren forma de gobierno o base de organización política distintas de las fijadas en los artículos 40 y 115 de la Constitución General de la República.

No que alude ao aspecto formal, a petição para que o Senado conheça das causas caracterizadoras do "desaparecimento de poderes" pode ser formulada por senadores, deputados federais ou por cidadãos do referido Estado-membro. Como se vê, a legitimidade é ampla, pois inclui a população diretamente interessada, que é representada por seus cidadãos. Recebida a petição, se o Senado reputar procedente, encaminhará à Comissão, para que formule opinião. Sendo aplicável, a resolução será editada dentro de cinco dias seguintes ao recebimento da petição (art. 3º). Se estiver de recesso, o Senado será convocado extraordinariamente, a fim de que se reúna dentro de três dias seguintes ao recebimento da petição interventiva (art. 4º).

Se o Senado entender pelo desaparecimento dos poderes constitucionais, formulará a declaratória para nomear o governador provisório. Para tanto, solicitará ao Presidente da República a apresentação de uma lista com a indicação das pessoas habilitadas para tal mister. A referida listagem deve ser apresentada dentro de três dias após a suscitação interventiva ao Senado (art. 5º). Caso ultrapassado o prazo tríduo sem o envio do documento, caberá ao Senado designar o governador provisório dentre a lista elaborada pelo seu Conselho (art. 6º). Não obstante, caberá à Comissão Permanente proceder a designação do governador provisório se, após a declaração de poderes pelo Senado, o Congresso da União estiver em recesso e o Presidente da República não tenha indicado o governador em apreço (art. 7º).

Como forma de restabelecer a normalidade institucional, em nenhum caso poderá ser nomeado ao cargo de governador provisório qualquer das pessoas que fizeram parte dos poderes desaparecidos no momento da declaratória senatorial (art. 8º). Após regular nomeação e prestação de compromisso perante o Senado ou à Comissão Permanente, o governador provisório deve: i – convocar a eleição de governador e dos parlamentares estaduais, conforme a Constituição do Estado e dentro dos três meses seguintes da assunção do cargo; ii – proceder à designação provisória dos magistrados do Tribunal Superior de Justiça, que poderão ser confirmados quando tomarem posse os integrantes da Legislatura estadual, eleitos de acordo com a convocatória no Estado-membro (art. 11).

Considerando que a autoridade nomeada temporariamente tem por objetivo promover a restauração da ordem, o governador provisório não pode se candidatar para o cargo de governador na eleição imediatamente subsequente, isto é, para o pleito resultante do desaparecimento de poderes na unidade regional (art. 12). Ademais, o governador provisório deve cumprir estritamente as disposições constantes na lei disciplinadora da intervenção fundada no desaparecimento de poderes (*Ley Reglamentaria de 1978*), sob pena de ter sua designação revogada pelo Senado, procedendo-se a nova nomeação (art. 13).[489]

Por fim, a Constituição mexicana outorga à Suprema Corte de Justiça da Nação a competência para conhecer controvérsias oriundas da intervenção, caso seja suscitado conflito entre dois ou mais Estados-membros, entre os Poderes de um mesmo Estado sobre a constitucionalidade de seus atos e dos conflitos entre a Federação ou entre uma ou mais unidades estaduais, assim como daqueles nos quais a Federação seja parte nos casos estabelecidos na lei (art. 105, I, *a, d, h, k*, CPEUM).[490]

---

[489] MÉXICO. *Ley Reglamentaria de la Fracción V del Artículo 76 de la Constitución General de la República*. Cámara de Diputados del H. Congreso de la Unión. Nueva Ley DOF 29-12-1978. Disponível em: http://www.diputados.gob.mx/LeyesBiblio/pdf/202.pdf. Acesso em: 05 ago. 2021.

[490] VÍTOLO, Alfredo. *Emergencias constitucionales III:* intervención federal. Buenos Aires, Madrid y México: Ciudad Argentina Editorial de Ciencia y Cultura, 2007, p. 71.

CAPÍTULO 6

ARGENTINA

6.1 Introdução

A Argentina é um país que adota a forma representativa republicana federal, nos termos em que estabelece a própria Constituição (art. 1º, Constituição Nacional – CNA). Em razão do modelo de Estado-federal, cada Província detém competência para elaborar a sua Constituição. Para tanto, deve-se observar o sistema representativo republicano, de acordo com os princípios, declarações e garantias da Constituição Nacional, bem como assegurar a administração da justiça, o regime municipal e a educação primária. Tais preceitos são elementares, sendo condições para o exercício da autonomia institucional das províncias (art. 5º – CNA):[491]

> Artículo 5º – Cada provincia dictará para sí una Constitución bajo el sistema representativo republicano, de acuerdo con los principios, declaraciones y garantías de la Constitución Nacional; y que asegure su administración de justicia, su régimen municipal, y la educación primaria. Bajo de estas condiciones el Gobierno federal, garante a cada provincia el goce y ejercicio de sus instituciones.

A intervenção federal é prevista no direito argentino de forma expressa na Constituição Nacional. Não há uma longa especificação ou detalhamento da matéria, mas o instituto é tratado ao longo da Lei Fundamental. Nos termos do art. 6º, a medida interventiva ocorre por ato do Governo Federal (sujeito ativo) contra a Província (sujeito passivo), a fim de garantir a forma republicana de governo, repelir invasões exteriores e, se houver requisição das autoridades regionais, para mantê-las ou restabelecê-las se forem depostas por sedição ou invasão de outra província. O dispositivo contém a seguinte redação:

> Artículo 6º – El Gobierno federal interviene en el territorio de las provincias para garantir la forma republicana de gobierno, o repeler invasiones exteriores, y a requisición de sus

---

[491] ARGENTINA. *Constitución de la nación Argentina*. Ley nº 24.430. Promulgada: Enero 3 de 1995. InfoLEG Información Legislativa. Ministerio de Justicia y Derechos Humanos. Disponível em: http://servicios.infoleg.gob.ar/infolegInternet/anexos/0-4999/804/norma.htm. Acesso em: 06 ago. 2021.

autoridades constituidas para sostenerlas o restablecerlas, si hubiesen sido depuestas por la sedición, o por invasión de otra província.

De acordo com González Calderón, esses dois artigos estabelecem, definem e circunscrevem os requisitos da garantia federal e da autonomia dos Estados-membros, disciplinando o instrumento criado para executar a intervenção. A *garantia federal* "é a segurança que a Nação dá às províncias, de cuja união indestrutível se formou, de que será respeitada e mantida sua autonomia ou capacidade de governo próprio sempre que enquadrem nas condições acordadas e estabelecidas ao constituir-se a dita união". O *gozo e exercício* das instituições provinciais significa a existência da vida real e efetiva das referidas instituições, e não a mera aparência ou formalidade. Por sua vez, a *intervenção federal* "é uma medida extraordinária do governo da nação, pela qual este interpõe temporariamente seu poder supremo na Província para a realização dos fins aos quais o art. 6º tem por objetivo. Desde este ponto de vista, os artigos 5º e 6º respondem essencialmente aos mesmos propósitos que informam o artigo IV, seção 4 da Constituição norte-americana, e mais concretamente ainda, expressa o artigo 5º da Constituição suíça, ao dizer que a Confederação garante aos cantões seu território, sua soberania, suas constituições, a liberdade e os direitos do povo, os direitos constitucionais dos cidadãos e os direitos e as atribuições que o povo conferiu às autoridades".[492]

Conceitualmente, o *sistema representativo-republicano*, previsto no art. 5º da Constituição Nacional, "é o que corresponde a uma comunidade política organizada sobre a base da igualdade de todos os homens, cujo governo é simples agente do povo, eleito pelo povo de tempo em tempo e responsável ante o povo pela sua administração. No sentido da Constituição dos Estados Unidos e da Argentina, esta ideia geral se complementa com a existência necessária de três departamentos de governo, limitados e combinados, que desempenham, por mandato e como agentes do povo, os poderes executivo, legislativo e judicial" (Véase). Assim, são características intrínsecas ao sistema representativo-republicano: "a) a soberania do povo e, por conseguinte a liberdade do sufrágio; b) a responsabilidade dos funcionários ou mandatários eletivos; c) a publicidade dos atos de governo; d) a periodicidade no desempenho dos cargos eletivos; e) a separação dos poderes governamentais; f) a igualdade civil de todos os homens ante a lei. Todas essas condições deverão coincidir, em um determinado caso, para que se dê por existente a forma ou sistema representativo-republicano e seja garantido pelo governo federal".

O princípio representativo funda o exercício do poder no critério democrático, isto é, repousa na escolha das autoridades pelos próprios cidadãos. Nesse sentido, art. 22 da Constituição argentina estabelece que o povo não delibera nem

---

[492] GONZÁLEZ CALDERÓN, Juan A. *Derecho constitucional argentino*. História, Teoría y Jurisprudencia de la Constitución. Tomo III. Buenos Aires: J. Lajouane & Cia Editores, 1923, p. 509-510 e 517.

governa senão por meio de seus representantes e autoridades criadas nos termos da ordem constitucional. Toda força armada ou reunião de pessoas que se atribuam os direitos do povo e peticione em nome deste comete o delito de sedição, que é a quarta causa deflagradora da intervenção (art. 6º):

> O Artículo 22 – El pueblo no delibera ni gobierna, sino por medio de sus representantes y autoridades creadas por esta Constitución. Toda fuerza armada o reunión de personas que se atribuya los derechos del pueblo y peticione a nombre de éste, comete delito de sedición.

A locução *princípios, declarações e garantias da Constituição nacional* constante no art. 5º da Constituição Nacional resulta da necessidade de "assegurar positivamente em todo o país os benefícios da liberdade, prometidos pelo preambulo daquela, e de nenhum modo poderia ter sido alcançado mais obedientemente este propósito do que colocando as declarações e garantias da liberdade civil sob o amparo da lei suprema federal". Diante disso, as declarações e os direitos da Constituição recaem sobre toda a nação, impondo restrições tanto para os poderes federais como para os poderes das Províncias. "Todas as constituições provinciais, sem exceção alguma, começam com uma seção ou capítulo onde não só se repetem os princípios, declarações e garantias da federal, senão que se agregam outros muitos, cujos fins são explicar e definir o objeto prático daquelas; e incluem, ademais, várias cláusulas originais relativas ao exercício do poder público pelos funcionários e autoridades que as referidas constituições criam, no sentido de determinar seus procedimentos e suas responsabilidades, e tantas outras disposições realmente práticas sobre o regime das finanças da Província".[493]

O art. 5º da Constituição Nacional também exige que as Províncias *assegurem a administração da justiça*. Com efeito, não seria possível realizar os fins da Constituição se as Províncias não cooperassem no fortalecimento da justiça, como previsto no preâmbulo da Carta Magna. Para atingir tal mister, afigura-se primordial um sistema judiciário conveniente e adequado à sociedade, bem como que seja concebido em consonância com os princípios adotados na organização do próprio sistema, de modo a promover a garantia dos direitos individuais. "Todas as constituições provinciais cumpriram o mandado imperativo do artigo 5º, criando tribunais necessários para o efeito e determinando suas atribuições respectivas. Não é demais recordar que os juízes das Províncias são independentes da justiça nacional no exercício de suas funções".

Igualmente, as Províncias devem respeitar o *regime municipal*, constante no art. 5º da Constituição Nacional. Essa expressão significa "o poder da municipalidade para determinar a política local em todas as matérias de caráter propriamente local sem a intervenção de uma autoridade estranha, seja do Estado ou de uma de suas divisões. Também implica o poder para determinar os meios

---

[493] GONZÁLEZ CALDERÓN, Juan A. *Derecho constitucional argentino*. História, Teoría y Jurisprudencia de la Constitución. Tomo III. Buenos Aires: J. Lajouane & Cia Editores, 1923, p. 517-521.

e métodos que devem aplicar-se na administração das funções de caráter mais geral ou do Estado que delegou à municipalidade, sujeitas aquelas sempre às faculdades de fiscalização do Estado, no qual no interesse do mesmo, em geral, pode exigir um tipo mínimo de eficácia" (Rowe). Há que ter em conta, por consequente, estes dois princípios fundamentais: base popular e autonomia no desempenho de suas funções.

Por último, o art. 5º da Constituição exige que as Províncias assegurem a *educação primária*. Considerando a dificuldade financeira de algumas unidades provinciais de cumprir esse mandamento constitucional, o governa da Nação realiza ação indireta – consistente na concessão de subsídios para o fomento da educação –, bem como ação direta – mediante o exercício do poder concorrente – de modo a suprir as deficiências econômicas das Províncias em apreço. "Se a Nação pode ajudar com subsídios de dinheiro às províncias que para que satisfaçam os fins de sua autonomia, também pode ajudá-las com sua cooperação efetiva na realização de um desses fins, como o de assegurar sua educação primária".[494]

6.2 Intervenção federal

Alfredo Vítolo preleciona que "a intervenção do Governo federal no território das províncias foi prevista na Constituição Nacional como um instituto de emergência destinado a garantir nelas a forma republicana de governo ou repelir invasões externas e, à requerimento de suas autoridades constituídas, defendê-las ou restabelecê-las se tivessem sido depostas por sedição ou por invasão de outra província. É uma medida excepcional para situações extraordinárias e deve durar o tempo mínimo que demande a regularização da situação".

Igualmente, citando Joaquín V. González, a intervenção é consequência da organização federal: "embora a Constituição tenha estabelecido uma separação bem clara entre as soberanias nacional e da província, a necessidade de prover os meios positivos de realizar a união, assegurar a justiça, consolidar a paz interior, prover a defesa comum, fez-se indispensável um sistema de exceções àquela regra da dualidade e mútua independência no exercício dos respectivos poderes. As províncias delegaram os seus a um Governo federal, para constituir uma força capaz de defender a todas e a cada uma, não somente contra inimigos ou ameaças exteriores, senão contra os perigos internos que ameaçam os princípios constitucionais adotados, ou seus governos, ou a existência dos Estados que sobre eles se fundaram. Fazem-se efetivas essas seguridades de todas e cada uma das províncias, por meio das garantias que a Constituição lhes oferece e pelas intervenções do Governo federal em seu regime interno".

---

[494] GONZÁLEZ CALDERÓN, Juan A. *Derecho constitucional argentino*. História, Teoría y Jurisprudencia de la Constitución. Tomo III. Buenos Aires: J. Lajouane & Cia Editores, 1923, p. 523-532.

Da mesma forma, Manuel Montes de Oca assinala: "a garantia acordada pelo Governo Federal às províncias é uma derivação lógica do sistema federal. Ao unir-se diversos Estados para compor-se uma só Nação, têm que se desprender de atribuições próprias, que transpassam aos poderes centrais. Como se baseia no princípio de que, a consequência da unificação dos diversos Estados, se constitui uma autoridade vigorosa, as províncias, desprendendo-se de faculdades que lhes são peculiares, reclamam as seguridades necessárias para manter a integridade de seu território, o gozo e o exercício de suas instituições; de maneira que a mesma limitação de faculdades que a Constituição Nacional impõe às províncias, engendra a garantia".[495]

6.2.1 Conceito

Na lição de Rafael Bielsa, a *intervenção federal* na Argentina admite graus e é compatível com a existência e com o funcionamento do ente ou do órgão intervindo. Além disso, a medida deve ser: "a) protetora dos direitos e garantias individuais e coletivos que a forma republicana de governo pressupõe; b) defensiva da integridade política (repelir invasões estrangeiras); c) defensiva da ordem institucional (sustentar ou restabelecer as autoridades quando elas forem depostas por sedição)".[496]

Para Bidart Campos, a intervenção consiste no "remédio constitucional em função da garantia federal, seja para reprimir ou para amparar". Quiroga Lavié conceitua a intervenção como "a técnica pela qual a Constituição garante sua supremacia, tanto em benefício da Nação, como das províncias. A intervenção federal não suprime nem suspende a autonomia provincial, senão, e em forma transitória, só a autocefalia de cada província, porque esta, embora firme a intervenção, não elege os seus governadores". De acordo com Miguel Ángel Ekmekdjian, a intervenção é "um ato complexo, de natureza política, emanado do Governo federal, pelo qual se limita ou suspende temporariamente e em forma coativa a autonomia provincial, a fim de cumprir algum dos objetivos previstos no art. 6º da Constituição Nacional. Dizemos que é um ato complexo porque tem várias etapas: a) o pedido ou requisição (em alguns casos); b) a declaração; c) a execução. A natureza política do ato tem sido reconhecida pacificamente pela jurisprudência e pela doutrina".

María Angélica Gelli descreve a intervenção federal como "um instrumento institucional de exceção e de emergência, em ocasiões apoiadas no uso da força pública, atribuído ao Governo nacional sobre as províncias e a partir de 1944 também sobre a cidade autônoma de Buenos Aires em virtude do disposto pelos arts. 75 inc. 31 e 99 inc. 20. A decisão de intervir nas províncias ou na cidade de Buenos Aires tem como finalidade manter a supremacia da Constituição Nacional, dos

---

[495] VÍTOLO, Alfredo. *Emergencias constitucionales III:* intervención federal. Buenos Aires, Madrid y México: Ciudad Argentina Editorial de Ciencia y Cultura, 2007, p. 13 e 100-101.

[496] BIELSA, Rafael. *Derecho constitucional.* 3. ed. Buenos Aires: Depalma, 1959, p. 818-821.

Tratados de Direitos Humanos que integram o bloco de constitucionalidade e das leis federais – contanto que a eventual vulneração dessa supremacia não encontre remédio nos mecanismos internos ou no controle de constitucionalidade – e, também das instituições políticas provinciais – em especial, na vigência das respectivas Constituições – e a paz e a integridade dos entes locais. Em suma, é possível afirmar que a intervenção federal regulamentada pelo art. 6º procura resguardar as autonomias locais que, por sua vez, se subordinam à supremacia constitucional por ordem do art. 5º. É, desde logo, uma medida extrema porque suspende com diferente alcance, segundo sejam os poderes intervindos, a autonomia local em torno da eleição dos funcionários pelos procedimentos de eleição próprios".

No magistério de Alfredo Vítolo, "a intervenção federal no território das províncias é um remédio institucional previsto para emergências constitucionais e que permite ao Governo federal cumprir com sua obrigação de garantir nas províncias a forma republicana de governo, o rechaço de invasões estrangeiras e, a pedido de suas autoridades constituídas, sua conservação ou restituição, se houvessem sido perturbadas ou depostas por sedição ou invasão de outra província. É um remédio, contanto que permita corrigir ou emendar um perigo ou dano feito ao sistema; é institucional por estar expressamente autorizado na Constituição Nacional para enfrentar situações de emergência, e é obrigatória para o Governo federal, pois este assumiu a responsabilidade de garantir às províncias o gozo e exercício de suas instituições".[497]

A despeito da relevância do instituto da intervenção na salvaguarda do Estado-federal, por vezes a medida é deturpada pelos representantes da nação, transmudando-se em mecanismo escamoteador de interesses políticos escusos. A esse respeito, González Calderón, em obra datada em 1923, já advertia: "A história de muitas dessas intervenções seria nada mais que uma relação estérea de concupiscências políticas e violações constitucionais cometidas por alguns presidentes da República, que apelaram ao recurso extremo desse artigo 6º para cimentar mais expeditamente seu exclusivo predomínio, avassalando sem escrúpulos a autonomia das províncias, para fazê-las servir a suas desmedidas ambições pessoais. Não devo, pois, nesta obra deter-me a analisar os numerosíssimos casos em que o artigo foi aplicado, porque semelhante tarefa seria completamente estéreo e fatigosa".[498]

6.2.3 Iniciativa interventiva

A intervenção decorre de ato do Governo Federal, que age de *ofício* para: i) garantir a forma republicana de governo; ii) repelir invasões exteriores. Nesse caso, a autoridade competente independe de pedido ou comunicação para intervir na

---

[497] VÍTOLO, Alfredo. *Emergencias constitucionales III:* intervención federal. Buenos Aires, Madrid y México: Ciudad Argentina Editorial de Ciencia y Cultura, 2007, p. 102-105.

[498] GONZÁLEZ CALDERÓN, Juan A. *Derecho constitucional argentino*. História, Teoría y Jurisprudencia de la Constitución. Tomo III. Buenos Aires: J. Lajouane & Cia Editores, 1923, p. 548.

unidade provincial. Noutro giro, a intervenção resulta de *requisição* da Província quando tiver por objetivo: i) sustentá-la; ou ii) restabelecê-la, em virtude de sedição ou invasão de outra província. Nessa hipótese, a autoridade federal age mediante prévio pedido da unidade regional vitimada.

Nesse sentido, propugna Agenor Roure: "na República Argentina, o art. 6º da Constituição manda o governo federal intervir: para garantir a forma republicana de governo, para repelir as invasões estrangeiras; e, à requisição das autoridades constituídas, para sustentar ou restabelecer as mesmas autoridades, se tiverem sido depostas por uma insurreição ou pela invasão de outra província. A expressão constitucional argentina é ampla e abrange todos os poderes constituídos do Estado".[499]

Sem embargo, Alfredo Vítolo observa que na perspectiva fática, "a requisição das autoridades locais ao Governo federal que marca a Constituição é relativa, já que o uso e o costume têm limitado essa condição constitucional. Se analisarmos todas as intervenções federais, podemos observar que quase sempre a decisão de declará-las foi pelos poderes nacionais e que os requerimentos provinciais, muitas vezes, foram simples requisitos formais posteriores a resoluções políticas já tomadas".[500]

6.2.4 Competência para declarar a intervenção

De acordo com González Calderón, a decretação interventiva é matéria reservada aos poderes políticos da Nação, ou seja, incumbe ao Poder Legislativo e ao Poder Executivo. "O artigo 6º diz que é o governo federal quem intervém nas províncias quando ocorre algum dos quatro casos que menciona. Agora bem, o governo federal é uma entidade formada por três poderes: o legislativo, executivo e judicial, cujas respectivas atribuições estão enumeradas na Constituição (arts. 67, 86 e 100). Parece, pois, que está assim delegada aos três poderes conjuntamente a faculdade de intervir nas províncias, mas uma correta interpretação comprova que o poder judicial está excluído, como já declarou a Corte Suprema em diversas sentenças. Restam, por conseguinte, os chamados poderes políticos do governo federal, vale dizer, o legislativo e o executivo; e uma última análise põe em evidência que a mencionada faculdade de intervir reside essencialmente no Congresso".[501]

Igualmente é o magistério de Rafael Bielsa: "a intervenção é substancialmente um ato de competência do Congresso. A Constituição atribui, desde logo, este poder de intervenção ao governo federal (não se olvide que o governo federal está composto de três poderes: legislativo, executivo e judicial) e por sua natureza, repetimos, é do Congresso. Como ato político (no sentido governativo, e não

---
[499] ROURE, Agenor de. *A Constituinte Republicana*. Volume Primeiro. Rio de Janeiro: Imprensa Nacional, 1920, p. 325.
[500] VÍTOLO, Alfredo. *Emergencias constitucionales III*: intervención federal. Buenos Aires, Madrid y México: Ciudad Argentina Editorial de Ciencia y Cultura, 2007, p. 115.
[501] GONZÁLEZ CALDERÓN, Juan A. *Derecho constitucional argentino*. História, Teoría y Jurisprudencia de la Constitución. Tomo III. Buenos Aires: J. Lajouane & Cia Editores, 1923, p. 550.

administrativo) a competência do governo federal no ponto das intervenções corresponde a dois poderes: ao legislativo e ao executivo (este último como co-legislador e excepcionalmente como por poder político). O outro poder, o judicial, exerce uma função que ainda quando implique em sentido lato intervenção (como o declarar inconstitucional uma lei provincial) é sempre função jurisdicional, e não política".[502]

A reforma de 1994 solucionou a discussão que por muitos anos dividiu os constitucionalistas sobre a competência para decretar a intervenção federal. O art. 99, inciso 20, do texto constitucional estabelece ser atribuição do Presidente da República decretar a intervenção federal em uma província ou na Cidade de Buenos Aires. Além disso, o art. 75, inciso 31, da Constituição conferiu ao Congresso Nacional a competência para dispor sobre a intervenção federal nas Províncias ou na capital Buenos Aires. Em razão do caráter deliberatório da manifestação do Poder Legislativo, o Congresso tem a faculdade de aprovar ou revogar a intervenção federal decretada pelo Presidente da República. Segue abaixo a redação dos dispositivos em comento:

> *Artículo 99 – El Presidente de la Nación tiene las siguientes atribuciones:*
> *20. Decreta la intervención federal a una provincia o a la ciudad de Buenos Aires en caso de receso del Congreso, y debe convocarlo simultáneamente para su tratamiento.*
> *Artículo 75 – Corresponde al Congreso:*
> *31. Disponer la intervención federal a una provincia o a la ciudad de Buenos Aires.*
> *Aprobar o revocar la intervención decretada, durante su receso, por el Poder Ejecutivo.*

Portanto, na Argentina a intervenção federal constitui um ato a cargo dos poderes políticos, cabendo ao Presidente da República decretar a medida interventiva (competência declaratória), ao passo que ao Congresso incumbe dispor sobre a intervenção decretada pelo Chefe do Poder Executivo (competência deliberatória). Tal sistemática favorece o controle da providência – que é drástica, pois excepciona a autonomia das Províncias –, de modo que deve ser aplicada somente nas hipóteses previstas na Constituição, sendo ao final decidida pelo Poder Legislativo.

6.2.5 Faculdades interventivas

As faculdades interventivas referem-se aos efeitos da intervenção federal sobre determinada província, correlacionando-se com as atribuições conferidas ao interventor. De acordo com Montes de Oca, "as faculdades com que os comissários são investidos variam segundo os casos. Se se trata de uma intervenção típica com o objeto de restabelecer as autoridades constituídas, seu poder se limitará aos objetos para os quais tem sido destinada; com as forças nacionais manterá a

---
[502] BIELSA, Rafael. *Derecho constitucional*. 3. ed. Buenos Aires: Depalma, 1959, p. 821.

ordem pública da província, e depois de haver substituído os diversos membros dos poderes públicos, dará por terminada sua missão. Se se envia ao território de uma província para garantir a forma republicana de governo, deve estudar em que consistem seus vícios, em que consistem os vícios em gozo e exercício das instituições locais, e separar desde logo as causas, convocando as eleições, se o caso chega ao povo da província".

Conforme Bidart Campos, "o interventor federal não é uma autoridade provincial, senão um representante direto do Poder Executivo Federal, comissionado para fazer efetivo o cumprimento da lei – ou eventualmente decreto – que ordenou a intervenção. Exerce seu poder em nome do Governo federal e seus atos não estão sujeitos nem à responsabilidade nem às ações que as leis locais estabelecem respeito de seus próprios governantes, senão as que lhe impõe o Governo Federal (...). As atribuições da intervenção emanam diretamente da lei ou decreto que hajam disposto e a finalidade que lhe deu originou. Por isso devem interpretar-se com critério estrito e quando excedem o limite de sua competência devem estar sujeitas ao controle judicial enquanto lesionem a Constituição Provincial".

De acordo com Linares Quintana, "o interventor é apenas um representante direto do Presidente da República que realiza uma função nacional, em representação dele, ao efeito de cumprir uma lei do Congresso, e sujeitando-se às instruções que daquele receba. Sua nomeação não tem origem em disposição alguma provincial, e seus atos não estão sujeitos nem às responsabilidades, nem às ações que as leis locais estabelecem respeito de seus próprios governantes, senão aquela que o poder nacional, em cujo nome funciona, lhe impõe. O interventor tem a faculdade de prover, por exceção, e enquanto a província intervinda carece de autoridades próprias, as necessidades de ordem econômica, social e administrativa, emergentes do desenvolvimento de fontes locais que se paralisariam em suas funções pelo fato de encontrar-se acéfalas algumas das autoridades que às províncias foram dadas em uso e exercício de suas próprias instituições. O fato de que os interventores não sejam funcionários legais das províncias enquanto sua designação emana do Governo nacional, e suas atribuições como suas responsabilidades se relacionam com o poder que representam, e não com os poderes locais, somente implica que a função ativa dos ditos agentes federais não pode estender-se além dos limites que lhes atribui a Constituição e a lei; mas ele não obsta o exercício de suas funções de representantes necessários do Estado enquanto se organizam os poderes locais".

Após a reforma Constitucional de 1994, Humberto Quiroga Lavié preleciona: "Com que alcance pode dispor a intervenção federal? A pergunta está referida à intervenção renovadora ou repressiva. Será obvio que se a intervenção está determinada pela necessidade de reconstituir a forma republicana de governo, então corresponde que cesse o governador em suas funções e que se feche a Legislatura. O objetivo imediato deverá ser a renovação da Legislatura e a eleição de um novo governador. Neste marco de ação, não parece razoável que se reconheça à intervenção o poder para que possa intervir na reorganização do Poder Judiciário local. Não se reconstitui a forma republicana de governo em uma província oprimindo a independência dos juízes com a simples invocação de um padrão tão indeterminado como o da forma republicana". Sem embargo, é possível que o interventor reestruture a designação de juízes segundo as regras legais, como a promoção de magistrados ou a designação de outros, conforme reconheceu a Corte Suprema.

Por fim, ao comentar a Constituição após a revisão de 1994, María Angélica Gelli arremata: "Não necessariamente a intervenção federal implica a substituição das autoridades locais, pois em ocasiões pode bastar com uma ação mediadora a fim de solucionar o conflito local. Neste caso, a função da intervenção é tuitiva e não coercitiva". Se a intervenção atingir o Poder Judiciário, o interventor pode designar outros magistrados ou substituí-los para evitar a paralização do serviço da justiça, atentando-se ainda para as normas constitucionais que disciplinam a nomeação de magistrados, de modo a respeitar a independência do Judiciário. "Durante a intervenção, a personalidade da província permanece incólume e vigente sua Constituição, dado que eventuais inconstitucionalidades que essa norma poderia conter se remedia mediante o controle judicial. Tampouco a intervenção poderia afetar o poder constituinte provincial porque não corresponde àquela modificar a Constituição. Os contratos celebrados e as obrigações assumidas pelos entes locais antes da intervenção, em princípio, não se suspendem nem cancelam, dado a continuidade jurídica dos Estados provinciais".

"O interventor deve prestar acatamento à Constituição local e suas atribuições são as necessárias para remediar as causas e conflitos que motivaram a intervenção. Desde logo, também deve respeitar a Constituição Nacional. Em consequência não pode assumir as faculdades delegadas pelas províncias no Governo federal. Os atos do interventor dentro do marco legal da intervenção e em uso das atribuições provinciais obrigam a província. Sem embargo, a responsabilidade pelos excessos do interventor ou incumprimento da Constituição e das leis locais não podem ser adjudicados às províncias nem se resolve afetando o patrimônio dos entes locais".[503]

6.2.6 Controle judicial

Autores tradicionais como González Calderón e Rafael Bielsa entendem pela insindicabilidade da intervenção pelo Poder Judiciário, sob a justificativa de que se trata de medida de natureza política (obras de 1928 e 1959, respectivamente). Todavia, a moderna doutrina argentina defende o controle judicial dos atos interventivos, tendo em vista o princípio da supremacia da Constituição. Nesse

---

[503] VÍTOLO, Alfredo. *Emergencias constitucionales III:* intervención federal. Buenos Aires, Madrid y México: Ciudad Argentina Editorial de Ciencia y Cultura, 2007, p. 124-131.

sentido, Bidart Campos assevera: "Não negamos que a intervenção seja um ato de natureza política, mas consideramos que se o poder político de que dispõe é exercido em violação à Constituição, o Poder Judiciário é competente para controlar o uso que se tem feito desse poder, claro, se mediante processo judicial".

Igualmente, Linares Quintana preconiza: "a prática das intervenções federais tem desvirtuado a finalidade e o espírito da Constituição que a autoriza ou a ordena, conduzido a um uso mais em detrimento da autonomia local que em defesa da província, consideramos imprescindível que o Poder Judicial possa exercitar um efetivo controle, que não significa menoscabar a competência dos outros dois poderes, senão somente resguardar a vigência da Constituição. Porque se um ato político que dispõe uma intervenção sem causa constitucional ou com causa aparente é indubitavelmente inconstitucional, o Poder Judiciário assim deve declará-lo. Nenhuma lesão à Constituição escapa ao controle judicial quando se levanta em um caso deduzido ante a judicatura; e aquele que infere o Governo federal quando desvirtua uma faculdade não pode invocar privilégio. É claro que como a judicatura não pode nem deve atuar de ofício, somente terá competência uma vez que esta seja provocada pela parte legítima; e entendemos que seria parte com interesse legítimo qualquer dos titulares do poder provincial deslocados pela intervenção inconstitucional. O alcance da declaração judicial de inconstitucionalidade do ato dispositivo da intervenção chegaria ao ponto de deixar sem efeito e repor as legítimas autoridades locais. Enquanto às autoridades locais, haveriam de ser consideradas como *de fato*, por vício de seu título".

Da mesma forma, Alfredo Vítolo pontifica: "como decisão política, toma nos termos que estabelece a Constituição e de acordo com os procedimentos que ela determina, é faculdade exclusiva dos Poderes Legislativo e Executivo, não correspondendo a participação do Poder Judicial; mas se existe caso concreto proposto e se imputa incumprimento de cláusulas constitucionais ou procedimento viciados, sim corresponde à participação da justiça. Por outro lado, sempre existe controle judicial dos atos do interventor e sua gestão".[504]

Assim, percebe-se que atualmente o Poder Judiciário fiscaliza a intervenção federal na Argentina, tanto nos seus pressupostos materiais quanto nos pressupostos formais, bem como controla os atos praticados pelo interventor. Logicamente, a análise judicial circunscreve-se ao exame da legalidade e da constitucionalidade, uma vez que se trata de controle jurídico e não meritório.

---

[504] VÍTOLO, Alfredo. *Emergencias constitucionales III*: intervención federal. Buenos Aires, Madrid y México: Ciudad Argentina Editorial de Ciencia y Cultura, 2007, p. 132-135.

PARTE III

JURISPRUDÊNCIA

CAPÍTULO 1

JURISPRUDÊNCIA DO SUPREMO TRIBUNAL FEDERAL

"Não há prazo de decadência para a representação de inconstitucionalidade prevista no art. 8º, parágrafo único, da CF" (Súmula nº 360 – STF)

"Não cabe recurso extraordinário contra acórdão de tribunal de justiça que defere pedido de intervenção estadual em município." (Súmula nº 637 – STF)

"INTERVENÇÃO FEDERAL. Pagamento de precatório judicial. Descumprimento voluntário e intencional. Não ocorrência. Inadimplemento devido a insuficiência transitória de recursos financeiros. Necessidade de manutenção de serviços públicos essenciais, garantidos por outras normas constitucionais. Agravo improvido. Precedentes. Não se justifica decreto de intervenção federal por não pagamento de precatório judicial, quando o fato não se deva a omissão voluntária e intencional do ente federado, mas a insuficiência temporária de recursos financeiros". (IF 4640 AgR/RS – Rel. Min. Cézar Peluso (Presidente) – Julgamento: 29/03/2012 – Órgão Julgador: Tribunal Pleno)

"1. LEGITIMIDADE PARA A CAUSA. Ativa. Não caracterização. Intervenção federal. Ausência de pagamento de precatório vencido. Alegação de ofensa ao art. 34, inc. VI, da CF. Desobediência à ordem judicial de Tribunal de Justiça do Estado. Pedido formulado diretamente ao Supremo Tribunal Federal, pela parte interessada na causa. Ilegitimidade ativa reconhecida. Legitimação do presidente do tribunal local. Seguimento negado. Agravo improvido. Precedentes. Somente na hipótese de descumprimento de decisão emanada do próprio Supremo Tribunal Federal, a parte interessada em pedido de intervenção federal poderá deduzi-lo diretamente perante esta Corte. 2. INTERVENÇÃO FEDERAL. Pagamento de precatório judicial alimentar. Descumprimento voluntário e intencional. Não ocorrência. Inadimplemento devido a insuficiência transitória de recursos financeiros. Necessidade de manutenção de serviços públicos essenciais, garantidos por outras normas constitucionais. Precedentes. Fundamento subsidiário para o indeferimento da inicial. Pedido indeferido por ilegitimidade ativa. Agravo improvido. Não se justifica decreto de intervenção federal por não pagamento de precatório judicial, quando o fato não se deva a omissão voluntária e intencional do ente federado, mas a insuficiência temporária de recursos financeiros". (IF 4677 AgR/PB – Rel. Min. Cézar Peluso (Presidente) – Julgamento: 29/03/2012 – Órgão Julgador: Tribunal Pleno)

"INTERVENÇÃO FEDERAL. Representação do Procurador-Geral da República. Distrito Federal. Alegação da existência de largo esquema de corrupção. Envolvimento do ex-governador, deputados distritais e suplentes. Comprometimento das funções governamentais no âmbito dos Poderes Executivo e Legislativo. Fatos graves objeto de inquérito em curso no Superior Tribunal de Justiça. Ofensa aos princípios inscritos no art. 34, inc. VII, "a", da CF. Adoção, porém, pelas autoridades competentes, de providências legais eficazes para debelar a crise institucional. Situação histórica consequentemente superada à data do julgamento. Desnecessidade reconhecida à intervenção, enquanto medida extrema e excepcional. Pedido julgado improcedente. Precedentes. Enquanto medida extrema e excepcional, tendente a repor estado de coisas desestruturado por atos atentatórios à ordem definida por princípios constitucionais de extrema relevância, não se decreta intervenção federal quando tal ordem já tenha sido restabelecida por providências eficazes das autoridades competentes". (IF 5179/DF – Rel. Min. Cézar Peluso (Presidente) – Julgamento: 30/06/2010 – Órgão Julgador: Tribunal Pleno)

"No mérito, entendeu-se que o perfil do momento político-administrativo do Distrito Federal já não autorizaria a decretação de intervenção federal, a qual se revelaria, agora, inadmissível perante a dissolução do quadro que se preordenaria a remediar. Asseverou-se que, desde a revelação dos fatos, os diversos Poderes e instituições públicas competentes teriam desencadeado, no desempenho de suas atribuições constitucionais, ações adequadas para por fim à crise decorrente de um esquema sorrateiro de corrupção no Distrito Federal. Observou-se, assim, que os fatos recentes não deixariam dúvida de que a metástase da corrupção anunciada na representação interventiva teria sido controlada por outros mecanismos institucionais, menos agressivos ao organismo distrital, revelando a desnecessidade de se recorrer, neste momento, ao antídoto extremo da intervenção, debaixo do pretexto de salvar o ente público. Vencido o Min. Ayres Britto que julgava o pedido procedente". (IF 5179/DF, rel. Min. Cezar Peluso, 30.6.2010) – Informativo nº 593

"INTERVENÇÃO FEDERAL. AGRAVO REGIMENTAL. DESCUMPRIMENTO DE LIMINAR PELO ESTADO DO RIO DE JANEIRO. CUMPRIMENTO DO ATO OBJETO DA ORDEM JUDICIAL. PEDIDO PREJUDICADO. 1. Ocorre a perda de objeto do pedido de intervenção federal quando há o cumprimento da decisão judicial que lhe deu causa. 2. Eventuais diferenças de valores, decorrentes do atraso na implementação da liminar concedida no mandado de segurança, devem ser buscadas na via apropriada. 3. Agravo regimental improvido". (IF 3352 AgR/RJ – Rel. Min. Ellen Gracie (Presidente) – Julgamento: 16/04/2008 – Órgão Julgador: Tribunal Pleno)

"AGRAVO REGIMENTAL. INTERVENÇÃO FEDERAL. INEXISTÊNCIA DE ATUAÇÃO DOLOSA POR PARTE DO ESTADO. INDEFERIMENTO. PRECEDENTES. 1. Decisão agravada que se encontra em consonância com a orientação desta Corte, no sentido de que o descumprimento voluntário e intencional de decisão judicial transitada em julgado é pressuposto indispensável ao acolhimento do pedido de intervenção federal. 2. Agravo regimental improvido". (IF 5050 AgR/SP – Rel. Min. Ellen Gracie – Julgamento: 06/03/2008 – Órgão Julgador: Tribunal Pleno)

"AGRAVO REGIMENTAL. INTERVENÇÃO FEDERAL. INEXISTÊNCIA DE ATUAÇÃO DOLOSA POR PARTE DO ESTADO. PRECEDENTES. 1. Inocorrência de cerceamento do direito de defesa dos agravantes. 2. Fiscalização do destino de verbas públicas no âmbito dos Estados-membros: impossibilidade em intervenção federal. 3. Decisão agravada que se encontra em consonância com a orientação desta Corte no sentido de que o descumprimento voluntário e intencional de decisão judicial transitada em julgado é pressuposto indispensável ao acolhimento do pedido de intervenção federal. 4. Agravo regimental improvido". (IF 4979 AgR/PI – Rel. Min. Ellen Gracie – Julgamento: 06/03/2008. Órgão Julgador: Tribunal Pleno)

"2. A decisão que defere pedido de intervenção estadual em município constitui procedimento político-administrativo. Precedentes. 3. Inviabilidade, no caso, do pedido de intervenção federal, ante a ausência de descumprimento de ordem de natureza jurisdicional. 4. Agravo regimental improvido". (IF 2045 AgR/SP – Rel. Min. Ellen Gracie – Julgamento: 13/09/2006 – Órgão Julgador: Tribunal Pleno)

"AGRAVO REGIMENTAL EM INTERVENÇÃO FEDERAL. PRECATÓRIO. DESCUMPRIMENTO INVOLUNTÁRIO. 1. Descumprimento voluntário e intencional de decisão transitada em julgado. Pressuposto indispensável ao acolhimento do pedido de intervenção federal. 2. Precatório. Não-pagamento do título judicial em virtude da insuficiência de recursos financeiros para fazer frente às obrigações pecuniárias e à satisfação do crédito contra a Fazenda Pública no prazo previsto no §1º do artigo 100 da Constituição da República. Exaustão financeira. Fenômeno econômico/financeiro vinculado à baixa arrecadação tributária, que não legitima a medida drástica de subtrair temporariamente a autonomia estatal. Precedentes. Agravo regimental a que se nega provimento". (IF 506 AgR/SP – Rel. Min. Maurício Corrêa – Julgamento: 05/05/2004 – Órgão Julgador: Tribunal Pleno)

"INTERVENÇÃO FEDERAL. 2. Precatórios judiciais. 3. Não configuração de atuação dolosa e deliberada do Estado de São Paulo com finalidade de não pagamento. 4. Estado sujeito a quadro de múltiplas obrigações de idêntica hierarquia. Necessidade de garantir eficácia a outras normas constitucionais, como, por exemplo, a continuidade de prestação de serviços públicos. 5. A intervenção, como medida extrema, deve atender à máxima da proporcionalidade. 6. Adoção da chamada relação de precedência condicionada entre princípios constitucionais concorrentes. 7. Pedido de intervenção indeferido". (IF 164/SP – Rel. Min. Marco Aurélio. Relator p/ acórdão: Min. Gilmar Mendes – Julgamento: 13/12/2003 – Órgão Julgador: Tribunal Pleno)

"A exigência de respeito incondicional às decisões judiciais transitadas em julgado traduz imposição constitucional, justificada pelo princípio da separação de poderes e fundada nos postulados que informam, em nosso sistema jurídico, a própria concepção de Estado Democrático de Direito. O dever de cumprir as decisões emanadas do Poder Judiciário, notadamente nos casos em que a condenação judicial tem por destinatário o próprio Poder Público, muito mais do que simples incumbência de ordem processual, representa uma incontornável obrigação institucional a que não se pode subtrair o aparelho de Estado, sob pena de grave comprometimento dos princípios consagrados no texto da Constituição da República. A desobediência a ordem ou a decisão judicial pode gerar, em nosso sistema jurídico, gravíssimas conseqüências, quer no plano penal, quer no âmbito político-administrativo (possibilidade de impeachment), quer, ainda, na esfera institucional (decretabilidade de intervenção federal nos Estados-membros ou em Municípios situados em Território Federal, ou de intervenção estadual nos Municípios). IMPOSSIBILIDADE DE DECRETAÇÃO DE INTERVENÇÃO FEDERAL EM MUNICÍPIO LOCALIZADO EM ESTADO-MEMBRO. – Os Municípios situados no âmbito dos Estados-membros não se expõem à possibilidade constitucional de sofrerem intervenção decretada pela União Federal, eis que, relativamente a esses entes municipais, a única pessoa política ativamente legitimada a neles intervir é o Estado-membro. Magistério da doutrina. Por isso mesmo, no sistema constitucional brasileiro, falece legitimidade ativa à União Federal para intervir em quaisquer Municípios, ressalvados, unicamente, os Municípios 'localizados em Território Federal...' (CF, art. 35, *caput*)". (IF 590 QO/CE – Re. Min. Celso de Mello – Julgamento: 17/09/1998 – Órgão Julgador: Tribunal Pleno)

"INTERVENÇÃO FEDERAL – ALEGADO DESCUMPRIMENTO DE ORDEM JUDICIAL POR PARTE DE ESTADO-MEMBRO – CONDENAÇÃO PROFERIDA PELA JUSTIÇA ESTADUAL – PEDIDO DE INTERVENÇÃO ENCAMINHADO DIRETAMENTE AO SUPREMO TRIBUNAL FEDERAL PELO PRÓPRIO CREDOR INTERESSADO – INADMISSIBILIDADE – ILEGITIMIDADE ATIVA "AD CAUSAM" DO CREDOR – PEDIDO QUE HÁ DE SER PREVIAMENTE DIRIGIDO AO PRESIDENTE DO TRIBUNAL LOCAL – PRECEDENTES – RECURSO IMPROVIDO. – Não é lícito ao credor do Estado-membro, agindo "per saltum", formular, diretamente, ao Supremo Tribunal Federal, pedido de intervenção federal, quando se tratar de prover a execução de ordem ou decisão emanada de Tribunal local. É que, tratando-se de condenação transitada em julgando, proferida por órgão competente da Justiça estadual, falece legitimidade ativa "ad causam' ao credor interessado para requerer, diretamente, ao Supremo Tribunal Federal, a instauração do processo de intervenção federal contra o Estado-membro que deixou de cumprir a decisão ou a ordem judicial, pois, em tal hipótese, impor-se-á, à parte interessada, a obrigação de previamente submeter o pedido de intervenção ao Presidente do Tribunal local, a quem incumbirá formular, em ato devidamente motivado, o pertinente juízo de admissibilidade. Se esse juízo de admissibilidade for positivo, caberá ao Presidente da Corte judiciária inferior determinar o processamento do pedido e ordenar o seu ulterior encaminhamento ao Supremo Tribunal Federal, para que este – apreciando, e eventualmente acolhendo, a postulação formulada pelo credor interessado – requisite, ao Presidente da República, ser for o caso, a decretação de intervenção federal no Estado-membro que houver descumprido a decisão judicial exeqüenda. Precedentes". (IF 555 AgR/MG – Rel. Min. Celso de Mello – Julgamento: 18/12/1997 – Órgão Julgador: Tribunal Pleno)

"1. Cabe exclusivamente ao STF a requisição de intervenção para assegurar a execução de decisões da Justiça do Trabalho ou da Justiça Militar, ainda quando fundadas em direito infraconstitucional: fundamentação. 2. O pedido de requisição de intervenção dirigida pelo Presidente do Tribunal de execução ao STF há de ter motivação quanto à procedência e também com a necessidade da intervenção". (IF 230 QO/DF – Rel. Min. Sepúlveda Pertence – Julgamento: 24/04/1996 – Órgão Julgador: Tribunal Pleno)

"Intervenção federal por descumprimento de decisão judicial da Justiça dos Estados: ilegitimidade do particular interessado para requerer sua requisição ao Supremo Tribunal: precedentes". (IF 135/RJ – Rel. Min. Sepúlveda Pertence – Julgamento: 18/10/1995 – Órgão Julgador: Tribunal Pleno)

"Intervenção federal, por suposto descumprimento de decisão de Tribunal de Justiça. Não se pode ter, como invasiva da competência do Supremo Tribunal, a decisão de Corte estadual, que, no exercício de sua exclusiva atribuição, indefere o encaminhamento do pedido de intervenção. Precedentes do S.T.F. Reclamação julgada improcedente". (Rcl 464/CE – Rel. Min. Octáveio Gallotti – Julgamento: 14/12/1994 – Órgão Julgador: Tribunal Pleno)

"1. Dado o caráter nacional de que se reveste, em nosso regime político, o Poder Judiciário, não se dá por meio de intervenção federal, tal como prevista no art. 34 da Constituição, a interferência do Supremo Tribunal, para restabelecer a ordem em Tribunal de Justiça estadual, como, no caso, pretendem os requerentes. 2.

Conversão do pedido em reclamação a exemplo do resolvido, por esta Corte, no pedido de Intervenção Federal nº 14 (íntegra do acórdão no 'Diário da Justiça' de 28-11-1951, páginas 4.525/9 do apenso nº 273). Decisões unânimes". (Rcl 496 AgR/RS – Rel. Min. Octávio Gallotti – Julgamento: 23/06/1994 – Órgão Julgador: Tribunal Pleno)

"Não se caracteriza hipótese de intervenção federal, por descumprimento de decisão judicial (art. 34, VI, da CF), se, com base no art. 33 do ADCT da CF e em decreto baixado pelo Poder Executivo estadual, o precatório judicial, em ação de indenização, por desapropriação indireta, vem sendo pago em moeda corrente, com atualização legal, em prestações anuais, iguais e sucessivas, no prazo de oito anos a partir de 1º-7-1989. Sendo o credor eventualmente preterido, em seu direito de precedência, o que pode pleitear é o sequestro da quantia necessária à satisfação do débito (...). E não, desde logo, a intervenção federal, por descumprimento de decisão judicial, a que se refere o art. 34, VI, da Constituição" (IF 120, rel. min. Sydney Sanches, j. 10-2-1993, P, DJ de 5-3-1993)

"O instituto da intervenção federal, consagrado por todas as Constituições republicanas, representa um elemento fundamental na própria formulação da doutrina do federalismo, que dele não pode prescindir – inobstante a expecionalidade de sua aplicação –, para efeito de preservação da intangibilidade do vínculo federativo, da unidade do Estado Federal e da integridade territorial das unidades federadas. A invasão territorial de um Estado por outro constitui um dos pressupostos de admissibilidade da intervenção federal. O Presidente da República, nesse particular contexto, ao lançar mão da extraordinária prerrogativa que lhe defere a ordem constitucional, age mediante estrita avaliação discricionária da situação que se lhe apresenta, que se submete ao seu exclusivo juízo político, e que se revela, por isso mesmo, insuscetível de subordinação à vontade do Poder Judiciário, ou de qualquer outra instituição estatal. Inexistindo, desse modo, direito do Estado impetrante à decretação, pelo Chefe do Poder Executivo da União, de intervenção federal, não se pode inferir, da abstenção presidencial quanto à concretização dessa medida, qualquer situação de lesão jurídica passível de correção pela via do mandado de segurança. – Sendo, o Governador, a expressão visível da unidade orgânica do Estado-Membro e depositário de sua representação institucional, os atos que pratique no desempenho de sua competência político-administrativa serão plenamente imputáveis à pessoa política que representa, de tal modo que o ajuizamento da ação de mandado de segurança, por outro Estado, contra decisões que tenha tomado, nessa qualidade, sobre traduzir uma clara situação de conflito federativo, configura, para os efeitos jurídico-processuais, causa para os fins previstos no art. 102, I, "f", da Constituição. A Constituição da República, ao prever a competência originária do Supremo Tribunal Federal para processar e julgar "as causas e os conflitos" entre as entidades estatais integrantes da Federação (art. 102, I, "f"), utilizou expressão genérica, cuja latitude revela-se apta a abranger todo e qualquer procedimento judicial, especialmente aquele de jurisdição contenciosa, que tenha por objeto uma situação de litígio envolvendo, como sujeitos processuais, dentre outras pessoas públicas, dois ou mais Estados-Membros, alcançada, com isso, a hipótese de mandado de segurança impetrado por Estado-membro em face de atos emanados de Governador de outra unidade da Federação". (MS 21041/RO – Rel. Min. Celso de Mello – Julgamento: 12/06/1991 – Órgão Julgador: Tribunal Pleno)

"Intervenção Federal. Requerentes: partido político e parlamentar federal. Alegação de que o Governador do Estado não adota providencias, em certo município, para garantir a ordem e assegurar os direitos humanos. Alegação de enquadrar-se a espécie no art. 34, VI e VII, alinea "b", da Constituição Federal. Hipótese em que não houve representação do Procurador-Geral da República, negando o Tribunal de Justiça do Estado descumprimento de decisão judicial no Estado. Falta de legitimidade aos requerentes para suplicarem a intervenção, pelos fatos indicados. Pedido de que não se conhece". (IF 102/PA – Rel. Min. Néri da Silveira – Julgamento: 13/03/1991 – Órgão Julgador: Tribunal Pleno)

"Intervenção Federal. Não cumprimento de decisão judicial. Se, embora tardiamente, a decisão judicial veio a ser cumprida, com a desocupação do imóvel, pelos esbulhadores, os autos da intervenção federal devem ser arquivados. Se se noticia que, posteriormente, nova invasão do imóvel, já pertencente a outros proprietários, aconteceu, sem que haja, entretanto, sequer prova de outra ação de reintegração de posse, com deferimento de liminar, esse fato subseqüente, mesmo se verdadeiro, não pode ser considerado nos autos da Intervenção Federal, motivada pela decisão anterior, que acabou por ser executada. Arquivamento dos autos, sem prejuízo de eventual nova providência, na forma da Constituição, quanto ao fato referido". (IF 103/PR – Rel. Min. Néri da Silveira – Julgamento: 13/03/199 – Órgão Julgador: Tribunal Pleno)

"Intervenção Federal. 2. Representação do Procurador-Geral da República pleiteando intervenção federal no Estado de Mato Grosso, para assegurar a observância dos "direitos da pessoa humana", em face de fato criminoso praticado com extrema crueldade a indicar a inexistência de "condição mínima", no Estado, "para assegurar o respeito ao primordial direito da pessoa humana, que é o direito à vida". Fato ocorrido em Matupá, localidade distante cerca de 700 km de Cuiabá. 3. Constituição, arts. 34, VII, letra "b", e 36, III. 4. Representação que merece conhecida, por seu fundamento: alegação de inobservância pelo Estado-membro do princípio constitucional sensível previsto no art. 34, VII, alínea "b", da Constituição de 1988, quanto aos "direitos da pessoa humana". Legitimidade ativa do Procurador-Geral da República (Constituição, art. 36, III). 5. Hipótese em que estão em causa "direitos da pessoa humana", em sua compreensão mais ampla, revelando-se impotentes as autoridades policiais locais para manter a segurança de três presos que acabaram subtraídos de sua proteção, por populares revoltados pelo crime que lhes era imputado, sendo mortos com requintes de crueldade. 6. Intervenção Federal e restrição à autonomia do Estado-membro. Princípio federativo. Excepcionalidade da medida interventiva. 7. No caso concreto, o Estado de Mato Grosso, segundo as informações, está procedendo à apuração do crime. Instaurou-se, de imediato, inquérito policial, cujos autos foram encaminhados à autoridade judiciária estadual competente que os devolveu, a pedido do Delegado de Polícia, para o prosseguimento das diligências e averiguações. 8. Embora a extrema gravidade dos fatos e o repúdio que sempre merecem atos de violência e crueldade, não se trata, porém, de situação concreta que, por si só, possa configurar causa bastante a decretar-se intervenção federal no Estado, tendo em conta, também, as providências já adotadas pelas autoridades locais para a apuração do ilícito. 9. Hipótese em que não é, por igual, de determinar-se intervenha a Polícia Federal, na apuração dos fatos, em substituição à Polícia Civil de Mato Grosso. Autonomia do Estado-membro na organização dos serviços de justiça e segurança, de sua competência (Constituição, arts. 25, §1º; 125 e 144, §4º). 10. Representação conhecida, mas julgada improcedente". (IF 114/MT – Rel. Min. Néri da Silveira – Julgamento: 13/03/1991 – Órgão Julgador: Tribunal Pleno)

"REPRESENTAÇÃO INTERVENTIVA – CARÁTER POLÍTICO – ADMINISTRATIVO – NÃO CABIMENTO DE RECURSO EXTRAORDINÁRIO – VERBETE Nº 637 DA SÚMULA DO SUPREMO. Não cabe recurso extraordinário contra acórdão de Tribunal de Justiça que defere pedido de intervenção estadual em Município. RECURSO EXTRAORDINÁRIO – MOLDURA FÁTICA". (AI 598988 AgR/SP – Rel. Min. Marco Aurélio – Julgamento: 28/06/2011 – Órgão Julgador: Primeira Turma)

JURISPRUDÊNCIA DO SUPERIOR TRIBUNAL DE JUSTIÇA

"2. Firme a jurisprudência desta Corte Superior de Justiça no sentido de que a eventual inércia imotivada ou mesmo fundada em critérios de mera conveniência do Poder Executivo no cumprimento das decisões judiciais equivale, por certo, à usurpação do Poder Judiciário e, por consequência, a quebra de um dos pilares de sustentação do Estado Brasileiro – o princípio federativo da independência e harmonia dos Poderes (art. 2º da Constituição Federal), autorizando a intervenção. 3. In casu, a "política de não utilização da força policial na resolução de conflitos agrários adotada pelo Governo do Estado do Paraná" gera, ainda que de modo transverso, a recusa do cumprimento da decisão judicial que determinou a imediata reintegração de posse nos autos da ação nº 226/2006 do d. Juízo Único da Comarca de Barbosa Ferraz/PR. 4. Intervenção Federal procedente". (STJ – Corte Especial – Intervenção Federal nº 116/PR, 2014.0305273-0, Rel. Min. Felix Fischer – Data do julgamento: 16-12-2015)

"INTERVENÇÃO FEDERAL. ESTADO DO PARANÁ. INVASÃO DE PROPRIEDADE RURAL. REINTEGRAÇÃO DE POSSE DETERMINADA PELO PODER JUDICIÁRIO. REQUISIÇÃO DE AUXÍLIO DE FORÇA POLICIAL. OITO ANOS DE INÉRCIA DO PODER EXECUTIVO DO ESTADO DO PARANÁ EM CUMPRIR A DECISÃO JUDICIAL. DESOBEDIÊNCIA À ORDEM JUDICIAL CARACTERIZADA. ART. 34, VI, DA CONSTITUIÇÃO FEDERAL. INTERVENÇÃO DEFERIDA. I – BREVE RESUMO DA LIDE 1. No caso concreto, o pleito tem origem na ação de reintegração de posse 302/2008, que correu na Comarca de Pinhão/PR, em decorrência da invasão de três indivíduos, que construíram um barraco na 'Fazenda São Miguel 2'. Medida liminar de reintegração de posse foi exarada em outubro de 2008, ocasião em que a juíza de primeiro grau oficiou à Polícia Militar requisitando o auxílio de força policial. Embora regularmente intimados, os invasores não desocuparam o local. Em setembro de 2009, com o descumprimento reiterado da ordem judicial, assim como ocorreu em inúmeros outros processos da região, a parte interessante requereu remessa de ofício ao TJPR para analisar a viabilidade de intervenção federal. O Estado do Paraná afirmou, em agosto de 2011, ser necessário a realização de estudos e o planejamento de uma ação cautelosa para evitar confrontos. Defendeu inexistir omissão do Estado e relatou que os possuidores já não mantinham vínculo com o Movimento dos Trabalhadores Rurais Sem Terra – MST. Consoante relatório do 16º Batalhão de Polícia Militar do Paraná, de agosto de 2011, nas proximidades do local havia cerca de trinta famílias e que cinco pessoas estavam na "Fazenda São Miguel 2" (fl. 88, e-STJ). Assim, a "Fazenda São Miguel 2" faz parte de um região em que há conflitos agrários sem que tenha sido oferecida uma solução palpável, não obstante INCRA e ICMBio tenham manifestado interesse em desapropriá-la (fls. 92, 121, e-STJ). Em fevereiro de 2012, a interessada assevera que o caso é "mais um entre várias intervenções federais propostas [...] que o colendo TJPR e, posteriormente, o STJ, por unanimidade, ratificaram a necessidade das intervenções para cumprimento da ordem judicial" (fl. 117, e-STJ). Abriu-se prazo quatro vezes para obtenção das informações (fl. 153, e-STJ). Oficiaram-se diversos órgãos. O Batalhão da Polícia Militar mais uma vez, afirmou serem necessárias diligências prévias e que o processo estava com superior hierárquico para análise. Às fls. 311-322, e-STJ, o TJPR deferiu o pedido e encaminhou os autos ao STJ, onde Estado do Paraná e INCRA tiveram mais uma oportunidade de se manifestarem e nada apresentaram de conclusivo. Dos documentos dos autos, conclui-se que não há mais negociação com o INCRA e que não há qualquer desapropriação em curso. 2. A intervenção federal é medida constitucional de natureza excepcional, pois suspende, ainda que temporariamente, a autonomia dos Estados-membros. A situação de fato é complexa, com variados enfoques e interesses a serem considerados. Entretanto, a excessiva demora em apresentar solução não é razoável no caso concreto. A requerente ajuizou Ação de Reintegração de Posse com pedido de liminar em outubro de 2008, mês em que recebeu do Estado a pretensa solução da controvérsia: uma decisão judicial, datada do mesmo mês de outubro, que lhe prometia a reintegração do imóvel ocupado. Entretanto, cerca de 9 (nove) anos após o Estado haver atendido [liminarmente] à pretensão da requerente, não há perspectiva de cumprimento do decisum. 3. A jurisprudência da Corte Especial do Superior Tribunal de Justiça, há mais de 20 (vinte) anos, vem sedimentando o entendimento de que a recalcitrância do Executivo paranaense no cumprimento das decisões judiciais questiona e enfraquece o Poder Judiciário, cujas decisões gozam de coercibilidade no intuito de promover a paz social e viabilizar a vida em sociedade. Há inúmeros precedentes analisados, entre outros proferidos pela Corte, todos referentes a invasões rurais no Estado do Paraná (IFs 1, 5, 8, 13, 14, 15, 16, 19, 22, 70, 76, 79, 86, 91, 94, 97, 100, 106, 107, 109, 110 e 116). 4. Ressalte-se que a questão social não mais pode servir de escudo para o descuido no cumprimento de decisões judiciais, uma vez que, não obstante haja pedido de intervenção do interessado em 2009, passados cerca de 9 (nove) anos após a liminar, ainda não se tem a mínima previsibilidade de seu cumprimento. Ademais, no imóvel discutido nos autos, a última notícia é da existência de apenas 5 (cinco) pessoas, não obstante o dado de 6,2 mil famílias acampadas no Estado (fl. 358, e-STJ). 5.

Intervenção Federal no Estado do Paraná deferida, na forma dos arts. 34, VI, e 36, II, da Constituição de 1988" (STJ – Corte Especial – Intervenção Federal nº 115/PR, 2014/0276027-3, Rel. Min. Herman Benjamin – Data do julgamento: 07-06-2017)

"INTERVENÇÃO FEDERAL. ART. 34, VI, DA CONSTITUIÇÃO FEDERAL. INVASÃO DE PROPRIEDADE PRODUTIVA PELO MOVIMENTO DOS TRABALHADORES RURAIS SEM TERRA – MST. LIMINAR QUE DETERMINA A REINTEGRAÇÃO DE POSSE. SENTENÇA CONFIRMATÓRIA. PROVIDÊNCIAS ADMINISTRATIVAS ADOTADAS PELO PODER EXECUTIVO ESTADUAL. AUSÊNCIA DE DESCUMPRIMENTO VOLUNTÁRIO E INTENCIONAL. PRINCÍPIO DA PROPORCIONALIDADE. PEDIDO INTERVENTIVO IMPROCEDENTE. 1. A intervenção federal é medida de natureza excepcional, por limitar a autonomia do ente federado, com vistas a restabelecer o equilíbrio federativo, cujas hipóteses de cabimento encontram-se previstas taxativamente no art. 34 da Constituição Federal, com regulamentação nos arts. 19 a 22 da Lei n. 8.038/1990 e nos arts. 312 a 315 do Regimento Interno do Superior Tribunal de Justiça. 2. A finalidade da intervenção consiste em resguardar a estrutura estabelecida na Constituição Federal, sobretudo quando se estiver diante de atos atentatórios praticados pelos entes federados. 3. No caso, extrai-se da documentação acostada ao feito que o Estado do Paraná não manteve cumprimento à ordem judicial de reintegração de posse, constante de sentença proferida em 15/4/2011, nos autos do processo n. 228/2006, que tem por objeto o imóvel rural pertencente aos requisitantes, denominado Sítio São Vicente, localizado no município de Barbosa Ferraz/PR. 4. Não obstante, em relação à área objeto do litígio, inserida em contexto de conflitos fundiários, foram adotadas providências no âmbito administrativo, como a desocupação inicial da área, posteriormente reocupada, em cumprimento à decisão liminar em que determinada a reintegração de posse. Outras medidas foram levadas a efeito, como a consulta formalizada perante o Instituto Nacional de Colonização e Reforma Agrária (INCRA) sobre o interesse na desapropriação, o Plano de Operação elaborado pelo Comando do Policiamento do Interior da Polícia Militar do Estado do Paraná, as informações prestadas pelo Coordenador Especial de Mediação dos Conflitos da Terra – SESP/PMPR, bem como a resposta fornecida pelo INCRA, em que noticiado o andamento de estudo para destinação da área para reforma agrária, por meio do processo de compra e venda (Decreto n. 433/1992). 5. Os documentos acostados ao presente feito evidenciam que o não cumprimento da ordem de desocupação não tem o condão de autorizar intervenção, medida excepcional, porque as circunstâncias dos fatos e justificativas apresentadas pelo ente estatal, no sentido de que viabilizar a desocupação mediante atuação estratégica de vários órgãos, aliada à necessidade de reassentamento das famílias em outro local, devem ser sopesadas com o direito dos requerentes. 6. A excepcionalidade e a gravidade que circundam a intervenção federal, bem como a complexidade que emana do cumprimento da ordem de desocupação, sobrepõem-se, no caso, ao interesse particular dos proprietários do imóvel. 7. Na hipótese em análise, não há como reconhecer tenha o ente estatal se mantido inerte, em afronta à decisão judicial, não havendo que se falar em recusa ilícita, a ponto de justificar a intervenção, porquanto a situação fática comprovada nos autos revela questão de cunho social e coletivo, desbordando da esfera individual dos requisitantes. 8. A análise do pedido de intervenção federal perpassa inevitavelmente pela aplicação das normas constitucionais, encontrando solução imediata no princípio da proporcionalidade, e, em seguida, na tomada de novas medidas administrativas e, se for o caso, judiciais frente à realidade atual da área. 9. Tal conclusão afigura-se ainda mais consentânea à hipótese, ao constatar-se que remanesce aos requerentes o direito à reparação, que pode ser exercido por meio de ação de indenização. 10. Pedido de intervenção federal julgado improcedente". (STJ – Corte Especial – Intervenção Federal nº 113/PR, 2014.0169084-3, Rel. Min. Jorge Mussi – Data do julgamento: 06-04-2022)

"INTERVENÇÃO FEDERAL. ESTADO DO PARANÁ. INVASÃO DE PROPRIEDADE RURAL PELO MOVIMENTO DOS TRABALHADORES SEM TERRA. REINTEGRAÇÃO DE POSSE DEFERIDA HÁ SEIS ANOS. RECUSA DE CUMPRIMENTO A DECISÃO JUDICIAL. MATÉRIA INFRACONSTITUCIONAL. COMPETÊNCIA DESTE SUPERIOR TRIBUNAL DE JUSTIÇA. DESOBEDIÊNCIA À ORDEM JUDICIAL TECNICAMENTE CARACTERIZADA. ART. 34, VI, DA CF. INTERVENÇÃO QUE PODE CAUSAR COERÇÃO OU SOFRIMENTO MAIOR QUE SUA JUSTIFICAÇÃO INSTITUCIONAL. APLICAÇÃO DO PRINCÍPIO DA PROPORCIONALIDADE. NECESSIDADE DE PROMOVER A PAZ SOCIAL E A PROTEÇÃO DE DIREITOS. CONFIGURADA, EM PRINCÍPIO, AFETAÇÃO DA PROPRIEDADE POR INTERESSE PÚBLICO. PEDIDO DE INTERVENÇÃO INDEFERIDO. 1. Hipótese na qual a ordem judicial de reintegração de posse não foi cumprida e as sucessivas requisições de força policial foram igualmente malsucedidas, de tal modo que o imóvel continua ocupado por integrantes do Movimento dos Trabalhadores Rurais Sem Terra – MST. 2. Cabe ao Superior Tribunal de Justiça, a teor do disposto nos arts. 34, VI e 36, II, da Constituição, o exame da Intervenção Federal nos casos em que a matéria é infraconstitucional e o possível recurso deva ser encaminhado a esta Corte. 3. Evidenciado que o imóvel rural em foco foi ocupado por trabalhadores rurais sem terra como forma de forçar sua desapropriação para reforma agrária, mas as providências administrativas do Poder Público local, demandadas para a desocupação ordenada pelo Poder Judiciário, não foram atendidas por seguidas vezes, resta tecnicamente caracterizada a situação prevista no art. 36, II da CF, pois a recusa do Governador do Estado configura desobediência à ordem "judiciária", o que justificaria a intervenção para "prover a execução da ordem ou decisão judicial" (art. 34, VI, da CF). 4. A remoção das 190 pessoas que ocupam o imóvel, já agora corridos vários anos, constituindo cerca de 56 famílias sem destino ou local de acomodação digna, revelam quadro de inviável atuação judicial, assim como não recomendam a intervenção federal para compelir a autoridade administrativa a praticar ato do qual vai resultar conflito social muito maior que o suposto prejuízo do particular. 5. Mesmo presente a finalidade de garantia da autoridade da decisão judicial, a intervenção federal postulada perde a intensidade de sua razão constitucional ao gerar ambiente de insegurança e intranquilidade em contraste com os fins da atividade jurisdicional, que se caracteriza pela formulação de juízos voltados à paz social e à proteção de direitos. 6. Pelo princípio da proporcionalidade, não deve o Poder Judiciário promover medidas que causem coerção ou sofrimento maior que sua justificação institucional e, assim, a recusa pelo Estado não é ilícita. 7. Se ao Estado não resta senão respeitar a afetação pública do imóvel produzida pela ocupação de terceiros sobre o bem particular com o intuito de ocupá-lo para distribuí-lo, segue-se que, em razão da motivação identificada nos autos, cuida-se de caso de afetação por interesse público a submeter-se então ao regime próprio dessa modalidade jurisprudencial de perda e aquisição da propriedade, que, no caso, por construção, se resolverá em reparação a ser buscada via de ação de indenização (desapropriação indireta) promovida pelo interessado. 8. Pedido de intervenção indeferido". (STJ – Corte Especial – Intervenção Federal nº 111/PR, 2014/0003456-0, – Rel. Gilson Dipp – Data do julgamento: 01-07-2014)

"INTERVENÇÃO FEDERAL. ESTADO DO PARANÁ. AÇÃO DE REINTEGRAÇÃO DE POSSE. DESCUMPRIMENTO DE DECISÃO JUDICIAL. PROCEDÊNCIA DO PEDIDO DE INTERVENÇÃO. 1. Como é cediço, a intervenção federal é medida de natureza excepcional, porque restritiva da autonomia do ente federativo. As hipóteses de cabimento estão, portanto, previstas de forma taxativa na Constituição da República, em seu art. 34; e, na hipótese em questão, no inciso VI do mencionado artigo. 2. Vislumbra-se caso específico de intervenção federal por atentado à independência do Judiciário, pois os outros Poderes constituídos têm o dever de tomar atitude para 'prover a execução de [...] ordem ou decisão judicial', quando a efetividade do pronunciamento judicial depender de atos executórios a cargo de algum deles. 3. A inércia imotivada ou por critérios de conveniência ou oportunidade equivale à anulação, ainda que parcial, da função típica do Judiciário de 'dizer o direito', importando em um indesejável e crescente enfraquecimento de um dos Poderes da República. Transformam-se a coercibilidade e o comando inerentes aos provimentos judiciais em simples aconselhamento destituído de eficácia. Em um plano maior, verifica-se lesão a um dos princípios federativos: a independência e harmonia dos Poderes Executivo, Legislativo e Judiciário (art. 2º da CF/88). É a negação do próprio Estado de Direito. 4. As alegações de que a Procuradoria Federal Especializada (INCRA) indeferiu o pedido de ratificação do título de domínio privado dos Requerentes e declarou nula a titulação estadual que inaugurou a cadeia dominial do imóvel não podem influir em proveito do ente federativo, pois não foi acompanhada de desconstituição judicial das matrículas em questão, razão pela qual permanecem hígidas até a presente data. Merece atenção o fato de que, por diversas vezes, o órgão especializado foi intimado para se manifestar acerca do ajuizamento de ação anulatória do título de propriedade do imóvel em questão, mas permaneceu inerte. 5. Nada obstante sua natureza excepcional, a intervenção se impõe nas hipóteses em que o Executivo estadual deixa de fornecer força policial para o cumprimento de ordem judicial. Precedentes do STJ. 6. Intervenção federal julgada procedente". (STJ – Corte Especial – Intervenção Federal nº 110/PR, 2011.0155511-6, Rel. Min. Og Fernandes – Data do julgamento: 03-06-2015)

"PEDIDO DE INTERVENÇÃO FEDERAL. ESTADO DO PARANÁ. RECUSA DE CUMPRIMENTO A DECISÃO JUDICIAL. REINTEGRAÇÃO NA POSSE. INVASÃO DE PROPRIEDADE RURAL PELO MOVIMENTO DE TRABALHADORES SEM-TERRA. POLÍTICA PÚBLICA DO ESTADO DO PARANÁ NO SENTIDO DE SÓ PROMOVER DESOCUPAÇÕES PACÍFICAS. PROMESSA, PELO INCRA, DE INDICAÇÃO DE ÁREA PARA ALOCAR OS TRABALHADORES. MEDIDA QUE VEM SENDO ADIADA HÁ MAIS DE CINCO ANOS. ARGUMENTAÇÃO DE QUE A TERRA CONTROVERTIDA É DA UNIÃO E DE QUE O FATO SERÁ DEMONSTRADO EM AÇÃO ANULATÓRIA DE TÍTULO DE PROPRIEDADE. IRRELEVÂNCIA, NO MOMENTO. DESCUMPRIMENTO CARACTERIZADO. INTERVENÇÃO DEFERIDA. 1. O deferimento de uma ordem liminar deve ser combatido em juízo, mediante a interposição dos recursos cabíveis. A partir do trânsito em julgado formal de uma determinação judicial, compete ao Estado disponibilizar meios para garantir seu cabal cumprimento. 2. Caracterizada nos autos a existência de uma política pública, no âmbito do Estado do Paraná, de apenas dar cumprimento a ordens de reintegração de posse em fazendas por via pacífica, gerando a existência de mais de 400 processos em que tais determinações não foram cumpridas, uma providência urgente deve ser tomada. A situação torna-se especialmente grave pelas informações contidas nos autos, de que multas diárias vêm sendo aplicadas a agentes públicas a quem não incumbe, ao menos de maneira direta, a formulação dessa política pública, inclusive com penhora de bens para alienação judicial. 3. A reiterada promessa, por parte do INCRA, de indicar áreas para as quais os invasores deverão ser transferidos, não pode mais adiar a solução da controvérsia, que se arrasta por mais de cinco anos. 4. A conclusão do INCRA de que a terra comprometida pertence à União, e as ponderações no sentido da propositura de uma ação de anulação dos títulos dominiais, também não modificam a necessidade de providências urgentes. Se tal ação deverá ser proposta, compete aos órgãos responsáveis agir de pronto, requisitando, se for o caso, uma medida liminar que autorize a permanência dos trabalhadores sem-terra na área. O que não se pode fazer é negar, simplesmente, cumprimento a uma decisão judicial válida. 5. Pedido de intervenção deferido" (STJ – Corte Especial – Intervenção Federal nº 109/PR, 2011/0155297-0, Rel.ª Minª Nancy Andrighi – Data do julgamento: 07-11-2012)

"1. A intervenção federal é medida de natureza excepcional, porque restritiva da autonomia do ente federativo. Daí as hipóteses de cabimento serem taxativamente previstas na Constituição da República, em seu art. 34. 2. Nada obstante sua natureza excepcional, a intervenção se impõe nas hipóteses em que o Executivo estadual deixa de fornecer força policial para o cumprimento de ordem judicial. 3. Intervenção federal julgada procedente". (STJ – Corte Especial – Intervenção Federal nº 107/PR, 2010.0043310-8, Rel. Min. João Otávio de Noronha – Data do julgamento: 15-10-2014)

"1. Na linha da jurisprudência desta Corte, impõe-se a procedência do pedido de intervenção federal nas hipóteses em que o Poder Executivo não fornece o reforço policial necessário para o fim de efetivar o cumprimento de decisão judicial, transitada em julgado, de reintegração de posse de imóvel rural invadido por integrantes do Movimento dos Trabalhadores Rurais Sem Terra – MST. 2. O fato de existir proposta de venda do imóvel não torna sem efeito a decisão judicial que julgou procedente o pedido de reintegração de posse, nem tampouco retira o direito da requisitante de reaver seu bem, não se mostrando razoável reconhecer que houve perda de objeto do pedido de intervenção federal. 3. Pedido de intervenção federal julgado procedente". (STJ – Corte Especial – Intervenção Federal nº 103/PR, 2007.0143540-5, Rel. Min. Paulo Gallotti – Data do julgamento: 04-06-2008)

"INTERVENÇÃO FEDERAL. AÇÃO DE REINTEGRAÇÃO DE POSSE. INVASÃO MOVIMENTO DOS SEM TERRA – MST. DECISÃO LIMINAR NÃO CUMPRIDA. RETARDO POR DOIS ANOS – Evidenciada a manifesta inércia do Poder Executivo Estadual quanto ao cumprimento da decisão judicial, decorridos dois anos da concessão da liminar reintegratória de posse, justifica-se a intervenção federal. – É irrelevante o fato de não ser definitiva a decisão exequenda Precedentes. – Dizer que somente o desrespeito à decisão definitiva justifica a intervenção é reduzir as decisões cautelares à simples inutilidade". (STJ – Corte Especial – Intervenção Federal nº 97/PR, 2005.0113920-0, Rel. Min. Humberto Gomes de Barros – Data do julgamento: 06-12-2006)

"CONSTITUCIONAL. INTERVENÇÃO FEDERAL. ESTADO DO PARANÁ. IMÓVEL RURAL INVADIDO PELO MST. REINTEGRAÇÃO DE POSSE CONCEDIDA. DESCUMPRIMENTO DE DECISÃO JUDICIAL. ATRASO INJUSTIFICÁVEL. CONTUMÁCIA. VASTIDÃO DE PRECEDENTES. 1. Pedido de Intervenção Federal requerido pelo Tribunal de Justiça do Estado do Paraná em face de descumprimento de ordem judicial (medida liminar) oriunda daquela Corte que determinou reintegração na posse dos titulares de imóvel rural invadido por grupo denominado Movimento dos Trabalhadores Rurais Sem Terra – MST. 2. A via da intervenção federal, de natureza especialíssima e grave, só deve ser aberta quando em situações extremas e se apresentar manifesta a intenção do Poder Executivo, pela sua autoridade maior, de conduta inequívoca de descumprimento de decisão judicial, como se insere na presente lide. 3. Em diversos casos semelhantes ao presente, a distinta Corte Especial deste Sodalício decidiu que, ante a recalcitrância do Estado do Paraná em descumprir decisões judiciais de reintegração de posse – mesmo que de natureza provisória – quando o esbulho é perpetrado por ditos movimentos sociais sem que houvesse qualquer justificativa plausível ou mesmo atos concretos nesse sentido, é de se deferir o pedido de intervenção federal. 4. O indeferimento do pedido implicaria despir de eficácia e autoridade as decisões judiciais, importando num indesejável e crescente enfraquecimento do Poder Judiciário, transmudando a coercibilidade e o comando inerentes aos provimentos judiciais em simples aconselhamento destituído de eficácia, ainda mais quando caracterizada a contumácia no descumprimento. 5. 'É irrelevante o fato de não ser definitiva a decisão exequenda. Dizer que somente o desrespeito à decisão definitiva justifica a intervenção é reduzir as decisões cautelares à simples inutilidade.' (IF nº 97/PR, Rel. Min. Humberto Gomes de Barros, DJ de 18/12/06). 6. Vastidão de precedentes: IF nº 91/RO, Rel. Min. Humberto Gomes de Barros, DJ de 13/02/06; IF nº 22/PR, Rel. Min. Barros Monteiro, DJ de 06/06/05; IF nº 70/PR, Rel. Min. Antônio De Pádua Ribeiro, DJ de 02/05/05; IF nº 86/PR, Rel. Min. Barros Monteiro, DJ de 28/06/04; IF nº 76/PR, Rel. Min. Humberto Gomes de Barros, DJ de 13/10/03, dentre outros. 7. Pedido de intervenção deferido". (STJ – Corte Especial – Intervenção Federal nº 94/PR, 2005.0100192-6, Rel. Min. José Delgado – Data do julgamento: 19-09-2007)

"DIREITO CONSTITUCIONAL. INTERVENÇÃO FEDERAL. ORDEM JUDICIAL. CUMPRIMENTO. APARATO POLICIAL. ESTADO MEMBRO. OMISSÃO (NEGATIVA). PRINCÍPIO DA PROPORCIONALIDADE. PONDERAÇÃO DE VALORES. APLICAÇÃO. 1 – O princípio da proporcionalidade tem aplicação em todas as espécies de atos dos poderes constituídos, apto a vincular o legislador, o administrador e o juiz, notadamente em tema de intervenção federal, onde pretende-se a atuação da União na autonomia dos entes federativos. 2 – Aplicação do princípio ao caso concreto, em ordem a impedir a retirada forçada de mais 1000 famílias de um bairro inteiro, que já existe há mais de dez anos. Prevalência da dignidade da pessoa humana em face do direito de propriedade. Resolução do impasse por outros meios menos traumáticos. 3 – Pedido indeferido". Conforme trecho do voto do relator: "nas informações prestadas pelo Excelentíssimo Senhor Governador do Estado de Mato Grosso, em 15 de março de 2005, está consignado, *verbis*: '... segundo estudos realizados pelo Comando Geral de Polícia Militar, na área em litígio estariam presentes mais de 3000 mil pessoas somando um total de 1027 habitações, números estes que corroboram sobremaneira à assertiva de imensa dificuldade e de imprevisíveis consequências trágicas que a utilização de força policial poderia acarretar não só à região ocupada, mas a todo o município de Cuiabá. Assim, vê-se sem nenhum esforço e com certa facilidade que a retirada dos ocupantes do "Bairro Renascer" não se constituiria em tarefa singela e de fácil execução, pois a ilustre parte ex adversa está muito a par, e por certo superiormente a nós outros que desocupar uma área com tantos moradores e com um número grandioso de construções não poderia ser efetivada sem acarretar um enorme transtorno urbano. Dessa forma, ao contrário do alegado pela requerente, não se trata em absoluto, de descumprimento ou de desobediência as decisões emanadas do Poder Judiciário, iluminadas que foram as atitudes tomadas pelas Autoridades responsáveis pela Segurança Estadual, que agiram sob o pálio e o imperativo da cautela, da precaução e acima de tudo, em respeito aos atributos constitucionalmente consagrados da proporcionalidade e principalmente da razoabilidade.' (fls. 52). Em decorrência, em um primeiro momento, a Subprocuradoria-Geral da República, veio a opinar no sentido de se negar o pedido de intervenção, por não ser conveniente ao "interesse social uma previsível tragédia, vitimando inocentes, e jogando ao desamparo mais de 1000 famílias, para atender aos interesses particulares dos credores de uma massa falida (fls. 58). [...] Diz, com efeito, o MM. Juiz de Direito da 11ª Vara Cível de Goiânia (fls. 164): "Assim, sem homologação do acordo não cumprido – por volta de dezembro de 2004 a precatória de imissão da Massa na posse do imóvel foi devolvida para que o Juízo da Comarca de Cuiabá desse cumprimento à mesma, intimando o Governador daquela Unidade Federada para que fornecesse efetivo da Polícia Militar para cumprimento da ordem judicial. Desde então, segundo informações deste juízo, a mencionada Carta Precatória permanece parada sem cumprimento. Destarte, arrematando, informo que segundo se verifica dos autos, o acordo noticiado, pelas razões já expostas, não foi homologado, e que a carta precatória continua no Estado do Mato Grosso, aguardando cumprimento." (fls. 164). Nesse contexto, a solução do problema deve ter por base o princípio da proporcionalidade, conforme aliás, antes mencionado, pois, como visto, o caso encerra, a toda evidência, um conflito de valores ou, em outras palavras, a ponderação de direitos fundamentais. De um lado, o direito à vida, à liberdade, à inviolabilidade domiciliar e à própria dignidade da pessoa humana, princípio fundamental da República Federativa do Brasil (art. 1º, III da Constituição Federal). De outro, o direito à propriedade. No caso concreto, à saciedade, está demonstrado que o cumprimento da ordem judicial de imissão na posse, para satisfazer o interesse de uma empresa, será à custa de graves danos à esfera privada de milhares de pessoas, pois a área objeto do litígio encontra-se não mais ocupada por barracos de lona, mas por um bairro inteiro, com mais de 1000 famílias residindo em casas de alvenaria. A desocupação da área, à força, não acabará bem, sendo muito provável a ocorrência de vítimas fatais. Uma ordem judicial não pode valer uma vida humana. Na ponderação entre a vida e a propriedade, a primeira deve se sobrepor". (STJ – Corte Especial – Intervenção Federal nº 92/MT, 2005/0020476-3, Rel. Min. Fernando Gonçalves – Data do julgamento: 05-08-2009)

"Executada a ordem judicial, urge comunicar ao Presidente da República, para que suste a intervenção". Isso porque, conforme o voto do Min. Relator: "o Estado de Rondônia alega que é desnecessária a intervenção no Estado. É que antes do julgamento do pedido de intervenção, a Comissão de Mediação de Conflito Agrário de Rondônia, que conta com a participação de vários órgãos e dos beneficiários da decisão judicial, se reuniu e acolheu a proposta de sobrestamento das ações de reintegração de posse existentes, pelo prazo de 75 (setenta e cinco) dias. Neste prazo, o Incra assumiu o compromisso de solucionar o impasse ou adquirir a área em conflito. Independentemente do comportamento do Incra, o Estado de Rondônia afirma que se comprometeu a desocupar a área invadida pelos Sem Terra. Pede a revisão do acórdão, tendo em vista a natureza administrativa do pedido de intervenção. Em 01 de julho de 2005, o Estado de Rondônia informou que cumpriu o mandado de reintegração de posse no período de 09 a 15 de junho de 2005, de forma pacífica. Juntou vários documentos, bem como pediu o arquivamento dos autos de intervenção federal por perda de objeto". (STJ – EDcl na Intervenção Federal nº 91/RO, 2004.0178063-6, Rel. Min. Humberto Gomes de Barros – Data do julgamento: 15-02-2006)

"CONSTITUCIONAL. PROCESSO CIVIL. AGRAVO INTERNO NA INTERVENÇÃO FEDERAL. INTERVENÇÃO FEDERAL CONHECIDA E JULGADA PROCEDENTE. TRÂNSITO EM JULGADO. INCOMPETÊNCIA DO RELATOR DA FASE COGNITIVA PARA A EXECUTAR A INTERVENÇÃO. COMPETÊNCIA PRIVATIVA DO PRESIDENTE DA REPÚBLICA MEDIANTE PROVOCAÇÃO DA PRESIDÊNCIA DO STJ. COMUNICAÇÕES ULTIMADAS. ARQUIVAMENTO DA INTERVENÇÃO FEDERAL. 1. É competência privativa do Presidente da República decretar e executar a intervenção federal, mediante a provocação da Presidência do Superior Tribunal de Justiça (Art. 315 do RISTJ). 2. Encerrado o julgamento da intervenção federal pela Corte Especial, com o respectivo trânsito em julgado, encontra-se esgotada a competência do Ministro Relator. 3. Agravo interno não conhecido". (STJ – Corte Especial – AgInt na Intervenção Federal nº 87/PR, 2004.0018829-5, Rel. Min. Benedito Gonçalves – Data do julgamento: 07-10-2020)

"INTERVENÇÃO FEDERAL. AÇÃO DE REINTEGRAÇÃO DE POSSE. LIMINAR CONCEDIDA. DESCUMPRIMENTO. POSTERGAÇÃO POR VÁRIOS ANOS. PROCEDÊNCIA DO PEDIDO. – Evidenciada a manifesta inércia do Poder Executivo Estadual quanto ao cumprimento da decisão judicial, decorridos quase oito anos da concessão da liminar reintegratória de posse, cabe acolher-se o pedido de intervenção federal. Pedido de intervenção federal julgado procedente" (STJ – Corte Especial – Intervenção Federal nº 86/PR, 2003.0172158-5, Rel. Min. Barros Monteiro – Data do julgamento: 19-05-2004)

"INTERVENÇÃO FEDERAL. DESCUMPRIMENTO DE DECISÃO JUDICIAL CARACTERIZADO. AÇÃO DE REINTEGRAÇÃO DE POSSE. Embora seja medida de natureza especialíssima e grave, a intervenção federal é de rigor quando o Executivo Estadual deixa de fornecer força policial para o cumprimento de ordem judicial". (STJ – Corte Especial – Intervenção Federal nº 84/PR, 2003.0029118-5, Rel. Min. Ari Pargendler – Data do julgamento: 05-11-2008)

"INTERVENÇÃO FEDERAL. Possessória. Liminar. Não é de ser deferido pedido de intervenção federal para cumprimento de decisão liminar, modificável a qualquer tempo, que resultará no despejo de mais de 200 famílias". (STJ – Corte Especial – Intervenção Federal nº 83/PR, 2002.0174710-7, Rel. p. acordão: Min. Ruy Rosado Aguiar – Data do julgamento: 29-05-2003)

"INTERVENÇÃO FEDERAL. REINTEGRAÇÃO NA POSSE. SEM-TERRA. DESCUMPRIMENTO DE ORDEM JUDICIAL. AUSÊNCIA DE JUSTIFICATIVA. INAÇÃO DO ESTADO. ART. 34 DA CONSTITUIÇÃO. PEDIDO DEFERIDO. I- Sem desconhecer os graves problemas atinentes à terra no Brasil, o Poder Judiciário deve zelar pela garantia do Estado de direito, que se pauta pelo estrito cumprimento das leis e das decisões judiciais, além de assegurar aos litigantes o acesso à Justiça e ao devido processo legal. II- Na linha de precedentes desta Corte, a inação do Estado em dar cumprimento a decisão judicial de reintegração na posse, sem justificativa plausível e sem a demonstração, sequer, de atos concretos nesse sentido, enseja o deferimento da intervenção". (STJ – Corte Especial – Intervenção Federal nº 79/PR, 2002.0058088-1, Rel. Min. Sálvio de Figueiredo Teixeira – Data do julgamento: 01-07-2003)

"INTERVENÇÃO FEDERAL. GOVERNADOR. AÇÃO DE REINTEGRAÇÃO DE POSSE. MEDIDA LIMINAR CONCEDIDA – DESCUMPRIMENTO – RETARDO POR VÁRIOS ANOS. O retardo no cumprimento de decisão judicial, por mais de 07 (sete) anos, enseja o deferimento do pedido de intervenção. Nada importa a circunstância de a omissão do Poder Executivo não ser dolosa. Tampouco é relevante o fato de não ser definitiva a decisão exequenda Precedente. Dizer que somente o desrespeito à decisão definitiva justifica a intervenção é reduzir as decisões cautelares à simples inutilidade". (STJ – Corte Especial – Intervenção Federal nº 76/PR, 2002.0058069-1, Rel. Min. Humberto Gomes de Barros – Data do julgamento: 05-02-2003)

"INTERVENÇÃO FEDERAL POR ALEGADO DESCUMPRIMENTO DE ACÓRDÃO DO TJ/MT. PREFEITO. CRIME DE RESPONSABILIDADE. PENA. PERDA DO CARGO E INABILITAÇÃO PARA O EXERCÍCIO DO CARGO OU FUNÇÃO PÚBLICA PELO PRAZO DE CINCO ANOS (Decreto-lei 201/67, art. 1º, § 2º). Tendo o Estado promovido a suspensão de servidor, ex-prefeito, condenado por crime de responsabilidade, do cargo público efetivo de médico legista como decorrência da pena de inabilitação aplicada nos autos da ação penal, fica sem objeto o pedido de intervenção federal que visava ao cumprimento do referido acórdão nesse particular. Pedido prejudicado". (STJ – Corte Especial – Intervenção Federal nº 75/MT, 2002.0025622-3, Rel. Min. Cesar Asfor Rocha, Data do julgamento: 29-05-2003)

"Intervenção Federal. Requisição. Estado-Membro. Precatório. Constituição Federal. Artigos 34, VI e 36, II. Lei n° 8038/90 (Art. 19). Procedência do Pedido. 1. Demonstrada a relutância do Poder Executivo Estadual em cumprir ordem judicial a Constituição prevê a requisição da intervenção como garantia da eficácia de decisão judiciai desobedecida. O simples argumento de que há excesso de execução não justifica a resistência. Mais grave que o prejuízo é o descumprimento. 2. Precedentes jurisprudenciais. 3. Pedido procedente". (STJ – Corte Especial – Intervenção Federal nº 55/RJ, 1999.0119503-9, Rel. Min. Milton Luiz Pereira, Data do julgamento: 06-06-2001)

"CONSTITUCIONAL. INTERVENÇÃO FEDERAL. QUESTIONAMENTOS JURÍDICOS SOBRE A DECISÃO DITA DESCUMPRIDA. INDEFERIMENTO DO PEDIDO. 1. A intervenção federal no Estado, por descumprimento de ordem judicial, só deve ser deferida quando o pedido basear-se em prova inequívoca de que a autoridade estatal de maior hierarquia, de modo doloso, não cumpre a medida judicial. 2. Se questionamentos jurídicos necessitam ser solucionados, em decorrência de Lei aprovada e em vigor após o trânsito em julgado da decisão controvertida, não é caso de intervenção federal. 3. Fixação de vencimentos de servidores públicos. Critérios adotados por decisão judicial. Lei nova que altera tais critérios. 4. Intervenção federal concedida pelo Tribunal de Justiça do Estado que se afasta, em face dos fundamentos supra-elencados". (STJ – Corte Especial – Intervenção Federal nº 51/GO, 1999.0055227-0, Rel. Min. José Delgado – Data do julgamento: 01-08-2000)

"A requisição de intervenção federal fundada na necessidade de prover a execução de ordem ou decisão judicial (CF, art. 34, VI) será promovida de ofício ou mediante pedido do Presidente do Tribunal de Justiça do Estado, ou do Tribunal Regional Federal, quando se pugna pela eficácia de suas respectivas decisões, nos termos do art. 312, I, do Regimento Interno deste Superior Tribunal de Justiça. – O credor de título executivo judicial não tem legitimidade de iniciativa para provocar a requisição de intervenção federal por esta Corte quando a decisão judicial descumprida emana de Tribunal de Segundo Grau. – Intervenção Federal inadmitida". (STJ – Corte Especial – Intervenção Federal nº 49/MA, 1999.0007011-9, Rel. Min. Vicente Leal – Data do Julgamento: 29-06-2001)

"INTERVENÇÃO FEDERAL Decisão liminar. Reintegração de posse. – A provisoriedade da decisão liminar em reintegratória de posse não permite a intervenção federal para cumprir ordem de desocupação de área urbana habitada por 673 famílias. Pedido denegado". (STJ – Corte Especial – Intervenção Federal nº 46/PR, 1998.0068659-2, Rel. Min. Ruy Rosado de Aguiar – Data do julgamento: 06-12-2000)

"Intervenção Federal. Determinação de Presidente de Tribunal no sentido de que se complemente o pagamento de precatório, em vista da desvalorização da moeda. Caráter não jurisdicional da medida, não se realizando o pressuposto constitucional capaz de conduzir à intervenção federal". (STJ – Corte Especial – Intervenção Federal nº 29/PR, 95.0067894-2, – Rel. Min. Eduardo Ribeiro – Data do julgamento: 18-09-1996)

"INTERVENÇÃO FEDERAL. AUSÊNCIA DE CUMPRIMENTO PELO ESTADO MEMBRO, DE DECISÃO JUDICIAL. DEFERIMENTO. O óbice oposto pelo Poder Executivo Estadual ao cumprimento de decisão judicial implica no deferimento de intervenção federal no Estado. A alegação de que a intervenção federal só se justifica quando se tratar de descumprimento de 'decisão de mérito', com trânsito em julgado, não impede a providência excepcional, porquanto, se assim fosse, cometer-se-ia, ao Governador, o poder de postergar, indefinidamente, o andamento de todos os processos em que o auxílio da força pública fosse necessária à execução de decisões interlocutórias. Intervenção Federal deferida". (STJ – Corte Especial – Intervenção Federal nº 26/PR, 94.0031072-2, – Rel. Min. Demócrito Reinaldo – Data do julgamento: 09-03-1995).

"INTERVENÇÃO FEDERAL. CUMPRIMENTO DE DECISÃO JUDICIAL. REINTEGRAÇÃO DE POSSE. DEFERIMENTO DO PEDIDO. Mesmo reconhecendo-se o caráter excepcional da medida, deve o pedido de intervenção federal ser atendido, quando satisfeitas as formalidades legais, a fim de se fazer cumprir sentença decretado a reintegração de posse, há muito tempo transitada em julgada". (STJ- Corte Especial – Intervenção Federal nº 21/PR, 94.0011565-2, Rel. Min. Hélio Mosimann, Data do julgamento: 13-10-1994)

"CONSTITUCIONAL. INTERVENÇÃO FEDERAL. Art. 34, VI, CF. Demonstrada a relutância do Poder Executivo Estadual em cumprir decisão emanada do Poder Judiciário, impõe-se o deferimento da Intervenção Federal". (STJ – Corte Especial – Intervenção Federal nº 14/PR, Rel. Min. Américo Luz – Data do julgamento: 01-08-1994)

"CONSTITUCIONAL. INTERVENÇÃO FEDERAL. 1. Em sede de pedido de Intervenção Federal, descabe examinar questão relativa à ordem interna do Tribunal de Justiça do Estado, versante sobre qual seria o órgão julgador competente para deferir o encaminhamento do requerimento interventivo. 2. O texto constitucional não exige que a decisão judicial pendente de cumprimento esteja coberta pelo manto da *res judicata*. 3. Comprovada a manifesta e reiterada situação de insubordinação à determinação judicial, carente de cumprimento por injustificável recusa do Sr. Governador do Estado em fornecer os meios para tanto necessários, mister se faz deferir o pedido de intervenção federal" (STJ – Corte Especial – Intervenção Federal nº 13/PR, 92.0031989-0, Rel. Min. Bueno de Souza, Data de julgamento: 09-06-1994)

"CONSTITUCIONAL. INTERVENÇÃO FEDERAL. A Intervenção Federal, providência de natureza excepcional, deve ser deferida quando demonstrado que o Poder Executivo do Estado procrastina, há anos, o atendimento de requisição de força policial para auxiliar no cumprimento de sentença transitada em julgado" (STJ – Corte Especial – Intervenção Federal nº 12/PR, Rel. Min. Jesus Costa Lima, Data do julgamento: 09-09-1993).

"PROCESSUAL. PEDIDO DE INTERVENÇÃO FEDERAL. DESCUMPRIMENTO DE DECISÃO JUDICIAL. ILEGITIMADADE DE PARTE. A jurisprudência do STF é no sentido de que, tratando-se de pedido fundado em alegado descumprimento de decisão da Justiça local, a competência para a requisição da intervenção federal está afeta ao Presidente do Tribunal de Justiça, desde que este reconheça inobservados seus julgados. Daí que é ilegítima é a parte que requer a medida, pretendendo descumprido o *decisum*. Pedido não conhecido". (STJ – Corte Especial – Intervenção Federal nº 10/CE. Rel. Min. Waldemar Zveiter – Data do julgamento: 18 de dezembro de 1992)

"CONSTITUCIONAL. DECISÃO JUDICIAL. NÃO CUMPRIMENTO. DESOBEDIÊNCIA. INTERVENÇÃO FEDERAL. PEDIDO. PROCEDÊNCIA. 1. A Intervenção Federal é prescrita pela Constituição da República, art. 34, VI, para garantir a eficácia das decisões judiciais onde o agente do poder público estadual, responsável pela execução da ordem, desobedece de alguma forma, procrastinando até mesmo quando apenas oferece explicações. 2. Pedido de Intervenção Federal julgado procedente". (STJ – Corte Especial – Intervenção Federal nº 8 – Rel. Min. Edson Vidigal, Data do julgamento: 23-06-1994)

"CONSTITUCIONAL. DESCUMPRIMENTO DE DECISÃO JUDICIAL. INTERVENÇÃO FEDERAL EM ESTADO-MEMBRO. Comprovado que o Poder Executivo do Estado não atende à requisição de força policial para assegurar a execução de sentença transitada em julgado, deve ser deferido o pedido de intervenção federal (CF, arts. 34, inc. VI e 36, inc. II)". (STJ – Corte Especial – Intervenção Federal nº 5/PR, 920013038-0, Rel. Min. Antônio Torreão Braz – Data do Julgamento: 13-10-1994)

"Desobediência de Governador de Estado, em promover apoio à execução de decisão judicial. Hipótese de intervenção autorizada pelo art. 34, inc. VI, da Constituição Federal. Requisição do Superior Tribunal de Justiça, a requerimento de Tribunal de Justiça do Estado, por tratar-se de matéria infraconstitucional (art. 18, inc. I, da Lei nº 8.038/90). Decreto de intervenção que especificará a amplitude, prazo e condições de execução (parágrafo 1º, do art. 36, da Carta Magna). Demonstrado que o Governador, ainda que sem o deliberado propósito de não atender à decisão judicial, vem, na verdade, obstando a sua execução, desde que tem negado ao Juiz de Direito o apoio da força policial, por ele requisitada. Hipótese em que, por sua recusa, não se cumpriu a medida liminar de reintegração de posse, concedida para garantia de propriedade agrícola, invadida por terceiros, em Comarca do interior do Estado. Sem êxito as gestões administrativas do Presidente do Tribunal de Justiça, junto ao Governador, deliberou a Corte solicitar intervenção federal, ao Superior Tribunal de Justiça, em apoio à execução da ordem judicial, obstada desde o final de 1988. Pedido de intervenção federal julgado procedente". (STJ – Corte Especial – Intervenção Federal nº 1/PR, 92.7188-7, Rel. Min. José Cândido – Data do julgamento: 11-06-1992).

CAPÍTULO 3

INTERVENÇÕES PROTOCOLADAS NO STJ

Quantitativo de intervenções federais requisitadas ao Superior Tribunal de Justiça por Estado-membro ou pelo Distrito Federal:

Unidade federada	Número de requisições
Paraná (PR)	72
Mato Grosso (MT)	13
Minas Gerais (MG)	05
Rio de Janeiro (RJ)	05
Ceará (CE)	04
Goiás (GO)	04
São Paulo (SP)	04
Distrito Federal (DF)	03
Mato Grosso do Sul (MS)	03
Maranhão (MA)	02
Pará (PA)	02
Rio Grande do Sul (RS)	02
Rio Grande do Norte (RN)	02
Santa Catarina (SC)	02
Sergipe (SE)	02
Paraíba (PB)	01

O gráfico a seguir sintetiza os números de intervenções federais requisitadas ao STJ desde 1990 até 2021:

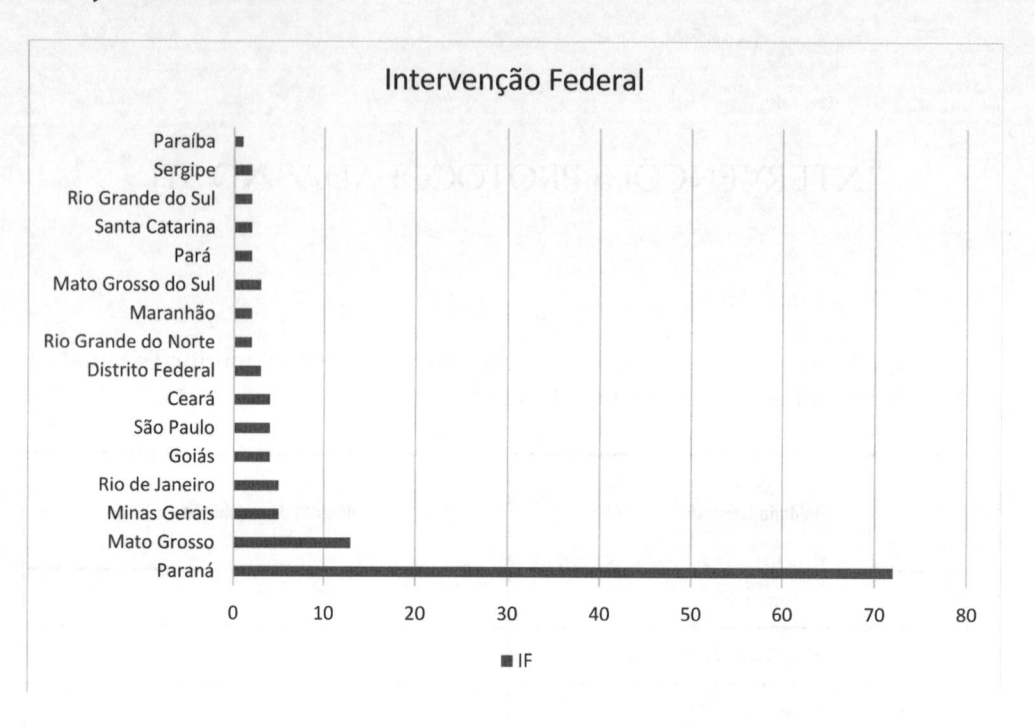

Intervenção Federal

Estado	IF
Paraíba	1
Sergipe	1
Rio Grande do Sul	1
Santa Catarina	1
Pará	1
Mato Grosso do Sul	2
Maranhão	1
Rio Grande do Norte	1
Distrito Federal	2
Ceará	3
São Paulo	3
Goiás	3
Rio de Janeiro	4
Minas Gerais	4
Mato Grosso	13
Paraná	72

Dados processuais das intervenções protocoladas no STJ

(continua)

Processo/UF	Número do Registro	Data da autuação
IF 1/PR	1990/0007188-7	10/08/1990
IF 2/MS	1990/0010996-5	19/10/1990
IF 3/PA	1991/0001891-0	08/02/1991
IF 4/PR	1992/0006983-5	31/03/1992
IF 5/PR	1992/0013038-0	01/06/1992
IF 6/CE	1992/0024542-0	17/09/1992
IF 7/PR	1992/0024544-7	17/09/1992
IF 8/PR	1992/0024545-5	17/09/1992
IF 9/PR	1992/0024548-0	17/09/1992
IF 10/CE	1992/0024718-0	18/09/1992
IF 11/SC	1992/0025126-9	22/09/1992

(continua)

Processo/UF	Número do Registro	Data da autuação
IF 12/PR	1992/0030633-0	17/11/1992
IF 13/PR	1992/0031989-0	27/11/1992
IF 14/PR	1992/0031990-4	27/11/1992
IF 15/PR	1992/0032907-1	07/12/1992
IF 16/PR	1993/0006638-2	09/03/1993
IF 17/PR	1993/0015206-8	14/06/1993
IF 18/PR	1993/0034432-3	09/12/1993
IF 19/PR	1994/0010382-4	28/03/1994
IF 20/SP	1994/0010819-2	04/04/1994
IF 21/PR	1994/0011565-2	08/04/1994
IF 22/PR	1994/0011568-7	08/04/1994
IF 23/SE	1994/0014623-0	05/05/1994
IF 24/PR	1994/0017244-3	24/05/1994
IF 25/PR	1994/0017927-8	27/05/1994
IF 26/PR	1994/0031072-2	20/09/1994
IF 27/RS	1994/0039676-7	06/12/1994
IF 28/MG	1995/0001145-0	11/01/1995
IF 29/PR	1995/0067894-2	06/12/1995
IF 30/PR	1995/0067895-0	06/12/1995
IF 31/PR	1995/0067896-9	06/12/1995
IF 32/PR	1995/0067897-7	06/12/1995
IF 33/PR	1995/0067898-5	06/12/1995
IF 34/PR	1995/0067899-3	06/12/1995
IF 35/PR	1996/0027655-2	21/05/1996
IF 36/RJ	1996/0073140-3	20/11/1996
IF 37/MG	1997/0016929-4	03/04/1997
IF 38/PR	1997/0061503-0	28/08/1997

(continua)

Processo/UF	Número do Registro	Data da autuação
IF 39/DF	1997/0076051-0	20/10/1997
IF 40/PR	1998/0015044-7	23/03/1998
IF 41/MT	1998/0019416-9	14/04/1998
IF 42/PR	1998/0026849-9	15/05/1998
IF 43/GO	1998/0038893-1	01/07/1998
IF 44/PR	1998/0062990-4	08/09/1998
IF 45/PR	1998/0068656-8	22/09/1998
IF 46/PR	1998/0068659-2	22/09/1998
IF 47/RN	1998/0071810-9	30/09/1998
IF 48/PR	1999/0002418-4	11/01/1999
IF 49/MA	1999/0007011-9	03/02/1999
IF 50/MS	1999/0048505-0	02/06/1999
IF 51/GO	1999/0055227-0	16/06/1999
IF 52/RS	1999/0061610-3	02/07/1999
IF 53/PB	1999/0068141-0	29/07/1999
IF 54/MT	1999/0105227-0	11/11/1999
IF 55/RJ	1999/0119503-9	15/12/1999
IF 56/RJ	1999/0119520-9	15/12/1999
IF 57/PR	1999/0119596-9	15/12/1999
IF 58/DF	2000/0014411-8	28/02/2000
IF 59/MT	2000/0015090-8	01/03/2000
IF 60/MT	2000/0015098-3	01/03/2000
IF 61/GO	2000/0039175-1	11/05/2000
IF 62/MT	2000/0053333-5	19/06/2000
IF 63/MT	2000/0060082-2	05/07/2000
IF 64/MT	2000/0060083-0	05/07/2000
IF 65/MT	2000/0063360-7	13/07/2000

(continua)

Processo/UF	Número do Registro	Data da autuação
IF 66/MT	2000/0065350-0	18/07/2000
IF 67/MT	2000/0065351-9	18/07/2000
IF 68/SP	2000/0066426-0	20/07/2000
IF 69/PR	2000/0066579-7	20/07/2000
IF 70/PR	2000/0119535-2	30/10/2000
IF 71/MT	2000/0135341-1	29/11/2000
IF 72/RJ	2001/0049297-5	06/04/2001
IF 73/SP	2001/0060925-9	02/05/2001
IF 74/MG	2002/0010074-0	08/02/2002
IF 75/MT	2002/0025622-3	11/03/2002
IF 76/PR	2002/0058069-1	31/05/2002
IF 77/PR	2002/0058072-0	31/05/2002
IF 78/PR	2002/0058076-7	31/05/2002
IF 79/PR	2002/0058088-1	31/05/2002
IF 80/DF	2002/0058301-6	03/06/2002
IF 81/PR	2002/0104499-1	02/09/2002
IF 82/PR	2002/0125741-7	07/10/2002
IF 83/PR	2002/0174710-7	18/12/2002
IF 84/PR	2003/0029118-5	06/03/2003
IF 85/DF	2003/0094865-0	29/05/2003
IF 86/PR	2003/0172158-5	15/09/2003
IF 87/PR	2004/0018829-5	16/02/2004
IF 88/PR	2004/0077493-9	31/05/2004
IF 89/PR	2004/0080750-0	07/06/2004
IF 90/PR	2004/0102634-6	15/07/2004
IF 91/RO	2004/0178063-6	13/12/2004
IF 92/MT	2005/0020476-3	17/02/2005

(conclusão)

Processo/UF	Número do Registro	Data da autuação
IF 93/RJ	2005/0048243-0	04/04/2005
IF 94/PR	2005/0100192-6	24/06/2005
IF 95/PR	2005/0100193-8	24/06/2005
IF 96/MS	2005/0100194-0	24/06/2005
IF 97/PR	2005/0113920-0	18/07/2005
IF 98/RO	2005/0114039-0	18/07/2005
IF 99/PB	2005/0122590-2	02/08/2005
IF 100/PR	2005/0129140-6	16/08/2005
IF 101/PB	2005/0215646-8	21/12/2005
IF 102/PR	2006/0006049-8	06/01/2006
IF 103/PR	2007/0143540-5	15/06/2007
IF 104/PR	2007/0166432-4	10/07/2007
IF 105/PR	2008/0014284-8	21/01/2008
IF 106/PR	2009/0049699-0	23/03/2009
IF 107/PR	2010/0043310-8	17/03/2010
IF 108/PR	2010/0053177-6	06/04/2010
IF 109/PR	2011/0155297-0	07/07/2011
IF 110/PR	2011/0155511-6	07/07/2011
IF 111/PR	2014/0003456-0	10/01/2014
IF 113/PR	2014/0169084-3	16/07/2014
IF 114/MA	2014/0191945-6	05/08/2014
IF 115/PR	2014/0276027-3	22/10/2014
IF 116/PR	2014/0305273-0	14/11/2014
IF 121/MT	2018/0334397-4	10/12/2018
IF/DF (juntada à IF n. 116)	2020/0319800-1	26/11/2020
IF/DF (petição incidental)	2021/0208527-6	01/07/2021

Fonte: Superior Tribunal de Justiça

CAPÍTULO 4

JURISPRUDÊNCIA DO TRIBUNAL SUPERIOR ELEITORAL

"ELEIÇÕES – FORÇAS FEDERAIS. Incumbe ao Tribunal Superior Eleitoral, com exclusividade, requisitar Forças Federais visando a assegurar a normalidade das eleições. É impróprio considerar-se tal competência como simples ato homologatório de deliberação do Regional Eleitoral. FORÇAS FEDERAIS – ELEIÇÕES – NORMALIDADE. O deslocamento de Forças Federais para o Estado implica verdadeira intervenção, somente havendo espaço para tanto quando o Chefe do Poder Executivo local manifesta-se no sentido da insuficiência das Forças estaduais". (TSE – 0001221-92.2012.6.00.0000, PA nº 122192 – MANAUS – AM, Acórdão de 25/10/2012, Relator(a) Min. Marco Aurélio)

"ELEIÇÕES 2008. Recursos especiais. Registros de candidatura aos cargos de prefeito e vice-prefeito indeferidos. Ex-prefeito. 1. Contas rejeitadas pela Câmara Municipal em decorrência de não aplicação do mínimo constitucional em educação. Irregularidade insanável. 1.1 – A educação é direito fundamental (Constituição Federal, art. 6º) e se insere no campo dos direitos sociais da quarta geração, os quais, segundo Paulo Bonavides, "não se interpretam, concretizam-se". Além disso, esse direito está inserido no rol dos chamados princípios constitucionais sensíveis (arts. 34, VII, alínea e, 35, III, da Constituição Federal) cujo desrespeito suscita processo de intervenção na unidade federada que desconsiderou o mandamento constitucional. 1.2 – A Carta Magna e a legislação atribuem aos municípios o atendimento prioritário à educação infantil e ao ensino fundamental, direito indisponível (cf. RE-AgR nº 410.715[1]). 1.3 – A evolução das pesquisas científicas sobre o desenvolvimento infantil aponta a importância dos primeiros anos de vida para o desenvolvimento físico, cognitivo, afetivo e social dos seres humanos. Nessa fase, dizem os resultados dos estudos, a freqüência escolar é significativo meio de inclusão social de alunos de baixa renda, os quais, por razões óbvias, são a clientela da escola pública. 2. Rejeição de contas pelo TCU. Subsunção dos fatos à norma de regência. Incidência da causa de inelegibilidade prevista no art. 1º, I, g, da Lei Complementar nº 64/90 porquanto presentes todas as condições exigidas pelo mencionado dispositivo. 2.1 – No que se refere às contas de convênio com a União, afirmou o TRE que: o TCU é o órgão competente para apreciá-las, as irregularidades são insanáveis, a decisão é irrecorrível e os efeitos desta também não estão suspensos. Por esses motivos, manteve indeferido o pedido de registro do pré-candidato a prefeito. 2.2 – Quanto a essas irregularidades, importante repetir o seguinte trecho do acórdão impugnado (fl. 2.390): "[...] percebi que não é apenas a isso que se referem as prestações de contas rejeitadas do Senhor Dalton Borges de Mendonça. Há contra ele uma condenação do Tribunal de Contas da União pela não-execução, inclusive com condenação à devolução de verbas, por não-execução de parte do serviço objeto do contrato [...]". Por conseguinte, as irregularidades apontadas pelo TCU são insanáveis, haja vista que a conduta do recorrente foi ofensiva à moralidade administrativa e importou, de um lado, em enriquecimento sem causa do contratado e, de outro, em decréscimo do patrimônio da Administração, ou seja, em prejuízo para o erário. 3. Multa eleitoral não recolhida ou supostamente recolhida por terceiro sem relação com o devedor. Ausência de condição de elegibilidade. Reexame. Impossibilidade (Súmulas 279 e 07 do STJ). Inviável o recurso especial que busca demonstrar ofensa a direito com base em reexame do acervo fático-probatório. Nega-se provimento a agravo regimental que não infirma os fundamentos da decisão agravada". (TSE – RESPE – Agravo Regimental em Recurso Especial Eleitoral nº 33639 – SAQUAREMA – RJ, Acórdão de 19/12/2008, Relator Min. Ricardo Lewandowski)

"PROCESSO ADMINISTRATIVO. FORÇA FEDERAL. REQUISIÇÃO. FUNDADO RECEIO DE PERTURBAÇÃO DA ORDEM.1. Mostrando-se fundado o receio de perturbação da ordem durante o transcurso das eleições, é de se deferir o pedido de intervenção de força federal no município. Decisão: Por unanimidade, o Tribunal autorizou a requisição de força federal para o segundo turno das eleições no Município de Belém/PA". (TSE – PA – Processo Administrativo nº 18579 – BELÉM – PA, Decisão sem resolução de 24/10/2000, Relator Min. Waldemar Zveiter)

"INELEGIBILIDADE. INTERVENTOR ESTADUAL EM MUNICIPIO. Desde que tenha se desincompatibilizado no prazo dos seis meses ("nos seis meses anteriores ao pleito"), o interventor não é inelegível "para o cargo de Prefeito no mesmo município em que exerce a interventoria" TSE, Consulta nº 28, Resolução n. 19.413, de 07.12.95). Constituição, art. 14, parag. 5, cláusula final (inelegibilidade relativa); Lei Complementar nº 64/90, art. 1º, inciso II, letra "a", número 11 e parag. 2. Recurso Especial não conhecido". (TSE – RESPE nº 13546 – MA, Acórdão nº 13546 de 15/10/1996, Relator Min. Nilson Naves)

REFERÊNCIAS

ABAL, Felipe Cittolin. Getúlio Vargas e o Supremo Tribunal Federal: uma análise do *habeas corpus* de Olga Prestes. *Revista Antíteses*. Universidade Estadual de Londrina. V. 10, n. 20, p. 881-900, jun/dez. 2017, p. 885-886.

AGÊNCIA BRASIL. *Conselhos aprovam intervenção em Roraima e decreto sai na segunda*. Publicado em 08/12/2018 – 18:50 Por Felipe Pontes – Repórter da Agência Brasil – Brasília. Disponível em: https://agenciabrasil.ebc.com.br/politica/noticia/2018-12/conselhos-aprovam-intervencao-em-roraima-e-decreto-sai-segunda. Acesso em: 04 dez. 2020.

AGÊNCIA BRASIL. *Governo manterá gabinete de intervenção no Rio por mais um ano*. Publicado em 23/11/2020 – 10:17 Por Andreia Verdélio – Repórter da Agência Brasil. Disponível em: https://agenciabrasil.ebc.com.br/politica/noticia/2020-11/governo-mantera-gabinete-de-intervencao-no-rio-por-mais-um-ano. Acesso em: 04 dez. 2020.

ALEMANHA. Bundesministerium der Justiz und für Verbraucherschutz. *Gesetz* über *das Bundesverfassungsgericht* (Bundesverfassungsgerichtsgesetz – BverfGG). Disponível em: https://www.gesetze-im-internet.de/bverfgg/BJNR002430951.html. Acesso em: 23 jul. 2021.

ALEMANHA. *Lei Fundamental da República Federal da Alemanha. Deutscher Bundestag*. Versão alemã de 23 de maio de 1949, última atualização em 28 de março de 2019. Tradutor: Assis Mendonça, Aachen.

ALERJ. Assembleia Legislativa do Estado do Rio de Janeiro. *Constituição Estadual*. Disponível em: http://alerjln1.alerj.rj.gov.br/constest.nsf/PageConsEst?OpenPage. Acesso em: 02 dez. 2020.

ALEXY, Robert. *Teoria dos direitos fundamentais*. São Paulo: Malheiros, 2008.

ARAÚJO, Anildo Fábio de. Representação interventiva contra município localizado em Território Federal. *Revista de Informação Legislativa*. Ano 34, número 135. Jul./Set. 1997, p. 138 e 140. Disponível em: https://www2.senado.leg.br/bdsf/bitstream/handle/id/263/r135-15.pdf?sequence=4&isAllowed=y. Acesso em: 07 fev. 2021.

ARGENTINA. *Constitución de la nación Argentina*. Ley nº 24.430. Promulgada: Enero 3 de 1995. InfoLEG Información Legislativa. Ministerio de Justicia y Derechos Humanos. Disponível em: http://servicios.infoleg.gob.ar/infolegInternet/anexos/0-4999/804/norma.htm. Acesso em: 06 ago. 2021.

ARIAS GUEDÓN, Sonsoles. *Las Constitucions de los Länder de la República Federal de Alemania*. Madrid: Centro de Estudios Políticos y Constitucionales, 2016.

ATALIBA, Geraldo. *República e Constituição*. 2. ed. São Paulo: Malheiros, 2004.

AUBERT, Jean-François. *Traité de Droit Constitutionnel Suisse*. Nauchâtel, Suisse: Editions Ides et Calendes, 1967.

AULETE, Caldas. *Dicionário contemporâneo da língua portuguesa*. Vol. IV. 3. ed. Rio de Janeiro: Delta, 1974.

ÁUSTRIA. Rechtsinformationssystem des Bundes. *Bundes-Verfassungsgesetz (B-VG)*. Bundesrecht konsolidiert: Gesamte Rechtsvorschrift für Bundes-Verfassungsgesetz, Fassung vom 23.07.2021. Disponível em: https://www.ris.bka.gv.at/GeltendeFassung.wxe?Abfrage=Bundesnormen&Gesetzesnummer=10000138. Acesso em: 23 jul. 2021.

BALEEIRO, Aliomar. *Uma introdução à ciência das finanças*. 16. Ed. Rio de Janeiro: Forense, 2008.

BÁLSAMO, Denis Fernando. *Intervenção federal no Brasil*. Dissertação de mestrado – USP. São Paulo: 2013. Disponível em: https://www.teses.usp.br/teses/disponiveis/2/2134/tde-06092016-112345/publico/Dissertacao_VERSAO_DEFINITIVA_Denis_Fernando_Balsamo.pdf. Acesso em: 05 dez. 2020.

BARACHO, José Alfredo de Oliveira. Descentralização do poder: federação e município. *Revista de Informação Legislativa*. Brasília. Ano 22. Número 85. Jan/Mar 1985, p. 151-184.

BARBALHO, João. *Constituição Federal Brasileira*. Comentários. 2. ed. Rio de Janeiro: F. Briguiet e Cia Editores, 1924.

BARBOSA, Ruy. *Commentarios à Constituição Federal Brasileira*. I Volume. São Paulo: Saraiva, 1932.

BARBOSA, Rui. *O ART. 6ª da Constituição e a intervenção de 1920 na Bahia*. Obras completas. Vol. XLVII. 1920. Tomo III. Rio de Janeiro: Castilho, 1920.

BARROSO, Luís Roberto. *O controle de constitucionalidade no direito brasileiro*. 3. ed. São Paulo: Saraiva, 2008.

BASTOS, Celso Ribeiro; MARTINS, Ives Gandra. *Comentários à Constituição do Brasil*. 4º volume – tomo II. Arts. 70 a 91. São Paulo: Saraiva, 1997.

BASTOS, Celso Ribeiro. *Curso de direito constitucional*. 20. ed. São Paulo: Saraiva, 1999.

BIELSA, Rafael. *Derecho constitucional*. 3. ed. Buenos Aires: Depalma, 1959.

BOBBIO, Norberto; MATTEUCCI, Nicola; PASQUINO, Gianfranco. *Dicionário de política*. Vol. 1. 11. ed. Brasília: Editora UNB, 1998.

BOBBIO, Norberto. *Liberalismo e democracia*. São Paulo: Brasiliense, 2005.

BONAVIDES, Paulo. *Curso de direito constitucional*. 24. ed. São Paulo: Malheiros, 2009.

BRASIL. Assembleia Legislativa do Estado de São Paulo. *Relação dos Governantes no período de 1822 a 1900*. Disponível em: https://www3.al.sp.gov.br/historia/governadores-do-estado/governantes1.htm Acesso em: 07 set. 2020.

BRASIL. Assembleia Legislativa do Estado de São Paulo. *Relação dos Governantes no período de 1822 a 1900 – Termo de Posse*. Disponível em: https://www3.al.sp.gov.br/historia/governadores-do-estado/termos/1892bcampos_PE.htm. Acesso em: 07 set. 2020.

BRASIL. *Ato Institucional nº 5, de 13 de dezembro de 1968*. Disponível em: http://www.planalto.gov.br/ccivil_03/ait/ait-05-68.htm Acesso em: 05 jan. 2020.

BRASIL. Câmara dos Deputados. Legislação Informatizada. *Constituição de 1891 – Publicação Original*. Disponível em: https://www2.camara.leg.br/legin/fed/consti/1824-1899/constituicao-35081-24-fevereiro-1891-532699-publicacaooriginal-15017-pl.html. Acesso em: 07 set. 2020.

BRASIL. Câmara dos Deputados. *Constituição de 1937*. Publicação Original. Legislação Informatizada. Disponível em: https://www2.camara.leg.br/legin/fed/consti/1930-1939/constituicao-35093-10-novembro-1937-532849-publicacaooriginal-15246-pl.html. Acesso em: 30 nov. 2020.

BRASIL. Câmara dos Deputados. Legislação Informatizada – *Decreto nº 15.922, de 10 de Janeiro de 1923* – Publicação Original. Disponível em: https://www2.camara.leg.br/legin/fed/decret/1920-1929/decreto-15922-10-janeiro-1923-510462-publicacaooriginal-1-pe.html Acesso em: 09 dez. 2020.

BRASIL. Câmara dos Deputados. Legislação Informatizada – *Decreto nº 15.923, de 10 de Janeiro de 1923* – Publicação Original. Disponível em: https://www2.camara.leg.br/legin/fed/decret/1920-1929/decreto-15923-10-janeiro-1923-517611-publicacaooriginal-1-pe.html Acesso em: 09 dez. 2020.

BRASIL. Câmara dos Deputados. *Regimento Interno da Câmara dos Deputados atualizado até a Resolução nº 12, de 2019*. Art. 17. Disponível em: https://www2.camara.leg.br/atividade-legislativa/legislacao/regimento-interno-da-camara-dos-deputados/arquivos-1/RICD%20atualizado%20ate%20RCD%2012-2019%20A.pdf. Acesso em: 07 dez. 2020.

BRASIL. Câmara dos Deputados. Legislação Informatizada. *Decreto nº 7, de 20 de novembro de 1889. Publicação Original*. Disponível em: https://www2.camara.leg.br/legin/fed/decret/1824-1899/decreto-7-20-novembro-1889-517662-publicacaooriginal-1-pe.html. Acesso em: 07 set. 2020

BRASIL. Câmara dos Deputados. Legislação Informatizada – *Decreto nº 29, de 3 de dezembro de 1889* – Publicação Original. Disponível em: https://www2.camara.leg.br/legin/fed/decret/1824-1899/decreto-29-3-dezembro-1889-517853-publicacaooriginal-1-pe.html. Acesso em: 07 set. 2020

BRASIL. Câmara dos Deputados. Legislação Informatizada – *Decreto nº 78-B, de 21 de dezembro de 1889* – Publicação Original. Disponível em: https://www2.camara.leg.br/legin/fed/decret/1824-1899/decreto-78-b-21-dezembro-1889-517756-publicacaooriginal-1-pe.html. Acesso em: 07 set. 2020.

BRASIL. Câmara dos Deputados. Legislação Informatizada – *Lei Constitucional nº 1, de 16 de maio de 1938* – Publicação Original. Disponível em: https://www2.camara.leg.br/legin/fed/leicon/1930-1939/leiconstitucional-1-16-maio-1938-373574-publicacaooriginal-1-pe.html. Acesso em 01-12-2020.

BRASIL. *Constituição da República dos Estados Unidos do Brasil (16 de julho de 1934)*. Disponível em: http://www.planalto.gov.br/ccivil_03/constituicao/constituicao34.htm. Acesso em 10-09-2020.

BRASIL. *Constituição dos Estados Unidos do Brasil, de 10 de novembro de 1937*. Disponível em: http://www.planalto.gov.br/ccivil_03/constituicao/constituicao37.htm. Acesso em: 30 nov. 2020.

BRASIL. *Constituição dos Estados Unidos do Brasil (18 de setembro de 1946)*. Disponível em: http://www.planalto.gov.br/ccivil_03/Constituicao/Constituicao46.htm. Acesso em 10-09-2020.

BRASIL. Decreto nº 9.288, de 16 de fevereiro de 2018. *Decreta intervenção federal no Estado do Rio de Janeiro com o objetivo de pôr termo ao grave comprometimento da ordem pública*. Disponível em: http://www.planalto.gov.br/ccivil_03/_Ato2015-2018/2018/Decreto/D9288.htm#textoimpressao. Acesso em: 02 dez. 2020.

BRASIL. Decreto nº 9.602, de 8 de dezembro de 2018. *Decreta intervenção federal no Estado de Roraima com o objetivo de pôr termo a grave comprometimento da ordem pública*. Disponível: http://www.planalto.gov.br/ccivil_03/_Ato2015-2018/2018/Decreto/D9602.htm. Acesso em: 11 dez. 2020.

BRASIL. *Decreto-Lei nº 1.202, de 8 de abril de 1939*. Dispõe sobre a administração dos Estados e dos Municípios. Disponível em: http://www.planalto.gov.br/ccivil_03/decreto-lei/1937-1946/Del1202.htm. Acesso em: 10 dez. 2020.

BRASIL. *Decreto-Lei nº 1.202, de 8 de abril de 1939*. Dispõe sobre a administração dos Estados e dos Municípios. Disponível em: http://www.planalto.gov.br/ccivil_03/decreto-lei/1937-1946/Del1202.htm. Acesso em: 01 dez. 2020.

BRASIL. Decreto nº 1, de 15 de novembro de 1889. *Proclama provisoriamente e decreta como forma de governo da Nação Brasileira a República Federativa, e estabelece as normas pelas quais se devem reger os Estados Federais*. Disponível em: http://www.planalto.gov.br/ccivil_03/decreto/1851-1899/D0001.htm. Acesso em: 07 set. 2020.

BRASIL. Ministério da Justiça e Segurança Pública. *Ministro Jungmann destaca ação conjunta para resolução da crise do sistema penitenciário em Roraima*. Disponível em: https://www.justica.gov.br/news/collective-nitf-content-1543592272.96. Acesso em: 12 dez. 2020.

BRASIL. Ministério da Justiça e Segurança Pública. *Intervenção na Penitenciária Agrícola de Monte Cristo contribui para redução do índice de homicídios no estado*. Disponível em: https://www.justica.gov.br/news/collective-nitf-content-1554928651.38. Acesso em: 12 dez. 2020.

BRASIL. Ministério da Justiça e Segurança Pública. *Presos são transferidos para módulo reformado da Penitenciária Agrícola de Monte Cristo, em Roraima*. https://www.justica.gov.br/news/collective-nitf-content-1560629886.59. Acesso em: 12 dez. 2020.

BRASIL. Presidência da República. Gabinete de Intervenção Federal no Rio de Janeiro. *Resultados*. Disponível em: http://www.intervencaofederalrj.gov.br/intervencao/resultados. Acesso em: 03 dez. 2020.

BRASIL. Presidência da República. Gabinete de Intervenção Federal no Rio de Janeiro. *Queda dos índices de criminalidade supera metas da Intervenção Federal*. Disponível em: http://www.intervencaofederalrj.gov.br/intervencao/resultados/queda-dos-indices-de-criminalidade-supera-metas-da-intervencao-federal-1. Acesso em: 03 dez. 2020.

BRASIL. Senado Federal. Secretaria-Geral da Mesa. Atividade Legislativa – Legislação. *Decreto nº 510, de 22 de junho de 1890*. Disponível em: https://legis.senado.leg.br/norma/388004/publicacao/15722625. Acesso em: 07 set. 2020

BRYCE, James. *The American Commonwealth*. Vol. I: The National Government – The State Governments. Ney York: Macmillan, 1919.

BULOS, Uadi Lammêgo. *Curso de direito constitucional*. 9. ed. São Paulo: Saraiva, 2015.

BUZAID, Alfredo. *Da ação direta de declaração de inconstitucionalidade no direito brasileiro*. São Paulo: Saraiva, 1958.

CALMON, Pedro. *História Social do Brasil*. 3º Tomo. A Época Republicana. São Paulo: Companhia Editora Nacional, 1939.

CÂMARA FEDERAL. *MSC nº 80 de 2018. Mensagem*. Disponível em: https://www.camara.leg.br/proposicoesWeb/fichadetramitacao?idProposicao=2167938&ord=1. Acesso em: 02 dez. 2020.

CÂMARA FEDERAL. *MSC 703, de 2018*. Mensagem. Disponível em: https://www.camara.leg.br/proposicoesWeb/fichadetramitacao?idProposicao=2188690&ord=1. Acesso em: 04 dez. 2020.

CÂMARA FEDERAL. *PDC 1.105, de 11 de dezembro de 2018*. Projeto de Decreto Legislativo. Disponível em: https://www.camara.leg.br/proposicoesWeb/fichadetramitacao?idProposicao=2189085&ord=1. Acesso em: 04 dez. 2020.

CÂMARA DOS DEPUTADOS. *Projeto de Decreto Legislativo nº 886, de 2018*. 2020. Disponível em: https://www.camara.leg.br/proposicoesWeb/fichadetramitacao?idProposicao=2168064. Acesso em: 02 dez.

CANOTILHO, José Joaquim Gomes. *Direito constitucional e teoria da Constituição*. 3. Ed. Coimbra: Almedina, 1998.

CANOTILHO, J. J. Gomes; MENDES, Gilmar Ferreira; SARLET, Ingo Wolfgang; STRECK, Lenio Luiz. *Comentários à Constituição do Brasil*. 2. Ed. São Paulo: Saraiva, 2018.

CARPIZO, Jorge. *Federalismo en Latinoamérica*. México: Instituto de Investigaciones Jurídicas, 1973.

CARRAZZA, Roque Antônio. *Curso de direito constitucional tributário*. 28. ed. São Paulo: Malheiros, 2012.

CARVALHO FILHO, José dos Santos. *Manual de direito administrativo*. 23. ed. Rio de Janeiro: Lumen Juris, 2010.

CASTRO, Araújo. *A Constituição de 1937*. 2. ed. Rio de Janeiro: Freitas Bastos, 1941.

CAVALCANTI, Themistocles Brandão. *A Constituição Federal comentada*. Volume I. 3. ed. Rio de Janeiro: Konfino, 1956.

CAVALCANTI, Themistocles Brandão. *Do controle da constitucionalidade*. Rio de Janeiro: Forense, 1966.

CEDIN. Centro de Direito Internacional. *Declaração e programa de ação de viena*. Conferência Mundial sobre Direitos Humanos. Junho de 1993. Disponível em: https://www.oas.org/dil/port/1993%20Declara%C3%A7%C3%A3o%20e%20Programa%20de%20Ac%C3%A7%C3%A3o%20adoptado%20pela%20Confer%C3%AAncia%20Mundial%20de%20Viena%20sobre%20Direitos%20Humanos%20em%20junho%20de%201993.pdf. Acesso em: 22 abr. 2021.

CGU. Controladoria-Geral da União. *Prestação de contas do Presidente da República 2020*. Disponível em: https://www.gov.br/cgu/pt-br/assuntos/noticias/2021/04/cgu-divulga-prestacao-de-contas-do-presidente-da-republica-de-2020/pcpr-2020.pdf. Acesso em: 29 jun. 2021.

COOLEY, Thomas M. *The general principles of constitutional law in the United States of America*. Boston: Little, Brown, 1880.

COMPARATO, Fábio Konder. *Ética. Direito, moral e religião no mundo moderno*. 2. ed. São Paulo: Companhia das Letras, 2006.

COKER, Francis W.; RODER, Carlton C. *Representation*. Encyclopaedia of the Social Sciences. Editor-in-chief: Edwin R. A. Seligman. Associate editor: Alvin Johnson. Volume thirteen. New York: Macmillan, 1968.

CRETELLA JÚNIOR, José. *Comentários à Constituição Brasileira de 1988*. Vol. I. Rio de Janeiro: Forense Universitária, 1990.

CRETELLA JÚNIOR, José. *Comentários à Constituição Brasileira de 1988*. Vol. IV. Arts. 23 a 37. 2. ed. Rio de Janeiro: Forense Universitária, 1992.

CRETELLA JÚNIOR, José. *Tratado de direito administrativo*. Teoria do Direito Administrativo. Volume I. 2. ed. Rio de Janeiro: Forense, 2002.

CRETELLA JÚNIOR, José. *Tratado do domínio público*. Rio de Janeiro: Forense, 1984.

CUNHA JÚNIOR, Dirley da. *Controle de constitucionalidade*. Teoria e Prática. 8. ed. Salvador: JusPodivm, 2016.

DALLARI, Dalmo de Abreu. *Elementos de teoria geral do Estado*. 21. ed. São Paulo: Saraiva, 2000.

DINIZ, Maria Helena. *Dicionário jurídico*. Volume 3. São Paulo: Saraiva, 1998.

DINIZ, Maria Helena. *Dicionário jurídico*. Volume 4. São Paulo: Saraiva, 1998.

ESTADO DE MINAS. *Além do Sul, São Paulo e outros estados têm movimentos para se separar do Brasil*. Alessandra Mello. Postado em 09/10/2017 06:00. Disponível em: https://www.em.com.br/app/noticia/politica/2017/10/09/interna_politica,907066/alem-do-sul-sao-paulo-e-estados-movimentos-para-se-separar-brasil.shtml. Acesso em: 03 jul. 2021.

EXAME. *Entenda o movimento que quer independência do Sul do Brasil*. Por: Valéria Bretas. Publicado em: 07/10/2017 às 06h30. Disponível em: https://exame.com/brasil/entenda-o-movimento-que-quer-independencia-do-sul-do-brasil/. Acesso em: 03 jul. 2021.

FERNANDES, Bernardo Gonçalves. *Curso de direito constitucional*. 9. ed. Salvador: Editora JusPodivm, 2017.

FERREIRA DOS SANTOS, Carlos Eduardo. *Normas de contabilidade no setor público*. 2. ed. Belo Horizonte: Dialética, 2020.

FERREIRA FILHO, Manoel Gonçalves. *Comentários à Constituição Brasileira*. 1º Volume. São Paulo: Saraiva, 1972.

FERREIRA FILHO, Manoel Gonçalves. *Comentários à Constituição Brasileira* (Emenda Constitucional nº 1, de 17-10-1969, com as alterações introduzidas pelas Emendas Constitucionais até a de nº 22, de 29-06-1982). 4. ed. São Paulo: Saraiva, 1983.

FERREIRA FILHO, Manoel Gonçalves. *Comentários à Constituição Brasileira de 1988*. Volume 1 – Arts. 1º a 103. 2. ed. São Paulo: Saraiva, 1997.

FERREIRA FILHO, Manoel Gonçalves. *Curso de direito constitucional*. 7. ed. São Paulo: Saraiva, 1978.

FERREIRA, Pinto. *Comentários à Constituição Brasileira*. 2º Volume – Arts. 22 a 53. São Paulo: Saraiva, 1990.

FERREIRA, Pinto. *Princípios gerais do direito constitucional moderno*. 4. ed. Tomo II. São Paulo: Saraiva, 1962.

FIGUEIREDO, Marcelo. *Teoria geral do estado*. 2. ed. São Paulo: Atlas, 2001.

FIOCRUZ. Fundação Oswaldo Cruz. *Direito à saúde*. Disponível em: https://pensesus.fiocruz.br/direito-a-saude. Acesso em: 30 jun. 2021.

FOLHA BV. *Parlamentares federais avaliam intervenção federal na saúde*. Disponível em: https://folhabv.com.br/noticia/POLITICA/Roraima/Parlamentares-federais-avaliam-intervencao-federal-na-saude/65891. Acesso em: 12 dez. 2020.

FREIRE, Anderson. Música: *Raridade*. Composição de Anderson Freire. Disponível em: https://www.letras.mus.br/anderson-freire/raridade/. Acesso em: 28 jun. 2021.

GASPARINI, Diógenes. *Direito administrativo*. 17. ed. São Paulo: Saraiva, 2012.

GONZÁLEZ CALDERÓN, Juan A. *Derecho constitucional argentino*. História, teoría y jurisprudencia de la Constitución. Tomo III. Buenos Aires: J. Lajouane & Cia Editores, 1923.

GONZÁLEZ OROPEZA, Manuel. *La intervención federal en la desaparición de poderes*. Segunda edición. México: Universidad Nacional Autónoma de México, 1987.

GUTIÉRREZ MÁRQUEZ, Harim Benjamín. *La desaparición de poderes en México y su puesta en práctica*: Los casos de Guerrero (1960-1961) e Hidalgo (1975). Política y Cultura, otoño 2017, núm. 48, p. 85-110.

G1. Rio Grande do Sul. *Consulta sobre separação do RS, SC e PR do país tem maioria dos votos favoráveis*. 09/10/2017 06h06. Disponível em: https://g1.globo.com/rs/rio-grande-do-sul/noticia/consulta-sobre-separacao-do-rssc-e-pr-do-pais-tem-9613-dos-votos-favoraveis-mas-adesao-cai.ghtml. Acesso em: 03 jul. 2021.

G1. Roraima. *Intervenção federal na Penitenciária Agrícola de RR é prorrogada pela 9ª vez*. Por G1 RR — Boa Vista. 23/10/2020 08h57. Disponível em: https://g1.globo.com/rr/roraima/noticia/2020/10/23/intervencao-federal-na-penitenciaria-agricola-de-rr-e-prorrogada-pela-9a-vez.ghtml. Acesso em: 12 dez. 2020.

HABERMAS, Jürgen. *Faktizität und Geltung. Beiträge zur Diskurstheorie des Rechts und des demokratischen Rechtsstaats*. 7. Auflage. Frankfurt: Suhrkamp, 2019.

HALL, Kermit L. *The oxford guide to United States Supreme Court Decisions*. New York: Oxford University Press, 1999.

HAMILTON, Alexander; MADISON, James; JAY, John. *The federalist papers*. Ney York: Dover Publications, 2020.

HESSE, Konrad. *Temas fundamentais do direito constitucional*. Série IDP. São Paulo: Saraiva, 2009.

HESSE, Konrad. *Elementos de direito constitucional da República Federal da Alemanha*. Porto Alegre: Sergio Antonio Fabris Editor, 1998.

HISTÓRIA DO MUNDO. *Guerra Civil Americana*. Disponível em: https://www.historiadomundo.com.br/idade-contemporanea/guerra-civil-americana.htm. Acesso em: 08 nov. 2020.

HOFFER, Peter Charles; HOFFER, Williamjames Hull and HULL, N. E. H. *The Supreme Court*: an essential history. Kansas: University Press of Kansas, 2007.

HOUAISS. *Dicionário da língua portuguesa*. Rio de Janeiro: Objetiva, 2009.

INTERVENÇÃO NOS ESTADOS. *Documentos parlamentares*. Regulamentação. Volume 1. Paris: Aillaud, Alves e Cia, 1913.

INTERVENÇÃO NOS ESTADOS. *Documentos parlamentares.* Vol. IV. Paris: Aillaud, Alves e Cia. 1913.

INTERVENÇÃO NOS ESTADOS. *Documentos parlamentares.* 6º Volume. Rio de Janeiro: Jornal do Comércio, 1916.

JACQUES, Paulino. *Curso de direito constitucional.* 9. ed. Rio de Janeiro: Forense, 1983.

JELLINEK, Georg. *Die Lehre von den Staatenverbindungen.* Wien: Alfred Hölder, 1882.

JUSTIA. US Supreme Court. *Luther v. Borden, 48 US 1 (1849).* Disponível em: https://supreme.justia.com/cases/federal/us/48/1/#tab-opinion-1956895. Acesso em: 26 jun. 2021.

KANT, Immanuel. *Fundamentação da metafísica dos costumes.* Lisboa: Edições 70, 2011.

KELSEN, Hans. *Jurisdição constitucional.* 3. ed. São Paulo: WMF Martins Fontes, 2013.

LASKI, Harold J. *Democracy.* Encyclopaedia of the Social Sciences. Editor-in-chief: Edwin R. A. Seligman. Associate editor: Alvin Johnson. Volume five. New York: Macmillan, 1963.

LEAL, Aurelino. *História constitucional do Brasil.* Edições do Senado Federal. Volume 178. Brasília: Senado Federal, 2014.

LEAL, Aurelino. *Theoria e prática da Constituição Federal brasileira.* Parte Primeira. Rio de Janeiro: F. Briguiet e Cia. Editores, 1925.

LENZA, Pedro. *Direito constitucional esquematizado.* 15. ed. São Paulo: Saraiva, 2011.

LEWANDOWSKI, Enrique Ricardo. *Pressupostos materiais e formais da intervenção federal no Brasil.* 2. ed. Belo Horizonte: Fórum, 2018.

LUGONES, Carlos Guilherme Francovich. *As bases da intervenção federal no Brasil.* A experiência da Primeira República. Rio de Janeiro: Lumen Juris, 2019.

MARQUET GUERRERO, Porfírio. *La estrutura constitucional del Estado Mexicano.* México: Instituto de Investigaciones Jurídicas – UNAM, 1975.

MAXIMILIANO, Carlos. *Comentários à Constituição Brasileira.* 2. ed. Rio de Janeiro: Jacintho Ribeiro dos Santos, 1923.

MAXIMILIANO, Carlos. *Comentários à Constituição Brasileira.* Volume I. 4. ed. Rio de Janeiro: Freitas Bastos, 1948.

MAXIMILIANO, Carlos. *Hermenêutica e aplicação do direito.* 9. ed. Rio de Janeiro: Forense, 1984.

MAZZUOLI, Valério de Oliveira. *Curso de direito internacional público.* 10. ed. São Paulo: Editora Revista dos Tribunais, 2016.

MEIRELLES, Hely Lopes. *Direito administrativo brasileiro.* 20. ed. São Paulo: Malheiros, 1995.

MEIRELLES, Hely Lopes. *Direito municipal brasileiro.* 7. ed. São Paulo: Malheiros, 1994.

MEIRELLES, Hely Lopes. *Mandado de segurança.* 30. Ed. Atualizadores: Arnoldo Wald e Gilmar Ferreira Mendes. São Paulo: Malheiros, 2007.

MENDES, Gilmar Ferreira; COELHO, Inocêncio Mártires; BRANCO, Paulo Gustavo Gonet. *Curso de direito constitucional.* São Paulo: Saraiva, 2007.

MÉXICO. *Constitución política de los Estados Unidos Mexicanos.* Cámara de Diputados del H. Congresso de la Unión. Disponível em: http://www.diputados.gob.mx/LeyesBiblio/pdf_mov/Constitucion_Politica.pdf. Acesso em: 04 ago. 2021.

MÉXICO. *Ley reglamentaria de la fracción v del artículo 76 de la Constitución General de la República.* Cámara de Diputados del H. Congreso de la Unión. Nueva Ley DOF 29-12-1978. Disponível em: http://www.diputados.gob.mx/LeyesBiblio/pdf/202.pdf. Acesso em: 05 ago. 2021.

MILTON, Aristides A. *A Constituição do Brasil.* Notícia histórica, texto e comentário. 2. ed. Rio de Janeiro: Imprensa Nacional, 1898.

MIRANDA, Jorge. *Manual de direito constitucional.* Tomo VII. Estrutura constitucional da democracia. Coimbra: Coimbra Editora, 2007.

MIRANDA, Pontes de. *Comentários à Constituição da República dos E.U. do Brasil*. Tomo I. Rio de Janeiro: Editora Guanabara, 1936.

MIRANDA, Pontes de. *Comentários à Constituição de 1946*. 2. ed. Vol. I. São Paulo: Max Limonad, 1953.

MIRANDA, Pontes de. *Comentários à Constituição de 1967*. Com a Emenda n. I, de 1969. Tomo II. 2. ed. São Paulo: Revista dos Tribunais, 1973.

MONTESQUIEU. *O espírito das leis*. São Paulo: Martins Fontes, 2005.

MPF. Ministério Público Federal. *Intervenção federal no Estado de Roraima*. Disponível em: https://www.conjur.com.br/dl/pgr-intervencao-federal-sistema.pdf. Acesso em: 16 dez. 2020.

NOVELINO, Marcelo. *Curso de direito constitucional*. 14. ed. Salvador: Juspodivm, 2019.

OAB – Santa Catarina. "*Remoção de Beira-Mar para Florianópolis foi intervenção branca em SC*", diz OAB. 13/10/2005. Disponível em: https://www.oab-sc.org.br/noticias/ldquoremocao-beira-mar-para-florianopolis-foi-intervencao-branca-em-scrdquo-diz-oab/5096. Acesso em: 05 dez. 2020.

O GLOBO. Míriam Leitão. *Intervenção parcial evitou estado de defesa ou intervenção total*. 16/02/2018. Disponível em: https://blogs.oglobo.globo.com/miriam-leitao/post/intervencao-parcial-evitou-estado-de-defesa-ou-intervencao-total.html. Acesso em: 04 dez. 2020.

O GLOBO. *Jungmann: intervenção terá tanques nas ruas, bloqueio de vias e varredura em presídios*. Geralda Doca 16/02/2018 – 20:29. Disponível em: https://oglobo.globo.com/rio/jungmann-intervencao-tera-tanques-nas-ruas-bloqueio-de-vias-varredura-em-presidios-22406737. Acesso em: 05 dez. 2020.

OMS. Organización Mundial de la Salud. *Documentos básicos*. 49. edición 2020, p. 1. Disponível em: https://apps.who.int/gb/bd/pdf_files/BD_49th-sp.pdf#page=1. Acesso em: 30 jun. 2021.

ONU. Organização das Nações Unidas. Escritório Contra Drogas e Crimes (Unodc). *Comentários aos princípios de bangalore de conduta judicial*. Brasília: Conselho da Justiça Federal, 2008, p. 33 e 38-39. Disponível em: https://www.unodc.org/documents/lpo-brazil/Topics_corruption/Publicacoes/2008_Comentarios_aos_Principios_de_Bangalore.pdf. Acesso em: 22 abr. 2021.

O SUL É O MEU PAÍS. *Carta de princípios*. Proclamação de Piratini. Disponível em: https://www.sullivre.org/carta-de-principios/. Acesso em: 03 jul. 2021.

O SUL É O MEU PAÍS. *Arrecadação x retorno:* Brasília continua discriminando e empobrecendo a região sul. 2 de março de 2021. By: Celso Deucher. Disponível em: https://www.sullivre.org/arrecadacao-x-retorno-brasilia-continua-discriminando-e-empobrecendo-a-regiao-sul/. Acesso em: 03 jul. 2021.

OYEZ. *Luther v. Borden*. Citation 48 US 1 (1849). Disponível em: https://www.oyez.org/cases/1789-1850/48us1. Acesso em: 26 jun. 2021.

OYEZ. *Texas v. White*. Citation 74 US 700 (1869). Disponível em: https://www.oyez.org/cases/1850-1900/74us700. Acesso em: 26 jun. 2021.

PAIVA, Caio; HEEMANN, Thimotie Aragon. *Jurisprudência internacional de direitos humanos*. 2. ed. Belo Horizonte: Editora CEI, 2017.

PEÑA DE MORAES, Guilherme. *Curso de direito constitucional*. 8. ed. São Paulo: Atlas, 2016.

PERNTHALER, Peter. Österreichisches *Bundesstaatsrecht*. Wien: Verlag Österreich, 2004.

PERNTHALER, Peter; WEBER, Karl. *Theorie und praxis der bundesaufsicht in österreich*. Schriftenreihe des Instituts für Föderalismusforschung – Band 13. Wien: Wilhelm Braumüller, 1979.

PGR. Procuradoria Geral da República. *Nº 1481 – PGR – RG. Pedido de Intervenção Federal no Distrito Federal*. P. 27-28. Disponível em: http://www.stf.jus.br/arquivo/cms/noticiaNoticiaStf/anexo/__noticias.pgr.mpf.gov.b...fs_Intervencao_federal_DF.pdf. Acesso em: 09 dez. 2020.

PINTO FILHO, Francisco Bilac M. *A intervenção federal e o federalismo brasileiro*. Rio de Janeiro: Forense, 2002.

POLETTI, Ronaldo. *Constituições brasileiras. Volume III. 1934*. 3. Ed. Brasília: Senado Federal, 2012.

RAMOS, André de Carvalho. *Teoria geral dos direitos humanos na ordem internacional*. 2. Ed. São Paulo: Saraiva, 2021.

RIBEIRO, Fávila. *A intervenção federal nos Estados*. Fortaleza: Editora Jurídica, 1960.

RIO DE JANEIRO. *Segurança Pública em Números 2018.* Instituto de Segurança Pública – ISP. Evolução dos principais indicadores de criminalidade e atividade policial no estado do Rio de Janeiro de 2003 a 2018. Disponível em: http://arquivos.proderj.rj.gov.br/isp_imagens/Uploads/SegurancaemNumeros2018.pdf. Acesso em: 02 dez. 2020.

ROHDEN, Peter Richard. *Republicanism.* Encyclopaedia of the Social Sciences. Edwin R. A. Seligman; Alvin Johnson. Volume thirteen. New York: Macmillan, 1963.

ROURE, Agenor de. *A constituinte republicana.* Volume Primeiro. Rio de Janeiro: Imprensa Nacional, 1920.

ROVIRA, Enoch Alberti. *Federalismo y cooperacion en la republica federal alemana.* Madrid: Centro de Estudios Constitucionales, 1986.

SALDANHA, Nelson Nogueira. *História das idéias políticas no Brasil.* Coleção Biblioteca Básica Brasileira. Brasília: Senado Federal, 2001.

SAMPAIO, José Adércio Leite. *A intervenção federal nos Estados Unidos: o emprego da cláusula de segurança, violência doméstica e poderes presidenciais de emergência.* Revista Brasileira de Políticas Públicas (UniCeub). Volume 9, nº 3. Dez. 2019.

SANDRONI, Paulo. *Novíssimo dicionário de economia.* São Paulo: Best Seller, 1999.

SARLET, Ingo Wolfgang. *Dignidade (da pessoa) humana e direitos fundamentais na Constituição Federal de 1988.* 10. ed. Porto Alegre: Livraria do Advogado, 2015.

SARLET, Ingo Wolfgang (org.). *Dimensões da dignidade.* Ensaios de filosofia do direito e direito constitucional. 2. ed. Porto Alegre: Livraria do Advogado, 2009.

SARMENTO, Daniel; SOUZA NETO, Cláudio Pereira de. *Direito constitucional. teoria, história e métodos de trabalho.* 2. ed. Belo Horizonte: Fórum, 2016.

SCHWABE, Jürgen. Organização e introdução: Leonardo Martins. *Cinquenta anos de jurisprudência do tribunal constitucional federal alemão.* Montevideo: Konrad-Adenauer-Stiftung E.V., 2005.

SCHWEIZER, Rainer J.; MÜLLER, Reto Patrick. *Die schweizerische Bundesverfassung.* St. Galler Kommentar. 3. Auflage. Zürich: Dike, 2014.

SENADO FEDERAL. Senado Notícias. *Conselhos da República e de Defesa Nacional aprovam intervenção no Rio de Janeiro.* 19/02/2018, 15h53. Disponível em: https://www12.senado.leg.br/noticias/materias/2018/02/19/conselhos-da-republica-e-de-defesa-nacional-aprovam-intervencao-no-rio-de-janeiro. Acesso em: 04 dez. 2020.

SENADO FEDERAL. *Projeto de Decreto Legislativo nº 4, 20 de fevereiro de 2018.* Disponível em: https://www25.senado.leg.br/web/atividade/materias/-/materia/132243. Acesso em: 02 dez. 2020.

SENADO FEDERAL. Secretaria-Geral da Mesa. Secretaria de Informação Legislativa. *Decreto Legislativo nº 10, de 20 de fevereiro 2018.* Disponível em: https://legis.senado.leg.br/norma/26358545/publicacao/26359262. Acesso em: 02 dez. 2020.

SENADO FEDERAL. *Projeto de Decreto Legislativo nº 166, de 2018.* Disponível em: https://www25.senado.leg.br/web/atividade/materias/-/materia/134891. Acesso em: 04 dez. 2020.

SENADO FEDERAL. *Decreto Legislativo nº 174, de 2018.* Disponível em: https://legis.senado.leg.br/norma/30740505/publicacao/30740737. Acesso em: 04 dez. 2020.

SILVA, Ovídio A. Baptista da. *Curso de processo civil.* Volume 1 – Tomo I. 8. ed. Rio de Janeiro: Forense, 2008.

SILVA, De Plácido e. *Vocabulário jurídico.* 26. ed. Rio de Janeiro: Forense, 2005.

SILVA, José Afonso da. *Comentário contextual à Constituição.* 2. ed. São Paulo: Malheiros, 2006.

SILVA, José Afonso da. *Curso de direito constitucional Positivo.* 33. ed. São Paulo: Malheiros, 2010.

SILVA, José Afonso da. *Curso de direito constitucional Positivo.* 9. ed. São Paulo: Malheiros, 1994.

SILVA, Octacílio Paula. *Ética do magistrado à luz do direito comparado.* São Paulo: Revista dos Tribunais, 1994.

SOUSA, Eliane Ferreira de. *Direito à educação.* Requisito para o desenvolvimento do País. São Paulo: Saraiva, 2010.

SPINOZA, Benedictus de. *Ética.* Tradução de Tomaz Tadeu. 2. ed. Belo Horizonte: Autêntica, 2014.

STERN, Klaus. *Das Staatsrecht der Bundesrepublik Deutschland.* Band I. Grundbegriffe und Grundlagen des Staatsrechts, Strukturprinzipien der Verfassung. München: Beck, 1977.

STF. Supremo Tribunal Federal. *Glossário*. Verbete: Lei. Disponível em: https://portal.stf.jus.br/jurisprudencia/glossario.asp. Acesso em: 06 fev. 2022.

STF. Supremo Tribunal Federal. Notícias STF. *STF nega pedido de intervenção federal no DF*. Quarta-feira, 30 de junho de 2010. Disponível em: http://www.stf.jus.br/portal/cms/verNoticiaDetalhe.asp?idConteudo=155378. Acesso em: 18 jan. 2021.

STF. Supremo Tribunal Federal. *Intervenção Federal nº 5.179/Distrito Federal*. Tribunal Pleno – 30-06-2010. Rel. Min. Presidente Cezar Peluso. Voto vencido, Min. Ayres Britto, p. 101-106. Disponível em: https://redir.stf.jus.br/paginadorpub/paginador.jsp?docTP=AC&docID=615161. Acesso em: 09 ago. 2021.

STF. Supremo Tribunal Federal. Tribunal Pleno. *IF 5179/DF*. Rel. Min. Cezar Peluso. Julgamento: 30/06/2010. Publicação: 08/10/2010. Ementa. Disponível em: https://jurisprudencia.stf.jus.br/pages/search?classeNumeroIncidente=%22IF%205179%22&base=acordaos&sinonimo=true&plural=true&page=1&pageSize=10&sort=_score&sortBy=desc&isAdvanced=true. Acesso em: 09 dez. 2020.

STF. Supremo Tribunal Federal. ADI 5915. *Ministério Público Federal. Procuradoria-Geral da República*. N.º 362/2018 – SFCONST/PGR. Sistema Único nº 245.121/2018. Disponível em: http://portal.stf.jus.br/processos/downloadPeca.asp?id=15339176573&ext=.pdf. Acesso em: 02 dez. 2020.

STF. Supremo Tribunal Federal. *ADI nº 5.915/DF*. Rel. Min. Ricardo Lewandowski. Acesso em: 02 dez. 2020. Disponível em: http://portal.stf.jus.br/processos/downloadPeca.asp?id=313927303&ext=.pdf

STF. Supremo Tribunal Federal. *ADI nº 5.915/DF*. Rel. Min. Ricardo Lewandowski. *Decisão monocrática*. Disponível em: http://portal.stf.jus.br/processos/downloadPeca.asp?id=15339644259&ext=.pdf. Acesso em: 02 dez. 2020.

STF. Supremo Tribunal Federal. Tribunal Pleno. *IF 14/MT*. Intervenção Federal. Disponível em: https://jurisprudencia.stf.jus.br/pages/search/sjur182533/false. Acesso em: 09 dez. 2020.

STF. Supremo Tribunal Federal. Tribunal Pleno. *IF 590 QO / CE – Ceará*. Rel. Min. Celso de Mello. Julgamento: 17/09/1998. Publicação: 09/10/1998. Disponível em: https://jurisprudencia.stf.jus.br/pages/search/sjur110510/false. Acesso em: 09 dez. 2020.

STF. Supremo Tribunal Federal. Tribunal Pleno. *HC 71039 / RJ*. Rel. Min. Paulo Brossard. Julgamento: 07/04/1994. Publicação: 06/12/1996. Disponível em: https://jurisprudencia.stf.jus.br/pages/search/sjur118841/false. Acesso em: 09 dez. 2020.

STF. Supremo Tribunal Federal. *Glossário Jurídico. Representação*. Disponível em: http://www.stf.jus.br/portal/glossario/. Acesso em: 16 jan. 2020.

STF. Supremo Tribunal Federal. Primeira Turma. RE 130764/PR. Relator: Min. Moreira Alves. Julgamento: 12/05/1992. Publicação: 07/08/1992. Disponível em: https://jurisprudencia.stf.jus.br/pages/search/sjur113372/false. Acesso em: 22 nov. 2020.

STF. Supremo Tribunal Federal. Tribunal Pleno. MS 25579 MC/DF. Redator do acórdão: Min. Joaquim Barbosa. Julgamento: 19/10/2005. Publicação: 24/08/2007. Disponível em: https://jurisprudencia.stf.jus.br/pages/search/sjur90094/false. Acesso em 21 nov. 2020.

STF. Supremo Tribunal Federal. Tribunal Pleno. RE 608880/MT. Relator: Min. Marco Aurélio. Julgamento: 08/09/2020. Publicação: 01/10/2020. Disponível em: https://jurisprudencia.stf.jus.br/pages/search/sjur432834/false. Acesso em: 22 nov. 2020.

SUÍÇA. *Constitution fédérale de la Confédération suisse*, du 18 avril 1999 (Etat le 7 mars 2021). Le Conseil fédéral – Droit fédéral. Disponível em: https://www.fedlex.admin.ch/eli/cc/1999/404/fr#tit_3/chap_1. Acesso em: 29 jul. 2021.

SUÍÇA. *Loi sur l'organisation du gouvernement et de l'administration* (LOGA), du 21 mars 1997 (Etat le 2 décembre 2019. Le Conseil fédéral. Droit fédéral. Disponível em: https://www.fedlex.admin.ch/eli/cc/1997/2022_2022_2022/fr. Acesso em: 02 ago. 2021.

TAVARES, André Ramos. *Curso de direito constitucional*. 14. Ed. São Paulo: Saraiva, 2016.

TCDF. Tribunal de Contas do Distrito Federal. *Relatório Analítico sobre as Contas do Governo do Distrito Federal*. Exercício 2019. Disponível em: https://www2.tc.df.gov.br/wp-content/uploads/2020/11/RAPP-2019-Versao-Publicacao.pdf. Acesso em: 29 jun. 2021.

TCU. Tribunal de Contas da União. *Declaração de Lima* – ISSAI 1. INTOSAI. Aprovada em 1977. Disponível em: https://portal.tcu.gov.br/fiscalizacao-e-controle/auditoria/normas-internacionais-das-entidades-fiscalizadores-superiores-issai/. Acesso em: 29 jun. 2021.

TCU. Tribunal de Contas da União. Plenário. *Instrução Normativa nº 79, de 4 de abril de 2018.* Estabelece normas de organização e apresentação da Prestação de Contas do Presidente da República [...]. Disponível em: https://pesquisa.in.gov.br/imprensa/jsp/visualiza/index.jsp?jornal=515&pagina=123&data=09/04/2018. Acesso em: 15 jan. 2021.

TEMER, Michel. *Elementos de direito constitucional.* 13. Ed. São Paulo: Malheiros, 1997.

VARELA, Alfredo. *Direito constitucional brasileiro.* Reforma das instituições nacionais. Rio de Janeiro: Typographia, 1899.

VIEIRA DE JESUS, Diego Santos. A intervenção federal no Estado do Rio de Janeiro: motivações e repercussões político-sociais e econômicas. *Revista de Direito da Cidade.* vol. 11, nº 2. ISSN 2317-7721, p. 194-214.

VÍTOLO, Alfredo. *Emergencias constitucionales III:* Intervención Federal. Buenos Aires, Madrid y México: Ciudad Argentina Editorial de Ciencia y Cultura, 2007.

WERNER, Patrícia Ulson Pizarro. *Direito à saúde.* Enciclopédia Jurídica da PUCSP. Disponível em: https://enciclopediajuridica.pucsp.br/verbete/170/edicao-1/direito-a-saude. Acesso em: 30 jun. 2021.

WILI, Hans-Urs. *Bundesinterventionen.* Historisches Lexikon der Schweizhls. Version vom: 21.02.2018. Disponível em: https://hls-dhs-dss.ch/de/articles/026427/2018-02-21/. Acesso em: 03 ago. 2021.

WILLIAMS, Robert F. *State constitutional law.* Cases and Materials. Washington: Advisory Commission on Intergovernmental Relations, 1988.

WINFIELD, Percy H. *Intervention.* Encyclopaedia of the Social Sciences. Editor in chief: Edwin R. A. Seligman. Associate editor: Alvin Johnson. Volume seven. New York: Macmillan, 1963.

APÊNDICE

Constituição Federal de 1988 (excertos)

Capítulo VI
Da Intervenção

Art. 34. A União não intervirá nos Estados nem no Distrito Federal, exceto para:

I – manter a integridade nacional;

II – repelir invasão estrangeira ou de uma unidade da Federação em outra;

III – pôr termo a grave comprometimento da ordem pública;

IV – garantir o livre exercício de qualquer dos Poderes nas unidades da Federação;

V – reorganizar as finanças da unidade da Federação que:

a) suspender o pagamento da dívida fundada por mais de dois anos consecutivos, salvo motivo de força maior;

b) deixar de entregar aos Municípios receitas tributárias fixadas nesta Constituição, dentro dos prazos estabelecidos em lei;

VI – prover a execução de lei federal, ordem ou decisão judicial;

VII – assegurar a observância dos seguintes princípios constitucionais:

a) forma republicana, sistema representativo e regime democrático;

b) direitos da pessoa humana;

c) autonomia municipal;

d) prestação de contas da administração pública, direta e indireta.

e) aplicação do mínimo exigido da receita resultante de impostos estaduais, compreendida a proveniente de transferências, na manutenção e desenvolvimento do ensino e nas ações e serviços públicos de saúde. (Redação dada pela Emenda Constitucional nº 29, de 2000)

Art. 35. O Estado não intervirá em seus Municípios, nem a União nos Municípios localizados em Território Federal, exceto quando:

I – deixar de ser paga, sem motivo de força maior, por dois anos consecutivos, a dívida fundada;

II – não forem prestadas contas devidas, na forma da lei;

III – não tiver sido aplicado o mínimo exigido da receita municipal na manutenção e desenvolvimento do ensino e nas ações e serviços públicos de saúde; (Redação dada pela Emenda Constitucional nº 29, de 2000)

IV – o Tribunal de Justiça der provimento a representação para assegurar a observância de princípios indicados na Constituição Estadual, ou para prover a execução de lei, de ordem ou de decisão judicial.

Art. 36. A decretação da intervenção dependerá:

I – no caso do art. 34, IV, de solicitação do Poder Legislativo ou do Poder Executivo coacto ou impedido, ou de requisição do Supremo Tribunal Federal, se a coação for exercida contra o Poder Judiciário;

II – no caso de desobediência a ordem ou decisão judiciária, de requisição do Supremo Tribunal Federal, do Superior Tribunal de Justiça ou do Tribunal Superior Eleitoral;

III – de provimento, pelo Supremo Tribunal Federal, de representação do Procurador-Geral da República, na hipótese do art. 34, VII, e no caso de recusa à execução de lei federal. (Redação dada pela Emenda Constitucional nº 45, de 2004)

IV – (Revogado pela Emenda Constitucional nº 45, de 2004)

§1º O decreto de intervenção, que especificará a amplitude, o prazo e as condições de execução e que, se couber, nomeará o interventor, será submetido à apreciação do Congresso Nacional ou da Assembléia Legislativa do Estado, no prazo de vinte e quatro horas.

§2º Se não estiver funcionando o Congresso Nacional ou a Assembléia Legislativa, far-se-á convocação extraordinária, no mesmo prazo de vinte e quatro horas.

§3º Nos casos do art. 34, VI e VII, ou do art. 35, IV, dispensada a apreciação pelo Congresso Nacional ou pela Assembléia Legislativa, o decreto limitar-se-á a suspender a execução do ato impugnado, se essa medida bastar ao restabelecimento da normalidade.

§4º Cessados os motivos da intervenção, as autoridades afastadas de seus cargos a estes voltarão, salvo impedimento legal.

Lei nº 12.562, de 23 de dezembro de 2011

Regulamenta o inciso III do art. 36 da Constituição Federal, para dispor sobre o processo e julgamento da representação interventiva perante o Supremo Tribunal Federal.

A PRESIDENTA DA REPÚBLICA Faço saber que o Congresso Nacional decreta e eu sanciono a seguinte Lei:

Art. 1º Esta Lei dispõe sobre o processo e julgamento da **representação interventiva** prevista no inciso III do art. 36 da Constituição Federal.

Art. 2º A representação será proposta pelo Procurador-Geral da República, em caso de violação aos princípios referidos no inciso VII do art. 34 da Constituição Federal, ou de recusa, por parte de Estado-Membro, à execução de lei federal.

Art. 3º A petição inicial deverá conter:

I – a indicação do princípio constitucional que se considera violado ou, se for o caso de recusa à aplicação de lei federal, das disposições questionadas;

II – a indicação do ato normativo, do ato administrativo, do ato concreto ou da omissão questionados;

III – a prova da violação do princípio constitucional ou da recusa de execução de lei federal;

IV – o pedido, com suas especificações.

Parágrafo único. A petição inicial será apresentada em 2 (duas) vias, devendo conter, se for o caso, cópia do ato questionado e dos documentos necessários para comprovar a impugnação.

Art. 4º A petição inicial será indeferida liminarmente pelo relator, quando não for o caso de representação interventiva, faltar algum dos requisitos estabelecidos nesta Lei ou for inepta.

Parágrafo único. Da decisão de indeferimento da petição inicial caberá agravo, no prazo de 5 (cinco) dias.

Art. 5º O Supremo Tribunal Federal, por decisão da maioria absoluta de seus membros, poderá deferir pedido de medida liminar na representação interventiva.

§1º O relator poderá ouvir os órgãos ou autoridades responsáveis pelo ato questionado, bem como o Advogado-Geral da União ou o Procurador-Geral da República, no prazo comum de 5 (cinco) dias.

§2º A liminar poderá consistir na determinação de que se suspenda o andamento de processo ou os efeitos de decisões judiciais ou administrativas ou de qualquer outra medida que apresente relação com a matéria objeto da representação interventiva.

Art. 6º Apreciado o pedido de liminar ou, logo após recebida a petição inicial, se não houver pedido de liminar, o relator solicitará as informações às autoridades responsáveis pela prática do ato questionado, que as prestarão em até 10 (dez) dias.

§1º Decorrido o prazo para prestação das informações, serão ouvidos, sucessivamente, o Advogado-Geral da União e o Procurador-Geral da República, que deverão manifestar-se, cada qual, no prazo de 10 (dez) dias.

§2º Recebida a inicial, o relator deverá tentar dirimir o conflito que dá causa ao pedido, utilizando-se dos meios que julgar necessários, na forma do regimento interno.

Art. 7º Se entender necessário, poderá o relator requisitar informações adicionais, designar perito ou comissão de peritos para que elabore laudo sobre a questão ou, ainda, fixar data para declarações, em audiência pública, de pessoas com experiência e autoridade na matéria.

Parágrafo único. Poderão ser autorizadas, a critério do relator, a manifestação e a juntada de documentos por parte de interessados no processo.

Art. 8º Vencidos os prazos previstos no art. 6º ou, se for o caso, realizadas as diligências de que trata o art. 7º, o relator lançará o relatório, com cópia para todos os Ministros, e pedirá dia para julgamento.

Art. 9º A decisão sobre a representação interventiva somente será tomada se presentes na sessão pelo menos 8 (oito) Ministros.

Art. 10. Realizado o julgamento, proclamar-se-á a procedência ou improcedência do pedido formulado na representação interventiva se num ou noutro sentido se tiverem manifestado pelo menos 6 (seis) Ministros.

Parágrafo único. Estando ausentes Ministros em número que possa influir na decisão sobre a representação interventiva, o julgamento será suspenso, a fim de se aguardar o comparecimento dos Ministros ausentes, até que se atinja o número necessário para a prolação da decisão.

Art. 11. Julgada a ação, far-se-á a comunicação às autoridades ou aos órgãos responsáveis pela prática dos atos questionados, e, se a decisão final for pela procedência do pedido formulado na representação interventiva, o Presidente do Supremo Tribunal Federal, publicado o acórdão, levá-lo-á ao conhecimento do Presidente da República para, no prazo improrrogável de até 15 (quinze) dias, dar cumprimento aos §§1º e 3º do art. 36 da Constituição Federal.

Parágrafo único. Dentro do prazo de 10 (dez) dias, contado a partir do trânsito em julgado da decisão, a parte dispositiva será publicada em seção especial do Diário da Justiça e do Diário Oficial da União.

Art. 12. A decisão que julgar procedente ou improcedente o pedido da representação interventiva é irrecorrível, sendo insuscetível de impugnação por ação rescisória.

Art. 13. Esta Lei entra em vigor na data de sua publicação.

Brasília, 23 de dezembro de 2011; 190º da Independência e 123º da República.

DILMA ROUSSEFF
Luiz Paulo Teles Ferreira Barreto
Fernando Luiz Albuquerque Faria

Lei nº 8.038, de 28 de maio de 1990 (excertos)

Institui normas procedimentais para os processos que especifica, perante o Superior Tribunal de Justiça e o Supremo Tribunal Federal.

Capítulo III
Intervenção Federal

Art. 19. A **requisição** de intervenção federal prevista nos incisos II e IV do art. 36 da Constituição Federal será promovida:

I – de ofício, ou mediante pedido de Presidente de Tribunal de Justiça do Estado, ou de Presidente de Tribunal Federal, quando se tratar de prover a execução de ordem ou decisão judicial, com ressalva, conforme a matéria, da competência do Supremo Tribunal Federal ou do Tribunal Superior Eleitoral;

II – de ofício, ou mediante pedido da parte interessada, quando se tratar de prover a execução de ordem ou decisão do Superior Tribunal de Justiça;

III – mediante representação do Procurador-Geral da República, quando se tratar de prover a execução de lei federal.

Art. 20. O Presidente, ao receber o pedido:

I – tomará as providências que lhe parecerem adequadas para remover, administrativamente, a causa do pedido;

II – mandará arquivá-lo, se for manifestamente infundado, cabendo do seu despacho agravo regimental.

Art. 21 – Realizada a gestão prevista no inciso I do artigo anterior, solicitadas informações à autoridade estadual e ouvido o Procurador-Geral, o pedido será distribuído a um relator.

Parágrafo único – Tendo em vista o interesse público, poderá ser permitida a presença no recinto às partes e seus advogados, ou somente a estes.

Art. 22 – Julgado procedente o pedido, o Presidente do Superior Tribunal de Justiça comunicará, imediatamente, a decisão aos órgãos do poder público interessados e requisitará a intervenção ao Presidente da República.

Regimento Interno do Supremo Tribunal Federal – STF (excertos)
Atualizado até a Emenda Regimental nº 57/2020

Capítulo IV
Da Intervenção Federal nos Estados

Art. 350. A **requisição** de intervenção federal, prevista no art. 11, §1º, *a, b* e *c*, da Constituição, será promovida:
i – de ofício, ou mediante pedido do Presidente do Tribunal de Justiça do Estado, no caso do inciso IV do art. 10 da Constituição, se a coação for exercida contra o Poder Judiciário;
ii – de ofício, ou mediante pedido do Presidente de Tribunal de Justiça do Estado ou de Tribunal Federal, quando se tratar de prover a execução de ordem ou decisão judiciária, com ressalva, conforme a matéria, da competência do Tribunal Superior Eleitoral e do disposto no inciso seguinte;
iii – de ofício, ou mediante pedido da parte interessada, quando se tratar de prover a execução de ordem ou decisão do Supremo Tribunal Federal;
iv – mediante **representação** do Procurador-Geral, no caso do inciso VII do art. 10 da Constituição, assim como no do inciso VI, quando se tratar de prover a execução de lei federal.

Art. 351. O Presidente, ao receber o pedido:
i – tomará as providências oficiais que lhe parecerem adequadas para remover, administrativamente, a causa do pedido;
ii – mandará arquivá-lo, se for manifestamente infundado, cabendo do seu despacho agravo regimental.

Art. 352. Realizada a gestão prevista no inciso I do artigo anterior, solicitadas informações à autoridade estadual e ouvido o Procurador-Geral, o pedido será relatado pelo Presidente, em sessão plenária pública ou secreta.

Art. 353. O julgamento, se não tiver sido público, será proclamado em sessão pública.

Art. 354. Julgado procedente o pedido, o Presidente do Supremo Tribunal Federal imediatamente comunicará a decisão aos órgãos do Poder Público interessados e requisitará a intervenção ao Presidente da República.

Regimento Interno do Superior Tribunal de Justiça – STJ (excertos)
Atualizado até a Emenda Regimental nº 38 de 4 de setembro de 2020.

CAPÍTULO IV
Da Intervenção Federal nos Estados

Art. 312. A **requisição** de intervenção federal, prevista nos artigos 34, VI, e 36, II e IV, da Constituição, será promovida:
I – de ofício, ou mediante pedido do Presidente do Tribunal de Justiça do Estado, ou do Presidente de Tribunal Federal, quando se tratar de prover a execução de ordem ou decisão judicial, com ressalva, conforme a matéria, da competência do Supremo Tribunal Federal ou do Tribunal Superior Eleitoral (Constituição, art. 34, VI, e art. 36, II);
II – de ofício, ou mediante pedido da parte interessada, quando se tratar de prover a execução de ordem ou decisão do Superior Tribunal de Justiça (Constituição, art. 34, VI, e art. 36, II);
III – mediante representação do Procurador-Geral da República, quando se tratar de prover a execução de lei federal (Constituição, art. 34, VI, e art. 36, IV).

Art. 313. O Presidente, ao receber o pedido:
I – tomará as providências oficiais que lhe parecerem adequadas para remover, administrativamente, a causa do pedido;
II – mandará arquivá-lo, se for manifestamente infundado, cabendo da sua decisão agravo regimental.

Art. 314. Realizada a gestão prevista no inciso I do artigo anterior, solicitadas informações à autoridade estadual, que as deverá prestar, no prazo de trinta (30) dias, e ouvido o Procurador-Geral, em igual prazo, o pedido será distribuído a um relator. (Redação dada pela Emenda Regimental nº 1, de 1991)
Parágrafo único. Tendo em vista o interesse público, poderá a Corte Especial limitar a presença no recinto às partes e seus advogados, ou somente a estes. (Incluído pela Emenda Regimental nº 1, de 1991)

Art. 315. Julgado procedente o pedido, o Presidente do Tribunal comunicará imediatamente a decisão aos órgãos interessados do Poder Público e requisitará a intervenção ao Presidente da República.

Resolução nº 21.843, de 22 de junho de 2004 – TSE
Dispõe sobre a requisição de força federal, de que trata o art. 23, inciso XIV, do Código Eleitoral, e sobre a aplicação do art. 2º do Decreto-Lei nº 1.064, de 24 de outubro de 1969.

O TRIBUNAL SUPERIOR ELEITORAL, no uso das atribuições que lhe conferem a alínea e do art. 8º do seu Regimento Interno; o art. 105 da Lei nº 9.504/97 e o inciso XVIII do art. 23 do Código Eleitoral,

RESOLVE:

Art. 1º O Tribunal Superior Eleitoral requisitará força federal necessária ao cumprimento da lei ou das decisões da Justiça Eleitoral, visando garantir o livre exercício do voto, a normalidade da votação e da apuração dos resultados.

> (Ac.-TSE, de 7.8.2018, no PA nº 060010513: recomendável a oitiva do chefe do Poder Executivo local; Ac.-TSE, de 29.9.2016, no PA nº 060002755: instado e não havendo manifestação do governador, defere-se o pedido; Ac.-TSE, de 25.9.2012, no PA nº 93602: assegurado, pelo Executivo, o transcurso normal do pleito com forças locais, indefere-se o pedido – v. também: Ac.-TSE, de 2.10.2012, no PA nº 103909: o deslocamento de forças federais para o estado só é cabível quando o chefe do Poder Executivo local se manifesta pela insuficiência das forças estaduais).

> (Dec.-TSE s/nº, de 19.9.2002, no PA nº 18922: "Requisição de força federal. Competência do TSE. CE, art. 23, XIV. [...] É de se deferir a requisição de força federal visando a garantir a votação e a apuração, quando exigirem as circunstâncias apresentadas como justificativa do pleito (CE, art. 23, XIV)".

> (Ac.-TSE, de 30.9.2014, no PA nº 139011: a requisição de força federal constitui atuação decisiva do TSE, não se limitando à homologação de decisões dos TREs; Dec.-TSE s/nº, de 14.9.2004, no PA nº 19315 e, de 2.9.1996, no PA nº 15433: "A requisição de força federal para garantir a normalidade das eleições é da competência privativa da Justiça Eleitoral).

§ 1º Os tribunais regionais eleitorais deverão encaminhar ao Tribunal Superior Eleitoral a relação das localidades onde se faz necessária a presença de força federal para os fins previstos neste artigo, a qual será distribuída ao ministro presidente.

§ 2º O pedido será acompanhado de justificativa – contendo os fatos e circunstâncias de que decorra o receio de perturbação dos trabalhos eleitorais –, que deverá ser apresentada separadamente para cada zona eleitoral, com indicação do endereço e do nome do juiz eleitoral a quem o efetivo da força federal deverá se apresentar.

Art. 2º Aprovada e feita a requisição pelo Tribunal Superior Eleitoral, o Tribunal Regional Eleitoral entrará em entendimento com o comando local da força federal para possibilitar o planejamento da ação do efetivo necessário.

Parágrafo único. O contingente da força federal, quando à disposição da Justiça Eleitoral, observará as instruções da autoridade judiciária eleitoral competente.

Art. 3º A Polícia Federal, à disposição da Justiça Eleitoral, nos termos do art. 2º do Decreto-Lei nº 1.064/1969, exercerá as funções que lhe são próprias, especialmente as de polícia judiciária em matéria eleitoral, e observará as instruções da autoridade judiciária eleitoral competente.

> (DL nº 1.064/1969, art. 2º: disponibilização da Polícia Federal em favor da Justiça Eleitoral por ocasião de eleições; Res.-TSE nº 14623/1988: atribuições da Polícia Federal quando à disposição da Justiça Eleitoral).

Art. 4º Esta resolução entra em vigor na data de sua publicação, revogada a Resolução-TSE nº 8.906, de 5 de novembro de 1970.

Sala de Sessões do Tribunal Superior Eleitoral.

Brasília, 22 de junho de 2004.

Ministro SEPÚLVEDA PERTENCE, presidente – Ministro FERNANDO NEVES, relator – Ministro CARLOS VELLOSO – Ministro MARCO AURÉLIO vencido em parte – Ministro FRANCISCO PEÇANHA MARTINS – Ministro HUMBERTO GOMES DE BARROS – Ministro LUIZ CARLOS MADEIRA

Consolicação dos Provimentos da Corregedoria-Geral da Justiça do Trabalho de 2019 – TST (excertos)
Intervenção nos Estados-Membros e Municípios

Art. 166. Os presidentes dos tribunais regionais do trabalho fundamentarão os pedidos de intervenção dirigidos ao Supremo Tribunal Federal e aos tribunais de justiça dos estados, justificando a necessidade da adoção da medida excepcional.
Parágrafo único. A intervenção deverá ser requerida pelo credor do estado-membro ou do município.

Art. 167. O pedido de intervenção em estado-membro será encaminhado ao Supremo Tribunal Federal por intermédio da Corregedoria-Geral da Justiça do Trabalho, enquanto o requerimento de intervenção em município será remetido diretamente ao tribunal de justiça local pelo presidente do Tribunal Regional do Trabalho.

Art. 168. O pedido de intervenção em estado-membro ou em município será instruído com as seguintes peças:

I – petição do credor, dirigida ao presidente do Tribunal Regional do Trabalho, requerendo o encaminhamento do pedido de intervenção ao Supremo Tribunal Federal ou ao tribunal de justiça local, conforme o caso;

II – impugnação do ente público, quando houver;

III – manifestação do órgão do Ministério Público que atua perante o Tribunal Regional do Trabalho;

IV – decisão fundamentada do presidente do Tribunal Regional do Trabalho admitindo o encaminhamento do pedido de intervenção;

V – ofício requisitório que possibilite a verificação da data de expedição do precatório e o ano de sua inclusão no orçamento.
(...)

Brasília, 19 de dezembro de 2019.
Ministro LELIO BENTES CORRÊA
Corregedor-Geral da Justiça do Trabalho

Resolução Administrativa nº 1.455 de 2011 (TST) (excertos)
*Aprova proposta de sistematização do Regimento Interno
da Corregedoria-Geral da Justiça do Trabalho*

LIVRO I
Disposição Inicial

Art. 1º A Corregedoria-Geral da Justiça do Trabalho é Órgão do Tribunal Superior do Trabalho incumbido da fiscalização, disciplina e orientação da administração da Justiça do Trabalho sobre os Tribunais Regionais do Trabalho, seus Juízes e Serviços Judiciários.

LIVRO II
Disposições Gerais

Título I
Organização da Corregedoria-Geral da Justiça do Trabalho

Art. 2º A Corregedoria-Geral será exercida por um Ministro do Tribunal Superior do Trabalho eleito na forma do Regimento Interno do TST.
§ 1º O mandato do Corregedor-Geral coincidirá com o dos demais membros da administração do Tribunal.
§ 2º Nas ausências, nos impedimentos e nas férias, o Ministro Corregedor-Geral será substituído, no exercício de suas funções, pelo Ministro Vice-Presidente ou, na ausência deste, pelo Ministro Presidente do Tribunal e, não sendo isso possível, pelos Ministros em ordem decrescente de antiguidade.

Título II
Função Administrativa e Correicional do Corregedor-Geral da Justiça do Trabalho

Art. 6º São atribuições do Corregedor-Geral:

(...)

XV – instruir, se for o caso, os Pedidos de Intervenção Federal e encaminhá-los ao Supremo Tribunal Federal;

(...)
Sala de Sessões, 24 de maio de 2011.

ANTÔNIO JOSÉ DE BARROS LEVENHAGEN
Ministro Corregedor-Geral da Justiça do Trabalho

Instrução Normativa nº 32 de 2007 – TST

Uniformiza procedimentos para a expedição de Precatórios e Requisições de Pequeno Valor no âmbito da Justiça do Trabalho e dá outras providências

Art. 1º Os pagamentos devidos pelas Fazendas Públicas Federal, Estadual, Distrital ou Municipal, em virtude de sentença judicial transitada em julgado, serão realizados exclusivamente na ordem de apresentação dos precatórios e à conta dos créditos respectivos, na forma da lei.

Parágrafo único. Não estão sujeitos à expedição de precatórios os pagamentos de obrigações definidas em lei como de pequeno valor.

Art. 2º É obrigatória a inclusão, no orçamento das entidades de Direito Público, de verba necessária ao pagamento de seus débitos oriundos de sentenças transitadas em julgado, constantes de precatórios judiciários, apresentados até 1º de julho, fazendo-se o pagamento até o final do exercício seguinte, quando terão seus valores atualizados monetariamente.

Art. 3º Reputa-se de pequeno valor o crédito cuja importância atualizada, por beneficiário, seja igual ou inferior a:

I -60 (sessenta) salários mínimos, se a devedora for a Fazenda Pública Federal;

II – 40 (quarenta) salários mínimos, ou o valor estipulado pela legislação local, se as devedoras forem as Fazendas Públicas Estadual e Distrital; e

III – 30 (trinta) salários mínimos, ou o valor estipulado pela legislação local, se a devedora for a Fazenda Pública Municipal.

(...)

Art. 21. Frustrada a tentativa de conciliação referente a precatório cujo prazo para pagamento já venceu os autos serão encaminhados à Presidência do Tribunal, para deliberar sobre eventual pedido de intervenção.

Art. 22. O Presidente do Tribunal deverá fundamentar a decisão relativa ao encaminhamento do pedido de intervenção, justificando a necessidade da adoção da medida excepcional.

Art. 23. O pedido de intervenção deverá ser instruído, obrigatoriamente, com as seguintes

peças:

a) petição do credor, dirigida ao Presidente do Tribunal Regional do Trabalho, requerendo o encaminhamento do pedido de intervenção ao Supremo Tribunal Federal ou ao Tribunal de Justiça, conforme o caso;

b) impugnação do ente público ao pedido, se houver;

c) manifestação do Ministério Público do Trabalho da Região;

d) decisão fundamentada do Presidente do Tribunal Regional do Trabalho relativa à admissibilidade do encaminhamento do pedido de intervenção; e

e) ofício requisitório que permita a verificação da data de expedição do precatório e o ano de sua inclusão no orçamento.

Parágrafo único. O pedido de intervenção em Estado-membro será encaminhado ao Supremo Tribunal Federal por intermédio da Corregedoria-Geral da Justiça do Trabalho, enquanto o pedido de intervenção em município será enviado diretamente pelo Presidente do Tribunal Regional do Trabalho ao Tribunal de Justiça do respectivo Estado.

Min. RIDER NOGUEIRA DE BRITO
Presidente do Tribunal

Esta obra foi composta em fonte Palatino Linotype, corpo 10,5
e impressa em papel Offset 75g (miolo) e Supremo 250g (capa)
pela Gráfica Impress.